Fiscalidade

Fiscalidade

4ª Edição

Manuel Henrique de Freitas Pereira
Professor do Instituto Superior de Economia e Gestão
Juiz Conselheiro Jubilado do Tribunal de Contas

2011

ALMEDINA

FISCALIDADE

AUTOR
Manuel Henrique de Freitas Pereira
EDITOR
EDIÇÕES ALMEDINA, S.A.
Rua Fernandes Tomás, nºs 76, 78, 80
3000-167 Coimbra
Tel.: 239 851 904 · Fax: 239 851 901
www.almedina.net · editora@almedina.net
DESIGN DE CAPA
FBA.
PRÉ-IMPRESSÃO, IMPRESSÃO E ACABAMENTO
G.C. – GRÁFICA DE COIMBRA, LDA.
Palheira Assafarge, 3001-453 Coimbra
producao@graficadecoimbra.pt
Outubro, 2011
DEPÓSITO LEGAL
335460/11

ALMEDINA | GRUPOALMEDINA

BIBLIOTECA NACIONAL DE PORTUGAL – CATALOGAÇÃO NA PUBLICAÇÃO
PEREIRA, Manuel Henrique de Freitas
Fiscalidade. – 4ª ed. – (Manuais universitários)
ISBN 978-972-40-4683-9
CDU 336
378

Aos Meus Filhos
Miguel, Ana e Elvira

NOTA À 4ª EDIÇÃO

Esgotada há muito a 3ª edição, incluindo a reimpressão da mesma feita em 2010, justifica-se a publicação de uma nova edição, que, mantendo a sua estrutura expositiva inalterada, se centra na actualização das referências normativas, jurisprudenciais e bibliográficas.

Acresce a habitual revisão do capítulo consagrado ao nível de fiscalidade, esforço fiscal e estrutura fiscal para integrar os mais recentes dados estatísticos disponíveis. Importa ainda referir pela dimensão da revisão efectuada o ponto referente ao direito comunitário, não só para o actualizar face às alterações que resultam do chamado Tratado de Lisboa como também para ter em conta a evolução mais recente das iniciativas comunitárias, com destaque para a proposta de directiva sobre matéria colectável consolidada dos grupos de sociedades (conhecida pela sigla CCCTB). Pelo seu interesse e importância crescente insere-se ainda no final desta edição uma referência aos principais acórdãos emitidos pelo Tribunal de Justiça da União Europeia em matéria de fiscalidade directa e de imposto sobre o valor acrescentado. São ainda de sublinhar algumas alterações e especificações efectuadas no capítulo referente à gestão fiscal.

Cumpre agradecer não só o interesse que as comunidades académica e profissional têm dedicado a esta publicação mas também as sugestões recebidas de alguns Colegas, em especial da Maria dos Prazeres Lousa e do João Amaral Tomaz, e o apoio recebido da Biblioteca do Centro de Estudos Fiscais, em particular do João Paulo Boléo.

Lisboa, Julho de 2011

NOTA PRÉVIA

O texto que agora se publica de forma impressa corresponde, no essencial, aos elementos que preparámos, nos últimos anos, para apoio aos alunos da disciplina de "*Fiscalidade*" da Licenciatura em Gestão, do Instituto Superior de Economia e Gestão (ISEG) da Universidade Técnica de Lisboa e que circularam como "folhas" em sucessivos anos-lectivos.

O Programa da disciplina comporta uma Parte Geral, destinada a identificar os princípios e conceitos básicos da fiscalidade nas suas diversas vertentes, e uma Parte Especial, que corresponde ao estudo sistemático e numa vertente teórico-prática, ilustrada com exemplos da realidade empresarial, do IRS (Imposto sobre o Rendimento das Pessoas Singulares), do IRC (Imposto sobre o Rendimento das Pessoas Colectivas), do IVA (Imposto sobre o Valor Acrescentado) e das Contribuições para a Segurança Social. Estas lições respeitam apenas à Parte Geral.

Numa disciplina como a de "*Fiscalidade*" o estudo dos impostos é feito sob várias ópticas, com relevo para a economia, a contabilidade, a gestão e o direito. Neste último caso, dado que se trata de lições a alunos de um Curso de Gestão, justifica-se que se tratem de forma mais extensa algumas noções de base necessárias para a compreensão do direito fiscal. O último capítulo dedicado à "gestão fiscal" tem como único objectivo apresentar o tema nos seus aspectos fundamentais, fazendo como que uma "ponte" para uma outra disciplina, que também leccionamos no ISEG – denominada precisamente "Gestão Fiscal" – e onde essas matérias são objecto de adequado desenvolvimento.

Elaborado com finalidade didáctica, o presente texto mantém essa matriz, sendo necessariamente condicionado por ela. Procurou-se ser claro, sem nunca perder de vista o rigor, e conciso – o leitor ajuizará se o conseguimos ou não. Mas, isso não impediu, aqui e ali, a apresentação de um acervo de informações que podem ser úteis a quem desejar aprofundar algumas matérias.

Incluem-se neste âmbito as referências bibliográficas, que são, não obstante, reduzidas ao que se considera essencial e, regra geral, restritas a autores portugueses.

Ao longo do tempo em que foram elaboradas as "folhas" que servem de suporte a este livro, foram muitos e diversificados os comentários e sugestões recebidos e bem assim os incentivos e pedidos para que o publicasse. Cumpre-me agradecer esses contributos e incentivos, destacando em especial os dos colegas que comigo têm colaborado na docência da "*Fiscalidade*" no ISEG e, em particular, os de Maria dos Prazeres Lousa, Paulo Moita de Macedo, Fernando Pinto Marques e José Rato Rainha.

Lisboa, Maio de 2005

I

Teoria Geral do Imposto

1. Noção de Imposto

A noção moderna de imposto tem como ponto de partida a conhecida definição de Jeze: "o imposto é uma prestação pecuniária, exigida aos particulares por via de autoridade, a título definitivo e sem contrapartida, com vista à cobertura dos encargos públicos"[1].

A ela foram introduzidos posteriormente alguns ajustamentos, designadamente para sublinhar a diversificação das finalidades do imposto: este deixou de ter como único objectivo a obtenção de receitas para ser progressivamente visualizado como instrumento de política económica e social.

A própria legislação encarrega-se, por vezes, de definir os impostos[2].

Tendo em conta esta evolução é possível reter como definição de imposto a seguinte:

> *"O imposto é uma prestação pecuniária, coactiva, unilateral, a título definitivo, sem carácter de sanção, devida ao Estado ou outros entes públicos com vista à realização de fins públicos"*[3].

[1] JEZE, Gaston, *Cours de finances publiques*, 1931.

[2] Assim, no Brasil, o Código Tributário Nacional, depois de no artº 3º definir tributo como *"toda a prestação pecuniária compulsória, em moeda ou cujo valor nela se pode exprimir, que não constitua sanção de ato ilícito, instituída em lei e cobrada mediante atividade administrativa plenamente vinculada"* apresenta, no seu artº 16º, a seguinte definição de imposto: *"imposto é o tributo cuja obrigação tem por fato gerador uma situação independente de qualquer atividade estatal específica, relativa ao contribuinte"*. Em Espanha, a "Ley General Tributaria" ("Ley 58/2003, de 17 de Diciembre"), no artº 2º, depois de especificar que os tributos se classificam em taxas, contribuições especiais e impostos, define impostos como sendo *"los tributos exigidos sin contraprestácion, cuyo hecho imponible está constituido por negocios, actos o hechos que ponen de manifiesto la capacidad económica del contribuyente"*. Para uma análise mais alargada veja-se *The Concept of Tax* (ed. by PEETERS, Bruno), EATLP International Tax Series, Vol. 3, 2005.

[3] Trata-se de uma definição que tem pontos comuns com a que a OCDE usa para efeitos estatísticos. Com efeito, aí o termo "impostos" (*taxes*) significa *"compulsory, unrequited payments to gen-*

Vejamos cada uma destas características de per si.

a) O imposto é uma prestação pecuniária.
Significa-se, deste modo, que o imposto é uma prestação em dinheiro ou em equivalente a dinheiro. É certo que, ao longo dos tempos, foi normal o pagamento do imposto em espécie, mas isso actualmente tem apenas um interesse quase histórico. Com efeito, com a monetarização da economia a cobrança do imposto em espécie foi sendo abandonada, designadamente pela sua incomodidade quer para os contribuintes quer para o Estado. Por outro lado, em termos financeiros, a transferência patrimonial operada pela via do imposto (em geral das mãos dos particulares para as mãos do ente público) terá de traduzir-se sempre pecuniariamente.

Não parece também, por isso mesmo, que se possa argumentar contra a natureza pecuniária da prestação de imposto invocando que há casos em que o imposto consiste num facto ou numa actividade, como aconteceria no imposto do selo quando pago por meio de estampilhas fiscais: o cumprimento da obrigação verifica-se com a inutilização da estampilha e não com a sua aquisição[4]. Em termos financeiros, porém, o que importa é o que a estampilha representa em dinheiro, sendo a sua aquisição requisito prévio sem o qual não se pode verificar aquele cumprimento[5].

b) O imposto é uma prestação coactiva.
Trata-se de uma característica que se encontra traduzida na própria denominação imposto (o que também acontece noutros países: Espanha – *impuesto*; Itália – *imposta*; França – *impôt*).

eral government (central administration, state agencies, state and local governments)", esclarecendo-se, por um lado, que *"Taxes are unrequited in the sense that benefits provided by governments to taxpayers are not normally in proportion to their payments"* e, por outro, que esse termo não inclui *"fines unrelated to tax offences and compulsory loans paid to government"*. Cf. OECD, *Revenue Statistics (1965-2007)*, Paris, 2008, pág. 310.

[4] BRAZ TEIXEIRA, António, *Princípios de Direito Fiscal*, I vol., 3ª ed., Coimbra, Livraria Almedina, 1985, págs. 36 e 37. O facto de haver impostos que são apenas avaliáveis em dinheiro e não prestações em dinheiro faria com que devessem ser caracterizados como consistindo numa prestação patrimonial.

[5] Não se nos afigura também, por isso, relevante nesta perspectiva a construção de Alberto Xavier que considera os valores selados uma verdadeira moeda fiscal, "um meio de pagamento específico das obrigações tributárias, que o Estado emite a par da moeda legal para aquele fim determinado", verificando-se o cumprimento da obrigação não com a entrega da moeda legal mas com a entrega da moeda fiscal, que, no entanto, tem de ser previamente adquirida em troca de moeda legal. Cf. XAVIER, Alberto, *Manual de Direito Fiscal*, I, Lisboa, 1974, pág. 85.

Visa-se com ela significar que a obrigação de imposto é estabelecida na lei ou por força da lei. Assim, verificado o pressuposto de cuja ocorrência a lei faz depender o nascimento da obrigação de imposto, esta passa a ser exigida independentemente da vontade do contribuinte. É certo que da vontade dos particulares pode resultar o colocarem-se ou não no âmbito do facto gerador da obrigação fiscal. Só que uma vez este verificado a obrigação de imposto não mais está dependente dessa vontade. Por isso se diz que a ocorrência do facto gerador pode depender da vontade privada, mas a obrigação de imposto não, pois decorre da lei (é uma obrigação *ex lege*)[6].

O afirmar-se, porém, que o imposto é uma prestação coactiva não quer dizer que seja necessariamente indispensável usar da coercibilidade para a cobrar. Como veremos, a cobrança só é coerciva se o contribuinte não satisfizer o imposto no prazo do seu pagamento voluntário.

c) O imposto é uma prestação unilateral.

Sublinha-se, deste modo, que à prestação de imposto não corresponde qualquer contraprestação por parte da entidade dele beneficiária, o que permite distinguir o imposto de outras figuras afins: v.g. a taxa e o empréstimo forçado.

Assim, quando um particular satisfaz a obrigação de imposto nada recebe de específico em troca – limita-se a contribuir para o financiamento da actividade do ente que é destinatário dessa prestação. Nada pode exigir esse particular de concreto em consequência de ter satisfeito a sua obrigação. Diz-se, a este propósito, que, no caso do imposto, "não há qualquer correlação previamente definida e devidamente calculada entre a prestação do contribuinte e os serviços que lhe são postos à disposição pelas instituições públicas"[7].

d) O imposto é uma prestação a título definitivo.

Significa-se com esta característica que a prestação de imposto, quando devida, não dá direito a qualquer restituição ou reembolso ulterior a cargo do ente a quem é feita essa prestação. Deste modo se distingue o imposto

[6] SAINZ DE BUJANDA, Fernando, *Lecciones de Derecho Financiero*, Septima Edición, Madrid, Faculdad Derecho/Universidad Complutense, 1989, pág. 166.

[7] MEHL, Lucien e BELTRAME, Pierre, *Science et Technique Fiscales*, Paris, Presses Universitaires de France, 1984, pág. 75.

do empréstimo e da requisição administrativa. Os reembolsos ou restituições de impostos têm origem numa tributação indevida ou no pagamento de uma importância superior à devida.

e) O imposto é uma prestação sem carácter de sanção.

O imposto não tem carácter sancionatório, o que permite distinguir a respectiva prestação das sanções patrimoniais, como o confisco e a multa. Estas têm origem num facto ilícito e visam um fim preventivo e repressivo, o que não acontece com o imposto.

É certo que, hoje em dia, o imposto tem, muitas vezes, uma finalidade intervencionista, sendo instrumento ao serviço de uma determinada política económica e social, pelo que pode eventualmente desincentivar certas actividades ou situações tal como pode incentivar outras. É assim que, por exemplo, pode visualizar-se uma tributação que onere mais pesadamente uma actividade especialmente poluidora, de acordo com o princípio, cada vez mais aceite, do poluidor-pagador. Mas, nesses casos não se trata de sancionar qualquer acto ilícito mas apenas de retirar consequências fiscais mais gravosas de determinadas situações. Aliás, um imposto directamente sancionatório, por equivaler a uma punição automática por via legislativa, seria inconstitucional[8].

f) O imposto é uma prestação devida ao Estado ou outros entes públicos

É o chamado elemento subjectivo da definição de imposto: na esteira da concepção de Giannini, o imposto, tal como os outros tributos, é sempre devido a um ente público: para uns, com o significado de pessoa colectiva de direito público, para outros, de entidades que exercem funções públicas[9]. A Constituição Portuguesa utiliza, porém, a expressão "Estado e outras entidades públicas" (artº 103º, nº 1).

Veremos adiante, ao tratar do sujeito activo da obrigação fiscal, que formas assume a entidade a quem é devida a prestação de imposto. Para já, basta dizer que o Estado e as autarquias locais são os entes públicos a quem são devidos a maior parte dos impostos.

[8] SÁ GOMES, Nuno, *Lições de Direito Fiscal*, vol. I, Lisboa, Centro de Estudos Fiscais, 1993, págs. 69 e segs.

[9] GIANNINI, A. D., *Istituzioni di Diritto Tributario*, 9ª ed. (nuova ristampa), Milão, Dott. A. Giuffré Editore, 1974, pág. 56 e, por exemplo, BRAZ TEIXEIRA, António, *ob. cit.*, págs. 39 e 40 e SÁ GOMES, Nuno, *ob. cit.*, págs. 65 e segs. Cf. igualmente SOARES MARTINEZ, Pedro, *Direito Fiscal*, 7ª ed., Coimbra, Livraria Almedina, 1993, págs. 206 e segs.

Sublinhe-se ainda que o elemento subjectivo da definição de imposto se reporta apenas ao sujeito activo. Quanto aos sujeitos passivos, atenta a sua diversidade, nenhuma característica especial reveste a noção de imposto. Com efeito, estamos longe do "particular" que Jeze retinha como sujeito passivo único da obrigação fiscal. Hoje é pacífico que qualquer pessoa colectiva de direito público, incluindo o próprio Estado, pode ser devedor do imposto[10].

g) O imposto é uma prestação com vista à realização de fins públicos.
O objectivo tradicional do imposto é o de arrecadação de receitas para que os entes públicos delas beneficiários possam realizar as tarefas que lhes estão cometidas: é a chamada finalidade fiscal dos impostos.

O imposto é hoje, porém, também utilizado para a prossecução de outros objectivos para além da cobertura das despesas públicas – são as denominadas finalidades extra-fiscais dos impostos. Através delas o imposto é assumido como um instrumento de política, deixando, nessa medida, de ser neutro.

Dentro desta última perspectiva veremos, a propósito da política fiscal, que ao imposto podem ser consignados objectivos de política económica, da qual a política fiscal é parte integrante. Esses objectivos são múltiplos e nem sempre totalmente compatíveis entre si. Os mais frequentes são a redistribuição do rendimento e da riqueza, a regulação conjuntural e o desenvolvimento económico.

Pode até dizer-se que os dois tipos de finalidades – fiscais e extra-fiscais – estão simultaneamente presentes nos impostos: um imposto que vise predominantemente a obtenção de receitas não pode descurar a forma como se reparte pelos contribuintes e os demais efeitos económicos dele decorrentes; um imposto cujo objectivo assente primacialmente em razões extra-fiscais origina sempre também a cobrança de receitas para o ente público.

Assim, ao sublinhar-se nesta característica do imposto a realização de fins públicos tem-se em vista acentuar que actualmente o imposto não tem apenas propósitos de arrecadação de receitas, podendo até este aspecto não constituir a sua primeira razão de ser.

As finalidades fiscais e extra-fiscais do imposto estão, de algum modo, presentes na Constituição da República Portuguesa, que estabelece no nº 1 do seu artº 103º que "*o sistema fiscal visa a satisfação das necessidades finan-*

[10] Vejam-se a este propósito, por exemplo, a alínea *a*) do nº 1 do artº 2º do Código do IRC e o artº 2º do Código do IVA.

ceiras do Estado e outras entidades públicas e uma repartição justa dos rendimentos e da riqueza". Seria, porém, preferível uma referência expressa neste artigo a outras finalidades extra-fiscais do imposto, que uma leitura integrada da Constituição permite, aliás, atribuir-lhe[11].

[11] A este respeito é paradigmático o que se estabelece em Espanha na Ley General Tributaria, que no seu artº 2º menciona que *"los tributos, además de ser medios para obtener los recursos necesarios para el sostenimiento de los gastos públicos"* (que é qualificado como o seu *"fin primordial"*), *"podrán servir como instrumentos de la politica economica general y atender a la realización de los princípios y fines contenidos en la Constitución"*. Em Portugal, a Lei Geral Tributária (aprovada pelo Decreto-Lei nº 398/98, de 17 de Dezembro) não faz um enunciado das finalidades do imposto tendo em conta os amplos objectivos que através dele podem ser prosseguidos, limitando-se a estabelecer, no nº 1 do artº 5º, que *"a tributação visa a satisfação das necessidades financeiras do Estado e de outras entidades públicas e promove a justiça social, a igualdade de oportunidades e as necessárias correcções das desigualdades na distribuição do rendimento e da riqueza"*. No entanto, a Constituição da República enuncia expressamente a política fiscal a propósito da política do ambiente e da qualidade de vida [artº 66º, nº 2, alínea *h*)], da protecção da família [artº 67º, nº 2, alínea *f*)] e da criação e actividade das cooperativas (artº 85º, nº 2).

2. O Imposto e Algumas Denominadas Figuras Afins

Ao recortar a noção de imposto foram já assinaladas algumas das suas características que permitem distingui-lo, se for caso disso, de algumas das figuras que lhe são afins. É o que se fará relativamente a algumas das figuras que frequentemente são apresentadas como tendo afinidades com o imposto: a chamada contribuição especial, a taxa, o empréstimo forçado e as contribuições para a segurança social.

2.1. Contribuição especial

Segundo alguns autores – e também face a certa legislação estrangeira[12] – existe ainda, dentro dos tributos, uma outra figura para além do imposto e da taxa: a chamada contribuição especial, que constituiria um *tertium genius*, uma figura que faria a ponte entre o imposto e a taxa. Recorre-se para o efeito a um critério diferenciador de índole económico-financeira: a contribuição especial assentaria num benefício individualizado reflexamente derivado da actuação de um sujeito público (v.g. mais-valias prediais resultantes de uma obra pública, que dariam lugar a contribuições de melhoria) ou na necessidade de compensar um ente público por maiores despesas ocasionadas pelos particulares (v.g. o maior desgaste nas vias

[12] Assim, no Brasil, no artº 81º do Código Tributário Nacional, prevê-se a instituição de contribuições de melhoria "*para fazer face ao custo de obras públicas de que decorra valorização imobiliária, tendo como limite total a despesa realizada e como limite individual o acréscimo de valor que da obra resultar para cada imóvel beneficiado*" – cf. BARBOSA NOGUEIRA, Ruy, *Curso de Direito Tributário*, 5ª ed., São Paulo, Saraiva, 1980, págs. 165 e segs. Por sua vez, em Espanha, o artº 2º da Ley General Tributaria define contribuições especiais como os "*tributos cuyo hecho imponible consiste en la obtención por el obligado tributario de un beneficio o de un aumento de valor de sus bienes, como consecuencia de la realización de obras públicas o del establecimiento o ampliación de servicios públicos*".

de comunicação provocado por veículos com certo peso e determinadas características, o que daria lugar a contribuições para maiores despesas). Trata-se, porém, de figura que, embora exista no sistema fiscal português[13], não parece ter qualquer autonomia em relação aos impostos[14]. Aliás, face à definição de imposto que se adoptou, não há nenhuma característica diferenciadora entre impostos e contribuições especiais[15]. Quando muito, o que não chega para as autonomizar relativamente aos impostos, poderá dizer-se que nas contribuições especiais há "uma singular configuração do respectivo pressuposto de facto: em lugar de este ser provocado, como normalmente acontece, pelo contribuinte, é-o pela Administração"[16].

A Lei Geral Tributária (LGT) – nº 3 do artº 4º – vem expressamente considerar as contribuições especiais como impostos, aproveitando para dar delas uma definição, ao enunciar que as mesmas *"assentam na obtenção pelo sujeito passivo de benefícios ou aumentos de valor dos seus bens em resultado de obras públicas ou da criação ou ampliação de serviços públicos ou no especial desgaste de bens públicos ocasionado pelo exercício de uma actividade"*.

2.2. Taxa

Quer o imposto quer a taxa são tributos, constituindo, em regra, as principais receitas coactivas do Estado.

Uma primeira linha de distinção entre imposto e taxa baseia-se no critério financeiro clássico segundo o qual o imposto destina-se primordialmente ao financiamento dos serviços públicos indivisíveis (v.g., defesa nacional, diplomacia) enquanto que as taxas se destinam a cobrir, total ou parcialmente, serviços públicos divisíveis – aqueles que prestam utilidades ou vantagens individualizáveis.

[13] Com a designação de contribuições especiais existem no sistema fiscal português: contribuição especial relacionada com a Expo98 (Decreto-Lei nº 54/95, de 22 de Março, alterado pelo Decreto-Lei nº 43/98, de 3 de Março), contribuição especial relacionada com a nova ponte sobre o Tejo (Decreto-Lei nº 51/95, de 20 de Março) e contribuição especial relacionada com a CRIL, CREL, CRIP, CREP, Travessia ferroviária do Tejo e extensão do Metropolitano (Decreto--Lei nº 43/98, de 3 de Março), em todos os casos incidindo sobre a valorização dos terrenos situados em áreas beneficiadas por aqueles empreendimentos.

[14] Em Portugal, aliás, o Tribunal Constitucional decidiu que as contribuições especiais seguem o regime jurídico dos impostos – cf. Acórdão nº 277/86, de 8 de Outubro, in *Diário da República*, II série, de 17 de Dezembro de 1986.

[15] Desde sempre também na doutrina houve quem questionasse a autonomização das contribuições especiais face aos impostos – cf., por exemplo, BERLIRI, Antonio, *Principi di Diritto Tributario*, vol. I, Milão, Dott. A. Giuffré-Editore, 1952, págs. 209 e segs.

[16] CARDOSO DA COSTA, J. M., *Curso de Direito Fiscal*, 2ª ed., Coimbra, 1972, pág. 15.

Este critério é, porém, insuficiente. O elemento diferenciador retido pela generalidade da doutrina assenta no carácter bilateral da taxa e no carácter unilateral do imposto. Com efeito, enquanto o imposto é, como vimos, uma prestação unilateral, as taxas caracterizam-se pela sua bilateralidade, o que significa que, ao contrário do que acontece no imposto, há aí lugar a uma determinada contraprestação por parte do sujeito activo[17]. Essa contraprestação é de natureza individual, concretizando-se, em regra, numa vantagem ou utilidade para o sujeito passivo. Há, porém, taxas em que os particulares não obtêm qualquer benefício não sendo sequer eles que solicitaram a actividade pública que concretiza a contraprestação. Veja-se, por exemplo, o caso das taxas judiciais pagas pelo condenado em tribunal. As taxas revestem-se sempre, portanto, de um nexo sinalagmático, bem traduzido no facto que lhes dá origem em qualquer das suas modalidades habituais[18]:

- prestação de um serviço público (v.g. os serviços escolares, que dão origem às propinas, ou os serviços judiciais);
- utilização de bens do domínio público, quer pelo chamado uso privativo (v.g. a instalação de uma esplanada numa via pública) quer, quando devidas, pelo denominado uso comum (v.g. uma portagem numa ponte);
- remoção, por acto administrativo, de um limite jurídico à actividade dos particulares, que dá origem às chamadas licenças (v.g. licença de uso e porte de arma)[19].

Ainda que só casualmente se verifique, do ponto de vista económico, uma equivalência exacta entre o quantitativo da taxa e o custo da contra-

[17] Por todos veja-se SOUSA FRANCO, A. L., *Finanças Públicas e Direito Financeiro*, vol. II, 4ª ed, Almedina, Coimbra, 1992, págs. 63 e segs.

[18] Exactamente neste sentido o nº 2 do artº 4º da Lei Geral Tributária.

[19] Há, porém, quem distinga quando a remoção possibilita a utilização de um bem semipúblico – aí haveria uma taxa, e quando isso não acontece – aí o que existe é um imposto. Neste sentido, TEIXEIRA RIBEIRO, J.J., *"Noção jurídica de taxa"*, in *Revista de Legislação e Jurisprudência*, Coimbra, ano 117, Fevereiro de 1985, pág. 292, que escreve a propósito das licenças para ter cão ou de uso e porte de arma: "(...) a entidade pública aguarda que os particulares revelem a sua capacidade fiscal através do propósito de ter cão, de usar arma, de ir à caça, para lhes exigir o respectivo imposto". Cf. ainda MESQUITA PALHA, Maria Margarida, *"Sobre o conceito jurídico de taxa"*, in *Estudos comemorativos do XX aniversário do CEF*, vol. II, Lisboa, Centro de Estudos Fiscais, 1983, págs. 573-592 e PITTA E CUNHA, Paulo, XAVIER DE BASTO, J. G. e LOBO XAVIER, António, *"Os conceitos de taxa e de imposto – a propósito das licenças municipais"*, *Fisco*, ano 5, nºs 51-52, Fev-Mar/1993, págs. 3 e segs.

prestação recebida, existe sempre este entrelaçamento entre prestação e contraprestação[20].

Esta diferenciação das taxas relativamente ao imposto é válida qualquer que seja a resposta dada à questão abundantemente discutida na doutrina de saber se as taxas são ou não preços públicos e, sendo-o, como se traça então a distinção entre taxas e receitas patrimoniais. Para alguns autores, as taxas ao terem origem legal não podem confundir-se com os preços, que têm origem num contrato[21]. Para outros tratadistas, embora haja, por vezes, uma equiparação jurídica de certos preços de bens ou serviços às taxas, a distinção entre estas e as receitas patrimoniais está no facto de a taxa não ser o preço de um serviço prestado em regime de mercado[22]. Outros autores qualificam, porém, as taxas como preços autoritariamente fixados, já que as mesmas desempenham as funções dos preços ao repartirem pelos utentes o custo dos "serviços" ou ao limitarem a procura destes[23]. Outra linha de distinção está no facto de as taxas corresponderem, em regra, a bens ou serviços que são, por essência, da titularidade do Estado enquanto que nos preços isso não acontece, o que não significa que tenham necessariamente de cobrir o respectivo custo de produção (veja-se o caso dos preços políticos)[24].

Apesar de algumas zonas de fronteira poderem dar origem a dúvidas, a distinção entre taxa e imposto assenta, pois, na existência ou não de contraprestação nos termos que se assinalaram[25]. E trata-se de uma distinção da maior importância, designadamente por, na actualidade, as taxas não estarem sujeitas ao princípio da legalidade aplicável aos impostos – reserva absoluta da lei formal (veja-se adiante 8.2.1) quanto aos seus elementos essenciais (incidência, taxa, benefícios fiscais e garantias dos contribuintes)[26]. Apenas o regime geral das taxas constitui, depois da

[20] XAVIER, Alberto, *ob. cit.*, págs. 42 e segs.

[21] Cf., por exemplo, SAINZ DE BUJANDA, Fernando, *ob. cit.*, págs.172 e segs.

[22] SOUSA FRANCO, A.L., *ob. cit*, pág. 68.

[23] Cf., por exemplo, COSCIANI, Cesare, *Scienza delle Finanza*, 8ª ed., Torino, Unione Tipografico-Editore Torinese, 1979, pág. 381, que inclui as taxas nos preços políticos. Entre nós, veja-se TEIXEIRA RIBEIRO, J.J., *"Noção jurídica de taxa"*, págs. 289 e segs.

[24] XAVIER, Alberto, *ob. cit.*, págs. 53 e segs.

[25] Nem sempre a própria terminologia utilizada ajuda a efectuar uma distinção correcta: há impostos que aparecem designados por taxas (v.g. a extinta taxa militar) e taxas com a denominação de impostos (v.g. o imposto de justiça). Também para efeitos contabilísticos se pode criticar alguma falta de rigor: as taxas, relevadas na conta 6813 do Sistema de Normalização Contabilística (SNC), são consideradas uma subconta da conta 681 – Impostos.

[26] Isso explica a abundante doutrina e jurisprudência constitucional no domínio da distinção entre impostos e taxas. É exemplo da primeira, PAZ FERREIRA, Eduardo, *"Ainda a propósito da distin-*

revisão de 1997, uma reserva relativa de competência da Assembleia da República (artº 165º, nº 1, alínea *i*), da Constituição)[27].

2.3. Empréstimo público forçado

Embora ambos sejam prestações coactivas, enquanto o imposto é, como se viu, uma prestação unilateral e a título definitivo, o empréstimo forçado nem é unilateral (porque dá origem ao pagamento de juros) nem é feito a título definitivo (porque é, pela sua própria natureza, reembolsável ou amortizável).

Não se pode argumentar que, pelo facto de o Estado não honrar os seus compromissos, através do reembolso ou amortização do empréstimo, este perde a sua natureza – o que existe então é uma situação de incumprimento por parte do Estado.

Em termos económicos, pode, porém, acontecer que exista uma parcela de imposto implícita no empréstimo forçado designadamente quando as respectivas condições de remuneração não são as correntes no mercado[28].

2.4. Contribuições para a segurança social

As contribuições para a segurança social fazem parte do que se costuma designar por tributos parafiscais ou parafiscalidade, para aludir a determinadas prestações coactivas que têm a ver com a assunção por parte do

ção entre impostos e taxas: o caso da taxa municipal devida pela realização de infraestruturas urbanísticas", in *Ciência e Técnica Fiscal*, nº 380, Out-Dez/1995, págs. 57-84. Quanto à segunda veja-se, por todos, o Acórdão do Tribunal Constitucional de 15 de Novembro de 1995 (Acórdão nº 640/95) relativo à constitucionalidade da Portaria nº 351/94, de 3 de Junho, quanto às portagens da ponte sobre o Tejo, in *Ciência e Técnica Fiscal,* nº 380, Out-Dez/1995, págs. 253-296. Cf. ainda CASALTA NABAIS, *"Jurisprudência do Tribunal Constitucional em Matéria Fiscal"*, in *Estudos sobre a Jurisprudência do Tribunal Constitucional,* Aequitas-Editorial Notícias, Lisboa, 1993, págs. 254 e segs e, dando, nomeadamente, uma visão geral sobre a caracterização jurisprudencial do conceito de taxa, SALDANHA SANCHES, J. L. e TABORDA DA GAMA, João, *"Taxas municipais pela ocupação do subsolo"*, in *Fiscalidade*, nºs 19/20, Julho-Setembro/Outubro-Dezembro 2004, págs. 5-43.

[27] Apesar disso, a ausência de um regime geral de taxas tem levado alguns autores a questionar se não se estará, por isso, perante uma inconstitucionalidade por omissão – cf. PAZ FERREIRA, Eduardo, *Em Torno das Constituições Financeira e Fiscal e dos Novos Desafios na Área das Finanças Públicas,* Lisboa, Associação Académica da Faculdade de Direito, 2001, págs. 34 e 35. Entretanto, foi publicada a Lei do Regime Geral das Taxas das Autarquias Locais – Lei nº 53-E/2006, de 29 de Dezembro.

[28] SHOUP, Carl S., *Public Finance*, Londres, Weidenfel and Nicolson, 1969, págs. 425 e segs. e, entre nós, CAVACO SILVA, A., *"A teoria do empréstimo público forçado"*, in *Economia*, Lisboa, vol. IV, nº 2, Maio de 1980, págs. 243-269. Crítica, porém, desta posição pode ver-se em TEIXEIRA RIBEIRO, J.J., *Lições de Finanças Públicas*, 5ª ed., Coimbra, Coimbra Editora, 1995, págs. 200 e 201.

Estado moderno de novas funções económicas e sociais[29]. Trata-se de receitas que fogem, de algum modo, às regras que disciplinam os impostos e que são consignadas às entidades públicas que prosseguem aquelas finalidades em substituição da acção directa do Estado.

Tem havido alguma controvérsia na doutrina sobre a natureza jurídica das contribuições para a segurança social, que, entre nós, no respectivo regime geral, incluem uma parte que incide legalmente sobre a entidade patronal e outra parte que recai sobre os trabalhadores.

Esta dicotomia é assumida por alguns autores como relevante para efeitos da respectiva qualificação jurídica, enquanto que, para outros, seguindo um critério monista, atribuem a mesma natureza a essas duas parcelas. Nestes últimos há quem qualifique as contribuições para a segurança social como uma taxa[30] e há quem as caracterize como prémio de seguro de direito público, atendendo ao elemento aleatório da prestação que pode ser recebida como contrapartida[31]. Quanto à qualificação como taxa, que tem sido objecto de contestação pela generalidade da doutrina, verifica-se que não se encontram reunidos os requisitos enunciados a propósito da contraprestação ínsita na noção de taxa, não se podendo até falar de qualquer contraprestação na parte das contribuições que incidem sobre a entidade patronal. No que respeita à caracterização como prémio de seguro de direito público, a mesma é problemática no tocante à parte que cabe à entidade patronal pois não há lugar a qualquer contraprestação, ainda que aleatória, em benefício do empregador. Parece, por isso, mais adequado qualificar as contribuições para a segurança social como prémio de seguro de direito público na parte correspondente às contribuições dos trabalhadores e como imposto na parte respeitante às contribuições da entidade patronal[32].

Mau grado esta polémica, no plano jurídico, quanto à caracterização das contribuições para a segurança social, a tendência mais recente, baseada no facto de a Constituição configurar o direito à segurança social como

[29] SOUSA FRANCO, A. L., *ob. cit.*, págs. 73 e segs. Além das contribuições para a segurança social integravam os tributos parafiscais as chamadas taxas para organismos de coordenação económica, que foram extintas com a adesão de Portugal à Comunidade Económica Europeia.

[30] SÉRVULO CORREIA, J. M., *"Teoria da relação jurídica do seguro social"*, in *Estudos Sociais e Corporativos*, ano VII, 1968, nº 27, págs. 300 e segs.

[31] XAVIER, Alberto, *ob. cit.*, págs. 66 e segs.

[32] Neste sentido, BRAZ TEIXEIRA, António, *"Natureza jurídica das contribuições para a previdência"*, in *Estudos comemorativos do XX aniversário do CEF*, vol. I, Lisboa, Centro de Estudos Fiscais, 1983, págs. 45-61 e Sá GOMES, Nuno, *ob. cit.*, págs. 318 e segs.

um direito de todos os cidadãos (artº 63º, nº 1), abrangendo mesmo os que para ela não contribuíram e também no facto de a legislação reguladora destas contribuições ter acentuado o seu carácter tributário, é qualificá-las, na totalidade, como impostos, estando, por isso, abrangidas pelo princípio da legalidade tributária sob a forma de reserva de lei formal. Nesse sentido, entre outros, pode ver-se o Acórdão do Supremo Tribunal Administrativo de 3 de Dezembro de 1997 (Recurso nº 21343)[33].

Já no plano económico-financeiro nenhuma dúvida subsiste quanto ao seu tratamento como impostos. Com efeito, o facto de as respectivas receitas estarem consignadas a determinados fins específicos não parece decisivo para, nesta perspectiva, lhes atribuir natureza diferente dos impostos, podendo também ser posto em causa, em grande parte dos casos, o sistema de reserva ou capitalização inicialmente delineado para sustentar as pensões de reforma e de sobrevivência – e com ele a técnica de seguro que lhe está subjacente –, que permitia ligar os benefícios individuais às contribuições individuais[34].

Aliás, nas classificações internacionais dos impostos incluem-se normalmente as contribuições para a segurança social, como condição indispensável para se poderem fazer comparações entre os vários países quanto à estrutura fiscal e ao nível da fiscalidade. É, assim, que, para a OCDE, as contribuições para a segurança social que tenham uma natureza obrigatória, pagas a entidades públicas, são tratadas como receitas fiscais, estando incluídas na correspondente classificação dos impostos[35]. Esta assimilação

[33] Sobre esta matéria veja-se FREITAS PEREIRA, M.H., *"Relações entre a tributação dos rendimentos do trabalho dependente e as contribuições para a segurança social – a experiência portuguesa"*, in *Tributação do trabalho dependente – relações com as contribuições para a segurança social*, Porto, Vida Económica, 2000, págs. 9-31. Veja-se ainda JAMES, Simon e NOBES, Christopher, *The Economics of Taxation*, 7th ed., London, Pearson Education Limited, 2000, pág. 11.

[34] Para maiores desenvolvimentos veja-se XAVIER DE BASTO, J. G., *"Para uma análise fiscal das contribuições para a segurança social"*, in *Desenvolvimento Regional*, Coimbra, 2º semestre de 1983, nº 17, págs. 9-29.

[35] OCDE, *Statistiques des recettes publiques des pays membres de l'OCDE*, Paris, 1998, págs. 54 e segs. Nessa classificação, às contribuições para a segurança social corresponde o grupo 2000, que se encontra subdividido em contribuições a cargo dos empregados (2100), contribuições a cargo dos empregadores (2200) e contribuições dos trabalhadores independentes (2300). Nas contribuições para a segurança social estão incluídas as prestações obrigatórias:

a) Efectuadas a favor de entidades públicas que forneçam prestações sociais;
b) Calculadas com base em remunerações, salários ou número de trabalhadores;
c) Afectas à cobertura das prestações de segurança social;
d) Efectuadas pelas pessoas seguras ou seus empregadores.

ganha ainda maior justificação face à tendência que se tem verificado em certos países, designadamente do norte da Europa, no sentido de integrar o imposto pessoal de rendimento e as contribuições para a segurança social de modo a contrariar o efeito regressivo, em termos de equidade, que delas pode resultar[36].

[36] OCDE, *La fiscalité dans les pays développés*, Paris, 1987, págs. 74 e 75.

3. Estrutura e Dinâmica do Imposto

Caracterizado o imposto, importa analisar os seus elementos constitutivos, a sua estrutura e bem assim o conjunto de operações que permitem a sua aplicação aos casos concretos, a sua dinâmica.

3.1. Facto gerador do imposto. A incidência de um imposto

3.1.1. Um imposto pressupõe a existência de um facto tributário, definido como tal numa lei e que uma vez verificado faz nascer a respectiva obrigação (cf. nº 1 do artº 36º da LGT)[37]. Esse facto constitutivo da obrigação de imposto costuma ser designado por *facto gerador do imposto ou pressuposto de facto da obrigação de imposto*[38]. A doutrina distingue dois elementos constitutivos do facto gerador do imposto: o elemento objectivo e o elemento subjectivo. O elemento objectivo é integrado pelo próprio facto tributário considerado em si mesmo, independentemente da sua ligação a um sujeito[39]; o elemento subjectivo, por sua vez, é o que relaciona determinado sujeito passivo do imposto com o referido elemento objectivo. Em vez de

[37] Sem facto tributário não há obrigação de imposto. Daí que basta que num processo de impugnação resulte da prova produzida "fundada dúvida" sobre a sua existência para que o acto de liquidação do imposto tenha de ser anulado – cf. artº 100º, nº 1, do Código de Procedimento e de Processo Tributário (CPPT).

[38] Neste sentido, o Código Tributário Nacional Brasileiro – artº 114º – define facto gerador da obrigação principal como a situação definida em lei como necessária e suficiente à sua ocorrência. E, em Espanha, a "Ley General Tributaria" – artº 20º – conceitua "*hecho imponible*" como sendo "*el pressupuesto fijado por la ley para configurar cada tributo e cuya realización origina el nacimiento de la obligación tributaria principal*".

[39] XAVIER, Alberto, *Manual de Direito Fiscal*, vol. I, Lisboa, 1974, pág. 249.

pressuposto do imposto, no singular, integrado por diversos elementos, há quem prefira falar de vários pressupostos tributários, de cuja conjugação resulta o vínculo tributário, sendo então o respectivo facto constitutivo dado por essa mesma conjugação[40]. Parece, porém, preferível a designação no singular – tal como o faz, entre nós, a epígrafe do artº 1º do Código do IRC – sendo o pressuposto o resultado da aglutinação dos seus diversos elementos[41].

No *elemento objectivo* do facto gerador do imposto, a doutrina costuma distinguir quatro aspectos:

- o aspecto material;
- o aspecto espacial;
- o aspecto temporal; e
- o aspecto quantitativo.

O *aspecto material* do elemento objectivo é-nos dado pela própria materialidade objectiva do facto tributário, que, hoje em dia, deve estar geralmente associada a uma manifestação da capacidade contributiva. Têm sido considerados elementos materiais[42]:

- uma situação, acontecimento ou fenómeno de natureza económica (v.g., a percepção de um rendimento);
- um acto ou negócio jurídico (v.g., uma compra e venda);
- o estado, situação ou qualidade de uma pessoa (é esse o facto tributário num imposto de capitação).

É tendo por base este aspecto material que os factos geradores de imposto são classificados em simples ou complexos, genéricos ou específicos. São simples os factos constituídos por um único elemento material

[40] SOARES MARTINEZ, Pedro, *ob. cit.*, págs. 174 e segs.

[41] Neste sentido, por exemplo, SAINZ DE BUJANDA, Fernando, *ob. cit.*, págs. 193 e segs., XAVIER, Alberto, *ob. cit.*, págs. 247 e segs. e PIRES, Manuel, *Da dupla tributação jurídica internacional sobre o rendimento*, Lisboa, Centro de Estudos Fiscais, 1984, pág. 350. Interessante é a construção de ATALIBA que, usando a expressão "hipótese de incidência" para se referir à descrição legal do facto tributário, a ela se refere como una e indivisível apesar de possuir vários aspectos (pessoal, material, temporal e espacial), cuja consideração não implica, porém, a sua decomposição em "partes" ou "elementos". Cf. ATALIBA, Geraldo, *Hipótese de Incidência Tributária*, 2ª ed., São Paulo, Editora Revista dos Tribunais, 1978, págs. 78 e segs.

[42] XAVIER, Alberto, *ob. cit.*, pág. 250.

(v.g., a realização de um certo negócio jurídico); são complexos os integrados por uma multiplicidade de elementos materiais unidos de tal modo que formam uma unidade objectiva (v.g., a percepção do rendimento cujas componentes se produzem de forma progressiva e sucessiva no tempo). São genéricos aqueles que aparecem configurados de uma forma genérica, de tal modo que é necessário um processo ulterior de especificação ou individualização dos casos que são abrangidos (v.g., a obtenção do rendimento, que obriga a definir as componentes do rendimento); são específicos os que são configurados de uma forma especializada pelo que não carecem daquele processo de especificação ou individualização (v.g., a obtenção de um dividendo).

O *aspecto espacial* refere-se à conexão do facto tributário com um determinado território, o que apela para os chamados elementos de conexão de territorialidade, matéria que estudaremos a propósito da aplicação da lei fiscal no espaço, problemática que assume cada vez mais importância dado que são em número crescente os factos que se produzem em mais do que um espaço fiscal, dando lugar a problemas de dupla tributação internacional e evasão fiscal internacional[43].

O *aspecto temporal* está relacionado com a dimensão no tempo do facto tributário: o lapso de tempo em que se verifica. E há factos que são instantâneos, verificando-se num lapso muito delimitado de tempo (v.g., uma compra) enquanto que há outros que são duradouros na medida em que se prolongam no tempo de uma forma continuada e ininterrupta (v.g., a percepção de um rendimento), de tal modo que a lei tem necessidade de fraccionar esses factos em períodos de tempo (períodos de tributação) para fazer corresponder a cada um deles uma obrigação tributária distinta. Em qualquer dos casos há necessidade de precisar na lei de que modo se concretiza no tempo o facto tributário, o que envolve a definição do momento relevante para a qualificação de determinada situação como tendo consequências fiscais: no caso, por exemplo, de um rendimento será a data do seu vencimento, a data da sua colocação à disposição ou a data do seu recebimento[44]?

[43] Certos autores negam a existência deste aspecto no facto gerador do imposto, dado que a conexão do facto tributário com um certo território é feita através de normas de conflitos unilaterais. Cf., por exemplo, XAVIER, Alberto, *ob. cit.*, pág. 253.

[44] Para maiores desenvolvimentos FREITAS PEREIRA, M. H., *A periodização do lucro tributável*, Lisboa, Centro de Estudos Fiscais, 1988.

O *aspecto quantitativo* do elemento objectivo do facto tributário é o que lhe dá uma expressão quantitativa – permite efectuar uma medição do aspecto material anteriormente referido.

É aqui que, no domínio empresarial, desempenha um papel essencial a contabilidade. Com efeito, esta tem por finalidade primeira o conhecimento da situação patrimonial e dos resultados (lucros ou prejuízos) das entidades a que respeita. A contabilidade é, afinal, um instrumento de medida e de representação económica e financeira – capta uma realidade e tradu-la de acordo com princípios específicos, oferecendo informação sobre essa realidade. Assim sendo, se a tributação visa captar a realidade económica constituída pelo lucro, pelo património ou pela despesa, é natural que a contabilidade tenha aqui um papel de mediação, ou seja forneça a base conceptual para o recorte operacional desse lucro, desse património ou dessa despesa[45].

O *elemento subjectivo* do facto gerador do imposto é, como se disse, o que permite associar determinadas pessoas ou entidades ao elemento objectivo, que, por isso, adquirem a qualidade de sujeitos passivos do imposto.

3.1.2. O facto gerador do imposto integra as chamadas normas de incidência, sendo de distinguir dentro desta a *incidência real* (associada ao elemento objectivo daquele facto gerador e que, em termos simples, corresponde à resposta à questão: o que está sujeito a imposto?) e a *incidência pessoal* (respeitante ao elemento subjectivo do mesmo facto e que, em termos também simples, dá resposta à interrogação: quem está sujeito a imposto?).

A incidência, enquanto descrição legal do facto tributário, integra ainda as normas que regulam a quantificação deste (o referido aspecto quantitativo do elemento objectivo do facto gerador do imposto) e que, na generalidade dos códigos tributários, fazem parte do que se convencionou designar por determinação da matéria colectável, que engloba igual-

[45] Os dados e apuramentos feitos com base na contabilidade, quando esta estiver organizada de acordo com a legislação comercial e fiscal, têm, aliás, uma presunção de veracidade – artº 75º, nº 1, da LGT – cabendo em geral à administração fiscal o ónus de provar que os mesmos não correspondem à verdade. Sobre as condições que a contabilidade deve reunir para ter relevância fiscal, designadamente quanto aos registos e documentos justificativos que a suportam, veja-se FREITAS PEREIRA, M. H., "*Relevância, em termos de apuramento do lucro tributável, de documentos internos justificativos de compras de existências*", in *Ciência e Técnica Fiscal*, nº 365, Jan-Mar/1992, págs. 343-352.

mente disposições destinadas a enquadrar a determinação em concreto dessa matéria colectável.

Deverá ainda referir-se que quer o elemento objectivo quer o elemento subjectivo do facto gerador do imposto ou pressuposto de facto da obrigação de imposto podem ser descritos quer pela positiva quer pela negativa. Neste último caso procede-se a uma *delimitação negativa da incidência*, que dá origem a situações de não sujeição[46]. Não se confundem com estas as *isenções*, que se referem a situações que são abrangidas pelas regras de incidência, e nesse sentido estão sujeitas a imposto, mas que um facto autónomo impede que sejam tributadas. E conforme este facto autónomo se refira ao elemento objectivo ou ao elemento subjectivo do facto tributário assim estaremos perante *isenções objectivas* (ou *reais*) ou *isenções subjectivas* (ou *pessoais*)[47]. As isenções fazem parte de uma figura mais ampla, que estudaremos adiante – *os benefícios fiscais*.

3.1.3. A incidência pessoal acima descrita resulta da lei e é, por isso, uma *incidência legal*. Mas, mais importante do que esta, para efeitos da análise económica, é a *incidência económica*, ou seja a indagação de quem suporta efectivamente o imposto. Fala-se, a propósito, de *distribuição inicial* e *distribuição final* da carga fiscal[48]. A distribuição inicial visualiza quem é atingido inicialmente pelo imposto – o *contribuinte de direito*, a pessoa descrita na lei como sendo o respectivo sujeito passivo. Este, no entanto, encontra-se, frequentemente, em condições de transferir, no todo ou em parte, a respectiva carga fiscal para outrem – o *contribuinte de facto*. A esta transferência dá-se o nome de *repercussão*. Uma vez concluído este processo – que pode durar mais ou menos tempo[49] – atinge-se a distribuição final do

[46] Veja-se a este respeito, por exemplo, o artº 12º do Código do IRS e o artº 7º do Código do IRC. Aliás, em Espanha, a "Ley General Tributaria" prevê expressamente – nº 2 do artº 20º – que *"la ley podrá completar la delimitación del hecho imponible mediante la mención de supuestos de no sujeción"*.

[47] Sirva de exemplo o artº 9º do Código do IRC. As pessoas aqui enumeradas são sujeitos passivos de IRC nos termos do artº 2º do respectivo Código pelo que em relação a elas, quando se verifiquem os demais elementos do pressuposto do imposto, nasce a correspondente obrigação fiscal. Só que a eficácia dessa sujeição é prejudicada porque o artº 9º as declara isentas, nas condições no mesmo enunciadas. E como o facto isento é definido em função dos sujeitos passivos, estamos perante uma isenção subjectiva.

[48] Cf., por exemplo, PINTO BARBOSA, A. S., *Economia Pública*, Lisboa, McGraw-Hill, 1997, págs. 137 e 138.

[49] Em muitos casos, em termos financeiros, a repercussão opera-se mesmo antes da entrega do imposto ao Estado pelo contribuinte de direito.

imposto, ou seja a incidência económica, que é a decisiva para verificar se foi cumprido o princípio da capacidade contributiva.

A repercussão só pode dar-se, obviamente, através de variações dos preços[50]. Umas vezes, as mais frequentes, é o vendedor, contribuinte de direito, que repercute o imposto para o comprador, contribuinte de facto. Tem-se, nesse caso, a *repercussão para diante* ou *repercussão progressiva*. É o que acontece no caso do imposto sobre o valor acrescentado (IVA): o vendedor de uma mercadoria, que é o sujeito passivo de IVA, cujo preço é de € 1000 tem de liquidar esse imposto fazendo incidir sobre aquele preço a taxa de 23% ou seja € 230. Se a mercadoria for vendida ao comprador por € 1230 então é este e não o vendedor quem suporta efectivamente o imposto – é em relação a ele que se dá a incidência económica daquele imposto. Mas, outras vezes, o imposto transfere-se do comprador para o vendedor através da baixa de preços. Tem-se então a *repercussão para trás* ou *repercussão regressiva*. Suponha-se, por exemplo, o caso das contribuições para a segurança social a cargo da entidade patronal. Como o que interessa para as empresas é o encargo total com a mão de obra, se por virtude da existência deste imposto os salários forem menores do que seriam na sua ausência, então pode dizer-se que aquelas contribuições foram, total ou parcialmente, repercutidas sobre os trabalhadores.

Dando-se a repercussão através de variações dos preços, ela depende afinal dos factores que influenciam estes, nos quais se destaca a *estrutura de mercado* e as *elasticidades da oferta e da procura*[51].

Suponha-se um mercado em regime de concorrência. No gráfico abaixo (Figura 1), em que se apresentam as curvas da oferta e da procura, é bem visível que uma dada situação de equilíbrio (E_0) antes de imposto, dá origem, com a introdução de um imposto, a uma nova situação de equilíbrio (E_1) em que o produtor não consegue vender a um preço (P_1) que corresponda ao preço anterior acrescido do imposto. Na nova situação de equilíbrio, o preço sobe (P') mas por um montante inferior a esse. O imposto vai repercutir-se em parte sobre o produtor e em parte sobre o consumidor.

[50] TEIXEIRA RIBEIRO, J.J., *ob. cit.*, págs. 374 e segs.

[51] Para maiores desenvolvimentos veja-se, por exemplo, MUSGRAVE, Richard A. e MUSGRAVE, Peggy B., *Public Finance in Theory and Practice*, 3rd ed., New York, McGraw-Hill, 1980, págs. 280 e segs. e STIGLITZ, Joseph E., *Economics of Public Sector*, 2nd ed., New York, W.W. Norton & Company, 1988, págs. 411 e segs.

FIGURA 1

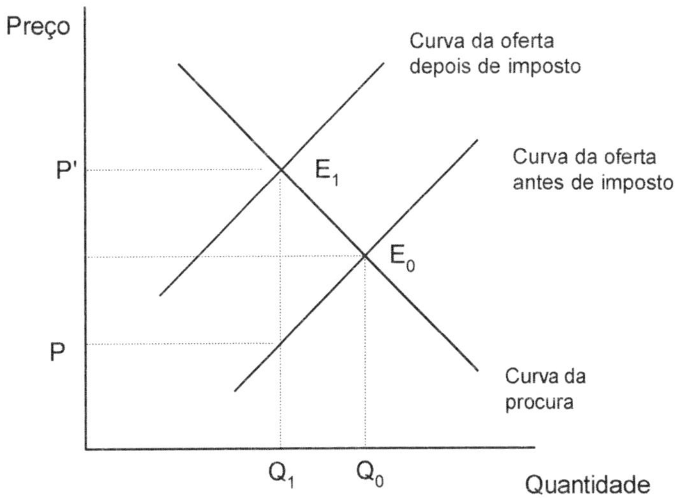

A proporção em que o imposto é repercutido sobre o consumidor depende, assim, da elasticidade da oferta e da procura, podendo dar-se duas situações limite. No caso de uma oferta totalmente elástica (Figura 2) e de uma procura totalmente inelástica (Figura 3), a repercussão é total – o encargo do imposto é totalmente transferido do produtor para o consumidor.

FIGURA 2

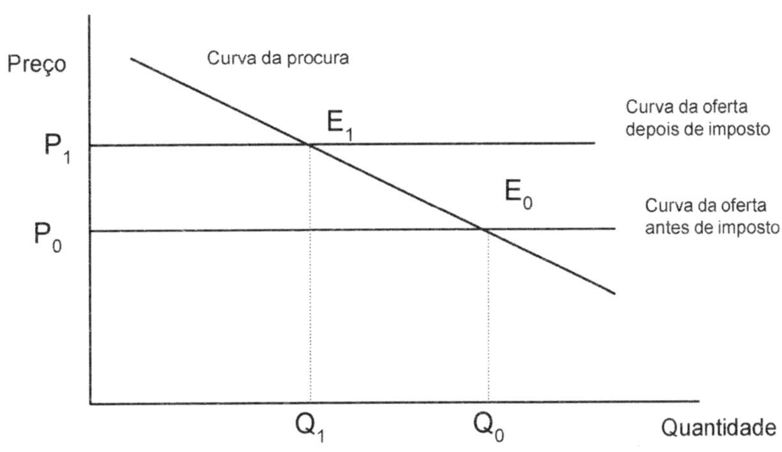

Figura 3

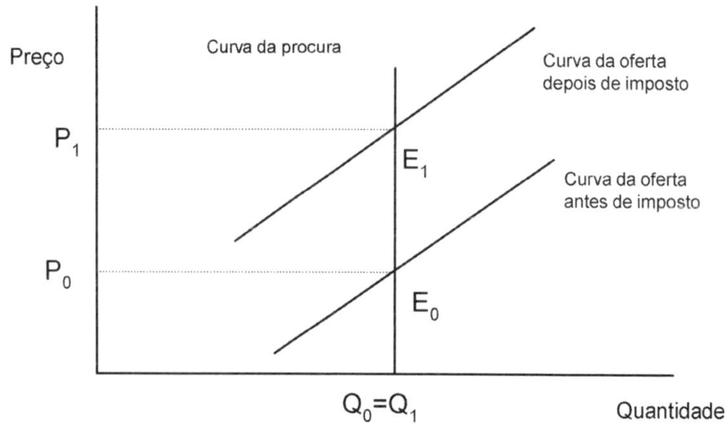

Por isso se diz que, *ceteris paribus*, a repercussão varia na razão directa da elasticidade da oferta e na razão inversa da elasticidade da procura. Ou, dito de outro modo: "o lado do mercado (procura ou oferta) relativamente mais elástico é o que fica, em termos de incidência económica, comparativamente menos penalizado"[52].

3.2. Matéria colectável, taxas e colecta

Definido o facto gerador do imposto assim como as isenções, estão reunidos os elementos que, em termos de determinação do seu montante, permitem a quantificação da base tributável.

Esta base tributável, tal como resulta da incidência real do imposto, nem sempre constitui a *matéria colectável*, pois àquela são efectuadas deduções e abatimentos, alguns dos quais se integram na já referida figura dos benefícios fiscais.

O cálculo do imposto pressupõe, por outro lado, regra geral, a aplicação de uma *taxa*. Só assim não é, quando se está perante um imposto em que a lei fixa o respectivo valor numa certa importância – os chamados impostos de quota fixa.

Aplicada a taxa à matéria colectável obtém-se a *colecta*. A colecta pode, contudo, não representar o imposto a pagar e isso porque pode haver lugar a agravamentos ou a desagravamentos, que são os mais frequentes, as cha-

[52] PINTO BARBOSA, A. S., *ob. cit.*, pág. 139. Veja-se igualmente, com muito interesse, TRIGO PEREIRA, Paulo. AFONSO, António, ARCANJO, Manuela e GOMES DOS SANTOS, José Carlos, *Economia e Finanças Públicas*, 3ª ed., Lisboa, Escolar Editora, 2009, págs. 232 e segs.

madas deduções à colecta, grande parte das quais são constituídas por benefícios fiscais que assumam esta modalidade.

Base tributável
- Deduções e abatimentos à base tributável
= Matéria colectável
x Taxa
= Colecta
- Deduções à colecta
= Imposto a pagar

O imposto (I), em termos de montante a pagar, é, deste modo, uma função que geralmente depende de vários factores, dos quais se destacam a base tributável (BT) e a taxa (t):

$$I = I\,(BT, t, \alpha, \beta, \gamma, \ldots)$$

onde α, β, γ são parâmetros que também contribuem para a definição do montante a pagar, designadamente as deduções à base tributável e as deduções à colecta, pelo que todos são elementos essenciais para esse efeito e como tal devem ser encarados numa perspectiva de legalidade da tributação.

3.2.1. Dado que nem sempre a matéria colectável coincide com a base tributável e o imposto a pagar com a colecta, importa distinguir entre *taxa nominal* ou *estatutária* de tributação e *taxa efectiva* de tributação. A primeira é a definida na lei e que, aplicada à matéria colectável, permite determinar a colecta. A segunda é a que resulta da relação entre imposto a pagar e um indicador da base tributável, sendo sempre muito importante precisar a que grandeza se reporta o cálculo da taxa efectiva[53].

[53] Ao nível internacional, é possível, de acordo com NICODÈME, agrupar em três grupos principais os estudos que na literatura económica têm sido consagrados ao cálculo das **taxas efectivas de tributação**:

a) Num primeiro grupo, que se pode designar por estudos macro retrospectivos ("*macro backward-looking studies*"), as taxas efectivas resultam da relação entre receitas fiscais efectivas e variáveis macro-económicas relevantes das contas nacionais. É deste tipo a metodologia conhecida pela designação AETRs ("*average effective tax rates*"), que conduz à determinação de

Suponha-se que uma empresa tem um resultado contabilístico de 10 000. A base de tributação de um imposto sobre os lucros das empresas tem obviamente como ponto de referência esse resultado. Só que a matéria colectável é, geralmente, determinada fazendo correcções positivas e negativas a esse resultado (veja-se adiante ponto 6.1.2.), designadamente para ter em conta benefícios fiscais que operem por dedução à base tributável (v. g., englobamento parcial de rendimentos por virtude de isenção). E daí que aquele resultado contabilístico possa dar lugar, por exemplo,

cinco "tax ratios": rendimento pessoal, rendimento do trabalho, rendimento do capital, rendimento das sociedades e consumo, a qual foi apresentada em MENDOZA, Enrique G., RAZIN, Assaf e TESAR, Linda, *"Computing Effective Tax Rates on Factor Incomes and Consumption: An International Macroeconomic Perspective"*, CEPR Discussion Paper 866, London, Centre for Economic Policy Research, 1994 e posteriormente actualizada e desenvolvida em CAREY, David, e TCHILINGUIRIAN, Harry, *Average Effective Tax Rates on Capital, Labour and Consumption*, OECD - Economics Department Working Papers Nº 258, Paris, 2000.

b) Num segundo grupo, que se pode designar por estudos micro previsionais (*"micro forward-looking studies"*), calculam-se taxas efectivas de tributação considerando projectos de investimento específicos, com diferentes fontes de financiamento, calculando-se a EMTR (*"effective marginal tax rate"*) ou a EATR (*"effective average tax rate)*. É deste tipo a abordagem usada em KING, Mervyn A. e FULLERTON, Don, *The Taxation of Income from Capital*, Chicago, University of Chicago Press, 1984 e em DEVEREUX, Michael e GRIFFITH, Rachel, *The Taxation of Discrete Investment Choices*, London, Institute for Fiscal Studies Working Paper, 1998.

c) Num terceiro grupo de estudos, que se pode designar por estudos micro retrospectivos (*"micro backward-looking studies"*), usam-se as demonstrações financeiras das empresas para delas derivar a tributação efectiva que sobre elas incide. É deste tipo a metodologia utilizada em BUIJINK, Willem, JANSSEN, Boudewijn e SCHOOLS, Yvonne, *Corporate Effective Tax Rates in the European Union*, Maastricht, Maastricht Accounting and Auditing Research and Education Center, April 1999.

Para uma análise comparativa veja-se NICODÈME, Gaëtan, *Computing effective corporate tax rates: comparison and results*, EU Economic Paper, Number 153, June 2001. Veja-se igualmente OECD, *Tax Ratios - a critical survey*, Tax Policies Studies Nº 5, Paris, OECD, 2001.

Em Portugal, as estatísticas oficiais apresentam a taxa efectiva de IRS como sendo dada pela relação entre o total de IRS liquidado e o rendimento bruto declarado e a taxa efectiva de IRC como sendo expressa pela relação entre, por um lado, a soma do IRC liquidado corrigido, a reposição de benefícios fiscais e as tributações autónomas e, por outro, a soma da matéria colectável isenta, matéria colectável não isenta e benefícios fiscais por dedução ao rendimento. Estudos empíricos sobre a realidade portuguesa, incluindo taxas efectivas de tributação, podem ver-se, quanto ao IRS, em REIS, Hélder, *Modelo Tax-Benefit (MIRS) - Análise descritiva ao IRS*, Documento de Trabalho nº 23, da Direcção-Geral de Estudos e Previsão do Ministério das Finanças, Lisboa, Outubro de 2001; quanto ao IRC, em OLIVEIRA, Jorge, MONTEIRO, Fernanda e SANTOS, João, *Modelo de simulação do imposto sobre as sociedades (MOSIS) - Análise do IRC*, Documento de Trabalho nº 34, da Direcção-Geral de Estudos e Previsão do Ministério das Finanças, Lisboa, Dezembro de 2003.

a uma matéria colectável de 7 000. É sobre esta matéria colectável que vai incidir a taxa nominal ou estatutária de imposto, por hipótese de 30%, o que dá uma colecta de 2100. Esta colecta pode ainda ser diminuída através de deduções à colecta, para, designadamente, reflectir benefícios fiscais que operem segundo esta modalidade (v.g., crédito fiscal por investimento), pelo que o imposto a pagar pode ser apenas, por exemplo, de 1000. E aí está como, tomando por referência o resultado contabilístico, a taxa efectiva de tributação é apenas de 10%[54].

A importância na análise fiscal desta taxa efectiva é por demais evidente, sendo com base nela que se podem fazer estudos sobre a influência da fiscalidade nas decisões económicas e comparações internacionais que permitam aferir a competitividade dos sistemas fiscais.

Assim, dado que constituem uma combinação de elementos referentes à taxa nominal e à base tributável, as taxas efectivas de tributação são um importante instrumento de análise das políticas fiscais.

Com efeito, a concorrência fiscal internacional, que a globalização económica tem proporcionado, ultrapassa a simples consideração das taxas nominais ou estatutárias para atender também às taxas efectivas. AUERBACH *et al*, em estudo recente[55], consideram que a concorrência fiscal internacional se faria:

- através das taxas nominais para atrair lucros;
- através das taxas médias efectivas para atrair empresas;
- através das taxas marginais efectivas para atrair investimentos.

Importa, assim, ter em conta o papel das taxas efectivas.

[54] Está, aliás, aqui a explicação para o facto de o "Imposto sobre o rendimento do período" relevado, por estimativa, na conta 812 do "Sistema de Normalização Contabilística" não dever ser o resultado da aplicação da taxa nominal sobre o "Resultado antes de impostos". A relação entre estas duas variáveis contabilísticas constitui efectivamente uma aproximação à taxa efectiva de tributação da empresa em causa.

[55] AUERBACH, Alan J., DEVEREUX, Michael P. e SIMPSON, Helen, *Taxing Corporate Income*, Paper prepared for The Mirrless Review "Reforming the Tax System for the 21st Century", March 2008. Veja-se igualmente OECD, *Fundamental Reform of Corporate Income Tax*, Paris, 2007, págs. 26 e segs. e FREITAS PEREIRA, M. H., *Tributação das sociedades e globalização económica*, "Conferência Internacional "Portugal/União Europeia e os EUA – Novas perspectivas económicas num contexto de globalização", Instituto de Direito Económico, Financeiro e Fiscal, Faculdade de Direito de Lisboa, 23 a 27 de Junho de 2008, in *Ciência e Técnica Fiscal*, nº 422, Julho-Dezembro de 2008, págs. 7-24.

A maneira tradicional de medir o impacto da tributação do lucro das sociedades sobre o investimento em economia aberta é efectuado através da chamada *"taxa de tributação marginal efectiva"* [*"efective marginal tax rate"* (EMTR)]. Uma "taxa de tributação marginal efectiva" elevada aumenta o custo do capital e reduz, consequentemente, o investimento.

Mais recentemente foi dada atenção às práticas das multinacionais na escolha de localizações alternativas para as suas unidades de produção – naturalmente, a escolha recairá, no aspecto fiscal, na localização que garanta um maior lucro após impostos. Isso leva a considerar em que medida o resultado antes de impostos é diminuído pela tributação, o que é traduzido pela chamada *"taxa de tributação média efectiva"* [*"efective average tax rate"* (EATR)].

Assim, a taxa de tributação média efectiva seria decisiva para a localização do investimento enquanto a taxa de tributação marginal efectiva determinaria a dimensão óptima do investimento.

3.2.2. A taxa nominal de tributação pode ser a mesma qualquer que seja o valor da matéria colectável ou pode aumentar ou diminuir à medida que esta se eleva. Tem-se, nesses casos, respectivamente, uma *taxa proporcional, progressiva* ou *regressiva*[56].

A este respeito revela-se da maior importância a distinção entre taxa média e taxa marginal.

Taxa média do imposto ($\mathbf{t_M}$) é a relação percentual entre o imposto (**I**) e a totalidade da matéria colectável (**MC**):

$$\mathbf{t_M} = \frac{\mathbf{I}}{\mathbf{MC}}$$

[56] Em alguns manuais aparece também referida a chamada *taxa degressiva:* quando a taxa é, em princípio, proporcional, mas para valores até certo montante estabelecem-se taxas progressivas inferiores àquela taxa. A diferença entre impostos de taxa progressiva e de taxa degressiva está apenas na concepção que está subjacente a uns e outros quanto ao modo de realização da igualdade tributária. Com efeito, mesmo num imposto de taxa progressiva existe sempre uma taxa máxima, inferior a 100 %, que funciona como taxa proporcional para valores superiores a determinado limite e que visa pôr um fim à subida das taxas. Nos impostos de taxa degressiva parte-se do princípio de que a igualdade tributária é melhor alcançada estabelecendo como regra uma taxa proporcional que se aplica à generalidade dos contribuintes embora para favorecer os detentores de menores rendimentos ou patrimónios estabelecem-se para estes taxas inferiores àquela.

Taxa marginal do imposto ($\mathbf{t_m}$) é a relação percentual entre o aumento do imposto e o aumento da matéria colectável:

$$\mathbf{t_m} = \frac{\Delta \mathbf{I}}{\Delta \mathbf{MC}}$$

Assim, para que a taxa média seja proporcional é necessário que seja igual à taxa marginal ($t_M = t_m$). Por sua vez, a taxa média é progressiva quando é inferior à taxa marginal ($t_M < t_m$) e é regressiva quando é superior à taxa marginal ($t_M > t_m$).

Dito de outro modo, no imposto proporcional a taxa média é constante, no imposto progressivo é crescente e no imposto regressivo é decrescente[57].

O que se acaba de dizer em relação à taxa nominal de tributação é igualmente aplicável relativamente à taxa efectiva, que é, aliás, a análise decisiva para verificar se um imposto é proporcional, progressivo ou regressivo.

Assim, por exemplo, num imposto sobre o consumo, poderá ter-se em conta não apenas o consumo sobre que incide a tributação mas o consumo total, o que pode conduzir a que um imposto de taxa nominal proporcional se transforme num imposto de taxa efectiva proporcional, progressiva ou regressiva, tudo dependendo dos outros elementos que o configuram. Do mesmo modo, existem hoje defensores do chamado *imposto linear sobre o rendimento* em que seria usada uma taxa nominal proporcional, o que não significaria, no entanto, que através do mecanismo das isenções na base e de deduções não se conseguisse uma certa progressividade do imposto[58].

O que se acaba de dizer quanto a cada imposto é igualmente aplicável ao conjunto dos impostos existentes num dado país – ao sistema fiscal. Saber se deste resulta, no seu todo, uma tributação progressiva, proporcional ou regressiva terá de passar pela realização de estudos em que, considerando a incidência económica dos impostos e não apenas a incidência legal, não se atenda somente à taxa nominal mas à fracção do rendimento total que, em cada classe de rendimentos, acaba por ser tributada. E um sistema fiscal em que predominem os impostos sobre o consumo poderá traduzir-se, na ausência de medidas correctivas (v.g., isenção ou baixa tributação dos

[57] Não interessa para este efeito como se comporta a taxa marginal. Esta pode até regredir que se a taxa média progredir o imposto é progressivo, Cf. TEIXEIRA RIBEIRO, J.J., *ob. cit.*, págs. 275 e 276.

[58] Sobre o imposto linear sobre o rendimento veja-se adiante o ponto 6.1.5.

produtos de primeira necessidade, tributação dos consumos de luxo) numa tributação regressiva[59].

3.3. As operações de lançamento, liquidação e cobrança

3.3.1. Apresentados os elementos que estruturam o imposto, interessa agora verificar a sua dinâmica, ou seja o modo como se desenvolve a sua aplicação, desde o nascimento da respectiva obrigação até ao seu cumprimento, o que geralmente ocorre através do pagamento. Fala-se, muitas vezes, a este propósito de *fases do imposto*, que têm projecção normativa na medida em que a cada uma delas corresponde um conjunto de normas destinadas a efectuar a sua regulamentação[60].

Ora, fixada que esteja a incidência de um imposto através das respectivas normas, a sua aplicação às situações concretas envolve, em regra, duas fases: *o lançamento*, na qual se identificam as pessoas obrigadas ao pagamento do encargo e em que se determina a matéria colectável, e a *liquidação*, em que se apura o montante do imposto a pagar, operação que se inicia, como se viu, com o apuramento da colecta, que se obtém, em geral, através da aplicação de uma taxa à matéria colectável. Para alguns, estas duas fases integram uma só: a do lançamento ou a da liquidação.

[59] A regressividade dos impostos sobre o consumo em relação ao rendimento é explicada por duas razões: primeiro, dado que é estatisticamente observável a descida da propensão média ao consumo (c/y), quando se passa das famílias de baixos rendimentos para as de altos rendimentos, numa análise transversal; depois, por causa da hipótese de que estes impostos são proporcionais ao consumo. Cf. TANZI, Vito e WULF, Luc de, *"A distribuição da carga fiscal por grupos de rendimento em Portugal"* in *1ª Conferência Internacional sobre a Economia Portuguesa*, Lisboa, Fundação Calouste Gulbenkian, 1976, págs. 923-995. Analisando dados mais recentes ALBUQUERQUE, Rui e DUARTE NEVES, Pedro, *"Efeitos redistributivos da tributação indirecta em Portugal"*, in *Boletim trimestral do Banco de Potugal*, vol. 16, nºs 3/4, Set-Dez/1994, págs. 43-56. Veja-se ainda OCDE, *L' incidence des impôts sur la consommation a différents niveaux de revenus*, Paris, 1981.

[60] Na doutrina jurídica distingue-se muitas vezes a este propósito o direito fiscal material e o direito fiscal formal, no sentido de que o primeiro integraria as normas disciplinadoras da obrigação de imposto e o segundo as outras: v.g. as normas sobre lançamento, liquidação e cobrança dos impostos. Cf. SOARES MARTINEZ, Pedro, *ob. cit.*, págs. 59 e segs. e 275 e segs. Veja-se igualmente SOUSA FRANCO, A.L., *ob. cit.*, págs. 148 e segs., que distingue entre "estática fiscal", como correspondendo à "definição estável e abstracta da configuração do sacrifício fiscal" e "dinâmica fiscal", como correspondendo ao "conjunto de operações que permitem determinar em concreto quem deve sofrer o sacrifício fiscal e como este será efectivado, até ao momento do ingresso da receita nos cofres do Tesouro" e, por isso, integrando o lançamento, a liquidação e a cobrança.

O processo de lançamento e liquidação inicia-se normalmente com uma declaração do contribuinte (artº 59º, nº 1, do CPPT). No entanto, na falta dessa declaração, a iniciativa pode caber à administração fiscal ou devido ao facto de o contribuinte estar inscrito num registo ou cadastro e a situação sujeita a imposto ter carácter de continuidade e não ter sido declarada a sua cessação ou pelo facto de a administração ter tido conhecimento de factos tributários que não lhe foram declarados. Há lugar então à chamada *liquidação oficiosa* (artº 59º, nº 7, do CPPT) nos termos do qual, "sempre que a entidade competente tome conhecimento de factos tributários não declarados pelo sujeito passivo e do suporte probatório necessário, o processo de liquidação é instaurado oficiosamente pelos competentes serviços".

Em certos casos, o contribuinte apenas declara os elementos necessários para que os serviços fiscais procedam à liquidação do imposto (é o que se passa, por exemplo, em matéria de imposto sobre o rendimento das pessoas singulares – IRS: cf. artº 75º do respectivo Código). Mas, em frequência crescente, é o próprio contribuinte que faz a liquidação, que toma então a denominação de *auto-liquidação*, que pode ser facultativa ou obrigatória (sendo esta última a adoptada, entre nós, por exemplo, em termos de imposto sobre o rendimento das pessoas colectivas – IRC: cf. artº 89º do respectivo Código).

3.3.2. Subjacente a estas diferentes técnicas está o problema de saber de que modo é determinada a matéria colectável e a quem cabe essa determinação, assim como a própria liquidação.

A este respeito a lei – artº 81º da LGT – distingue entre *avaliação directa* e *avaliação indirecta da matéria colectável.*

A *avaliação directa* visa a determinação do valor real da matéria colectável (nº 1 do artº 83º da LGT) e, por isso, tem por base a declaração do contribuinte ou de um terceiro[61], sendo, nos exactos termos da lei (nº 1 do artº 82º da LGT), da competência da administração tributária ou, nos casos de auto-liquidação, do sujeito passivo. O facto de tomar por base uma declaração não significa que esta não seja controlada – deve-o ser, pelo que o regime é verdadeiramente o da chamada declaração controlada (veja-se, por exemplo, o nº 1 do artº 16º do Código do IRC). E, em princípio, até prova em contrário da administração fiscal, "presumem-se verdadeiras e de boa fé as declarações dos contribuintes apresentadas nos termos pre-

[61] TEIXEIRA RIBEIRO, J.J., *ob. cit.*, pág. 361.

vistos na lei, bem como os dados e apuramentos inscritos na sua contabilidade ou escrita, quando estas estiverem organizadas de acordo com a legislação comercial e fiscal" (nº 1 do artº 75º da LGT). Consagra-se uma autêntica presunção de veracidade quer das declarações quer dos elementos contabilísticos que as apoiam[62].

A *avaliação indirecta* visa a determinação da matéria colectável "a partir de indícios, presunções ou outros elementos de que a administração tributária disponha" (nº 2 do artº 83º da LGT), sendo da competência desta (nº 2 do artº 82º da LGT), embora com a participação do contribuinte nos termos fixados na lei (nº 3 do artº 82º da LGT).[63] Este tipo de avaliação é excepcional, sendo subsidiário da avaliação directa (artº 85º da LGT), só podendo ter lugar nos casos e condições expressamente previstos na lei (nº 1 do artº 81º da LGT), que tipifica uns e outras (artºs 87º e segs. da LGT). É que, no respeitante à determinação da matéria colectável, o sistema fiscal português dá absoluta prevalência ao método de avaliação directa que outro não é do que o método da declaração do contribuinte (artºs 65º do Código do IRS, 16º do Código do IRC e 27º a 41º do Código do IVA)[64].

Destas diferentes formas de avaliação resultam várias consequências também ao nível dos meios ao dispor do contribuinte para fazer valer os seus direitos, sendo uma delas que a avaliação indirecta não é susceptível de impugnação contenciosa directa, excepto nos casos em que não dê lugar a qualquer liquidação (nº 3 do artº 86º da LGT).

O modelo que se acaba de descrever sofre um desvio com a inclusão na avaliação indirecta do chamado "*regime simplificado de tributação*" [alínea a) do nº 1 do artº 87º da LGT], que relativamente aos sujeitos passivos por ele abrangidos, como que transforma a avaliação indirecta no regime normal ou regime regra de tributação. Com efeito, a aplicação da avaliação directa passa a ficar sujeita a expressa opção do sujeito passivo, nas condições definidas na lei (nº 2 do artº 81º da LGT), na falta da qual se aplica o regime simplificado. A situação é agravada pelo facto de este regime vir sendo aplicado não através de "indicadores objectivos de base técnico-científica para os diferentes sectores de actividade económica" mas através da aplicação

[62] A lei estabelece expressamente os casos em que esta presunção de veracidade pode ser afastada (nº 2 do artº 75º da LGT).

[63] Está-se perante o que TEIXEIRA RIBEIRO designa por avaliação administrativa ou avaliação mista, que é sempre uma avaliação por presunção. Cf., *ob. cit.*, págs. 359 e segs.

[64] SOUSA, Alfredo e PAIXÃO, José, *Código de Procedimento e de Processo Tributário – Comentado e Anotado*, Coimbra, Almedina, 2000, págs. 145 e segs.

ao volume de negócios de coeficientes iguais para a generalidade dos sujeitos passivos (com a diferenciação apenas conforme se trate de vendas de mercadorias e produtos ou outros proveitos) e com a previsão de um limite mínimo (cf. artº 31º do Código do IRS)[65].

3.3.3. Lançado e liquidado o imposto segue-se a última fase: a da *cobrança*, pela qual o imposto entra nos cofres do Estado ou do outro ente público a quem é devido.

São várias as questões que se colocam a este respeito.

Uma delas é a de saber a quem pode ser exigido o pagamento do imposto. O pagamento pode ser exigido, como se verá adiante, ao contribuinte ou outro responsável, nos termos da lei. A este propósito cumpre distinguir os casos em que o pagamento é exigido ao titular da matéria colectável (contribuinte directo), e os casos em que o pagamento é exigido a um terceiro, que, por estar em especial relação com esse titular, pode reter-lhe o imposto e entregá-lo nos cofres do Estado. É a chamada *retenção na fonte*, que anda ligada à figura da substituição tributária, de que se tratará adiante. Nesse sentido, a Lei Geral Tributária estabelece no seu artº 34º que "as entregas pecuniárias efectuadas por dedução nos rendimentos pagos ou colocados à disposição do titular pelo substituto tributário constituem retenções na fonte". É o que acontece quando se exige aos devedores de salários, rendas, juros e lucros que deduzam do seu valor um determinado imposto, entregando aos respectivos titulares o montante já líquido dessa tributação. Grande parte das vezes esta retenção na fonte representa um pagamento por conta do imposto devido a final – é o que se passa, como regra, no IRC relativamente a sujeitos passivos residentes (nº 3 do artº 94º do respectivo Código) e no IRS relativamente a grande parte dos rendimentos de residentes, por exemplo salários (nº 2 do artº 78º do respectivo Código). Outras ocasiões está-se perante uma retenção

[65] Poder-se-á estar aqui também nos limites da constitucionalidade em face do imperativo de tributação segundo o rendimento real das empresas, e na medida em que os indicadores não permitem determinar um rendimento real ainda que presumido. Existe, no entanto, a atenuação derivada do facto de se tratar de um regime que os contribuintes podem afastar mediante a opção pela avaliação directa. Veja-se adiante a nota 132. A Lei do OE para 2009 (Lei nº 64º-A/2008, de 31 de Dezembro) suspendeu a aplicação do regime simplificado em IRC a partir de 1 de Janeiro de 2009, estabelecendo um regime transitório para os sujeitos passivos por ele abrangidos; esse regime veio, porém, a ser revogado pela Lei do OE para 2010 (Lei nº 3-B/2010, de 28 de Abril) que estabelece novas regras transitórias para os contribuintes abrangidos pelo mesmo, cujo período de validade ainda estivesse em curso.

na fonte que tem natureza liberatória, ou seja a retenção na fonte é feita a título definitivo e, salvo opção do contribuinte, quando prevista na lei, libera da obrigação de imposto em relação aos rendimentos dela objecto – é o que acontece no IRS quando sejam aplicáveis as taxas liberatórias previstas no artº 71º do respectivo Código e no IRC quanto aos rendimentos, que não sejam rendimento prediais, de que sejam titulares não residentes, não imputáveis a estabelecimento estável situado em Portugal (nº 3 do artº 94º do Código do IRC). Relativamente a estas últimas situações a retenção na fonte é, aliás, a única forma de assegurar a cobrança do imposto.

São várias as vantagens que se podem atribuir à retenção na fonte, mesmo quando funciona apenas como um pagamento por conta, vantagens que justificam o seu uso crescentemente alargado. É mais cómoda e, em princípio, mais segura para o fisco, possibilitando uma entrada mais rápida das receitas nos cofres do ente público a quem são devidas e aproxima a cobrança do facto gerador do imposto, o que no, caso do uso do imposto como instrumento de intervenção na regulação conjuntural, potencia os seus efeitos. Para o contribuinte pode representar pelo menos uma vantagem psicológica, pois recebe o seu rendimento líquido de imposto e, nessa medida, sentirá menos o peso deste. Mas, também tem vantagens financeiras para a entidade obrigada a reter o imposto, pois entre o momento da retenção e o da entrega da mesma ao Estado ou outro ente público pode aplicar a respectiva importância e fazer seus os proveitos respectivos.

Os *pagamentos por conta*, que são "as entregas pecuniárias antecipadas que sejam efectuadas pelos sujeitos passivos no período de formação do facto tributário" (artº 33º da LGT), não se esgotam nas retenções na fonte[66]. A lei prevê, relativamente a rendimentos de actividades empresariais e de profissionais independentes, esses pagamentos como forma de aproximação do momento da cobrança ao do da percepção do rendimento de modo a colmatar as situações em que essa aproximação não pode efectivar-se através das retenções na fonte. Esses pagamentos por conta estão previstos no artº 102º do Código do IRS e nos artºs 104º e 105º do Código do IRC[67].

[66] A lei designa ainda de pagamentos por conta os efectuados nos termos do nº 4 do artº 86º e do nº 2 do artº 264º do CPPT, que, no entanto, não se inserem na definição geral do artº 33º da LGT.

[67] Existe ainda o chamado *pagamento especial por conta* previsto no artº 106º do Código do IRC, aditado pelo Decreto-Lei nº 44/98, de 3 de Março, que, dadas as circunstâncias em que é devido e o facto de não ser imediatamente reembolsável no caso de se verificar que é superior ao imposto a pagar e poder até nunca vir a ser reembolsado (cf. artº 93º do Código do IRC), não se insere nos princípios que devem reger os pagamentos por conta, sendo nessa medida autên-

Por outro lado, a cobrança das dívidas fiscais pode, nos exactos termos definidos no artº 78º do CPPT, ocorrer segundo uma das seguintes modalidades: pagamento voluntário e cobrança coerciva. O *pagamento voluntário* é o realizado dentro do prazo estabelecido nas leis tributárias (artº 84º do CPPT). A *cobrança coerciva* é efectuada nos termos do processo de execução fiscal (artºs 148º e segs. do CPPT)[68], depois de decorrido o prazo para pagamento voluntário e destina-se à cobrança do imposto e respectivos juros de mora, que começam imediatamente a correr findo aquele prazo, podendo ser contados durante um prazo máximo de três anos, excepto nos casos em que haja lugar a pagamento em prestações, em que os juros de mora são contados até ao termo do prazo do respectivo pagamento, sem exceder oito anos (artº 86º do CPPT e artº 44º da LGT). Desde 1 de Janeiro de 2011, a taxa anual de juros de mora é de 6,351%, conforme Aviso nº 27831-F/2010, publicado no Diário da República, 2ª série, nº 253, de 31.12.2010, pelo Instituto de Gestão da Tesouraria e do Crédito Público, IP, em conformidade com o disposto no artº 3º do Decreto-Lei nº 73/99, de 16 de Março, na redacção que lhe foi dada pela Lei nº 3-B/2010, de 28 de Abril.[69] Essa taxa é reduzida a metade para as dívidas cobertas por garantias reais constituídas por iniciativa da entidade credora ou por ela aceites e para as dívidas cobertas por garantia bancária[70].

tico empréstimo forçado ou, nos casos em que não for possível a sua dedução até ao quarto exercício seguinte, uma efectiva colecta mínima ou imposto mínimo. O que pode colocar o problema da sua constitucionalidade. Neste sentido, veja-se SALDANHA SANCHES e SALGADO DE MATOS, André, *"O pagamento especial por conta de IRC: questões de conformidade constitucional"*, in *Fiscalidade*, nº 15, Julho de 2003, págs. 5-25.

[68] Sobre o processo de execução fiscal veja-se DUARTE MORAIS, Rui, *Execução fiscal*, 2ª ed., Coimbra, Almedina, 2006.

[69] Nos termos desta disposição legal, para apuramento da taxa de juros de mora utiliza-se a média das médias mensais das taxas EURIBOR a 12 meses, verificada nos últimos 12 meses, acrescida de um diferencial de cinco pontos percentuais. Anteriormente a esta alteração, e desde 1.4.99, a taxa de juros de mora encontrava-se fixada em 1% por cada mês de calendário ou fracção em que se verificasse mora no pagamento.

[70] Convirá distinguir entre *juros de mora* e *juros compensatórios*. Os primeiros são devidos por mora no pagamento; os segundos são devidos "quando, por facto imputável ao sujeito passivo, for retardada a liquidação de parte ou da totalidade do imposto devido ou a entrega de imposto a pagar antecipadamente, ou retido ou a reter no âmbito da substituição tributária" ou "quando o sujeito passivo, por facto a si imputável, tenha recebido reembolso superior ao devido" (artº 35º da LGT). Os juros compensatórios contam-se dia a dia pelo prazo máximo definido na lei (nº 7 do artº 35º da LGT), integrando-se na própria dívida de imposto, com a qual são conjuntamente liquidados. A taxa dos juros compensatórios é equivalente à taxa dos juros legais fixada nos temos do nº 1 do artº 559º do Código Civil, que é, a partir de 1 de Maio de 2003, de 4 %

O pagamento só pode ser feito em *prestações* nos casos expressamente previstos na lei (artº 42º da LGT e nº 2 do artº 86º do CPPT). É o que acontece, para efeitos de IRS e de IRC, nos termos dos artºs 29º a 37º do Decreto-Lei nº 492/88, de 30 de Dezembro, antes de instaurado processo de execução fiscal. É de sublinhar neste contexto o disposto no artº 34º-A deste Decreto-Lei, na redacção que lhe foi dada pelo Decreto-Lei nº 150/2006, de 2 de Agosto, que permite o pagamento em prestações de dívidas de IRS e de IRC, de valor inferior, respectivamente, a € 2500 e € 5000, com isenção de garantia. Em processo executivo, o pagamento em prestações está previsto no artº 196º do CPPT.

Uma outra questão a resolver tem que ver com os *meios de pagamento*, que, sem prejuízo de disposições especiais das leis tributárias, podem ser: moeda corrente, cheque, débito em conta, transferência conta a conta, vale postal e outros meios utilizados pelos serviços dos correios ou pelas instituições de crédito que a lei expressamente autorize (nº 1 do artº 40º da LGT).

(Portaria nº 291/2003, de 8 de Abril). A mesma taxa é aplicável no caso de *juros indemnizatórios*, que são os devidos "quando se determine, em reclamação graciosa ou em impugnação judicial, que houve erro imputável aos serviços de que resulte pagamento da dívida tributária em montante superior ao devido" (artº 43º da LGT). Embora a taxa seja a mesma, subsiste desigualdade de tratamento quanto ao reconhecimento do direito a uns e a outros, derivado dos diferentes pressupostos de facto que os originam, o que não é inconstitucional – cf. Acórdão do Tribunal Constitucional nº 628/98, de 3 de Novembro de 1998 (publicado no Diário da República, II série, de 19 de Março de 1999), in *Acórdãos do Tribunal Constitucional*, 41º volume, Lisboa, 2000, págs. 319-326.

4. Classificação dos Impostos

4.1. Impostos directos e impostos indirectos

4.1.1. Trata-se de uma distinção muito generalizada mas cujos contornos são muito questionados e nem sempre se apresentam com precisão. É, porém, uma classificação de interesse inegável em vários domínios.

Em termos de *contabilidade nacional* é sabido que há duas formas de exprimir o valor da produção de um país: ao custo dos factores e a preços de mercado. Este último agregado é igual ao primeiro adicionado dos impostos indirectos e abatido dos subsídios. Por sua vez, nos impostos directos distinguem-se os que incidem sobre as empresas (que influenciam, juntamente, com outras variáveis, a parte do rendimento nacional que se transforma em rendimento pessoal) e os que incidem sobre os particulares, já que estes últimos juntamente com as contribuições para a segurança social a cargo dos trabalhadores são decisivos para determinar do rendimento pessoal o que fica disponível[71].

Ao nível da *contabilidade empresarial*, de entre os impostos que são suportados pela empresa, dá-se tratamento autónomo ao imposto sobre o rendimento do período e quanto aos que são relevados como gastos distinguem-se geralmente os impostos directos e os impostos indirectos[72].

[71] Veja-se, por exemplo, CAVACO SILVA, A.A. e CÉSAR DAS NEVES, J.L., *Finanças Públicas e Política Macroeconómica*, Lisboa, Universidade Nova de Lisboa, 1992, págs. 28 e segs. Os impostos indirectos não estão relacionados com a remuneração de qualquer factor produtivo, antes são uma parcela constitutiva do preço de venda.

[72] No "Quadro de Contas do Sistema de Normalização Contabilística" a conta 681-Impostos divide-se em 6811-Impostos directos, 6812-Impostos indirectos e 6813-Taxas.

No *domínio jurídico*, a destrinça entre impostos directos e indirectos tem, entre nós, importância quanto à duração do privilégio mobiliário geral que garante os créditos fiscais do Estado e das autarquias locais - artº 736º, nº 1, do Código Civil, não havendo unanimidade quanto ao critério acolhido pelo legislador nessa distinção[73].

No *direito comunitário*, a destrinça entre impostos directos e impostos indirectos está subjacente ao disposto nos artºs 112º e 113º do Tratado sobre o Funcionamento da União Europeia, onde se alude aos impostos sobre o volume de negócios, aos impostos sobre consumos específicos e a outros impostos indirectos.

A classificação dos impostos em directos e indirectos é também adoptada em Portugal para efeitos de *classificação económica das receitas públicas* (Decreto-Lei nº 26/2002, de 14 de Fevereiro)[74], sendo impostos directos os impostos sobre o rendimento e outros (v.g., imposto municipal sobre imóveis, imposto municipal sobre veículos e imposto municipal sobre transmissões onerosas de imóveis) e impostos indirectos os impostos sobre o consumo e outros (v.g., imposto do selo, impostos rodoviários)[75]. Esta dicotomia projecta-se também ao nível do Plano Oficial de Contabilidade Pública - POCP (Decreto-Lei nº 232/97, de 3 de Setembro), que classifica na conta 721 os impostos directos e na conta 722 os impostos indirectos, que são também as contas previstas no Plano Oficial de Contabilidade das Autarquias Locais - POCAL (Decreto-Lei nº 54-A/99, de 22 de Fevereiro)[76].

[73] Veja-se SOARES MARTINEZ, Pedro, *ob. cit.*, págs. 48 e 49. No entanto, tem vindo a considerar-se que o critério mais consentâneo com a disciplina adoptada seria o do tipo de relação jurídica fonte da obrigação de imposto, que confundiria impostos directos com impostos periódicos e impostos indirectos com impostos de obrigação única - cf. CASALTA NABAIS, José, *Direito Fiscal*, 6ª ed., Coimbra, Almedina, 2010, págs. 47 e 48. Veja-se igualmente LUCAS PIRES, Miguel, *Dos privilégios creditórios - Regime jurídico e sua influência no concurso de credores*, Coimbra, Almedina, 2004, págs. 306 e segs.

[74] Cf. igualmente a classificação económica das receitas constante do Plano Oficial de Contabilidade das Autarquias Locais - POCAL (Decreto-Lei nº 54-A/99, de 22 de Fevereiro).

[75] No tocante ao imposto do selo, sobretudo com a integração na sua incidência, a partir de 2004, das transmissões gratuitas de bens, de que não sejam beneficiários o cônjuge, os descendentes e os ascendentes, anteriormente sujeitas a imposto sobre as sucessões e doações, expressamente classificado como imposto directo, a sua caracterização como imposto indirecto é problemática e só é aceitável por uma questão de simplificação atendendo às outras realidades abrangidas.

[76] É também esta dicotomia que parece estar presente quando se alude a tributação directa e tributação indirecta no artº 6º da Lei Geral Tributária.

Perante o recurso frequente a esta distinção e a disparidade de critérios que lhe servem de suporte haverá que tomar em consideração a finalidade visada pela classificação.

4.1.2. Um critério clássico de distinção dos impostos directos e indirectos – por alguns classificado de *critério administrativo* – funda-se no processo de lançamento do imposto. Assim, os impostos directos seriam cobrados de pessoas previamente inscritas num *rol nominativo*, enquanto que nos impostos indirectos esse rol não existe.

Trata-se de critério que teve grande aceitação na doutrina francesa e que se adaptou razoavelmente à situação fiscal dos países da Europa Ocidental até ao começo do século XIX. No entanto, à medida que os sistemas fiscais foram evoluindo com a introdução da retenção na fonte e da autoliquidação esta teoria perdeu validade e hoje tem cada vez menos aplicação pois reconhece-se haver muitos impostos directos em que não existe a tal inscrição prévia num rol nominativo de contribuintes.

Critério muito próximo deste foi o defendido por *Otto Mayer*, segundo o qual seriam directos os impostos que implicam um processo de *lançamento*, através do qual a administração fixaria o imposto a pagar enquanto que nos impostos indirectos esse processo não existiria – seriam impostos sem lançamento ou de autolançamento feito pelo próprio contribuinte. Só que os casos em que não existe um lançamento por parte da administração e há, outrossim, um autolançamento têm-se generalizado, como se disse, aos próprios impostos definidos claramente como directos.

4.1.3. Para outros autores, a distinção entre impostos directos e impostos indirectos estaria na *possibilidade ou não de repercussão do imposto*, entendendo-se por repercussão, como se viu, o fenómeno económico através do qual a pessoa abrangida pelas regras legais de incidência de um imposto consegue transferir para outrem, total ou parcialmente, o encargo do imposto.

De acordo com esta teoria, muito desenvolvida no século XIX e dominante até aos anos 30 do século XX, os impostos indirectos, pela sua própria natureza, seriam repercutíveis, enquanto que os impostos directos não o seriam[77].

[77] Trata-se de teoria muito cara a alguns famosos economistas como STUART MILL e LEON WALRAS. Assim, o primeiro, nos seus *Principles of Political Economy*, define impostos indirectos como os que são adiantados por uma pessoa que se faz reembolsar deles por outra e o segundo, nos seus *Elements of Pure Economy*, caracteriza-os como impostos sobre produtos, sendo claro que os

Mas, mau grado um certo valor tendencial desta distinção, a repercutibilidade não pode servir como linha nitidamente diferenciadora para este efeito pois – como se viu – a repercussão é um fenómeno económico que se processa através dos preços e que, portanto, depende dos factores que influenciam estes, designadamente a estrutura de mercado e as elasticidades da oferta e da procura. Há, assim, impostos directos que, às vezes, se repercutem e impostos indirectos que, em certas circunstâncias, não se repercutem, pelo menos na sua totalidade.

4.1.4. Um outro critério, desenvolvido pela doutrina e jurisprudência italianas e com grande acolhimento em Portugal, assenta, essencialmente, na *forma por que se revela a manifestação da capacidade contributiva atingida pelo imposto*[78].

Assim, são directos os impostos que incidem sobre manifestações imediatas da capacidade contributiva (obtenção de um rendimento, posse de um património) e são indirectos os que incidem sobre manifestações mediatas dessa capacidade (utilização da riqueza ou do rendimento).

Trata-se do critério que parece ser o mais adequado[79].

No sistema fiscal português actual são exemplos de impostos directos, de acordo com este critério, o imposto sobre o rendimento das pessoas singulares (IRS), o imposto sobre o rendimento das pessoas colectivas (IRC) e o imposto municipal sobre imóveis (IMI) e de impostos indirectos, o imposto sobre o valor acrescentado (IVA) e o imposto de consumo sobre o tabaco.

empresários se reembolsarão do seu pagamento através da adição do respectivo montante nos preços dos produtos. Cf. MUSGRAVE, Richard, *The Theory of Public Finance*, Tóquio, Mc Graw-Hill, 1959, págs. 230 e 231.

[78] Cf., por exemplo, GIANNINI, A.D., *ob. cit.*, págs. 156 e segs. Esta corrente é defendida em Portugal, entre outros, por XAVIER, Alberto, *ob. cit.*, págs. 96 e segs. e, ainda que pondo o acento tónico na forma de determinação da matéria colectável, por TEIXEIRA RIBEIRO, J.J., *Lições de Finanças Públicas*, págs. 309 e segs.

[79] Para uma síntese de outros critérios – o critério da personalização (os impostos directos seriam susceptíveis de serem personalizados; os impostos indirectos não) e o critério da elasticidade legal (os impostos indirectos têm uma melhor elasticidade legal que os directos, entendida aquela como a variação das receitas do imposto em resposta a variações da sua taxa legal) – que têm sido apresentados, mas que também não parecem convincentes, veja-se GEFFROY, Jean-Baptiste, *Grands problèmes fiscaux contemporains*, Paris, Presses Universitaires de France, 1993, págs. 160 e segs.

4.2. Impostos reais e impostos pessoais

Todos os impostos têm, como se viu, uma incidência real e uma incidência pessoal.

No entanto, existem impostos que abstraem do condicionalismo económico ou da situação pessoal em que se encontra o contribuinte: são os *impostos reais* (por alguns também designados por *objectivos*). É o caso de um imposto fundiário que tribute o valor de um imóvel em si mesmo. A sua natureza de imposto real é bem ilustrada, aliás, pelo facto de tomar por referência o valor inscrito no cadastro, que abstrai dos condicionalismos económicos ou da situação em que se encontra, em cada período de tributação, a pessoa em nome da qual o imposto figura. Mas, também são, como regra, impostos reais os impostos indirectos.

Noutros impostos, porém, toma-se em consideração, em maior ou menor grau, os referidos condicionalismos económicos ou situação pessoal do contribuinte: são os *impostos pessoais* (ou *subjectivos*)[80]. Aqui, tomando por base o conjunto da capacidade contributiva da pessoa sujeita a imposto, atende-se, na fixação do respectivo montante, à situação em que esta se encontra, para o que se consagra a isenção de um mínimo de existência ou uma dedução na base, o abatimento de encargos de família e, geralmente, uma taxa progressiva[81]. É exemplo de imposto pessoal o imposto global sobre o rendimento em vigor na grande maioria dos países desenvolvidos. O próprio imposto sobre sucessões e doações é, em regra, fortemente personalizado. Embora sem poder ser considerado um imposto pessoal, o imposto sobre o valor acrescentado contém na sua estrutura alguns elementos de personalização como, por exemplo, as isenções de certos bens e serviços ou a sua tributação a taxa reduzida e a tributação a taxas agravadas de bens e serviços considerados de luxo.

[80] Alguns autores preferem chamar-lhes *impostos personalizados* para os distinguir dos *impostos pessoais stricto sensu*, de que seriam exemplo os impostos de capitação (*tributum capitis* chamavam-lhes já os romanos) que encontram a sua razão de ser na existência de uma pessoa. Cf. GEST, Guy e TIXIER, Gilbert, *Manuel de Droit Fiscal,* 4ème éd., Paris, Librairie Générale de Droit et de Jurisprudence, 1986, págs. 145 e segs.

[81] No sentido de que são três as características da tributação pessoal (isenção do mínimo de existência, deduções para encargos de família, progressividade) veja-se TEIXEIRA RIBEIRO, J. J., *Lições de Finanças Públicas*, págs. 292 e segs.

4.3. Impostos de quota fixa e impostos de quota variável

4.3.1. O imposto a pagar por cada contribuinte pode ser fixado na lei através da indicação de uma importância fixa (*impostos de quota fixa*) ou – o que é mais comum – variando conforme a matéria colectável, para o que se indica, geralmente, uma taxa ou taxas que aplicadas àquela determinam o imposto a pagar (*impostos de quota variável*).

Nos impostos de quota variável, a taxa ou taxas apresentam-se, em regra, sob a forma de uma percentagem, que aplicada ao valor da matéria colectável determina a colecta, mas, em alguns casos – os de tributação específica – a taxa corresponde a uma importância por cada unidade física de peso, superfície ou volume dos bens sobre que o imposto recai. No primeiro caso temos *taxas ad valorem* enquanto que no segundo temos *taxas específicas*. Esta distinção ganha especial significado nos impostos indirectos[82]. O uso de taxas específicas, embora se revele vantajoso sob o ponto de vista administrativo – é mais fácil determinar quantidades ou pesos do que valores –, tem vários inconvenientes. Em primeiro lugar, porque quanto maior é o preço dos produtos menor é a percentagem do imposto, ou seja as taxas específicas podem ser um factor de regressividade da tributação. Por outro lado, enquanto a receita dos impostos *ad valorem* aumenta com a elevação dos preços e diminui com a sua baixa, a receita dos impostos de taxa específica é insensível aos movimentos dos preços, o que, em períodos de inflação, faz com que as receitas do Estado não cresçam conforme as suas necessidades.

4.3.2. Nos impostos de quota variável a taxa, como se viu atrás, pode ser proporcional, progressiva, degressiva ou regressiva.

Nos impostos de taxa progressiva pode distinguir-se a *progressividade global* e a *progressividade por escalões*[83].

[82] Em Portugal, um exemplo de imposto de taxa específica é dado pelo imposto sobre o consumo de álcool e bebidas alcoólicas (por exemplo, em 2011, a taxa deste imposto para bebidas espirituosas é de € 1031,57 por hectolitro de álcool puro contido, na base de 100% de volume, medido à temperatura de 20º C). Também o imposto de consumo sobre o tabaco contém um elemento específico (em que a taxa é fixada em valor absoluto por cada milheiro de cigarros) e um elemento *ad valorem*. Por sua vez, o imposto sobre veículos, na componente cilindrada, tem uma taxa progressiva por centímetro cúbico de cilindrada.

[83] TROTABAS, Louis e COTTERET, Jean-Marie, *Droit Fiscal*, 4ème éd., Paris, Dalloz, 1980, págs. 60 e segs.

Na progressividade global a matéria colectável é dividida em classes, partindo de zero ou do mínimo de isenção, correspondendo a cada classe uma taxa de imposto cada vez mais elevada, que se aplica – e daí o qualificativo global – a toda a matéria colectável. Assim, para uma tabela com três taxas – até 1 000: 10%; até 2 000: 20%; e mais de 2 000: 30% – a um rendimento de 1 500 corresponde um imposto de 300. O sistema é simples mas é criticável por não submeter as mesmas capacidades contributivas de base à mesma taxa pois estas serão tributadas à taxa que corresponder à totalidade do rendimento. Por outro lado, a passagem de classe para classe pode originar que o aumento de imposto a pagar por esse facto seja superior ao aumento da matéria colectável, o que tem de ser obviado estabelecendo que o contribuinte não pode ficar com um rendimento líquido menor do que aquele que lhe ficaria se o seu rendimento colectável correspondesse ao limite máximo da classe imediatamente anterior.

Na progressividade por escalões a matéria colectável é dividida em várias partes, sendo cada uma delas tributada a uma determinada taxa, que vai aumentando à medida que aquela se eleva. Assim, para uma tabela que se apresente do seguinte modo: até 1 000 – 10%; de 1 000 a 2 000 – 20%; mais de 2 000 – 30%, para um rendimento de 1 500 será aplicável a taxa de 10% sobre 1 000 e a taxa de 20% sobre 500, donde resulta um imposto de 200. Este tipo de progressividade permite realizar uma maior justiça já que o mesmo escalão de rendimentos, ainda que pertencente a pessoas diversas, suporta a mesma taxa, mas é de aplicação prática mais difícil. Para ultrapassar estas dificuldades – tanto maiores quanto maior for o número de escalões – usam-se dois processos. Num deles, a taxa constante da tabela (denominada taxa normal) é apenas aplicada à parte superior da matéria colectável compreendida no respectivo escalão. Ao resto da matéria colectável – que é igual ao limite do maior dos escalões que nela couber inteiramente – é aplicada uma taxa média, que, como o nome indica, é uma média ponderada das taxas normais aplicáveis em cada um dos escalões compreendidos naquele limite. Pelo outro processo, à totalidade da matéria colectável é aplicada a taxa normal que corresponder ao escalão respeitante à parte superior da matéria colectável, mas ao valor assim obtido é deduzida uma importância correspondente à diferença entre o limite do maior dos escalões que couber na matéria colectável tributado àquela taxa normal e o mesmo limite tributado à taxa média acima indicada. No exemplo supra, considerando o rendimento de 2 500, o primeiro processo consiste em aplicar a 500 a taxa de 30% e a 2 000 a taxa de 15%, donde resulta uma tributação total de 450. No segundo método, aplica-se a 2 500 a taxa de 30% mas ao valor assim obtido (750) é abatida a importância de 300 (correspondente à diferença entre 2 000 x 0,3 e 2 000 x 0, 15).

Em Portugal, o imposto sobre o rendimento das pessoas singulares (IRS) apresenta uma progressividade por escalões.

4.4. Impostos periódicos e impostos de obrigação única

Nos impostos periódicos o pressuposto de tributação apresenta uma certa característica de estabilidade ou continuidade: a propriedade de um prédio, o exercício de uma actividade comercial, industrial ou agrícola. Pelo contrário, nos impostos de obrigação única esse pressuposto apresenta-se isolado e mesmo quando se possa repetir é tomado isoladamente: aquisição de um prédio, transmissão de bens por morte.

A continuidade com que se apresenta a situação sujeita a imposto, no caso dos impostos periódicos, permite referir a obrigação de imposto a um determinado período, a qual se renova enquanto a situação se mantiver. No entanto, essa continuidade é fonte de problemas específicos que consistem em saber relativamente às situações cujo desenvolvimento se encontra conexo com mais de um período como é feita a sua imputação a cada um deles – ou seja como se efectua a periodização dos rendimentos.

A distinção entre impostos periódicos e de obrigação única reveste-se de grande importância, como se verá, em termos de aplicação da lei fiscal no tempo[84].

Por outro lado, relativamente aos impostos periódicos, em princípio enquanto não se verificar uma declaração que comunique o termo da continuidade das situações sujeitas a imposto ou que altere os seus contornos, os serviços fiscais presumirão essa continuidade com as consequências inerentes.

4.5. Impostos principais, impostos acessórios e impostos dependentes

Os *impostos principais* gozam de autonomia, existem por si, não dependendo da existência de qualquer relação tributária anterior. Por sua vez, os *impostos acessórios* (que já foram designados por impostos-filhos) acrescem aos impostos principais, de cuja existência prévia dependem. Os impostos acessórios ou são calculados sobre a colecta do imposto principal – e

[84] A distinção é também da maior importância para efeitos de contagem dos prazos de caducidade e prescrição (veja-se na II Parte, ponto 13.3.7.).

temos o que se costuma designar por *adicionais*, ou então calculam-se sobre a matéria colectável – caso em que estamos perante *adicionamentos*[85].

É diferente a situação dos *impostos dependentes*, que são devidos ainda que o não sejam os impostos principais de cujo objecto dependem. Assim, mesmo que por força de uma determinada isenção não seja devido o imposto principal isso não significa que não haja lugar ao imposto dependente. A dependência não está, assim, na existência efectiva do imposto principal mas outrosssim no conteúdo deste, reflectindo-se qualquer correcção quanto a esse conteúdo, em sede de imposto principal, no imposto dependente.

Esta problemática tem sido especialmente posta, em Portugal, em relação às derramas municipais, que, ao longo do tempo, têm sido considerados como impostos acessórios ou como impostos dependentes conforme a sua exigência esteja ou não em tudo condicionada pela exigência do respectivo imposto principal. Após a alteração introduzida pelo Decreto-Lei nº 470-B/88, de 10 de Dezembro, ao artº 5º da Lei nº 1/87, de 6 de Janeiro, a derrama tem vindo a ser considerada como um imposto acessório[86].

[85] Cf. XAVIER, Alberto, *ob. cit.*, pág. 94. Deste modo, enquanto a derrama municipal prevista nas leis de finanças locais anteriores (cf. Lei nº 42/98, de 6 de Agosto) era um *adicional* pois se tratava de fazer incidir uma taxa até 10% sobre a colecta de IRC respeitante a sujeitos passivos deste imposto que exercessem, a título principal, uma actividade de natureza comercial, industrial ou agrícola, já a derrama municipal da actual Lei das Finanças Locais (Lei nº 2/2007, de 15 de Janeiro) é um *adicionamento* pois se traduz na aplicação de uma taxa até 1,5% sobre o lucro tributável dos referidos sujeitos passivos de IRC, o mesmo se podendo dizer relatiavmente à chamada derrama estadual, prevista no artº 89º-A do Código do IRC, que incide, à taxa de 2,5%, sobre a parte da base tributável superior a € 2 milhões sujeito e não isento de IRC. Sobre as derramas municipais veja.se adiante nota 89.

[86] Defendendo que as derramas municipais deviam ser impostos dependentes, veja-se CASALTA NABAIS, José, *Direito Fiscal*, 6ª ed., Coimbra, Almedina, 2010, págs. 61 e 62. Já o Supremo Tribunal Administrativo (STA), no entanto, a propósito da consideração como custo fiscal para efeitos de determinação do lucro tributável em IRC, tem defendido que a mesma é um imposto acessório, não dedutível como custo, mesmo anteriormente à actual redacção da alínea *a*) do nº 1 do artº 45º do respectivo Código – cf., por todos, o Acórdão do STA de 17 de Outubro de 2001, in *Diário da República – Apêndice*, de 13 de Outubro de 2003, págs. 2298-2304. Com efeito, não pode deixar de se atender ao facto de a redacção introduzida pelo Decreto-Lei nº 470-B/88 ter eliminado o disposto no nº 3 do artº 5º da Lei nº 1/87, na sua versão inicial, que previa que as derramas também incidiriam sobre as pessoas que seriam tributadas nos impostos principais se não beneficiassem de isenção destes impostos ou de outros benefícios fiscais.

4.6. Impostos estaduais e impostos não estaduais

Esta distinção tem por fundamento, sob o ponto de vista jurídico, a natureza do sujeito activo da obrigação de imposto – o credor do imposto. Se o sujeito activo é o Estado, temos os *impostos estaduais*; se o sujeito activo é uma pessoa colectiva de direito público diferente do Estado – v.g. uma autarquia local ou um instituto público, temos os *impostos não estaduais.*

Não é, por isso, relevante, nesta óptica, a entidade a favor de quem os impostos efectivamente revertem: há impostos cuja receita reverte a favor de entidades diferentes do Estado sem, por isso, perderem a qualidade de impostos estaduais[87].

Sob o ponto de vista económico-financeiro a entidade a quem se destina a receita e em cujo orçamento ela é inscrita assume a maior importância, mas pode não ser determinante para esta classificação[88].

Deve referir-se ainda que a distinção entre impostos estaduais e não estaduais não tem que ver com o âmbito de aplicação territorial do imposto, com o facto de esse âmbito ser todo o território do Estado ou apenas uma parcela deste (v.g. o município). Fala-se antes, a propósito, de impostos centrais, regionais ou locais.

[87] Esta questão tem suscitado controvérsia na doutrina. Veja-se o caso dos impostos cobrados nas Regiões Autónomas que, para certos autores, são impostos estaduais (v.g. SOARES MARTINEZ, Pedro, *ob. cit.*, págs. 45 e 46 e BRAZ TEIXEIRA, António, *ob. cit.*, págs. 188 e 189) enquanto que, para outros, o sujeito activo seria a própria Região Autónoma, o que levaria a classificá-los como não estaduais (v.g. SÁ GOMES, Nuno, *Lições de Direito Fiscal*, I vol., págs. 99 e segs. e PAMPLONA CORTE REAL, Carlos, *Curso de Direito Fiscal*, I vol., Lisboa, Centro de Estudos Fiscais, 1981, págs. 231 e segs.).

[88] Um exemplo paradigmático é constituído pela chamada "*Contribuição de Serviço Rodoviário*" (CSR) criada pela Lei nº 55/2007, de 31 de Agosto, para financiar a rede rodoviária nacional a cargo da EP-Estradas de Portugal, E.P., que veio substituir parte da receita do impoto sobre os produtos petrolíferos e energéticos, mas cujo regime é integralmente o deste imposto, sendo, designadamente, cobrado juntamente com ele, cujas taxas foram, aliás, alteradas de modo a garantir a neutralidade fiscal e o não agravamento do preço de venda dos combustíveis em consequência da sua criação. Ora, não há razões para deixar de considerar esta contribuição como um imposto estadual, tendo esta alteração, que provocou a desorçamentação da receita correspondente à CSR, apenas uma explicação de natureza contabilística, mas que pode ser criticada por infringir os princípios constitucionais e legais da universalidade e plenitude. Aliás, também a participação variável de 5% no IRS prevista nos artºs 19º, nº 1, alínea a) e 20ª da Lei nº 2/2007, de 15 de Janeiro, apesar de ter sido, a partir de 2009, desorçamentada, (ou seja não registada no Orçamento do Estado, por ser considerada uma receita fiscal das autarquias, procedimento que é criticável), não fez com que o IRS, no seu todo, não deva ser considerado como um imposto estadual. Sobre estes aspectos, veja-se TRIBUNAL DE CONTAS, *Parecer sobre a Conta Geral do Estado de 2009*, vol. I, Lisboa, 2010, págs. 77 e segs., disponível em *www.tcontas.pt*.

A terminologia não está, contudo, estabilizada – existem impostos cujo âmbito de aplicação é todo o território nacional e, no entanto, por a respectiva receita reverter a favor dos municípios, são designados por impostos municipais ou locais. Veja-se, por exemplo, o chamado imposto municipal sobre as transmissões onerosas de imóveis[89]. Neste caso, é privilegiada a já referida óptica económico-financeira.

4.7. Impostos sobre o rendimento, impostos sobre o património e impostos sobre o consumo

Trata-se de uma classificação que atende à natureza económica da base sobre que incide o imposto. Se essa base é constituída pelo rendimento, temos os impostos sobre o rendimento; se é o património, temos os impostos sobre o património; se é o consumo, temos os impostos sobre o consumo.

Actualmente é esta a classificação que tende a assumir maior importância, desde logo no recorte constitucional do sistema fiscal.

Assim, o artº 104º da Constituição apresenta sucessivamente o imposto sobre o rendimento pessoal (nº 1 desse artigo), o imposto sobre o rendimento das empresas (nº 2 do mesmo artigo), a tributação do património (nº 3 do citado artigo) e a tributação do consumo (nº 4 do mesmo artigo).

Esta classificação é também a utilizada por organizações internacionais como o Fundo Monetário Internacional (FMI) e a Organização para a Cooperação e o Desenvolvimento Económicos (OCDE). Em particular nesta última temos o Modelo de Convenção Fiscal sobre o Rendimento e o Património (anteriormente designada como Modelo de Convenção de Dupla Tributação sobre o Rendimento e sobre o Património) e as Estatísticas das Receitas Públicas dos Países Membros da OCDE, publicadas

[89] Os principais impostos cuja cobrança constitui receita dos municípios são os seguintes: imposto municipal sobre imóveis, imposto municipal sobre as transmissões onerosas de imóveis e uma parcela da receita do imposto único de circulação. Actualmente – artº 14º da Lei nº 2/2007, de 15 de Janeiro – os municípios podem ainda lançar anualmente uma derrama, até ao limite máximo de 1,5% sobre o lucro tributável sujeito e não isento de imposto sobre o rendimento das pessoas colectivas (IRC), que corresponda à proporção do rendimento gerado na sua área geográfica por sujeitos passivos residentes em território português que exerçam, a título principal, uma actividade de natureza comercial, industrial ou agrícola e não residentes com estabelecimento estável nesse território. Anteriormente – nos termos do artº 18º da Lei nº 42/98, de 6 de Agosto – a derrama correspondia a um adicional, até ao máximo de 10% sobre a colecta do IRC, que proporcionalmente corresponda ao rendimento gerado em cada área geográfica. Por sua vez, constitui receita das freguesias 50% do produto da receita do imposto municipal sobre imóveis relativo a prédios rústicos.

anualmente, onde se segue uma classificação dos impostos que, no essencial, assenta nesta distinção entre impostos sobre o rendimento, impostos sobre o património e impostos sobre o consumo (ver caixa).

Os princípios básicos desta classificação, encontram-se também, de algum modo, reflectidos no "**Sistema Europeu de Contas**", conhecido pela sigla **SEC95**, que, com preocupações óbvias de contabilidade nacional, distingue fundamentalmente entre[90]:

- *Impostos correntes sobre o rendimento, património, etc*:
  Abrangem "todos os pagamentos obrigatórios sem contrapartida, em dinheiro ou em espécie, cobrados periodicamente pelas administrações públicas e pelo resto do mundo sobre o rendimento e o património das unidades institucionais e alguns impostos periódicos não baseados nem no rendimento nem no património".
  Dividem-se em:
  a) impostos sobre o rendimento, que incluem:
     (1) impostos sobre o rendimento das pessoas singulares ou das famílias;
     (2) impostos sobre o rendimento ou lucros das sociedades;
     (3) impostos sobre ganhos de detenção;
     (4) impostos sobre prémios de lotarias e apostas;
  b) outros impostos correntes.
- *Contribuições sociais:*
  Abrangem, além de contribuições sociais imputadas, as contribuições sociais efectivas, que incluem:
  a) contribuições sociais efectivas dos empregadores;
  b) contribuições sociais efectivas dos empregados;
  c) contribuições sociais dos trabalhadores por conta própria e dos não empregados.
- *Impostos sobre a produção e a importação:*
  Que "são pagamentos obrigatórios sem contrapartida, em dinheiro ou em espécie, cobrados pelas administrações públicas ou pelas instituições da União Europeia e que incidem sobre a produção e a importação de bens e serviços, o emprego de mão-de-obra, a propriedade ou utilização de terrenos, edifícios ou outros activos utilizados

[90] Para maiores desenvolvimentos veja-se *Regulamento (CE) nº 223/96 do Conselho, de 25 de Junho de 1996, relativo ao Sistema europeu de contas nacionais e regionais na Comunidade*, in *Jornal Oficial das Comunidades Europeias*, L 310, de 30 de Novembro de 1996.

na produção". Estes impostos são devidos independentemente dos resultados de exploração e dividem-se em:

a) impostos sobre os produtos:
   (1) impostos do tipo valor acrescentado;
   (2) impostos e direitos sobre a importação, excepto o IVA:
- direitos de importação;
- impostos sobre a importação, excepto o IVA e direitos de importação;
   (3) impostos sobre os produtos, excepto o IVA e impostos sobre a importação;

b) outros impostos sobre a produção.

- *Impostos de capital:*
  São "impostos que incidem, a intervalos irregulares e pouco frequentes, sobre os valores de activos ou património líquido detidos pelas unidades institucionais ou sobre os valores de activos transferidos entre unidades institucionais em resultado de heranças, doações entre vivos ou outras transferências".

Adiante analisar-se-ão com algum detalhe alguns dos problemas que se põem a propósito dos impostos sobre o rendimento, impostos sobre o património e impostos sobre o consumo (veja-se adiante o ponto 6).

CLASSIFICAÇÃO DOS IMPOSTOS DA OCDE

1000 Impostos sobre o rendimento, os lucros e os ganhos de capital
- 1100 Impostos sobre o rendimento, os lucros e os ganhos de capital das pessoas singulares
  - 1110 Sobre o rendimento e os lucros
  - 1120 Sobre os ganhos de capital
- 1200 Impostos sobre o rendimento, os lucros e os ganhos de capital das sociedades
  - 1210 Sobre o rendimento e os lucros
  - 1220 Sobre os ganhos de capital
- 1300 Não ventilado entre as rubricas 1100 e 1200

2000 Contribuições para a segurança social
- 2100 A cargo dos trabalhadores por conta de outrem
- 2200 A cargo das entidades patronais
- 2300 A cargo dos trabalhadores independentes ou de pessoas não empregadas
- 2400 Não ventilado entre as rubricas 2100, 2200 e 2300

3000 Impostos sobre os salários e a mão-de-obra

4000 Impostos sobre o património
- 4100 Impostos periódicos sobre a propriedade imobiliária
  - 4110 Famílias
  - 4120 Outros
- 4200 Impostos periódicos sobre o património líquido
  - 4210 Pessoas singulares
  - 4220 Sociedades
- 4300 Impostos sobre as sucessões e doações
  - 4310 Impostos sobre as sucessões
  - 4310 Impostos sobre as doações
- 4400 Impostos sobre as transacções mobiliárias e imobiliárias
- 4500 Outros impostos não periódicos sobre o património
  - 4510 Impostos sobre o património líquido
  - 4520 Outros impostos não periódicos
- 4600 Outros impostos periódicos sobre o património

5000 Impostos sobre bens e serviços
- 5100 Impostos sobre a produção, a venda, a transferência, a locação e a entrega de bens e a prestação de serviços
  - 5110 Impostos gerais
  - 5120 Impostos sobre determinados bens e serviços
  - 5130 Não ventilado entre 5110 e 5120
- 5200 Impostos sobre a utilização de bens ou a autorização para utilizar bens ou exercer actividades
  - 5210 Impostos periódicos
- 5300 Não ventilado entre 5100 e 5200

6000 Outros impostos
- 6100 A cargo exclusivo das empresas
- 6200 A cargo de outros agentes

Fonte: OECD, *Revenue Statistics*, Paris

5. Sistemas Fiscais e Princípios de Tributação

5.1. Noção de sistema fiscal

O conceito de sistema fiscal é tradicionalmente usado para designar o conjunto de impostos existentes num certo espaço, reportando-se, sobretudo, ao domínio normativo, ou seja à legislação fiscal existente. É a chamada noção clássica de sistema fiscal, sentido que parece estar presente no já citado artº 103º da Constituição da República quando se estabelece que *"o sistema fiscal visa a satisfação das necessidades financeiras do Estado e outras entidades públicas e uma repartição justa dos rendimentos e da riqueza"* e que tem, nos termos que adiante se mencionarão (ponto 8.2.1.), consequências ao nível da reserva relativa de competência legislativa da Assembleia da República. Mas, ao definir, de uma forma integrada, os objectivos do sistema fiscal, a Constituição reconhece claramente a necessidade de os impostos se articularem entre si de modo ordenado, de que resulte um conjunto global coerente em face dos objectivos visados e em interacção com estes. Como que aponta para uma outra concepção – de conteúdo mais dinâmico – de sistema fiscal.

É, aliás, sabido que a manutenção de uma lógica global constitui um dos problemas mais agudos de qualquer sistema fiscal. Com efeito, o peso de práticas enraizadas ao longo de décadas, por um lado, e o efeito das mutações nas opções políticas e na realidade económico-social, por outro, constituem forças – muitas vezes contraditórias – que actuam no sentido de poder retirar ao conjunto dos impostos existentes em cada momento a coerência global que lhe faça merecer a designação de sistema. Não raro a reformas fiscais sucedem-se, em pouco tempo, autênticas contra-reformas. A solução para esta questão é encarar o sistema fiscal como realidade dinâmica, em interacção com o meio envolvente, mas sem perca do seu quadro geral de referência. Esta perspectiva não é, por isso, compatível com a anarquia teórica e legislativa das alterações avulsas e improvisadas, feitas sob pressão dos jogos de interesses e das práticas rotineiras quotidianas. Trata-se, outrossim, de uma visão sistémica que não põe em causa a lógica intrínseca dos sistemas fiscais, bem comprovada pelo facto de haver uma certa similitude entre os sistemas fiscais existentes em países com nível de desenvolvimento económico similar.

Reflectindo esta perspectiva, tem vindo, modernamente, a sublinhar-se a necessidade de aplicar aos sistemas fiscais a teoria dos sistemas desenvolvida no domínio das ciências humanas. Nesta óptica, um sistema pode ser definido como um conjunto de unidades reciprocamente relacionadas, que, tratando-se de sistema aberto, está em interacção com o meio envolvente – influencia-o e é influenciado por ele[91]. Deste conceito derivam-se como características fundamentais de um sistema: o(s) objectivo(s) e a globalidade. Sendo assim, para além do conjunto de impostos ordenados de uma forma globalmente coerente em face dos objectivos visados, a noção de sistema fiscal põe em relevo as relações dinâmicas que se estabelecem entre as suas várias componentes e entre o sistema fiscal e outros sistemas, designadamente o económico e o sócio-político. É toda uma outra construção teórica, que apela para a análise sistémica do fenómeno fiscal e introduz a cibernética no seu estudo.

Dentro desta linha, podem distinguir-se quatro domínios complementares de análise de um sistema fiscal: normativo, económico, organizacional e psicossociológico[92].

O domínio normativo é constituído pela legislação que regula as matérias relacionadas com o imposto, constituindo um subsistema do sistema legislativo mais geral. A este respeito, embora se aceite hoje com uma certa unanimidade que o direito fiscal se integra no direito público, é-lhe reconhecida uma certa especificidade – que para grande parte dos autores se traduz mesmo na sua autonomia – mas são profundas as suas relações com outros ramos de direito: o direito civil, o direito comercial, o direito administrativo, o direito penal, etc[93].

[91] Cf., por exemplo, o trabalho básico neste domínio: BERTALANFY, Ludwig von, *General Systems Theory*, New York, George Brasilier, 1968.

[92] Cf, por exemplo, MEHL, Lucien e BELTRAME, Pierre, *Science et Technique Fiscales*, Paris, Presses Universitaires de France, 1984, págs. 199 e segs.

[93] Veja-se adiante, na Parte II, o ponto 7.4.

O domínio económico estuda as relações entre o sistema fiscal (e cada um dos impostos que o integram) e o sistema económico, as quais se estabelecem nos dois sentidos: os impostos são influenciados pela realidade económica a que se aplicam, mas são também instrumento de intervenção sobre essa mesma realidade. Dito de outro modo, a base do imposto tem sempre como suporte uma realidade económica, que a lei recorta na base de incidência, e por essa forma são transferidos recursos dos particulares para os entes públicos. Esta drenagem estabelecida pela via do imposto não é, porém, a sua única consequência em termos de influência sobre a realidade económica – o imposto é hoje pacificamente assumido como um dos instrumentos de política económica, utilizado para prosseguir designadamente objectivos de redistribuição do rendimento e da riqueza, de regulação conjuntural e de desenvolvimento[94].

O aspecto organizacional é constituído pelos serviços centrais ou periféricos (regionais ou locais) encarregados de administrar os impostos, que estão eles próprios inseridos num sistema mais vasto – o da administração pública. Em certo sentido, o aspecto organizacional comporta igualmente a análise da estrutura e funcionamento dos tribunais fiscais, que estão inseridos num outro sistema – o sistema judicial. A importância decisiva desta área é bem ilustrada pelo facto de dela depender a eficácia de qualquer sistema fiscal.

O domínio psicossociológico assume cada vez maior importância, dele dependendo, em grande medida, a aceitação do sistema fiscal pelos sujeitos passivos sobre que incide, requisito afinal de uma sua correcta aplicação. Assim, o estudo dos impostos deve tomar em consideração os factores sócio-psicológicos que determinam o comportamento dos indivíduos e dos grupos de pressão, de modo a ter em conta as reacções que são suscitadas e as interacções que se estabelecem entre aqueles e os subsistemas normativo e organizacional. É o campo de uma disciplina que tem ganho relevo crescente nas últimas décadas – a da psicossociologia do imposto[95].

5.2. Classificação dos sistemas fiscais

A tipologia dos sistemas fiscais pode fazer-se de acordo com vários critérios, de entre os quais avultam os critérios sócio-políticos e os critérios

[94] Veja-se adiante, na Parte III, o ponto 15.2.

[95] Vejam-se, por exemplo, as obras clássicas neste domínio: LAUFENBURGER, Henry, *Théorie Économique et Psychologique des Finances Publiques*, Paris, Sirey, 1956 e SCHMOLDERS, Gunter, *Psychologie des finances et de l'impôt*, Paris, Presses Universitaires de France, 1973.

sócio-económicos. Os primeiros defrontam-se com algumas importantes dificuldades conexas com a sua matriz ainda com muitas insuficiências sob o ponto de vista científico, mas é corrente distinguirem-se os sistemas fiscais conforme forem mais liberais ou mais socializantes, havendo até quem ensaie a sua classificação em termos de "direita" ou de "esquerda", conforme o tratamento dado aos rendimentos do trabalho e do capital e ao nível e ritmo da progressividade. Em geral, ainda que não totalmente independentes destes, são os critérios sócio-económicos que são usados, deles resultando, tendo em conta factores como o nível de fiscalidade, a estrutura fiscal e a complexidade técnica do sistema, uma classificação que distingue basicamente entre[96]:

- sistemas fiscais dos países industrializados;
- sistemas fiscais dos países em desenvolvimento.

Em consequência, teremos um critério diferenciador assente unicamente no grau de desenvolvimento, o que põe em relevo a relação que existe entre fiscalidade e desenvolvimento económico[97].

Nos *sistemas fiscais dos países industrializados*, o nível de fiscalidade (veja-se adiante ponto 14.1.), medido pela relação entre receitas fiscais e produto interno bruto, é alto, embora variável de país para país, tendendo a ser função do grau de intervenção do Estado na economia. Por outro lado, o sis-

[96] BELTRAME, Pierre, *Les systèmes fiscaux*, Collection Que sais-je?, nº 1599, Paris, Presses Universitaires de France, 1975, págs. 7 e segs. e BROCHIER, Hubert, LLAU, Pierre e MICHALET, Charles-Albert, *Économie Financière*, Paris, Presses Universitaires de France, 1975, págs. 364 e segs. Cf. igualmente a obra básica neste domínio: MUSGRAVE, Richard, *Fiscal Systems*, London, Yale University Press, 1969.

[97] Numa obra que é hoje um clássico da teoria fiscal, HINRICHS distingue a este propósito cinco fases:

- a fase da sociedade tradicional caracterizada pelas receitas não fiscais (monopólios estatais) e por certos impostos directos tradicionais, incidindo designadamente sobre a propriedade fundiária;
- uma segunda fase em que aumenta o peso dos impostos indirectos, em especial os direitos aduaneiros;
- uma terceira fase em que se reduz a tributação directa tradicional;
- uma quarta fase em que o crescimento da procura interna provoca um desenvolvimento dos impostos sobre as transacções;
- uma quinta e última fase, em que culminando a evolução da estrutura fiscal, haveria uma predominância dos impostos sobre o rendimento.

Cf. HINRICHS, H. H., *A general theory of tax structure change during development*, Cambridge, Harvard Law School, 1966.

tema fiscal é constituído por vários impostos cujo peso no total se encontra relativamente repartido entre eles. A importância que assume nessa estrutura o imposto sobre o rendimento das pessoas singulares explica-se pelo facto de o nível de industrialização e o fenómeno do urbanismo permitirem a existência de um elevado volume de população activa trabalhando por conta de outrem e criarem importantes fluxos de aplicações de capitais. Finalmente, do ponto de vista técnico e de organização, trata-se de sistemas fiscais que apresentam um certo grau de sofisticação, de modo a corresponder adequadamente às exigências económicas e sociais dos países respectivos em termos de tributação.

Nos *sistemas fiscais dos países em vias de desenvolvimento*, o nível de fiscalidade é baixo e a estrutura fiscal assenta em grande medida nos impostos indirectos e sobretudo nos impostos relacionados com o comércio externo, em especial a exportação. Este desequilíbrio pode de algum modo ser explicado pelo diminuto rendimento *per capita*, que impede qualquer significativa tributação do rendimento, que encontra igualmente dificuldades derivadas da escassa ou insuficiente monetarização da economia[98]. A organização administrativa que suporta o sistema fiscal é, pelo seu lado, incipiente e a legislação fiscal, muitas vezes herdada dos tempos coloniais, mostra-se não raro inadequada.

5.3. Princípios de tributação e sistema fiscal

Desde sempre constituíram preocupação dos economistas as regras que devem moldar um sistema fiscal.

Assim, basta recordar que para ADAM SMITH um "bom sistema fiscal" deveria basear-se em alguns princípios fundamentais: a *justiça* (de modo a assegurar a igualdade perante o imposto), a *certeza* (de forma a eliminar o arbítrio no lançamento do imposto), a *comodidade* (tendo em vista simplificar as obrigações a cumprir pelos contribuintes) e a *economia* (com o objectivo de obter as maiores receitas possíveis com o menor custo)[99].

[98] Uma análise ilustrativa de que quanto maior é o rendimento *per capita* maior é o peso dos impostos directos (em particular o imposto sobre o rendimento) e menor o peso dos impostos indirectos pode ver-se em DUE, John, *Indirect Taxation in Developing Countries*, Baltimore, Johns Hospkin University Press, 1988.

[99] SMITH, Adam, *An Inquiry Into the Nature and Causes of THE WEALTH OF NATIONS*, tradução portuguesa: *Inquérito sobre a natureza e as causas da RIQUEZA DAS NAÇÕES*, Vol. II, Lisboa, Fundação Calouste Gulbenkian, 1983, págs. 485 e segs.

Existe alguma semelhança entre estas regras e os princípios que modernamente são assumidos como devendo enquadrar um sistema fiscal e que os autores de qualquer reforma fiscal procuram ter em conta e que são: equidade, eficiência económica e simplicidade[100]. Não raro podem surgir conflitos ou questões de compatibilidade entre estes princípios: um imposto justo pode não ser um imposto simples e muitas vezes os objectivos económicos prosseguidos por um imposto implicam quebras no princípio da equidade. Há, então, que proceder a escolhas, compromissos ou arbitragens (*trade-off*) que permitam obter a solução mais adequada às circunstâncias de cada situação.

5.3.1. *Equidade*

O princípio da equidade exige que os impostos sejam estabelecidos de uma forma justa.

Um primeiro método para aferir da equidade da tributação – largamente difundido entre os autores do século XVII e que tem conhecido um certo ressurgimento – é o denominado *critério do benefício*. De acordo com esta corrente, os impostos devem incidir sobre as pessoas em proporção dos benefícios ou vantagens que estas retiram das despesas públicas. Dela derivam os seus adeptos a justificação para que os impostos incidam apenas sobre os residentes, pois só estes beneficiariam da actividade do Estado, ou para que se tributem de forma especial as pessoas ou grupos que gozam de vantagens particulares ou que originam determinadas despesas para a colectividade (por exemplo, um imposto sobre os combustíveis justificar-se-ia como forma de financiamento das despesas com a rede de estradas). No entanto, este critério, ainda que, em certos casos, de inegável interesse, revela-se de aplicação difícil pois implicaria, por um lado, a identificação das vantagens que cada pessoa retira da actividade do Estado e sua articulação com os impostos a pagar, sendo, por outro lado, impensável que pelo facto de os mais pobres serem mais beneficiados com bens públicos devam pagar mais impostos[101].

[100] Um autor contemporâneo – STIGLITZ – junta a estes três princípios mais dois: a flexibilidade conjuntural e a responsabilização política. Cf. STIGLITZ, Joseph, *Economics of the Public Sector*, 2nd ed., New York, W.W. Norton & Company, 1988, págs. 390 e segs.

[101] Para maiores desenvolvimentos, veja-se, por todos, MUSGRAVE, Richard, *The Theory of Public Finance*, New York, Mc Graw Hill, 1959, págs. 61 e segs e, entre nós, TEIXEIRA RIBEIRO, J.J., *A justiça na tributação*, in *Boletim de Ciências Económicas*, Coimbra, vol. XXX, 1987, págs. 157-169. Com um conteúdo muito similar ao aqui referido para o critério do benefício em relação aos impostos, está o *critério da equivalência*, de acordo com o qual a concretização do princípio da igualdade

Actualmente, o *critério* a que usualmente é feito apelo para analisar a justiça da tributação é o *da capacidade contributiva (ability to pay)* cuja tradução económica é o rendimento, a riqueza ou o consumo, mas tendo em conta as circunstâncias especiais de cada contribuinte (v.g., pessoas a cargo e outras características pessoais)[102]. Daqui que a equidade implique que a realidade familiar seja de algum modo tomada em consideração, sendo a base tributável conceptualizada de modo amplo por só assim se poderem apreender as diferentes componentes da capacidade contributiva.

A equidade tem duas dimensões: horizontal e vertical.

A *equidade horizontal* impõe que se tributem de forma idêntica as pessoas que têm igual capacidade contributiva. E é nesta vertente que os principais problemas de equidade se colocam hoje em dia e estão longe de estar resolvidos – basta constatar, por exemplo, que um mesmo montante de rendimento é objectivo de tributação muito diferenciada conforme a sua origem ou natureza...

A *equidade vertical* exige que as pessoas que têm diferente capacidade contributiva sejam tributadas de forma desigual, sendo o grau razoável de "desigualdade" de tributação uma das questões mais discutidas em fiscalidade em todas as épocas. Apesar de tudo, parece haver algum consenso no sentido de que a capacidade contributiva aumenta a um ritmo maior que o rendimento (ou a riqueza), o que implica que os impostos, globalmente considerados, devam ser progressivos. O que é objecto de maior controvérsia é mais o grau e o ritmo dessa progressividade pois a necessidade desta começa por ser – e é sobretudo – uma questão ética ou moral, uma questão, para usar as palavras de MUSGRAVE, de *"good manners in a democratic society"*[103].

nos tributos comutativos exige que as taxas e contribuições sejam repartidos de acordo com o custo provocado pelo contribuinte ou de acordo com o benefício que a administração lhe proporciona – cf. VASQUES, Sérgio, *O Princípio da Equivalência como Critério de Igualdade Tributária*, Coimbra, Almedina, 2008.

[102] É, assim, que num relatório clássico em termos de reformas fiscais – o chamado RELATÓRIO CARTER – a capacidade contributiva, que é o critério adoptado para aferir da equidade, é medida pela capacidade económica discricionária, entendendo-se por capacidade económica a faculdade de alguém ter à sua disposição bens e serviços para uso pessoal e capacidade económica discricionária a capacidade económica residual que fica ao seu alcance depois de satisfazer as necessidades vitais e as obrigações e responsabilidades familiares. Cf. *Report of the Royal Commission on Taxation*, I vol. Ottawa, Queen's Printer, 1966, pág. 6.

[103] MUSGRAVE, Richard, *"Equity and the Case for Progressive Taxation"*, in *The Ongoing Debate. Tax Justice* (ed. by THORNDIKE, Joseph e VENTRY JR, Dennis), Washington, DC, The Urban Institute Press, 2002, pág. 17.

A justificação económica para a progressividade tem sido feita com base no argumento de que só ela permitiria, ainda que tendencialmente, uma *igualdade de sacrifícios*. Uma das versões desta teoria – a mais vulgarizada – baseia-se na hipótese de utilidade marginal decrescente do rendimento e apresenta-se muito resumidamente do seguinte modo: como a utilidade marginal do rendimento baixa à medida que o rendimento aumenta, o sacrifício implícito na renúncia a uma dada parcela de rendimento que se entrega ao Estado é menor para alguém com elevado rendimento do que para uma pessoa com baixo rendimento e só a progressividade do imposto permite igualar esse sacrifício[104].

Ao lado da explicação da progressividade através da igualdade de sacrifícios surgiu posteriormente uma abordagem que põe o acento tónico no facto de a sociedade atribuir uma importância decrescente às necessidades que são satisfeitas pelos indivíduos com as fatias sucessivas do seu rendimento. É, neste contexto, que alguns autores chamam a atenção para o facto de que as primeiras fatias de rendimento são destinadas a satisfazer necessidades que, num certo contexto sociológico, se podem considerar indispensáveis enquanto que as fatias seguintes corresponderiam já ao útil, depois ao agradável e finalmente ao supérfluo[105]. Deste modo, a progressividade encontraria a sua justificação na diferente importância que uma dada sociedade atribui às necessidades cuja satisfação é sacrificada pelo imposto.

O princípio da equidade tem sido considerado como prioritário na hierarquia dos requisitos a satisfazer pelos impostos. Daí que num grande número de países mereça consagração constitucional[106].

Além disso, é na satisfação deste princípio que reside a prossecução, pela via das receitas públicas, de um dos objectivos tradicionalmente come-

[104] O problema da capacidade ou faculdade contributiva em geral e o da teoria do sacrifício em particular é dos que têm suscitado maior polémica em finanças públicas. Veja-se, por todos, MUSGRAVE, Richard, *The Theory of Public Finance*, págs. 90 e segs e, entre nós, TEIXEIRA RIBEIRO, J.J., *Lições de Finanças Públicas*, 5ª ed., Coimbra, Coimbra Editora, 1995, págs. 280 e segs., SANTOS, J. Albano, *Teoria Fiscal*, Lisboa, ISCSP, 2003, págs. 412-427, XAVIER DE BASTO, J. G., *"Justiça tributária: ontem e hoje"* separata do *Boletim de Ciências Económicas*, Coimbra, vol. XLIX, 2006 e SALDANHA SANCHES, J.L., *Justiça Fiscal*, Lisboa, FFMS, 2010, págs. 32 e segs.

[105] MEHL, Lucien e BELTRAME, Pierre, *ob. cit.*, págs. 728 e segs.

[106] O princípio da equidade em matéria fiscal – que os juristas preferem designar por princípio da igualdade (veja-se adiante o ponto 8.2.2.) – está enunciado na Constituição Portuguesa, especialmente nos artºs 103º e 104º.

tidos ao sistema fiscal: o de serem instrumento de uma política de redistribuição de rendimentos. Com efeito, é na combinação de impostos progressivos com despesas públicas onde os pobres colham mais benefícios do que os ricos, que se podem transferir rendimentos em favor dos grupos mais carenciados.

5.3.2. *Eficiência económica*

Um imposto pode influenciar de vários modos a eficiência económica, nomeadamente quanto à oferta e procura de trabalho, à poupança e sua utilização produtiva, à afectação de recursos em geral. É que o imposto é algo que se impõe aos agentes económicos e pode, por isso, modificar os preços relativos das variáveis económicas directa ou indirectamente relacionadas com a sua incidência.

Dessa modificação dos preços relativos pode resultar ineficiência económica, que os economistas costumam analisar através da chamada "carga excedentária".[107] O objectivo é, assim, minimizar esta, ou seja, assegurar que os impostos sejam o menos distorcionários possível. O que, dito de outro modo, implica a neutralidade do imposto.

Importa a este propósito ter em conta que os efeitos do imposto são de dois tipos: efeito rendimento (*income effect*) e efeito substituição (*substitution effect*)[108].

O efeito rendimento resulta do facto de a criação de um imposto ou a sua subida diminuir o rendimento disponível, o poder de compra do contribuinte, da pessoa que o suporta. Em si mesmo um efeito rendimento não produz ineficiência económica. Mas, a alteração fiscal acima mencionada pode levar o contribuinte a substituir uma actividade por outra, o consumo de um bem por outro e até, em última análise, se o imposto em causa

[107] Para mais desenvolvimentos veja-se, na bibliografia portuguesa, PINTO BARBOSA, António S., *ob. cit.*, págs. 63 e segs.

[108] Uma análise destes efeitos em termos de reforma fiscal pode ver-se, por exemplo, em *The Structure and Reform of Direct Taxation (Report of a Committee chaired by Professor J. E. MEADE)*, The Institute of Fiscal Studies, London, George Allen & Unwin, 1978, págs. 8 e segs. Uma apresentação simples e sugestiva destes efeitos pode ver-se em JAMES, Simon e NOBES, Christopher, *ob. cit.*, págs. 23 e segs. É o caso do exemplo histórico do bem conhecido imposto sobre portas e janelas instituído em França no século XVIII. Dado que esse imposto era calculado tomando por referência o número de portas e janelas de cada habitação, os contribuintes começaram a abdicar das suas janelas, suportando, desse modo, um custo em termos de climatização e luminosidade que não se traduzia em qualquer benefício para o Estado. Esse custo representa, nessa medida, uma carga excedentária para o contribuinte.

onerar o rendimento que se obtém do trabalho, levar o trabalhador a preferir o ócio. É o efeito substituição. Deste pode resultar ineficiência económica se desta interferência nas escolhas individuais resultar uma perda de bem estar para o contribuinte que não se traduza em aumento de recursos para o Estado ou para o outro ente público destinatário da receita de imposto.

Um imposto que envolva unicamente um efeito rendimento, não distorcendo os preços relativos e não induzindo qualquer efeito substituição, é um imposto não-distorcionário, que só reduz o poder de compra do sujeito a ele obrigado, tendo apenas como primeira consequência uma transferência de recursos dos contribuintes para o Estado. É o que se costuma designar por imposto *lump-sum*, de que o exemplo mais significativo é constituído pelo imposto de capitação, ou seja um imposto geral e uniforme a pagar por cada contribuinte (*poll tax*)[109].

Havendo efeitos substituição há, em geral, carga excedentária e ineficiências que importa reduzir.

A medida da carga excedentária pode ser visualizada através de um exemplo muito simples.

Suponha-se que o consumidor tem uma soma fixa de rendimento, que pode utilizar consumindo o bem X ou o bem Y – na figura 4, a restrição orçamental do consumidor é dada pela linha AB, que representa as várias combinações de X e de Y que o consumidor pode adquirir com o seu orçamento. Tendo em conta a curva de indiferença do consumidor, I_1, o ponto de equilíbrio é, neste caso, R.

Considere-se, em determinado momento, que o Estado deseja obter certo volume de recursos, lançando para o efeito um imposto que não afecte os preços relativos dos dois bens – um imposto *lump-sum* igual a AA', em termos do bem Y. A restrição orçamental do consumidor passa a ser dada por A'B', que é paralela a AB e resulta da subtracção de AA' a cada ponto de AB. Tendo em conta a curva de indiferença do consumidor, I_2,

[109] Até num imposto de capitação é possível, porém, visualizar uma carga excedentária se, por exemplo, incidindo o mesmo sobre as crianças, tiver efeitos nas escolhas dos contribuintes em termos de dimensão do agregado familiar (cf. JAMES, Simon e NOBES, Christopher, *ob. cit.*, pág. 25) ou, em contexto de economia aberta, se o contribuinte residente para escapar ao imposto resolver emigrar (cf. PINTO BARBOSA, António S., *ob. cit.*, pág. 69). Daí que, de uma forma ou de outra, se possa dizer que todos os impostos têm algum efeito, pequeno que seja, sobre as escolhas individuais.

o ponto de equilíbrio é, agora, P. Assinala-se, deste modo, um efeito rendimento do imposto – a passagem de R para P, reduzem-se as despesas

FIGURA 4

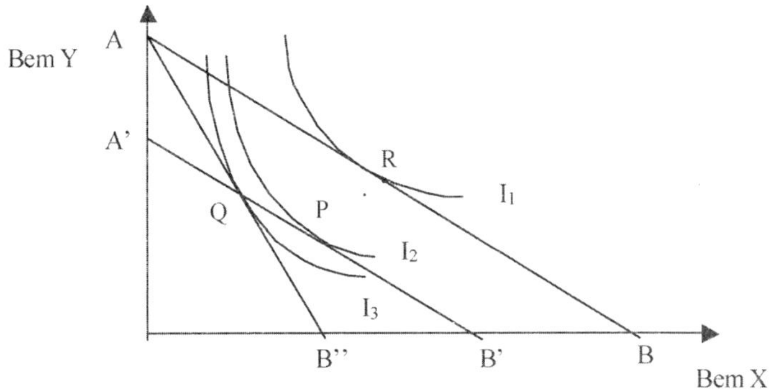

de consumo mas a afectação de recursos entre X e Y mantém-se, não é distorcida pelo imposto – não há carga excedentária.

Outra alternativa de que o Estado dispõe é lançar um imposto selectivo sobre o bem X, que proporcione o mesmo volume de recursos, caso em que, pressupondo que é o consumidor que suporta a totalidade do imposto, a linha de restrição orçamental passa a ser de AB" e o novo ponto de equilíbrio é Q. Verifica-se, em relação à situação do imposto *lump-sum*, um efeito substituição, a passagem de P para Q, que se situa numa curva de indiferença que reflecte um nível menor de bem estar. Há efeito distorcivo do imposto e carga excedentária. Assim, para o mesmo nível de receita fiscal, o imposto selectivo tem por consequência uma carga mais pesada para o consumidor, ilustrada graficamente pela passagem de I_2 para I_3. A carga excedentária é precisamente a perda de bem estar que decorre do lançamento de um imposto que altere a afectação relativa de recursos entre o bem X e o bem Y, que no exemplo acima é evidenciada pela diminuição de utilidade resultante da referida passagem de I_2 para I_3.[110]

O que se referiu a propósito da escolha entre dois bens pode dizer-se em termos substancialmente idênticos a respeito de outras escolhas económicas entre alternativas possíveis, designadamente a escolha entre consumo

[110] A existência de carga excedentária não deriva por si só apenas da alteração de preços relativos provocada por um imposto, pois está dependente de existir substituibilidade entre os bens em causa e do grau dessa substituibilidade. Assim, bens com procura relativamente rígida geram cargas mais baixas deste ponto de vista.

no presente ou poupança e consequente consumo no futuro ou a escolha entre trabalho ou lazer[111]. Em relação às empresas, também se colocam muitas opções em que a influência dos impostos pode fazer-se sentir: é o que acontece quanto à escolha da forma jurídica, organização empresarial, uso predominante de um ou outro factor de produção, modos de financiamento, etc.

Os modelos teóricos disponíveis permitem ilustrar, ainda que parcialmente, os efeitos induzidos pelos impostos sobre o comportamento dos agentes económicos e suportam a conclusão de que os seus eventuais efeitos distorcivos dependem da natureza do imposto que está em causa, da extensão da sua base tributável e, em maior ou menor medida, de todos os outros parâmetros que definem o montante a pagar[112]. Por outro lado, esses efeitos distorcivos serão tanto ou mais importantes quanto mais elástica for a procura e a oferta dos bens ou dos factores que estiverem em causa. Assim, por exemplo, no caso dos impostos sobre o rendimento do trabalho, haverá que tomar em conta a elasticidade da oferta de mão de obra em relação aos salários reais líquidos, que influenciará a opção entre trabalho e lazer; já nos impostos sobre o rendimento do capital, deverá considerar-se a elasticidade da poupança relativamente à taxa de rendibilidade real líquida, que influencia a opção entre poupança e consumo.

No entanto, se, em termos qualitativos, é possível equacionar as variáveis que têm influência nos possíveis efeitos distorcivos de um imposto, não é possível determinar *a priori* a direcção e a grandeza das alterações induzidas pelo imposto dado que também entra aqui em jogo a psicologia

[111] Para maiores desenvolvimentos veja-se, por exemplo, VALLÉE, Annie, *Économie des systèmes fiscaux comparés*, Paris, PUF, 1994, págs. 57 e segs. A escolha entre trabalho e lazer é ilustrativa, porém, da complexidade da análise que importa considerar quando se trata de extrair conclusões acerca das alterações induzidas por um imposto. É que a reacção dos contribuintes concretiza-se através de efeitos rendimento e efeitos substituição, com consequências opostas e cujo resultado não se pode prever à partida em toda a sua extensão. Assim, se o imposto diminuir o rendimento do trabalho uma reacção possível será aumentar a oferta de trabalho de modo a repôr o poder de compra inicial; mas outra reacção poderá ser substituir o trabalho pelo ócio. É da conjugação destes dois efeitos que resultará ou não carga excedentária.

[112] Em termos muito gerais, é habitualmente reconhecido que se podem obter ganhos de eficiência: i) alargando as bases tributáveis através da eliminação de isenções e regimes especiais; ii) nivelando as taxas de tributação; iii) integrando e harmonizando as regras aplicáveis para evitar possibilidades de arbitragem. Só que os ganhos de eficiência podem colidir, como já se referiu, com preocupações de equidade e simplicidade. Uma síntese destes problemas e da sua aplicação aos países da OCDE pode ver-se em OECD, *Tax and the Economy – A Comparative Assessment of OECD Countries*, Paris, 2001.

do sujeito económico por ele atingido e a complexidade de que se reveste o seu comportamento[113].

O que se pode concluir, em termos gerais, é que quanto mais o imposto for neutro menores serão as distorções que provoca e mais reduzida é a carga excedentária.

Ao referir-se, no entanto, este princípio de tributação não pode deixar de sublinhar-se que alguns dos efeitos económicos dos impostos podem inserir-se adequadamente nos objectivos intervencionistas prosseguidos através do seu uso, e, nessa medida, serem desejáveis. A análise da eficiência ou ineficiência do sistema fiscal não pode, deste modo, deixar de tomar em consideração o papel do imposto ao serviço de uma política de regulação conjuntural ou de uma política de desenvolvimento económico em geral (veja-se adiante, na Parte III, o ponto 15).

Além disso, em alguns casos, as despesas públicas financiadas pelos impostos podem traduzir-se em ganhos de eficiência que mais do que compensam os efeitos negativos que os impostos podem provocar. A asserção de que toda e qualquer acção do Estado é, por natureza, ineficiente do ponto de vista económico não tem base histórica e científica que a suporte[114].

Por outro lado, é sabido que os mercados funcionam com falhas. Os impostos podem ser usados para compensar algumas dessas falhas e, nessa medida, em vez de serem fonte de ineficiência económica, são um instrumento que contribui para aumentar essa eficiência.

É o caso de se verificarem divergências entre custos privados e custos sociais – o imposto ao internalizar as deseconomias externas corrige os preços dos bens e serviços e contribui, desse modo, para melhorar a afectação de recursos. O exemplo mais citado é o dos custos da poluição e degra-

[113] Não é possível, assim, nem ao nível micro-económico nem ao nível macro-económico postular que os impostos são sempre fonte de ineficiência económica. A chamada *"curva de Laffer"* foi apresentada precisamente para ilustrar que, a partir de certo nível, as subidas das taxas de tributação diminuem as receitas fiscais (cf, na bibliografia portuguesas, SANTOS, J. Albano, *Teoria Fiscal*, págs. 467-470). A explicação é conhecida: o aumento das taxas de tributação provoca efeitos de substituição que reduziriam a oferta dos factores de produção e a oferta de bens e serviços, o que, por sua vez, faria diminuir as bases tributáveis e, desse modo, as receitas fiscais. Os estudos empíricos levados a cabo não demonstram, no entanto, a validade universal de uma relação de causa e efeito entre subida de taxas de tributação e abrandamento da actividade económica e consequente descida nas receitas fiscais.

[114] A coexistência nos países nórdicos de altos níveis de fiscalidade e de uma grande eficiência e competitividade da economia tem sido apontada como negação dessa asserção. O exemplo nórdico não é, todavia, transponível para todos os contextos sócio-culturais.

dação do meio ambiente, que são custos sociais que importa reflectir nos preços. Nessa medida, os impostos ambientais, que traduzem o princípio do poluidor-pagador, internalizam as deseconomias externas associadas àqueles custos e restabelecem a verdade dos preços. Aumentam, assim, a eficiência económica.

Em termos de economia aberta, coloca-se em termos de eficiência económica um problema adicional – a possibilidade de os factores de produção circularem internacionalmente e de as decisões dos agentes económicos a este respeito poderem ser influenciadas pela variável fiscal.

Este aspecto tem merecido, em especial, a atenção dos fiscalistas a propósito da circulação internacional do capital, defrontando-se a este respeito duas concepções de neutralidade do imposto: a neutralidade na exportação de capitais (NEC) e a neutralidade na importação de capitais (NIC)[115].

De acordo com a *neutralidade na exportação de capitais (NEC)* o investidor deve pagar o mesmo imposto quer invista no país de residência quer no estrangeiro. Privilegia-se, deste modo, a tributação no país de residência do rendimento mundial.

Já segundo a *neutralidade na importação de capitais (NIC)* o que importa é assegurar que todos os rendimentos investidos num determinado país são tratados da mesma forma independentemente da sua origem. Esta neutralidade é assegurada quando todos os rendimentos são tributados exclusivamente no país de origem (princípio da fonte).

É muitas vezes defendido que, como as taxas marginais de tributação efectiva dos rendimentos de capitais variam de país para país (se fossem idênticas poderia realizar-se simultaneamente a NEC e a NIC), tendo de fazer-se uma opção, seria preferível escolher a NEC em detrimento da NIC – com ela se garantiria uma afectação eficiente do capital a nível mundial na medida em que os níveis de tributação não afectariam a escolha do local onde se realizaria o investimento.

[115] É geralmente reconhecido que o primeiro autor a colocar esta questão foi Richard MUSGRAVE – *Fiscal Systems*, New Haven and London, Yale University Press, 1969, págs. 243 e segs. Em tempos mais recentes esta problemática foi extensivamente abordada em OCDE, *L'imposition des bénéfices dans une économie globale*, Paris, 1991, em especial págs. 45-49. Na bibliografia portuguesa veja-se também ROCHA ANDRADE, Fernando, *"Concorrência Fiscal Prejudicial na Tributação das Empresas"*, in *Boletim de Ciências Económicas*, Coimbra, Vol. XLV, 2002, págs. 91-104 e DOURADO, Ana Paula, *A tributação dos rendimentos de capitais: a harmonização na Comunidade Europeia*, Cadernos de Ciência e Técnica Fiscal, nº 175, Lisboa, Centro de Estudos Fiscais, 1996, págs. 266-288.

Mas, a estas considerações é muito justamente contraposto que a NEC não é incompatível com a tributação na fonte, bastará que o país de residência conceda um crédito de imposto integral correspondente ao montante pago no país da fonte. Aliás, em termos de equidade internacional da tributação, a tributação na fonte parece uma forma justa de repartição internacional das bases de tributação, pelo que atendendo também a que os países menos desenvolvidos são normalmente importadores líquidos de capitais, a NIC acaba, em muitos casos, por ser superior à NEC[116].

5.3.3. *Simplicidade*

Condição essencial ao funcionamento de qualquer sistema fiscal é o ter, em cada contexto em concreto, viabilidade administrativa, para o que, além de adequar-se às possibilidades administrativas existentes, tem de ser simples. Importa, aliás, confrontar sempre as receitas obtidas com os custos administrativos de gestão do sistema, maximizando esta diferença sem transferir para os obrigados fiscais encargos indirectos que significativamente acresçam ao próprio encargo do imposto.

A este respeito é preciso tomar em conta os chamados *custos de administração*, que se reportam aos aludidos custos, para o sector público, de gestão do sistema fiscal em geral e de cada imposto em particular, e os denominados *custos de cumprimento*, que se referem aos encargos que resultam para os obrigados fiscais da vasta panóplia de obrigações ou deveres fiscais acessórios, em termos de apresentação de declarações fiscais, manutenção de uma contabilidade e variados registos organizados de certa maneira e validados por um técnico oficial de contas, obrigações de facturação, preenchimento de um conjunto de formulários a fornecer a terceiros, etc[117].

[116] Veja-se FREITAS PEREIRA, M. H., *"Concorrência fiscal prejudicial – o Código de Conduta da União Europeia"*, in *Ciência e Técnica Fiscal*, nº 390, Abril-Junho de 1998, págs. 205-219 e a bibliografia aí citada.

[117] Estes são os custos sugestivamente designados por *"hidden costs of taxation"*, que são difíceis de calcular mas que assumem a maior importância e se somam aos custos de eficiência para calcular os custos implicados pelos diferentes impostos. Consideram-se aqui apenas os chamados "custos de cumprimento brutos". A literatura tem, contudo, chamado a atenção para alguns benefícios que podem resultar dos impostos para os obrigados fiscais, ao permitirem o uso, durante um certo período, do respectivo montante antes da sua entrega ao Estado. É o que acontece em termos de retenções na fonte e de imposto sobre o valor acrescentado e impostos especiais de consumo. Os "custos de cumprimento líquidos" vêm precisamente abatidos desses benefícios, designados como *"benefícios de cash-flow"*. Veja-se SANDFORD, Cedric, GODWIN, Michael e HARDWICK, Peter *Administrative and Compliance Costs of Taxation*, Bath, Fiscal Publications, 1989 e, na bibliografia portuguesa, MOTA LOPES, Cidália, *"Simplicidade e complexidade do sistema fiscal:*

Nesta linha, Sandford[118] divide os custos de cumprimento em três grupos principais: os custos monetários (que integram quer os custos com o pessoal que trata dos assuntos fiscais quer os custos com fornecimentos e serviços externos, designadamente honorários de técnicos oficiais de contas e consultores fiscais), os custos de tempo (que tem que ver com o tempo despendido com o cumprimento das obrigações fiscais e os custos físicos ou psicológicos (onde se incluem os associados a alguma eventual ansiedade ligada ao cumprimento das obrigações fiscais[119], motivada, designadamente, por falta de informação, insegurança nas relações com o fisco, grande discricionariedade nas actuações da administração, etc.).

Um dos principais factores que incrementam quer os custos de administração quer os custos de cumprimento é dado pelas alterações constantes do sistema fiscal, que, por isso, devem ter sempre em conta os custos que implicam[120]. Acresce que essas alterações, mau grado as disposições transitórias que as acompanham, que, em si mesmas são, muitas vezes, um factor de complexidade adicional, geram insegurança jurídica para os con-

algumas reflexões", in *Fiscalidade*, nºs 13/14, Janeiro/Abril 2003, págs. 51-83, "*Os custos de tributação na história da economia"*, in *Homenagem a José Guilherme Xavier de Basto*, Coimbra, Coimbra Editora, 2006, págs. 83-125 e *Quanto custa pagar impostos em Portugal? Os custos de cumprimento da tributação do rendimento*, Coimbra, Almedina, 2008, GOMES DOS SANTOS, José Carlos, "*Uma visão integrada dos custos associados ao financiamento público através de impostos – o caso dos custos de eficiência, administração e cumprimento"*, in *Ciência e Técnica Fiscal*, nº 378, Abril-Junho/1995, págs. 31-59 e FREITAS PEREIRA, M. H., "*Competitividade fiscal e custos de cumprimento"*, in *O Economista*, Lisboa, 2005, pág. 44-51. Uma síntese das obrigações acessórias em Portugal pode ver-se adiante em 12.1.2..

118 SANDFORD, Cedric (ed.), *Tax Compliance Costs – Measurement and Policy*, Bath, Fiscal Publications, 1995, págs. 1 e segs. e do mesmo autor o relatório geral ao Congresso da "International Fiscal Association" de 1989 sob o tema "*Administrative and Compliance Costs of Taxation"*, in *Cahiers de droit fiscal international*, vol. LXXIVb, Kluwer, The Netherlands, 1989, págs. 19-40. Cf. ainda o relatório nacional português ao aludido Congresso, da autoria de CARVALHO, António Joaquim, publicado nos referidos *Cahiers de droit fiscal international*, págs. 511-528 e a respectiva versão portuguesa, sob o título "*Custos de Cobrança dos Impostos a Cargo da Administração e dos Contribuintes"*, in *Ciência e Técnica Fiscal*, nº 355, Jul-Set/1989, págs. 7-30.

119 Neste exacto sentido, apelando, na esteira de Adam Smith, para a inclusão nos custos de cumprimento dos "*mental costs to taxpayers of any anxiety suffered as a result of the operation of the tax"* veja-se JAMES, Simon e NOBES, Christopher, *ob. cit.*, pág. 40.

120 Cf. JAMES, Simon e NOBES, Christopher, *ob. cit.*, pág. 39. A simples renumeração dos artigos de um código tributário ou a alteração dos quadros de uma declaração fiscal podem comportar custos para os obrigados fiscais, designadamente em termos de alteração dos programas informáticos de suporte, muito superiores às vantagens eventualmente visadas por essas modificações. Nestes casos, além dos custos regulares com o cumprimento das obrigações fiscais há os custos impostos pelas mudanças.

tribuintes, que vêem alteradas as suas expectativas e têm de adaptar as suas decisões económicas em conformidade.

Além disso, os estudos empíricos realizados evidenciam que os custos de cumprimento, ao comportarem economias de escala, têm tendência para que o seu peso diminua com o aumento de dimensão das empresas e, por isso, se não tiverem em conta a diferente dimensão económica dos obrigados fiscais, podem ser regressivos e, hoje em dia, a sua redução é cada vez mais encarada como um factor de competitividade fiscal ao nível internacional tendo em consideração que as operações internacionais incrementam a complexidade do sistema e os correspondentes custos de cumprimento.

Por outro lado, a simplicidade do sistema fiscal é um dos meios mais eficazes de luta contra a evasão fiscal, pois existe evidência demonstrativa de que esta aumenta na razão directa do acréscimo de complexidade do sistema.

Finalmente, a simplicidade desempenha um papel fundamental em termos de relação entre o fisco e os contribuintes, sendo uma das condições de aceitação do sistema o poder ser compreendido e não implicar custos desnecessários (frequentes contactos com os serviços, declarações complicadas, etc.). Ora, este desiderato não é compatível com sistemas muito complexos.

No entanto, alguma complexidade é inevitável face aos outros princípios de tributação: equidade e eficiência económica, tendo de chegar-se, também neste aspecto, a uma solução de compromisso. Solução que integra também, sendo caso disso, a ponderação sobre se os custos da complexidade devem recair sobre o sector público, através dos custos de administração, ou sobre o sector privado, através dos custos de cumprimento.

6. A Definição da Base Tributável – Alguns Problemas

6.1. Impostos sobre o rendimento

6.1.1. *O conceito fiscal de rendimento*

A conceptualização fiscal de rendimento é uma questão controversa e tem evoluído ao longo do tempo, tendo-se passado de uma noção restrita para uma acepção ampla, com o que se pretendeu traduzir mais correctamente a capacidade contributiva dos sujeitos objecto de tributação[121].

Inicialmente, o rendimento foi definido como o produto obtido durante certo período através da participação na actividade produtiva, ou, como outros dizem, o "produto periódico da exploração de uma fonte económica durável", tal como o capital ou o trabalho ou a combinação dos dois factores. Esta concepção, que, sob a denominação de *teoria da fonte ou do rendimento-produto*, obteve uma grande consagração legislativa através dos chamados impostos parcelares ou cedulares sobre o rendimento, baseia-se numa acepção restrita do rendimento já que as suas condições quanto à fonte e à periodicidade excluem do rendimento os ganhos e perdas de capital e os proventos ocasionais, tais como subsídios ou prémios de lotaria, que não derivam da participação do sujeito económico numa actividade produtiva. É, por isso, uma teoria que, hoje em dia, tende a ser abandonada, atendendo principalmente ao facto de se basear numa distinção, muitas vezes artificial, entre ganhos de capital e outros rendimentos e, sobretudo, por deixar de lado parcelas importantes para aferir da capacidade contributiva.

[121] Para maiores desenvolvimentos veja-se FREITAS PEREIRA, M. H., *A periodização do lucro tributável*, Lisboa, Centro de Estudos Fiscais, 1988, págs. 15 e segs. e a bibliografia aí indicada

Numa acepção mais lata – a da *teoria do acréscimo patrimonial ou do rendimento-acréscimo*, desenvolvida por *Haig* e por *Simons*, mas tendo precursor em *von Schanz* – o rendimento é a soma do consumo e do incremento líquido do património, ou seja o acréscimo de riqueza de um sujeito económico que pode ser gasto sem qualquer diminuição do património inicial. É, assim, que *Haig* define rendimento como o valor monetário do incremento líquido do poder económico de uma pessoa entre dois mometos, acentuando que se deve considerar o poder de satisfazer necessidades e não a satisfação destas, pelo que o rendimento deve ser computado quando esse poder é recebido e não quando é exercido[122]. Por sua vez, *Simons* define rendimento pessoal, para efeitos fiscais, como o resultado obtido adicionando o consumo durante certo período à "riqueza" no fim do período e subtraindo depois a "riqueza" no início[123].

A diferença fundamental entre as duas acepções reside, por um lado, nas alterações de valor na fonte que não são rendimento na concepção restrita e o são na concepção lata (podendo aqui restringir-se ou não essas alterações às efectivamente realizadas) e, por outro, nas receitas ocasionais (v.g., prémios de lotaria, heranças ou legados). Dito de outro modo, na acepção lata incluem-se, portanto, com referência a um determinado período, os quantitativos derivados da participação do sujeito económico numa actividade produtiva, as transferências recebidas de terceiros (v.g., heranças ou doações e subsídios do Estado), o valor do autoconsumo e da utilização de bens duradouros e o incremento do valor do património inicial[124].

Pode dizer-se que na prática nenhuma destas concepções tem sido acolhida na sua pureza, mas pode detectar-se uma evolução no sentido de ser adoptada uma noção lata, ainda que com limitações: restrições quanto à imputação de valor pela utilização de bens duráveis, que, quando feita, se limita, em regra, ao uso da habitação própria; as doações e legados são quase sempre objecto de tributação autónoma[125]. Também em Portugal, na

[122] HAIG, Robert Murray, *"The concept of income – economic and legal aspects"*, in HAIG (ed.), *The Federal Income Tax*, New York, Columbia University Press, 1921, reimp. in MUSGRAVE, Richard A., & SHOUP, Carl S. (eds.), *Readings in the Economics of Taxation*, Illinois, Richard D. Irwin, Inc., 1959, pág. 59.

[123] SIMONS, Henry C., *Personal Income Taxation*, Chicago & London, The University of Chicago Press, 1938, pág. 50.

[124] No plano internacional veja-se uma síntese desta problemática em HOLMES, Kevin, *The Concept of Income – A multidisciplinary analysis*, Amsterdam, IBFD Publications BV, 2001.

[125] Sobre a situação em Portugal, em que, até 2003, essa tributação autónoma era constituída, para pessoas singulares e colectivas, pelo imposto sobre sucessões e doações e, a partir de 2004, passou a ser feita, para pessoas singulares, no imposto do selo, veja-se adiante 6.2.3.

reforma da tributação do rendimento de 1989, se adoptou, com limitações, a noção de rendimento-acréscimo (veja-se, designadamente, o nº 5 do preâmbulo do Código do IRS)[126].

A adopção do rendimento-acréscimo como base de tributação exige, aliás, num sistema estruturado em categorias de rendimentos (do trabalho, de capitais, de prédios, etc.), a criação de uma categoria residual de incrementos patrimoniais, abrangendo também os incrementos patrimoniais não justificados. Em Portugal, tal categoria não existe[127].

Deverá ainda referir-se que nos meios académicos tem sido preconizada ultimamente, mas sem grandes reflexos legislativos, uma tributação pessoal com base no consumo, que se pode filiar numa concepção que, para efeitos fiscais, faz corresponder rendimento ao fluxo de bens e serviços que são proporcionados a uma pessoa durante certo período. A poupança e as variações no valor do património são expressamente excluídas, pretendendo-se, desse modo, evitar a chamada dupla tributação da poupança. No entanto, o consumo é considerado como rendimento, quer seja financiado com proveitos correntes quer com o gasto do próprio capital – e, em certos modelos, com o próprio endividamento[128].

[126] Sobre esta questão veja-se igualmente TEIXEIRA RIBEIRO, J.J., *A reforma fiscal*, Coimbra, Coimbra Editora, 1989, págs. 198 e segs. e PITTA E CUNHA, Paulo, *A reforma fiscal*, Lisboa, Publicações Dom Quixote, 1989, págs. 81 e segs.

[127] Com efeito, a categoria G (incrementos patrimoniais) não é uma categoria residual (cf. artº 9º do Código do IRS) e os acréscimos patrimoniais não justificados aí previstos não reflectem directamente no rendimento colectável o valor do incremento patrimonial verificado no exercício e não abrangido pelos outros rendimentos nele incluídos. Esses acréscimos derivam, em primeira linha, da atribuição a determinadas manifestações de fortuna de certos padrões de rendimento que podem servir de base a uma avaliação indirecta da matéria colectável (cf. artº 89º-A da LGT). E ao não abrangerem todas as manifestações de fortuna mas só algumas, além de serem factor de ineficiência económica por falta de neutralidade, não são uma base inteiramente fiável para os fins que prosseguem. As alterações introduzidas em 2005 (nº 3 do artº 9º do Código do IRS e nº 5 do artº 89º-A da LGT), ao preverem, em alguns casos, a inclusão no rendimento tributável da diferença entre o acréscimo do património e o consumo evidenciados e os rendimentos declarados pelo sujeito passivo, vão no sentido de um maior acolhimento da teoria do rendimento acréscimo mas carecem de desenvolvimento, designadamente quanto à sua compatibilização com a regra das manifestações de fortuna. Sobre esta matéria veja-se Ministério das Finanças, *Relatório da Comissão para o Desenvolvimento da Reforma Fiscal*, Lisboa, 1996, págs. 599-603. Deste modo, ainda não se podem adoptar com efeitos práticos em toda a sua plenitude as modalidades de controlo fiscal de que se dá nota adiante – veja-se nota 172.

[128] De acordo com um modelo preconizado por relatório elaborado na Irlanda, um imposto sobre a despesa pessoal teria a seguinte base tributável:

6.1.2. *O lucro tributável das empresas*

Na tributação das empresas é possível também constatar uma tendência no sentido do alargamento da base tributável, sendo actualmente adoptada uma concepção lata de rendimento que faz reportar o lucro tributável à variação do activo líquido da empresa durante um certo período.

Passou-se, com efeito, da chamada "*teoria da conta de exploração*", no sentido de que seria apenas o resultado aqui apurado que serviria de base à tributação (pelo que se excluíam quer os rendimentos excepcionais de fontes estáveis quer os rendimentos de fontes ocasionais), para a denominada "*teoria do balanço*", que considera como rendimento todo o resultado que deriva da comparação entre balanços de fim e de início do exercício, incluindo, portanto, quer o resultado de exploração quer qualquer outro que se traduza em incremento dos valores investidos na empresa.

Em Portugal – veja-se o nº 5 do preâmbulo do Código do IRC – seguindo a tendência verificada noutros países, acolheu-se no IRC uma noção extensiva de lucro, de acordo com a teoria do incremento patrimonial: "o lucro consiste na diferença entre os valores do património líquido no fim e no início do período de tributação" (nº 2 do artº 3º do Código do IRC), enunciando a lei posteriormente algumas correcções que devem ser introduzidas naquela diferença[129].

Deste modo, em princípio tudo o que faça aumentar o património líquido inicial é rendimento tributável de uma empresa. Adopta-se, afinal, um conceito, que está longe de ser novo, segundo o qual o lucro é o incremento no valor do capital investido numa empresa e, analogamente, o prejuízo é a diminuição desse valor.

Rendimento pessoal (ordenados, salários, dividendos, juros e rendas)
\+ Receitas de capital (realização de activos, incremento no endividamento)
\+ Doações e heranças recebidas
= Total dos valores a considerar
– Aplicações que não sejam consumo (aquisição de activos, poupanças, redução no endividamento, doações e heranças feitas)
= Despesa total
– Isenção de base
= Despesa pessoal

Cf. *First Report of the Commission on Taxation – Direct Taxation*, Dublin, Stationery Office, Julho de 1982, págs. 258 e segs.

[129] Para maiores desenvolvimentos sobre o conceito de lucro adoptado no IRC veja-se FREITAS PEREIRA, M. H., *"A base tributável do IRC"*, in *Ciência e Técnica Fiscal*, Lisboa, nº 360, Out-Dez/1990, págs. 115-145.

O recorte operacional deste conceito com recurso à contabilidade não exige, porém, que o mesmo se baseie na comparação entre dois balanços sucessivos. Aliás, a "demonstração de resultados" é elemento analítico indispensável para a determinação do resultado tributável, já que a comparação de balanços, podendo determinar o lucro, não fornece, por si só, elementos sobre as suas componentes positivas e negativas e o conhecimento destas é, como se verá, fundamental em fiscalidade.

Assim, o ponto de partida pode ser o resultado apurado na "demonstração de resultados" – o resultado antes de impostos, entenda-se, pois não faz sentido que a base tributável para efeitos de determinação de um imposto venha desde logo diminuída desse mesmo imposto.

Incluem-se depois quer as variações patrimoniais positivas – os incrementos patrimoniais, quer as variações patrimoniais negativas – as diminuições patrimoniais, que influenciando o património líquido da empresa não são relevadas em contas de resultados.

Destas variações patrimoniais importa, no entanto, por razões óbvias, excluir quer aquelas que representam levantamento dos sócios, a título de distribuição de lucros ou de redução do capital, quer as entradas de capital destes, incluindo eventuais prémios de emissão.

Aqui chegados como que se concretiza o conceito de resultado de acordo com a teoria do balanço ou do incremento patrimonial – rendimento da empresa = variação ocorrida durante o exercício no capital investido na empresa.

A BASE TRIBUTÁVEL DO IRC

Resultado líquido contabilístico
+ Variações patrimoniais positivas
– Variações patrimoniais negativas
= Variação do património líquido
+ Correcções positivas (valores a acrescer)
– Correcções negativas (valores a deduzir)
= Lucro tributável ou
Prejuízo para efeitos fiscais

No entanto, em fiscalidade – e isso considerando a autonomia da contabilidade face à fiscalidade – a base tributável apurada na contabilidade é ainda objecto de correcções, positivas ou negativas, de natureza extracontabilística, para ter em conta a especificidade da determinação de uma base para efeitos fiscais.

Essas correcções que têm de derivar da lei e só da lei, têm várias justificações, que se podem arrumar em três grupos principais:

a) Em primeiro lugar, razões derivadas do facto de o resultado contabilístico e o resultado fiscal se reportarem a realidades não inteiramente coincidentes ou deverem ser determinados de modo diverso, o que tem que ver nomeadamente com:
   - a diferença entre os patrimónios relevantes para um e outro efeito, devido, por exemplo, a questões de aplicação territorial das regras fiscais, ou à necessidade de evitar duplas ou sucessivas tributações;
   - a preocupação de só tributar rendimentos (proveitos ou ganhos) realizados e se adoptar para efeitos fiscais um conceito de realização diferente do que releva em contabilidade e também por, em alguns casos, se prever antecipação ou diferimento do momento relevante para imputação das componentes positivas ou negativas do resultado;

b) Em segundo lugar – e esta é a justificação para a maior parte das diferenças – razões derivadas da luta contra a evasão e a fraude fiscais, que leva, por exemplo, a não aceitar certas parcelas negativas do resultado ou a estabelecer limites máximos aos respectivos valores – é o caso da chamada regra da indispensabilidade dos gastos relativamente à obtenção de rendimentos ou à manutenção da fonte produtora ou à não aceitação de gastos não documentados ou ainda à fixação de condições e limites para a aceitação de depreciações e amortizações, imparidades e provisões e realizações de utilidade social;

c) Em terceiro lugar, algumas das diferenças entre resultado contabilístico e resultado fiscal derivam da projecção que se pretende dar na base tributável à prossecução de determinados objectivos económicos e sociais e que se traduzem na previsão de vantagens fiscais, incluindo benefícios fiscais – é o caso de certos rendimentos serem no todo ou em parte excluídos de tributação ou de determinados gastos (custos ou perdas) contarem para efeitos fiscais por valor superior ao relevado na contabilidade.

Desta panóplia de diferenças resultam quer correcções positivas quer correcções negativas ao resultado apurado na contabilidade. De uma forma muito sintética, pode dizer-se que há lugar a correcções positivas quando existem gastos (custos ou perdas) contabilísticos que não são aceites para efeitos fiscais e rendimentos (proveitos ou ganhos) fiscais que não foram considerados rendimentos (proveitos ou ganhos) contabilísticos; e que há correcções negativas quando existem rendimentos (proveitos ou ganhos) contabilísticos que não relevam para efeitos fiscais e gastos (custos ou perdas) fiscais que não foram considerados no apuramento do resultado contabilístico. Estas diferenças entre resultado contabilístico e resultado fiscal podem, além disso, assumir uma natureza permanente [v.g. gastos que não podem ser deduzidos na base tributável ou rendimentos (proveitos ou ganhos) que não são tributados] ou uma natureza temporária [explicada pelo facto de não coincidir no tempo a ocorrência contabilística dos rendimentos e gastos (proveitos, ganhos, custos ou perdas) e o momento em que devem ser considerados para efeitos fiscais]. As diferenças de natureza temporária estão na base da chamada fiscalidade latente ou diferida, ela própria objecto de adequado tratamento contabilístico[130].

Um lucro tributável assim determinado dá concretização ao normativo constitucional segundo o qual a "tributação das empresas incide fundamentalmente sobre o seu rendimento real" (artº 104º, nº 2, da Constituição da República). Este rendimento real é, em primeiro lugar, um rendimento líquido, condição satisfeita pelo facto de o lucro, por natureza, corresponder a uma diferença entre rendimentos (proveitos, ganhos) e outras componentes positivas e gastos (custos, perdas) e outras componentes negativas[131]. Além disso, trata-se do rendimento que a empresa efectivamente

[130] Sobre a problemática dos impostos diferidos veja-se na bibliografia portuguesa mais recente, designadamente, SILVA E CUNHA, Carlos Alberto e LIMA RODRIGUES, Lúcia Maria Portela, *A problemática do reconhecimento e contabilização dos impostos diferidos*, Lisboa, Áreas Editora, 2004, CRAVO DE SAMPAIO, Maria de Fátima Rodrigues, *Contabilização do Imposto sobre o Rendimento das Sociedades*, Lisboa, Vislis Editores, 2000 e PAIS, Cláudio, *Impostos sobre os lucros – a contabilização dos impostos diferidos*, Lisboa, Áreas Editora, 2000. No novo "Sistema de Normalização Contabilística" veja-se a "Norma Contabilística e de Relato Financeiro 25" (NCRF 25) – "Impostos sobre o Rendimento". As chamadas diferenças temporárias entre a contabilidade e a fiscalidade são, aliás, objecto de um mapa de controlo demonstrativo, a inserir anualmente no *dossier fiscal* a que se refere o artº 129º do Código do IRS e o artº 130º do Código do IRC (cf. Portaria nº 92-A/2011, de 28 de Fevereiro).

[131] Esta característica de o rendimento real ser um rendimento líquido é particularmente relevante quanto à necessidade de consideração, de uma forma directa ou indirecta, dos chamados "custos de proveitos" (na nova linguagem contabilística "gastos de rendimentos") – aqueles

obteve (rendimento real efectivo) ou que se presume que obteve nas suas condições específicas de realização das suas actividades produtivas (rendimento real presumido). Mas, já não é rendimento real o rendimento normal, ou seja o que o contribuinte poderia obter em condições normais de produção e de mercado, como é aquele que lhe é atribuído de uma forma automática tendo em conta margens normais de lucro ou outros indicadores de normalidade económico-financeira[132].

O que se acaba de referir reporta-se a uma tributação das empresas incidente sobre uma base em que são dedutíveis os juros e não é possível deduzir dividendos, base de incidência que tem sido objecto de algumas críticas. Um dos aspectos mais contestados relaciona-se com a falta de neutralidade desta base em relação às diferentes formas de financiamento das sociedades. A este respeito foram já equacionadas duas alternativas extremas[133]:

- a da chamada "*Allowance for Corporate Equity*" (ACE), em que seria deduzido ao resultado um custo de oportunidade do capital próprio (OCE – "*opportunity cost of equity finance*"), o que permitiria tributar

que estão directamente conexionados com a obtenção destes (por exemplo, um comerciante não pode, obviamente, realizar o proveito de determinada venda sem ter incorrido o custo correspondente à compra dessa mercadoria), de tal modo que o exercício em que o proveito se considera realizado é o mesmo em que o correspondente custo se tem por incorrido. É que, sem essa consideração, o que se acabaria por tributar era, no limite, o volume de negócios e não o rendimento. Sobre a diferença entre "custos de proveitos" e "custos de período" veja-se FREITAS PEREIRA, M. H., *A periodização do lucro tributável*, págs. 138-142 e sobre as consequências da mesma em termos de avaliação do lucro FREITAS PEREIRA, M. H., "*Relevância, em termos de apuramento do lucro tributável, de documentos internos justificativos de compras de existências*", in *Ciência e Técnica Fiscal*, nº 365, Jan-Mar/1992, págs. 343-352.

132 Sobre esta matéria veja-se TEIXEIRA RIBEIRO, J.J., *Lições de Finanças Públicas*, págs. 306-309 e, numa perspectiva mais actual, XAVIER DE BASTO, José, "*O Princípio da Tributação do Rendimento Real e a Lei Geral Tributária*", in *Fiscalidade*, nº 5, Janeiro de 2001, págs. 5-21. Sobre a conformidade constitucional de uma tributação com base em "lucros presumivelmennte obtidos" veja-se, por exemplo, o Acórdão 26/92 do Tribunal Constitucional, in *Acórdãos do Tribunal Constitucional*, 21º volume e sobre a aplicação de normas da LGT que fazem apelo a indicadores de actividade normal pronunciando-se também pela sua constitucionalidade, o Acórdão nº 84/2003 do Tribunal Constitucional. Neste último caso, estar-se-á, porém, pelo menos, nos limites da constitucionalidade, a avaliar em face da aplicação que em concreto for feita das referidas normas – cf. o comentário a esse acórdão in SALDANHA SANCHES, J. L., "*A LGT e a tributação segundo o lucro normal*", in *Fiscalidade*, nº 15, Julho de 2003, págs. 61-64.

133 Sobre o enquadramento teórico destas alternativas, que se relacionam afinal com os objectivos prosseguidos pela tributação das sociedades veja-se MINTZ, Jack, "*The corporation tax: a survey*", in *Fiscal Studies*, vol. 16, nº 4, 1995, págs. 23-68 e OECD, *Fundamental Reform of Corporate Income Tax*, págs. 121 e segs.

apenas o chamado "lucro puro" mas colocaria problemas complexos de coordenação internacional da tributação na medida em que significa a renúncia à tributação na origem do investimento directo estrangeiro[134];

- a da *"Comprehensive Business Income Taxation"* (CBIT), em que a tributação incide sobre os lucros ilíquidos de juros pagos, igualando-se assim o regime tributário de dividendos e de juros, pois ambos passam a não ser dedutíveis ao nível da sociedade, mas isentando-se uns e outros ao nível do imposto pessoal de rendimento do respectivo beneficiário[135].

Uma outra alternativa possível, para os que propugnam uma tributação pessoal baseada na despesa, seria, ao nível das pessoas colectivas, haver um *imposto sobre o "cash-flow"* (ou numa base de *"flow-of-funds"*)[136]. Há várias modalidades possíveis – segundo uma delas a base do imposto poderia corresponder à diferença entre as receitas derivadas da venda de bens e serviços e o somatório das despesas correntes com as despesas líquidas de bens de capital (aquisições de bens de capital menos alienações de bens de capital), sem, por isso, consideração de rendimentos (proveitos ou ganhos) e gastos (custos ou perdas) de natureza financeira.

[134] O ACE foi apresentado em 1991 em DEVEREUX, M e FREEMAN, H., *"A general neutral profit tax"*, in *Fiscal Studies*, vol. 12, nº 3, 1991, págs. 1-15. O sistema "ACE" foi objecto de aplicação recente na Croácia (de 1994 a 2001) e na Bélgica (a partir de 2006). Em Portugal, o artº 81º da Lei nº 67-A/2007, de 31 de Dezembro (Lei do OE para 2008), criou também a chamada "remuneração convencional do capital social" limitada a PME e a entradas de capital realizadas de 2008 a 2010, segundo a qual pode, na determinação do lucro tributável em IRC e observadas certas condições, ser deduzida uma importância correspondente à remuneração convencional do capital social, calculada mediante a aplicação da taxa de 3 % ao montante das entradas realizadas, por entregas em dinheiro, pelos sócios, no âmbito da constituição de sociedades ou do aumento do capital social. A Lei do OE para 2011 (artº 136º da Lei nº 55-A/2010, de 31 de Dezembro) prorrogou este regime até 2013. Não é, porém, de esperar que este "benefício" tenha grandes efeitos práticos pois para o mesmo universo empresarial os juros de suprimentos podem ser deduzidos para efeitos de IRC à taxa Euribor a doze meses acrecida de um *spread* de 6% (Portaria nº 184/2002, de 4 de Março, na redacção que lhe foi dada pelo artº 135º da Lei nº 55-A/2010, de 31 de Dezembro).

[135] Para maiores desenvolvimentos veja-se *Report of the Department of the Treasury on Integration of the Individual and Corporate Tax Systems – Taxing Business Income Once*, Washington, 1992.

[136] Veja-se, por exemplo, MEADE (report), *The Structure and Reform of Direct Taxation*, Londres, The Institute for Fiscal Studies, 1978, págs. 227 e segs. Cf. ainda, v.g., INCHAUSPÉ, Irène. *L'impôt sur le cash-flow*, Paris, Les Éditions de l'Épargne, 1990 e FELDHOFF, Michael, *"A tributação do cash-flow e respectiva problemática"* in *Fisco*, Lisboa, ano 2, nº 23, Setembro de 1990, págs. 12-25.

Trata-se de alternativas que, mau grado o seu inegável interesse teórico, não têm merecido, salvo casos isolados, acolhimento legislativo.

6.1.3. *A tributação unitária do rendimento*

Na tributação do rendimento uma outra tendência se observou – a tributação parcelar ou cedular foi sendo substituída pela tributação unitária[137].

Para isso contribuíram vários factores, em especial a introdução da noção de capacidade contributiva como fundamento da tributação, a pessoalização da tributação e a justificação da progressividade do imposto.

É que nos impostos parcelares ou cedulares cada categoria de rendimento ou cédula, determinada com base na sua fonte ou origem, é sujeita a um imposto próprio, cujas regras de incidência, determinação da matéria colectável e taxa são adaptadas à natureza do rendimento.

Por sua vez, no imposto único atende-se ao conjunto dos rendimentos auferidos por uma pessoa ou unidade familiar, derivando desta globalização a facilidade de, através dele, se conseguir a referida pessoalização da tributação.

Num sistema de tipo misto ou de duplo elemento, ao lado de uma tributação cedular de taxa proporcional sobre cada categoria de rendimentos existe um imposto global de sobreposição de taxa progressiva, pretendendo-se, desse modo, reunir as vantagens dos dois sistemas. Se neste imposto global se eliminarem as situações de tributação sucessiva dos rendimentos através da imputação no imposto global dos impostos cedulares "pagos por conta", estar-se-á já perante uma tributação unitária.

Em Portugal, com a reforma fiscal de 1989, verificou-se uma tendência semelhante: a um sistema formalmente de duplo elemento, mas substancialmente cedular, sucedeu uma tributação unitária[138].

Um sistema de imposto único, embora tendencialmente se caracterize pelo seu carácter sintético e homogéneo resultante da sua própria natureza global, pode conter elementos de tipo analítico, de que são exemplos o estabelecimento de formas de determinação da matéria colectável dife-

[137] BELTRAME, Pierre, *L'imposition des revenus*, Paris, 1970, págs. 23 e segs.; MARCIREAU, Jean-Marie, *"L' unicité de l'impôt sur le revenu"*, in *Revue de Science Financière*, Paris, vol. LXV, 1973, págs. 101 e segs.

[138] PITTA E CUNHA, Paulo, *ob. cit.*, pág. 87 e PAMPLONA CORTE REAL, Carlos, *Imposto único: tipo a adoptar*, Lisboa, Centro de Estudos Fiscais, 1983, págs. 8 e segs. Cf. igualmente a exposição de motivos da lei de bases da reforma fiscal de 1989 (in Comissão da Reforma Fiscal, *Reforma da Tributação do Rendimento*, I, Lisboa, Imprensa Nacional-Casa da Moeda, 1987) e o preâmbulo do Código do IRS aprovado pelo Decreto-Lei nº 442-A/88, de 30 de Novembro.

rentes conforme a categoria de rendimentos ou a previsão da retenção na fonte relativamente a rendimentos onde tal seja possível. Para isto contribui igualmente, nos países que passaram de um sistema de tributação cedular para um sistema de tributação unitária, o aproveitamento nesta da tradição analítica anterior[139].

Assim, em Portugal, para efeitos de IRS distinguem-se seis categorias de rendimentos (de 1989 a 2000 houve nove categorias de rendimentos), para cada uma das quais segundo regras próprias se determina um rendimento líquido, cujo somatório vai constituir então o rendimento líquido global (artº 22º do respectivo Código). Certas categorias de rendimentos estão sujeitas a retenções na fonte ou a pagamentos por conta e outras não (artºs 98º a 101º do Código do IRS), existindo mesmo diferenciações dentro de cada categoria de rendimentos. E o imposto, mesmo para os residentes, só formalmente é único já que certos rendimentos apenas são englobados se o contribuinte não optar por uma tributação a uma taxa liberatória (nº 6 do artº 71º e nºs 4 e 7 do artº 72º, do Código do IRS). Em consequência, a tabela geral de taxas só se aplica a uma parte do rendimento.

Por outro lado, ao contrário do princípio geral enunciado na parte final do nº 1 do artº 55º do Código do IRS, salvo algumas excepções, que são marginais, verifica-se também a falta de comunicabilidade dos rendimentos líquidos negativos entre as várias categorias e mesmo dentro da mesma categoria (nºs 2 e segs. do citado artº 55º), o que também demonstra a falta de unicidade do imposto.

Assim, dado que a referida diferenciação analítica não se conteve dentro de certos limites, pode considerar-se subvertida a própria caracterítica unitária, suscitando em muitos casos sérias observações de justiça fiscal[140].

No entanto, nesta matéria, recentes desenvolvimentos puseram de novo em relevo a conveniência de se introduzirem alguns ajustamentos ao mito do imposto único sobre o rendimento, o que não justifica os entorses do actual sistema e, pelo menos em alguns casos, o acentuar da cedularização verificado nos últimos anos[141].

[139] MUTEN, Leif, *On the development of income taxation since world war I*, Amsterdam, 1967, pág. 8.

[140] Em Portugal, tem sido muito criticada a sobrevivência de certas características analíticas que retiram ao IRS, em certos aspectos, a sua natureza unitária. É o caso das taxas liberatórias para determinadas categorias de rendimentos: certos rendimentos de capitais, mais-valias. Cf. TEIXEIRA RIBEIRO, J.J., *A reforma fiscal*, págs. 237 e segs. e PITTA E CUNHA, Paulo, *ob. cit.*, págs. 161 e segs.

[141] É o caso, por exemplo, da alteração efectuada pelo Decreto-Lei nº 18/97, de 21 de Janeiro, que permitiu aplicar uma tributação autónoma de 10% às gratificações auferidas em razão da

Assim, além de nalguns países continuar a tributar-se autonomamente as mais-valias que não sejam consideradas rendimentos correntes (sendo havidas como tal aquelas em que, entre a data da compra e a data da venda, não decorreu um lapso de tempo superior a certo período), tem vindo a ser reponderada a questão da tributação dos rendimentos de capitais, incluindo a tributação dos lucros das sociedades, num quadro caracterizado pela integração económica e livre circulação de capitais, pelo desenvolvimento de novas tecnologias, pelo aparecimento de novos produtos financeiros, pela concorrência fiscal entre os Estados com consequências em termos de erosão das bases tributáveis assentes em factores móveis e por um consequente ressurgimento da necessidade de assegurar a tributação na fonte.

É neste contexto que surge a experiência dos países nórdicos conhecida por *Dual Income Tax (DIT)*, em que os rendimentos de capitais (incluindo ganhos de capital) são tributados separadamente a uma taxa proporcional e, nessa medida, a tributação unitária é abandonada[142]. Essa taxa proporcional é a mesma do imposto sobre os lucros das sociedades e coincide com o limite inferior das taxas progressivas aplicáveis aos rendimentos do trabalho. A tributação mais pesada destes suscita, no entanto, problemas de equidade, tanto no plano horizontal como no plano vertical.

Esta quebra da equidade vertical pode encontrar justificação no plano teórico nos argumentos que tem levado à defesa da tributação com base na despesa pessoal. Sorensen explica, aliás, os fundamentos teóricos do "*DIT*" como uma tentativa de estabelecer um compromisso entre as duas princi-

prestação de trabalho e não atribuídas pela entidade patronal (cf. o nº 3 do artº 72º do Código do IRS).

[142] Uma síntese desta problemática pode ver-se em HEAD, John G., *Company Tax Structure and Company Tax Incidence*, in *International Tax and Public Finance*, vol. 4, n. 1, January 1997, págs. 61-99 e CNOSSEN, Sijbren, *Company Taxes in the European Union: Criteria and Options for Reform*, in *Fiscal Studies*, 1996, vol. 17, n. 4, págs. 67-97. Para uma visão comparada e actualizada das soluções adoptadas veja-se AULT, Hugh J. e ARNOLD, Brian J., *Comparative Income Taxation – A Structural Analysis*, 2nd ed., Kluwer Law International, 2004 e GENSER, Bernd and REUTTER, Andreas, "*Moving Towards Dual Income Taxation in Europe*", in *FinanzArchiv*, vol. 63, nº 3, 2007, págs. 436-456. Muitos países da OCDE utilizam o que tem sido designado por "*Semi-Dual Income Tax*", caracterizado por determinados rendimentos de capitais serem tributados a taxas mais baixas, que são frequentemente taxas proporcionais, e os restantes rendimentos a taxas mais elevadas e progressivas. É dado a este respeito como exemplo o modelo introduzido na Holanda em 2001, conhecido como "*Box system*". O sistema português pode também caracterizar-se como de "*Semi-Dual Income Tax*". Para maiores desenvolvimentos veja-se OECD, *Fundamental Reform of Personal Income Tax*, págs. 81-85.

pais teorias em matéria de impostos sobre o rendimento moldados pelo princípio da capacidade contributiva – a da "*comprehensive income taxation*" de Shanz-Haig-Simons e a da "*expenditure tax*" de Fisher-Kaldor-Meade, na medida em que esta última deixa a chamada remuneração normal do capital livre de tributação enquanto que, na primeira, como já se referiu, todo o rendimento, quer proveniente do trabalho quer proveniente do capital, está sujeita à mesma taxa marginal de tributação[143].

O "*DIT*" tende, no entanto, nos dias de hoje, a ser justificado por razões práticas, a principal das quais tem que ver com os constrangimentos que se põem à tributação dos rendimentos de capitais numa economia aberta, com mobilidade internacional do capital e a conhecida dificuldade em tributar os rendimentos de capitais de fonte externa[144]. Além desta, outras razões pragmáticas são invocadas e que, afinal, resultam dos problemas causados por uma tributação unitária e pelas inúmeras excepções que, para lhes fazer face, acabam por ser instituídas. E em vez dessa floresta de excepções que acabam por minar a coerência lógica de base, sempre será melhor pôr alguma ordem nessas incoerências reduzindo-as a uma única, que distinga apenas entre rendimentos do trabalho e rendimentos do capital. Essas outras razões pragmáticas têm que ver nomeadamente com o seguinte:

i) A tributação dos rendimentos de capitais, ao incidir sobre a totalidade dos rendimentos nominais, incluindo o chamado "prémio por inflação", que compensa a erosão real dos activos subjacentes, levaria, se lhes fossem aplicadas as altas taxas marginais dos rendimentos do trabalho, a uma sobretributação;
ii) A tributação dos rendimentos de capitais discrimina em desfavor dos contribuintes que poupam uma parte dos seus rendimentos para consumo futuro – o chamado argumento da dupla tributação do aforro – pelo que reduzir a tributação desses rendimentos diminui essa discriminação e melhora a equidade horizontal quando considerado o rendimento numa perspectiva de vida inteira;

[143] SORENSEN, Peter Birch, "*Dual Income Tax: Why and How?*", in *FinanzArchiv*, vol. 61, nº 4, 2005, págs. 559-586.

[144] Uma síntese dos argumentos a favor do "*Dual Income Tax*" pode ver-se em OECD, *Fundamental Reform of Personal Income Tax*, págs 74-80, GENSER, Bernd and REUTTER, Andreas, "*Moving Towards Dual Income Taxation in Europe*", cit., págs. 438-440 e SORENSEN, Peter Birch, "*Dual Income Tax: Why and How?*", cit., págs. 560-565.

iii) Uma igualização das taxas marginais de tributação entre os vários tipos de rendimentos de capitais elimina as arbitragens que seriam praticadas para aproveitar as diferentes taxas de tributação aplicáveis.

Outro desenvolvimento recente é constituído pela introdução da *Flat tax* em alguns países (veja-se adiante 6.1.5. Imposto linear sobre o rendimento), o que tem levado a uma arrumação dos sistemas de tributação do rendimento pessoal em três grandes categorias: o sistema da tributação unitária ("*Comprehensive income tax*"), que constitui ainda o sistema usado, em princípio, pela maior parte dos países da OCDE, mas em muitos casos com importantes desvios, o sistema da "*Dual income tax*" e o sistema da "*Flat tax*"[145].

6.1.4. *O problema da unidade familiar*

No domínio dos impostos sobre o rendimento das pessoas singulares põe-se igualmente a questão de saber, relativamente a contribuintes integrados numa família, qual deve ser a unidade de tributação, ou seja se a tributação se deve fazer conjunta ou separadamente[146]. Dito de outro modo: nos chamados elementos de quantificação da obrigação de imposto (base tributável e taxa) deve ou não tomar-se em consideração (e no caso afirmativo em que termos) a existência da realidade familiar?

A favor de uma tributação conjunta costuma invocar-se, por um lado, o facto de a família ser uma unidade económica em que as decisões se

[145] Para maiores desenvolvimentos, veja-se, por exemplo, OECD, *Fundamental Reform of Personal Income Tax*, págs. 71 e segs. e, na bibliografia em língua portuguesa, XAVIER DE BASTO, J. G., *IRS – Incidência real e determinação dos rendimentos líquidos*, Coimbra, Coimbra Editora, 2007, pág. 25 e segs. e FREITAS PEREIRA, M. H., "*IRS e Modelos de Tributação*", in *O Economista*, 22ª ed., Lisboa, 2009, págs. 48-54 e "*Política Fiscal em Tempo de Crise – Que Modelo de Tributação do Rendimento Adoptar*", in *Conferência Crise, Justiça Social e Finanças Públicas*, Coimbra, Almedina, 2010, págs. 327-345.

[146] A interacção entre o imposto e a família tem ganho novas perspectivas de análise em face da própria evolução do tecido social e das práticas dos cidadãos neste domínio. Assim, a consideração da família como unidade fiscal põe, por exemplo, a questão de saber o que deve ser considerado como uma família – apenas a constituída através do casamento ou, numa desvinculação do direito fiscal em relação ao direito civil, também a centrada em uniões de facto? E que uniões de facto e com que requisito de estabilidade? Por outro lado, novas questões são suscitadas pela vulgarização do divórcio e constituição de novas sociedades conjugais assim como por um regresso à "família intergeracional" e consequente criação de novos laços de solidariedade que a fiscalidade não pode deixar de ter em conta, fruto também da quebra da taxa da natalidade e de um envelhecimento da população. Sobre estas e outras questões veja-se GRILLET-PONTON, Dominique, *La famille et le fisc*, Paris, Presses Universitaires de France, 1998.

tomam em conjunto e em que os rendimentos dos diversos membros são postos em comum, obtendo-se, através da partilha de despesas, economias de escala, e, por outro, que, numa tributação separada, o total dos impostos a pagar pelo agregado familiar depende da distribuição dos respectivos rendimentos entre os seus membros, além de que se mostra fácil a evasão fiscal através da redistribuição do rendimento entre os membros da família quer por transmissão dos elementos produtores de rendimento quer através de contratos familiares[147].

Tem-se verificado, no entanto, a este respeito – paralelamente a certa evolução no modelo familiar e a outros movimentos como o da emancipação da mulher – uma tendência para a tributação se fazer separadamente, de modo a concretizar o princípio de que decisões como casar ou não casar, manter-se casado ou divorciar-se, não devem ser influenciadas por motivos fiscais. Assim, em alguns países, mantendo a tributação conjunta, foi dada, porém, uma opção pela tributação separada[148].

Subsistem, porém, em alguns países, sistemas de tributação conjunta, o que coloca o problema de atenuar o efeito de acumulação que resulta de se tomar em conta a totalidade dos rendimentos do agregado familiar, em especial de modo a atenuar a progressividade resultante desse englobamento. É que, nesses casos, a primeira unidade de rendimento de um dos cônjuges é tributada à taxa marginal aplicável ao outro cônjuge, o que, se a oferta de trabalho daquele for mais elástica, pode gerar ineficiência económica.

São diversos os métodos usados para o efeito, mas entre os mais utilizados encontram-se os que consistem no chamado método per capita (*"per-capita approach"*), designadamente através do chamado quociente conjugal ou *"splitting"* ou do quociente familiar[149].

[147] Para maiores desenvolvimentos veja-se PALAO TABOADA, Carlos, *La unidad familiar como sujeto fiscal* (relatório geral apresentado às IX Jornadas Luso-Hispano-Americanas de Estudos Tributários), Porto/Póvoa de Varzim, 1980. Cf. igualmente os contributos portugueses a esse tema das Jornadas em *A unidade familiar como sujeito fiscal*, Lisboa, Centro de Estudos Fiscais, 1981.

[148] OCDE, *L' imposition du revenu des personnes physiques dans un contexte économique en évolution*, Paris, 1986, págs. 19 e segs. e OECD, *Fundamental Reform of Personal Income Tax*, págs. 54 e segs. Em 2005, dezassete países da OCDE adoptavam a tributação separada e apenas quatro (França, Luxemburgo, Portugal e Suiça) a tributação conjunta. Noutros países, ainda que, às vezes, com especificações diversas, era possível optar entre a tributação conjunta e a tributação separada (Canadá, República Checa, Islândia, Noruega, Polónia, Espanha, Alemanha, Estados Unidos da América e Irlanda).

[149] Outros métodos possíveis são o da aplicação de tabelas de taxas diferentes para casados e solteiros, deduções à base tributável ou à colecta, englobamento parcial do rendimento de um

No quociente conjugal ou "*splitting*", a soma dos rendimentos dos membros da unidade familiar divide-se por dois, independentemente do número de titulares do rendimento. Sobre este quociente aplica-se a tabela de taxas progressivas, dando lugar a um determinado valor que se multiplica por dois para obter a colecta. Este sistema equivale a supor que o rendimento da família se distribui em partes iguais pelos dois cônjuges, pelo que, quanto maior for a diferença e mais elevados forem os rendimentos dos mesmos, maior é o benefício que resulta da tributação conjunta em comparação com a tributação separada.

No quociente familiar, segue-se um sistema idêntico mas o somatório dos rendimentos da unidade familiar é dividido aqui por um indicador do tamanho da família, sem que todos os membros tenham de ser ponderados da mesma forma. Aplicadas as taxas ao quociente daquela divisão, o respectivo resultado é depois multiplicado pelo acima aludido indicador para determinar a colecta.

Em Portugal, com o objectivo, cumprindo o estabelecido na Constituição da República (artº 104º, nº 1), de se atender no imposto pessoal de rendimento aos rendimentos do agregado familiar[150], optou-se, para efeitos de IRS, pela obrigatoriedade da tributação conjunta dos rendimentos do agregado familiar (nº 2 do artº 13º do Código do IRS) e pelo sistema do quociente conjugal (artº 69º do mesmo Código), complementado, para reflectir a dimensão da família, através de deduções à colecta por cada dependente a cargo (artº 79º do mesmo Código).

Em desenvolvimento desta consideração da realidade familiar – não podendo, aliás, deixar de se ter em conta que a Constituição da República [artº 67º, nº 2, alínea *f*)] enuncia a política fiscal como instrumento de protecção à família – a Lei Geral Tributária estabelece, como que programaticamente, que a tributação directa deve ter em conta, em variados aspectos, a situação familiar (nº 1 do artº 6º), acrescentando-se ainda – nº 3 do mesmo artº 6º – que "a tributação respeita a família e reconhece a solidariedade e os encargos familiares, devendo orientar-se no sentido de que o conjunto dos rendimentos do agregado familiar não esteja sujeito a impostos superiores aos que resultariam da tributação autónoma das pessoas que o constituem". Deste modo, como que se escolhe como referência,

dos cônjuges e não consideração do rendimento de um dos cônjuges para determinar a taxa a aplicar à totalidade do rendimento da família. Cf. COSTA, Mercè et al, *Teoria básica de los impuestos: un enfoque económico*, 2ª ed., Madrid, Civitas Ediciones, 2005, págs. 196-202.

150 Cf., v.g., TEIXEIRA RIBEIRO, J.J., *A reforma fiscal*, págs. 155 e segs.

para avaliar se há ou não discriminação contra a família, o sistema da tributação separada, não impondo, no entanto, este.

Entretanto, o agregado familiar deixou de reconhecer como seu único fundamento o casamento, passando também a abranger as uniões de facto como regime opcional (artº 14º do Código do IRS), continuando a fazer dele parte, em qualquer hipótese, os dependentes a cargo. Além disso, numa óptica de solidariedade intergeracional, cada vez mais necessária dada a evolução da situação familiar, permite-se, em certos casos, a dedução de despesas relativas a ascendentes quando viverem em economia comum com o sujeito passivo [artº 79º, nº 1, alínea *e*), e nº 4, do Código do IRS].

O regime actualmente em vigor em Portugal deixou de ser coerente. Assim, em alguns aspectos, passaram a proteger-se as uniões de facto em relação ao casamento, o que é uma falta de neutralidade inadmissível. Com efeito, enquanto no caso de pessoas casadas e não separadas judicialmente de pessoas e bens o regime da tributação conjunta é, em princípio, obrigatório (apenas em caso de separação de facto se admite, nos termos no nº 2 do artº 59º do Código do IRS, a tributação separada), no caso das uniões de facto, os contribuintes podem optar pela tributação conjunta se isso lhes for mais vantajoso que a tributação separada. E ao ter-se previsto uma dedução acrescida por sujeito passivo nas famílias monoparentais [artº 79º, nº 1, alínea *c*), do Código do IRS], correspondente a 80% do indexante de apoios sociais contra 55% desse indexante por cônjuge em relação a pessoas casadas, também não se assegura neutralidade entre casados e não casados, podendo até esse regime constituir-se em penalização fiscal de alguém que queira casar-se.

Estas e outras incoerências – das quais se salientam as que resultam do disposto no nº 2 do artº 16º do Código do IRS, apesar da sua atenuação nos casos em que seja aplicável o previsto nos nºs 3 e 4 do mesmo artigo – tornam urgente a revisão do actual regime e a ponderação da eventual passagem para um regime opcional – tributação conjunta ou tributação separada – para as pessoas casadas[151].

[151] Sobre esta matéria veja-se igualmente Ministério das Finanças, *Relatório da Comissão para o Desenvolvimento da Reforma Fiscal*, Lisboa, 1996, págs. 559-562, FREITAS PEREIRA, M. H., *"Justiça fiscal e neutralidade dos impostos"*, in *O Economista*, Lisboa, 2004, págs. 84-88 e *Simplificação do Sistema Fiscal Português* (relatório de grupo de trabalho), Cadernos de Ciência e Técnica Fiscal, nº 201, Lisboa, Centro de Estudos Fiscais, 2007, págs. 197-199. É de sublinhar, no entanto, que a Lei do OE para 2009 (Lei nº 64º-A/2008, de 31 de Dezembro) ao revogar o disposto no artº

6.1.5. *Imposto linear sobre o rendimento*

Nos últimos tempos tem ganho relevo a tese dos que propugnam por um imposto linear sobre o rendimento, mais conhecido pela expressão *Flat tax*, que, ainda que com algumas variantes, tem vindo a ser implementado em alguns países[152].

Embora existam várias definições de *flat tax*, no modelo mais divulgado estamos perante um imposto que, como a sua designação sugere, tributa a uma única taxa proporcional todo o rendimento que supere um determinado limite mínimo, abaixo do qual se verifica uma isenção (que equivale à aplicação de uma taxa zero).

Em termos gerais, a colecta do imposto corresponde, assim, a $t(R - I)$ em que t é a taxa do imposto, R é o total do rendimento e I é o mínimo isento.

A estrutura do imposto é, deste modo, muito simples: uma taxa nominal única; uma noção extensiva de rendimento sujeito a tributação, o que supõe a eliminação de situações de isenção e de outros benefícios fiscais; aplicação de um mínimo de isenção, que pode variar de acordo com a situação pessoal e familiar do contribuinte.

56º do Código do IRS no domínio das pensões de alimentos, substituindo-o por uma dedução à colecta no montante de 20% dessas pensões, a partir de 2011 ainda com o limite mensal de 2,5 vezes o valor do IAS por benefíciário (cf. artº 83º-A do mesmo Código) atenuou alguns factores que podiam constituir-se em discriminação, no regime em vigor, contra pessoas casadas e não separadas judicialmente de pessoas e bens.

[152] Sobre o imposto linear sobre o rendimento veja-se, por exemplo, HALL, Robert e RABUSHKA, Alvin, *"The Flat Rate Tax: A Proposal for Tax Simplification"*, in *New Directions in Federal Tax Policy for the 1980s*, ed. by Charles Walker e Mark Bloomfield, Cambridge, Ballinger Publishing Company, 1984, págs. 297-310 e *The Flat Tax*, 2nd ed., Stanford, Hoover Institution Press, Stanford University, 1995. Entre nós, veja-se MACEDO, Jorge Braga e GASPAR, Vítor, *"Uma reforma fiscal para 1992: imposto linear único sobre rendimento"*, in *Nova Economia em Portugal - Estudos em homenagem a António Manuel Pinto Barbosa*, Lisboa, Universidade Nova de Lisboa, 1989, págs. 381-402 e AMARAL TOMAZ, João José, *"A redescoberta do imposto proporcional (Flat tax)"* in *Homenagem a José Guilherme Xavier de Basto*, Coimbra, Coimbra Editora, 2006, págs. 351-405. Quanto às experiências de implementação é de salientar a introdução na Estónia, em 1994, de um sistema inspirado no modelo de *Flat tax*, a que se seguiram muitos outros países de leste (v.g., Letónia, Rússia, Lituânia, Ucrânia) mas com algumas variantes importantes, sendo a recente experiência da Eslováquia (2004) a mais interessante já que a taxa única de 19% passou a aplicar-se quer quanto à tributação do rendimento das pessoas singulares e das pessoas colectivas quer em sede de IVA. Sobre as várias definições de *Flat tax* e algumas experiências de aplicação veja-se OECD, *Fundamental Reform of Personal Income Tax*, págs. 85 e segs. e também KEEN, Michael, KIM, Yitae e VARSANO, Ricardo, *The "Flat Tax(es)": Principles and Evidence*, IMF Working Paper 06/218, International Monetary Fund, September 2006 e *The "flat tax(es)": principles and experience*, in *International Tax and Public Finance*, vol. 15, n. 6, December 2008, págs. 712-751.

O modelo de imposto linear sobre o rendimento, de acordo com a sua concepção inicial (Hall-Rabushka), faz parte de uma reforma da tributação dos rendimentos quer das pessoas singulares quer das pessoas colectivas norteada pelos princípios da equidade, eficiência económica e simplicidade[153].

Em termos de equidade, o imposto linear tem condições para satisfazer o requisito da equidade horizontal, em especial devido à eliminação de isenções e reduções fiscais, e, em termos de taxa efectiva, pode respeitar também o requisito da progressividade, pois, através da aplicação de um limiar de isenção, a taxa média aumenta à medida que aumenta o rendimento (Fig. 5).

FIGURA 5

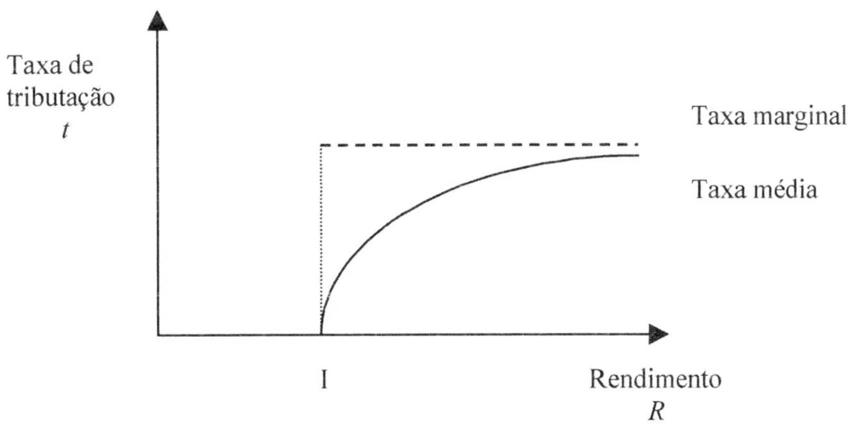

Com efeito, no imposto linear sobre o rendimento a taxa média de tributação t_M é calculada como segue:

$$\frac{t(R-I)}{R} = t\left(1 - \frac{I}{R}\right)$$

[153] Assim, os rendimentos tais como juros, dividendos e lucros recebidos pelas famílias não seriam tributados por não serem dedutíveis ao nível do rendimento das empresas, o que pressupõe que, a este nível, os encargos financeiros não são, em geral, aceites como gastos para efeitos fiscais. Já os investimentos efectuados pelas empresas são aceites como gastos no ano em que ocorrerem e não à medida que sejam depreciados ou amortizados.

Assim, quando I é igual a R a taxa média é zero (o mesmo acontecendo se *R<I*) mas à medida que R vai aumentando o valor de I/R vai diminuindo e a taxa média vai sendo maior (aproximando-se da taxa marginal, mas sempre inferior a esta), dependendo a progressividade da combinação entre a taxa *t* e o rendimento mínimo isento – o aumento do limiar de isenção torna o imposto mais progressivo (em especial para os menores rendimentos).

Quanto à eficiência económica, as vantagens do imposto linear estão associadas, por um lado, à adopção de uma base ampla de rendimento, com eliminação de isenções ou deduções, que motivam distorções no comportamento dos contribuintes, e, por outro, a uma aproximação entre taxa nominal e taxa efectiva, o que permite uma taxa marginal de tributação mais reduzida, com efeitos positivos em termos de eficiência.

No tocante à simplicidade, o imposto linear ao adoptar uma taxa única permite que as retenções na fonte se aproximem do imposto devido a final, além de que resolve um conjunto de problemas associados a taxas progressivas de imposto, de que são exemplos o tratamento dos rendimentos irregulares ao longo do tempo e a tributação da unidade familiar.

Mau grado todas estas vantagens o imposto linear tem sido objecto de várias críticas.

A principal relaciona-se com a equidade. Assim, ainda que seja assegurada a progressividade, esta, como resulta da Fig. 5, aumenta muito para rendimentos baixos e cresce muito lentamente para os rendimentos mais elevados, o que não permite uma distribuição equitativa dessa progressividade. Por outro lado, a obtenção do mesmo nível de receitas fiscais, que eram obtidas antes da sua implementação, provocará que a taxa marginal de tributação diminuirá para os mais ricos mas aumentará para os mais pobres e/ou para a classe média, o que, no plano da equidade vertical, pode ser insustentável[154].

[154] Isso mesmo é acentuado por alguma literatura. Assim, RUGGERI & VINCENT sublinham que *"All studies show that flat taxes involve a trade-off between equity and efficiency: potentially large shifts in the distribution of the tax burden away from the rich and onto low and middle class families are associated with potentially modest efficiency gains"* (RUGGERI, G.C. and VINCENT, Carole, *An Economic Analysis of Income Tax Reforms*, Aldershot, Ashgate, 1998, pág. 4). Veja-se também a síntese sobre os debates feitos em alguns países em OECD, *Fundamental Reform of Personal Income Tax*, págs. 104-112 e, especificamente para o caso da Alemanha, FUEST, Clements, PEICHL, Andreas and SCHAEFER, Thilo, *Is a flat tax reform feasible in a grown-up democracy of Western Europe? A simulation study for Germany*, in *International Tax and Public Finance*, vol. 15, n. 5, October 2008, págs. 620-636.

Por outro lado, os aspectos do modelo inicial de *flat tax* destinados a assegurar equidade horizontal quanto a rendimentos de capitais podem suscitar problemas de coordenação internacional de tributação e, se a taxa aplicada for elevada, não são facilmente compatíveis com a concorrência que caracteriza o ambiente fiscal internacional.

Acresce que os ganhos de equidade e eficiência resultantes da eliminação de isenções ou benefícios e, quanto à eficiência, da redução da taxa marginal de tributação também podem ser obtidos no âmbito de um imposto com diversos escalões de tributação, o mesmo se podendo dizer em termos de simplicidade.

6.1.6. *A tributação das sociedades – a questão da dupla tributação económica*

O facto de um grande número de empresas não revestir a forma individual coloca a questão de saber se deve ou não haver, com carácter autónomo, um imposto sobre o rendimento das sociedades, problema que consiste em saber se estas são centros autónomos de imputação de rendimentos.

De entre as duas soluções possíveis – considerar ou não as sociedades como entes diferentes dos respectivos sócios – pode dizer-se que se encontra generalizada a tributação separada no tocante às sociedades de capitais (sociedades anónimas, de responsabilidade limitada e em comandita por acções). Já quanto às sociedades de pessoas não existe uma solução uniforme. Em alguns países, com efeito, às sociedades de pessoas é aplicável o chamado *regime da transparência fiscal*, de acordo com o qual os respectivos resultados não suportam qualquer imposto ao nível da sociedade pois, independentemente do facto de serem distribuídos ou não, são imputados sempre aos sócios e fazem parte da base tributável destes[155].

Em Portugal, na reforma fiscal de 1989, as sociedades de pessoas não têm, em geral, um regime diferente das sociedades de capitais. A transparência fiscal estabelecida no artº 6º do Código do IRC, é apenas aplicável às sociedades civis não constituídas sob forma comercial, às sociedades de profissionais, a certas sociedades de simples administração de bens, aos agrupamentos complementares de empresas e aos agrupamentos europeus de interesse económico[156].

[155] Cf. FALCON Y TELLA, Ramon, *Analisis de la transparencia tributaria*, Madrid, Instituto de Estudios Fiscales, 1984 e PUYRAVEAU, Paul, *La fiscalité des sociétés de personnes: pratique et solutions nouvelles*, Levallois, Nouvelles Éditions Fiduciaires, 1986.

[156] Sobre este regime em Portugal veja-se o parecer de CORREIA E VALE, Maria de Lourdes e FREITAS PEREIRA, M.H. in *Ciência e Técnica Fiscal*, Lisboa, nº 354, Abril-Junho de 1989, págs. 275-286.

Ao longo dos tempos têm sido várias as *justificações* que têm sido apresentadas *para a existência autónoma de um imposto sobre as sociedades.* Alguns destacam os argumentos fundados no chamado princípio do benefício – as sociedades de capitais gozam de certos privilégios, em especial a responsabilidade limitada dos sócios, sendo o imposto uma contrapartida para esses privilégios; por outro lado, a existência e funcionamento das sociedades exigiriam serviços públicos específicos, que seriam suportados, de modo genérico, pelo imposto correspondente. Outros apoiam-se sobretudo em razões de capacidade contributiva própria das sociedades que não se confunde com a dos respectivos sócios: as sociedades, em especial as de grande dimensão em que o capital se encontra pulverizado por numerosos sócios, são entidades distintas destes e devem ser tributadas em si mesmas. Por último, são sublinhadas as motivações pragmáticas da existência do imposto de sociedades. Assim, além da razão pragmática por excelência – a arrecadação de receitas fiscais, o imposto sobre as sociedades permite controlar os outros impostos conexionados com a realidade empresarial, designadamente ao estabelecer determinadas obrigações contabilísticas para efeitos de apuramento do lucro tributável. Por outro lado, o imposto sobre as sociedades é o meio mais eficaz de tributar os rendimentos não distribuídos das sociedades. Finalmente, deve sublinhar-se que, mesmo num sistema em que, nos termos adiante indicados, se elimine totalmente a dupla tributação económica através de um crédito de imposto a 100%, o imposto sobre as sociedades constitui um meio eficaz, e de fácil controlo, de assegurar um pagamento por conta do imposto dos sócios[157].

Da existência de tributação separada para as sociedades decorre uma outra questão: a da articulação entre esta tributação e a do rendimento pessoal dos sócios quanto aos lucros distribuídos. Trata-se de ver como é encarada a chamada ***dupla tributação económica dos lucros distribuídos***: os lucros são tributados primeiro em imposto sobre as sociedades e, quando distribuídos, no imposto sobre o rendimento dos respectivos sócios.

Do ponto de vista económico há, no entanto, que saber se o imposto de sociedades é ou não suportado pelos respectivos sócios. É que se o imposto de sociedades for total ou parcialmente repercutido no preço

[157] Para uma revisão da literatura económica relacionada com o imposto de sociedades veja-se, com muito interesse, MINTZ, Jack, "*The corporation tax: a survey*", in *Fiscal Studies*, vol. 16, nº 4, 1995, págs. 23-68.

dos bens e serviços vendidos ou até sobre o rendimento de outros factores de produção que não seja a remuneração do capital investido pelos sócios, é discutível que se possa falar nessa medida em dupla tributação. Existe uma antiga querela doutrinária sobre este problema que está longe de estar resolvida[158].

Por outro lado, há quem opine que, mesmo admitindo que existe dupla tributação, esta não é, só por si, criticável, pois o que interessa nesse caso é analisar qual é a taxa que resulta da conjugação dos dois impostos. Dito de outro modo: o que importa verificar não é o número de vezes que um dado rendimento é tributado mas qual é a taxa acumulada que sobre ele incide em consequência dessa sucessiva tributação. Além disso, de acordo com a chamada "concepção optimista" do imposto de sociedades, a grande maioria dos projectos marginais é financiada através do endividamento e por isso a existência do imposto de sociedades não provoca distorções e estas também não são relevantes, mesmo quando esses projectos sejam financiados com capitais próprios, sempre que exista um regime favorável de tributação das mais-valias relativas a partes de capital[159]. Por outro lado, mesmo assumindo que o imposto sobre as sociedades acaba por recair sobre os sócios, há quem considere que, como os detentores de rendimentos com origem em lucros se situam nos mais elevados escalões de rendimentos, um imposto autónomo sobre os lucros das sociedades contribui para o aumento da "progressividade global" do sistema fiscal.

Em todo o caso, tomando por paradigma a neutralidade do sistema fiscal em termos de formas de exercício da actividade económica e de afectação de recursos e o que se pode considerar uma equilibrada estrutura financeira das empresas, a existência de dupla tributação é criticada por:

- traduzir-se numa tributação diferente do mesmo lucro conforme este é obtido por uma empresa em nome individual ou por uma sociedade;

[158] Sobre esta questão veja-se, entre nós, XAVIER DE BASTO, *O imposto sobre as sociedades e o imposto pessoal de rendimento – separação ou integração?* in *Estudos em homenagem ao Prof. Teixeira Ribeiro*, Coimbra, Faculdade de Direito, 1980, págs. 353-393. E, na bibliografia estrangeira, por exemplo, MCLURE JR, Charles E., *Must Corporate Income be Taxed Twice?*, Washington, The Brookings Institution, 1979.

[159] Sobre a chamada "concepção optimista" do imposto de sociedades assim como para um debate geral sobre a problemática da tributação dos lucros veja-se *L'imposition des bénéfices dans une économie globale – questions nationales et internationales*, Paris, OCDE, 1991, págs. 29 e segs.

- incentivar o financiamento das sociedades através de capitais alheios em vez de através de capitais próprios;
- fomentar a não distribuição de lucros em vez da sua distribuição regular e periódica (incentivo que é potenciado quando existe um regime favorável de tributação das mais valias relativas a participações sociais).

Daí que este problema tenha merecido a atenção dos fiscalistas, a traduzir-se, em muitos casos, em medidas especialmente vocacionadas para a sua resolução.

A esse propósito convém distinguir entre os sistemas que consideram o imposto sobre as sociedades totalmente autónomo e aqueles que, total ou parcialmente, operam uma integração entre a tributação das sociedades e a tributação dos sócios. Nestes últimos podem distinguir-se ainda entre aqueles em que essa integração se reflecte ao nível do imposto de sociedades dos que a concretizam ao nível do imposto sobre o rendimento dos sócios. Assim, é possível classificar os métodos que têm por objectivo a atenuação ou eliminação da dupla tributação económica em dois grupos principais: os que operam ao nível da sociedade e os que actuam ao nível do sócio. Dentro de cada um destes grupos é possível visualizar várias alternativas técnicas ou protótipos[160].

De forma muito sintética, tem-se:

A. Métodos que operam ao nível da sociedade que distribui os lucros:
   A1. Sistema de transparência ou de integração total
   A2. Sistema da dupla taxa (incluindo eventualmente uma taxa zero para os lucros distribuídos)
   A3. Sistema de dedução de lucros distribuídos
   A4. Sistema de isenção dos lucros distribuídos
B. Métodos que actuam ao nível do sócio que recebe os lucros:
   B1. Sistema de crédito de imposto ou de imputação (total ou parcial):

[160] Uma enumeração de alguns dos métodos ou protótipos pode ver-se, por exemplo, em *Report of the Department of the Treasury on Integration of the Individual and Corporate Tax Systems – Taxing Business Income Once*, Washington, 1992 e em ESQUERRO, Teodoro e USSEL, Joaquin, *Doble imposición económica de dividendos y sistemas de integración: el caso español, in Cuadernos de Actualidad*, Madrid, 10/1994, ano V, págs. 429-442. Cf. igualmente TEIXEIRA, Glória, *Taxing Corporate Profits in the EU*, London, Kluwer, 1997, págs. 6-17

- Modalidade de imposto compensatório
- Modalidade de determinação do imposto efectivo suportado pelo lucro distribuído
- Modalidade do imposto teórico

B2. Isenção (total ou parcial) dos lucros distribuídos ao nível da tributação do sócio

B3. Tributação liberatória dos lucros recebidos

Na escolha da alternativa ou modalidade técnica a adoptar têm de ser ponderados vários factores, apontando-se como principais a complexidade administrativa envolvida, quer para a administração quer para os contribuintes, a garantia de uma tributação efectiva no Estado da fonte, que põe problemas ao nível da coordenação internacional e os efeitos de cada um dos métodos em termos de equidade e neutralidade da tributação. Em especial o facto de os sistemas que operam ao nível da sociedade representarem uma perda de receitas fiscais a favor de Estados estrangeiros tem levado a que sejam postos de parte[161].

Nos países da União Europeia existem abordagens diferenciadas para este problema, que, aliás, nos últimos anos têm sofrido grandes transformações, havendo países, de que é exemplo a Alemanha, que abandonaram o sistema de imputação ou de crédito, com o argumento principal que numa economia cada vez mais globalizada e, por isso, com muitos investimentos transfronteiriços não podendo beneficiar desse sistema, o mesmo era inadequado e não se justificava a sua aplicação apenas aos residentes[162].

Em Portugal de 1989 a 2002 vigorou como método geral para atenuar a dupla tributação económica o do crédito de imposto teórico, que começou por ser de 20% do IRC que teria recaído sobre os lucros distri-

[161] Para maiores desenvolvimentos veja-se FREITAS PEREIRA, M. H., *A dupla tributação económica dos lucros*, in *Estudos em homenagem ao Prof. João Lumbrales*, Coimbra, Coimbra Editora, 2000, págs. 599-614.

[162] Sobre a evolução recente nesta matéria vejam-se o relatório geral e os relatórios nacionais apresentados ao Congresso de Sydney da "International Fiscal Association", no tema *"Trends in company/shareholder taxation: single or double taxation"*, in *Cahiers de droit fiscal international*, vol. LXXXVIIIa, Kluwer, The Netherlands, 2003. Sobre a situação na União Europeia veja-se Comissão das Comunidades Europeias, *Comunicação da Comissão ao Conselho, ao Parlamento Europeu e ao Comité Económico e Social Europeu sobre Tributação dos Dividendos das Pessoas Singulares no Mercado Interno*, Bruxelas, 19.12.2003, COM(2003) 810 final.

buídos e era à data da sua revogação de 60% desse IRC, o qual era aplicável sempre que não funcionassem os três regimes especiais que, em alguns casos, permitiam eliminar totalmente a dupla tributação económica: o regime das sociedades-mães e sociedades afiliadas alargado, aliás, a outros casos de sociedades com estatutos especiais; o regime de tributação dos grupos de sociedades[163]; e o já referido regime de transparência fiscal[164].

Em termos práticos, perante um dividendo calculava-se o imposto teórico que sobre ele recaiu, considerando para o efeito a taxa nominal de IRC. Determinado o crédito de imposto, este era somado aos rendimentos englobados, operando-se deste modo o chamado *gross-up,* e depois deduzido à colecta, não dando, porém, lugar a qualquer reembolso.

Em 2001 este regime foi totalmente alterado[165], tendo o crédito de imposto sido substituído pelo englobamento parcial dos lucros distribuí-

[163] Trata-se do reconhecimento para efeitos fiscais dos grupos de sociedades, em que se põe o problema de saber se, ainda que em casos limitados, deve considerar-se ou não o grupo de sociedades como uma unidade fiscal que se sobrepõe à pluralidade jurídica dos seus membros. Em Portugal, o reconhecimento fiscal do grupo de sociedades e a determinação de um lucro tributável consolidado foi introduzido pelo Decreto-Lei nº 414/87, de 31 de Dezembro e viria a ser consagrado no Código do IRC, passando a ser aplicável aos grupos de sociedades em relação de domínio total nos termos do Código das Sociedades Comerciais: sociedades em que a sociedade dominante, directa ou indirectamente, detém pelo menos 90% do capital social dos outros membros do grupo. Para maiores desenvolvimentos veja-se LOUSA, Maria dos Prazeres, *O regime de tributação pelo lucro consolidado,* in *Ciência e Técnica Fiscal,* nº 355, Julho-Setembro de 1989, págs. 59-92 e AVELÃS NUNES, Gonçalo, *Tributação dos Grupos de Sociedades pelo Lucro Consolidado em Sede do IRC,* Coimbra, Almedina, 2001. A partir de 2001 este regime foi substituído pelo chamado "regime especial de tributação dos grupos de sociedades" (artºs 69º a 71º do Código do IRC), que, no fundo, apenas agrega os lucros e prejuízos fiscais determinados individualmente por cada sociedade do grupo, como que permitindo uma comunicabilidade dos prejuízos dentro do grupo de sociedades. Cf. ainda, sobre a situação portuguesa nesta matéria, LOUSA, Maria dos Prazeres, *"Group taxation",* in *Cahiers de droit fiscal international,* vol. 89b, Sdu Fiscale & Financiële Uitgevers, The Netherlands, 2004, págs. 547-567 e, sobre as soluções a nível internacional, o relatório geral e os relatórios nacionais apresentados ao Congresso de Viena da "International Fiscal Association", publicados no mesmo local. No plano europeu, veja-se adiante no ponto 8.3. a proposta de directiva de 2011 relativa a uma matéria colectável comum consolidada do imposto de sociedades (conhecida pela sigla CCCTB).

[164] Para maiores desenvolvimentos veja-se CADILHE, Miguel, *Política de dividendos e dupla tributação,* Opúsculos do IESF nº 4, Porto, Edições Asa, 1991 e VA, *Política de dividendos e dupla tributação – comentários,* Opúsculos do IESF nºs 7/8, Porto, Edições Asa, 1992.

[165] Cf. FREITAS PEREIRA, M. H. e LOUSA, Maria dos Prazeres, *"Trends in company/shareholder taxation: single or double taxation – Portugal",* in *Cahiers de droit fiscal international,* vol. LXXXVIIIa, Kluwer, The Netherlands, 2003, págs. 743-766.

dos para efeitos de imposto pessoal de rendimento – esses lucros, quando distribuídos por sociedades residentes em território português a beneficiários residentes no mesmo território só são englobados em 50% do seu valor para efeitos de IRS (artº 40º-A do respectivo Código).

A partir de 2006 foi consagrado, no IRS, o regime de tributação liberatória dos lucros distribuidos, à taxa de 20% (alterada para 21,5% a partir de 1/7/2010), podendo, porém, os respectivos titulares residentes em território português optar pelo respectivo englobamento, caso em que se aplica a referida percentagem de 50% (artºs 71º, nº 3, alínea c) e nº 6, alínea c), do Código do IRS).

Se o sócio é uma sociedade e se a participação social directamente detida na sociedade, residente em território português ou noutro Estado membro da União Europeia, que distribui os lucros não for inferior a 10% e tiver sido detida, de modo ininterrupto, durante o ano anterior à distribuição dos lucros ou essa detenção, se tiver sido por período inferior, for mantida durante o tempo necessário para completar aquele período, verifica-se uma "isenção" total dos lucros distribuídos ao nível da sociedade mãe que os recebe, o que é efectivado através da dedução de 100% dos lucros que tiverem sido incluídos na base tributável, regime que é aplicável a afiliadas residentes em território português ou noutros Estados membros da União Europeia (artº 51º, nºs 1 e 5, do Código do IRC) e bem assim, em certas condições específicas, a afiliadas residentes em países africanos de língua oficial portuguesa ou em Timor-Leste (artº 42º do EBF)[166].

[166] O regime geral, globalmente considerado, não é coerente e concede vantagens que vão além da eliminação da dupla tributação económica, já que os encargos financeiros suportados em conexão com participações sociais deveriam apenas ser deduzidos na mesma percentagem por que são considerados os proveitos relativos às mesmas. Justificar-se-ia, além disso, uma maior integração entre o regime dos dividendos e das mais-valias relativas a participações sociais.

6.2. Impostos sobre o património

6.2.1. *Tipologia dos impostos sobre o património*

Os impostos sobre o património tomam como referência o rendimento acumulado do contribuinte, o seu património ou capital[167], distinguindo-se entre:

- impostos sintéticos (ou gerais) sobre o património: imposto sobre a fortuna (quer de carácter permanente quer para atender a circunstâncias excepcionais) e imposto sucessório;
- impostos analíticos (ou especiais) sobre o património: imposto sobre as transmissões de certos bens de capital e impostos fundiários ou sobre certas componentes do património.

Este tipo de impostos, pelo menos na sua forma de imposto geral sobre a fortuna, tem suscitado a mais ampla controvérsia, quer pela filosofia que lhes está subjacente quer pelos seus custos administrativos comparados com o nível de receitas que proporcionam[168]. Tende, no entanto, a considerar-se os impostos sobre o património como um complemento dos impostos sobre o rendimento, sendo estabelecidos de uma forma que, incidindo tecnicamente sobre o património, possam ser suportados pelo rendimento (de outro modo conduziriam à própria amputação do capital).

No nosso sistema fiscal actual podem considerar-se impostos sobre o património o imposto municipal sobre imóveis (que sucedeu à contribuição autárquica), o imposto municipal sobre as transmissões onerosas de imóveis (que sucedeu à sisa) e o imposto único de circulação. Com a

[167] A definição dos impostos sobre o património é questão controversa. Alguns autores baseiam-se no critério do facto gerador – a posse de um património; outros na natureza da matéria colectável; outros ainda num critério psicológico – é imposto sobre o património aquele que como tal é sentido pelo contribuinte. Sobre o assunto pode ver-se, por exemplo, MARTINEZ, Jean-Claude, *"L' imposition du capital dans la fiscalité française et allemande"*, in *Revue de Science Financière*, Paris, Juillet-Septembre, 1977, nº 3, págs. 833 e segs.

[168] Deve, no entanto, sublinhar-se a proposta de Maurice ALLAIS baseada na supressão de grande parte dos impostos tais como os conhecemos (imposto pessoal de rendimentos, imposto sobre os lucros das sociedades, imposto sucessório e impostos sobre a propriedade) e sua substituição por um sistema tripolar assente num imposto sobre o capital, um imposto geral sobre o consumo e apropriação pela colectividade dos lucros resultantes da criação de novos meios de pagamento pelo mecanismo do crédito. Cf. ALLAIS, Maurice, *L'impôt sur le capital et la réforme monétaire*, Paris, Herman, 1977.

reforma da tributação do património operada em 2003 (Lei nº 26/2003, de 30 de Julho; Decreto-Lei nº 278/2003, de 12 de Novembro), foi revogado o imposto sobre sucessões e doações, o que não significou, porém, o fim da tributação sobre as transmissões gratuitas de património, que passaram a ser tributadas em IRC se o beneficiário for uma pessoa colectiva e em imposto do selo se o beneficiário, não sendo cônjuge, ascendente ou descendente, for uma pessoa singular[169].

6.2.2. *O imposto geral e periódico sobre a fortuna*

O imposto geral e periódico sobre a fortuna, às vezes restrito apenas às chamadas grandes fortunas, incide sobre o total dos activos líquidos de um contribuinte, incluindo os bens situados no estrangeiro, avaliados em regra pelo seu valor venal. O contribuinte é, normalmente, a unidade familiar, podendo, no entanto, conceber-se um imposto sobre a fortuna incidindo sobre as próprias pessoas colectivas[170].

A taxa do imposto é, mesmo quando progressiva, moderada, de modo que ele possa ser pago à custa do rendimento[171]. É, por isso, que desempe-

[169] Sobre esta reforma da tributação do património veja-se FREITAS PEREIRA, M. H., *"A reforma dos impostos sobre o património"*, in *Cadernos de Economia*, ano XVII, nº 65, Out/Dez-2003, págs. 43-49 e SÁ GOMES, Nuno, *Tributação do património*, Coimbra, Almedina, 2005.

[170] A eventual existência de um imposto sobre o património das sociedades ao lado de um imposto sobre a fortuna dos particulares poderá levantar o problema da "dupla tributação" das partes de capital daquelas sociedades: por um lado, como elementos da fortuna dos sócios e, por outro, como integrantes do património das empresas. A tributação do património das empresas, no entanto, também poderá ser defendida numa perspectiva de imposto mínimo sobre o rendimento, sendo então devidamente articulado com este. Sobre o assunto veja-se, entre nós, *Relatório da Comissão para o Desenvolvimento da Reforma Fiscal*, Lisboa, Ministério das Finanças, 1996, págs. 678-684.

[171] Cf. OCDE, *L' imposition des personnes physiques sur l' actif net, les mutations et les gains en capital*, Paris, 1988 e Conseil des Impôts, *L'ímposition du patrimoine* (seizième rapport au Président de la Republique), Paris, 1998. Em Portugal, a introdução de um imposto geral sobre o património, ainda que de carácter analítico, incidente quer sobre pessoas singulares quer sobre pessoas colectivas, chegou a ser equacionada pelo XIII Governo Constitucional, destinada a substituir cinco impostos (imposto sobre sucessões e doações, sisa, contribuição autárquica, imposto municipal sobre veículos e taxa de conservação de esgotos) – cf. Comissão de Reforma da Tributação do Património, *Projecto de Reforma da Tributação do Património*, Lisboa, Centro de Estudos Fiscais, 1999 – mas foi abandonada. Aliás, os impostos deste tipo têm vindo a ser abolidos na grande maioria dos países da União Europeia. No entanto, em circunstâncias excepcionais, como as decorrentes da crise financeira de 2008, poderá justificar-se, em vez de impostos extraordinários sobre o rendimento, um imposto extraordinário sobre o património líquido, com uma isenção de base para pequenos patrimónios.

nha uma função correctiva dos impostos sobre o rendimento, permitindo, para os seus defensores, atenuar as desigualdades daqueles impostos e tributar o chamado rendimento psicológico que está ligado à posse de certos bens.

Além da já referida comparação entre a receita fiscal obtida por esta via e os custos administrativos de gestão deste imposto, a sua análise crítica deve fazer-se tomando como referência, por um lado, a procura de justiça fiscal e, por outro, a salvaguarda do dinamismo e da eficácia do aparelho económico.

Do debate que essa análise tem suscitado não se pode retirar uma conclusão clara. O imposto sobre a fortuna é justificado principalmente tendo em conta razões sociais, por questões de justiça tributária. Com efeito, para os defensores da tributação do património este possibilitaria ao seu detentor uma capacidade contributiva que o rendimento não exprime totalmente: independência, segurança, bem estar, a qual deveria ser tributada. Por outro lado, os mais afortunados deveriam ser tributados de uma forma que possibilitasse a prossecução de uma política de redistribuição da riqueza. Estas considerações apelam, por vezes, a juízos de valor de índole muito subjectiva e as preocupações que lhes estão subjacentes podem ser frustradas através da isenção de certos elementos patrimoniais ou da fácil ocultação de alguns deles (ouro, obras de arte, etc.) ou ainda de regras de avaliação que não traduzam sempre inteiramente aquele acréscimo de capacidade contributiva. No domínio económico, os defensores da tributação sobre a fortuna alegam que poderá deste modo incitar-se os detentores de riqueza a afastarem-se de bens improdutivos e a orientarem os seus investimentos para bens de elevada rendibilidade. Corrigir-se-iam, assim, as insuficiências do imposto sobre o rendimento. Com efeito, taxas elevadas do imposto sobre o rendimento poderão incentivar as pessoas, por exemplo, a comprarem automóveis de luxo, o que lhes dá prestígio e bem-estar embora não proporcione rendimento tributável; um imposto sobre a fortuna abrangendo este tipo de bens teria um efeito contrário. O mesmo se diga quanto ao facto de um imposto sobre o património poder encorajar a exploração de terras improdutivas. No entanto, a estas vantagens poderão opor-se os efeitos desta tributação sobre a poupança e o investimento e o facto de não se dever ignorar que nem todas as componentes do património têm a ausência de mobilidade que permita corresponder aos efeitos visados pelos defensores da respectiva tributação geral e periódica. Por último, deverá sublinhar-se o argumento segundo o qual um imposto sobre a fortuna propiciaria, através da respectiva declaração, um melhor conhecimento do rendimento dos contribuintes. Poderá contrapor-se, porém, que é possível obter essas informações sem necessidade de introduzir um imposto sobre a fortuna, não se pondo para muitas administrações fiscais o problema da quantidade de informações disponíveis mas o da sua qualidade e aproveitamento[172].

6.2.3. *O imposto sucessório*

O imposto sucessório pode apresentar-se de duas formas: imposto sobre o total da herança (*estate duty*) – que incide sobre o valor global da herança sem atender à forma como esta se repartirá pelos diferentes herdeiros; e imposto sobre as partes hereditárias (*inheritance tax*) – que incide sobre a fracção da herança recebida por cada herdeiro e onde, normalmente, se tomam em conta certos elementos de personalização: isenções e deduções na base tributável, variação das taxas de tributação em função simultaneamente do valor da fracção herdada e do laço de parentesco que une o herdeiro ao autor da herança[173].

[172] É o caso da informação sobre variações patrimoniais ocorridas no período de tributação, obtidas através da declaração anual para efeitos de imposto sobre o rendimento ou através de pedidos de informação específicos no quadro de acções de controlo sobre a situação dos contribuintes, como se verifica, por exemplo, em França, a propósito das denominadas *"verifications approfondies de la situation fiscale d'ensemble"* (art. L12 do *"Livre des Procédures Fiscales"*), no quadro das quais a administração fiscal pode controlar a coerência entre, por um lado, os rendimentos declarados e, por outro, a situação patrimonial, a situação financeira e os indicadores de nível de vida ("train de vie") do agregado familiar. Veja-se sobre este ponto FREITAS PEREIRA, M. H., *"Sistema Fiscal Português – algumas prioridades"*, in *O Economista, Lisboa,* Outubro de 2002, págs. 103-107. Aliás, em Portugal, para efeito das chamadas "manifestações de fortuna (artº 89º-A da Lei Geral Tributária) já se declaram anualmente alguns bens patrimoniais, só que isso é feito de forma muito parcial e fragmentada e sem que se tirem as consequências plenas em termos de incrementos não justificados de património [artº 9º, nº 1, alínea *d*), do Código do IRS].

[173] É deste último tipo o imposto sobre sucessões e doações que existiu em Portugal até 2003, o qual estava de acordo com o dispositivo constitucional existente até à revisão constitucional de 1997 (nº 3 do artº 107º da Constituição), segundo o qual este imposto devia ser "progressivo, de forma a contribuir para a igualdade entre os cidadãos". No entanto, precisamente este aspecto da promoção da igualdade era objecto de críticas – é que o respeito da Constituição exigiria que o "imposto incida, primeiro, sobre o valor total das heranças e, depois, sobre o valor das quotas hereditárias, como ainda que a tributação destas seja progressiva em função das circunstâncias económicas dos herdeiros". Cf. TEIXEIRA RIBEIRO, J.J., *"A recente revisão do Código da Sisa e do Imposto sobre as Sucessões e Doações"*, in *Revista de Legislação e Jurisprudência*, Coimbra, ano 123, nº 3795, Outubro de 1990, págs. 161-164. A aludida revisão constitucional suprimiu a referência ao imposto sobre as sucessões e doações do texto da Constituição, dispondo agora o nº 3 do artº 104º em termos muito genéricos que a "tributação do património deve contribuir

É evidente que o imposto sobre o total da herança – de que se encontram exemplos nos países anglo-saxónicos – permite um rendimento superior ao do imposto sobre as partes hereditárias, mas este, tendo um efeito em termos de redistribuição da riqueza mais fraco, é o que se encontra mais generalizado. Além disso, possibilita uma certa personalização da tributação já que, embora partindo do total da herança – e por isso revestindo a natureza de sintético –, é depois calculada a fracção desta que cabe a cada herdeiro, que constitui a base de tributação. Teoricamente é, porém, concebível – e recomendado por alguns autores – um imposto sobre sucessões que combine, de uma forma moderada, as duas técnicas enunciadas.

Geralmente, ao imposto sobre sucessões é associado um imposto sobre doações, que, em certa medida, o completa. Aliás, a integração dos dois impostos tem a vantagem de evitar a evasão fiscal resultante designadamente de doações sucessivas em vida do autor da herança.

Em Portugal, a partir de 1 de Janeiro de 2004, as transmissões gratuitas de bens de que beneficiem pessoas singulares, que não sejam o cônjuge, descendentes e ascendentes, são tributadas em imposto do selo à taxa proporcional de 10%[174].

6.2.4. *Os impostos analíticos sobre o património*

Quanto aos impostos analíticos sobre o património, existem em algumas legislações os chamados impostos sobre as transmissões, entre vivos, de bens de capital, que incidem quer sobre transmissões a título gratuito – o já mencionado imposto sobre doações, quer sobre transmissões a título oneroso, especialmente sobre as transmissões de bens imóveis (veja-se o caso, em Portugal, do imposto municipal sobre as transmissões onerosas de imóveis, que sucedeu ao imposto municipal de sisa[175]). Em alguns países

para a igualdade entre os cidadãos". Essa supressão teve que ver com a anunciada intenção do XIII Governo de extinguir o imposto sucessório, intenção que viria a ser concretizada formalmente pelo XV Governo, o que, no plano dos princípios, não parece opção adequada e que não pode ser justificada por eventuais problemas de administração do imposto, que existe, aliás, na generalidade dos países. Sobre esta problemática veja-se *Relatório da aplicação do imposto sobre sucessões e doações*, in *Ciência e Técnica Fiscal*, nº 385, Jan-Mar/1997, págs. 135-231.

174 Uma síntese crítica das soluções adoptadas com esta reforma e de alguns problemas de equidade, eficiência económica e aplicação prática que levanta pode ver-se em FREITAS PEREIRA, M.H., *"A reforma dos impostos sobre o património"*, *loc. cit.*

175 No entanto, há um grande consenso de que a substituição da sisa pelo imposto sobre o valor acrescentado (IVA) seria a melhor solução. Porém, essa substituição, no estado actual do direito comunitário em matéria de IVA, implicaria a aplicação da taxa normal de IVA a estas transmissões e impossibilitaria a isenção dos prédios para habitação de menor valor, o que, mesmo

encontramos igualmente os impostos sobre a propriedade de certos bens de capital, de que se destacam os impostos fundiários ou imobiliários, com origem na fiscalidade dos fisiocratas dos séculos XVIII e XIX, que, actualmente, incidem geralmente sobre o valor em capital dos edifícios ou dos terrenos e são, por vezes, postos ao serviço de uma política de desenvolvimento urbano ou de incitamento a uma maior rendibilização do capital fundiário. Aliás, a tributação sobre o valor patrimonial dos prédios, cujo principal problema técnico que suscita respeita à forma de avaliação da base tributável, é geralmente uma receita das autarquias locais[176].

Em Portugal, com a reforma de 1989, foi introduzida como imposto municipal a contribuição autárquica (CA), que incidia sobre o valor tributável dos prédios situados no território de cada município. Tratava-se de um imposto que foi muito criticado pelas desigualdades na tributação, que dependia do valor matricial dos prédios e, por isso, da sua antiguidade e dos critérios seguidos na respectiva avaliação. O problema derivava, sobretudo, da ausência de um Código de Avaliações, que embora previsto aquando daquela reforma (artº 7º, nº 1, do Código da CA) não foi publicado[177]. Em 2003 foi suprimida a CA e, em sua substituição, criado o

considerando, quando fosse caso disso, a dedução do imposto suportado que presentemente onera os custos de construção, acarretaria um agravamento da carga fiscal que recairia sobre a respectiva compra, com efeitos sociais indesejáveis. Acresce que se está perante uma receita dos municípios, que, a abolir-se o imposto, teria de ser assegurada de outro modo. Sobre as questões conexas com a substituição da sisa pelo IVA veja-se Ministério das Finanças, *Relatório da Comissão para o Desenvolvimento da Reforma Fiscal*, Lisboa, 1996, págs. 699-705. Na esperança de que tal fosse compatível com o direito comunitário, a substituição da sisa pelo IVA e a aplicação, neste imposto, da taxa de 5% aos imóveis novos não considerados de luxo foi proposta pela ECORFI (Estrutura de Coordenação da Reforma Fiscal), em 2001 – cf. *ECORFI – Relatório final e anteprojectos*, Lisboa, Centro de Estudos Fiscais, 2002.

176 Cf. OCDE, *Impôts sur la propriété immobilière*, Paris, 1983, págs. 16 e 17. Sobre o caso português anteriormente à reforma de 2003, veja-se LOPES PORTO, M. C., *A reforma fiscal portuguesa e a tributação local*, in *Estudos em homenagem ao Prof. Doutor Eduardo Correia*, Coimbra, Faculdade de Direito, 1988, VALDEZ MATIAS, Vasco, *A Contribuição Autárquica e a Reforma da Tributação do Património*, Lisboa, Vislis, 1999 e SÁ GOMES, Nuno, *"Alguns aspectos jurídicos e económicos controversos de sobretributação imobiliária no sistema fiscal português"*, in *Ciência e Técnica Fiscal*, nº 386, Abr-Jun/1997, págs. 65-123.

177 Entretanto, o valor patrimonial dos prédios era determinado de acordo com as regras do antigo Código da Contribuição Predial e do Imposto sobre a Indústria Agrícola (artºs 6º, 7º e 8º do Decreto-Lei nº 442-C/88, de 30 de Novembro), o que fazia com que o valor patrimonial tivesse por base, não o valor venal do prédio, mas um valor calculado a partir do respectivo rendimento, o que se torna difícil de determinar de forma justa e objectiva, designadamente para os prédios não arrendados, subsistindo ainda o problema dos prédios inscritos na matriz há longos anos cujo valor de rendimento se encontrava totalmente desactualizado. Sobre esta problemá-

imposto municipal sobre imóveis (IMI), que tem o mesmo âmbito de incidência da CA: valor patrimonial tributário dos prédios rústicos e urbanos situados no território português, sendo devido pelo proprietário do prédio em 31 de Dezembro do ano a que o mesmo respeitar. A principal inovação é a da criação de uma forma objectiva de avaliação dos prédios urbanos[178], que contém a parametrização adequada para se adaptar a diferentes factores que podem influenciar o valor dos imóveis[179].

tica veja-se GAPTEC/UTL, *Estudo sobre a contribuição autárquica* (coordenação de Sidónio Pardal), in *Ciência e Técnica Fiscal*, nº 384, Out-Dez/1996, págs. 81-186, bem como o relatório apresentado pelo XIII Governo Constitucional à Assembleia da República sobre esta problemática e o Anteprojecto de Código de Avaliações, elaborado em 1991, publicados no mesmo local.

[178] A fórmula será transitoriamente apenas aplicada a prédios novos – ainda não inscritos na matriz em 1.1.2004 – e bem assim aos já inscritos nesta data que sejam objecto de transmissão. No tocante aos restantes prédios a sua reavaliação pela nova fórmula far-se-ía progressivamente, tendo-se previsto quando a reforma de 2004 entrou em vigor que em 10 anos, ou seja até 2013, todos os 7,9 milhões de prédios urbanos existentes no país seriam reavaliados pelo novo método, mas, em 2009, isso só acontecia relativamente a 30% dos mesmos.

[179] Assim, o valor patrimonial tributário de prédios urbanos para habitação, comércio, indústria e serviços resulta da seguinte fórmula (artºs 38º e segs. do Código do IMI): $Vt = Vc.\ A.\ Ca.\ Cl.\ Cq.\ Cv$, em que *Vt* – valor patrimonial tributário; *Vc* – valor base dos prédios edificados (que corresponde ao valor médio de construção por metro quadrado adicionado do valor do metro quadrado do terreno de implantação, fixado em 25% daquele valor); *A* – área bruta de construção mais a área excedente à área de implantação; *Ca* – coeficiente de afectação; *Cl* – coeficiente de localização; *Cq* – coeficiente de qualidade e conforto; e *Cv* – coeficiente de vetustez. Trata-se de fórmula que reúne algum consenso entre os especialistas, como é demonstrado pelo facto de a mesma, em alguns aspectos essenciais, corresponder à que consta do Anteprojecto do Código de Avaliações de 1991, reflectir os indicadores mencionados pela Comissão de Reforma dos Impostos sobre o Património que apresentou o seu relatório em 1999 e ser idêntica à que se encontra prevista no anteprojecto de reforma elaborado, em 2001, no âmbito do XIV Governo Constitucional, na sequência dos trabalhos da ECORFI (Estrutura de Coordenação da Reforma Fiscal) – cf. *ECORFI – Relatório final e anteprojectos*, Lisboa, Centro de Estudos Fiscais, 2002. Sobre a conformidade constitucional desta fórmula veja-se MENEZES LEITÃO, Luís, *"A conformidade com a Constituição da nova fórmula de determinação do valor patrimonial tributário dos prédios urbanos"*, in *Fisco*, nº 113/114, Abril de 2004, págs. 3-23. As críticas que têm sido feitas ao peso excessivo do IMI não parece que tenham que ver com a forma de determinação da base tributável, mas, outrossim, com as excessivas taxas aplicáveis.

6.3. Impostos sobre a despesa

6.3.1. *Classificação dos impostos sobre a despesa*

Estes impostos incidem sobre o rendimento consumido, sendo, em princípio, suportados pelo último adquirente dos bens ou consumidores. Distinguem-se:

- os *impostos gerais sobre as transacções*, de natureza sintética;
- os *impostos especiais de consumo*, as chamadas *accises*, de tipo analítico, que incidem apenas sobre determinadas despesas (v.g. bebidas alcoólicas, tabaco, produtos petrolíferos).

Além destes são também considerados impostos sobre a despesa os direitos aduaneiros ou alfandegários, cuja importância depende do desenvolvimento económico de cada país, sendo muito relevantes nas economias menos desenvolvidas quer como fontes de receita (designadamente sob a forma de direitos de exportação) quer como meio de proteccionismo. Pode dizer-se, contudo, que existe uma tendência natural para o seu declínio a que também não anda alheia a adesão a acordos internacionais sobre comércio livre. Assim, a tributação da despesa tende a assentar fundamentalmente em alguns impostos especiais de consumo e num imposto geral sobre as transacções.

Em Portugal, ao lado de um imposto geral sobre a despesa – imposto sobre o valor acrescentado (IVA) – existem vários impostos especiais de consumo: imposto sobre produtos petrolíferos e energéticos (ISP), imposto sobre o tabaco (IT) e imposto sobre o álcool e bebidas alcoólicas (IABA). Trata-se em qualquer dos casos de impostos onde se faz sentir um grau avançado de harmonização comunitária, como se verá adiante[180]. Também têm a natureza de imposto sobre a despesa, o imposto sobre veículos (ISV) e certas verbas do imposto do selo (IS), com especial relevância para o incidente sobre operações financeiras (utilização de crédito e juros e comissões sobre crédito concedido por ou com a intermediação de instituições financeiras) e sobre prémios e comissões de seguros.

[180] Veja-se no Capítulo 8. Fontes de direito, o ponto 8.3. Direito Comunitário.

6.3.2. *Tipologia dos impostos gerais sobre as transacções*

Costumam dividir-se os impostos gerais sobre as transacções em três tipos[181]:

- *imposto único ou monofásico*, incide apenas numa das fases do circuito que vai do produtor ao consumidor, tributa o valor bruto de uma única transacção, que pode ser o valor por que é transaccionado o produto quando termina a fase de produção (imposto único sobre o produtor), ou o valor da última transacção por grosso, quando o bem passa para o comércio a retalho (imposto único sobre o grossista), ou o valor da transacção do retalhista para o consumidor (imposto único sobre o retalhista);
- *imposto cumulativo ou em cascata*, incide em todas as fases do circuito de produção e comercialização, tributando o valor bruto das várias transacções a que este dá lugar, donde resulta uma "cascata" já que em cada transacção está incluído o imposto que incidiu na transacção anterior – há imposto sobre imposto;
- *imposto único de pagamento fraccionado ou imposto sobre o valor acrescentado*, incide em todas as fases do circuito mas apenas sobre um valor líquido – o valor acrescentado em cada fase, tendo, em princípio, o mesmo efeito que um imposto único à mesma taxa cujo pagamento seja fraccionado.

A análise crítica destes vários tipos de impostos deve tomar em consideração o objectivo ou objectivos que sejam assumidos como prioritários. Assim, o imposto único ou monofásico é neutro face às estruturas económicas e, quando incidente na fase de produtor ou grossista, fácil de administrar. Esta simplicidade, porém, deixa de existir se há grandes zonas de produtos isentos e taxas múltiplas, sendo, além disso, muito sensível à evasão e fraude fiscais, com os reflexos inevitáveis em termos de receita. O imposto cumulativo ou em cascata é muito criticado pela sua falta de neutralidade – quanto mais longo é o circuito de produção e comercialização maior é o imposto cobrado – e por falsear as condições de concorrência internacional já que é de difícil adaptação ao princípio da tributação no país de

[181] Para maiores desenvolvimentos, na bibliografia portuguesa, LOPES PORTO, M. C., *O imposto de transacções – tipo a adoptar*, Coimbra, Faculdade de Direito, 1970, págs. 125 e segs e XAVIER DE BASTO, J. G., *A tributação do consumo e a sua coordenação internacional*, Lisboa, Centro de Estudos Fiscais, 1991, págs. 26 e segs.

destino: como determinar, na fase de exportação, o imposto que deve ser restituído aos exportadores por estar incluído no valor dos bens exportados? No entanto, trata-se de um imposto que proporciona avultadas receitas e em que a evasão, dado o imposto incidir nas várias fases, poderá ter efeitos menores. Ao imposto sobre o valor acrescentado têm sido atribuídas as vantagens da neutralidade e da simplicidade, o que não significa que a sua aplicação esteja isenta de dificuldades pois este imposto exige, por um lado, que as unidades a ele sujeitas – que vão do produtor ao retalhista e pertencem a todas as actividades económicas – tenham as estruturas administrativas adequadas e, por outro, que a administração fiscal disponha de meios de controlo compatíveis com a multiplicidade de sujeitos passivos.

No domínio dos impostos gerais sobre a despesa tem-se vindo a assistir a uma tendência generalizada para a adopção do imposto sobre o valor acrescentado (IVA). Em 1997, ele era o principal imposto sobre o consumo em 105 países industrializados ou em vias de desenvolvimento[182]. Quanto à OCDE, considerando quer o IVA quer o seu equivalente, a GST (*"Goods and Services Tax"*), em 2010, nos 34 países membros só não existe IVA nos EUA[183]. Tendo em conta que, em 1967, ele só existia e de forma parcial na Finlândia e na França, bem se pode classificar o IVA como a "principal inovação fiscal do século XX"[184]. Para este grande sucesso, além da sua adopção como imposto geral de consumo pela CEE, contribuiu o facto de se tratar da forma mais eficiente e neutra da tributação geral da despesa e de ser uma boa fonte de receita fiscal. Aliás, historicamente, em alguns países, o IVA tem sido usado como "almofada" em termos de receita para operar reduções da tributação sobre o rendimento[185]. A neutralidade do IVA verifica-se quer nas trocas internas quer nas trocas internacionais. Ao nível interno, isso significa que sobre bens e serviços idênticos transaccionados ao mesmo preço deve incidir o mesmo imposto independentemente da extensão do circuito produtivo e do número de transacções em cada fase. Ao nível internacional, permite assegurar com facilidade que os

[182] A saber: os 15 países da União Europeia, outros 17 países europeus, 9 países da América do Sul, 15 países da América Central, Caraíbas e Canadá, 17 países da Ásia e Oceânia, 11 países da Comunidade de Estados Independentes (Ex-URSS) e 21 países de África. Cf. CNOSSEN, Sijbren, *Global Trends and Issues in Value Added Taxation*, in *International Tax and Public Finance*, vol.5, n. 3, July 1998, págs. 399-428.

[183] Cf. OECD, *Consumption Tax Trends*, Paris, 2011.

[184] EGRET, Georges, *La TVA*, Paris, PUF, 1978, pág. 7.

[185] OCDE, *L'impôt sur la consommation*, Paris, 1988, pág. 30.

produtos são tributados no país de destino (e daí a isenção das exportações e a tributação das importações) à mesma taxa que os fabricados internamente.

6.3.3. *O imposto sobre o valor acrescentado (IVA)*

O IVA visa uma tributação geral do consumo (bens e serviços) e, como já se disse, a sua incidência tem lugar nas várias fases do circuito produtivo, sendo a base de tributação constituída pelo valor acrescentado em cada fase. Teoricamente o imposto pode determinar-se por vários métodos[186]:

- *método directo*: o valor acrescentado é calculado directamente com base na contabilidade das empresas, quer somando as diversas componentes do valor acrescentado: salários (S), rendas (R), juros (J) e lucros (L) – *método directo aditivo* – quer deduzindo ao valor das vendas de bens e serviços (V) da empresa o valor das suas compras de bens e serviços (C) – *método directo subtractivo*, aplicando depois em ambos os casos a taxa do imposto (t) ao valor acrescentado determinado;
- *método indirecto*: não há lugar ao cálculo do valor acrescentado, sendo o imposto determinado indirectamente, quer pela soma das parcelas obtidas através da aplicação da taxa a cada uma das componentes do valor acrescentado – *método indirecto aditivo* – quer aplicando a taxa do imposto ao total das vendas e serviços prestados e subtraindo o imposto pago nas compras de bens e serviços – *método indirecto subtractivo ou do crédito de imposto.*

É possível, deste modo, conceber o IVA pelo menos de quatro modos diferentes:

- directo aditivo: IVA = t (S + R + J + L)
- directo subtractivo (ou de dedução base da base): IVA = t (V - C)
- indirecto aditivo: IVA = tS + tR + tJ + tL
- indirecto subtractivo (ou do crédito de imposto): IVA = tV - tC

[186] Cf. TAIT, Alan, *Value Added Tax - International Practice and Problems*, Washington, International Monetary Fund, 1988, págs. 4 e segs. e XAVIER DE BASTO, J. G., *A adopção por Portugal do Imposto sobre o Valor Acrescentado (IVA) da Comunidade Económica Europeia*, Coimbra, Faculdade de Economia, 1981, pág. 13 e XAVIER DE BASTO, J.G., *A tributação do consumo e a sua coordenação internacional*, págs. 42 e segs.

É este último método – indirecto subtractivo ou do crédito de imposto ou das facturas – que é o adoptado, como método geral, pelos vários países da União Europeia que introduziram o IVA: aplica-se a taxa do imposto ao valor das transacções da empresa, em determinado período, deduzindo-se ao montante assim obtido o imposto suportado nas suas compras (de mercadorias, de serviços, de matérias-primas e subsidiárias e de bens de equipamento) durante o mesmo período[187]. Em Portugal, tal método encontra-se consagrado nos artºs 19º e segs. do Código do IVA[188].

Este método constitui uma forma simples de assegurar a isenção completa das exportações já que o exportador apresenta como crédito sobre o Estado o valor do imposto suportado nas suas aquisições[189]. Por outro lado,

[187] A dedução do imposto incluído nas aquisições de bens de equipamento é necessária para que o IVA tome a natureza de imposto de consumo, em que não se tributa o valor acrescentado em bens capitais – é o chamado *IVA tipo consumo*. Os outros tipos de IVA são: *IVA tipo produto bruto* – em que não se deduz o imposto suportado na compra de bens de equipamento; e o *IVA tipo rendimento* – em que se permite uma dedução correspondente à depreciação de bens capitais. Em termos macro-económicos e pressupondo a repercussão total para a frente, o IVA tipo consumo atinge o consumo nacional, o IVA tipo produto bruto o produto nacional bruto e o IVA tipo rendimento o produto nacional líquido. Cf., na bibliografia portuguesa, XAVIER DE BASTO, J. G., *A tributação do consumo e a sua coordenação internacional*, págs. 50 e segs e PINTO RIBEIRO, João, *Aspectos de evolução da tributação geral do consumo numa perspectiva histórica*, in *Estudos de homenagem a Manuel Jacinto Nunes*, Lisboa, Instituto Superior de Economia e Gestão, 1996, págs. 547-559 e, na bibliografia estrangeira, TERRA, Ben, *Value Added Taxes: The Case of EEC*, Kluwer, 1989. No domínio legislativo, referência deve ser feita à introdução em Itália, em 1998, do *"Imposta Regionale sulle Attività Produttive"* (IRAP), em substituição de impostos locais sobre lucros e contribuições para a segurança social, que é um IVA tipo rendimento, que coexiste quer com o imposto sobre sociedades quer com o IVA geral de acordo com o modelo comunitário. São características principais desse imposto o cálculo do IVA, enquanto base de incidência, pelo método subtractivo, com base na demonstração de resultados considerada para efeitos fiscais, partindo do lucro acrescido dos custos com o pessoal e dos encargos financeiros. Tal forma de cálculo tem como consequência que não são deduzidas as despesas de investimento, mas apenas as amortizações. Por outro lado, o IRAP é baseado no princípio da origem e não no princípio do destino e é lançado numa base anual e não com referência a cada transacção.

[188] A título excepcional é praticado em algumas situações o chamado método de tributação na margem, com alguma semelhança com o método directo subtractivo, mas aplicado em relação a cada uma das operações sujeitas a imposto – é o que se passa em relação aos bens em segunda mão, objectos de arte e de colecção e de antiguidades (Decreto-Lei nº 199/96, de 18 de Outubro) e relativamente a agências de viagens e organizadores de circuitos turísticos (Decreto-Lei nº 221/85, de 3 de Julho).

[189] Em matéria de IVA costumam distinguir-se as *isenções completas* e as *isenções simples ou incompletas*. Ao contrário das primeiras – também designadas por taxa zero ou isenções com direito à dedução – as isenções incompletas significam que o operador económico que transaccionar bens e serviços isentos não liquida imposto sobre vendas e prestações de serviços mas não tem

ao implicar uma cadeia sucessiva de facturas, permite uma luta mais eficaz contra a fraude fiscal.

O IVA, quando aplicado de forma geral e uniforme e supondo a sua repercussão completa para a frente, equivale a uma tributação monofásica aplicada na última fase da cadeia de tributação (em princípio a de retalho) feita a idêntica taxa[190]. Considerando um circuito económico composto por três fases (produtor, grossista e retalhista) e uma taxa de 10%:

	Produtor	Grossista	Retalhista
Preço de compra	-	1 000 + 100	1 500 + 150
Preço de venda	1 000	1 500	2 500
Imposto pago nas vendas	100	150	250
Imposto pago nas compras	-	100	150
Dívida ao Estado	100	150 - 100 = 50	250 - 150 = 100

O total do IVA cobrado durante todo o circuito é de 250 (100 + 50 + 100) o que equivale à aplicação de uma taxa de 10% sobre o valor das vendas do retalhista (10% x 2 500 = 250).

É, por isso, que se diz que a última taxa aplicável é que é a verdadeira taxa do imposto já que tem um efeito de recuperação (*catching-up effect, effet de rattrapage*) em relação às taxas anteriores. Em termos de receita fiscal, esse efeito pode ser positivo se há taxas intermédias mais baixas do que a taxa final pois a receita então perdida é recuperada pela taxa final; e pode

direito a deduzir o imposto que suportar nas compras. Quando esse operador efectua operações tributadas ou isentas completamente (v.g. exportações) e operações abrangidas por isenções simples, estamos perante o que se costuma designar por sujeito passivo misto e a exclusão do direito à dedução relativamente a estas últimas implica a aplicação do regime de prorata ou percentagem geral de dedução ou do regime de afectação real.

[190] Cf. GRAÇA LEMOS, Maria T., *Algumas considerações sobre a adopção do IVA comunitário*, Separata do Boletim do Ministério da Justiça nº 9, Lisboa, 1982, pág. 10. É, por isso, que o "*princípio do sistema comum IVA*", estabelecido no âmbito comunitário (cf. artº 1º da Directiva 2006/112/CE do Conselho, de 28 de Novembro de 2006), consiste em aplicar aos bens e serviços "um imposto geral sobre o consumo exactamente proporcional ao preço dos bens e serviços, seja qual for o número de operações ocorridas no processo de produção e de distribuição anterior ao estádio de tributação". Para o efeito, até ao estádio do comércio a retalho, inclusive, "em cada operação, o IVA, calculado sobre o preço do bem ou serviço à taxa aplicável ao referido bem ou serviço, é exigível, com prévia dedução do montante do imposto que tenha incidido directamente sobre o custo dos diversos elementos constitutivos do preço".

ser negativo, dado que a receita gerada através de taxas intermédias mais altas do que a taxa final acaba por ser perdida no último estádio de aplicação do IVA[191].

6.3.4. *Os impostos especiais de consumo*

Os impostos especiais de consumo constituem uma das formas mais antigas de tributação, cuja manutenção se deve sobretudo ao facto de constituírem uma importante fonte de receitas fiscais de cobrança relativamente fácil e cuja aplicação implica baixos custos quer para administração quer para os contribuintes[192].

No entanto, para além do objectivo receita fiscal outras razões se podem apresentar para a existência dos impostos especiais de consumo, tais como[193]:

- desencorajar o consumo de certos bens que podem considerar-se prejudiciais à saúde (v.g. o álcool ou o tabaco), o que encontra, no entanto, alguns obstáculos na relativa pouca elasticidade da procura desses bens;
- financiar as despesas públicas associadas ao uso de certos equipamentos e infra-estruturas como as estradas (é essa uma das justificações para a tributação ligada aos automóveis) ou aos cuidados de saúde decorrentes para a comunidade do consumo de tabaco, do álcool ou do uso do automóvel;
- introduzir um elemento adicional de progressividade na tributação do consumo dado que alguns dos bens assim tributados são característicos dos estratos sociais de mais elevados rendimentos;
- assegurar, numa extensão dependente do tipo de bens abrangidos pela tributação, a concretização do princípio do poluidor pagador.

De todos estes objectivos, o que se refere à discriminação em relação ao consumo de certos bens ou serviços parece ser o mais importante e daí

[191] Para maiores desenvolvimentos, veja-se TAIT, Alan, *Value added tax*, London, Mc Graw-Hill, 1972, págs. 62-67.

[192] OCDE, *L'impôt sur la consommation*, págs. 53 e segs.

[193] TEIXEIRA RIBEIRO, J.J., *Lições de Finanças Públicas*, págs. 334 e segs. Cf. igualmente NAMORADO CLÍMACO, *Os impostos especiais de consumo: efeitos económicos e objectivos fiscais*, in *Ciência e Técnica Fiscal*, nº 376, Out-Dez/1994, págs. 63 e segs e VASQUES, Sérgio, *Os Impostos Especiais de Consumo*, Coimbra, Almedina, 2001.

que faça parte da definição típica de imposto especial de consumo[194]. Com efeito, as características que, em termos gerais, permitem considerá-lo como tal são a selectividade dos bens e serviços por ele incluídos (decorrente da sua característica de imposto especial), o objectivo discriminatório visado e a consideração, de algum modo, de uma mensuração ou controlo físico relativamente à base tributável. Esta última característica reflecte-se normalmente no uso de uma taxa específica para o cálculo da dívida de imposto, o que não exclui, como no caso do tabaco, a consideração igualmente de um elemento *ad valorem*.

Têm sido muito diversos ao longo dos tempos os sistemas de impostos especiais de consumo. Os bens e serviços tradicionalmente incluídos no sistema são de procura pouco elástica, em que da subida do preço, resultante do imposto, não decorre uma baixa mais do que proporcional da quantidade procurada. É, assim, que se incluem o tabaco, as bebidas alcoólicas, os óleos minerais, os veículos automóveis e, por vezes, algumas formas de diversão, verificando-se que os impostos de algum modo ligados ao automóvel têm tomado um lugar cada vez mais importante no sistema[195].

[194] CNOSSEN, Sijbren, *Excise System: a Global Study of the Selective Taxation of Goods and Services*, Baltimore, The Johns Hopkins University Press, 1977, págs. 7 e segs. Cf. igualmente, do mesmo autor, *"The Role of Excises in OECD Member Countries"*, in *Changes in Revenues Structures*, ed. by Aldo Chiancone and Ken Messere, Detroit, Wayne State University Press, 1989, págs. 285-304.

[195] Para uma síntese sobre a evolução recente dos impostos especiais de consumo e bem assim sobre a sua utilização com fins de protecção ambiental, veja-se OECD, *Consumption Tax, VAT//GPS and Excise Rates, Trends and Administration Issues*, Paris, 2008.

II
Direito Fiscal

7. Âmbito e Natureza do Direito Fiscal

7.1. Os impostos e a actividade financeira do Estado

O Estado desenvolve uma actividade financeira caracterizada pela realização das despesas derivadas da satisfação das necessidades colectivas e pela arrecadação das receitas para a cobertura dessas despesas.

Essas necessidades colectivas têm variado ao longo do tempo, ou melhor, a escolha das necessidades a satisfazer pelo Estado, dado que está dependente de uma decisão política, tem variado de época para época, de certo modo ao sabor da visão que se vai tendo sobre as funções do Estado e bem assim das correntes políticas dominantes. Acresce que muitas delas correspondem a necessidades de satisfação passiva, na medida em que a mesma não depende da procura e, por isso, não pode ser exigido um preço ao consumidor em contrapartida dessa satisfação. Põe-se, desse modo, o problema de saber como financiar as correspondentes despesas, que integram em grande medida o núcleo essencial das funções tradicionais do Estado, designadamente a defesa e a segurança. Com o alargamento do Estado providência, entende-se que mesmo em relação a certas necessidades de satisfação activa não deve vigorar o princípio da exclusão em relação à satisfação das mesmas, ou seja não podem ser afastados dessa satisfação os que não podem pagar, no todo ou em parte, o respectivo preço. E daí que também em relação a estas se ponha o problema de como cobrir essas despesas.

De que receitas pode o Estado lançar mão para cobrir as suas necessidades financeiras? Desde logo, das receitas que resultam da administração dos bens do património do Estado ou da produção de bens ou da prestação de serviços em que possa cobrar um preço superior ao seu custo e donde, por isso, consiga retirar rendimentos líquidos para a cobertura das despesas com a satisfação de necessidades colectivas. Só que, ao contrário do que aconteceu noutras épocas, em que o património do Estado era vasto e proporcionava a maior parte das receitas de que este carecia, hoje essas receitas têm de ser obtidas coactivamente junto dos agentes económicos privados, ou seja através de tributos, nos quais ocupa o principal lugar, e de muito longe, o imposto. Por isso, se diz que se passou, historicamente, de um Estado patrimonial para um Estado fiscal. Mas, muitas vezes, estas receitas são ainda insuficientes para a cobertura de todas as despesas, pelo que se torna necessário cobrir o défice. Para isso, o Estado recorre ao crédito, contraindo empréstimos. Trata-se, porém, de um meio de financiamento não definitivo, pois, mais tarde ou mais cedo, esses empréstimos terão de ser reembolsados, pelo que o recurso ao crédito não pode ser sistemático ou feito sem qualquer limite. Está, aliás, aqui em causa o princípio da equidade intergeracional na distribuição de benefícios e custos entre gerações (cf. artº 10º da Lei nº 91/2001, de 20 de Agosto, relativa ao Enquadramento do Orçamento do Estado).

Temos, portanto, uma possível classificação das receitas do Estado conforme segue[196]:

a) *Receitas patrimoniais*, que correspondem aos preços contratualmente estabelecidos, que o Estado recebe pela venda de bens do seu património ou pela prestação de alguns serviços ou bens semipúblicos;
b) *Taxas*, que, como se viu já, correspondem a preços autoritariamente fixados, que o Estado recebe em contrapartida da prestação de serviços, ou pela utilização de bens do domínio público ou pela remoção de um limite jurídico à actividade dos particulares;
c) *Impostos*, que, como também já se viu, são receitas coactivas que o Estado cobra de forma unilateral, não dando nada de especificamente em troca e que cobra a título definitivo;
d) *Empréstimos*, que são receitas que o Estado obtém através do crédito, ou seja receitas não definitivas já que têm de ser reembolsadas posteriormente.

Temos, assim, caracterizada, grosso modo, a actividade financeira do Estado que consiste basicamente na obtenção e gestão de receitas e na rea-

[196] Veja-se, por todos, TEIXEIRA RIBEIRO, J. J., *Finanças Públicas*, págs. 29 e segs. A classificação económica das receitas e despesas públicas consta desenvolvidamente do Decreto-Lei nº 26/2002, de 14 de Fevereiro.

lização de despesas. O mesmo se diga, com as necessárias adaptações, em relação à actividade financeira de outros entes públicos.

Essa actividade, modernamente, num Estado de direito, desenvolve-se no respeito estrito de normas jurídicas que a disciplinam. Pode não ter sido assim noutras épocas, mas é impensável que hoje em dia não seja assim. É precisamente o conjunto de normas jurídicas que disciplinam a actividade financeira do Estado e de outras entidades públicas que se costuma designar por *direito financeiro*[197].

O direito financeiro abrange deste modo uma realidade complexa e heterogénea: todo o sector das receitas públicas, ele próprio muito diversificado, todo o sector das despesas públicas e ainda a actividade de administração ou gestão de umas e outras, incluindo o respectivo controlo interno e externo. Reflexivamente, o direito financeiro comporta um direito das receitas, um direito das despesas e um direito da administração financeira. E cada um destes ramos do Direito Financeiro admite ainda divisões, com particular saliência no domínio das receitas para o Direito Fiscal enquanto direito dos impostos, ou seja das receitas públicas mais importantes[198].

Mais especificamente, fruto de um longo processo evolutivo, podemos encontrar no direito das receitas as divisões seguintes, todas elas com a sua especificidade própria:

- o *direito patrimonial*, que trata das receitas patrimoniais dos entes públicos;
- o *direito tributário*, incidindo sobre todas as receitas coactivas do Estado e outros entes públicos, em que se autonomiza o *direito fiscal*, relativo às receitas coactivas que se caracterizam pelo seu carácter unilateral, ou seja os impostos[199];

[197] Ou, como avisadamente salienta CASALTA NABAIS, *direito financeiro público* para o distinguir do cada vez mais importante *direito financeiro privado*. Cf. CASALTA NABAIS, José, *Direito Fiscal*, pág. 4.

[198] SOUSA FRANCO alude a este propósito ao facto de as normas jurídicas que regulam a actividade financeira do Estado se poderem configurar em dois planos: 1) o da organização e funcionamento interno da actividade financeira do Estado e demais entidades públicas; 2) o das relações financeiras entre o Estado e outras entidades, nomeadamente os particulares. E neste último plano se situaria sobretudo o direito das receitas. Cf. SOUSA FRANCO, A. L., *Finanças Públicas e Direito Financeiro*, pág. 97.

[199] Por vezes, quer na linguagem corrente quer em termos técnicos, emprega-se a expressão *"direito tributário"* como sinónimo de *"direito fiscal"*, mas, em bom rigor, estamos perante dois conceitos diferentes. Assim, as doutrinas italiana, espanhola, brasileira e outras sul-americanas, baseando-se no facto de as respectivas disposições constitucionais darem um tratamento

- o *direito do crédito público*, que respeita ao recurso ao crédito por parte dos entes públicos e à gestão da dívida pública.

Por sua vez, no direito das despesas assume particular relevo o chamado *direito orçamentário ou orçamental*, que disciplina a realização das despesas públicas e abrange aspectos mais gerais ligados ao processo orçamental e à elaboração das contas públicas.

7.2. Noção e âmbito do Direito Fiscal

O *Direito Fiscal* é, assim, o ramo do direito que disciplina os impostos, tendo por objecto as normas que regulam o "nascimento, o desenvolvimento e a extinção das relações jurídicas suscitadas pela percepção do imposto"[200].

Esta noção afasta desde logo uma limitação do Direito Fiscal à disciplina da obrigação fiscal, ou seja à relação que se estabelece entre o ente público credor do imposto e a pessoa ou entidade obrigada à correspondente prestação pecuniária, que sendo o seu núcleo essencial não esgota as relações jurídicas suscitadas pelo imposto. É que importa aplicar os mesmos princípios básicos que disciplinam a obrigação fiscal a outras relações, que se estendem do direito procedimental e processual fiscal ao direito sancionatório fiscal, passando por muitos outros domínios como o direito fiscal internacional e o direito fiscal comunitário.

Assim, o Direito Fiscal abrange uma grande multiplicidade de normas jurídicas, a saber:

a) *Normas de soberania fiscal*, que ao regularem os princípios fundamentais do sistema fiscal, incluindo a formulação da lei fiscal, fazem apelo ao direito constitucional, formando o que se costuma designar por *direito constitucional fiscal*;

homogéneo à generalidade dos tributos, optam por autonomizar o seu estudo no Direito Tributário; já, entre outras, as doutrinas portuguesa, francesa e alemã, invocando o enquadramento constitucional específico dos impostos, encontram nestes homogeneidade justificativa do seu estudo autónomo no Direito Fiscal e isso mau grado o tratamento unitário dos tributos para certos efeitos, incluindo em termos de princípios gerais aplicáveis, como o faz, entre nós, a "Lei Geral Tributária". No entanto, alguns autores preferem confinar o próprio Direito Tributário ao estudo dos impostos, designadamente por razões históricas, usando assim como sinónimas as expressões Direito Tributário, Direito Fiscal e Direito dos Impostos. Cf., por todos, SOARES MARTINEZ, Pedro, *Manual de Direito Fiscal*, págs. 22 e segs.

[200] BRAZ TEIXEIRA, António, *Princípios de Direito Fiscal*, vol. I, págs. 20 e segs. Cf. também SOARES MARTINEZ, Pedro, *Manual de Direito Fiscal*, págs. 58 e segs.

b) *Normas relativas ao nascimento, desenvolvimento e extinção da obrigação fiscal,* quer as que se referem à incidência do imposto quer as que têm um carácter procedimental, ao disciplinarem o lançamento, a liquidação e a cobrança do imposto, incluindo igualmente normas atinentes à fiscalização dos obrigados fiscais e normas relativas às garantias administrativas dos contribuintes;

c) *Normas relativas a obrigações acessórias impostas ao contribuinte ou a terceiros,* designadamente de natureza declarativa ou contabilística, destinadas a possibilitar ou a controlar a percepção dos impostos;

d) *Normas de sanção fiscal,* que estabelecem as sanções, quer de natureza penal quer de natureza contra-ordenacional, a aplicar a quem infringe os comandos jurídico-fiscais e regulam o respectivo processo;

e) *Normas relativas ao processo fiscal,* que estabelecem as garantias contenciosas dos contribuintes (processo de impugnação judicial) e regulam a cobrança coerciva dos impostos (processo de execução fiscal).

Dada a heterogeneidade de normas que o integram, alguns autores, na esteira da doutrina alemã, distinguem no âmbito do Direito Fiscal o chamado *Direito Fiscal material* e o *Direito fiscal formal.* O primeiro diria respeito às normas relativas à obrigação fiscal, ou seja as relativas ao pressuposto do imposto e consequentes obrigações da sua ocorrência derivadas. O segundo agregaria todas as demais normas, desde as que disciplinam a actividade administrativa de aplicação das leis de imposto até às que tutelam as garantias jurisdicionais quer dos contribuintes quer do Estado em matéria fiscal[201].

7.3. Natureza do Direito Fiscal

Questão muito debatida na doutrina é a da natureza do direito fiscal, que acarreta necessariamente o problema da sua autonomia.

Os autores são praticamente unânimes em considerar que o Direito Fiscal se integra plenamente no Direito Público, não só tendo em vista as finalidades prosseguidas pelo imposto como também por o sujeito activo ter de ser necessariamente um ente público. Mas, ainda tem alguns defensores a corrente que o pretende aproximar do Direito Privado, dado que alguns aspectos da disciplina relativa aos impostos seriam apenas uma excepção

[201] ALBERTO XAVIER identifica até o Direito Tributário formal com o que designa de normas tributárias instrumentais. Cf. XAVIER, Alberto, *Manual de Direito Fiscal,* I, págs. 103 e 104.

aos princípios deste, o que, portanto, não chegaria para consagrar a sua autonomia.

Integrado o Direito Fiscal no Direito Público, sabido que este comporta vários ramos importa ver onde ele se insere. Para uns, o Direito Fiscal integra-se no Direito Financeiro. Para outros, o Direito Fiscal insere-se no Direito Administrativo. Para outros ainda, o Direito Fiscal tem autonomia científica e, portanto, mau grado as suas relações com esses ramos do direito, tem de ser considerado um ramo autónomo do Direito Público.

Perante esta diversidade de posições, a solução há-de buscar-se, sem esquecer, perante a unidade do sistema jurídico, a relatividade da autonomia de um qualquer ramo do direito, na consideração do que afinal caracteriza essa autonomia.

A esse respeito, parece que o critério fundamental terá de situar-se num plano *teleológico* e *institucional*[202]. E na medida em que o Direito Fiscal corresponde a um conjunto de normas ordenadas com vista a um fim comum – a regulamentação das normas suscitadas pelo imposto – é um direito autónomo.

7.4. Relações do Direito Fiscal com outros ramos do direito

7.4.1. *Direito Fiscal e Direito Constitucional*

Em relação ao Direito Constitucional as ligações são tão estreitas que é inteiramente justificado falar do Direito Constitucional Fiscal, integrado por aquelas normas respeitantes à disciplina jurídica dos impostos que, por estarem associadas aos limites dos poderes tributários, à definição das finalidades do sistema fiscal e à sua estrutura básica e às garantias dos cidadãos em matéria fiscal, estão inseridas na Constituição da República – fala-se a propósito da existência de uma *Constituição Fiscal*[203] – e constituem a base de todo o sistema normativo tributário e guia interpretativo do mesmo. Dessas normas deriva, aliás, uma das actividades por excelência do Tribunal Constitucional, no controlo da constitucionalidade das leis fiscais.

São normas de Direito Fiscal inscritas na Constituição, em especial, as contidas nos artºs 13º, nº 2, 66º, nº 2, alínea *h*), 67º, nº 2, alínea *f*), 81º, alínea *b*), 103º, 104º, 165º, nº 1, alínea *i*), 227º, nº 1, alíneas *i*) e *j*), 232º, nº 1, 238º,

[202] BRAZ TEIXEIRA, António, *Princípios de Direito Fiscal*, vol. I, págs. 23 e segs.

[203] Veja-se, por exemplo, CASALTA NABAIS, José, *Direito Fiscal*, págs. 123 e segs.

nº 4 e 268º. O significado e alcance de algumas delas – relacionadas com os limites formais e materiais da tributação – será abordado adiante (ponto 8.2) quando se tratar da Constituição como fonte de direito fiscal.

7.4.2. *Direito Fiscal e Direito Administrativo*

O Direito Fiscal goza de autonomia, como já se referiu, relativamente ao Direito Administrativo, o que não significa que não sejam estreitas, em múltiplos aspectos, as ligações entre estes dois ramos de Direito, em especial no que se refere ao chamado Direito Fiscal formal.

Assim, é evidente que a actividade da administração fiscal se rege por normas que, em termos substanciais, são normas de direito administrativo, pelo que o Direito Fiscal estabelece com o Direito Administrativo íntimas conexões em tudo o que se relaciona com a organização dos serviços tributários e a actuação dos órgãos e agentes que lançam, liquidam e cobram os impostos. Nesta linha, o Código de Procedimento Administrativo é considerado legislação complementar pela Lei Geral Tributária [artº 2º, alínea *c*), desta], o que é concretizado na sua aplicação supletiva relativamente ao procedimento tributário [artº 2º, alínea *d*), do Código de Procedimento e de Processo Tributário (CPPT)]. Além disso, é obrigatória a aplicação da lei de processo dos tribunais administrativos ao recurso contencioso dos actos administrativos em matéria tributária que não comportem a apreciação da legalidade do acto de liquidação (artº 97º, nº 2, do CPPT)[204].

A relação tributária tem, no entanto, características específicas que a diferenciam de uma relação administrativa e, hoje em dia, é cada vez mais vasto o domínio da liquidação e cobrança dos impostos em que a mesma se faz sem qualquer interferência prévia da administração fiscal.

7.4.3. *Direito Fiscal e Direito Privado*

São muito intensas as relações entre direito fiscal e direito privado, nas suas várias componentes, em especial o direito civil, o direito comercial e o direito da contabilidade.

[204] Já nos parece excessivo não visualizar apenas relações estreitas entre o Direito Fiscal e o Direito Administrativo, mas um argumento para defender uma eventual inclusão do primeiro no segundo, na integração dos tribunais fiscais numa mesma jurisdição – a jurisdição administrativa e fiscal, disciplinada pelo Estatuto dos Tribunais Administrativos e Fiscais, inclusão desde logo negada pela designação deste e pela existência no próprio Supremo Tribunal Administrativo de uma "secção de contencioso tributário". Acresce que este Supremo Tribunal não obstante a sua denominação nunca teve a sua competência limitada ao âmbito das questões de Direito Administrativo – cf. SOARES MARTINEZ, Pedro, *Direito Fiscal*, pág. 64.

Isso não é de estranhar se for tido em conta que o direito civil constitui, de algum modo, em resultado da própria evolução histórica, a matriz – o também chamado direito comum – que dá unidade ao sistema jurídico, constituindo o repositório de princípios e conceitos de carácter geral a que se deve recorrer sempre que necessário. E, tal como para os restantes ramos de direito, essa matriz também é válida para o direito fiscal, sem perda da autonomia deste.

Assim, em primeiro lugar, como se verá adiante (Cap.12. Relação jurídico-fiscal, ponto 12.1.1.), a relação jurídica de imposto está moldada pelo direito civil das obrigações, o que é visível nos princípios e conceitos a que o direito fiscal recorre para disciplinar as relações que se estabelecem por via da obrigação de imposto[205]. É, assim, que, sem prejuízo das suas características específicas, a Lei Geral Tributária, nos seus artºs 15º e segs., trata da relação jurídica tributária, abordando sucessivamente os seus sujeitos, o seu objecto, a sua constituição, alteração e extinção e a sua garantia, questões que, como é sabido, se põem a propósito de qualquer relação jurídica.

Por outro lado, as situações da vida recortadas pela lei fiscal como pressupostos da obrigação de imposto são situações a que se aplica, em primeiro lugar, o direito privado e daí que os conceitos deste sejam como que recepcionados pelo direito fiscal, valendo neste com os contornos e o significado que têm naquele (veja-se adiante no Cap. 9. Interpretação e Integração da Lei Fiscal o ponto 9.1.4.). Para tanto, não é exigível uma expressa remissão do direito fiscal para o direito privado – basta que não haja uma rejeição desses contornos e significado para efeitos fiscais, quer essa rejeição seja expressa quer resulte da interpretação da lei fiscal[206]. Tal validade acontece, por exemplo, com conceitos como os de pessoa colectiva, sociedade civil, sociedade comercial, parte social, acções, obrigações, agrupa-

[205] Sobre as consequências metodológicas daqui derivadas veja-se SALDANHA SANCHES, José Luís, *Manual de Direito Fiscal*, págs. 245 e segs. Não parece, porém, de acolher a visão do direito das obrigações de imposto como um simples ramo do direito privado das obrigações – cf. LEITE DE CAMPOS, Diogo e LEITE DE CAMPOS, Mónica, *Direito Tributário*, 2ª ed., Coimbra, Almedina, 2003, pág. 78.

[206] De acordo com a LGT – artº 11º, nº 2 – para que os termos próprios de outros ramos de direito possam ser interpretados com sentido diverso do que aí têm, isso deverá resultar directamente da lei, o que parece apelar a uma interpretação literal da mesma. Entende-se, no entanto, que tal limitação ao intérprete é descabida, podendo este de acordo com os princípios gerais de interpretação das leis chegar à conclusão de que o sentido dado no ramo de direito de que o conceito é originário não tem aplicação para efeitos fiscais. Neste exacto sentido, CASALTA NABAIS, José, *Direito Fiscal*, págs. 88 e 89.

mento complementar de empresas, contrato individual de trabalho, sociedade conjugal, adopção.

Isso não impede, porém, que, muito frequentemente, o direito fiscal, dada a sua natureza, princípios e finalidades específicos, reelabore certos conceitos, que passam a ter um sentido próprio para efeitos tributários. É o que sucede, por exemplo, com os conceitos de transmissão ou de prédio. Isso acontece, perante uma realidade dinâmica, para que o princípio da igualdade de tributação seja respeitado, mas também dado que, se assim não fosse, "da adopção pura e simples de alguns conceitos civilistas no campo do direito tributário" o que se abriria, muitas vezes, era uma via fácil de evasão fiscal.[207] Noutros casos, o direito fiscal, em relação a certas áreas objecto de harmonização comunitária para efeitos fiscais, sente necessidade de estabelecer contornos específicos para certos conceitos ou introduzir outros que o direito privado ainda não adoptou. É o que se passa, por exemplo, com os conceitos, para efeitos de IRC, de fusão, cisão, entrada de activos e permuta de partes sociais (cf. artº 73º do Código do IRC)[208].

Há ainda casos em que o direito fiscal adopta conceitos antes do direito privado e aí é, muitas vezes, este a seguir aquele. Isso aconteceu historicamente, por exemplo, no chamado direito da contabilidade, onde antes mesmo de se verificar a adopção de um "Plano Oficial de Contabilidade" já o direito fiscal – artºs 22º e segs. do Código da Contribuição Industrial, aprovado pelo Decreto-Lei nº 45 103, de 1 de Julho de 1963 – mandava aplicar para efeitos fiscais os "sãos princípios da contabilidade" e definia um conjunto de regras contabilísticas que vieram a ter consagração nesse "Plano"[209].

[207] SOARES MARTINEZ, Pedro, *Direito Fiscal*, pág. 67. Este autor apresenta sugestivamente o caso da promessa de compra e venda de um prédio, que, como é sabido, não opera a transmissão jurídica deste. Mas, caso haja lugar a tradição para o comprador, a lei fiscal qualifica, em alguns casos, tal promessa como transmissão para efeitos fiscais [veja-se, por exemplo, o nº 5 do artº 46º do Código do IRC ou a alínea *a*) do nº 2 do artº 2º do IMT], de modo a obstaculizar que o vendedor ou o comprador, para evitar o pagamento dos impostos, não mais celebre a escritura de compra e venda, contentando-se com o recebimento do preço ou de parte substancial deste ou com uma transmissão de facto.

[208] FREITAS PEREIRA, M. H., "*A directiva comunitária relativa ao regime fiscal comum aplicável a fusões, cisões, entradas de activos e permutas de acções*", in *Fisco*, nº 47, Out/1992, págs. 3-14 e "*Regime Fiscal Aplicável a Fusões, Cisões e Entradas de Activos – Novos Desenvolvimentos*", in *Estudos em Homenagem ao Professor Doutor Paulo de Pitta e Cunha*, vol. II, Lisboa, Almedina, 2010, págs. 422-446.

[209] Para maiores desenvolvimentos veja-se FERNANDES FERREIRA, Rogério, *A tributação do lucro real*, 2ª ed., Lisboa, 1972.

A autonomia do direito fiscal em face do direito privado assume a máxima expressão quando a lei prevê – artº 36º, nº 4, da LGT – que "a qualificação do negócio jurídico efectuada pelas partes, mesmo em documento autêntico, não vincula a administração tributária" ou – artº 38º, nº 1, da LGT – que "a ineficácia dos negócios jurídicos não obsta à tributação, no momento em que esta deva legalmente ocorrer, caso já se tenham produzido os efeitos económicos queridos pelas partes". E ainda quando se desqualificam os negócios jurídicos como medida geral anti-abuso para combater a evasão fiscal (artº 38º, nº 2, da LGT) ou quando se consagra a prevalência da substância sobre a forma das operações sujeitas a imposto (artº 49º, nº 10, do Código do IRC).

7.4.4. *Direito Fiscal e Direito Penal*

Integrando o Direito Fiscal normas de sanção – o chamado *direito fiscal penal*, constante sobretudo do Regime Geral das Infracções Tributárias (RGIT) – os princípios que enformam o Direito Penal em geral projectam-se necessariamente no Direito Fiscal.

Assim, em primeiro lugar, na definição de *infracção tributária* – "todo o facto típico, ilícito e culposo declarado punível por lei tributária anterior" (artº 2º, nº 1, do RGIT), é possível visualizar os princípios gerais da não retroactividade da lei penal (*nulla poena sine lege*), da tipicidade e da imputação moral[210].

Por outro lado, também no direito fiscal penal, à semelhança do que se passa no direito penal comum, vigora uma concepção dualista, que leva a classificar as infracções tributárias em crimes e contra-ordenações (artº 2º, nº 2, do RGIT)[211].

Nos primeiros, que são sancionados, se cometidos por pessoas singulares, com prisão até oito anos ou multa de 10 a 600 dias (artº 12º, nº 1, do RGIT), e com pena de multa de 20 a 1920 dias, se cometidos por pessoas colectivas e entidades finalmente equiparáveis (artº 12º, nº 2, do RGIT), encontramos os chamados crimes tributários comuns (burla tributária, frustração de créditos, associação criminosa, desobediência qualificada e violação de segredo), os crimes aduaneiros (contrabando, contrabando de circulação, contrabando de mercadorias de circulação condicionada em

[210] SOARES MARTINEZ, Pedro, *Direito Fiscal*, págs. 65 e 66. Cf. igualmente MARQUES DA SILVA, Isabel, *Regime Geral das Infracções Tributárias*, Cadernos IDEFF nº 5, 3ª ed., Coimbra, Almedina, 2010, págs. 57 e segs.

[211] CASALTA NABAIS, José, *Direito Fiscal*, págs. 96 e 97.

embarcações, fraude no transporte de mercadorias em regime suspensivo, introdução fraudulenta no consumo, contrabando de mercadorias susceptíveis de infligir a pena de morte ou tortura, violação das garantias aduaneiras, quebra de marcas e selos, receptação de mercadorias objecto de crime aduaneiro), os crimes fiscais (fraude, fraude qualificada e abuso de confiança) e os crimes contra a segurança social (fraude contra a segurança social e abuso de confiança contra a segurança social).

As contra-ordenações, que são classificadas em simples ou graves, sendo as primeiras punidas com coima cujo limite máximo é de € 3 750 e as segundas, em geral, com coima superior a este limite (artº 23º do RGIT), são muito diversas e sancionam as acções ou omissões de contribuintes (ou de terceiros) que violem a lei fiscal e que não constituam crime, sendo aplicadas numa primeira fase pela administração fiscal ou pela administração aduaneira, conforme os casos, podendo estas decisões ser objecto de recurso para o tribunal tributário de 1ª instância. As coimas aplicáveis a pessoas colectivas e entidades finalmente equiparáveis, podem, regra geral, elevar-se até € 110 000, em caso de dolo, e € 30 000, em caso de negligência, não podendo, em princípio, as aplicáveis a pessoas singulares exceder metade daqueles valores, nuns e noutro caso com o valor mínimo de € 30, excepto em caso de redução da coima em que é de e 15. Como regra geral, os limites máximo e mínmo previstos nos diferentes tipos legais de contra-ordenação são elevados para o dobro quando aplicáveis a pessoas colectivas e entidades fiscalmente equiparáveis (artº 26º, nº 4, do RGIT).

Finalmente, a relação entre Direito Fiscal e Direito Penal também é ilustrada pelo facto de o Código Penal constituir direito subsidiário em matéria de infracções fiscais [artº 3º, alínea *a*), do RGIT) e o regime destas remeter algumas vezes directamente para esse Código para regular certas matérias – é o caso dos artºs 11º, alínea *d*), 17º, nº 1, e 21º, nºs 2 e 4, do RGIT.

7.4.5. *Direito Fiscal e Direito Processual*

Dado que no âmbito do Direito Fiscal se integram normas de natureza processual, relacionadas em especial com o processo de impugnação, o processo de execução fiscal, o processo penal fiscal e de segurança social e o processo de contra-ordenações fiscais, explicada está a ligação do mesmo ao Direito Processual, quer como fonte inspiradora para as correspondentes normas do processo fiscal, quer como direito subsidiário para resolver eventuais casos omissos quer ainda pelo facto de o processo fiscal remeter directamente em alguns casos para normas do Código de Processo Civil e do Código de Processo Penal.

Assim, a Lei Geral Tributária considera o Código de Processo Civil como legislação complementar em matéria tributária [artº 2º, alínea *d*), daquela Lei] e o Código de Procedimento e de Processo Tributário, que integra o processo de impugnação e o processo de execução fiscal, remete, nos termos do seu artº 2º, alínea *e*), a solução de casos omissos para o Código de Processo Civil; já o Regime Geral das Infracções Tributárias, de acordo com o seu artº 3º, alíneas *a*) e *b*), faz aplicar como direito subsidiário em matéria de processamento dos crimes tributários o Código de Processo Penal e, quanto ao processamento das contra-ordenações fiscais, o regime geral do ilícito de mera ordenação social.

Além disso, é a própria lei processual fiscal a remeter directamente para a lei processual geral. Isso acontece em inúmeros artigos do Código de Procedimento e de Processo Tributário em que se remete a respectiva disciplina para o Código de Processo Civil – são disso exemplos os artºs 116º, nº 4, 118º, nº 3, 128º, 139º, 142º, 192º, nº 1, 223º, nº 3, 246º e 258º. Também no Regime Geral das Infracções Tributárias se verificam frequentes remissões para o Código de Processo Penal – é o que acontece por exemplo nos artºs 35º, nº 5, 36º, 37º, 38º, nº 3, 40º, nºs 1 e 2, 43º, nº 1 e 46º.

7.4.6. *Direito Fiscal e Direito Comunitário*

São cada vez mais estreitas as relações entre direito fiscal e direito comunitário, dando origem ao que se designa por direito fiscal comunitário.

Na sua génese o direito comunitário aparece ligado ao Direito Internacional Público, mas ganhou uma especificidade própria que deriva das finalidades atribuídas às comunidades e dos meios instituídos para as realizar, especificidade que conduziu à sua progressiva "constitucionalização", que lhe confere uma legitimidade autónoma, processo que culminou com o "Tratado que estabelece uma Constituição para a Europa"[212], que, porém, não entrou em vigor, para o que contribuiu o facto de esse "projecto" não ter sido aprovado em referendos realizados em alguns países. Este facto está na origem do chamado "Tratado de Lisboa"(2007), através do qual se altera o Tratado da União Europeia e se substitui o Tratado da Comunidade Europeia pelo Tratado sobre o Funcionamento da União Europeia. Ao longo desse processo a prossecução das finalidades atribuí-

[212] *Jornal Oficial da União Europeia* C 310, de 16 de Dezembro de 2004.

das às comunidades levou à formulação de um vasto conjunto de normas, pertencentes a praticamente todos os domínios do direito e que são aplicáveis na nossa ordem jurídica.[213] Entre essas normas estão as que, directa ou indirectamente, têm que ver com impostos.

Nesse direito fiscal comunitário englobam-se, como se verá a propósito das fontes de direito fiscal (ponto 8.3.), quer as disposições fiscais ou com relevância fiscal do direito comunitário originário ou primário quer o acervo, já muito numeroso e diversificado, de direito comunitário secundário ou derivado de natureza fiscal ou com incidência fiscal.

Assim, além de um direito comunitário fiscal próprio, que integra as relações jurídicas tributárias de que as Comunidades são sujeito activo (que respeita aos impostos comunitários, como aqueles que recaem sobre os vencimentos dos seus funcionários, ou aos impostos aduaneiros, integrantes da chamada pauta aduaneira comum, em que as administrações aduaneiras de cada Estado ainda têm um papel de gestão ou administração), tem-se o chamado direito comunitário fiscal interestadual, que abrange todos aqueles aspectos em que se visa uma certa harmonização ou coordenação das legislações fiscais dos Estados membros e que nessa medida introduzem limitações aos seus poderes legislativos[214].

São hoje numerosos os casos em que o direito fiscal reflecte essa harmonização ou coordenação e não só pela via positiva, ou seja pela adopção das soluções consagradas no direito comunitário mas também pela via negativa, através do acatamento que é devido à jurisprudência de natureza fiscal do Tribunal de Justiça da União Europeia (anteriormente das Comunidades Europeias)[215]. E além desta via jurídica tem vindo a ganhar peso a via política de harmonização ou coordenação, que também tem reflexos no

[213] Cf. MOURA RAMOS, Rui, *Direito Comunitário*, Coimbra, 2003, págs. 29 e segs. Para maiores desenvolvimentos veja-se MOTA CAMPOS, João, *Manual de Direito Comunitário*, 3ª ed., Lisboa, Fundação Calouste Gulbenkian, 2002 e GORJÃO-HENRIQUES, Miguel, *Direito da União*, 6ª ed., Coimbra, Almedina, 2010.

[214] Sobre esta matéria veja-se, para maiores desenvolvimentos, XAVIER, Alberto, *Direito Tributário Internacional*, 2ª ed., Coimbra, Almedina, 2007, págs. 205 e segs.

[215] Essa jurisprudência tem sido formulada, quer em resultado das chamadas *acções por incumprimento*, instauradas ao abrigo do artº 258º do TFUE (anterior artº 226º do Tratado CE), através das quais é apreciado, por iniciativa da Comissão ou de um Estado membro, o incumprimento das obrigações que aos Estados membros incumbem por força do Tratado, quer em consequência do denominado *processo de reenvio a título prejudicial*, nos termos do artº 267º do TFUE (anterior artº 234º do Tratado CE), ao abrigo do qual os tribunais nacionais podem ou, em certos casos, devem submeter ao TJCE a questão da interpretação de norma comunitária ou da validade de acto comunitário. Sobre a eficácia ou os efeitos dos acórdãos proferidos veja-se

direito fiscal, de que, aliás, é exemplo o Código de Conduta em matéria de fiscalidade das empresas[216].

Importa, aliás, assinalar que estas relações entre o direito fiscal e o direito comunitário não se cingem à adopção no direito interno das soluções consagradas em directivas ou regulamentos, elas são também ilustradas pela remissão cada vez mais frequente nas disposições fiscais para normas de direito comunitário. Isso acontece com muita intensidade nos impostos indirectos, designadamente no Código dos Impostos Especiais de Consumo, mas também se verifica cada vez mais nos impostos directos. Veja-se, por exemplo, o caso dos nºs 3, 4, 6, 8 e 10 do artº 14º, dos nºs 5, 6, 11 e 12 do artº 51º, dos nºs 6 e 7 do artº 73º, do nº 2 do artº 74º, do nº 3 do artº 75º, do nº 2 do artº 77º e dos nºs 2, 3 e 6 do artº 78º, todos do Código do IRC.

7.4.7. *Direito Fiscal e Direito Internacional*

As relações económicas internacionais, que os fenómenos da integração económica e da globalização fizeram crescer, colocam cada vez mais a necessidade de os Estados regularem as situações tributárias plurilocalizadas, em que estão envolvidos os seus residentes ou que têm qualquer outra conexão com o seu território. Daí que no próprio Direito Fiscal ganhe cada vez mais importância o chamado Direito Fiscal Internacional, o qual integra o conjunto de normas fiscais que incidem sobre as "situações da vida que têm contacto, por qualquer dos seus elementos, com mais do que uma ordem jurídica dotada do poder de tributar"[217].

Tais normas têm origens diferenciadas. Em primeiro lugar, tem-se o direito interno, que, como se verá adiante, a propósito da aplicação da lei fiscal no espaço (veja-se adiante Cap.11), define os elementos de conexão de territorialidade que concretizam o aspecto espacial do facto gerador do imposto e que, em relação àquelas situações que têm contacto com mais do que uma ordem jurídica, definem o que se tributa, quando se tributa e quanto se tributa, tendo sempre em conta nessa definição que uma situação plurilocalizada pode dar lugar quer a uma dupla tributação, que

MOTA CAMPOS, João, *Direito Comunitário*, vol. II, 3ª ed., Lisboa, Fundação Calouste Gulbenkian, 1990, págs. 445 e segs. e 424 e segs.

[216] Jornal Oficial das Comunidades Europeias, C2, de 6.1.98. Sobre o seu conteúdo veja-se FREITAS PEREIRA, M.H., "*Concorrência fiscal prejudicial - o Código de Conduta da União Europeia*", in *Ciência e Técnica Fiscal*, nº 390, Abril-Junho de 1998, págs. 205-219.

[217] XAVIER, Alberto, *Direito Tributário Internacional*, pág. 3.

tem de ser evitada ou minorada, quer, através da evasão e fraude, a uma dupla não tributação, que deve ser combatida. Em segundo lugar, devem mencionar-se as normas de fonte internacional, que prevalecem, sempre que for caso disso, sobre as normas de fonte interna, em que os problemas que se colocam são também os anteriormente indicados, mas que agora se pretendem resolver através de convenções ou tratados internacionais, de carácter bilateral ou multilateral, em que as ligações ao Direito Internacional (naturalmente Direito Internacional Público) são óbvias. Neles assumem particular relevo, como se verá adiante a propósito dos tratados internacionais como fontes de direito fiscal as convenções bilaterais celebradas entre os Estados em matéria de impostos sobre o rendimento e que têm por inspiração o Modelo de Convenção da OCDE[218]. Por último, tem-se também o direito comunitário, que, além do mais, e, como se viu, de forma específica, trata não só de situações plurilocalizadas em mais do que um Estado da Comunidade como de situações plurilocalizadas dentro e fora da Comunidade, em relação às quais entende que se justifica uma abordagem comum.

[218] As convenções internacionais destinam-se, em regra, a regular situações fiscais plurilocalizadas, mas, como muito justamente assinala CASALTA NABAIS, isso não significa que não haja casos de convenções internacionais que regulam situações exclusivamente internas, como se verifica com a Concordata entre Portugal e a Santa Sé – cf. CASALTA NABAIS, José, *Direito Fiscal*, pág. 99.

8. Fontes de Direito Fiscal

8.1. Noção e modalidades de fontes de direito

A expressão "fontes de direito" não se apresenta com um significado unívoco. Com efeito, pode falar-se de fontes de direito em diversos sentidos: histórico, instrumental, orgânico, sociológico ou material e técnico-jurídico ou dogmático[219]. O que nos interessa aqui é este último sentido, que designa os modos de formação e revelação das regras jurídicas, ou seja as formas através das quais o direito se manifesta.

As fontes de direito positivo que tradicionalmente se enumeram são quatro: a lei, o costume, a jurisprudência e a doutrina. O problema que se coloca no direito fiscal é o de saber se todas estas formas são válidas. A esse propósito está generalizada a conclusão segundo a qual, actualmente, entre nós, só a lei, em sentido amplo, a que se acrescentam os tratados internacionais, é fonte de direito fiscal[220]. Há, porém, que ter hoje em conta também o direito comunitário.

[219] OLIVEIRA ASCENSÃO, José, *O direito – introdução e teoria geral*, 13ª. ed., refundida, Coimbra, Almedina, 2006, págs. 51 e segs.

[220] Quando se fala aqui em lei em sentido amplo alude-se a qualquer "disposição genérica provinda dos órgãos estaduais competentes" (nº 2 do artº 1º do Código Civil) ou, dizendo melhor, a qualquer texto ou fórmula emanado dos órgãos competentes que contenha regras jurídicas. É o que costuma ser designado por lei em sentido material, que engloba não só os actos legislativos procedentes dos órgãos que exercem funções legislativas (de que os exemplos principais são as leis da Assembleia da República, os decretos-leis do Governo e os diplomas legislativos regionais) como também os regulamentos (decretos regulamentares, portarias e despachos normativos). Ao lado da lei em sentido material fala-se, porém, de um conceito mais restrito – o de lei em sentido formal – para designar apenas as leis emanadas do órgão legislativo por excelência, entre nós a Assembleia da República.

Há autores que ao lado destas fontes, denominadas de voluntárias ou intencionais, defendem a existência de fontes não intencionais ou involuntárias, com relevo para os princípios jurídicos fundamentais inerentes à Constituição material do Estado de direito e aos princípios gerais de direito tributário[221]. Trata-se de uma questão que tem sido sobretudo discutida no âmbito da filosofia jurídica ou da teoria geral do direito e que se centra fundamentalmente no problema de saber se ao lado de uma Constituição formal, de origem relativamente recente, não há que relevar uma Constituição material, que precede aquela e se lhe sobrepõe, reunindo um certo número de princípios e de regras que se enraizaram na consciência dos povos. Daí que se defenda que, em termos de direito fiscal, princípios fundamentais como o da legalidade, da igualdade e da capacidade contributiva sempre se imporiam ao legislador ordinário em nome da Constituição material mesmo que não se encontrassem consagrados na Constituição formal[222].

Analisaremos aqui apenas as chamadas fontes intencionais ou voluntárias de direito fiscal e pela seguinte ordem, que é a da respectiva hierarquia[223]:

- Lei constitucional;
- Direito comunitário;
- Tratados internacionais;
- Leis;
- Decretos-leis;
- Decretos regionais;
- Regulamentos.

8.2. Lei constitucional

A lei constitucional é importante como fonte de direito fiscal porque define os princípios tributários fundamentais que devem enquadrar o sistema fiscal.

[221] SÁ GOMES, Nuno, *ob. cit.*, II vol., págs. 12 e segs.

[222] SOARES MARTINEZ, Pedro, *ob. cit.*, págs. 103 e segs.

[223] Tem sido questionado se o Direito da União Europeia prevalece sobre a Constituição em face do que dispõe o Tratado de Roma (artº 6º) e o nº 4 do artº 8º da Constituição da República Portuguesa, posição que tem sido a seguida pelo Tribunal de Justiça das Comunidades Europeias. Concordamos, porém, com a opinião de JORGE MIRANDA em MIRANDA, Jorge e MEDEIROS, Rui, *Constituição Portuguesa Anotada*, tomo I, Coimbra, Coimbra Editora, 2005, págs. 86-95, no sentido de que os princípios da Constituição material continuam a ocupar o primeiro grau da hierarquia normativa.

Desde sempre os textos constitucionais se preocuparam com os impostos, mas parece que modernamente essa preocupação assume contornos mais visíveis[224]. Desde logo, como consequência da noção de Estado de Direito, que "envolve basicamente a ideia de que, na realização dos seus fins, o Estado deve exclusivamente utilizar formas jurídicas, de que sobressai a lei formal" ou, dito de outro modo, o Estado de Direito tem por fim o Direito e actua segundo o Direito, isto é, tendo a justiça por fim e a lei como meio da sua realização[225].

Assim, as leis constitucionais procuram definir quem tem competência legislativa nos aspectos fundamentais relacionados com o sistema fiscal, reservando essa competência, nos sistemas representativos, para os parlamentos, o que de algum modo configura um modelo de auto-tributação pois são os representantes directos dos cidadãos a definirem os elementos essenciais dos impostos. Por outro lado, as Constituições procuram reflectir os ideais de justiça, próprios de cada país e de cada momento histórico, que devem enquadrar o sistema fiscal.

Nesta linha, a Constituição da República Portuguesa define três princípios fundamentais relativamente aos impostos: o princípio da legalidade, o princípio da igualdade e o princípio da não retroactividade da lei fiscal[226].

8.2.1. *Princípio da legalidade*

Entre nós o *princípio da legalidade* encontra-se reflectido no artº 103º e no artº 165º, nº 1, alínea *i*), da Constituição.

Dispõe, com efeito, o artº 103º:

> "*1. O sistema fiscal visa a satisfação das necessidades financeiras do Estado e outras entidades públicas e uma repartição justa dos rendimentos e da riqueza.*
>
> *2. Os impostos são criados por lei, que determina a incidência, a taxa, os benefícios fiscais e as garantias dos contribuintes.*
>
> *3. Ninguém pode ser obrigado a pagar impostos que não tenham sido criados nos termos da Constituição, que tenham natureza retroactiva ou cuja liquidação e cobrança se não façam nos termos da lei.*"

[224] Sobre a evolução histórica do princípio da legalidade no direito português veja-se BRAZ TEIXEIRA, António, *Princípios de Direito Fiscal*, vol. I, 3ª ed., págs. 81 e segs.

[225] XAVIER, Alberto, *Conceito e Natureza do Acto Tributário*, Coimbra, Livraria Almedina, 1972, pág. 278 e a bibliografia aí citada. No mesmo sentido, LEITE DE CAMPOS, Diogo e LEITE DE CAMPOS, Mónica, *Direito Tributário*, págs. 209 e segs.

[226] Há autores que defendem a existência de outros princípios constitucionais fiscais, como, por exemplo, o princípio da anualidade e o princípio da eficiência funcional do sistema fiscal.

Por sua vez, o artº 165º da Constituição prescreve:

"1. É da exclusiva competência da Assembleia da República legislar sobre as seguintes matérias, salvo autorização ao Governo:

(...)

i) Criação de impostos e sistema fiscal e regime geral das taxas e demais contribuições financeiras a favor das entidades públicas;

(...)

2. As leis de autorização legislativa devem definir o objecto, o sentido, a extensão e a duração da autorização, a qual pode ser prorrogada.

3. As autorizações legislativas não podem ser utilizadas mais do que uma vez, sem prejuízo da sua execução parcelada.

4. As autorizações caducam com a demissão do Governo a quem tiverem sido concedidas, com o termo da legislatura ou com a dissolução da Assembleia da República.

5. As autorizações concedidas ao Governo na Lei do Orçamento observam o disposto no presente artigo e, quando incidam sobre matéria fiscal, só caducam no termo do ano económico a que respeitam."

A doutrina tem assinalado que o princípio da legalidade em matéria fiscal comporta três aspectos:

i) A preeminência da lei;
ii) A reserva absoluta da lei formal; e
iii) A tipicidade fechada

De acordo com a *preeminência da lei* – que não é exclusiva do Direito Fiscal – só a lei é fundamento da actividade da administração, sendo em face dela que se pode aferir da validade dos actos praticados pela administração fiscal – só a lei pode legitimar qualquer actividade tributária e esta tem de ser conforme à lei. A propósito costuma sublinhar-se que a preeminência da lei comporta uma dimensão positiva (exigência de observância da lei) e uma dimensão negativa (proibição de desrespeito ou de violação da lei). E importa ter em conta, quanto a esta prevalência da lei, que ela existe não só quanto à criação de impostos e definição dos seus elementos essenciais (nº 2 do artº 103º da Constituição) mas também quanto à liquidação e cobrança dos impostos (nº 3 do mesmo artº 103º).

No entanto, a outra consequência – *reserva de lei formal* – reflecte a concepção de que só uma lei formal – lei da Assembleia da República – pode criar impostos, cabendo-lhe determinar a incidência, as taxas, os benefícios fiscais e as garantias dos contribuintes. Ou seja só a Assembleia da República directamente ou mediante autorização legislativa ao Governo – que tem de definir o objecto, o sentido, a extensão e a duração da autorização, que pode ser prorrogada – pode criar impostos e definir os seus elementos essenciais. Esta reserva de lei formal é, além disso, uma *reserva absoluta*, na medida em que, relativamente aos elementos essenciais dos impostos, se está perante uma *lex stricta* pois a lei formal não deve conter apenas o fundamento da conduta da administração mas todos os elementos que permitam tomar uma decisão no caso concreto[227]. Não há, em consequência, qualquer margem para "discricionariedade ou disponibilidade do tipo tributário pela administração fiscal" – ao órgão encarregado de aplicar a norma está vedada qualquer valoração pessoal já que a decisão obtém-se por dedução da própria lei, "subsumindo o facto na norma". Daí que, como se verá, esteja vedada a analogia nos domínios em que existe reserva absoluta de lei formal. A reserva de lei tem, porém, de ser visualizada quanto à sua razão de ser, que é a da segurança jurídica, cujo conteúdo material se relaciona com a protecção da confiança dos particulares. Como salienta Alberto Xavier, esta "traduz-se mais concretamente na susceptibilidade de previsão objectiva, por parte dos particulares, das suas situações jurídicas, de tal modo que estes possam ter uma expectativa precisa dos seus direitos e deveres, dos benefícios que lhes serão concedidos ou dos encargos que hajam de suportar"[228]. Esta protecção da confiança não é incompatível com a existência de situações em que à administração é deixada, de acordo com critérios técnico-científicos, alguma *margem de livre apreciação* na fixação e valoração dos factos, margem que cada vez é mais justificada pela própria evolução da realidade económica e social visada pelo imposto, que é rápida e complexizante. É que, nesses casos, não se trata de deixar à administração a escolha de uma alternativa entre várias, trata-se, outrossim, de, num processo sempre passível de controlo pelos tribunais, lhe impor a procura da única alternativa que é justa e válida na situação em

[227] Fala-se em reserva relativa de lei quando a conduta da administração embora se funde na lei não está nesta completamente regulada, confiando-se ao órgão de aplicação do direito (administrador ou juiz) o critério de decisão do caso concreto.

[228] Xavier, Alberto, *Manual de Direito Fiscal*, págs. 117 e 118. Na bibliografia portuguesa veja-se igualmente Saldanha Sanches, J.L., *A Segurança Jurídica no Estado Social de Direito – conceitos indeterminados, analogia e retroactividade no direito tributário*, Lisboa, Centro de Estudos Fiscais, 1985 e Sá Gomes, Nuno, *Estudos sobre a Segurança Jurídica na Tributação e as Garantias dos Contribuintes*, Lisboa, Centro de Estudos Fiscais, 1993.

causa. Assim, por exemplo, quanto à regra da indispensabilidade dos custos ou perdas para a obtenção dos proveitos ou ganhos como condição da aceitação para efeitos fiscais dos primeiros (artº 23º do Código do IRC) o que está em causa é, antes de mais, a aplicação, adaptada ao domínio fiscal, de um princípio técnico desenvolvido a propósito da chamada especialização dos exercícios e designado por princípio da correlação entre custos e proveitos (apelidado em língua inglesa por "*matching concept*")[229]. Não se pode neste âmbito deixar ao critério da administração decidir que, em determinada percentagem, as despesas de representação, por exemplo, não são indispensáveis para a realização dos proveitos. Querendo-se ir por esse caminho, então do princípio da legalidade resulta que essa percentagem tem de ser fixada na lei. Mas, nada ofende esse princípio a valoração feita pela administração em determinada despesa (por exemplo uma viagem às Caraíbas) de que não existe essa indispensabilidade e por isso ela não é aceite. Também, quando no artº 63º do Código do IRC se afastam para efeitos fiscais as condições praticadas entre pessoas com relações especiais entre si para ter em conta as que seriam praticadas entre pessoas independentes, não se atribui discricionariedade à administração, atribui-se-lhe apenas o poder/dever de, nesses casos, valorar a situação de acordo com critérios técnico científicos e que estão, aliás, traduzidos na lei de acordo com padrões internacionalmente aceites[230] e que, apoiados em adequada análise funcional (análise das funções exercidas, tendo em conta os activos utilizados e os riscos assumidos, pelas empresas com relações especiais nas transacções em causa e pelas empresas independentes em transacções no mercado livre), têm de ser devidamente fundamentados (artº 77º, nº 3, da Lei Geral Tributária) e são controláveis judicialmente (veja-se adiante 16.4).

Finalmente, em decorrência directa da reserva absoluta da lei formal, a chamada *tipicidade fechada* significa que para um determinado facto poder ser qualificado como facto gerador de um imposto tem de corresponder a um dos tipos inseridos pelo legislador nas normas de incidência correspondentes, o que é, às vezes, designado por "princípio do *numerus clausus* tributário" ou regra do "*nullum tributum sine lege*". No dizer sugestivo de ALBERTO XAVIER "a tipicidade do direito tributário contém em si todos os elementos para a valoração dos factos e produção

[229] FREITAS PEREIRA, M. H., *A periodização do lucro tributável*, págs. 138 e segs.

[230] OCDE, *Principles applicables en matière de prix de transfert à l'intention des entreprises multinationales et des administrations fiscales*, Paris, 1995 (com actualizações periódicas).

dos efeitos, sem carecer de qualquer recurso a elementos a ele estranhos e sem tolerar qualquer valoração que se substitua ou acresça à inserida no tipo legal"[231]. Assim, para que um determinado facto ou situação seja tributado terá de corresponder, em todos os seus elementos relevantes, ao tipo abstracto definido na lei, bastando que um deles não se verifique para que não haja lugar a tributação. Também aqui se está perante uma explicitação do princípio da legalidade que visa a segurança jurídica e que tem de aferir-se em face desta. Considera-se, por isso, que nada impede o legislador de definir a incidência de um imposto de forma abrangente, desde que conceptualmente correcta e dela resulte uma determinação objectiva do imposto, previsível pelo contribuinte[232]. Assim, não se pode encontrar qualquer violação da tipicidade fechada numa definição, para efeitos de IRS, que, em vez de partir das várias categorias de rendimentos, tenha

[231] XAVIER, Alberto, *Conceito e Natureza do Acto Tributário*, págs. 327 e 328.

[232] É que, nestes casos, embora a norma pareça "elástica" ou "de borracha" verifica-se em relação a ela o grau de determinação conceptual suficiente para que esteja acautelada a segurança jurídica. Sobre estes conceitos veja-se, mais uma vez, XAVIER, Alberto, *Manual de Direito Fiscal*, págs. 118 e segs. e sobre o significado e alcance do princípio da tipicidade, DOURADO, Ana Paula, *O Princípio da Legalidade Fiscal. Tipicidade, conceitos jurídicos indeterminados e margem de livre apreciação*, Coimbra, Almedina, 2007, págs. 223 e segs. Neste âmbito, a jurisprudência do Tribunal Constitucional tem-se orientado no sentido de que o princípio da tipicidade não impede o uso de conceitos amplos, e por vezes indeterminados, se a norma aplicada (com a interpretação que lhe é dada) satisfaz as exigências de determinabilidade necessárias para defender os contribuintes contra o arbítrio da administração fiscal. Veja-se a este propósito, por exemplo, o Acórdão nº 756/95, de 20 de Dezembro de 1995 (in *Acórdãos do Tribunal Constitucional*, 32º vol., 1995, págs. 775-786) em que se defende que "a articulação entre o emprego de 'conceitos indeterminados' e o chamado 'princípio da determinabilidade' não deixa de ser possível face a regras ou princípios constitucionalmente relevantes: se a determinabilidade se acolhe na defesa dos contribuintes contra o arbítrio da administração fiscal [...], o emprego de conceitos amplos e por vezes indeterminados não deixa de se poder louvar no cumprimento do mandato da igualdade em sentido material, não permitindo o aparecimento constante de refúgios de evitação fiscal". E, acrescenta-se, "só a harmonização entre estas duas realidades, potencialmente conflituantes, é susceptível de fornecer soluções equilibradas que, sacrificando o menos possível dos valores subjacentes a cada uma, garantam o essencial desses valores", o que vem sendo feito, "nomeadamente no plano das jurisdições constitucionais, excluindo as cláusulas gerais que operem como que uma transferência da 'criação da obrigação fiscal' para a 'discricionariedade da administração', mas não inviabilizando liminarmente certas 'cláusulas gerais', 'conceitos jurídicos indeterminados', 'conceitos tipológicos' (*Typusbegriffe*), 'tipos discricionários' (*Ermessentatbestände*), e certos conceitos que atribuem à administração uma margem de valoração, os chamados 'preceitos poder' (*Kaan-Vorschrift*)". Cf. igualmente CARDOSO DA COSTA, J.M., *"O enquadramento constitucional do direito dos impostos em Portugal: A jurisprudência do Tribunal Constitucional"*, in MIRANDA, Jorge (org.), *Perspectivas Constitucionais nos 20 anos da Constituição de 76*, vol. II, Coimbra, 1997, págs. 397-428.

como base um conceito sintético de rendimento (por exemplo tomando como modelo a teoria do incremento patrimonial) que forneça legalmente, de modo muito concreto, todos os aspectos do elemento objectivo do facto gerador de imposto. Aliás, a tipicidade não pode ser entendida, nos dias de hoje, em termos absolutos, devendo antes ser moderada ou temperada para ter em conta o que já foi designado por "exigências de operacionalidade e flexibilidade do sistema fiscal e dos impostos singularmente considerados"[233], sempre sob vigilância dos tribunais. Para tanto, basta entender a densificação normativa postulada pelo princípio da legalidade como a densificação possível atenta a própria natureza da realidade económica e social sobre que incide o imposto. Também por isso não se vê qualquer impedimento para a consagração na lei de cláusulas gerais anti-abuso como a que consta do artº 38º da Lei Geral Tributária (ainda que a sua redacção mereça ser aperfeiçoada), aliás à semelhança do que acontece em muitos países, pois o que ela permite afinal é a tributação dos factos que, em substância, correspondem à previsão legal[234].

Em suma, o princípio da legalidade procede a uma delimitação dos aspectos em que necessariamente intervém a lei em sentido formal, consagrando, além disso, que a actividade da administração fiscal está estritamente vinculada à lei.

[233] CASALTA NABAIS, José, *Contratos Fiscais (Reflexões acerca da sua admissibilidade)*, Boletim da Faculdade de Direito da Universidade de Coimbra, Coimbra Editora, 1994, págs. 248 e segs. Como salienta Ana Paula DOURADO, a tipicidade (...) "não significa uma predeterminação absoluta de todas as situações da vida a abarcar pela disposição legal – irrealizável em qualquer ramo do Direito", o que dificilmente é compatível com o princípio da capacidade contributiva. E acrescenta ainda que "o princípio da determinação não pode nem deve excluir o recurso aos conceitos jurídicos indeterminados nem a interpretação teológica e até uma margem de livre apreciação". Cf. DOURADO, Ana Paula, *O Princípio da Legalidade Fiscal*, págs. 326 e 327.

[234] Neste sentido, DOURADO, Ana Paula, *O princípio da legalidade fiscal na Constituição Portuguesa*, in *Ciência e Técnica Fiscal*, Lisboa, nº 379, Jul-Set/1995, pág. 82. Em sentido contrário XAVIER, Alberto, *Direito Tributário Internacional*, 2ª ed., Coimbra, Almedina, 2007, págs. 479 segs. Sobre a problemática da cláusula geral anti-abuso veja-se adiante 16.3.4. Uma discussão, no plano internacional, das cláusulas anti-abuso existentes nos vários países pode ver-se, por exemplo, em *"Form and substance in tax law" (2002 Oslo Congress of International Fiscal Association)*, in *Cahiers de droit fiscal international*, vol. LXXXVIIa, The Netherlands, Kluwer, 2002. Dos 27 países aí estudados, 15 têm uma cláusula geral anti-abuso na respectiva legislação fiscal (Alemanha, Argentina, Austrália, Áustria, Bélgica, Canadá, Coreia, Espanha, Finlândia, França, Hungria, Itália, Luxemburgo, Nova Zelândia e Suécia) e outros 7 têm uma cláusula geral anti-abuso desenvolvida pelos tribunais (Dinamarca, EUA, Índia, Noruega, Países Baixos, Reino Unido e Suiça).

8.2.2. *Princípio da igualdade*

A Constituição estabelece também o *princípio da igualdade*, que comporta quer a *generalidade* quer a *uniformidade* dos impostos.

Assim, de acordo com o artº 13º da Constituição, sob a epígrafe "princípio da igualdade", estabelece-se, no seu nº 1, que *"todos os cidadãos têm a mesma dignidade social e são iguais perante a lei"*, acrescentando-se, no seu nº 2, que *"ninguém pode ser privilegiado, beneficiado, prejudicado, privado de qualquer direito ou isento de qualquer dever em razão de ascendência, sexo, raça, língua, território de origem, religião, convicções políticas ou ideológicas, instrução, situação económica ou condição social"*, o que tudo postula a generalidade na tributação – todos os cidadãos estão obrigados ao pagamento de impostos[235]. Mas esta generalidade está associada indissoluvelmente à capacidade contributiva de cada indivíduo (*"ability to pay"*) e, por isso, só deve pagar impostos quem tem capacidade para tanto, o que em algumas Constituições está especificamente referido. Desenvolvendo este princípio, Sá Gomes vê nesta generalidade da tributação duas funções – uma função garantística, no sentido de que só devem ficar sujeitos a tributação os que podem pagar impostos e uma função solidarística, no sentido de que, desde que tenham capacidade contributiva, todos devem pagar impostos na medida dessa capacidade[236].

O princípio da igualdade impõe também a uniformidade na tributação, que significa que a repartição dos impostos pelos cidadãos deve basear-se no mesmo critério, ou seja seguindo o mesmo critério para todos[237]. Esta uniformidade traduz-se quer na *igualdade horizontal* – os indivíduos nas mesmas condições devem pagar os mesmos impostos, o que resulta do referido artº 13º da Constituição, quer na *igualdade vertical* – os indivíduos em condições diferentes devem pagar impostos diferentes segundo um critério que a Constituição impõe que seja o da progressividade. Com efeito, a Constituição exige que através dos impostos se diminuam as desigualdades económicas, o que impõe a progressividade do sistema fiscal no seu conjunto –

[235] Embora estejamos perante um princípio de igualdade jurídica e não de igualdade tributária, esta pode considerar-se que decorre daquela. Seria porém preferível que, à semelhança de muitas Constituições estrangeiras, também a Constituição portuguesa consagrasse uma disposição específica à igualdade fiscal, tal como, aliás, acontecia na Constituição de 1933, que dispunha no seu artº 28º: *"Todos os cidadãos são obrigados (...) a contribuir, conforme os seus haveres, para os encargos públicos"*.

[236] Sá Gomes, Nuno, *Manual de Direito Fiscal*, vol. II, Cadernos de Ciência e Técnica Fiscal nº 174, Lisboa, Centro de Estudos Fiscais, 1996, págs. 200 e segs.

[237] Teixeira Ribeiro, J.J., *ob. cit.*, pág. 217.

artº 103º, nº 1 e artº 104º, da Constituição. Deste modo, de acordo com este princípio, a menos que a Constituição o imponha expressamente em relação a um dado imposto considerado isoladamente – e fá-lo relativamente ao imposto sobre o rendimento (artº 104º, nº 1) – podem existir impostos de taxa proporcional e mesmo de taxa regressiva desde que no seu conjunto o sistema fiscal seja progressivo.

O princípio da igualdade impõe, como se viu, que ninguém seja privilegiado pelo sistema fiscal. São assim inconstitucionais os privilégios fiscais, o que é uma situação muito diferente dos benefícios fiscais. É que, como se verá adiante, só são considerados benefícios fiscais "*as medidas de carácter excepcional instituídas para tutela de interesses públicos extra-fiscais relevantes que sejam superiores aos da própria tributação que impedem*" (nº 1 do artº 2º do Estatuto dos Benefícios Fiscais), o que significa que é o objectivo constitucionalmente relevante prosseguido pelo benefício fiscal que justifica a derrogação ao princípio da igualdade[238].

O princípio da igualdade definido na Constituição integra o que num sentido mais amplo os economistas designam por *princípio da equidade*, já abordado a propósito dos princípios gerais de tributação (veja-se atrás ponto 5.3.1.). É que a igualdade tributária tem um evidente conteúdo económico e alguns tratadistas põem mesmo em causa que exista um estrito princípio da igualdade jurídica em matéria tributária e outros preferem falar em princípio da justiça.

8.2.3. *Princípio da não retroactividade da lei fiscal*

Hoje em dia, é pacífico que a Constituição estabelece o princípio da não retroactividade da lei fiscal. Com efeito, em face da proibição constitucional de impostos que tenham natureza retroactiva (nº 3 do artº 103º da Constituição, na redacção que lhe foi introduzida pela revisão constitucional de 1997) uma lei fiscal que o estabeleça é inconstitucional[239].

Importa, no entanto, sublinhar que nem sempre foi assim, podendo dizer-se que a proibição constitucional da retroactividade interrompe uma longa tradição do direito constitucional português e não tem também paralelo na maior parte das Constituições dos Estados da União Europeia.

[238] FREITAS PEREIRA, M. H., "Os incentivos fiscais e o financiamento do investimento privado", in *Influência da fiscalidade na forma de financiamento das empresas*, Cadernos de Ciência e Técnica Fiscal nº 121, Lisboa, Centro de Estudos Fiscais, 1981, pág. 238.

[239] O mesmo princípio é acolhido, com alguma redundância, na parte final do nº 1 do artº 12º da Lei Geral Tributária ao estabelecer-se que não podem "*ser criados quaisquer impostos retroactivos*".

Com efeito, o princípio da não retroactividade das leis fiscais apenas esteve enunciado explicitamente na Carta Constitucional de 1826, no seu artº 141º, § 2º. Mas desapareceu de todos os textos constitucionais seguintes, excepto quanto às normas penais, tendo as propostas de alguns constituintes no sentido da sua introdução sido sistematicamente rejeitadas[240]. Até que, na revisão de 1997, esse princípio recebeu consagração expressa no texto da Constituição da República.

Entendem alguns autores, porém, que essa consagração expressa apenas veio substituir uma consagração implícita que já decorria da Constituição entendida em sentido material.

Ora, sobre tal consagração constitucional implícita nas Constituições de 1911, 1933 e 1976, a doutrina encontrava-se dividida.

Alguns autores [v.g. Oliveira Salazar[241], Cabral de Moncada[242], Marques Guedes[243] e, na vigência da Constituição de 1976, Braz Teixeira[244]] defendem que o principio da não retroactividade das leis, excepto quanto ao aludido caso das normas penais, não tinha consagração constitucional, pelo que nada impedia o legislador ordinário de criar impostos retroactivos.

Pelo contrário, outros autores [v.g. Alberto Xavier[245], Soares Martinez[246], Pamplona Corte-Real[247] e Sá Gomes[248]], com base essencialmente no princípio da legalidade, que se destinaria a garantir a máxima segurança jurídica e, desse modo, a protecção da confiança dos cidadãos, sustentam que o princípio da não retroactividade tinha consagração constitucional e impunha-se ao legislador ordinário. No entanto, alguns deles entendiam

[240] Vide a este propósito a perspectiva histórica contida no Acórdão nº 11/83 do Tribunal Constitucional, in *Diário da República*, I série, nº 242, de 20 de Outubro de 1983. São em especial de sublinhar as várias propostas de alteração do então artº 106º da Constituição (correspondente ao actual 103º), formuladas aquando da revisão de 1982, visando a inclusão do principio da não retroactividade da lei fiscal. Contudo, depois de longos debates, entendeu-se não dar acolhimento a tais propostas. Veja-se ainda SOUSA FRANCO, A. L., *"A Revisão da Constituição Económica"*, in *Revista da Ordem dos Advogados*, Lisboa, ano 42, Setembro-Dezembro de 1982, págs. 601-687.

[241] OLIVEIRA SALAZAR, António, *"Da não retroactividade das leis em matéria tributária"*, in *Boletim da Faculdade de Direito de Coimbra*, ano IX, 1925-26, págs. 53 e 54.

[242] CABRAL DE MONCADA, Luís, *Lições de Direito Civil*, I vol., 2ª ed., Coimbra, 1954, pág. 247.

[243] MARQUES GUEDES, Armando M., *"Interpretação, aplicação e integração das normas jurídicas"*, in *Ciência e Técnica Fiscal*, Lisboa, nº 44-45, Agosto-Setembro/1962, págs. 200 e 201.

[244] BRAZ TEIXEIRA, António, *Princípios de Direito Fiscal*, vol. I, pág. 154.

[245] ALBERTO XAVIER, *Manual de Direito Fiscal*, vol. I, págs. 190 e segs.

[246] SOARES MARTINEZ, Pedro, *Manual de Direito Fiscal*, Coimbra, Almedina, 1983, págs. 146 e segs.

[247] PAMPLONA CORTE-REAL, Carlos, *Curso de Direito Fiscal*, I vol., págs. 138-140.

[248] SÁ GOMES, Nuno, *Lições de Direito Fiscal*, vol. II, págs. 420 e segs.

que a proibição constitucional implícita da retroactividade das normas diz apenas respeito às que forem mais desfavoráveis aos contribuintes.

No sentido da admissibilidade da retroactividade da lei fiscal se pronunciou também, uniforme e constantemente, a Comissão Constitucional, posição sempre ratificada pelo Conselho da Revolução, e, posteriormente, o Tribunal Constitucional, no Acórdão nº 11/83, a propósito do imposto extraordinário sobre os rendimentos colectáveis sujeitos a contribuição predial, imposto de capitais e imposto profissional.

No entanto – na esteira de orientações seguidas noutros países – esta jurisprudência constitucional concluía que, apesar de não resultar então da Constituição, nem sequer implicitamente, um princípio genérico de proibição da retroactividade das leis fiscais, não se podia dizer que qualquer lei fiscal com esse alcance fosse constitucional. É que, nas palavras daquele Acórdão, se "o princípio da protecção da confiança ínsito na ideia de Estado de direito democrático não exclui em absoluto a possibilidade de leis fiscais retroactivas, exclui-a seguramente quando se esteja perante uma retroactividade *intolerável*, que afecte de forma *inadmissível* e arbitrária os direitos e expectativas legitimamente fundados dos cidadãos contribuintes".

Desse modo, seria à jurisprudência que cabia apreciar, caso a caso, se determinada norma retroactiva era constitucional ou não, fundando-se para o efeito designadamente nas "razões imperiosas de interesse geral" que a tenham motivado (sobrepondo-se estas "visivelmente à tutela dos valores da segurança e da certeza jurídicas"), no facto de o encargo assim criado ser ou não desproporcionado para o contribuinte e ainda na circunstância de esse encargo aparecer ou não aos olhos do contribuinte como verosímil ou mesmo como provável[249].

Embora tal flexibilidade pudesse ser, para alguns, causa de alguma apreensão, deveria ter-se em conta que ela visava acautelar, de modo equilibrado, os interesses em presença, parecendo, a essa luz, excessiva a nova norma constitucional sobre a proibição de impostos retroactivos[250].

[249] Na apreciação, caso a caso, da constitucionalidade de um imposto retroactivo eram estas as razões que haveria que ponderar no entender da Comissão Constitucional no seu parecer nº 14/82. Cf. *Pareceres da Comissão Constitucional*, 19º volume, Lisboa, Imprensa Nacional-Casa da Moeda, 1984, págs. 183-202.

[250] Neste exacto sentido, GOMES CANOTILHO, J.J., *Direito Constitucional e Teoria da Constituição*, 7ª ed., Coimbra, Livraria Almedina, 2003, pág. 261.

Esta clarificação constitucional não significa, porém, que não possam vir a colocar-se problemas para precisar com algum detalhe o que é um imposto de natureza retroactiva, pois só esse é que está constitucionalmente proibido. O que remete novamente para a jurisprudência[251].

Considera-se que esta questão começa por ser de política legislativa, e, nesse contexto, haverá sempre, no entanto, que ter presente que a aplicação retroactiva de qualquer imposto é sempre um mal e um mal que, como se viu, mesmo num contexto em que não estivesse estabelecida a proibição de impostos retroactivos, é, não raras vezes, mesmo ilegítimo.

Uma última nota para aludir à questão de saber se a ofensa ao princípio da legalidade configura uma inconstitucionalidade formal ou orgânica, por a norma ter sido emitida por órgão inconstitucionalmente incompetente para o fazer ou uma inconstitucionalidade material, por ofensa a um princípio inscrito na Constituição. Com a generalidade da doutrina, entende-se que se trata de uma inconstitucionalidade material, mas a distinção não tem interesse em face das actuais normas constitucionais a não ser quanto às convenções internacionais (artº 277º, nº 2 da Constituição). Daí que os Tribunais devam recusar-se a aplicar normas tributárias que não respeitem o princípio da legalidade (artº 280º, nº 1, da Constituição)[252].

8.3. Direito comunitário

Após a adesão de Portugal às Comunidades Europeias (Tratado assinado em Lisboa em 85.06.12 e aprovado pela Resolução da Assembleia da República nº 22/85, de 18 de Setembro) há que ter em conta o direito comunitário enquanto fonte de direito.

Aliás, preparando de certo modo as consequências dessa adesão, a revisão constitucional de 1982 aditou ao artº 8º da Constituição da República, que trata da relevância interna do direito internacional, um nº 3 com a seguinte redacção:

> *"As normas emanadas dos órgãos competentes das organizações internacionais de que Portugal seja parte vigoram directamente na ordem interna, desde que tal se encontre estabelecido nos respectivos tratados constitutivos".*

[251] SALDANHA SANCHES, J.L., *Manual de Direito Fiscal*, págs. 189 e segs.

[252] SOARES MARTINEZ, *ob. cit.*, pág. 106.

Deste modo, o direito comunitário passou a aplicar-se directamente no nosso país: quer o já produzido até à data da adesão quer o produzido ulteriormente.

Já em 2004, pela Lei Constitucional nº 1/2004, de 24 de Julho (Sexta Revisão Constitucional), é novamente alterado o artº 8º da Constituição, sendo-lhe aditado um nº 4 do seguinte teor:

> *"As disposições dos tratados que regem a União Europeia e as normas emanadas das suas instituições, no exercício das respectivas competências, são aplicáveis na ordem interna, nos termos definidos pelo direito da União, com respeito pelos princípios fundamentais do Estado de direito democrático".*

Em termos de direito comunitário, costuma distinguir-se o chamado direito comunitário primário ou originário e o denominado direito comunitário secundário ou derivado. Ambos têm uma grande importância em direito fiscal[253].

O direito comunitário originário é o que consta dos próprios tratados, que se podem considerar convenções internacionais do tipo clássico, e que englobam quer os tratados que instituíram as três Comunidades Europeias – Comunidade Europeia do Carvão e do Aço (CECA), Comunidade Europeia (CE) e Comunidade Europeia da Energia Atómica (CEEA) – e a União Europeia, quer outros tratados, designadamente os que vieram rever globalmente os tratados originários: o Acto Único Europeu (1986) e os Tratados de Maastricht (1992), Amesterdão (1997), Nice (2001) e Lisboa (2007)[254]. Em especial, este último, assinado em Lisboa em 13 de Dezembro de 2007, que sucede ao malogro da chamada "Constituição Europeia", cujo tratado tinha sido assinado em Roma a 29 de Outubro de 2004 mas cujo processo de ratificação por todos os Estados membros não foi possível completar, embora não revogando os Tratados da União Europeia e da Comunidade Europeia, introduz-lhes significativas alterações, passando a União Europeia a reger-se por dois tratados com igual valor jurídico: o Tratado da União Europeia (TUE), que integra as disposições fundamentais e o Tratado sobre o Funcionamento da União Europeia (TFUE), que sucede ao Tratado da Comuni-

[253] Um repositório do direito comunitário em matéria fiscal pode ver-se, por exemplo, em TERRA, Ben e WATTEL, Peter, *European Tax Law*, 5th ed., The Hague, Kluwer, 2008. Cf. igualmente *Materials on International & EU Tax Law (selected and edited by Kees van Raad)*, 2010/2011, International Tax Centre, Leiden, 2010.

[254] Para maiores desenvolvimentos veja-se GORJÃO-HENRIQUES, Miguel, *Direito da União*, 6ª ed., Coimbra, Almedina, 2010, págs. 44 e segs.

dade Europeia (TCE) e que codifica e reestrutura as disposições não consideradas fundamentais por que se passa a reger a União.

O direito comunitário derivado é o constituído pelos actos unilaterais de conteúdo normativo emanados das instituições comunitárias e adoptados em conformidade com os tratados. No caso da União Europeia a tipologia desses actos está fixada no artº 288º do TFUE (antigo artº 249º do Tratado CE), onde se dispõe o seguinte:

> *"Para exercerem as competências da União, as instituições adoptam regulamentos, directivas, decisões, recomendações e pareceres.*
>
> *"O regulamento tem carácter geral. É obrigatório em todos os seus elementos e directamente aplicável em todos os Estados membros.*
>
> *"A directiva vincula o Estado membro destinatário quanto ao resultado a alcançar, deixando, no entanto, às instâncias nacionais a competência quanto à forma e aos meios.*
>
> *"A decisão é obrigatória em todos os seus elementos. Quando designa destinatários só é obrigatória para estes.*
>
> *"As recomendações e os pareceres não são vinculativos".*

A Constituição da República no nº 8 do seu artº 112º estabelece que *"a transposição de actos jurídicos da União Europeia para a ordem jurídica interna assume a forma de lei, decreto-lei ou, nos termos do disposto no nº 4* [âmbito e objecto dos decretos legislativos regionais], *decreto legislativo regional"*, o que remete, no domínio fiscal, para o que se referirá adiante quanto à lei, ao decreto-lei e ao decreto legislativo regional, enquanto fontes de direito (pontos 8.5 e 8.6).

Vejamos agora, de modo sintético, o **direito comunitário originário.**

A aplicação genérica do Tratado CE (agora TFUE) tem tido importantes reflexos no domínio fiscal e o Tribunal de Justiça da União Europeia tem proferido abundante jurisprudência em que, servindo-se de disposições gerais do Tratado, se pronuncia sobre a conformidade de algumas regras fiscais nacionais[255]. Assim, os sistemas fiscais nacionais não podem contra-

[255] FREITAS PEREIRA, M. H., *"Fiscalidade das Empresas e Harmonização Fiscal Comunitária"*, in *A Internacionalização da Economia e a Fiscalidade* (Colóquio comemorativo do XXX aniversário do Centro de Estudos Fiscais), Lisboa, Ministério das Finanças, 1993, págs. 56 e segs e RAAD, Keeds

riar o disposto no artº 37º, que respeita aos monopólios estatais. Por outro lado, não podem existir disposições fiscais que contrariem o princípio da não discriminação em razão da nacionalidade previsto no artº 18º, sendo de referir a este propósito o que se dispõe nos artºs 54º e 55º. Este princípio, que é directamente aplicado quando não esteja concretizado noutras disposições do Tratado, é objecto de tratamento específico através das chamadas "*liberdades económicas fundamentais*", a saber[256]:

a) *Liberdade de circulação de pessoas*, compreendendo a livre circulação de trabalhadores, definida no nº 2 do artº 45º, e no direito de estabelecimento, previsto no artº 49º:
A primeira destas disposições assegura aos trabalhadores deslocados um tratamento igual ao dos trabalhadores nacionais no que diz respeito ao emprego, à remuneração e demais condições de trabalho. De acordo com o mencionado artº 49º são proibidas as restrições à liberdade de estabelecimento dos nacionais de um Estado membro no território de outro Estado membro, que abrange também as restrições à constituição de agências, sucursais ou filiais pelos nacionais

van, *The Impact of the EC Treaty's Fundamental Freeedoms Provisions on EU Member States' Taxation in Border-crossing Situations – Current State of Affairs*, in *EC Tax Review*, 1995/4, págs. 190-201. A harmonização assim induzida indirectamente pelo Tribunal de Justiça tem graves riscos dado que é feita de forma casuística e fragmentada, podendo retirar coerência global aos sistemas fiscais nacionais e introduzir um elemento de incerteza quanto às receitas fiscais dos Estados membros. Precisamente para evitar estas situações tem já sido alvitrado que o Tratado, à semelhança do que dispõe quanto à fiscalidade aplicável aos movimentos de capitais (artº 65º), deveria estabelecer que, também no tocante às demais liberdades, as suas regras não impedem os Estados membros de aplicar ou adoptar disposições em matéria de fiscalidade directa que estabeleçam distinções tendo em conta o local de residência do sujeito passivo ou o local em que os capitais são investidos, desde que tais disposições não constituam discriminações arbitrárias ou restrições às liberdades garantidas pelo Tratado. A mais importante jurisprudência fiscal do Tribunal de Justiça em matéria de fiscalidade directa está incluída em *Materials on International & EU Tax Law (selected and edited by Kees van Raad)*, 2010/2011, vol. 2, International Tax Centre, Leiden, 2010 e sistematizada em *ECJ Direct Tax Compass*, IBFD, Amsterdam, 2011, encontrando-se disponível em htttp://europa.int/comm/taxation customs/taxation/judgements/direct taxation. Cf. também, na bibliografia portuguesa, CUNHA, Patrícia Noiret e VASQUES, Sérgio, *Jurisprudência Fiscal Comunitária Anotada*, vol. I, Coimbra, Almedina, 2002 e NOIRET CUNHA, Patrícia, *A Tributação Directa na Jurisprudência do Tribunal de Justiça das Comunidades Europeias*, Coimbra, Coimbra Editora, 2006.

[256] Para maiores desenvolvimento veja-se ROSADO PEREIRA, Paula, *Princípios do Direito Fiscal Internacional – Do paradigma Clássico ao Direito Fiscal Europeu*, Coimbra, Almedina, 2010, págs. 249 e segs. e DOURADO, Ana Paula, *Lições de Direito Fiscal Europeu – Tributação Directa*, Coimbra, Coimbra Editora, 2010, págs. 46 e segs.

de um Estado membro estabelecido no território de outro Estado membro. A liberdade de estabelecimento compreende tanto o acesso às actividade não assalariadas e o seu exercício como a constituição e gestão de empresas e designadamente de sociedades, nas condições definidas na legislação do país de estabelecimento para os seus próprios nacionais. Esta é uma área que tem sido objecto de vários Acórdãos do Tribunal de Justiça, que vem entendendo que esta obrigação de igualdade de tratamento aplica-se aos aspectos fiscais (uma selecção desses Acórdãos neste domínio pode ver-se no final deste livro).

b) *Liberdade de prestação de serviços*, estabelecida nos artºs 56º a 62º:
Esta liberdade implica que os nacionais de um Estado membro podem prestar serviços que tenham como destinatárias entidades ou pessoas residentes noutro Estado membro, incluindo para efeito da sua execução o exercício temporário da sua actividade neste outro Estado.

c) *Liberdade de circulação de capitais*, prevista no artº 63º:
Esta liberdade, que é essencial para o efectivo exercício das outras liberdades, concretiza-se através da proibição de todas as restrições aos movimentos de capitais e de pagamentos entre Estados membros e entre Estados membros e países terceiros.
No entanto, de acordo com o artº 65º, esta proibição não prejudica o direito de os Estados membros aplicarem as disposições pertinentes do seu direito fiscal que estabeleçam uma distinção entre contribuintes que não se encontrem em idêntica situação no que se refere ao seu lugar de residência ou ao lugar em que o seu capital é investido, mas tal não pode constituir um meio de discriminação arbitrária, nem uma restrição dissimulada à livre circulação de capitais.

Há ainda várias outras disposições do TFUE com relevância directa no domínio fiscal.

Assim, na parte III do Tratado ("As políticas e acções internas da União"), integrado no respectivo Título VII ("As regras comuns relativas à concorrência, à fiscalidade e à aproximação das legislações") surge o capítulo 2 intitulado "Disposições fiscais" (artºs 110º a 113º) que contém regras através das quais se exerce um controlo das fiscalidades nacionais de modo a que estas estejam de acordo com alguns princípios gerais, considerados fundamentais: a livre circulação de bens e serviços, a não descriminação em razão da nacionalidade, etc. É, assim, que cumpre salientar o disposto no primeiro parágrafo do 110º do TFUE (anterior artº 90º do Tratado CE):

"Nenhum Estado membro fará incidir, directa ou indirectamente, sobre os produtos dos outros Estados membros imposições internas, qualquer que seja a sua natureza, superiores às que incidam, directa ou indirectamente, sobre produtos nacionais similares".

Enuncia-se, deste modo, um princípio de não discriminação fiscal segundo a origem dos produtos, que é a verdadeira pedra de toque do direito comunitário em matéria tributária, cujo âmbito de aplicação tem sido objecto de abundante jurisprudência emitida pelo Tribunal de Justiça.

Acresce que o mesmo artº 110º, no seu segundo parágrafo e o artº 111º consagram a interdição de qualquer proteccionismo fiscal, quer de carácter defensivo quer de carácter ofensivo. Estabelece-se, com efeito, no segundo parágrafo do artº 110º:

"Além disso, nenhum Estado membro fará incidir sobre os produtos dos outros Estados membros imposições internas de modo a proteger indirectamente outras produções".

E o artº 111º (anterior artº 91º do Tratado CE), por sua vez, prescreve:

"Os produtos exportados para o território de um dos Estados membros não podem beneficiar de qualquer reembolso de imposições internas superior às imposições que sobre eles tenham incidido, directa ou indirectamente".

Para além destas regras, o Tratado prevê a adopção de medidas visando a harmonização das legislações nos domínios da fiscalidade indirecta (artº 113º) e da fiscalidade directa ou indirecta (artº 115º), subordinada a primeira a que tal seja necessário para "assegurar o estabelecimento e o funcionamento do mercado interno e para evitar as distorções de concorrência" e condicionada a segunda a que haja uma incidência directa dessas regras no "estabelecimento ou no funcionamento do mercado interno". Em qualquer dos casos, é necessário ainda ter em conta os princípios da subsidariedade e da proporcionalidade (artº 5º do Tratado da União Europeia)[257] e um voto unânime do Conselho para o efeito (cf. ainda o nº 2 do artº 114º).

[257] A aplicação do princípio da subsidariedade é enunciada no nº 3 do artº 5º do TUE do seguinte modo: *"Em virtude do princípio da subsidariedade, nos domínios que não sejam das suas atribui-*

Cumpre ainda referir, pela sua incidência em matéria de benefícios fiscais, as regras estabelecidas nos artºs 107º a 109º do TFUE (anteriores artºs 87º a 89º do Tratado CE) – quanto a ajudas de Estado (veja-se adiante ponto 15.3.2.). Assim, há determinados benefícios fiscais que são incompatíveis com o mercado comum, outros são compatíveis e outros ainda podem eventualmente ser considerados compatíveis. Para tanto, a Comissão procede ao exame permanente dos regimes de auxílios existentes nos Estados membros, podendo declarar que um determinado auxílio não é compatível com o mercado comum ou que está a ser aplicado de forma abusiva, caso em que decidirá que o Estado em causa deve suprimir ou modificar esse auxílio no prazo que ela fixar. No âmbito da atenção redobrada que a União Europeia resolveu dar ao problema da concorrência fiscal prejudicial – vejam-se a este propósito as conclusões do Conselho ECOFIN de 1 de Dezembro de 1997, em que foi aprovada uma Resolução respeitante a um Código de conduta no domínio da fiscalidade das empresas[258] – a Comissão aprovou e divulgou uma Comunicação sobre a aplicação das regras relativas ao exame desses auxílios estatais[259].

Deverá também sublinhar-se que, nos termos do Protocolo relativo aos privilégios e imunidades das Comunidades Europeias de 8 de Abril de 1965, publicado ao abrigo do Tratado que institui um Conselho e uma Comissão única das Comunidades Europeias, e agora publicado em anexo ao Tratado da União Europeia, ao Tratado sobre o Funcionamento da União Europeia e ao Tratado que institui a Comunidade Europeia da Energia Atómica, a União Europeia, os seus haveres, rendimentos e outros bens estão isentos de todos os impostos directos, gozando igualmente de outras vantagens fiscais. Essas isenções são igualmente aplicáveis ao Banco Europeu de Investimentos.

ções exclusivas, a Comunidade intervém apenas e na medida em que os objectivos da acção considerada não possam ser suficientemente alcançados pelos Estados-membros, tanto ao nível central como ao nível regional e local, podendo, contudo, devido às dimensões ou aos efeitos da acção considerada, ser melhor alcançados ao nível da União". Por sua vez, o nº 4 do mesmo artº 5º estipula que *"Em virtude do princípio da proporcionalidade, o conteúdo e a forma da acção da União não devem exceder o necessário para alcançar os objectivos dos Tratados".* Sobre estes princípios veja-se, por todos, GORJÃO-HENRIQUES, Miguel, *Direito da União*, págs. 383 e segs. e, mais especificamente sobre o princípio da subsidariedade, OLIVEIRA MARTINS, Margarida Salema d', *O princípio da subsidariedade em perspectiva jurídico-política*, Coimbra, Coimbra Editora, 2003.

[258] Cf. FREITAS PEREIRA, M.H., *Concorrência fiscal prejudicial – o Código de Conduta da União Europeia*, in *Ciência e Técnica Fiscal*, Lisboa, nº 390, Abr-Jun/1998, págs. 205-219.

[259] *Jornal Oficial das Comunidades Europeias*, C 384 de 10.12.98, págs. 3 e segs.

Quanto ao **direito comunitário derivado**, com fundamento, como se viu, nos artigos 113º e 115º (antigos artºs 93º e 94º do Tratado CE), o Conselho pode adoptar as medidas julgadas necessárias para proceder à harmonização da legislação fiscal, as quais vigoram directamente na ordem interna nos termos do nº 3 do artº 8º da Constituição da República.

Essas medidas têm revestido sobretudo a forma de directivas e o seu campo de aplicação predominante tem sido a fiscalidade indirecta, em particular o imposto sobre o valor acrescentado. De entre estas avulta a chamada 6ª directiva – Directiva do Conselho (77/388/CEE) de 17 de Maio de 1977, relativa a uma base tributável uniforme em termos de IVA, revogada pela Directiva do Conselho (2006/112/CEE), de 28 de Novembro de 2006, que reformula o sistema comum do IVA. O carácter detalhado de algumas destas directivas tem levado alguns autores a considerar que elas têm um efeito análogo ao de um regulamento, podendo desse modo ser directamente invocadas por um particular junto dos Tribunais – é o que acontece quando as disposições invocadas de uma directiva sejam claras e precisas, sejam incondicionais e vedem aos Estados a possibilidade de opção[260].

No domínio da fiscalidade directa, onde o processo de harmonização está mais atrasado[261], importa destacar as directivas aprovadas em 23 de Julho de 1990 que visam fomentar a cooperação de empresas sedeadas em diferentes Estados membros: Directiva do Conselho (90/434/CEE) relativa ao regime fiscal comum aplicável às fusões, cisões, entradas de activos e permutas de acções entre sociedades de Estados membros dife-

[260] Sobre o efeito directo das directivas comunitárias pode ver-se, na bibliografia em língua portuguesa, MALHERBE, Jacques, *O efeito directo das directivas comunitárias em matéria fiscal*, Opúsculos do IESF nº 20, Lisboa, Edições Asa, 1996. Negando, porém, a admissibilidade constitucional do efeito directo das directivas, por não se encontrar expressamente previsto na Constituição, veja-se OLIVEIRA ASCENSÃO, José de, *ob. cit.*, pág. 260.

[261] As medidas tomadas até finais dos anos 90 do século XX já foram, aliás, classificadas de "tímidas, parcelares e relativamente marginais", juízo que a evolução verificada mais recentemente não põe em causa – cf. GEST, Guy, *Réforme fiscale – les contraintes d'origine communautaire en matière de fiscalité directe*, in *Revue française de finances publiques*, nº 60, Novembre 1997, págs. 109-123. Sobre a matéria veja-se ainda FREITAS PEREIRA, M. H., *"Fiscalidade das Empresas e Harmonização Fiscal Comunitária"*, já citado e PINHEIRO, Gabriela, *A fiscalidade directa na União Europeia*, Porto, Universidade Católica Portuguesa, 1998. Entre as medidas propostas que foram ficando pelo caminho merece destaque a proposta de directiva apresentada em 1975 no domínio do imposto de sociedades [COM(75) 392, de 23.7.1975], que visava fixar as taxas deste imposto entre 45% e 55% e instituir um sistema de imputação parcial para atenuar a dupla tributação económica – os sócios teriam direito a um crédito entre 45% e 55% do imposto subjacente aos lucros recebidos.

rentes e a Directiva do Conselho (90/435/CEE) relativa ao regime fiscal comum aplicável às sociedades-mães e sociedades afiliadas de Estados membros diferentes[262]. Em 2003, são aprovadas duas directivas relativas a fluxos transfronteiriços de rendimentos – tributação de juros (Directiva 203/48/CE)[263] e regime fiscal comum aplicável a juros e *royalties* pagos entre sociedades associadas de Estados membros diferentes (Directiva 2003/49/CE). No domínio da luta contra a fraude e a evasão fiscais internacionais, foi adoptada a Directiva do Conselho (77/799/CEE) de 19 de Dezembro de 1977, relativa à assistência mútua das autoridades competentes dos Estados membros no domínio dos impostos directos e indirectos, a qual foi transposta para a ordem interna pelo Decreto-Lei nº 127/90, de 17 de Abril. A directiva 77/799/CEE viria a ser substituída pela Directiva 2011/16/UE, de 15 de Fevereiro de 2011. No domínio da assistência mútua em matéria de cobrança de impostos, a Directiva do Conselho (2001/44//CE), de 15 de Junho de 2001, alterou a Directiva do Conselho (78/308//CEE), de 15 de Março de 1976, alargando a impostos sobre o rendimento e sobre o património e a determinados impostos sobre prémios de seguros a assistência mútua à cobrança anteriormente aplicável ao imposto sobre o valor acrescentado e a determinados impostos especiais de consumo.

[262] Na mesma data foi celebrada uma Convenção relativa à eliminação da dupla tributação em caso de correcção de lucros entre empresas associadas (90/436/CEE), que se fundamenta no, à altura, artº 220º do Tratado CEE, o qual prevê que "os Estados membros entabularão entre si, sempre que necessário, negociações destinadas a garantir, em benefício dos seus nacionais", entre outros objectivos, "a eliminação da dupla tributação na Comunidade". Trata-se, porém, de uma convenção internacional, cuja ratificação é feita nos termos normais aplicáveis. O artº 293º do Tratado CE (anterior artº 220º do Tratado CEE) foi, no entanto, revogado pelo Tratado de Lisboa, sem que tivessem sido enunciadas as razões para esse desaparecimento. Uma hipótese de explicação será o de se pretender dar ainda maior força a um dos objectivos fundamentais da União Europeia – o da eliminação da dupla tributação. Com efeito, no regime anterior, na ausência de convenção para o efeito (comunitária ou bilateral) poderia interpretar-se essa disposição no sentido de que os Estado membros não seriam obrigados a eliminar a dupla tributação. Com o desaparecimento deste artigo, esta interpretação deixa de poder ser invocada. Cf. KEMMEREN, Eric, *"After repeal of Article 293 EC Treaty under the Lisbon Treaty: the objective of eliminating double taxation can be applied more widely"*, in *EC Tax Review*, nº 4, 2008, págs. 156-158.

[263] O texto desta directiva, vulgarmente designada por "Directiva da Poupança", da legislação portuguesa de transposição da mesma e bem assim dos Acordos celebrados com países terceiros (Suiça, Andorra, Liechtenstein, Mónaco e São Marino) e com territórios associados ou dependentes de Estados membros da União Europeia (Anguilla, Antilhas Neerlandesas, Aruba, Guensey, Ilha de Man, Caimão, Ilhas Turcas e Caicos, Ilhas Virgens Britânicas, Jersey e Monserat) podem ver-se em *Directiva da Poupança*, Cadernos de Ciência e Técnica Fiscal, nº 199, Lisboa, Centro de Estudos Fiscais, 2006.

Ainda no domínio da fiscalidade directa, perante a persistência de vários obstáculos fiscais a um mercado interno mais competitivo no seio da União Europeia, a Comissão, já no início do século XXI[264], delineou uma estratégia de actuação assente quer em medidas específicas de curto e médio prazo quer numa solução global para o longo prazo. As medidas específicas assentaram num aprofundamento de algumas questões, designadamente quanto:

- às reestruturações transfronteiriças (a Directiva 90/434/CEE foi alterada, alargando-se o seu campo de aplicação, pela Directiva 2005/19/ /CEE, de 17 de Fevereiro, e mais tarde substituída e codificada pela Directiva 2009/133/CE, de 19 de Outubro);
- à, atrás mencionada, convenção de arbitragem (tendo sido aprovado um código de conduta para a sua efectiva aplicação[265]);
- aos preços de transferência, com a institucionalização de um fórum sobre esta matéria, donde resultou a adopção de um código de conduta relativo à documentação dos preços de transferência para as empresas associadas na UE[266] e directrizes para os acordos prévios em matéria de preços de transferência[267];
- às questões relacionadas com a tributação à saída no caso de transferência de actividades económicas de uma para outra jurisdição, tendo sido aprovada pelo Conselho em 2 de Dezembro de 2008 uma Resolução contendo princípios directores a adoptar neste domínio[268].

A medida global acaba de ser concretizada através da proposta de directiva apresentada em 16 de Março de 2011 [COM(2011) 121final] relativa a

[264] O documento base é constituído pela Comunicação da Comissão ao Conselho, ao Parlamento Europeu e ao Comité Económico e Social, de 23.10.2001 [COM(2001) 582 final]. Cf. igualmente as Comunicações da Comissão COM (2003) 726 final, de 24.11.2003 e COM (2005) 532 final, de 25.10.2005.

[265] Código de Conduta para a efectiva aplicação da Convenção relativa à eliminação da dupla tributação em caso de correcção de lucros entre empresas associadas, in *Jornal Oficial* C 176, de 28.7.2006, págs. 8-12.

[266] Resolução do Conselho e dos Representantes dos Governos dos Estados membros, reunidos no Conselho, de 27 de Junho de 2006, relativa a um Código de Conduta relativo à documentação dos preços de transferência para as empresas associadas na União Europeia, in *Jornal Oficial* C 176, de 28.7.2006, págs. 1-7.

[267] Cf. Comunicação COM (2007) 71 final, de 26.2.2007.

[268] Resolução do Conselho de 2 de Dezembro de 2008 sobre a coordenação em matéria de tributação à saída, in *Jornal Oficial* C 176, de 28.7.2008, págs. 1-2.

uma *Matéria Colectável Comum Consolidada do Imposto de Sociedades* (MCCCIS), mais conhecida no plano internacional pela sigla CCCTB (*Common Consolidated Corporate Tax Base*), a qual resulta de um longo período de reflexão levado a cabo, na sequência do estudo levado a cabo em 2001 sobre fiscalidade das empresas, por um grupo de trabalho que se reuniu de 2004 a 2008.[269]

Os objectivos assumidos na proposta de directiva para a CCCTB estão direccionados para a eliminação de obstáculos para a plena realização do Mercado Único que a sujeição a 27 sistemas fiscais provoca, designadamente em termos de custos de cumprimento para as empresas e desincentivo ao investimento na União Europeia. Assim, pretende-se:

- dar às sociedades a opção de aplicar um sistema comum em toda a União Europeia para a determinação da sua base tributável e para a sua consolidação em termos de grupo;
- introduzir uma balcão único para, no caso de grupos, apresentar a declaração fiscal e determinação da base tributável, que é a administração fiscal do Estado de residência da empresa mãe, que é também a entidade perante a qual se efectuam as reclamações e recursos e que coordena as auditorias a todas as entidades consolidadas independentemente do Estado da sua localização;
- permitir a dedução transfronteiriça de prejuízos fiscais, quer no caso de estabelecimentos estáveis quer quanto a subsidiárias;
- reduzir os custos de cumprimento relacionados com os preços de transferência;
- reduzir a ocorrência de situações de dupla tributação e de não tributação, que a rede de convenções existentes não conseguiu totalmente solucionar;
- reduzir as oportunidades de planeamento fiscal abusivo através do aproveitamento de 27 sistemas fiscais diferentes na União Europeia.

Trata-se de um sistema meramente optativo pelo que coexistirão à escolha dos contribuintes duas bases tributáveis – a CCCTB e a prevista na legislação interna, sendo a opção pela primeira válida por um período mínimo de 5 anos, prorrogável por períodos sucessivos de 3 anos.

A CCTB traduz-se num conjunto de regras comuns para a determinação da base tributável de sociedades residentes na União Europeia, qual-

[269] Os documentos do grupo de trabalho criado para o seu estudo estão acessíveis em http://ec.europa.eu/taxation_customs/taxation/company_tax/common_tax_base.

quer que seja a sua dimensão, e de estabelecimentos estáveis aqui situados de sociedades de terceiros Estados. Podem acolher-se a estas regras não só os grupos de sociedades residentes em vários países, mas também os grupos meramente internos e mesmo empresas isoladas. Especificamente, como se assinala na exposição de motivos da proposta, essas regras permitem determinar o resultado tributável de cada uma dessas sociedades e estabelecimentos estáveis, a consolidação desses resultados quando exista um grupo de sociedades e a repartição dessa base tributável pelos diferentes Estados membros em que as componentes do grupo operem. A uniformização respeita apenas à base tributável, continuando a ser fixadas totalmente no plano nacional as taxas aplicáveis, não se encarando qualquer harmonização destas, mesmo em termos de taxas mínimas, assim se pretendendo favorecer uma concorrência fiscal dotada de toda a transparência.

A inclusão no perímetro de consolidação está reservada para as sociedades que, directa ou indirectamente, cumpram dois requisitos (artº 54º da proposta): o de controlo (a sociedade mãe deverá deter mais de 50% dos direitos de voto das outras sociedades) e o de participação no capital ou de direito a participar nos lucros (a sociedade mãe deve deter mais de 75% de participação ou de direito aos lucros na subsidiária).

A fórmula de repartição da base tributável consolidada pelos Estados membros em que o grupo opera está baseada em três factores[270] – mão-de-obra, activos fixos e vendas –, considerados igualmente e definidos nos seguintes termos (artº 86º da proposta):

- o factor mão-de-obra é dado pela participação das entidades de cada Estado no conjunto do factor trabalho do grupo (ponderando em partes iguais os salários e o número de trabalhadores);
- o factor activos fixos é representado pela participação dos activos fixos tangíveis das entidades de cada Estado no total dos activos fixos tangíveis do grupo;

[270] Uma breve síntese sobre a problemática das fórmulas de repartição de receitas do imposto de sociedades entre diferentes jurisdições pode ver-se em WEINER, Joann Martens, "*The race to find a common formula to apportion the EU tax base*", in *EC Tax Review*, 2008/3, págs. 100-110 e, sobre os efeitos da aplicação da fórmula em termos de receitas de cada Estado membro, DEVEREUX, Michael P. e LORETZ, Simon, "*The Effects of EU Formula Apportionment on Corporate Tax Revenues*", in *Fiscal Studies*, vol. 29, n. 1, March 2008, págs. 1-33 e OESTREICHER, Andreas e KOCH, Reinald, "*The Revenue Consequences of Using a Common Consolidate Corporate tax Base to Determine Taxable Income in the EU Member States*, in *FinanzArchiv*,nº 1, vol. 67, March 2011, págs. 64-102.

- o factor vendas é dado pela participação das vendas realizadas em cada Estado no total das vendas do grupo, não sendo incluídas as vendas de bens e as prestações de serviços intra-grupo.

Existem algumas características que devem ser sublinhadas no regime proposto.

Em primeiro lugar, o carácter optativo da sua aplicação e a sua extensão a grupos e não grupos e a todas as empresas qualquer que seja a sua dimensão.

Depois, a total autonomização das regras fiscais em relação à contabilidade. No início dos trabalhos com vista a esta proposta pensava-se que a adopção pela União Europeia das Normas Internacionais de Contabilidade poderia propiciar um ponto de partida para a definição de uma base comum para o resultado tributável. Esta perspectiva acabou, no entanto, por ser abandonada e pretende-se agora que as normas de determinação deste resultado sejam na CCCBT auto-suficientes[271]. Em vez da invocação dos "princípios contabilísticos geralmente aceites" como suporte para a determinação do lucro tributável, faz-se apelo a um conjunto de "princípios gerais", a saber (artº 9º da proposta):

a) Os lucros e perdas só devem ser reconhecidos quando realizados;
b) As transacções e os factos tributáveis devem ser avaliados individualmente;
c) O cálculo da base tributável deve ser feito de uma forma consistente a menos que circunstâncias excepcionais justifiquem uma alteração;
d) A base tributável deve ser determinada relativamente a cada ano fiscal a menos que seja estabelecida regra diferente. O ano fiscal é constituído por qualquer período de doze meses, excepto nos casos expressamente referidos.

[271] Com efeito, no início, as normas internacionais de contabilidade eram consideradas como um ponto de partida para a definição da base tributável; depois essas normas passaram a ser consideradas apenas como um instrumento de trabalho que servisse de guia para as discussões e para fornecer um vocabulário comum; nos trabalhos finais considerou-se que não é possível estabelecer qualquer ligação formal da base tributável às normas internacionais de contabilidade, devendo as regras de cálculo da CCCTB ser assumidas com autonomia (*self-standing*). Cf. ESSERS, Peter e RUSSO, Ronald, *"The Precious Relationship between IAS/IFRS, National Tax Accounting Systems and the CCCTB"*, in *The Influence of IAS/IFRS on the CCTB, Tax Accounting, Disclosure, and Corporate Law Accounting Concepts – "A Clash of Cultures"*, The Netherlands, Kluwer Law International, 2009, pág. 29-86.

No contexto destes princípios, a proposta desenvolve as suas próprias regras específicas, definindo o resultado tributável e as suas componentes e bem assim a periodização e quantificação das mesmas. Não deixa de notar-se, porém, a existência de algumas imprecisões e uma certa falta de densidade normativa, que o recurso a actos delegados na Comissão ao abrigo do artº 127º do TFUE (e sujeitos às condições estabelecidas nos artºs 128º, 129º e 130º do TFUE) pode não ser suficiente para preencher. Isso é visível, por exemplo, em matéria de depreciações e amortizações e imparidades e provisões. O facto de não estar prevista qualquer ligação à contabilidade acentua estas lacunas e não deixará de criar alguma insegurança na aplicação das regras previstas.

É, em terceiro lugar, de registar a postura adoptada em relação aos rendimentos obtidos por sociedades residentes na União Europeia que são considerados isentos, embora acautelando a progressividade quando exista: lucros distribuídos, mais valias de partes de capital e rendimentos de estabelecimentos estáveis em países terceiros (artºs 10º e 11º da proposta). É certo que relativamente aos casos em que esses rendimentos provêm de países terceiros existe uma cláusula de salvaguarda (artº 73º da proposta) no sentido de acautelar que essa isenção não se aplica quando esses rendimentos não sejam sujeitos a determinado nível mínimo de tributação no país de origem, mas esta abordagem não deixa de significar a adopção da NIC, neutralidade na importação de capitais, privilegiando, desse modo, a tributação no Estado da fonte. A tributação pelo chamado "rendimento mundial", que a proposta também adopta (artº 6º, nº 6, da proposta) tem, assim, de ser lida com esta limitação. Por outro lado, a tributação das mais-valias de partes de capital no Estado da fonte não deixa de ser uma ruptura com as normas convencionais adoptadas em consonância com o Modelo de Convenção da OCDE, obrigando à renegociação dos tratados com países não membros da União Europeia para evitar uma dupla não tributação.

Quanto a prejuízos, além da comunicabilidade no seio dos grupos dos prejuízos obtidos, prevê-se o seu reporte para a frente, sem limite quanto ao número de anos para efectuar esse reporte (artº 43º da proposta). O reporte para trás, que funciona como estabilizador automático em épocas de crise, permitido em alguns países membros da União Europeia, não é adoptado pela proposta[272].

[272] Numa iniciativa anterior no âmbito do reporte de prejuízos, foi apresentada uma proposta de directiva em 1984, emendada em 1985, destinada a harmonizar o reporte de prejuízos no espaço comunitário, restrita aos prejuízos verificados internamente, a qual viria a ser retirada

São também de assinalar as regras em matéria de caducidade do direito à liquidação (artº 114º da proposta). O prazo geral é de 3 anos contados a partir da data-limite para a apresentação da declaração fiscal. Porém, é de 6 anos quando estejam em causa erros ou faltas deliberadas ou grosseiramente negligentes e de 12 anos quando esses erros ou faltas estiverem sujeitos a procedimento criminal.

Seguir-se-á agora a análise desta proposta ao nível do Conselho, sendo ainda de prever longas discussões e quiçá rejeições da mesma por alguns países, desde logo por considerarem que não está assegurada a observância do princípio da subsidariedade. Isso poderá eventualmente levar a um adiamento da medida ou à sua concretização por alguns Estados ao abrigo do chamado mecanismo da cooperação reforçada (artº 2º do TUE e artºs 326º e segs. do TFUE).

em 1996 com o argumento de que o regime interno de reporte de prejuízos era uma competência dos Estados membros e devia permanecer na sua liberdade de actuação. Aí se previa um reporte ilimitado para a frente e um reporte para trás limitado a 3 anos. Virada para o reporte de prejuízos transfronteiriços, a Comissão apresentou, em princípios de 1991, uma proposta de directiva [COM(90) 595 final] visando a tomada em consideração pelas empresas dos prejuízos dos seus estabelecimentos estáveis e subsidiárias situados noutros Estados membro, que viria a ser igualmente retirada em 2004. O regime previsto nessa proposta relativamente a estabelecimentos estáveis consistia em dois métodos alternativos: o método da imputação (ou seja tomar em consideração os lucros e as perdas dos estabelecimentos estáveis e, quando fosse caso disso, permitir o crédito de imposto pago ao nível do estabelecimento estável) ou a dedução das perdas do estabelecimento estável (e posterior reintegração das mesmas nos lucros desse estabelecimento); relativamente a subsidiárias era apenas permitido este último método. Cf. PANAYI, Christiana HJI, "*Reverse Subsidiarity and EU Tax Law: Can Member States be Left to their Own Devices ?*", in *British Tax Review*, nº 3, 2010, págs.267-301 e DENYS, Lieven, "*Previous EU Proposals for Cross-Border Loss Relief*", in *European Taxation*, nº 9, 2006, págs. 443-445. A questão do reporte transfronteiriço de prejuízos fiscais recebeu uma redobrada atenção após o Acordão do Tribunal de Justiça da União Europeia de 13 de Dezembro de 2005 conhecido como o Caso *Marks & Spencer (Case C-446/03)*. Aí foi reconhecido que, num regime fiscal de grupo, não é contrário ao direito comunitário que não seja permitido a uma sociedade deduzir as perdas de uma sua subsidiária situada noutro Estado membro, mesmo quando permite essa dedução relativamente a subsidiárias residentes; mas já será contrário ao direito comunitário proibir a sociedade mãe de deduzir essa perdas quando a subsidiária tiver esgotado todas as possibilidades no seu Estado de residência de tomar em conta essas perdas no passado, presente ou futuro, quer por si quer por terceiro no caso de a subsidiária ser vendida. A Comissão viria depois a publicar uma Comunicação dedicada ao tema dos prejuízos transfronteiriços em 2006 – COM (2006) 824 final, Bruxelas, 19.12.2006.

DIRECTIVAS COMUNITÁRIAS EM MATÉRIA DE FISCALIDADE DIRECTA

- Directiva do Conselho, de 19 de Dezembro de 1977, relativa à assistência mútua entre as autoridades competentes dos Estados membros no âmbito dos impostos directos (77/799/CEE)* revogada a partir de 1 de Janeiro de 2013 pela Directiva 2011/16/EU do Conselho, de 15 de Fevereiro de 2011.
- Directiva do Conselho, de 23 de Julho de 1990, relativa ao regime fiscal comum aplicável a sociedades mães e afiliadas de Estados membros diferentes (90/435/CEE), alterada pela Directiva do Conselho de 22 de Dezembro de 2003 (2003/123/CE)
- Directiva do Conselho, de 3 de Junho de 2003, relativa à tributação dos rendimentos da poupança sob a forma de juros (2003/48/CE)
- Directiva do Conselho, de 3 de Junho de 2003, relativa a um regime fiscal comum aplicável aos pagamentos de juros e royalties entre sociedades associadas de Estados membros diferentes (2003/49/CE)
- Directiva 2009/133/CE do Conselho, de 19 de Outubro de 2009, relativa ao regime fiscal comum aplicável a fusões, cisões, cisões parciais, entradas de activos e permuta de acções entre sociedades de diferentes Estados membros e à transferência da sede de uma SE ou de uma SCE de um Estado membro para outro Estado membro

* Esta directiva foi posteriormente modificada pelas directivas 79/1070/CEE e 92/12/CEE, passando a aplicar-se também aos impostos indirectos

Exemplo de um regulamento em que se contem matéria fiscal é o relativo aos agrupamentos europeus de interesse económico – Regulamento do Conselho (2137/85/CEE), de 25 de Julho de 1985 – em cujo artº 40º se prevê a transparência fiscal desses agrupamentos, regime que se encontra reflectido no nº 2 do artº 6º do Código do IRC[273].

É, porém, no domínio dos impostos sobre a despesa que se têm verificado maiores progressos na harmonização fiscal ao nível da União Europeia. O mais significativo deu-se em matéria de IVA[274]. Assim, na sequência do chamado relatório Neumark (1962), em 1967, com a primeira e segunda directivas sobre o sistema comum de imposto sobre o valor acrescentado

[273] Para a publicação deste regulamento foi invocado o artº 235º do Tratado CEE (com correspondência no actual artº 352ºdo TFUE) em que se previa que "se uma acção da Comunidade for considerada necessária para atingir, no curso de funcionamento do mercado comum, um dos objectivos da Comunidade, sem que o presente Tratado tenha previsto os poderes de acção necessários para o efeito, o Conselho, deliberando por unanimidade, sob proposta da Comissão, e após consulta da Assembleia, adoptará as disposições adequadas".

[274] Sobre as várias etapas na harmonização do imposto sobre o valor acrescentado veja-se ALEXANDRE, Mário, *"A harmonização do IVA: objectivos e estratégias"*, in *Ciência e Técnica Fiscal*, Lisboa, nº 390, Abr-Jun/1998, págs. 221-237, PALMA, Clotilde Celorico, *Estudos de imposto sobre o valor acrescentado*, págs. 10 e segs. e AMARAL TOMAZ, João *"Fiscalidade e Integração Europeia"*, a publicar in Dicionário Portugal e a Europa: 60 anos de cooperação, 20 anos de adesão, Instituto de História Contemporânea, Lisboa.

(Directivas 67/227/CEE e 67/228/CEE, respectivamente) tornou-se o IVA de adopção obrigatória em todos os Estados membros da CEE, eliminando-se, desse modo, um obstáculo ao funcionamento da união aduaneira que era constituído pelos sistemas de impotos cumulativos ou em cascata. O sistema inicialmente previsto para entrar em vigor em 1 de Janeiro de 1970 viria a vigorar apenas a partir de 1 de Janeiro de 1973. Posteriormente, já em 1977, com a sexta directiva sobre o sistema comum de imposto sobre o valor acrescentado (Directiva 77/388/CEE) impôs-se aos Estados-membros uma base tributável uniforme para a determinação do imposto, passo que foi tornado necessário devido ao facto de se ter incluído nos "recursos próprios" da Comunidade os provenientes do IVA, obtidos através da aplicação de uma taxa comum a uma matéria colectável determinada de modo uniforme[275].

Mas, a harmonização no domínio da tributação da despesa viria a sofrer um impulso decisivo na perspectiva do mercado único de 1993, implicando a abolição no espaço comunitário das fronteiras fiscais. Isso mesmo viria a reflectir-se na publicação em 1985 do Livro Branco sobre o mercado interno[276] e no Acto único entrado em vigor em 1 de Julho de 1987 através da fixação de metas de harmonização de modo a conseguir-se esse grande mercado interno de 1993 sem fronteiras internas (vejam-se em especial os artºs 8º A e 99º do Tratado CEE, na redacção que lhes foi dada pelo Acto único e que correspondem, actualmente, aos artºs 26º e 113º do TFUE)[277]. Para o efeito, a Comissão apresentou logo em Agosto de 1987 sete propostas de directivas, que ficaram conhecidas sob a designação de "pacote Cockefield", nome do comissário europeu então responsável pela área da fiscalidade, que versavam sobre as taxas e a base tributável do IVA, os impostos especiais de consumo sobre cigarros e outros tabacos, óleos

[275] Para uma análise desenvolvida da chamada Sexta Directiva pode ver-se XAVIER DE BASTO, J. G., *A tributação do consumo e a sua coordenação internacional*, págs. 124 e segs.

[276] Cf. *L'achévenement du marché intérieur*. Livre Blanc à l'intention du Conseil européen (Milan, 28-29 juin 1985), Com (85) 310 final.

[277] Uma das principais consequências da abolição das fronteiras é a necessidade de reponderação do princípio de tributação apenas no país de destino para as transacções intra-comunitárias, que exige a isenção das exportações e a tributação das importações. Nas propostas da Comissão da CEE e tendo em conta que os diferentes Estados membros se têm manifestado contra alterações que façam variar sensivelmente as suas receitas fiscais, esta dificuldade é removida através de um mecanismo de compensação. Sobre os aspectos teóricos da escolha entre o princípio da origem e do destino veja-se CNOSSEN, Sijbren e SHOUP, Carl, *"Coordination of value-added taxes"* in *Tax Coordination in the European Community*, Cnossen, Sijbren editor, Deventer, Kluwer, 1987, págs. 59-84.

minerais e álcool e a criação de um mecanismo de compensação relativamente ao IVA para as vendas intra-comunitárias (*clearing system*). Estas propostas foram reformuladas em Maio de 1989, já sob a responsabilidade de um novo comissário europeu na área da fiscalidade – a Senhora Scrivener. Em resultado, porém, das discussões havidas, verificou-se uma importante inflexão no ECOFIN de 13 de Novembro de 1989 – passou a admitir-se que, após 1993, e durante um período transitório (em princípio fixado até 31 de Dezembro de 1996, mas que vem sendo automaticamente prorrogado até que seja tomada uma decisão sobre o regime definitivo), o princípio da tributação no destino seria mantido: em todas as operações intracomunitárias efectuadas entre sujeitos passivos do imposto, o IVA é pago à taxa e a favor do tesouro do país de destino. A partir do final do período transitório este regime seria substituído por um regime definitivo de tributação das trocas entre os Estados-membros assente no princípio da tributação no Estado-membro de origem dos bens entregues e dos serviços prestados, a fim de dar cumprimento ao objectivo definido no artº 4º da referida Primeira Directiva do Conselho de 11 de Abril de 1967. É neste contexto que, em 16 de Dezembro de 1991, é adoptada a Directiva do Conselho 91/680/CEE, que completa o sistema comum do imposto sobre o valor acrescentado e altera, tendo em vista a abolição das fronteiras fiscais, a Directiva 77/388/CEE. Assim, em decorrência da abolição dessas fronteiras, a tributação relativa às vendas com origem num Estado-membro e destino noutro Estado-membro deixa de fazer-se aquando da respectiva "importação" passando a fazer-se aquando da chamada "aquisição intracomunitária", assumindo o adquirente a posição de devedor perante o fisco. Isso significa que continuam isentas no país comunitário de origem as "exportações" com destino a outros países comunitários. Este esquema, no entanto, aplica-se apenas quando o adquirente for sujeito passivo do IVA, agindo nessa qualidade, ou uma pessoa colectiva que não seja sujeito passivo[278]. Se o adquirente for um consumidor final, há lugar a tributação no Estado-membro onde se verificar a aquisição.

No âmbito da realização do mercado interno e de modo a que o regime da Directiva 91/680/CEE relativo às transmissões intracomunitárias fosse instituído sem riscos de fraude, que poderia conduzir a distorções da con-

[278] A regra da tributação no país de destino não se aplica, porém, relativamente às aquisições efectuadas pelas pessoas colectivas não sujeitos passivos e pelos sujeitos passivos isentos, se essas aquisições intracomunitárias num determinado período forem inferiores a 10 000 euros.

corrência, foi ainda adoptado o Regulamento (CEE) nº 218/92, do Conselho, de 27 de Janeiro de 1992, relativo à cooperação administrativa no domínio dos impostos indirectos (IVA) que estabelece um conjunto de procedimentos para a troca, por via electrónica, de informações relativas ao IVA entre administrações fiscais dos Estados membros. Este regulamento viria a ser a ser revogado e substituído pelo Regulamento (CE) nº 1798/2003, de 7 de Outubro, com o mesmo âmbito, o qual vivia a ser alterado pelo Regulamento (CE) nº 143/2008, de 12 de Fevereiro.

Entretanto a sexta directiva, alterada mais de trinta vezes desde a sua adopção, foi substituída, em 2006, pela chamada "Directiva IVA" (Directiva 2006/112/CE), que, sem alterar a substância da legislação anterior, codifica num único texto todas essas alterações. Posteriormente, pela Directiva 2008/8/CE o regime regra para o lugar das prestações de serviços a sujeitos passivos de IVA passou a ser o local onde se situa este adquirente em vez do local onde se situa o prestador de serviços.

Estas alterações inserem-se na nova estratégia da Comissão em matéria de IVA para o início do século XXI[279]: o objectivo de criar um sistema de IVA com base no "princípio da tributação na origem" passa a ser um objectivo de longo prazo, enquanto no curto e médio prazo o desiderato é melhorar o sistema, modernizando-o e simplificando-o, baseado no "princípio da tributação no destino" ou melhor dizendo no "Estado membro do consumo". Duas das iniciativas mais importantes neste âmbito é a da criação do mecanismo de "balcão único" (caracterizado pela existência de um lugar único de tributação no espaço comunitário) e a do alargamento dos casos em que se verifica a substituição do sujeito passivo pelo consumidor final no pagamento do imposto (*reverse charge*).

Na mesma linha, no final de 2010, a Comissão Europeia, através de um "Livro verde"[280] lançou um debate alargado sobre o futuro do IVA, cujo acento tónico está, por um lado, na redução dos custos de cumprimento por parte das empresas, em especial das PME, designadamente através de um uso mais intensivo das novas tecnologias e, por outro, num melhor

[279] Comunicação da Comissão ao Conselho e ao Parlamento Europeu – Estratégia para melhorar o funcionamento do sistema do IVA no mercado interno (COM(2000) 348 final). Sobre esta evolução veja-se AUJEAN, Michel, *"L'évolution de la fiscalité en Europe sous l'impulsion de la Commission: 50 ans do Traité de Roma"*, in *A Vision of Taxes Within and Outside European Borders* (Luc Hinnekens and Philippe Hinnekens eds.), Kluwer Law International BV, The Netherlands, 2008, págs. 21-52.

[280] Comissão Europeia, *Livro Verde: Sobre o futuro do IVA – Rumo a um sistema de IVA mais simples, mais sólido e eficaz*, Bruxelas, 1.12.2010, COM (2010) 695 final.

DIRECTIVAS COMUNITÁRIAS EM MATÉRIA DE IVA (Principais directivas)

- Oitava Directiva do Conselho, de 6 de Dezembro de 1979, em matéria de harmonização das legislações dos Estados membros relativamente aos impostos sobre o volume de negócios - Modalidades de reembolso do IVA aos sujeitos passivos não estabelecidos no interior do país (79/1072/CEE)
- Décima Terceira Directiva do Conselho, de 17 de Novembro de 1986, em matéria de harmonização das legislações dos Estados membros relativamente aos impostos sobre o volume de negócios - Modalidades de reembolso do IVA aos sujeitos passivos não estabelecidos no território da Comunidade. (86/560/CEE)
- Vigéssima Directiva do Conselho, de 16 de Julho de 1985, em matéria de harmonização das legislações dos Estados membros relativamente aos impostos sobre o volume de negócios - Sistema comum de IVA: derrogações relativas às ajudas especiais concedidas a determinados agricultores em compensação do desmantelamento dos impostos compensatórios monetários aplicáveis a determinados produtos agrícolas (85/361/CEE)
- Directiva do Conselho, de 6 de Dezembro de 1979, que alarga a aplicação das regras relativas à assistência mútua das autoridades competentes dos Estados membros no domínio dos impostos directos ao imposto sobre o valor acrescentado (79/1070/ /CEE)
- Directiva do Conselho, de 28 de Março de 1983, que determina o âmbito de aplicação do nº 1, alínea *d*), do artº 14º da Directiva 77/388/CEE no que diz respeito à isenção do imposto sobre o valor acrescentado de certas importações definitivas de bens (83/181/CEE)
- Directiva do Conselho, de 28 de Novembro de 2006, relativa ao sistema comum de imposto sobre o valor acrescentado (2006/112/CE), que revoga a Directiva 67/227/ /CEE e a Directiva 77/388/CEE
- Directiva do Conselho, de 12 de Fevereiro de 2008, que altera a Directiva 2006/112/ /CEE no que diz respeito ao lugar das prestações de serviços (2008/8/CE)
- Directiva do Conselho, de 12 de Fevereiro de 2008, que define as modalidades de reembolso do imposto sobre o valor acrescentado prevista na Directiva 2006/112/ /CEE a sujeitos passivos não estabelecidos no Estado-Membro de reembolso, mas estabelecidos noutro Estado-membro (2008/9/CE)
- Directiva do Conselho, de 13 de Julho de 2010, que altera a Directiva 2006/112/CE relativa ao sistema comum de imposto sobre o valor acrescentado no que respeita às regras em matéria de facturação (2010/45/UE).

funcionamento do mercado interno e na maximização das receitas e minimização dos riscos de fraude. Neste contexto, uma questão importante respeita à questão de saber se o modelo europeu deve ter como objectivo a atingir o da tributação na origem, tal como reafirmado na Directiva IVA de 2006 que volta a considerar a tributação no destino como um regime transitório, ou consagrar esta última como o paradigma definitivo, na linha do que acaba por ser o regime adoptado por directivas recentes, como a respeitante a prestações de serviços (Directiva 2008/8/EC). Outros te-

DIRECTIVAS COMUNITÁRIAS EM MATÉRIA DE IMPOSTOS ESPECIAIS DE CONSUMO (Principais directivas)

1. Geral	• Directiva do Conselho, de 16 de Dezembro de 2008, sobre o regime geral dos impostos especiais de consumo (2008/118/CE)
2. Imposto sobre tabaco manufacturado	• Directiva do Conselho, de 19 de Outubro de 1992, relativa à aproximação dos impostos sobre cigarros (92/79/CEE) • Directiva do Conselho, de 19 de Outubro de 1992, relativa à aproximação dos impostos sobre tabaco manufacturado distinto dos cigarros (92/ /80/CEE) • Directiva do Conselho, de 27 de Novembro de 1995, relativa aos impostos distintos dos impostos sobre o volume de negócios que incidem sobre o consumo de tabaco manufacturado (95/ /59/CEE)
3. Tributação dos produtos energéticos e da electricidade	• Directiva do Conselho, de 27 de Outubro de 2003, que reestrutura o quadro comunitário de tributação dos produtos energéticos e da electricidade (2003/96/CE) • Directiva do Conselho, de 27 de Novembro de 1995, relativa à marcação para efeitos fiscais do gasóleo e do querosene (95/60/CE)
4. Imposto sobre o álcool e bebidas alcoólicas	• Directiva do Conselho, de 19 de Outubro de 1992, relativa à harmonização das estruturas dos impostos especiais sobre o álcool e as bebidas alcoólicas (92/83/CEE) • Directiva do Conselho, de 19 de Outubro de 1992, relativa à aproximação das taxas dos impostos especiais sobre o álcool e as bebidas alcoólicas (92/84/CEE)

mas sobre que incide a consulta são, designadamente: a aplicação do IVA a entidades públicas; as isenções de IVA, em especial as referentes ao transporte de passageiros; o exercício do direito à dedução; a estrutura de taxas; o modelo de cobrança.

No domínio dos impostos especiais de consumo, os esforços de harmonização limitaram-se, numa primeira fase, praticamente ao imposto sobre o tabaco – veja-se, sobretudo, a Directiva de 19 de Dezembro de 1972 (72/464/CEE) e a Directiva de 18 de Dezembro de 1978 (79/32/CEE).

A perspectiva do mercado interno de 1993 levou também à adopção de importantes medidas no domínio dos impostos especiais de consumo

– em 25 de Fevereiro é adoptada uma directiva sobre o regime geral de detenção, circulação e controlo dos produtos objecto de impostos especiais de consumo (Directiva 92/12/CEE) e em 19 de Outubro do mesmo ano são adoptadas várias directivas quanto aos impostos sobre o tabaco manufacturado, sobre óleos minerais e sobre o álcool e bebidas alcoólicas. Em matéria de produtos energéticos e de electricidade, e revogando as directivas sobre óleos minerais anteriormente em vigor, merece referência a Directiva 2003/16/CE, de 27 de Outubro de 2003. O regime geral dos impostos especiais de consumo viria a ser fixado pela Directiva 2008/118/ /CE, de 16 de Dezembro, que revoga a Directiva 92/12/CEE.

Pelos seus reflexos fiscais – no nosso caso em termos de imposto dsobre veículos – há ainda que tomar em consideração a Directiva do Conselho, de 17 de Junho de 1999, relativa à aplicação pelos Estados-membros de imposições aos veículos pesados de mercadorias pela utilização de certas infra-estruturas (1999/62/CE), que substitui a Directiva 93/89/CEE, de 25 de Outubro de 1993.

Importa ainda referir o direito comunitário derivado em matéria de reuniões e movimentos de capitais, com interesse particular designadamente quanto à incidência do imposto do selo e encargos e emolumentos notariais e registais, constituído pela Directiva do Conselho de 12 de Fevereiro de 2008 (2008/7/CE), que constitui a versão codificada (*recast*) da Directiva do Conselho de 17 de Julho de 1969 (69/335/CEE), modificada pelas Directivas de 9 de Abril de 1973 (73/79/CEE), de 9 de Abril de 1973 (73/80/CE) de 7 de Novembro de 1974 (74/553/CEE) e 10 de Junho de 1985 (85/303/CEE)[281].

[281] O Acórdão do Tribunal de Justiça da Comunidade Europeia de 29 de Setembro de 1999 no Pº C-56/98, referente ao litígio entre Modelo SGPS SA e Director-Geral dos Registos e Notariado de Portugal concluiu que os emolumentos notariais então cobrados pela celebração de uma escritura pública de aumento de capital social e de alteração da denominação social e da sede de uma sociedade de capitais são imposições para efeitos da Directiva 69/355/CEE e são, em princípio, proibidos por essa directiva. Mais se declara aí que não reveste carácter remuneratório uma imposição desse tipo cujo montante aumenta directamente e sem limites na proporção do capital social subscrito e que os particulares podem invocar os direitos criados por essa directiva perante os órgãos jurisdicionais nacionais. Cf. CUNHA, Patrícia Noiret e VASQUES, Sérgio, *ob. cit.*, págs. 277 e segs. Mais recentemente por Acórdão de 21 de Junho de 2007 no Pº C-366/05, referente ao litígio entre Optimus-Telecomunicações, SA e Fazenda Pública foi entendido, à luz da Directiva 69/335/CEE, que não era devido imposto do selo relativamente a uma operação de aumento de capital em numerário. A verba 26 da Tabela anexa ao Código do Imposto do Selo, que previa a tributação das entradas de capital, veio a ser totalmente revogada pela Lei nº 3-B/2010, de 28 de Abril.

8.4. Tratados internacionais

Os tratados ou convenções internacionais são fonte de direito fiscal na medida em que vigorem na ordem interna portuguesa[282].

A Constituição da República – artº 8º – adopta a este respeito o chamado princípio da recepção automática[283]. Mas, enquanto que para o direito internacional geral ou comum, isto é o direito formado pelas normas de direito consuetudinário e princípios gerais de direito comuns às "nações civilizadas", as respectivas normas e princípios vigoram, por si mesmas, na ordem interna, fazendo parte integrante do direito português (artº 8º, nº 1, da Constituição), para o denominado direito internacional particular, integrado pelos tratados ou convenções internacionais, a sua eficácia interna – "enquanto vincularem internacionalmente o Estado Português" – está condicionada à sua aprovação ou ratificação e à publicação oficial do respectivo texto [artº 8º, nº 2, da Constituição; cf. igualmente o artº 119º, nº 1, alínea *b*), da Constituição].

Actualmente, quanto à competência para aprovar as convenções internacionais sobre matéria tributária, há que distinguir entre os que respeitam a qualquer dos elementos essenciais do imposto referidos no artº 103º, nº 2, da Constituição ou à qualificação ou punição de qualquer infracção fiscal

[282] Não existe, neste domínio, uma linguagem uniforme, havendo uma pluralidade de designações equivalentes para designar, em termos genéricos, um tratado internacional, de que são exemplos os termos acordo, convenção e até, quando um dos signatários é a Santa Sé, concordata. Esta variedade de vocabulário é reconhecida, aliás, pela Convenção de Viena, sobre o direito dos tratados, de 23 de Maio de 1969, que considera tratado "um acordo internacional concluído por escrito entre Estados e regulado pelo direito internacional, quer conste de um instrumento único quer de dois ou mais instrumentos conexos, e qualquer que seja a sua designação particular". Cf. QUOC DINH, Nguyen, DAILLIER, Patrick e PELLET, Alain, *Droit International Public*, 3ª ed., Paris, Librairie Générale de Droit et Jurisprudence, 1987, págs. 110 e segs. No entanto, a Constituição da República, no seu artº 8º, adopta o termo convenção para designar genericamente os tratados e os acordos, que têm um regime diferente – os tratados carecem de ratificação ao contrário dos acordos. Para efeitos desta distinção tem-se recorrido à prática corrente em direito internacional, podendo dizer-se que, de um modo geral, se impõe a forma de tratado quando se pretende uma disciplina equivalente à das leis internas e se pode recorrer à forma de acordo quando se pretende que tenham um valor equivalente a um regulamento, o que se mostra apropriado para os instrumentos diplomáticos executivos de tratados já celebrados.

[283] Na vigência da Constituição de 1933 e até à revisão constitucional de 1971, as normas internacionais, pelo menos para alguns autores, não constituíam, por si, fontes de direito na medida em que se dirigiam apenas aos Estados e não aos indivíduos e careciam de uma actividade legislativa posterior – a publicação de uma lei ou de um decreto-lei – para se transformarem em direito interno. Cf. SOARES MARTINEZ, Pedro, *ob. cit.*, págs. 115 e segs.

[artº 165º, nº 1, alíneas *c*), *d*) e *i*), da Constituição], que terão de ser obrigatoriamente aprovados pela Assembleia da República [alínea *i*) do artº 161º da Constituição] e os que disponham sobre outras matérias, os quais podem ser aprovados pelo Governo [alínea *c*) do nº 1 do artº 197º da Constituição].

Um outro problema que tem sido suscitado consiste em saber qual a forma que devem revestir os actos de aprovação dos tratados ou convenções internacionais. Quando essa aprovação é da competência da Assembleia da República deve revestir a forma de resolução (artº. 166º, nº 5, da Constituição) e quando é da competência do Governo deve revestir a forma de decreto (artº 197º, nº 2, da Constituição). Em qualquer caso, compete ao Presidente da República ratificar os tratados internacionais devidamente aprovados [artº 135º, alínea *b*), da Constituição][284].

Cumpre referir ainda a questão de saber qual a relação hierárquica entre as normas internacionais convencionais e as normas de direito interno. Existe alguma controvérsia sobre o assunto, podendo falar-se na existência de duas posições principais: uma defende a paridade hierárquico-normativa entre as normas convencionais internacionais e os actos legislativos internos; a outra advoga que o direito internacional convencional tem um valor infraconstitucional mas supralegislativo[285]. Parece mais correcta esta última posição: as convenções internacionais são hierarquicamente superiores ao direito ordinário interno. Este problema tem algum relevo no direito fiscal na medida em que, por vezes, não existe coincidência entre as normas de direito interno e as normas convencionais – por exemplo, se de acordo com as primeiras existe uma tributação impedida pelas segundas, estas prevalecem, mesmo que as primeiras sejam posteriores às segundas.

Em especial no tocante às convenções em matéria fiscal, as relações entre normas de direito interno e normas convencionais dão lugar a dois efeitos destas – um efeito negativo, de carácter restritivo, e um efeito positivo, de criação ou ampliação da sujeição ou das possibilidades de tributação[286]. O efeito negativo ou restritivo é imediato, o contribuinte tem direito ao regime convencional quando dele resulta um regime fiscal mais

[284] Por isso, tem sido prática que as convenções fiscais sejam aprovadas por Resolução da Assembleia da República e ratificadas por Decreto do Presidente da República.

[285] GOMES CANOTILHO, J.J., *ob. cit.*, pág. 821.

[286] PIRES, Manuel, *Da dupla tributação jurídica internacional sobre o rendimento*, Lisboa, Centro de Estudos Fiscais, 1984, págs. 459 e segs, XAVIER, Alberto, *Direito tributário internacional*, págs. 121 e 122 e VOGEL, Klaus, *On Double Taxation Conventions – A Commentary to the OECD, UN and US Model Conventions for the Avoidance of Double Taxation of Income and Capital*, The Hague, Kluwer, 1997, pág. 19.

favorável do que o estabelecido em norma de direito interno. Assim, por exemplo se a taxa de tributação na fonte prevista numa convenção é de 10% e na lei interna é de 15%, o contribuinte tem direito a que se lhe aplique o regime previsto na convenção. Já o mesmo não acontece em relação ao chamado efeito positivo – se uma convenção possibilita uma tributação num caso não contemplado pela lei interna, não é apenas por força da convenção que se cria uma nova sujeição. Essa possibilidade só terá efeitos práticos quando a lei interna for alterada de modo a prever essa tributação. Também não é por força de uma convenção que se podem reduzir benefícios previstos numa lei interna.

Existem muitos tratados internacionais que incluem normas com relevância fiscal. De entre eles, destacam-se o Tratado sobre o Funcionamento da União Europeia (TFUE) que constituem o chamado direito comunitário primário ou originário, já atrás analisado, e os relativos a outras organizações internacionais de que Portugal faz parte, como por exemplo o Banco Internacional para a Reconstrução e Desenvolvimento e o Fundo Monetário Internacional, cujos Acordos foram aprovados pelos Decretos-Leis nºs 43 337 e 43 338, de 21 de Novembro de 1960. Às vezes a aprovação dos acordos relativos a privilégios e imunidades dessas organizações e respectivos funcionários é feita com reservas ou com declarações, pelo que as vantagens fiscais são reduzidas ou entendidas nessa conformidade – veja-se, por exemplo, o Acordo sobre Privilégios e Imunidades da Agência Internacional de Energia Atómica, aprovado pela Resolução da Assembleia da República nº 58/99 e ratificado pelo Decreto do Presidente da República nº 166/99, de 10 de Julho.

Exemplo de outro tratado internacional com repercussões fiscais é a Concordata com a Santa Sé, assinada em 18 de Maio de 2004 e ratificada pelo Decreto do Presidente da República nº 80/2004, de 16 de Novembro, em cujo artº 26º se prevê um conjunto de não sujeições e isenções tributárias aplicáveis à Igreja Católica[287].

[287] Anteriormente vigorou a Concordata com a Santa Sé, de 7 de Maio de 1940, em cujo artº VIII se consagravam isenções tributárias a bens e entidades eclesiásticas. Também o Acordo Missionário, da mesma data, celebrado com a Santa Sé, contém no seu artº 11º, várias isenções de impostos. Sobre a Concordata de 2004 veja-se Pires, Manuel, *"Aspectos fiscais"*, in *Estudos sobre a Nova Concordata Santa Sé – República Portuguesa, 18 de Maio de 2004*, Lisboa, Universidade Católica Portuguesa, 2006, págs. 201-207 e Marques da Siva, Isabel, *"Implicações fiscais"*, in *loc. cit*, págs. 209-221.

No entanto, os acordos internacionais mais importantes em matéria fiscal, até por que são exclusivamente tributários, são as chamadas Convenções para eliminar a dupla tributação sobre o rendimento, que Portugal já celebrou com vários países[288] e nas quais seguiu o Modelo de Convenção elaborado pela OCDE, que integra não só um modelo de articulado como extensos comentários, que constituem uma base fundamental para a interpretação do texto dos acordos (veja-se adiante 11.3.2.)[289]. No final de cada artigo, figuram as Reservas de cada Estado (dissonâncias em relação ao texto do articulado) e as Observações (que se referem ao conteúdo dos comentários). Trata-se de convenções que têm um duplo objectivo: por um lado, a eliminação da dupla tributação internacional; por outro, a luta contra a evasão e a fraude fiscal a nível internacional.

CONVENÇÕES PARA EVITAR A DUPLA TRIBUTAÇÃO CELEBRADAS POR PORTUGAL

Países	Diploma de ratificação
África do Sul	Decreto do Presidente da República n.º 70/2008, de 22 de Setembro
Alemanha	Lei n.º 12/82, de 3 de Junho
Argélia	Decreto do Presidente da República n.º 28/2006, de 23 de Março
Áustria	Decreto-Lei nº 70/71, de 8 de Março
Bélgica	Decreto-Lei n.º 619/70, de 15 de Dezembro e Decreto do Presidente da República n.º 78/2000, de 14 de Dezembro
Brasil	Decreto do Presidente da República n.º 27/2001, de 27 de Abril*
Bulgária	Decreto do Presidente da República n.º 4/96, de 11 de Abril
Cabo Verde	Decreto do Presidente da República n.º 33/2000, de 12 de Julho
Canadá	Decreto do Presidente da República n.º 57/2000, de 6 de Dezembro

[288] O conjunto das convenções de dupla tributação ratificadas por Portugal até Junho de 2008 está publicado em *Convenções de dupla tributação*, vols. I, II, III e IV, Cadernos de Ciência e Técnica Fiscal nºs 193, 194, 195 e 204, Lisboa, Centro de Estudos Fiscais, 2004 e 2008.

[289] OCDE, *Modèle de convention fiscale concernant le revenu et la fortune, version abrégée*, Paris, Juillet 2010 (da versão de 2008 a tradução portuguesa, de Teresa CURVELO, pode ver-se nos Cadernos de Ciência e Técnica Fiscal, nº 206, Lisboa, Centro de Estudos Fiscais, 2008). Os esforços da OCDE neste domínio remontam a 1963, ano em que foi publicado um "Projet de convention de double imposition concernant le revenu et la fortune" a que se seguiu em 1977 o "Modèle de convention de double imposition concernant le revenu et la fortune". Em 1992 iniciou-se a publicação em folhas soltas desse Modelo já que se considerou que deveria encetar-se um processo de revisão contínua do mesmo, o que tem acontecido regularmente. A publicação actual inclui igualmente, em separado, comentários de países não membros da OCDE.

Chile	Decreto do Presidente da República n.º 38/2006, de 6 de Abril
China (República Popular)	Decreto do Presidente da República n.º 15/2000, de 30 de Março
Coreia do Sul	Decreto do Presidente da República n.º 22/97, de 8 de Maio
Cuba	Decreto do Presidente da República n.º 35/2001, de 13 de Julho
Dinamarca	Decreto do Presidente da República n.º 5/2002, de 23 de Fevereiro**
Eslováquia	Decreto do Presidente da República n.º 35/2004, de 13 de Julho
Eslovénia	Decreto do Presidente da República n.º 34/2004, de 10 de Julho
Espanha	Decreto-Lei n.º 49 223, de 4 de Setembro de 1969 e Decreto do Presidente da República n.º 14/95, de 28 de Janeiro
Estados Unidos da América	Decreto do Presidente da República n.º 73/95, de 12 de Outubro
Estónia	Decreto do Presidente da República n.º 33/2004, de 8 de Julho
Finlândia	Decreto-Lei n.º 494/70, de 23 de Outubro
França	Decreto-Lei n.º 105/71, de 26 de Março
Grécia	Decreto do Presidente da República n.º 23/2002, de 4 de Abril
Guiné-Bissau	Decreto do Presidente da República n.º 70/2009, de 30 de Julho
Hungria	Decreto do Presidente da República n.º 63/99, de 28 de Janeiro
Índia	Decreto do Presidente da República n.º 8/2000, de 6 de Março
Indonésia	Decreto do Presidente da República n.º 118/2006, de 6 de Dezembro
Irlanda	Decreto do Presidente da República n.º 47/94, de 24 de Junho***
Islândia	Decreto do Presidente da República n.º 14/2002, de 8 de Março
Israel	Decreto do Presidente da República n.º 10/2008, de 15 de Janeiro
Itália	Lei n.º 10/82, de 1 de Junho
Koweit	Decreto do Presidente da República n.º 22/2011, de 18 de Março
Letónia	Decreto do Presidente da República n.º 10/2003, de 28 de Fevereiro
Lituânia	Decreto do Presidente da República n.º 8/2003, de 25 de Fevereiro
Luxemburgo****	Decreto do Presidente da República nº 29/2000, de 30 de Junho
Macau	Decreto do Presidente da República n.º 235-D/99, de 16 de Dezembro
Malta	Decreto do Presidente da República n.º 10/2002, de 25 de Fevereiro
Marrocos	Decreto do Presidente da República n.º 61-A/98, de 23 de Dezembro
México	Decreto do Presidente da República n.º 80/2000, de 15 de Dezembro
Moçambique*****	Decreto do Presidente da República n.º 60/92, de 30 de Dezembro
Moldova	Decreto do Presidente da República n.º 91/2010, de 2 de Setembro
Noruega	Decreto-Lei n.º 504/70, de 27 de Outubro

Países Baixos	Decreto do Presidente da República n.º 32/2000, de 12 de Julho
Paquistão	Decreto do Presidente da República n.º 45/2003, de 2 de Agosto
Polónia	Decreto do Presidente da República n.º 60/97, de 9 de Setembro
Reino Unido	Decreto-Lei n.º 48497, de 24 de Julho de 1968
República Checa	Decreto do Presidente da República n.º 23/97, de 9 de Maio
Roménia	Decreto do Presidente da República n.º 164/99, de 10 de Julho
Rússia	Decreto do Presidente da República n.º 9/2002, de 25 de Fevereiro
Singapura	Decreto do Presidente da República n.º 81/2000, de 15 de Dezembro
Suécia	Decreto do Presidente da República n.º 18/2003, de 11 de Março
Suiça	Decreto-Lei n.º 716/74, de 12 de Dezembro
Tunísia	Decreto do Presidente da República n.º 20/2000, de 31 de Março
Turquia	Decreto do Presidente da República n.º 12/2006, de 21 de Fevereiro
Ucrânia	Decreto do Presidente da República n.º 13/2002, de 8 de Março
Uruguai	Decreto do Presidente da República n.º 43/2011, de 5 de Abril
Venezuela	Decreto do Presidente da República n.º 71/97, de 5 de Dezembro

* Anteriormente vigorou uma Convenção ratificada em 1971, que deixou de vigorar a partir de 1.1.2000 por ter sido denunciada pelo Brasil

** Anteriormente vigorou uma Convenção ratificada em 1973, que deixou de vigorar a partir de 1.1.1995 por ter sido denunciada pela Dinamarca

*** Convenção revista por Protocolo ratificado pelo Decreto do Presidente da República n.º 121/2006, de 6 de Dezembro

**** Foi elaborado um Protocolo em 2010 que altera o artº 27º da Convenção (troca de informações)

***** Convenção revista por Protocolo ratificado pelo Decreto do Presidente da República n.º 45/2009, de 8 de Maio

Portugal assinou ainda uma convenção com a Venezuela para evitar a dupla tributação relativamente aos impostos sobre o rendimento quanto às empresas de transporte aéreo (Decreto-Lei nº 118/79, de 6 de Novembro), que deixou de vigorar com a celebração do acordo de dupla tributação mais geral com esse país, acima indicado.

Potugal assinou também convenções de dupla tributação com Barbados, Colômbia, Emiratos Árabes Unidos e Panamá, que aguardam a necessária ratificação. Por isso, estas convenções não entraram ainda em vigor, o mesmo acontecendo com algumas das convenções acima indicadas que aguardam Aviso relativo à sua entrada em vigor.

Está ainda em vigor um Acordo entre Portugal e a República Francesa em matéria de imposto sobre as sucessões e doações, aprovado para ratificação pela Resolução da Assembleia da República nº 48/94.

Estes tratados têm uma natureza bilateral. Portugal subscreveu ainda um tratado multilateral em matéria exclusivamente tributária, que é o relativo à Convenção CEE, de 23 de Julho de 1990, relativa à eliminação da dupla tributação em caso de correcção de lucros entre empresas associadas (90/436/CEE), aprovado, entre nós, pela Resolução da Assembleia da República nº 60/94 e ratificado pelo Decreto do Presidente da República nº 73/94, de 19 de Outubro[290].

Nos últimos anos, no contexto da luta contra a concorrência fiscal internacional e para facilitar a troca de informações em matéria fiscal, Portugal assinou Acordos neste domínio com as seguintes jurisdições: Andorra, Antigua e Barbuda, Belize, Bermudas, Dominica, Gibraltar, Guernsey, Ilha de Man, Ilhas Caimão, Ilhas Virgens Britânicas, Jersey, Libéria, Saint Kitts and Nevis, Santa Lúcia e Turcos e Caicos. Estes Acordos, alguns dos quais aguardam ainda ratificação, seguem o modelo da OCDE publicado para o efeito – *"Model Agreement on Exchange of Information on Tax Matters"*. Aliás, a OCDE instituiu neste quadro um Fórum denominado *"Global Forum on Transparency and Exchange of Information for Tax Purposes"*, no âmbito do qual se vem procedendo a análises do tipo *"peer review"* sobre a situação nesta matéria nos países membros[291].

8.5. Lei e Decreto-Lei

Do princípio da legalidade acima analisado resulta claro o papel que a Constituição da República reserva à lei e ao decreto-lei como fontes de direito fiscal.

Assim, nos termos do nº 2 do artº 103º em conjugação com as alíneas *c*) e *i*) do nº 1 do artº 165º, da Constituição, só através de lei da Assembleia da República se podem criar impostos e definir ou alterar a sua incidência, os benefícios fiscais, as taxas dos impostos e as garantias dos contribuintes e bem assim a qualificação como crime de qualquer infracção fiscal. As infracções fiscais não qualificadas como crimes estão igualmente subordinadas ao regime geral que, nos termos da alínea *d*) do nº 1 do refe-

[290] A Convenção sobre a adesão da Áustria, Finlândia e Suécia a esta Convenção foi aprovada pela Resolução da Assembleia da República nº 40/97 e ratificada pelo Decreto do Presidente da República nº 40/97, de 14 de Junho. Tenha-se igualmente em conta a alteração ao artº 20º desta Convenção, no sentido da prorrogação automática da sua vigência, efectuada por Protocolo publicado no Jornal Oficial das Comunidades Europeias C 202, de 16/7/99, o qual foi ratificado pelo Decreto do Presidente da República nº 27/2004, de 25 de Junho.

[291] Sobre esta matéria veja-se igualmente OECD, *Tax Co-operation 2010 – Towards a level playing field (Assessment by the Global Fórum on Transparency and Exchange of Information for Tax Purposes)*, Paris, 2011.

rido artº 165º, cabe igualmente à Assembleia da República estabelecer[292]. Esta reserva de competência é, contudo, apenas relativa, pelo que também estas matérias podem ser objecto de decreto-lei mas mediante autorização legislativa prévia da Assembleia da República, que definirá o seu objecto, sentido, extensão e duração, a qual pode ser prorrogada[293].

Por sua vez, o decreto-lei, salvo o referido caso de ser publicado ao abrigo de autorização legislativa, só pode desenvolver ou complementar os princípios ou bases definidos por lei ou disciplinar os restantes aspectos da relação jurídica de imposto, nomeadamente os relacionados com a respectiva liquidação e cobrança. Com efeito, embora se tenha discutido

[292] Neste sentido, no que não faz outra coisa que repetir o texto constitucional, o nº 1 do artº 8º da Lei Geral Tributária estabelece que *"estão sujeitos ao princípio da legalidade tributária a incidência, a taxa, os benefícios fiscais, as garantias dos contribuintes, a definição dos crimes fiscais e o regime geral das contraordenações fiscais"*. Essa Lei vai, no entanto, mais longe estabelecendo, no nº 2 daquele artigo, que *"estão ainda sujeitos ao princípio da legalidade tributária:*

a) A liquidação e cobrança dos tributos, incluindo os prazos de prescrição e caducidade;
b) A regulamentação das figuras da substituição e responsabilidade tributárias;
c) A definição das obrigações acessórias;
d) A definição das sanções fiscais sem natureza criminal;
e) As regras de procedimento e processo tributário".

Tem sido defendido – veja-se, por exemplo, LIMA GUERREIRO, António, *Lei Geral Tributária Anotada*, Lisboa, Editora Rei dos Livros, 2001, págs. 69 e segs. – que o princípio da legalidade referido no nº 1 se reportará às matérias abrangidas na reserva de lei formal (reserva da competência legislativa da Assembleia da República) enquanto que o referido no nº 2 se referirá às matérias que cabem na simples reserva de lei material (competência legislativa do Governo e da Assembleia da República). Mesmo assim, não parece que a redacção vertida na lei seja a mais indicada e pode suscitar algumas dúvidas. É que o princípio da legalidade na sua vertente de reserva de lei formal só à Constituição cabe defini-lo. Por outro lado, há aspectos no nº 2 que podem já estar incluídos no nº 1 e, nesse caso, não se entende a referência a "ainda", mesmo considerando que a reserva de lei formal compreenderá apenas, quanto a garantias dos contribuintes, a sua redução ou eliminação, mas não a sua ampliação. Cf. igualmente DOURADO, Ana Paula, *O Princípio da Legalidade Fiscal*, pág. 142.

[293] É frequente que essas autorizações legislativas sejam dadas na lei do Orçamento de Estado, caducando então com o termo do ano económico a que aquele respeita (nº 5 do artº 165º da Constituição). Tem sido objecto de alguma controvérsia a questão de saber qual o momento relevante do *iter* legislativo do diploma autorizado para se saber se é respeitada a duração da autorização legislativa. O Tribunal Constitucional tem entendido a este respeito, em jurisprudência constante, que o momento relevante é o da aprovação do diploma autorizado em Conselho de Ministros, sendo irrelevante a circunstância de a promulgação, referenda e subsequente publicação do diploma ocorrerem após a caducidade da autorização legislativa – veja-se, por todos, a reiteração dessa jurisprudência no Acórdão do Tribunal Constitucional nº 226/2003, publicado no *Diário da República*, II série, nº 22, de 27 de Janeiro de 2004, págs. 1452-1455.

na doutrina a que lei se refere o nº 3 do artº 103º da Constituição, ao estabelecer que ninguém pode ser obrigado a pagar impostos cuja liquidação e cobrança se não façam nos termos da lei, tem-se vindo a entender, posição que também se perfilha, que neste caso a Constituição se refere à lei em sentido material, integrando, portanto, também o decreto-lei[294].

Estão assim delimitadas as matérias fiscais que podem ser tratadas pela lei e pelo decreto-lei. É evidente que nada impede que uma lei da Assembleia da República possa disciplinar aspectos que não estão cobertos pela sua reserva de competência, por exemplo o pagamento de um imposto. Só que no que respeita às matérias cobertas por essa reserva, a competência da Assembleia da República é exclusiva, não podendo o Governo, salvo no uso de uma autorização legislativa e sob pena de inconstitucionalidade material, alterar por decreto-lei o que estiver preceituado numa lei. Já quanto às matérias não cobertas por essa reserva, a competência dos dois órgãos de soberania é concorrente (nº 2 do artº 112º da Constituição), pelo que nada impede o Governo de alterar ou revogar por decreto-lei o que nesse âmbito se encontrar estabelecido numa lei anterior da Assembleia da República.

Uma questão que é, muitas vezes, discutida é o âmbito das expressões usadas pela Constituição ao definir a respectiva reserva de competência. É que se a referência a "benefícios fiscais" e a "taxas" tem um sentido relativamente pacífico, já o mesmo não acontece com a "incidência" e as "garantias dos contribuintes". A questão só pode ser dirimida tendo em conta os fundamentos do princípio da legalidade e a sua razão de ser, que estão estreitamente ligados ao princípio da segurança jurídica. Assim, todos os aspectos ligados ao elemento subjectivo e ao elemento objectivo do facto gerador do imposto – que abrangem, como se viu, o aspecto quantitativo, para o qual são determinantes todos os parâmetros que se reflitam no montante do imposto a pagar – integram, para este efeito, o conceito de incidência[295]. Também todos os aspectos que se projectam como garan-

[294] No sentido de que caberia também à lei formal estabelecer a disciplina da liquidação e cobrança dos impostos veja-se PIRES, Manuel, *A Constituição de 1976 e a fiscalidade*, in *Estudos sobre a Constituição*, vol. II, Lisboa, 1978, págs. 417 e segs e, de uma forma mais mitigada, SOARES MARTINEZ, *ob. cit.*, pág. 97 e SÁ GOMES, Nuno, *Manual de Direito Fiscal*, vol. II, págs. 95-97.

[295] Neste sentido, veja-se, por exemplo, DOURADO, Ana Paula, *O Princípio da Legalidade Fiscal*, pág. 103 e segs. A inclusão de todos os aspectos mencionados no conceito de incidência é independente do capítulo nos códigos tributários em que se situem. Com efeito, é normal surgirem nos capítulos designados como "determinação da matéria colectável" ou "liquidação" normas que, ao influenciarem o *quantum* a pagar, fazem parte da incidência de um imposto e nesse sentido

tias dos contribuintes estão incluídos nessa reserva de competência: desde o direito à informação até às garantias processuais, quer graciosas (reclamação, direito de audição, recurso hierárquico, etc.) quer contenciosas (impugnação, execução fiscal, infracção fiscal, etc.).

8.6. Decreto Legislativo Regional

Nos termos da alínea *i*) do nº 1 do artº 227º da Constituição da República, entre os poderes das Regiões Autónomas está o de *"exercer poder tributário próprio, nos termos da lei, bem como adaptar o sistema fiscal nacional às especificidades regionais, nos termos de lei-quadro da Assembleia da República"*[296]. Por sua vez, o artº 232º da Constituição estabelece que é da exclusiva competência da assembleia legislativa regional o exercício, entre outras, das atribuições referidas na primeira parte daquela alínea *i*) bem como a adaptação do sistema fiscal nacional às especificidades da região.

Está, assim, delimitado o âmbito dos decretos legislativos regionais enquanto fontes de direito fiscal (cf. ainda o nº 4 do artº 112º da Constituição).

Tem-se, discutido, porém o alcance da expressão "poder tributário próprio". Esse poder não pode deixar de ser o de criar impostos, com o significado e elementos essenciais que a esta expressão é dado pelo artº 103º da Constituição, mas nos termos da lei, ou seja, com as restrições constantes da lei que defina a forma e o conteúdo desse poder tributário próprio[297].

estão abrangidos pelo princípio da legalidade definido no nº 2 do artº 103º da Constituição. Há, por isso, quanto às normas inseridas nesses capítulos que distinguir entre normas processuais, instrumentais ou adjectivas, que não afectam os direitos dos contribuintes (por exemplo, normas relativas a declarações ou a competências de liquidação) e as que se traduzem na concretização quantitativa da base tributável e do imposto a pagar, como, por exemplo, as que definem no IRS as deduções ao rendimento e as deduções à colecta. As primeiras, para efeitos do artº 103º da Constituição, são normas de liquidação e cobrança, enquanto que as segundas são normas de incidência. No mesmo sentido, veja-se, por exemplo, SÁ GOMES, Nuno, *Manual de Direito Fiscal*, vol. II, págs. 61 e 62.

[296] A lei quadro a que se refere a Constituição é a "Lei de Finanças das Regiões Autónomas" – Lei Orgânica nº 1/2007, de 19 de Fevereiro (cf. artº 58º desta lei).

[297] Para maiores desenvolvimentos veja-se SÁ GOMES, Nuno, *Manual de Direito Fiscal*, vol. II, págs. 260 e segs. Contra a possibilidade de as Regiões Autónomas poderem criar impostos, por designadamente, isso atentar contra o princípio da reserva de competência da Assembleia da República veja-se, por exemplo, BRAZ TEIXEIRA, António, *Princípios de Direito Fiscal*, vol. I, págs. 102 e segs. A favor dessa possibilidade veja-se, além de SÁ GOMES, TEIXEIRA RIBEIRO, J.J., *As alterações à Constituição no domínio das finanças públicas*, Coimbra, 1983, SOUSA FRANCO, A. L., *Sobre a Constituição Financeira de 1976-1982*, in *Estudos comemorativos do XX aniversário do Centro de Estudos Fiscais*, vol. I, Lisboa, 1983, págs. 63-132 e PAZ FERREIRA, Eduardo, *As finanças regionais*, Lisboa, 1985,

Esse poder tributário próprio não se confunde, porém, com o de dispor de receitas fiscais, que abrange não só os impostos nela cobrados ou gerados como também uma participação nas receitas tributárias do Estado [cf. alínea *j*) do nº 1 do artº 227º da Constituição e artºs 15º e segs. da "Lei de Finanças das Regiões Autónomas", aprovada pela Lei Orgânica nº 1/2007, de 19 de Fevereiro].

Esta matéria está, aliás, clarificada na referida "Lei de Finanças das Regiões Autónomas", que, no seu artº 46º, à semelhança do que referia o artº 33º da anterior Lei de Finanças das Regiões Autónomas – Lei 12/98, de 24 de Fevereiro, é muito claro quanto à competência legislativa regional em matéria fiscal, a ser exercida pela assembleia legislativa regional e que compreende[298]:

a) O poder de criar e regular impostos, vigentes apenas nas Regiões Autónomas respectivas, definindo a respectiva incidência, a taxa, os benefícios fiscais e as garantias dos contribuintes nos termos definidos nessa lei;

b) O poder de adaptar os impostos de âmbito nacional às especificidades regionais, em matéria de incidência, taxa, benefícios fiscais e garantias dos contribuintes, dentro dos limites fixados na lei.

págs. 288-289 e "*O poder tributário das Regiões Autónomas: desenvolvimentos recentes*" in *Boletim de Ciências Económicas*, Coimbra, vol. XVL-A (2002), págs. 265-305.

[298] Importa sublinhar que estas competências devem ser exercidas de acordo com certos princípios definidos na "Lei de Finanças das Regiões Autónomas" (artº 45º), a saber:

- O princípio da coerência entre o sistema fiscal nacional e os sistemas fiscais regionais;
- O princípio da legalidade, nos termos da Constituição;
- O princípio da igualdade entre as Regiões Autónomas;
- O princípio da solidariedade nacional, nos termos definidos na mesma lei (artº 7º), estabelecendo, designadamente, por um lado, a obrigação de as Regiões Autónomas contribuirem para o equilibrado desenvolvimento do País e para o cumprimento dos objectivos de política económica a que o Estado Português esteja vinculado por força de tratados ou acordos internacionais, nomeadamente no âmbito da União Europeia, e, por outro lado, a promoção da eliminação das desigualdades resultantes da situação de insularidade e ultraperifecidade e a realização da convergência económica das Regiões Autónomas com o restante território nacional e com a União Europeia;
- O princípio da flexibilidade, no sentido de que os sistemas fiscais regionais devem adaptar-se às especificidades regionais, quer podendo criar impostos apenas vigentes nas Regiões Autónomas, quer adaptando os impostos de âmbito nacional às especificidades regionais;
- O princípio da suficiência, no sentido de que as cobranças tributárias regionais, em princípio, visarão a cobertura das despesas públicas regionais;
- O princípio da eficiência funcional dos sistemas fiscais regionais, no sentido de que a estrutura dos sistemas fiscais regionais deverá incentivar o investimento nas Regiões Autónomas e assegurar o desenvolvimento económico e social respectivo.

Assim, as Regiões Autónomas, mediante decreto legislativo das respectivas assembleias legislativas regionais, podem:

a) Criar impostos regionais, isto é impostos vigentes apenas nas respectivas regiões, desde que os mesmos observem os princípios consagrados na lei de Finanças das Regiões Autónomas, não incidam sobre matéria objecto de incidência prevista para qualquer dos impostos de âmbito nacional, ainda que isenta ou não sujeita, ou, dela não constando, possa ser susceptível de integrar essa incidência, e da sua aplicação não resultem entraves à troca de bens e serviços entre os diferentes pontos do território nacional[299] (artº 47º da Lei Orgânica nº 1/2007);

b) Lançar adicionais até ao limite de 10% sobre a colecta dos impostos em vigor nas Regiões Autónomas (artº 48º da referida Lei);

c) Adaptar o sistema fiscal nacional às especificidades regionais, que inclui a possibilidade de (artº 47º da mesma Lei)[300]:
   - diminuir as taxas nacionais dos impostos sobre o rendimento (IRS e IRC) e do IVA, até ao limite de 30 % e dos impostos especiais de consumo, de acordo com a legislação em vigor;
   - determinar a aplicação regional das taxas reduzidas de IRC definida em legislação nacional;
   - conceder deduções à colecta relativa a lucros reinvestidos;
   - conceder benefícios fiscais ao investimento em regime contratual (cf. artº 39º do Estatuto dos Benefícios Fiscais), relativos a impostos de âmbito nacional e regional.

A competência referida em a) compreende, entre outros, o poder de criar e regular contribuições de melhoria, vigentes apenas nas regiões autónomas, para tributar aumentos do valor dos imóveis decorrentes de obras e de investimentos públicos regionais e, bem assim, criar e regular outras contribuições especiais tendentes a compensar as maiores despesas regionais decorrentes de actividades privadas desgastantes ou agressoras dos bens públicos ou do ambiente regional (artº 47º, nº 3, da referida Lei).

[299] Estes impostos caducam no caso de serem posteriormente criados outros semelhantes de âmbito nacional.

[300] No entanto, o regime jurídico do Centro Internacional de Negócios da Madeira e da Zona Franca de Santa Maria regula-se pelo disposto no Estatuto dos Benefícios Fiscais e legislação complementar.

No tocante aos Açores, ainda no quadro da anterior Lei das Finanças Regionais, a adaptação do sistema fiscal nacional às especificidades regionais viria a ser efectuada, de uma forma global abrangendo taxas de IRS e IRC, deduções à colecta de IRS e de IRC por lucros reinvestidos, taxas de IVA e IEC e benefícios fiscais, através do Decreto Legislativo Regional nº 2/99/A, de 20 de Janeiro, dentro do quadro definido na "Lei de Finanças das Regiões Autónomas" (a redução do IRS foi apenas fixada em 15 %).

No que respeita à Madeira, também no mesmo quadro, esta adaptação viria a ser concretizada por vários diplomas, cada um deles sobre uma determinada matéria. Assim, a adaptação quanto às deduções à colecta relativas a lucros comerciais, industriais e agrícolas reinvestidos pelos sujeitos passivos de IRS e de IRC foi feita, respectivamente, pelo Decreto Legislativo Regional nº 5/2000/M e pelo Decreto Legislativo Regional nº 6/2000/M, ambos de 28 de Fevereiro[301]; quanto a benefícios fiscais em regime contratual pelo Decreto Legislativo Regional nº 18/99/M, de 28 de Junho; a redução da taxa geral de IRC e das taxas gerais de IRS, respectivamente, pelo Decreto Legislativo Regional nº 2/2001/M e pelo Decreto Legislativo Regional nº 3/2001/M, de 22 de Fevereiro.

8.7. Regulamento

Delimitado constitucionalmente o elenco de matérias que deverão ser objecto da lei e bem assim as que o podem ser por decreto-lei e por decreto legislativo regional, resulta claro o campo reservado ao regulamento.

A este respeito importa desde já clarificar que se costumam distinguir, em função dos seus destinatários, os regulamentos internos e os regulamentos externos, consoante obriguem unicamente os agentes administrativos a quem são dirigidos, dentro da disciplina hierárquica a que os mesmos estão obrigados e no âmbito da gestão normal de um determinado departamento, ou vinculem igualmente os particulares, no âmbito dos poderes executivos conferidos à administração por uma lei.

Ora, só o regulamento externo pode ser fonte de direito fiscal. Os regulamentos internos – que normalmente tomam a forma de *despachos, instruções* ou *circulares* ou *ofícios circulares* – não obrigam os particulares e não têm que ser tomados em conta pelos tribunais. No entanto, não deixam de ter grande importância em dois planos principais. Em primeiro lugar, é sabido

[301] Já no quadro da nova Lei das Finanças das Regiões Autónomas, o "Regime de Incentivos Fiscais dos Lucros Reinvestidos na Região Autónoma da Madeira" foi estabelecido pelo Decreto Legislativo Regional nº 2/2009/M, de 22 de Janeiro.

que a actividade tributária é hoje uma actividade massiva, que envolve o tratamento de milhares de casos, geralmente traduzidos em declarações fiscais dos contribuintes e nesse contexto é elemento importante da segurança jurídica o conhecimento prévio da organização implementada para tratar desses casos, dos seus critérios e dos procedimentos que adopta, dado que, designadamente, permite aos particulares perante um problema ou uma dúvida saber, caso exista regulamento interno sobre essa matéria, como, em princípio, vai ser resolvido esse caso pelos funcionários a quem cabe aplicar a lei[302]. Por outro lado, porque embora não tenham que ser seguidos pelos particulares caso não concordem com os mesmos, podem, como se verá adiante (13.3.1.), ser invocados por estes em seu favor, caso nisso tenham interesse. É o que resulta da Lei Geral Tributária (artº 68º-A, nº 1) ao estabelecer-se que a administração tributária está vinculada *"às orientações genéricas constantes de circulares, regulamentos ou instrumentos de idêntica natureza independentemente da sua forma de comunicação, visando a uniformização da interpretação e da aplicação das normas tributárias"*.

Os regulamentos são normas gerais e abstractas, emanadas do poder executivo, no desempenho da actividade administrativa, para boa execução das leis [artº 199º, alínea *c*), da Constituição da República][303].

Quanto à sua forma, os regulamentos distinguem-se consoante a autoridade de que emanam e o valor e força vinculante que possuem. Assim, os regulamentos emanados do Governo revestem a forma de *decreto regulamentar*, promulgado pelo Presidente da República. Já um regulamento emanado de um ou mais membros do Governo pode assumir a forma de *portaria* ou *despacho normativo*. Existem no ordenamento fiscal inúmeros exemplos de ambas as situações. Assim, o Código do IRC, aprovado pelo Decreto-Lei nº 442-B/88, de 30 de Novembro, prevê no seu artº 31º a publicação

[302] Importa ter em conta que a administração fiscal está obrigada, nos termos da alínea *b*) do nº 3 do artº 59º da Lei Geral Tributária, a publicar, no prazo de 30 dias, as orientações genéricas sobre a interpretação e aplicação das normas tributárias. Por outro lado, num comando que é dirigido à administração já que os particulares não se encontrem vinculados a regulamentos internos, a mesma Lei, no nº 2 do artº 68º-A, dispõe que *"não são invocáveis retroactivamente perante os contribuintes que tenham agido com base numa interpretação plausível e de boa fé da lei as orientações genéricas que ainda não estariam em vigor no momento do facto tributário"*.

[303] Neste sentido, a noção de regulamento fiscal não se afasta da dos administrativistas, pelo que se pode defini-los com Marcelo Caetano como "normas jurídicas de carácter geral e execução permanente emanadas de uma autoridade administrativa sobre matéria própria da sua competência" (CAETANO, Marcello, *Manual de Direito Administrativo*, vol. I, 10ª ed., Coimbra, Livraria Almedina, 1984, pág. 95).

de um decreto regulamentar para definir o regime fiscal das depreciações e amortizações, fixando as respectivas taxas, o que efectivamente veio a acontecer através do Decreto Regulamentar nº 2/90, de 12 de Janeiro, a que sucedeu o Decreto Regulamentar nº 25/2009, de 14 de Setembro. Mas, o mesmo Código também prevê no seu artº 47º para efeitos de cálculo das mais e menos valias fiscais a publicação anual, pelo Ministro das Finanças, de uma portaria definindo os coeficientes de desvalorização da moeda com os quais é actualizado o respectivo valor de aquisição. E essas portarias têm sido regularmente publicadas.

Costuma também distinguir-se, relativamente à posição do regulamento face à lei, entre *regulamentos complementares ou de execução* e *regulamentos independentes ou autónomos*, conforme são publicados em seguimento a uma lei, desenvolvendo os seus preceitos ou são publicados sem ligação específica a nenhuma lei em concreto, destinando-se a uma boa execução das leis em geral. Em matérias constitucionalmente reservadas à lei, é óbvio que só são admissíveis regulamentos complementares ou de execução, o que não impede, desde que não tenham carácter inovador, que se possa reproduzir num regulamento essas matérias, nos exactos termos em que constam da lei. Assim, num regulamento do imposto sobre veículos poderão ser repetidas as normas de incidência do imposto, desde que nos exactos termos que constem da lei, o que se traduz na vantagem de reunir num só diploma todas as matérias relativas ao imposto. Os regulamentos devem, em qualquer caso, indicar expressamente as leis que visam regulamentar ou que definem a competência subjectiva e objectiva para a sua emissão (nº 7 do artº 112º da Constituição), devendo revestir obrigatoriamente a forma de decreto regulamentar os chamados regulamentos independentes (nº 6 do citado artº 112º)[304].

8.8. A codificação fiscal

No século XX assistiu-se ao fenómeno da codificação fiscal, ou seja à integração em códigos tributários da legislação fiscal aplicável, de acordo com princípios globais coerentes e que permitam dar alguma unidade aos normativos legais e, desse modo, na componente jurídica, preencher os requisitos que são inerentes a qualquer sistema.

Esse movimento no sentido da codificação tem, no entanto, sido objecto de alguma controvérsia, apresentando-se como inconvenientes

[304] Sobre a problemática geral dos regulamentos autónomos veja-se GOMES CANOTILHO, J.J., *Direito Constitucional e Teoria da Constituição*, págs. 838 e segs.

para o mesmo a necessária flexibilidade da legislação fiscal, que, para se adaptar a um ambiente económico em constante mutação, é, por natureza, variável ao longo do tempo e, por isso, sujeita a frequentes alterações, que seriam pouco compatíveis com a estabilidade inerente a um código. Considera-se, porém, que estas razões não impossibilitam a codificação, cujas vantagens estão na sistematização, clareza e transparência que possibilita, que são também um dos aspectos a considerar na segurança jurídica e na simplicidade administrativa, quer em termos de custos de administração quer relativamente a custos de cumprimento[305].

A codificação não tem sido feita, nos vários países, segundo um modelo uniforme. Casos há em que ela se tem feito através de um único código, contendo uma parte geral e partes especiais relativas a cada um dos impostos; outra experiência consiste na elaboração de códigos dedicados às normas gerais aplicáveis complementados com um código para cada imposto em especial; outra solução traduz-se na existência apenas dos códigos de cada um dos impostos.

Em Portugal, é relativamente consensual que a codificação fiscal começou por se circunscrever à matéria processual através do Código das Execuções Fiscais de 1913. A primeira reforma fiscal[306] do século XX – situada nos anos 20 – não se reflectiu em codificação fiscal[307]. Já a segunda reforma fiscal digna desse nome – que se situa nos finais dos anos 50 e primeira metade dos anos 60 – adopta o modelo de publicação de um código para cada um dos impostos, complementado por um Código de Processo das Contribuições e Impostos. A última reforma fiscal global, cuja essência se situa nos anos 80, com a entrada em vigor em 1986 do imposto sobre o valor acrescentado e em 1989 do imposto sobre o rendimento das pessoas singulares (IRS), do imposto sobre o rendimento das pessoas colectivas (IRC) e da contribuição autárquica, consolida esse modelo e desenvolve-o[308].

[305] Dentro desta perspectiva são também de evitar renumerações dos códigos tributários.

[306] Dentro das alterações das leis fiscais haverá que distinguir as mudanças estruturais e as mudanças conjunturais, só se podendo falar em reforma fiscal a propósito das primeiras, Sobre a reforma fiscal enquanto processo de alteração estrutural do sistema fiscal veja-se SALDANHA SANCHES, J.L., *Manual de Direito Fiscal*, págs. 177 e segs.

[307] Sobre as reformas fiscais dos anos 20 veja-se *As reformas tributárias de 1922 e 1929*, Lisboa, Cadernos de Ciência e Técnica Fiscal nº 24, Centro de Estudos Fiscais, 1964.

[308] Sobre as reformas fiscais do século XX em Portugal veja-se, com muito interesse, MENEZES LEITÃO, Luís, "*Evolução e situação da Reforma Fiscal*", in *Ciência e Técnica Fiscal*, nº 387, Jul-Set/1997, págs. 7-47 e VALÉRIO, Nuno et al., *Os impostos no parlamento português – Sistemas Fiscais e Doutrinas Fiscais nos séculos XIX e XX*, Lisboa, Assembleia da República e Publicações Dom Quixote, 2006. Veja-se, também com muito interesse, sobre as reformas fiscais dos anos 50 e dos anos 80, TEI-

Assim, embora mantendo um código para cada imposto, sistematiza num único diploma – o Estatuto dos Benefícios Fiscais – os benefícios fiscais aplicáveis relativamente a vários impostos e retira desses códigos a matéria das infracções que passam a constar de um único diploma aplicável a todos os impostos – o Regime Jurídico das Infracções Fiscais Não Aduaneiras. Já em 1998 é publicada uma Lei Geral Tributária, reunindo os princípios gerais aplicáveis aos vários impostos. A reforma dos impostos sobre o património operada em 2003 conserva igualmente o modelo anterior, ao aprovar um código para cada um dos novos impostos: o imposto municipal sobre imóveis (IMI) e o imposto municipal sobre as transmissões onerosas de imóveis (IMT).

Assim, actualmente, a codificação fiscal, ao nível dos principais impostos, é constituída pelos seguintes diplomas:

- Lei Geral Tributária, aprovada pelo Decreto-Lei nº 398/98, de 17 de Dezembro;
- Código do IRS, aprovado pelo Decreto-Lei nº 442-A/88, de 30 de Novembro;
- Código do IRC, aprovado pelo Decreto-Lei nº 442-B/88, de 30 de Novembro;
- Código do IMI, aprovado pelo Decreto-Lei nº 287/2003, de 12 de Novembro;
- Código do IMT, aprovado pelo Decreto-Lei nº 287/2003, de 12 de Novembro;
- Código do IVA, aprovado pelo Decreto-Lei nº 394-B/84, de 26 de Dezembro, complementado pelo Regime do IVA nas Transacções Intracomunitárias, aprovado pelo Decreto-Lei nº 290/92, de 28 de Dezembro;
- Código dos Impostos Especiais de Consumo, aprovado pelo Decreto-Lei nº 73/2010, de 21 de Junho;

XEIRA RIBEIRO, J.J., *A reforma fiscal*, Coimbra, Coimbra Editora, 1989 e, sobre a reforma fiscal dos anos 80, PITTA E CUNHA, Paulo, *A reforma fiscal*, Lisboa, Publicações Don Quixote, 1989 e *A fiscalidade dos anos 90*, Coimbra, Almedina, 1996 e CADILHE, Miguel, *Factos e Enredos*, Porto, Edições Asa, 1990, págs. 251 e segs.. Quanto à evolução histórica, desde o Antigo Regime, dos regimes jurídico-fiscais em Portugal pode consultar-se SOARES MARTINEZ, Pedro, *Direito Fiscal*, págs. 505 e segs. e, em particular sobre o Alvará Régio de 5 de Setembro de 1641 que institui a "décima militar", geralmente considerada como antecedente de um imposto único sobre o rendimento, CIMOURDAIN DE OLIVEIRA, Camilo, *Lições de Direito Fiscal*, 6ª ed, Porto, Universidade Portucalense, 1997, págs. 227 e segs. e XAVIER DE BASTO, J.G., *IRS – Incidência real e determinação dos rendimentos liquidos*, págs. 13 e segs.

- Código do Imposto do Selo, aprovado pela Lei nº 150/99, de 11 de Setembro;
- Código do Imposto do sobre Veículos, aprovado pela Lei nº 22º-A/ /2007, de 29 de Junho;
- Estatuto dos Benefícios Fiscais, aprovado pela Lei nº 215/89, de 1 de Julho;
- Regime Geral das Infracções Tributárias, aprovado pela Lei nº 15/2001, de 5 de Junho;
- Código de Procedimento e de Processo Tributário, aprovado pelo Decreto-Lei nº 433/99, de 26 de Outubro.

9. Interpretação e Integração da Lei Fiscal

9.1. Interpretação da lei fiscal

9.1.1. *A interpretação das leis em geral*[309]

Destinando-se uma lei a ser aplicada aos casos concretos que visa regular terá sempre de se determinar o seu exacto sentido e alcance de modo a que se revele a regra nela contida, condição indispensável para que possa ser feita aquela aplicação.

Esta tarefa de interpretação pode ser feita pelo próprio legislador quando após a publicação de uma lei se publica outra com o objectivo de fixar o sentido e alcance da primeira e, desse modo, eliminar eventuais dúvidas que na sua aplicação tenham surgido. Se o órgão que elaborou a lei interpretativa é o mesmo que elaborou a lei interpretada estamos então perante uma *interpretação autêntica*, que, nos termos do artº 13º do Código Civil, se integra na lei interpretada, tendo, por isso, carácter retroactivo, ressalvando-se apenas "os efeitos já produzidos pelo cumprimento da obrigação, por sentença passada em julgado, por transacção, ainda que não homologada, ou por actos de natureza análoga"[310]. Normalmente porém a interpretação é

[309] No domínio da interpretação dos tratados internacionais, com reflexos importantes no campo fiscal, importa ter em conta a *"Convenção de Viena sobre o Direito dos Tratados"*, assinada em 23 de Maio de 1969 e ratificada pelo Decreto do Presidente da República nº 46/2003, de 7 de Agosto, que contém, nos seus art.os 31º a 33º, regras sobre interpretação dos tratados. Sobre a matéria veja-se igualmente *"Interpretation of double taxation conventions (1993 Florence Congress of International Fiscal Association)"*, in *Cahiers de Droit Fiscal International*, vol. LXXVIIIa, The Netherlands, Kluwer, 1993.

[310] Sobre esta matéria veja-se, com muito interesse, SÁ GOMES, Nuno, *Interpretação autêntica e interpretação normativa oficial*, Lisboa, Centro de Estudos Fiscais, 1984. Em relação com esta

feita pelos tribunais (*interpretação jurisprudencial*) ou por especialistas (*interpretação doutrinária*)[311]. No campo fiscal, dado que é à administração fiscal que compete aplicar a lei, assume algum relevo a *interpretação administrativa*, consubstanciada em resoluções administrativas, designadamente circulares e ofícios circulados emanados pela Direcção Geral dos Impostos e que se dirigem aos funcionários fixando critérios uniformes de aplicação de um determinado dispositivo legal. Embora tal doutrina (às vezes designada por "direito circulatório" ou "direito das circulares") apenas vincule os funcionários, não deixa de ter interesse para os contribuintes por lhes dar a conhecer o que entendem os serviços em termos de interpretação de uma dada lei fiscal e por não serem "invocáveis rectroactivamente perante os contribuintes que tenham agido com base numa interpretação plausível e de boa fé", se "ainda não estavam em vigor no momento do facto tributário" (artº 68º-A, nº 2, de LGT)[312].

As regras gerais sobre interpretação das leis constam do artº 9º do Código Civil, que dispõe o seguinte:

> *"1. A interpretação não deve cingir-se à letra da lei mas reconstituir a partir dos textos o pensamento legislativo, tendo sobretudo em conta a unidade do sistema jurídico, as circunstâncias em que a lei foi elaborada e as condições específicas do tempo em que é aplicada.*
>
> *"2. Não pode, porém, ser considerado pelo intérprete o pensamento legislativo que não tenha na letra da lei um mínimo de correspondência verbal, ainda que imperfeitamente expresso.*
>
> *"3. Na fixação do sentido e alcance da lei, o intérprete presumirá que o legislador consagrou as soluções mais acertadas e soube exprimir o seu pensamento em termos adequados."*

problemática veja-se o Acórdão do Supremo Tribunal Administrativo de 25 de Novembro de 1998 – Recurso nº 22681 (in *Diário da República, Apêndice – Supremo Tribunal Administrativo*, de 21 de Janeiro de 2002, págs. 3286-3287) em que, a propósito do facto de a Lei Orçamental nº 10-B/96, de 23 de Março, ter atribuído, por forma autêntica, natureza interpretativa à nova redacção da alínea *a*) do artº 41º (actual artº 45º) do Código do IRC, no sentido de que a derrama não é custo fiscal, se definiu que a aplicação de tal preceito interpretativo não viola o princípio da confiança, ínsito na ideia de Estado de direito democrático, se tal aparecia aos olhos do contribuinte como verosímil ou mesmo como provável.

[311] Quanto à interpretação feita pelos tribunais tem actualmente interesse não só a efectuada pelos tribunais portugueses mas também a do Tribunal de Justiça da União Europeia em matéria de direito comunitário, que não está obrigado a seguir os princípios de interpretação eventualmente dominantes num Estado-membro.

[312] Veja-se o que se referiu em 8.7.

Verifica-se, deste modo, que o primeiro elemento a ter em conta na interpretação de uma lei é a sua *letra*, ou seja a sua *interpretação literal*. Através desta, como na interpretação de qualquer texto, busca-se a apreensão do sentido do conjunto de palavras que o constituem, através designadamente de uma análise lexicológica e sintáxica. Mas, a análise à letra da lei pode não resolver todos os problemas – ou porque a letra é ambígua ou porque não traduz adequadamente o pensamento legislativo. Recorre-se então a este, também designado comummente por *espírito da lei*. No entanto, nesta busca importa ainda salientar a importância da letra da lei, pois ela não é só ponto de partida da actividade de interpretação mas também elemento balizador dessa actividade. Com efeito, de acordo com o transcrito nº 2 do artº 9º do Código Civil, a letra da lei funciona como um limite na busca do seu espírito, na medida em que este tem de ter naquela um mínimo de apoio, de correspondência verbal[313].

A indagação do espírito da lei leva necessariamente ao seu exame racional ou lógico, para o que os autores, com fundamento nos elementos a que o nº 1 do artº 9º do Código Civil manda atender para indagar o pensamento legislativo, costumam apresentar, como elementos a ter em conta, o elemento sistemático, o elemento histórico e o elemento teleológico. No primeiro, procura situar-se a norma no contexto mais vasto do diploma em que se insere e dos princípios fundamentais de direito – ou seja, tomando em conta a "unidade do sistema jurídico". No elemento histórico atende-se à génese da norma, para o que se revela do maior interesse a análise dos precedentes normativos, dos trabalhos preparatórios (eventualmente reflectidos até no preâmbulo do diploma) e o que se costuma designar por "*occasio legis*", ou seja o circunstancialismo social ou outro que rodeou a publicação de uma dada lei. Quanto ao elemento teleológico procura-se a "*ratio juris*" do preceito, o fim que se procura atingir, pois todo o direito tem uma finalidade, que é a sua razão de ser.

Da actividade de interpretação pode concluir-se que o sentido e alcance de uma lei – o seu espírito – está perfeitamente conforme com o respectivo texto e temos uma *interpretação declarativa*, ou que existe alguma desconfor-

[313] Por isso se diz que à letra ou texto da lei, sendo o ponto de partida da interpretação, cabe, desde logo, uma função negativa: "eliminar aqueles sentidos que não tenham qualquer apoio, ou pelo menos, qualquer correspondência ou ressonância nas palavras da lei" – cf. BAPTISTA MACHADO, João, *Introdução ao Direito e ao Discurso Legitimador*, 13ª reimpressão, Coimbra, Almedina, 2002, pág. 182.

midade entre a letra e o espírito da lei, caso em que é necessário ou fazer uma *interpretação restritiva*, quando a letra é mais ampla que o espírito ou uma *interpretação extensiva*, quando se verifica o contrário.

Há situações em que se conclui, em resultado da actividade de interpretação, que esta tem um sentido nefasto e que por isso se justificaria uma *interpretação correctiva*. Como que se trataria de corrigir por via interpretativa o "direito incorrecto". Só que tal interpretação é inadmissível na ordem jurídica portuguesa. Argumenta-se a este propósito com o facto de não ter sido acolhida a proposta do Prof. Manuel de Andrade, no âmbito dos trabalhos preparatórios do Código Civil português, no sentido de, sob a epígrafe "restrição", ser inserida uma norma do seguinte teor: "É consentido restringir o preceito da lei quando, para casos especiais, ele levaria a consequências graves e imprevistas que certamente o legislador não teria querido sancionar". Mas também se pode argumentar com o artº 8º, nº 2, do Código Civil segundo o qual: "O julgador não deve negar obediência à lei sob pretexto de ser injusto ou imoral o conteúdo do preceito legislativo". A inadmissibilidade da interpretação correctiva é, assim, consensual entre os diferentes autores, que, no entanto, apresentam uma excepção: quando o sentido da norma entre em conflito com o direito natural, caso em que este deverá prevalecer[314] ou quando entre em contradição com princípios que lhe são superiores, em que se estaria perante uma lei corrupta ou celerada e, por isso, sem validade[315].

Também se pode concluir por uma *interpretação abrogante*, ou seja pela verificação que uma dada lei, devido a uma contradição insanável no regime legal aplicável, não tem sentido, é ineficaz ou inútil. É o que pode acontecer se uma dada lei remete para outro regime legal que já não existe e que é condição essencial para aquela poder ser aplicada. Neste caso estamos perante uma incompatibilidade lógica insanável, em que a doutrina é unânime em admitir uma interpretação abrogante, o que já não acontece com a incompatibilidade valorativa, em que as leis objecto de interpretação têm subjacentes valores que não são compatíveis entre si. Mas, nesta última hipótese não competirá ao intérprete substituir-se ao legislador e preferir uma à outra ou considerar que a ambas falta sentido[316].

[314] OLIVEIRA ASCENSÃO, José, *ob. cit.*, pág. 427.

[315] SÁ GOMES, Nuno, *Manual de Direito Fiscal*, vol. II, pág. 372.

[316] Para maiores desenvolvimentos veja-se OLIVEIRA ASCENSÃO, José, *ob. cit.*, págs. 428 e segs.

9.1.2. *Teorias sobre a interpretação das leis fiscais*

A questão da interpretação das leis fiscais foi das mais debatidas pela doutrina, em especial no período em que ainda era muito discutida a natureza das normas fiscais *e a autonomia do Direito Fiscal.*

Hoje, muito desse debate – e algumas das teorias propugnadas – tem um significado meramente histórico, o que não significa que, obtido consenso entre os autores sobre pontos fundamentais, não se possam vislumbrar ainda faltas de sintonia quanto a alguns aspectos ou quanto a alguns desenvolvimentos concretos.

A doutrina enumera como teorias de interpretação das leis fiscais as seguintes:

a) O princípio "in dubio contra fiscum"

De acordo com esta orientação – que os autores fundam no adágio de Modestino contido no Digesto *"non puto delinquere eum qui in dubiis quaestionibus contra fiscum facile responderit"* e fazem remontar à época imperial romana, mas cujos defensores se vão prolongar pelo menos até ao século XIX[317] – nos casos duvidosos, dever-se-ia adoptar a posição mais favorável ao contribuinte.

Ora, se esta posição se poderia justificar nos tempos em que os impostos tinham um carácter "odioso" e andavam ligados à ideia de servidão e extorsão, desempenhando um papel de defesa dos particulares contra as arbitrariedades do poder, nos tempos modernos, em que o imposto é inerente ao viver em comunidade[318] e é criado nos termos próprios de um Estado de direito, que assegura aos contribuintes todas as garantias, deixou de ter qualquer razão de ser.

No entanto, continua a ser defendida por alguns em matéria de prova dos factos tributários, em termos equivalentes aos do princípio "*in dubio pro reo*" vigente em processo penal[319].

[317] Com muito interesse pode ver-se uma síntese desenvolvida da evolução desta doutrina em VANONI, Ezio, *Natura ed Interpretazione delle leggi tributarie*, Padua, CEDAM, 1932, de que existe tradução portuguesa de Ruben GOMES DE SOUSA: *Natureza e interpretação das leis tributárias*, Rio de Janeiro, Edições Financeiras, SA. Também em Portugal, conforme informa SOARES MARTINEZ, esta corrente teve ampla aceitação pois "conforme a antiga jurisprudência do Desembargador do Paço, em matéria de sisas correntes, impostos gerais de transacções, designadas em latim por *"gabellas"*, *"gabella semper est odiosa et ideo restringenda"*, pelo que *"in dubio fieri debet interpretatio contra illa"* " (SOARES MARTINEZ, Pedro, *Direito Fiscal*, pág. 133).

[318] CASALTA NABAIS, José, *O dever fundamental de pagar impostos*, Coimbra, Almedina, 1998, págs. 185 e segs.

[319] SÁ GOMES, Nuno, *Manual de Direito Fiscal*, vol. II, pág. 378. Em sentido idêntico, XAVIER, Alberto, *Manual de Direito Fiscal*, pág. 172 e SOARES MARTINEZ, Pedro, *Direito Fiscal*, pág. 135.

b) O princípio "in dubio pro fisco"

Em sentido oposto ao acabado de enunciar, desenvolveu-se, desde tempos muito remotos, uma orientação segundo a qual, em caso de dúvida, as leis fiscais deviam ser interpretadas no sentido mais favorável ao Fisco.

Assim, tomando como pressuposto que o direito fiscal não resulta de qualquer servidão ou arbitrariedade e que, outrossim, é auto-consentido pelos próprios contribuintes através dos seus representantes eleitos, esta corrente, colocada a dicotomia – interesse geral e interesse particular – em que se desenvolve a relação fiscal, faz optar, em caso de dúvida, pelo primeiro pólo de interesses – o interesse geral.

Mas, esta opção permanente pelo Fisco em detrimento dos contribuintes também não tem razão de ser pois, levada às suas últimas consequências, conduziria a uma estatização total da vida em sociedade. Por outro lado, os interesses dos particulares, desde que legítimos, não são menos dignos de atenção que os interesses do Estado, mesmo pressupondo que estes correspondem ao interesse geral. Aliás, como sublinha Sá Gomes, "a existência da lei tributária é logo, só por si, uma das garantias do contribuinte, devendo presumir-se que realiza, em cada caso, harmonicamente, uma disciplina do interesse público em confronto com o privado em que não há motivos para crer que este último deva ser sistematicamente desprezado"[320].

c) Interpretação literal das leis fiscais

De acordo com os defensores desta posição, as leis fiscais deverão interpretar-se literalmente, pelo que em relação às mesmas seria inadmissível a interpretação extensiva e, por maioria de razão, a aplicação analógica.

Para justificar este entendimento são usados vários argumentos. Alguns consideram que, sendo as leis fiscais limitativas dos direitos e liberdades individuais já que o seu fim último se traduz numa "agressão" ao património dos contribuintes, deveriam interpretar-se tendo em conta apenas a sua letra. Outros alegam para fundamentar a mesma conclusão o carácter dito excepcional das leis fiscais em relação ao direito privado, em especial ao direito das coisas. Outros ainda buscam nesta posição uma maior segurança para os contribuintes. Finalmente, há quem encontre justificação para a proibição da interpretação extensiva na dificuldade que haveria, em certos casos, em a distinguir da interpretação analógica.

[320] Sá Gomes, Nuno, *Manual de Direito Fiscal*, vol. II, pág. 379.

Em Portugal, esta corrente encontrou eco em vários fiscalistas, de que se destacam ARMINDO MONTEIRO e SOARES MARTINEZ. Para o primeiro, o princípio geral a seguir na interpretação das leis fiscais seria o da interpretação literal, podendo, no entanto, recorrer-se à interpretação extensiva sempre que o espírito da lei claramente o impusesse, mas nunca quanto às normas de incidência[321]. Para o segundo, deveria seguir-se a interpretação literal em relação a matérias reservadas à lei e isto pela dificuldade em fixar onde termina a interpretação extensiva e onde começa a aplicação analógica, que o princípio da legalidade proíbe quanto àquelas normas[322].

Contra a tese da interpretação literal das leis fiscais têm sido aduzidas várias considerações[323]. Assim, o direito fiscal é tão limitativo dos direitos e liberdades individuais como qualquer outro ramo de direito, já que é próprio de todo o direito impor certas regras e limites à actuação individual e sendo assim devem ser aplicáveis ao direito fiscal os critérios de interpretação válidos para os outros ramos de direito. Por outro lado, o direito fiscal, embora seja uma área específica da ordem jurídica, é um direito como qualquer outro e não propriamente um direito excepcional, pois, além de ter uma aplicação permanente, os seus comandos não são necessariamente opostos aos do direito comum. Mas, mesmo que fosse excepcional, isso não seria suficiente para afastar a interpretação extensiva, como aliás é reconhecido pelo artº 11º do Código Civil em relação às normas excepcionais. Além disso, a interpretação literal – que é, em si mesma, de algum modo, uma recusa de interpretação[324] – não garante, por si só, maior clareza e segurança, podendo, pelo contrário, ser fonte de distorções e incertezas. Finalmente, a dificuldade de distinguir a interpretação extensiva da aplicação analógica não é específica das leis fiscais mas comum a todos os ramos do direito e não deve ser motivo para a afastar mas para a aplicar correctamente. Aliás, mesmo em direito penal, por força, *a contrario sensu*, do artº 1º, nº 3, do Código Penal, é admitida a interpretação extensiva pelo que não se vê qualquer razão para a rejeitar quanto às normas fiscais[325].

[321] MONTEIRO, Armindo, *Lições de Direito Fiscal*, vol. I, págs. 147 e segs.

[322] SOARES MARTINEZ, Pedro, *Direito Fiscal*, págs. 136 e 141 e segs.

[323] BRAZ TEIXEIRA, António, *Princípio de Direito Fiscal*, vol. I, 3ª ed., Coimbra, Almedina, 1985 págs. 129 e segs.

[324] SALDANHA SANCHES, J.L., *Manual de Direito Fiscal*, 3ª ed., Coimbra, Coimbra Editora, 2007, págs. 136 e segs.

[325] SOARES MARTINEZ defende, no entanto, que o actual Código Penal continua a excluir a interpretação extensiva (SOARES MARTINEZ, Pedro, *Direito Fiscal*, pág. 143). Não parece, porém, ter razão face à própria história de elaboração da actual redacção que aponta, com clareza, que

d) Aplicação às leis fiscais dos princípios gerais de interpretação
Em consonância com o reconhecimento de que o Direito Fiscal é um ramo de direito como qualquer outro, grande parte da doutrina, da jurisprudência e até algumas legislações consagram a tese de que lhe são aplicáveis os princípios gerais sobre interpretação das leis, o que significa a possibilidade quer de interpretação declarativa, quer de interpretação restritiva quer ainda de interpretação extensiva.

Esta posição é justificada pela unidade do sistema jurídico, de que seria corolário a aplicação, em todos os elementos que o integram, de regras comuns de interpretação.

Com efeito, como salientou VANONI em 1969, a norma tributária em nada se distingue das outras normas jurídicas quanto ao seu carácter jurídico: tem natureza geral e abstracta; está dotada de sanção para o caso de incumprimento; tutela um interesse do credor-Estado no sentido da obtenção de receitas, coincidindo esse interesse com o interesse de toda a colectividade.

Se é assim, concluem os defensores desta corrente interpretativa, deverão ser aplicadas às leis fiscais as regras gerais de interpretação das leis.

É esta a posição da generalidade da doutrina portuguesa[326] e também, desde há muito, embora com algumas excepções, do Supremo Tribunal Administrativo, posição que viria a ter consagração, como se verá adiante, no nº 1 do artº 11º da Lei Geral Tributária.

Também em Espanha, a "*Ley General Tributaria*" prescrevia, na sua anterior redacção (artº 23º) e desde 1963, que "*las normas tributarias se interpretarán con arreglo a los criterios admitidos em Derecho*", formulação que é também a do "*Modelo de Código Tributário del CIAT (Centro Interamericano de Administradores Tributarios)*" – 1997, no seu artº 6º. A nova redacção da "*Ley General Tributaria*" de Espanha mantém a mesma posição (artº 12º), remetendo agora directamente para o "*apartado 1 del articulo 3 del Codigo Civil*".

se quis eliminar a impossibilidade de interpretação extensiva que consta do Código Penal de 1886. Cf., por exemplo, MAIA GONÇALVES, M., *Código Penal Português Anotado e Comentado*, 17ª ed., Coimbra, Almedina, 2005, págs. 52 e 53.

[326] SALAZAR, António de Oliveira, *Direito Fiscal Português*, 1926, págs. 28 e segs., BRANDÃO, António José, "*Alguns preconceitos correntes sobre a interpretação da lei tributária*", in *O Direito*, ano 73, 1941, nº 5, SÁ GOMES, Nuno, "*A interpretação das leis fiscais*", in *Ciência e Técnica Fiscal*, Lisboa, nº 79, Julho de 1965 e *Manual de Direito Fiscal*, vol. II, pág. 384, CARDOSO DA COSTA, J. M., *Curso de Direito Fiscal*, págs. 199 e segs., XAVIER, Alberto, *Manual de Direito Fiscal*, I, pág. 178, BRAZ TEIXEIRA, António, *Princípios de Direito Fiscal*, vol. I, págs. 129 e segs e CASALTA NABAIS, José, *Direito Fiscal*, págs. 211 e segs.

e) Interpretação económica

De acordo com esta corrente interpretativa, as leis fiscais, diferentemente das outras leis – ou em maior grau que estas – têm um conteúdo essencialmente económico pelo que na sua interpretação deverá ter-se em conta esta característica.

Como aplicação da mesma costuma ser citado o artº 4º da Lei Tributária Alemã de 13 de Dezembro de 1919 ao estabelecer que "ao interpretar as leis fiscais há que ter em conta a sua finalidade, o seu significado económico e a evolução das circunstâncias". E embora esta norma tenha sido retirada da lei em 1977, a doutrina alemã considera que continua a vigorar na Alemanha o chamado método da interpretação económica das leis fiscais ("*Wirtschatsfliche Betrachtungsweise*")[327]. Aliás, noutros países esta teoria encontra actualmente eco na doutrina e na jurisprudência[328].

Respondendo aos que tem considerado que da aplicação desta teoria resultaria insegurança jurídica os seus defensores respondem que ela não tem esse efeito na medida em que apenas propugna que, considerando que as leis fiscais têm o aludido conteúdo económico, na sua interpretação deverá ter-se em conta não apenas a forma ou roupagem jurídica mas, e sobretudo, a sua substância económica[329].

Os críticos desta corrente contrapõem, no entanto, que o conteúdo económico não é específico do direito fiscal – veja-se, por exemplo, o que acontece no domínio do direito das sociedades – e que isso não impõe qualquer metodologia específica de interpretação da lei. É que, na metodologia geral interpretativa, ter-se-á sempre em conta, se for caso disso, o referido conteúdo económico, sem necessidade de criar um enclave dentro do ordenamento jurídico sujeito a métodos particulares de interpretação.

f) Interpretação funcional

Segundo esta teoria, proposta no início da década de 40 do século XX pela chamada escola de Pavia e, em especial, pelo seu fundador BENVENUTTO

[327] PEREZ ROYO, Fernando, *Derecho Financiero y Tributario – Parte General*, Vigésima ed., Madrid, Civitas, 2010, pág. 120.

[328] Veja-se, por exemplo, RYSER, Walter e Bernard ROLLI, *Précis de droit fiscal suisse (impôts directs)*, 3ème ed., Berne, Editions Staempfli + Cie SA, 1994, págs. 73 e segs.

[329] Sobre esta problemática veja-se *"Form and substance in tax law" (2002 Oslo Congress of International Fiscal Association)*, in *Cahiers de droit fiscal international*, vol. LXXXVIIa, The Netherlands, Kluwer, 2002.

Grizziotti[330], na interpretação e aplicação das normas financeiras, haveria que ter simultaneamente em conta os aspectos político, económico, jurídico e sociológico do fenómeno financeiro, devendo adequar-se o seu resultado final a cada uma destas exigências.

De acordo com esta corrente, o papel essencial da interpretação das leis fiscais seria o de revelar a sua função, para o que seria necessário ter em conta a capacidade contributiva a atingir com o imposto.

Dessa interpretação poderia mesmo resultar a não tributação de determinada situação expressamente prevista na lei nos casos em que se chegasse à conclusão, pela via da aludida indagação funcional do imposto, que em relação à mesma não se verificavam os pressupostos políticos ou económicos do imposto em causa.

Uma interpretação com estes contornos parece, contudo, pelo menos em grande parte dos casos, excessiva – e, por isso, não parece ter tido muitos seguidores – já que se ultrapassa nitidamente uma actividade meramente hermenêutica para se cair em conclusões que permitiriam uma autêntica interpretação correctiva e um desprezo do comando legal contido na norma interpretada.

Alguns autores consideram, no entanto, que a interpretação funcional tem sido sistematicamente utilizada pelo Tribunal de Justiça da União Europeia em matéria de aplicação do direito comunitário no domínio fiscal.

9.1.3. *Posição consagrada em Portugal na Lei Geral Tributária*

Actualmente, existe uma norma na lei portuguesa especificamente consagrada à interpretação das leis fiscais.

Assim, de acordo com o artº 11º, nº 1, da Lei Geral Tributária:

> *"Na determinação dos sentido das normas fiscais e na qualificação dos factos a que as mesmas se aplicam, são observadas as regras e princípios gerais de interpretação e aplicação das leis".*

E acrescenta o nº 3 do mesmo artº 11º da Lei Geral Tributária que:

> *"Persistindo a dúvida sobre o sentido das normas de incidência a aplicar, deve atender-se à substância económica dos factos tributários".*

[330] Grizziotti, Benvenutto, *"L'interpretazione funzionale delle legge finanziarie"*, in *Revue Derecho FSF*, 1949, II, págs. 154 e segs.

O que se encontra estabelecido no referido nº 1 do artº 11º é a reafirmação da aplicação ao direito fiscal dos princípios gerais de interpretação e corresponde ao que já era, como se referiu atrás, a corrente dominante da doutrina, com eco na jurisprudência[331].

Trata-se de norma cuja necessidade só não causará estranheza pelo facto de, apesar de hoje ninguém pôr em causa que as normas fiscais são normas jurídicas, continuar a haver na doutrina quem defenda algumas especificidades.

No entanto, a Lei Geral Tributária consagrou também, de algum modo, a tese da interpretação económica das leis fiscais. E fê-lo através do acima transcrito nº 3 do seu artº 11º, que o legislador acrescentou ao texto proposto pela Comissão que elaborou o ante-projecto de Lei Geral Tributária[332].

Trata-se de um comando interpretativo que só se aplicará em casos limite – como diz a lei, depois de mandar aplicar os princípios gerais de interpretação, "persistindo a dúvida sobre o sentido das normas de incidência a aplicar (...)" – casos em que se deverá atender "à substância económica dos factos tributários".

Daqui resulta, em primeiro lugar, que, embora se possa inserir esta norma dentro de uma perspectiva de "predomínio da substância económica", a sua aplicação, apenas em casos limite, não determina que a substância económica se sobreponha sempre à forma jurídica. Se não persistirem dúvidas, será esta última a que prevalecerá[333]. Por isso, no caso português, não se leva "em conta apenas, e sem mais restrições, o resul-

[331] Uma primeira tomada de posição legislativa acolhendo esta corrente foi tomada em 1989 no Estatuto dos Benefícios Fiscais, ao dispor-se no seu artº 9º (actual artº 10º) que "as normas que estabeleçam benefícios fiscais não são susceptíveis de interpretação analógica, mas são susceptíveis de interpretação extensiva". Punha-se, assim, de parte uma corrente doutrinária, com projecção em alguma jurisprudência, que defendia uma interpretação literal das normas sobre benefícios fiscais fundada na ideia de que estes são favores ou privilégios fiscais, constituindo desvios ao princípio da generalidade do imposto, que, por isso, tinham de ser interpretados literalmente. Mas, os benefícios fiscais não são favores fiscais nem privilégios fiscais pois, como se verá adiante, têm sempre um objectivo, que justifica a excepção à generalidade do imposto em que se traduzem, devendo, por isso, ser interpretados de acordo com os critérios aplicáveis às outras normas fiscais. Para maiores desenvolvimentos sobre esta questão, veja-se SÁ GOMES, Nuno, *Manual de Direito Fiscal*, vol. II, págs. 390 e segs. Contudo, em algumas legislações – v.g., no Brasil, artº 111º do Código Tributário Nacional em relação a isenções – continua a impor-se a interpretação literal das normas sobre benefícios fiscais.

[332] LEITE DE CAMPOS, Diogo, *"Interpretação das normas fiscais"*, in *Problemas fundamentais do Direito Tributário*, Lisboa, Vislis, 1999, págs. 17-31.

[333] O legislador, aliás, não consagrou aqui, directamente, o predomínio da substância sobre a forma ("substance over form"), princípio bem conhecido de outros ordenamentos jurídicos e,

tado económico de certas operações, sem atender à forma jurídica, mesmo quando essa diferença de forma corresponde à diferença de natureza de certas relações jurídicas"[334].

Acresce que não se pode dizer em tese que da consideração da "substância económica" resultará sempre favorecido o Fisco. Pode resultar ou não, tudo dependendo dos casos e não se estranhará que esta interpretação venha, em algumas situações, a ser reclamada pelos próprios contribuintes.

É certo que, tendo em conta a realidade das coisas, em que através de uma roupagem formal jurídica fiscalmente menos onerosa se acobertam realidades económicas que são visadas pelo imposto de acordo com o princípio da igualdade tributária, será talvez mais frequente o contrário, ou seja que a consideração da "substância económica" seja reclamada pelo Fisco. Mas, insiste-se, ao abrigo desta norma, ele só o poderá fazer em casos de, aplicados os princípios gerais de interpretação das leis, persistirem dúvidas.

Considera-se, por isso, que o nº 3 do artº 11º da Lei Geral Tributária não funciona como uma norma geral anti-abuso, nem se confunde com ela, pelo que não substitui a cláusula geral nesse sentido (artº 38º, nº 2, da Lei Geral Tributária) nem as cláusulas especiais com o mesmo propósito, existentes no direito fiscal português. Nessas cláusulas não se está perante dúvidas de interpretação, estamos perante normas que determinam, em alguns casos, determinadas qualificações ou requalificações, com as inerentes consequências fiscais. Assim, por exemplo, o referido artº 38º, nº 2, da Lei Geral Tributária, determina que em vez de um determinado acto ou negócio jurídico deverá ser considerado para efeitos fiscais outro acto ou negócio jurídico não por se terem suscitado quaisquer dúvidas quanto à lei aplicável mas por que assim a lei o impõe.

9.1.4. *Significado dos termos usados próprios de outros ramos de direito*

É inerente à actividade interpretativa a busca do sentido dos termos usados pela lei e, neste contexto, uma questão – habitualmente abordada pela doutrina – é a de saber, quando na lei fiscal se empregam termos próprios de outros ramos de direito, qual o significado que o intérprete lhes deve atribuir: o sentido que têm nesses ramos de direito ou outro, tendo em especial consideração o aludido conteúdo económico das relações fiscais?

em alguns casos, já consagrado no direito fiscal português – cf. artº 49º, nº 10 (anterior artº 78º, nº 11), do Código do IRC e artº 5º, nº 8, do Código do IRS.

[334] SALDANHA SANCHES, J.L., *Manual de Direito Fiscal*, pág. 144.

O problema tem hoje solução expressa na Lei Geral Tributária, que no nº 2 do seu artº 11º consigna o seguinte[335]:

> *"Sempre que, nas normas fiscais, se empreguem termos próprios de outros ramos de direito, devem os mesmos ser interpretados no mesmo sentido que aí têm, salvo se outro decorrer directamente da lei".*

Esta concepção já era a que, com carácter dominante, era defendida pela generalidade da doutrina[336].

Assim, quando se alude a, por exemplo, "sujeito passivo casado", "sociedade comercial", "instituição financeira", estamos perante o uso de termos cujo significado tem de ser encontrado nos ramos de direito onde os mesmos se encontram definidos.

Isso não impede, no entanto, que os conceitos sejam, muitas vezes, transformados pela lei para efeitos fiscais e, portanto, embora o termo possa ser idêntico, o seu significado não o é. Nesses casos, o termo tem de ser interpretado à luz da lei fiscal. Assim, por exemplo, são tributadas em IVA as transmissões de bens, a título oneroso (artº 1º do respectivo Código) mas, embora estes termos sejam comuns ao direito civil, o direito fiscal deu-lhe um significado específico que está expresso na lei (artº 3º do Código do IVA).

[335] Em sentido de algum modo idêntico, mas parecendo mais conforme com a natureza do Direito Fiscal, em Espanha, o nº 2 do artº 12º da "*Ley General Tributaria*" estabelece que "*en tanto no se definan por la normativa tributaria, los términos empleados en sus normas se entenderán conforme a su sentido juridico, tecnico o usual, según proceda*". Já no Brasil, de acordo com o artº 109º do "Código Tributário Nacional" faz-se apelo aos "princípios gerais de direito privado" para "pesquisa da definição, do conteúdo e do alcance de seus institutos, conceitos e formas".

[336] No entanto, na ausência de lei expressa a disciplinar esta situação, havia autores que defendiam uma certa flexibilidade nesta matéria, numa escola cuja origem se pode situar em Berliri (BERLIRI, A., *Principi di Diritto Tributario*, vol. I, págs. 63 e segs.), que, embora partindo do pressuposto que os conceitos usados em direito fiscal e direito privado são comuns, defende que pela via interpretativa se pode chegar à conclusão de que à identidade de termos não corresponde identidade de conceitos. Assim, segundo Cardoso da Costa (CARDOSO DA COSTA, J. M., *ob. cit*, pág. 124) caberia ao intérprete indagar, de acordo com as regras da hermenêutica jurídica, se as normas fiscais deram aos conceitos oriundos de outros ramos de direito um significado específico ou se lhes conservaram o conteúdo originário. Por seu turno, Sá Gomes (SÁ GOMES, Nuno, *Manual de Direito Fiscal*, Vol. II, pág. 366) exceptua a aplicação dos conceitos elaborados nos outros ramos de direito quando se demonstre que esses conceitos são inservíveis em concreto, "como sucederá quando se conclua que a qualificação jurídica foi, indubitavelmente, apenas empregada para designar a situação económica correspondente".

A questão, no entanto, restringe-se aos casos em que se usem "termos próprios de outros ramos de direito". Ora, muitos termos usados pelo direito fiscal são termos técnicos, cujo significado e alcance só pode ser apurado recorrendo à disciplina de onde provêm já que nem na lei fiscal nem em qualquer outra se encontra resposta para o seu conteúdo. É o que se passa, no domínio da fiscalidade das empresas com a panóplia de termos de índole económico-contabilística, onde apesar da emergência de um direito da contabilidade, este continua a ser insuficiente e, nesse caso, terá de se recorrer à própria contabilidade e aos princípios que a enquadram.

Acresce que, para casos duvidosos, aplicar-se-á o referido nº 3 do artº 11º da Lei Geral Tributária que manda atender à "substância económica dos factos tributários", na linha dos que defendem, explícita ou implicitamente, que o Direito Fiscal visa situações de facto e não propriamente formas jurídicas.

9.2. Integração das lacunas da lei fiscal

9.2.1. *Regime geral de integração das lacunas da lei*

Questão diferente da interpretação da lei é a da integração das lacunas da lei.

Assim, pode acontecer que se chegue à conclusão de que, perante uma dada situação concreta, não existe qualquer norma que lhe seja aplicável. A menos que essa situação seja extra-jurídica, estamos, então, perante uma *lacuna da lei* e como, em princípio, pelo menos para certos autores, o sistema jurídico deveria aplicar-se em toda a sua plenitude, sem vazios, é necessário preencher essa lacuna ou seja integrar a lei. É que o juiz tem mesmo o dever de integrar essas lacunas, não se podendo abster de julgar com o argumento de que não existe lei ou ela é absurda (nº 1 do artº 8º do Código Civil).

O ponto de partida da interpretação e da integração é, assim, diferente. Enquanto na interpretação se parte da existência de uma norma cujo sentido e alcance importa precisar, a integração tem o seu ponto de partida na constatação de que não existe norma directamente aplicável. O principal problema que se coloca a este respeito é o da distinção entre interpretação extensiva e integração. Sem minimizar a complexidade que o problema pode assumir em certos casos, a base para a diferenciação é relativamente simples: na interpretação extensiva, uma dada situação, embora não estando directamente compreendida na letra da lei está abrangida no seu espírito; na integração, a situação não está compreendida nem na letra nem no espírito de qualquer lei – existe uma lacuna da lei.

Mas, como é que se chega à conclusão de que existe uma lacuna da lei? Interpretando a lei. Por isso se diz que "a integração supõe a interpretação (em sentido restrito), mas não é ela própria a interpretação"[337]. Ou seja, perante um determinado caso concreto, há que primeiro buscar na lei, interpretando-a, a regulamentação aplicável. E pode até a lacuna ser aparente, pois através de adequada interpretação extensiva, nos termos que já se deixaram assinalados, consegue chegar-se à conclusão de que afinal existe regra aplicável ao caso. Só concluindo que o caso não está mesmo regulado numa lei é que se pode dizer que existe lacuna da lei.

Que fazer nestas situações?

O artº 10º do Código Civil estabelece as regras gerais a seguir a este respeito, dispondo:

> *"1. Os casos que a lei não preveja são regulados segundo a norma aplicável aos casos análogos.*
>
> *"2. Há analogia sempre que nos casos omissos procedam as razões justificativas da regulamentação do caso previsto na lei.*
>
> *"3. Na falta de caso análogo, a situação é resolvida segundo a norma que o próprio intérprete criaria, se houvesse de legislar dentro do espírito do sistema."*

E acrescenta-se no artº 11º do mesmo Código:

> *"As normas excepcionais não comportam aplicação analógica mas admitem interpretação extensiva".*

Assim, a regra é, perante uma lacuna, aplicar a norma prevista para casos análogos e, não havendo caso análogo, terá o intérprete de criar uma "norma" específica para resolver a situação. Só assim não acontece em relação às aludidas normas excepcionais e às chamadas normas penais positivas e ainda quando, com base em considerações específicas, disposição legal o proíba.

[337] OLIVEIRA ASCENSÃO, José, *ob. cit.*, pág. 437. Este é o primeiro momento em que a integração supõe interpretação, pois determinada a lacuna é preciso de novo interpretar a lei para buscar a norma aplicável a casos análogos.

A integração, nos termos daquelas regras gerais, põe, em primeiro lugar, a questão da busca do caso análogo. Ora, procurar a analogia é essencialmente procurar casos semelhantes, pois o que se deseja é dar tratamento igual a situações semelhantes. A semelhança – que obviamente não significa identidade – não pode ser apenas em termos factuais pois a lei impõe a verificação de que no "caso omisso procedam as razões justificativas do caso previsto na lei" – tem de haver uma analogia jurídica.

Mas se não há caso análogo, a lei geral diz que o intérprete cria uma norma dentro do espírito do sistema, o que significa que não é uma norma circunstancial, apenas visando aquele caso concreto – tem de ser uma norma que ultrapasse este circunstancialismo e esteja conforme com a perspectiva geral do ordenamento jurídico aplicável. E isto apesar de a solução encontrada apenas valer para o caso concreto que esteve na origem do processo integrativo. É que a integração não é fonte de direito.

9.2.2. *Regime aplicável em direito fiscal*

Delineadas as regras gerais pertinentes, a questão que, neste âmbito, interessa resolver é a de saber se em direito fiscal são aplicáveis essas regras gerais e em que termos.

Assim, perante uma dada situação tributária não especificamente abrangida por um imposto será lícito recorrer à analogia, ou seja aplicar aqui o imposto que caberia pagar num caso análogo ou, na falta deste, criar-se uma norma que, dentro do espírito do sistema, abrangesse nas normas de incidência essa lacuna? E se a lacuna de regulamentação diz apenas respeito ao prazo de entrega de uma declaração fiscal?

Do ponto de vista teórico, há quem defenda a admissibilidade da analogia para integrar todas as lacunas da lei fiscal, estribando-se no argumento de que só deste modo se conseguiria aplicar, de modo efectivo, o princípio da igualdade tributária.

Em sentido contrário, poderá, no entanto, argumentar-se que do princípio da legalidade fiscal e das suas componentes (preeminência da lei, reserva absoluta da lei formal e tipicidade fechada) deriva que, se certa situação não está abrangida pela incidência de um imposto, não pode ser o intérprete a incluí-la. Daí resulta que as lacunas relativas aos elementos essenciais dos impostos não seriam susceptíveis de integração. Acresce – adiantam alguns autores[338] – que o princípio da igualdade tributária é diri-

[338] Cf., por exemplo, SÁ GOMES, Nuno, *Manual de Direito Fiscal*, II vol., pág. 388.

gido ao legislador e não ao intérprete, pelo que as lacunas que o violem têm de ser preenchidas, se for caso disso, pelo próprio legislador e não por quem tem de aplicar o direito[339]. Deste modo se protegem os valores inerentes ao princípio da legalidade: a certeza e a segurança na tributação, que não impedem, no entanto, desde que correctamente formuladas, cláusulas gerais ou especiais anti-abuso.

Considera-se, em sintonia com a generalidade da doutrina portuguesa, que nesta matéria importa distinguir o tipo de normas que estão em causa.

É esse, aliás, o regime que resulta actualmente da Lei Geral Tributária, que, no nº 4 do seu artº 11º estabelece[340]:

> *"As lacunas resultantes de normas tributárias abrangidas na reserva de lei da Assembleia da República não são susceptíveis de integração analógica".*

Proíbe-se, assim, nos casos mencionados, a integração analógica e, por maioria de razão, não obstante aquele preceito referir apenas expressamente aquela forma de integração das lacunas, a criação de "norma" específica na ausência de caso análogo.

Nestes termos, estando em questão matérias reservadas à lei em sentido formal – incidência, taxas, benefícios fiscais e garantias dos contribuintes (artº 103º, nº 2, da Constituição) – a integração, pelo aplicador do direito, das lacunas da lei não é possível[341].

[339] Tratar-se-ia, neste caso, de lacunas políticas e não de lacunas jurídicas, pelo que só ao legislador competiria supri-las. Cf. CASALTA NABAIS, José, *Direito Fiscal*, pág. 214.

[340] O âmbito, em Espanha, da impossibilidade de integração analógica é, nos termos da "*Ley General Tributaria*", muito mais reduzido. Com efeito, nos termos do artº 14º dessa lei "*no se admitirá la analogia para extender mas allá de sus términos estritos el âmbito del hecho imponible, de las exenciones e demás benefícios o incentivos fiscales*". Assim, a exclusão da analogia não se aplica a todas as matérias abrangidas pelo princípio da legalidade, o que é justificado pelo facto de o princípio da segurança jurídica ponderado com outros valores igualmente relevantes não impor essa proibição em relação a outras matérias. Assim, uma vez estabelecido na lei que uma determinada situação está sujeita a imposto, se existe alguma lacuna, designadamente quanto à taxa aplicável, esta poderá em Espanha ser suprida pela analogia. Cf. PEREZ ROYO, Fernando, *ob. cit.*, págs. 122-125.

[341] Há, no entanto, quem defenda, baseando-se numa "adequada e equilibrada ponderação dos bens jurídico-constitucionais em presença" a admissão da "integração das lacunas em sede de direito fiscal essencial sempre que a lei especificamente o preveja" – CASALTA NABAIS, José, *Direito Fiscal*, pág. 215. Trata-se de posição que, de certo modo, se aproxima do regime das cláusulas anti-abuso, que, no entanto, em regra, não são normas de integração da lei fiscal. Posição crítica da proibição estrita da analogia em direito fiscal pode ver-se em XAVIER, Cecília, *A Proibição de Aplicação Analógica da Lei Fiscal no Âmbito do Estado Social de Direito*, Coimbra, Almedina, 2006.

Em relação aos benefícios fiscais, também se poderia invocar, aliás, no sentido da não possibilidade de aplicação analógica, a proibição do artº 11º do Código Civil, de que derivaria o disposto no artº 10º do Estatuto dos Benefícios Fiscais.

Quanto às normas fiscais de sanção – elementos essenciais das infracções fiscais (quer crimes quer contraordenações) – a impossibilidade de integração de lacunas pelo aplicador do direito resulta do artº 29º da Constituição da República e do nº 3 do artº 2º do Código Penal. Não pode, assim, ser aplicada qualquer pena que não esteja prevista expressamente em lei anterior (*nullum crimen nulla poena sine lege*).

Quanto às restantes normas fiscais (v.g., normas de lançamento, liquidação e cobrança) nada obsta a que sejam aplicáveis as regras gerais sobre integração das leis[342].

[342] Em sentido diverso, SOARES MARTINEZ, coerentemente com a posição defendida quanto às matérias abrangidas pela reserva de lei em sentido formal, entende que, relativamente às normas de liquidação e cobrança, a analogia também não seria permitida, na medida em que, nesses casos, aquelas operações não se fariam nos termos da lei como impõe o nº 3 do artº 103º da Constituição – SOARES MARTINEZ, Pedro, *ob. cit.*, págs. 91 e 92.

10. Aplicação da Lei Fiscal no Tempo

A análise da eficácia da lei fiscal no tempo deve incidir sobre as três questões que a esse respeito se colocam[343]:

a) Início de vigência;
b) Termo de vigência;
c) Determinação dos factos ou situações a que uma lei se aplica – o que também se costuma designar por questões de direito transitório e que tem que ver, afinal, com a concretização do princípio da não retroactividade das leis.

10.1. Início de vigência

São válidos no tocante lei fiscal os princípios gerais de direito quanto à entrada em vigor de quaisquer normas legais ou regulamentares.

É, assim, que, conforme estabelece o artº 2º da Lei nº 74/98, de 11 de Novembro, os diplomas entram em vigor no dia neles fixado ou, na falta de fixação, quer em todo o território nacional quer no estrangeiro, no quinto dia após a sua publicação no *Diário da República*[344]. Em caso algum o início da vigência se pode verificar no próprio dia da publicação[345]; este dia não

[343] A. BERLIRI, *Principi di Diritto Tributario*, 1967, págs. 157 e segs.

[344] Anteriormente à segunda alteração à Lei nº 74/98, de 11 de Novembro, operada pela Lei nº 26/2006, de 30 de Junho, os diplomas entravam em vigor no dia neles fixado ou, na falta de fixação, no continente no quinto dia após a publicação, nos Açores e na Madeira no décimo quinto dia e em Macau e no estrangeiro no trigésimo dia.

[345] Sobre a possibilidade de uma entrada imediata em vigor, ou seja no próprio dia da publicação, derrogando a determinação geral do artº 2º, nº 1, da Lei nº 74/98, veja-se, por exemplo, ASCENSÃO, José Oliveira, *ob. cit.*, págs. 304 e segs.

se conta também para efeito de contagem dos prazos já que estes se contam a partir do dia imediato ao da publicação. Aplicam-se, pois, em direito fiscal os prazos normais de *vacatio legis*.

A data da publicação (entendendo-se como tal a data do dia em que o *Diário da República* se torna disponível no sítio da Internet gerido pela *Imprensa Nacional - Casa da Moeda, SA - http://www.dre.pt*) reveste-se, portanto, de grande importância. Para este efeito, a edição electrónica do *Diário da República* inclui um registo das datas da sua efectiva disponibilização no referido sítio da Internet, o qual faz prova para todos os efeitos legais.

Já quando a data da publicação se reportava à data da distribuição da sua edição impressa, o momento da sua colocação à disposição do público era determinante. E se, quando o *Diário da República*, era distribuído no dia correspondente ao da sua data, não se levantavam problemas de contagem de prazos, o mesmo não acontecia quando aquele – o que sucedia muitas vezes quanto aos seus suplementos – era distribuído muito depois da data a que se reportava Nesta hipótese, existindo divergência entre a data do *Diário da República* e o dia em que este era colocado à disposição do público, o que prevalece é esta última, sendo a ela que tem de reportar-se a publicação. Era, esta, aliás, a orientação dos Tribunais em face da lei anterior à Lei nº 74/98, sendo pacífica a tese de que os actos legislativos sujeitos a publicação só adquirem eficácia jurídica com a efectiva distribuição (colocação à disposição do público) do *Diário da República* que os publica[346].

10.2. Termo de vigência

Também no que se refere à cessação da vigência das normas fiscais se aplicam as regras gerais, que encontram consagração no artº 7º do Código Civil, o qual dispõe:

[346] Vejam-se, por exemplo, os Acórdãos do Tribunal Constitucional nºs 99/86, 53/87, 435/87 e 303/90 in *Acórdãos do Tribunal Constitucional*, 7º vol., t. II, pág. 756, 9º vol., pág. 507, 10º vol., pág. 509 e 17º vol., págs. 72 e 73, respectivamente. Também num Acórdão do Supremo Tribunal Administrativo de 20 de Novembro de 1963 já se entendia que a "data da publicação de uma lei não é a que figura no jornal oficial onde é inserta, mas sim a data em que esse jornal é posto a disposição do público" (Cf. *Revista de Direito Fiscal*, ano 15º, pág. 153). No mesmo sentido Parecer nº 165 da Procuradoria Geral da República, publicado no *Diário da República*, 2ª série, de 30 de Maio de 1979. Para efeitos de aplicação do artº 119, nº 2, da Constituição, que estabelece que a falta de publicidade dos diplomas (que é a sua publicação no Diário da República) implica a sua ineficácia jurídica, também se entende que o dia de publicação é o da efectiva distribuição do Diário da República onde a publicação teve lugar – cf. Acórdão do Tribunal Constitucional 142/85, in *Diário da República*, II série, de 7.9.85.

1. Quando não se destine a ter vigência temporária, a lei só deixa de vigorar se revogada por outra lei.

2. A revogação pode resultar de declaração expressa, de incompatibilidade entre as suas disposições e as regras precedentes ou da circunstância de a nova lei regular toda a matéria da lei anterior.

3. A lei geral não revoga a lei especial, excepto se outra for a intenção inequívoca do legislador.

4. A revogação da lei revogatória não importa o renascimento da lei que esta revogara.

A vigência de uma lei pode, assim, cessar por *caducidade* – quando termina o prazo fixado para a sua vigência. Mas, quando a lei nasce para vigorar por prazo indefinido, a sua cessação só pode resultar de *revogação* (expressa, tácita ou global).

Em direito fiscal é, por vezes, frequente a *suspensão* da vigência de normas, que tem por consequência a interrupção temporária da sua aplicação. A suspensão de uma lei afecta, durante um certo período, a sua eficácia e não propriamente a sua existência.

Parte da doutrina sublinha ainda que as leis fiscais também podem deixar de vigorar quando seja declarada a sua inconstitucionalidade (artº 282º da Constituição)[347]. No entanto, importa ter em atenção que, em princípio, a declaração com força obrigatória geral da inconstitucionalidade de uma norma implica a sua nulidade "*ipso jure*", produzindo efeitos *ex tunc*, ou seja, desde a entrada em vigor da mesma, e não apenas *ex nunc*, ou seja desde a data da publicação da decisão do Tribunal, caso em que a inconstitucionalidade teria apenas um efeito revogatório[348].

Embora para efeitos de segurança jurídica, que é uma questão muito importante em direito fiscal, devesse ser dada preferência à revogação expressa, o legislador, por comodidade, nem sempre a adopta, sendo frequente o uso de cláusulas finais revogatórias de carácter geral que são uma fonte de problemas quer para os contribuintes quer para a administração fiscal. E muitas vezes nada se refere, sendo difícil concluir se uma determinada norma está revogada ou subsiste – veja-se o que acontece, com frequência, em matéria de benefícios fiscais.

[347] Cf., v.g., SAINZ DE BUJANDA, Fernando, *Lecciones de Derecho Financiero*, pág. 51 e SÁ GOMES, Nuno, *Manual de Direito Fiscal*, vol. II, pág. 409.

[348] GOMES CANOTILHO, J.J., *Direito Constitucional e Teoria da Constituição*, págs. 947 e 948.

10.3. O problema da não retroactividade das leis fiscais

As leis valem apenas para o futuro. É com esse sentido que se fala na impossibilidade de aplicação retroactiva de qualquer norma.

Estabelece, com efeito, o Código Civil no nº 1 do seu artº 12º:

> *A lei só dispõe para o futuro; ainda que lhe seja atribuída eficácia retroactiva, presume-se que ficam ressalvados os efeitos já produzidos pelos factos que a lei se destina a regular.*

No entanto, suscita-se a questão de saber relativamente a que situações se aplica uma lei: se apenas às que se constituírem após a sua entrada em vigor ou também às que se constituíram anteriormente mas subsistiam naquela data. Neste domínio, o Código Civil, no nº 2 do seu artº 12º, enuncia critérios de índole geral:

> *Quando a lei dispõe sobre as condições de validade substancial ou formal de quaisquer factos ou sobre os seus efeitos, entende-se, em caso de dúvida, que só visa os factos novos; mas quando dispuser directamente sobre o conteúdo de certas relações jurídicas abstraindo dos factos que lhes deram origem, entender-se-á que a lei abrange as próprias relações já constituídas, que subsistiam à data da sua entrada em vigor.*

Trata-se, como se disse, de critérios de índole geral que não dispensam, em muitos casos, o legislador de enunciar critérios específicos para disciplinar as questões de direito transitório.

No que respeita à lei fiscal alguns exemplos poderão sublinhar as características específicas com que o problema se coloca. Assim, considere-se que após a morte de um indivíduo e antes de liquidado o correspondente imposto sobre as sucessões e doações (hoje, imposto do selo), a taxa deste imposto é alterada; ou que antes de pago um determinado imposto e após a liquidação deste uma nova lei exclui do âmbito de sujeição a imposto a situação que lhe esteve na origem. Nestes casos, que lei deve ser aplicada? A lei em vigor à data da ocorrência do facto gerador, a lei vigente à data da liquidação ou a lei que está em vigor à data do pagamento?

Muitas vezes, é a própria nova lei que através das chamadas disposições de direito transitório se encarrega de dar a resposta àquelas questões. No entanto, o legislador ordinário não é livre de fixar a data que entender, sob pena da lei poder ser considerada retroactiva, com as consequências que se verão adiante. Mas, quando essas disposições não existem, como se devem resolver estes problemas?

Importa ter em conta que na teoria geral do Direito e também especificamente em Direito Fiscal se costumam distinguir vários *graus de retroactividade*[349].

A *retroactividade máxima ou de 1º grau* – também por vezes designada de perfeita ou própria – seria a que fizesse aplicar uma lei fiscal a factos que se verificaram por inteiro, no domínio da lei antiga, tendo sido já liquidado e pago o respectivo imposto. Neste caso a lei antiga já tinha produzido todos os seus efeitos, pelo que estamos perante uma retroactividade frontal que não suscita dúvidas de qualificação. É esse o caso da criação de um adicional a um imposto relativamente a factos ocorridos no ano anterior e em relação aos quais o imposto principal já tenha sido liquidado e pago.

Na chamada *retroactividade de 2º grau* – também designada por imperfeita ou imprópria – os factos ocorreram no domínio da lei antiga mas ainda não foram totalmente produzidos os seus efeitos, que se vêm a verificar já com a lei nova em vigor. É disso exemplo uma alteração da lei relativa a taxas de um imposto entrada em vigor quando os factos geradores já ocorreram mas cuja liquidação e cobrança ainda se não processou.

Finalmente, na *retroactividade de 3º grau*, os próprios factos não se verificaram por inteiro no domínio da lei antiga, prolongando-se a sua produção já com a lei nova em vigor. É o que acontece nos impostos periódicos, quando uma lei é publicada a meio do período, suscitando-se então a questão de saber se existe retroactividade na aplicação dessa lei a todo o período em curso à data da sua entrada em vigor[350].

349 Veja-se, por exemplo, XAVIER, Alberto, *Manual de Direito Fiscal*, págs. 196 e segs. e SÁ GOMES, Nuno, *Manual de Direito Fiscal*, vol. II, págs. 414 e segs.

350 Existe alguma controvérsia terminológica a este respeito: enquanto, em alguma literatura, as três situações acabadas de enunciar recebem a denominação de "*retroactividade* ", embora, por vezes, com distinção em termos de grau ou qualificando-as de autênticas ou não autênticas, próprias ou impróprias, perfeitas ou imperfeitas, outros autores usam também o termo "*retrospectividade*" ou como sinónimo de "*retroactividade*" ou dando-lhe um significado específico. Em Portugal, GOMES CANOTILHO, J.J. (in *Direito Constitucional e Teoria da Constituição*, págs. 257) usa o termo "retrospectividade" para designar a "retroactividade inautêntica". Para GRIBNAU, Hans e PAUWELS, Melvin R. T. (in *Retroactivity of Tax Legislation* – General Report presented at EATLP Congress, Leuven, May 2010), de acordo com a sugestão de BOBBETT, Catherine S (in "*Retroactive or Retrospective? A note on terminology*", in *British Tax Review*, 2006, nº 1, págs. 15-18) e na linha do que tem sido o uso dado aos termos "retroactividade" e "retrospectividade" pelo Tribunal de Justiça da União Europeia, a "retroactividade" designará a aplicação de uma disposição legal a factos ocorridos antes da sua publicação/entrada em vigor, enquanto que o termo "retrospecti-

Em face destes conceitos, a doutrina – embora com algumas variantes de pormenor – faz geralmente apelo aos critérios estabelecidos no nº 2 do artº 12º do Código Civil para resolver as situações.

Sendo a retroactividade de 1º grau inquestionável, quanto à de 2º grau, em consonância com a natureza meramente declarativa do acto de liquidação de imposto, cuja obrigação nasce no momento da ocorrência dos respectivos factos geradores, considera-se que se deve concluir, face ao disposto na primeira parte daquele preceito, que as normas relativas à incidência, taxas e benefícios fiscais só podem aplicar-se a factos ocorridos após a sua entrada em vigor[351].

Com este exacto alcance, o artº 12º da Lei Geral Tributária, no seu nº 1, estabelece que *"as normas tributárias aplicam-se aos factos posteriores à sua entrada em vigor"*

Só que a questão não fica, por isso, resolvida quanto à retroactividade de 3º grau, que se põe em especial relativamente aos impostos periódicos, em que existe o que já foi apelidado de facto complexo de formação sucessiva, colocando-se então o problema de saber qual a lei a aplicar relativamente ao período que decorre na data em que a nova lei entra em vigor: esta deverá aplicar-se apenas no período seguinte, ou, pelo contrário, deverá aplicar-se a todos os factos e situações verificados no período que está a decorrer, ou, ainda, a lei deverá vigorar *pro rata temporis*, aplicando-se a lei antiga à parte do período ocorrido na sua vigência e a nova lei à parte restante desse período? Os autores encontram-se divididos neste ponto, mas a solução que parece mais correcta – por ter em conta a própria natureza dos impostos periódicos – é a da aplicação da nova lei a todos os factos e situações ocorridos no período em que a mesma entra em vigor[352]. Trata-se também

vidade" utilizar-se-á quando a nova lei se aplicar a situações existentes à data da sua publicação/ /entrada em vigor, como será o caso de transacções ou actividades económicas que, embora iniciadas no passado, ainda estejam por terminar. Neste último sentido se incluiria o caso de uma lei, relativa a um imposto periódico, entrada em vigor no decurso do período, que se aplique a todo o período, incluindo a parte deste já decorrida. Existem vários países (Alemanha, Bélgica, Espanha, França, Itália, Luxemburgo e Turquia) em que neste caso se considera que se estará perante "retrospectividade" e não "retroactividade" e, por isso, tal aplicação a todo o período é considerada como legal. Nestes países uma lei relativa a um imposto periódico só é considerada como retroactiva se for aplicada ao período de tributação anterior ao que está a decorrer na data em que entrar em vigor.

[351] Veja-se, por todos, CARDOSO DA COSTA, J.M., *Curso de Direito Fiscal*, págs. 240 e 241.

[352] Importa, no entanto, ter em conta que esta solução diz respeito a factos geradores de formação sucessiva ao longo do período e que só se tornam completos para efeitos de tributação, globalmente considerados, no final do mesmo – ou seja factos geradores classificados como

da solução mais simples de aplicar, quer para a administração quer para os contribuintes, não sendo susceptível de determinar comportamentos de planeamento fiscal através de soluções atípicas de natureza temporal. É, aliás, relativamente ao imposto sobre o rendimento das pessoas colectivas (IRC), a solução que decorre do disposto no nº 9 do artº 8º do respectivo Código[353]. Actualmente, em face do disposto no nº 2 do artº 12º da Lei Geral Tributária, o problema parece dever ser solucionado de maneira diferente. Com efeito, estabelece-se aí que "*se o facto tributário for de formação sucessiva, a lei nova só se aplica ao período decorrido a partir da sua entrada em vigor*". A for-

complexos (veja-se atrás o ponto 3.1.) É o que acontece com a tributação de um rendimento ou de um lucro correspondente a um determinado período. Mas, mesmo nos impostos periódicos, há factos ou parâmetros que, contribuindo para a formação desse lucro, são tomados para efeitos de tributação independentemente deste. Isso sucede, por exemplo, quando se tributam, ainda que no âmbito de um imposto periódico e em adição ao imposto que recai sobre o lucro ou o rendimento, certo tipo de despesas com determinada tributação autónoma. Neste caso, pode suscitar problemas de constitucionalidade, por ser retroactiva, uma lei que altere a taxa dessa tributação relativamente a despesas ocorridas antes da sua entrada em vigor. Em sentido diverso, porém, se pronunciou o Tribunal Constitucional – Acórdão nº 18/2011, Pº 204/2010, de 12 de Janeiro de 2011 – ao declarar a não inconstitucionalidade da norma do artº 5º da Lei nº 64/2008, de 5 de Dezembro, na parte em que faz retroagir a 1 de Janeiro de 2008 a alteração do artº 81º, nº 3, alínea a), do Código do IRC, que eleva a taxa de tributação autónoma de certas despesas realizadas pelo sujeito passivo. Tal decisão não foi, todavia, unânime – veja-se a declaração de voto do Conselheiro Vítor Gomes que votou vencido por considerar que neste caso não se está perante o apuramento de um rendimento sujeito a IRC, ou seja perante um facto tributário de formação sucessiva, mas perante uma tributação autónoma que tributa cada despesa de per si ainda que aritmeticamente agregada no somatório das mesmas durante o período de tributação e, por isso, a nova taxa só deveria aplicar-se às despesas ocorridas após a sua entrada em vigor.

[353] Em Portugal esta posição tem também sido defendida, com carácter geral, por BRAZ TEIXEIRA, António, *Princípios de Direito* Fiscal, vol. I, págs. 156 e segs. e encontra-se também reflectida na jurisprudência: Acórdão do Supremo Tribunal Administrativo de 2 de Fevereiro de 1972, em *Acordãos Doutrinais*, vol. XI, pág. 124. Já a solução *pro rata temporis* – defendida entre nós, entre outros, por Alberto XAVIER (*Manual de Direito Fiscal*, vol. I, págs. 201 e 202) – teve acolhimento, a propósito das derramas, no Parecer da Procuradoria Geral da República publicado no *Diário da República*, II série, nº 65, de 19-3-85, págs. 2572 e segs. Notícia crítica das várias posições pode ver-se igualmente em BACELAR GOUVEIA, J., "*A irretroactividade da norma fiscal na Constituição Portuguesa*", in *Ciência e Técnica Fiscal*, Lisboa, nº 387, Jul-Set/1997, págs. 49-96. Em termos de direito comparado é possível encontrar soluções diversas, sendo de registar que, em vários países, como já se referiu, não se está neste caso perante "rectroactividade" mas sim "retrospectividade". Já o Código Tributário Nacional do Brasil, no seu artº 104º, estabelece que apenas "entram em vigor no primeiro dia do exercício seguinte àquele em que ocorra a sua publicação os dispositivos da lei, referentes a impostos sobre o património ou sobre a renda: I – que instituem ou majoram tais impostos; II – que definem novas hipóteses de incidência; III – que extinguem ou reduzem isenções, salvo se a lei dispuser de maneira mais favorável ao contribuinte".

mulação usada não é, porém, inteiramente inequívoca – o período aí referido é a parte do período em vigor posterior à entrada em vigor da lei nova ou o novo período de tributação que se inicie posteriormente à entrada em vigor da lei nova? Considera-se que talvez se tenha querido adoptar uma solução *pro rata temporis* e, nesse sentido, parece que se acolheu a primeira hipótese enunciada. Esta solução não deixará de criar problemas de aplicabilidade, que, por exemplo, em matéria de tributação do lucro das empresas só podem resolver-se em muitos casos através de um apuramento intermédio de resultados, o que determina o fecho de contas com referência à data imediatamente anterior à entrada em vigor da nova lei. É que muitos dos gastos e perdas que se terão de levar em consideração na determinação dos resultados são gastos de período (depreciações e amortizações, imparidade e provisões, encargos administrativos, encargos financeiros, etc.) e não gastos de redimentos e em relação a eles só esse encerramento das contas permite apurar resultados[354]. É, aliás, essa sempre a solução nos casos em que existe necessidade de apurar resultados intermédios [cf., por exemplo, artº 79º, nº 2, alínea *a*), do Código do IRC, relativamente à dissolução de sociedades]. Assim, entende-se que, a não se adoptar a solução do nº 9 do artº 8º do Código do IRC, por uma questão de igualdade tributária e simplicidade administrativa, a melhor solução é sempre a lei definir com rigor o período de tributação a que se passa a aplicar, que deve ser apenas o período que se inicie posteriormente à sua entrada em vigor. Em todo o caso, verifica-se que tem importância fundamental a data do início e do fim do período de tributação.

Qual tem sido a jurisprudência do Tribunal Constitucional neste domínio, em especial após a consagração constitucional em 1997 do princípio da não retroactividade da lei fiscal (artº 103º, nº 3, da Constituição da República)?

No Acórdão nº 399/2010, Pºs 523 e 524/10, de 27 de Outubro de 2010[355], em que, embora por motivos diferenciados, se verificaram cinco votos de ven-

[354] Sobre custos de proveitos (gastos de rendimento) e gastos (custos) de período veja-se FREITAS PEREIRA, M. H., *A periodização do lucro tributável*, págs. 138 e segs.

[355] Neste Acórdão (in *Diário da República*, 2ª série, nº 230, de 26 de Novembro de 2010, págs. 57854-57865), o Tribunal não se pronuncia pela inconstitucionalidade da norma do artº 68º, nº 1, do Código do IRS, na redacção que lhe foi dada pelo artº 1º da Lei nº 11/2010, de 15 de Junho, e, posteriormente, pelo artº 1º da Lei nº 12-A/2010, de 30 de Junho, que, respectivamente, cria um novo escalão de tributação a aque é aplicável a taxa de 45% e altera as taxas gerais aplicáveis em sede de IRS, com aplicação aos rendimentos auferidos durante todo o ano de 2010. Comentário a este Acórdão pode ver-se em SANTOS, António Carlos, *"Cada cor seu pala-*

cido, o Tribunal reafirma, na esteira da sua mais recente jurisprudência em matéria fiscal (Acórdãos nºs 128/2009, de 12 de Março de 2009[356] e 85/2010, de 3 de Março de 2010[357]) que a retroactividade proibida no artº 103º, nº 3, da Constituição é somente a retroactividade própria ou autêntica.

Isso não significa que uma retroactividade imprópria ou inautêntica seja, sem mais, constitucional pois haverá que averiguar se a mesma viola outros princípios constitucionais, designadamente o princípio da protecção da confiança.

Assim, no caso concreto que estava em análise nesse Acordão, em que se verificava uma retroacção limitada ao período fiscal em que a lei entrou em vigor, essa retroacção é possível se essa lei passar no "*teste resultante dos princípios do Estado de Direito, como seja o teste da protecção da confiança*".

Para esse efeito, recorre-se à síntese jurisprudencial feita no Acórdão nº 128/2009, que recorda a distinção a que o Tribunal procedeu entre "*o tratamento que deveria ser dado aos casos de «retroactividade autêntica» e o tratamento a conferir à «retroactividade inautêntica» que seriam (...) tutelados apenas à luz do princípio da confiança enquanto decorrência do princípio do Estado de direito consagrado no artº 2º da Constituição*" para o que é necessário que se reúnam dois pressupostos essenciais, a saber:

a) a afectação de expectativas, em sentido desfavorável, seja inadmissível, por se verificar uma mutação da ordem jurídica com que, razoavelmente, os destinatários das normas não possam contar; e ainda
b) a alteração legal não seja ditada pela necessidade de salvaguardar direitos ou interesses constitucionalmente protegidos que devam considerar-se prevalecentes (devendo aqui recorrer-se ao princípio da proporcionalidade, explicitamente consagrado a propósito dos direitos, liberdades e garantias, no nº 2 do artº 18º da Constituição).

dar: sobre a aplicação do princípio da irretroactividade às taxas e escalões do IRS", in *Revista de Finanças Públicas e Direito Fiscal*, Ano III, nº 4, 01-11, págs. 287-302.

[356] Neste Acórdão (in *Diário da República*, 2ª série, nº 80, de 24 de Abril de 2009, págs. 16743-16747), o Tribunal não se pronuncia pela inconstitucionalidade da norma ínsita no artº 7º, nº3, da Lei nº 30-G/2000, de 29 de Dezembro, na parte em que revoga o nº 31 do artº 11º do Código do Imposto Municipal de Sisa e do Imposto sobre as Sucessões e Doações quando aplicável a transacções ocorridas depois da sua entrada em vigor e a sociedades abrangidas pelo regime de tributação do lucro consolidado.

[357] Neste Acórdão (in *Diário da República*, 2ª série, nº 74, de 16 de Abril de 2010, págs. 19680-19684), o Tribunal negou que exista inconstitucionalidade na aplicação da alteração ao artº 42º, nº 3, do Código do IRC introduzida pela Lei nº 32-B/2002, de 30 de Dezembro, a participações sociais adquiridas antes da sua entrada em vigor.

Neste último Acórdão refere-se ainda que estes dois critérios "*são, no fundo, reconduzíveis a quatro diferentes requisitos ou "testes". Para que haja lugar à tutela jurídico-constitucional da "confiança" é necessário, em primeiro lugar, que o Estado (mormente o legislador) tenha encetado comportamentos capazes de gerar nos privados "expectativas" de continuidade; depois, devem tais expectativas ser legítimas, justificadas e fundadas em boas razões; em terceiro lugar, devem os privados ter feito planos de vida tendo em conta a perspectiva de continuidade do "comportamento" estadual; por último, é ainda necessário que não ocorram razões de interesse público que justifiquem, em ponderação, a não continuidade do comportamento que gerou a situação de expectativa*".

A irretroactividade da lei fiscal com o sentido que foi exposto até aqui aplica-se a todos os elementos cobertos pela reserva de lei formal, sendo a esse respeito de salientar que a Lei Geral Tributária (nº 4 do artº 12º) afasta da aplicação imediata "*as normas que, embora integradas no processo de determinação da matéria tributável, tenham por função o desenvolvimento das normas de incidência tributária*".

No tocante aos prazos de cumprimento da obrigação de imposto, por poderem afectar os direitos e expectativas dos contribuintes, poderá entender-se – embora o assunto não seja pacífico – que deverão ser regulados pela lei que se encontrar a vigorar na data da ocorrência dos respectivos factos geradores.

As restantes normas fiscais, que não sejam de natureza sancionatória, são de aplicação imediata. É o que acontece com uma lei que disponha sobre questões procedimentais relativas à liquidação e pagamento de um imposto, que se aplica imediatamente, mesmo em relação a impostos cujo facto gerador ocorreu na vigência da lei anterior. É esse, aliás, o alcance do nº 3 do artº 12º da Lei Geral Tributária, ao dispor que "*as normas sobre procedimento e processo são de aplicação imediata, sem prejuízo das garantias, direitos e interesses legítimos anteriormente constituídos dos contribuintes*".

No que respeita às normas fiscais de sanção, nos termos do artº 29º da Constituição e do artº 2º do Código Penal estas aplicar-se-ão retroactivamente quando essa aplicação seja mais favorável aos infractores. É, assim, que:

a) As normas que qualificam certas acções ou omissões como infracções tributárias só se aplicam às que se produzam durante a sua vigência;
b) Se a lei nova deixar de considerar como infracção acções ou omissões punidas por lei anterior, a primeira é de aplicação retroactiva, mesmo no caso de condenação com trânsito em julgado;

c) Se a lei nova alterar as consequências jurídicas da infracção há que distinguir:
   i) Se o infractor ainda não tiver sido condenado por sentença com trânsito em julgado, aplica-se a lei mais favorável ao infractor;
   ii) Se o infractor já tiver sido condenado por sentença com trânsito em julgado, a lei nova não é susceptível de ser aplicada.

No que respeita a leis fiscais interpretativas, estas retroagem os seus efeitos à data das leis interpretadas, com a limitação dos efeitos já abrangidos por caso julgado (cf. artº 13º do Código Civil). No entanto, em matéria fiscal, poderá colocar-se a questão, relativamente a matérias abrangidas pela proibição constitucional de retroactividade, se uma lei interpretativa versando essas matérias, aplicada retroactivamente, não será, por isso mesmo, inconstitucional. O Tribunal Constitucional através do seu Acórdão nº 172/00, de 22 de Maio de 2000[358], declarou a inconstitucionalidade de uma lei intepretativa que a si mesma confira eficácia relativamente a factos anteriores à sua entrada em vigor. Para tanto, baseou-se na consideração de que uma tal lei, ao pretender vigorar para o período anterior à sua emissão, "altera o contexto de auto-vinculação dos órgãos de aplicação do direito e, consequentemente, afecta a segurança dos destinatários das normas protegidas por uma proibição (constitucional) de retroactividade". No entanto, a questão não parece pacífica se quem tiver que aplicar a lei interpretada não precisar da lei interpretativa para chegar à conclusão que veio a ser consagrada por esta última[359].

Decorre do exposto – sendo tal princípio por todos aceite em sede de interpretação da lei fiscal – que as chamadas normas de direito tributário material não podem aplicar-se retroactivamente.

E também hoje em dia, após a revisão constitucional de 1997, uma lei fiscal não pode ser expressamente retroactiva, por força do princípio constitucional de não retroactividade da lei fiscal (nº 3 do artº 103º da Constituição), nos termos já anteriormente analisados (veja-se o ponto 8.2.3).

[358] *Acórdãos do Tribunal Constitucional*, 46º volume, 2000, págs. 669-685.

[359] Veja-se a declaração de voto do Conselheiro Paulo MOTA PINTO no referido Acórdão nº 172/00, *loc. cit.*, págs. 680-682.

11. Aplicação da Lei Fiscal no Espaço

11.1. Princípio da territorialidade

Dada a existência no universo de várias soberanias tributárias, importa definir com precisão o âmbito espacial da aplicação de um imposto. Para o efeito, a doutrina tem afirmado a plena validade em Direito Fiscal do *princípio da territorialidade* segundo o qual as leis tributárias de um Estado são as únicas que se aplicam no território desse Estado e só se aplicam nesse território[360].

A territorialidade comporta, no entanto, diferentes acepções que convirá, ainda que sinteticamente, enumerar[361].

Fala-se, por vezes, em *territorialidade em sentido negativo* e *territorialidade em sentido positivo.* No primeiro sentido, o princípio da territorialidade significa que as leis fiscais estrangeiras não se aplicam no território do Estado em causa. Em sentido positivo, da territorialidade resulta que as leis tributárias internas aplicam-se a todo o território nacional, quer a nacionais quer a estrangeiros. Daqui resulta que a nacionalidade não deve constituir, por si só, um elemento relevante para efeitos de tributação, tornando-se, porém, necessário definir quais são então esses elementos relevantes.

Noutra vertente alude-se à *territorialidade real* e à *territorialidade pessoal.* No primeiro caso, para determinar a ligação de uma dada situação com um certo território atende-se aos elementos objectivos do imposto enquanto

[360] É possível, no entanto, encarar vários níveis ou graus de territorialidade quando no território de um Estado se torna necessário delimitar espaços do mesmo para efeitos de aplicação de certos impostos ou de certas normas tributárias. É o que acontece, por exemplo, quanto aos impostos locais.

[361] XAVIER, Alberto Pinheiro, *"Introdução ao Direito Tributário Internacional"*, in *Boletim do Ministério da Justiça*, Lisboa, nº 320, Nov. 1982, págs. 46 e segs.

que na territorialidade pessoal essa ligação funda-se nos elementos subjectivos. Pode dizer-se que o atender-se sobretudo a uns ou outros dos elementos corresponde, de algum modo, à própria evolução dos sistemas fiscais: primitivamente, em consonância com o predomínio de impostos reais ou objectivos, recorre-se para efeitos de aplicação territorial a elementos reais ou objectivos (v.g., localização dos bens) para depois, de modo a atender ao que Alberto Xavier designa como a sucessiva desmaterialização dos pressupostos de tributação e tendência para a personalização do imposto, se passar a atender, de modo primacial, aos elementos pessoais ou subjectivos (v.g., sede, domicílio ou residência).

Noutro sentido ainda, é possível distinguir a *territorialidade material* e a *territorialidade formal*. A primeira refere-se ao âmbito espacial de aplicação da lei fiscal através da definição dos elementos de conexão com o território que permitirão que uma dada situação da vida real seja abrangida pelas leis fiscais internas. Ao lado desta, existe, porém, a chamada territorialidade formal, de acordo com a qual as leis fiscais só são susceptíveis de execução coerciva no território da ordem jurídica em que se integram. Assim, podem tributar-se em IRS os rendimentos de residentes obtidos no estrangeiro (territorialidade material) mas o crédito tributário daí resultante só em território nacional pode ser efectivado (territorialidade formal). Daí que a atenção à territorialidade formal leve a que a territorialidade em sentido material seja formulada de modo a que seja possível a cobrança efectiva do imposto e que, numa economia cada vez mais internacionalizada, a assistência à cobrança por parte de outros Estados seja incluída em acordos internacionais.

11.2. Elementos de conexão de territorialidade

Assim, modernamente, não basta apenas a invocação do princípio da territorialidade no seu sentido tradicional (conexão real ou objectiva com o território do Estado) para se poder imputar uma lei fiscal a um dado território. A evolução dos sistemas fiscais impôs, em muitos casos, a escolha como elementos de conexão relevantes para esse efeito (imputar uma dada situação a um dado território) de elementos pessoais ou subjectivos conjuntamente ou em substituição de elementos reais ou objectivos[362].

[362] XAVIER, Alberto Pinheiro, *"Introdução ao Direito Tributário Internacional"*, *loc. cit.*, págs. 50 e segs. Esta evolução permite a este autor caracterizar as normas que definem os critérios ou elementos de conexão de uma dada situação à ordem tributária interna como normas de conflitos e não como simples normas materiais. Cf. igualmente SÁ GOMES, *Lições*, II, págs. 378 e segs.

11.2.1. *Impostos sobre o rendimento*

No tocante aos impostos sobre o rendimento os elementos de conexão que costumam ser apresentados são os seguintes:

a) De carácter pessoal:
- nacionalidade;
- residência;

b) De carácter real:
- origem ou fonte dos rendimentos.

A *nacionalidade* não é, actualmente, elemento de conexão relevante quer em Portugal quer na maioria dos países, a não ser em situações excepcionais[363]. É o caso de alguns países (v.g., EUA e RFA) em que a cidadania tem sido posta ao serviço da luta contra a evasão fiscal, designadamente alargando a obrigação fiscal de cidadãos não residentes quando mantêm no país de origem interesses económicos importantes e tenham mudado a sua residência para países de tributação reduzida. O mesmo acontece em Portugal a partir de 2002 ao considerar-se que são ainda havidas como residentes em território português as pessoas de nacionalidade portuguesa que deslocalizem a sua residência oficial para país, território ou região sujeito a um regime claramente mais favorável constante de lista aprovada por portaria do Ministro das Finanças (Portaria nº 150/2004, de 13 de Fevereiro), no ano em que se verifique a mudança e nos quatro anos seguintes, salvo se o interessado provar que a mudança se deve a razões atendíveis, designadamente exercício naquele território de actividade temporária por conta de entidade patronal domiciliada em território português (artº 16º, nº 5, do Código do IRS).

A *residência*, por seu turno, apresenta-se como o elemento de conexão mais importante, sendo com referência a ela que se define a própria extensão de imposto. Assim, em Portugal, os residentes são sujeitos a imposto por *obrigação pessoal ou ilimitada* – isto é independentemente da origem ou fonte dos rendimentos – enquanto que os não residentes estão sujeitos a imposto por *obrigação real ou limitada* – ou seja apenas pelos rendimentos obtidos em território português (cf. artº 15º do Código do IRS e artº 4º,

[363] Para efeitos de convenções de dupla tributação, a nacionalidade é, também, um critério a que pode recorrer-se, em certos casos, para qualificar uma pessoa singular como residente de um dado Estado. Cf. alínea *c*) do nº 2 do artº 4º da Convenção Modelo da OCDE – OCDE, *Modèle de convention fiscale concernant le revenu et la fortune*, Paris, 2010.

nºs 1 e 2 do Código do IRC)[364]. E existem critérios específicos para qualificar as pessoas e outras entidades como residentes ou não[365]. No caso de pessoas singulares esses critérios constam, para efeitos de IRS, do artº 16º do respectivo Código e reportam-se, no essencial, à permanência em território português por determinado período mínimo de tempo (183 dias) ou à permanência nesse território por menos tempo mas acompanhada pela disponibilidade em certa data (31 de Dezembro) de uma habitação própria. Assimilam-se, por outro lado, a residentes em território português os tripulantes de navios ou aeronaves que estejam ao serviço de entidades residentes assim como os que desempenhem no estrangeiro funções ou comissões de carácter público ao serviço do Estado Português[366]. No caso

[364] De modo a compatibilizar a legislação nacional com a legislação comunitária, principalmente no tocante ao princípio da livre circulação de trabalhadores (artº 45º do TFUE, anteriormente artº 39º do TCE), que levou já o Tribunal de Justiça a algumas decisões jurisprudenciais (veja-se, por exemplo, o conhecido Pº C-279/93, *Schumaker*), o Orçamento do Estado para 2009 introduziu no Código do IRS o artº 17º-A segundo o qual é possível aplicar aos residentes noutro Estado membro da União Europeia ou do espaço económico europeu, quando sejam titulares de rendimentos das categorias A, B e H obtidos em território português que representem pelo menos 90 % da totalidade dos seus rendimentos totais no ano em causa, as regras relativas aos sujeitos passivos residentes. A equiparação a residente é, no entanto, apenas para efeitos de determinação da taxa a aplicar aos rendimentos obtidos em território português, considerando-se para tal também os obtidos fora desse território, e para efeitos de algumas deduções á colecta. A extensão da obrigação de imposto continua a ser, assim, real ou limitada.

[365] A LGT (artº 13º, nº 2) refere que "a tributação pessoal abrange ainda todos os rendimentos obtidos pelo sujeito passivo com domicílio, sede ou direcção efectiva em território português, independentemente do local onde sejam obtidos". Equipara-se, assim, de algum modo, domicílio e residência, mas entende-se que o primeiro tem mais que ver com aspectos das relações formais entre a administração fiscal e os sujeitos passivos e não com a obrigação pessoal de imposto, sendo evidente que a noção de residente para efeitos de IRS é mais ampla do que a de domicílio, pois esta é dada pela residência habitual (cf. artº 19º da LGT). Neste sentido, MESQUITA, Maria Margarida, *"Domicílio fiscal ou residência?"*, in *Estudos dedicados ao Prof. Doutor Mário Júlio de Almeida Costa*, Lisboa, Universidade Católica Editora, 2002, págs. 1035-1052. Já para efeitos da noção de residente nas Regiões Autónomas – que se torna importante no âmbito da Lei das Finanças das Regiões Autónomas (Lei Orgânica nº 1/2007, de 19 de Fevereiro), designadamente para aplicação de taxas reduzidas de imposto – verifica-se uma aproximação ao domicílio fiscal, dado que para efeitos daquela noção ganha importância a consideração da residência habitual e o local onde o sujeito se encontra registado para efeitos fiscais (artº 17º do CIRS).

[366] Em resultado da tributação conjunta dos elementos do agregado familiar, estabelece-se ainda que "serão sempre havidas como residentes em território português as pessoas que constituem o agregado familiar, desde que naquele resida qualquer das pessoas a quem incumbe a direcção do mesmo" (nº 2 do artº 16º do Código do IRS). No entanto esta qualificação como residente pode ser afastada quando o cônjuge em causa, não tendo permanecido em Portugal,

de pessoas colectivas, a residência costuma reportar-se à sede social, ao local da direcção efectiva ou ao lugar sob cujas leis se procedeu à constituição da entidade em causa. Em Portugal, para efeitos de IRC, consideram-se como residentes as pessoas colectivas e outras entidades que tenham a sede ou a direcção efectiva em território português (cf. nº 3 do artº 2º do respectivo Código).

A *origem ou fonte dos rendimentos* é – quando não opera, o elemento da residência – o outro elemento de conexão relevante, significando que a tributação deve fazer-se no Estado de que os rendimentos são provenientes. Quando se atende a este elemento, a sujeição, como já se referiu, diz-se real ou limitada. O recorte da noção de fonte de rendimento nem sempre se apresenta fácil já que não existe um critério geral que sirva para todas as situações, embora de modo genérico apenas se possa encarar de duas formas: fonte pagadora ou em sentido financeiro e fonte produtora ou em sentido económico (território no qual são utilizados os factores de produção)[367]. Por isso mesmo, a lei, em regra, enuncia especificamente para cada tipo de rendimentos qual o critério que os permite qualificar como tendo a sua origem ou fonte num dado território. É o que acontece em Portugal, onde, para efeitos de IRS e de IRC (respectivamente artºs 18º e 4º, nºs 3 e segs., dos Códigos desses impostos) se atende fundamentalmente:

- quanto aos rendimentos do trabalho dependente, ao exercício em território nacional das actividades que lhes dão origem ou à localização nesse território da entidade devedora desses rendimentos ou do estabelecimento estável a que deva imputar-se o pagamento;
- quanto aos rendimentos de imóveis (incluindo as mais-valias resultantes da sua transmissão), à localização em território nacional dos imóveis;
- quanto aos rendimentos empresariais e profissionais, à existência em território nacional de *estabelecimento estável* a que os rendimentos sejam imputáveis[368];

nesse ano, mais de 183 dias, prove que não existe uma ligação entre a maior parte das suas actividades económicas e o território português, sendo então tributado, se for caso disso, como não residente, apresentando o outro cônjuge uma declaração equivalente à das pessoas na situação de separados de facto (nºs 3 e 4 do artº 16º do Código do IRS). Como medida anti-abuso, são, nos termos que foram assinalados atrás, também considerados residentes os cidadãos de nacionalidade portuguesa que tenham deslocalizado a sua residência para territórios de baixa tributação (nº 5 do artº 16º do Código do IRS).

[367] PIRES, Manuel, *Da dupla tributação jurídica internacional sobre o rendimento*, págs. 234 e segs.

[368] Mas existindo estabelecimento estável, outro problema se põe: o de saber quais os rendimentos que lhe são imputáveis. A este respeito, o legislador português adoptou, ainda que

- quanto aos rendimentos, não imputáveis a estabelecimento estável situado em terrritório português, provenientes de actividades profissionais e de outras prestações de serviços, inluindo a intermediação na celebração de quaisquer contratos, realizadas ou utilizadas nesse território, excepto os relativos a transportes, telecomunicações e actividades financeiras, à residência em território nacional da entidade devedora desses rendimentos ou à existência no mesmo território de estabelecimento estável a que deva imputar-se o pagamento dos mesmos[369];
- quanto aos rendimentos de capitais, pensões e operações relativas a instrumentos financeiros derivados, igualmente à residência em território nacional da entidade devedora desses rendimentos ou à existência no mesmo território de estabelecimento estável a que deva imputar-se o pagamento dos mesmos[370];
- quanto a mais-valias relativas a partes sociais, à localização em território português da sede ou direcção efectiva da entidade a que respeitam e a mais-valias de outros valores mobiliários, à localização no mesmo território da sede ou direcção efectiva da entidade emitente, e, em qualquer dos casos, não se verificando essas condições, quando o pagamento dos correspondentes rendimentos for imputável a estabelecimento estável situado em território português;

de forma limitada, o chamado *princípio da atracção do estabelecimento estável* segundo o qual são imputáveis ao estabelecimento estável não só os rendimentos obtidos por seu intermédio mas também os demais rendimentos obtidos em território português provenientes de actividades idênticas ou similares às realizadas através desse estabelecimento estável de que sejam titulares as entidades detentoras do estabelecimento (nº 3 do artº 3º do Código do IRC). A atracção é limitada por se restringir aos rendimentos derivados de actividades idênticas ou similares e seria ilimitada se abrangesse quaisquer rendimentos obtidos em território português.

[369] Não se consideram, porém, obtidos em território português os rendimentos aqui mencionados quando os serviços de que derivam, sendo realizados integralmente fora do território português, não respeitem a bens situados em território português nem estejam relacionados com estudos, projectos, apoio técnico ou à gestão, serviços de contabilidade ou auditoria e serviços de consultadoria, organização, investigação e desenvolvimento em qualquer domínio; e também não se consideram obtidos em território português estes rendimentos quando os mesmos constituam encargo de estabelecimento estável situado fora desse território relativo à actividade exercida por seu intermédio (artº 4º, nº 4, do Código do IRC, aplicável também em IRS por força do disposto no nº 3 do artº 18º do Código deste imposto).

[370] É igualmente aplicável a estes rendimentos, quando for caso disso, a excepção referida na parte final da nota anterior.

- quanto a rendimentos derivados do exercício da actividade de profissionais de espectáculos ou desportistas, ao exercício em território português dessas actividades.

Relativamente aos rendimentos comerciais, industriais ou agrícolas assume, assim, a maior importância como elemento caracterizador da origem ou fonte dos rendimentos o *conceito de estabelecimento estável.* A sua caracterização legal de base – artº 5º do Código do IRC – é feita no sentido de integrar qualquer instalação fixa ou representação permanente através das quais seja exercida uma actividade de natureza comercial, industrial ou agrícola. Pode dizer-se, deste modo, que se seguiram os elementos essenciais usados para esse fim no artº 5º da Convenção Modelo da OCDE: existência de uma instalação ou representação; carácter fixo ou permanente destas; exercício de uma actividade empresarial através da instalação fixa ou representação permanente[371]. A lei, na mesma linha, fornece os exemplos mais significativos de estabelecimentos estáveis: um local de produção, uma sucursal, um escritório, uma oficina, uma mina, um poço de petróleo ou de gás, uma pedreira ou qualquer local de extracção de recursos naturais e bem assim um local ou estaleiro de construção, de instalação ou de montagem quando a sua duração for superior a seis meses[372]. E considera que também existe estabelecimento estável quando uma pessoa, que não seja um agente independente, actue em território português por conta de uma empresa e tenha, e habitualmente exerça, poderes de intermediação e de conclusão de contratos que vinculem a empresa no âmbito das actividades desta. Tal como para a OCDE, a expressão estabelecimento estável não compreende, contudo, as actividades de carácter preparatório ou auxiliar indicadas no nº 8 do artº 5º do Código do IRC, como por exemplo, instalações utilizadas unicamente para armazenar, expor ou entregar mercadorias ou uma instalação fixa mantida unicamente para comprar mercadorias ou reunir informações para a empresa. Assim, do confronto das duas definições resulta claramente que o legisla-

[371] Cf. igualmente PHU DUC, Nguyen, *La fiscalité internationale des entreprises*, Paris, Masson, 1985, pags. 73 e segs. e PLAGNET, Bernard, *Droit Fiscal*, Paris, Litec, 1986, págs. 150 e segs.

[372] O mesmo critério é aplicável às actividades de coordenação, fiscalização e supervisão em conexão com esse estaleiro e às instalações, plataformas ou barcos de perfuração utilizados para a prospecção ou exploração de recursos naturais. Em relação a estes últimos vai-se mais longe do que a própria Convenção Modelo da OCDE, que não impõe um prazo mínimo de duração, ficando sujeito aos critérios gerais de permanência que caracterizam todo o estabelecimento estável.

dor português seguiu nos seus traços essenciais a Convenção Modelo da OCDE, que apenas foi alargado relativamente ao período mínimo de duração dos estaleiros de construção ou de montagem – 6 meses em vez de 12 meses[373].

11.2.2. *Impostos sobre o património*

No domínio dos impostos sobre o património predominam sobretudo elementos de carácter real, ligados ao local em que se situam os bens ou direitos objecto de tributação. A residência e a cidadania são, contudo, em alguns países tomadas também em consideração. Em Portugal, para efeitos de imposto municipal sobre imóveis é apenas relevante a localização dos bens (artº 1º do respectivo Código) o mesmo acontecendo para efeitos de imposto municipal sobre as transmissões onerosas de imóveis já que para as transmissões serem passíveis deste imposto torna-se necessário que os bens imóveis estejam situados em território nacional (artº 1º do Código do IMT).

11.2.3. *Impostos sobre a despesa*

Quanto aos impostos sobre as transacções os elementos de conexão relevantes têm que ver com a *localização das operações tributáveis* e reflectem também, na sua caracterização técnica, o facto de a tributação se fazer no *país de origem* ou no *país de destino*. No primeiro caso, a tributação é feita no local onde os bens são produzidos ou em que se encontra situado o prestador dos serviços. No segundo caso, a tributação é feita no país em que os bens e serviços são consumidos. Tem sido este último o sistema adoptado em termos comunitários, o que dá àqueles impostos a natureza de impostos sobre o consumo. Assim, no país de origem procede-se normalmente à isenção

[373] Na redacção primitiva do Código do IRC (nº 7 do artº 4º do mesmo) o conceito de estabelecimento estável da lei interna era mais largo e cedia geralmente em face do conceito de estabelecimento estável previsto em convenção para eliminar a dupla tributação celebrada por Portugal, que era mais restrito. Actualmente acontece o contrário relativamente a muitas convenções celebradas pelo nosso país, alargamento que não tem, porém, qualquer efeito, dado que as convenções não podem alargar as normas de incidência da lei interna. Verifica-se, nesse caso, um certo desequilíbrio entre Portugal e o país em causa, que pode aplicar um conceito de estabelecimento estável mais abrangente do que o nosso. Sobre os problemas de aplicação do conceito de estabelecimento estável em face da legislação anterior à presentemente em vigor veja-se o parecer da CORREIA E VALE, Maria de Lourdes e FREITAS PEREIRA, M.H. relativo à *tributação de entidades não residentes por lucros derivados de obras de construção e montagem no território português*, in *Ciência e Técnica Fiscal*, Lisboa, nº 364, Out-Dez de 1991, págs. 441-449.

ou restituição do imposto relativo a bens exportados e no país de destino tributam-se as importações[374]. Já no tocante aos serviços estas regras são mais difíceis de aplicar, até porque não existe possibilidade de controlo físico dos mesmos nas fronteiras. No entanto, inicialmente, de acordo com a 2ª Directiva IVA (1967), o critério seguido era o do lugar em que o serviço era prestado, o que concretizava o princípio geral de tributação no país de destino. Veio, porém, a verificar-se que era difícil determinar esse lugar, pelo que a 6ª Directiva IVA (1977) alterou o critério geral de localização das prestações de serviços para o local da sede do prestador, o que eliminava muitos problemas e, tendo em conta que, no contexto da época, grande parte dos serviços impunham a presença física do prestador, era compatível com o objectivo de tributação no país de consumo. Mas, desde logo se consignaram numerosas excepções para, em relação a determinados serviços, melhor se concretizar esse objectivo e bem assim para obviar que, com a deslocalização para fora da Comunidade Europeia do prestador, muitos serviços deixassem de ser tributados no espaço comunitário. E, com a globalização e os avanços tecnológicos verificados, de que é exemplo mais recente o comércio electrónico, que introduziu uma grande mobilidade na localização do prestador dos serviços, designadamente para jurisdições *"offshore"*, novos desenvolvimentos se justificaram de modo a prever, em grande parte dos casos, a tributação no país de destino. Já em 2008, é publicada uma Directiva (2008/8/CE, do Conselho, de 12 de Fevereiro) que prevê uma inversão da regra geral aplicável à localização das prestações de serviços efectuadas a outros sujeitos passivos, que passa a ser a do local do consumo em vez da sede ou domicílio do prestador do serviço.

Assim, para efeitos de IVA, a sujeição a imposto pressupõe que as transmissões de bens e as prestações de serviços sejam efectuadas no território nacional [alínea *a*) do artº 1º do respectivo Código]. E, para este efeito, o princípio geral quanto à localização das transmissões de bens é o local em que estes se encontram no momento em que são entregues (artº 31º da Directiva 2006/112/CE), que, caso haja expedição ou transporte, se reporta ao momento em que se inicia a expedição ou transporte para o adquirente e, caso haja instalação ou montagem, ao momento em que a instalação ou

[374] Nas transacções intracomunitárias é a mesma regra que se encontra presente: estão isentas, em certas condições, as transmissões de bens expedidos ou transportados para outro Estado membro, e, neste último, são tributadas as aquisições intracomunitárias (cf. Directiva nº 91/680/CEE, de 16 de Dezembro de 1991 e "Regime do IVA nas transacções intracomunitárias", aprovado pelo Decreto-Lei nº 290/92, de 28 de Dezembro).

montagem está concluída (cf. artº 6º, nº 1 e artº 7º, nºs 1 e 2 do Código do IVA). No tocante às prestações de serviços, actualmente como que existem duas regras gerais conforme a prestação de serviços é efectuada ou não a sujeitos passivos de imposto (artºs 44º e 45º da Directiva 2008/8/CE e artº 6º, nº 6, do Código do IVA):

a) Relativamente às prestações de serviços efectuadas a sujeitos passivos situados em território nacional (ou seja, que aí tem a sua sede, estabelecimento estável ou, na sua falta, o domicílio para o qual os serviços são prestados) a prestação de serviços é considerada localizada em território nacional independentemente do local onde se situe o prestador[375];

b) Quanto às prestações de serviços que sejam efectuadas a não sujeitos passivos de imposto, a prestação de serviços é considerada localizada em território nacional quando o prestador estiver situado neste território (ou seja, tenha aí a sede da sua actividade, um estabelecimento estável ou, na sua falta, o domicílio a partir do qual os serviços são prestados)[376].

Assim, mesmo que o prestador de serviços esteja situado em Portugal, não são aqui tributadas, por não serem aqui efectuadas, as prestações de serviços cujo adquirente seja um sujeito passivo situado fora do território

[375] Em consequência, pode verificar-se aqui um caso de inversão do sujeito passivo. Assim, quando o prestador de serviços estiver localizado em território nacional, é ele que, em regra, assume a qualidade de sujeito passivo, cabendo-lhe liquidar o imposto e entregá-lo ao Estado (só assim não será se o serviço for prestado a partir de um estabelecimento estável que o prestador tenha noutro país); mas não estando o prestador localizado em território nacional (ou, estando-o, o serviço seja prestado a partir de estabelecimento situado noutro país) assume a qualidade de sujeito passivo aquele a quem o serviço é prestado [alínea e) do nº 1 do artº 2º do Código do IVA], cabendo-lhe auto-liquidar o imposto e fazer a respectiva menção a favor do Estado sem prejuízo do direito à dedução a que, nos termos gerais, tenha direito. Para maiores desenvolvimentos sobre esta matéria veja-se LAIRES, Rui, *IVA – A Localização das Prestações de Serviços após 1 de Janeiro de 2010*, Cadernos de Ciência e Técnica Fiscal, nº 208, Lisboa, Centro de Estudos Fiscais, 2010, págs. 67 e segs

[376] Mantém-se, assim, neste caso, o que constituia a regra geral anterior. Sobre a justificação técnica desta soluçao veja-se XAVIER DE BASTO, J.G., *A tributação do consumo e a sua coordenação internacional*, Lisboa, Cadernos de Ciência e Técnica Fiscal nº 164, Centro de Estudos Fiscais, 1991, págs. 186 e segs. Veja-se igualmente PRATES, Manuel, *"A localização das prestações de serviços no IVA e nos seguros"*, in *Fisco*, nº 25, Novembro de 1990, págs. 29-35, PALMA, Clotilde Celorico *"As regras de localização das pestações de serviços em sede de imposto sobre o valor acrescentado"*, in *Ciência e Técnica Fiscal*, Janeiro-Julho de 2003, nºs 409-410, págs. 59-84 e LAIRES, Rui, *A incidência e os critérios de territorialidade do IVA*, Coimbra, Almedina, 2008.

nacional. E, quando o prestador de serviços não está situado em território nacional, quando o destinatário não é sujeito passivo, os mesmos não são considerados localizados em território nacional.

No entanto, estas duas regras gerais comportam muitas excepções que podem, grosso modo, classificar-se do seguinte modo quanto ao elemento relevante para a localização da prestação de serviços:

i) Local de situação dos bens a que se reporta o serviço:
É o que se passa com as prestações de serviços relacionadas com imóveis, incluindo prestações de serviços de alojamento [artº 6º, nºs 7 e 8, alíneas a), do Código do IVA].

ii) Local onde as prestações de serviços são materialmente executadas:
É o caso, designadamente, das prestações de serviços de alimentação e bebidas, excepto quando executados a bordo de uma embarcação, de uma aeronave ou de um comboio, durante um transporte intracomunitário de passageiros, em que o critério relevante é o local de partida do transporte [artº 6º, nºs 7 e 8, alíneas c) e d), do Código do IVA] e prestações de serviços relativas ao acesso a manifestações de carácter cultural, artístico, científico, desportivo, recreativo, de ensino e similares, incluindo o acesso a feiras e exposições [artº 6º, nºs 7 e 8, alíneas e), do Código do IVA].

iii) Local da colocação à disposição dos bens a que se reporta o serviço:
É o que se passa com a locação de curta duração de um meio de transporte [artº 6º, nºs 7 e 8, alíneas f), do Código do IVA][377].

iv) Espaço territorial que é percorrido:
É o que acontece com o transporte de passageiros [artº 6º, nºs 7 e 8, alíneas b), do Código do IVA].

[377] Porém, relativamente a serviços de locação meios de transporte de curta duração, prestados a não sujeitos passivos, os mesmos também se consideram localizados em território nacional, quando a colocação à disposição do locatário tenha sido efectuada fora da União Europeia e o meio de transporte seja efectivamente utilizado ou explorado em território nacional [artº 6º, nº 12, alínea b), do Código do IVA]. Quando a locação não seja de curta duração e dela seja destinatário um não sujeito passivo, a regra é a da alínea b) do nº 6 do artº 6º do Código do IVA; porém, quando o prestador de serviços se encontrar sedeado ou estabelecido fora da União Europeia, o correspondente serviço é considerado localizado em território nacional quando os meios de transporte aqui forem objecto de utilização ou exploração efectiva. [artº 6º, nº 12, alínea c), do Código do IVA]. A partir de 1 de Janeiro de 2013 está previsto que a regra sobre a localização relativa à locação, a não sujeitos passivos, de meios de transporte. que não seja de curta duração, seja alterada (artº 4º da Directiva 2008/8/CE)

Em relação especificamente à regra relativa à prestação de serviços a não sujeitos passivos [alínea b) supra], existem também importantes excepções, de que se destacam:

- Transporte de bens, em que o relevante é o espaço territorial percorrido, salvo tratando-se de transporte intracomunitário de bens, em que releva o lugar de partida do transporte [artº 6º, nºs 9 e 10, alíneas a) e b), do Código do IVA];
- Serviços acessórios do transporte, em que a localização relevante corresponde ao lugar em que os serviços forem materialmente executados [artº 6º, nºs 9 e 10, alíneas c), do Código do IVA];
- Trabalhos efectuados sobre bens móveis corpóreos e peritagens a eles referentes, em que o critério atende ao lugar em que total ou essencialmente forem materialmente executados [artº 6º, nºs 9 e 10, alíneas d), do Código do IVA];
- Serviços de intermediários agindo em nome e por conta de outrem, em que releva o lugar onde a operação intermediada tenha lugar [artº 6º, nºs 9 e 10, alíneas e), do Código do IVA];
- Prestações de serviços de carácter cultural, artístico, científico, desportivo, recreativo, de ensino e similares, incluindo feiras e exposições, compreendendo as dos organizadores destas actividades e os serviços que lhes sejam acessórios, em que o decisivo é o local onde as prestações de serviços sejam materialmente executadas [artº 6º, nºs 9 e 10, alíneas f), do Código do IVA].

Também não são consideradas localizadas em território nacional, ainda que o prestador esteja situado em Portugal, designadamente as seguintes prestações de serviços prestadas a adquirentes não residentes na União Europeia (artº 6º, nº 11, do Código do IVA):

- Cessão ou concessão de direitos de autor, *brevets*, licenças, marcas de fabrico ou de comércio e outros direitos análogos;
- Serviços de publicidade;
- Serviços de consultores, engenheiros, advogados, economistas e de gabinetes de estudo em todos os domínios;
- Tratamento de dados e fornecimento de informações;
- Colocação de pessoal à disposição;
- Locação de bens móveis corpóreos, excepto meios de transporte;

- Cessão ou concessão do acesso a uma rede de gás natural ou de electricidade, serviços de transporte através desses sistemas e serviços directamente conexos;
- Serviços de telecomunicações;
- Serviços de radiodifusão e de televisão;
- Serviços prestados por via electrónica, nomeadamente os seguintes: fornecimento de sítios informáticos, domiciliação de páginas *web*, manutenção à distância de programas e equipamentos; fornecimento de programas e respectiva actualização; fornecimento de imagens, textos e informações e disponibilização de bases de dados; fornecimento de música, filmes e jogos e de emissões ou manifestações políticas, culturais, artísticas, desportivas, científicas ou de lazer; prestações de serviço de ensino à distância[378];
- Obrigação de não exercer, mesmo a título parcial, uma actividade profissional ou um direito dos acima indicados.

Assim, o lugar das prestações de serviços enumeradas no nº 11 do artº 6º do Código do IVA efectuadas a pessoas que não sejam sujeitos passivos e que estejam estabelecidas ou domiciliadas fora da União Europeia, é o lugar onde essas pessoas estão estabelecidas ou domiciliadas.

Importa ainda ter em conta que:

- relativamente a serviços de locação de bens móveis corpóreos, excepto meios de transporte, prestados a não sujeitos passivos de imposto, mas utilizados no território nacional, consideram-se localizados em Portugal, ainda que o prestador de serviços não esteja localizado em território nacional [artº 6º, nº 12, alínea a), do Código do IVA];
- relativamente a serviços de telecomunicações, de radiodifusão e de televisão e a serviços prestados por via electrónica, nomeadamente os atrás indicados, prestados por entidades estabelecidas fora da União

[378] Quanto a estes serviços, no regime constante da chamada Directiva IVA do comércio electrónico (Directiva 2002/38/CE, do Conselho, de 7 de Maio de 2002), veja-se, na bibliografia em lingua portuguesa, OLIVEIRA, Maria Odete e DUARTE, Severino, *"O IVA e a regulamentação do comércio electrónico após a Directiva 2002/38/CE, de 7 de Maio"*, in *Fisco*, nºs 111/112, Janeiro de 2004, págs. 71-89 e, designadamente quanto ao aproveitamento das taxas reduzidas aplicáveis nos Açores e na Madeira, PALMA, Clotilde Celorico, *Estudos de imposto sobre o valor acrescentado*, Coimbra, Almedina, 2006, págs. 187-207. Importa também ter em conta que os serviços em causa foram objecto de especificação no Regulamento (CE) nº 1777/2005, de 17 de Outubro.

Europeia a não sujeitos passivos residentes em território nacional, os mesmos consideram-se localizados em Portugal [artº 6º, nº 12, alínea *d*), do Código do IVA][379].

11.3. Dupla tributação internacional

11.3.1. *Enunciado do problema*

A dupla tributação internacional surge pelo facto de uma dada situação estar conexa com mais do que um país – o que é cada vez mais frequente dado o desenvolvimento das relações económicas internacionais – e integrar-se na previsão das respectivas normas fiscais por não ser adoptado, nesses países, em exclusivo, o mesmo elemento de conexão de territorialidade (residência ou fonte) ou então por ser conferido um conteúdo diferente em cada um deles a um dado elemento de conexão ou se seguirem critérios diferentes de quantificação ou avaliação da base tributável[380].

Assim, se um trabalhador considerado residente em Portugal trabalha noutro país, a sujeição a imposto nos dois países dos correspondentes rendimentos do trabalho resulta do facto de em Portugal se atender ao elemento de conexão residência e no outro país ao elemento de conexão origem ou fonte dos rendimentos. Mas também pode derivar, se ambos

[379] Está previsto que esta regra seja alterada a partir de 1 de Janeiro de 2015 de modo a que a localização seja sempre a do lugar do destinatário, independentemente de os prestadores estarem situados ou não na União Europeia (artº 5º da Directiva 2008/8/CE).

[380] SCHINDEL e ATCHABAHIAN sintetizam em quatro categorias as causas da dupla tributação internacional:

a) Conflitos residência-fonte: é a causa mais frequente de dupla tributação dado que a maioria dos países aplica simultaneamente o critério da residência e o critério da fonte:

b) Conflitos residência-residência: surgem pelo facto de uma entidade (pessoa singular ou pessoa colectiva) ser considerada ao mesmo tempo residente de dois ou mais países;

c) Conflitos fonte-fonte: têm origem no facto de dois ou mais países considerarem determinado rendimento ou património como tendo origem ou estando situado nos seus países, em especial devido a terem diferentes conceitos de "fonte";

d) Conflitos quantitativos: são ocasionados, por entre os países em causa, haver diferenças nos critérios de quantificação ou determinação dos rendimentos ou patrimónios objecto de tributação.

Cf. SCHINDEL, Angel e ATCHABAHIAN, Adolfo, "*Source and residence: new configuration of their principles (General report on 2005 Buenos Aires Congress of the International Fiscal Association)*", in *Cahiers de droit fiscal international*, vol. 90a, The Netherlands, Sdu Fiscale & Financiële Uitgevers, págs. 21-99.

considerarem como apenas relevante a residência, do facto de não imprimirem a este conceito o mesmo conteúdo, donde resulta que esse trabalhador é considerado residente nos dois países.

No caso mencionado estamos perante a chamada *dupla tributação jurídica*, que é a visada em regra pelos tratados internacionais destinados a eliminar as duplas tributações[381]. Com efeito, embora não exista unanimidade na doutrina a este respeito, a dupla tributação jurídica costuma distinguir-se da *dupla tributação económica* em virtude de, no primeiro caso, ser a mesma pessoa que é tributada, com referência a um mesmo rendimento ou património, mais do que uma vez (problema que se põe sobretudo no domínio internacional) enquanto que na dupla tributação económica são duas pessoas diferentes a ser tributadas pelo mesmo rendimento ou património[382]. É o exemplo clássico, já atrás citado, da tributação do lucro, em que este é sujeito, primeiro, a tributação ao nível da sociedade e, depois, quando distribuído aos sócios, volta a ser tributado, mas pode igualmente verificar-se quando é efectuada uma correcção de uma componente do lucro tributável numa empresa e não se procede ao *ajustamento correlativo* na outra empresa que figura como cliente ou fornecedora do bem ou do serviço cujo valor foi corrigido[383].

Na dupla tributação jurídica há uma pluralidade de normas a ser aplicadas. Isso permite distinguir a dupla tributação da *duplicação de colecta* já que nesta o que há é uma pluralidade de aplicações da mesma norma.[384]

381 Refere-se a este propósito na Convenção Modelo da OCDE: "A dupla tributação internacional pode ser definida, em termos gerais, como a aplicação de impostos análogos em dois (ou mais) Estados ao mesmo contribuinte relativamente ao mesmo facto gerador e a períodos temporais idênticos" (OCDE, *Modèle de convention fiscale concernant le revenu et Ia fortune*, pág. 7).

382 Em ambos os casos haveria identidade de objecto, mas num deles – dupla tributação jurídica – haveria também identidade de sujeito ao contrário do que se verificaria no outro – dupla tributação económica. Cf. XAVIER, Alberto Pinheiro, *art. cit.*, págs. 11 e segs.

383 É o que acontece no chamado regime dos preços de transferência praticados entre entidades com relações especiais entre si (cf. artº 63º do Código do IRC). Assim, por exemplo, se A vende a B por 100 algo cujo preço de mercado é 120, o Fisco tem o direito de corrigir o resultado fiscal de A para ter em conta este preço de mercado. Mas, o que é preço de venda para A é preço de aquisição para B e se o Fisco não corrigir esse preço em B de 100 para 120, isso significaria que ambos serão tributados por 20, pelo que terá de haver um ajustamento do resultado de B que seja o reflexo da correcção do resultado de A – o chamado ajustamento correlativo (cf. nºs 11 e 12 do artº 63º do Código do IRC). Sobre os procedimentos a seguir para o efeito veja-se adiante 16.4.6.

384 XAVIER, Alberto Pinheiro, *Manual de Direito Fiscal*. pág. 224. Cf. igualmente PARDAL, Francisco Rodrigues, "*Duplicação de colecta: algumas notas*" in *Revista de Direito Administrativo*, IV, 1960, nº 2, págs. 81 e segs.

A duplicação de colecta verifica-se, de acordo com a definição que é dada no nº 1 do artº 205º do Código de Procedimento e de Processo Tributário, "quando, estando pago por inteiro um tributo, se exigir da mesma ou de diferente pessoa um outro, de igual natureza, referente ao mesmo facto tributário e ao mesmo período de tempo".

11.3.2. *Medidas para evitar a dupla tributação internacional*

A dupla tributação internacional dá origem a um cúmulo de tributações com reflexos negativos nas relações económicas internacionais, designadamente nos movimentos de capitais, e consequentemente no desenvolvimento económico[385].

Daí que se tenha entendido como necessário lutar contra ela de modo a eliminá-la ou pelo menos a atenuá-la. São de dois tipos as medidas que se podem tomar para o efeito: medidas unilaterais e medidas bilaterais ou multilaterais.

As medidas *unilaterais* são as que cada Estado toma no seu próprio ordenamento de modo a fazer face ao problema, enquanto que as *medidas bilaterais ou multilaterais* resultam de tratados internacionais celebrados, respectivamente, por dois ou mais Estados. Dado que estes últimos têm sido celebrados sobretudo entre países desenvolvidos, as medidas unilaterais têm um papel muito importante nas relações entre países desenvolvidos e países em desenvolvimento e entre estes últimos[386].

Um exemplo de medida unilateral para evitar a dupla tributação internacional pode ser dado, pelo menos em grande parte dos casos abrangidos, pelo disposto no nº 1 do artº 39º do Estatuto dos Benefícios Fiscais quando se dispõe que "ficam isentas de IRS as pessoas deslocados no estrangeiro ao abrigo de acordos de cooperação, relativamente aos rendimentos auferidos no âmbito do respectivo acordo". Outras medidas são constituídas pelo artº 51º do Código do IRC e artº 42º do Estatuto dos Benefícios Fiscais ao aplicar o regime previsto no auferido artº 51º aos lucros originários de países da União Europeia e dos países africanos de língua oficial portuguesa e de Timor-Leste, respectivamente, e pelo artº 81º do Código do IRS e pelo artº 91º do Código do IRC ao prever um crédito de imposto por

[385] PIRES, Manuel, *ob. cit.*, págs. 143 e segs.

[386] Vejam-se, embora já bastante desactualizados, os relatórios apresentados ao XXV Congresso da IFA sobre o tema *"Les mesures unilaterales d'éviter Ia double imposition"*, in *Cahiers de Droit Fiscal International*, vol. LXVIB, Kluwer, 1981.

dupla tributação internacional independentemente de haver ou não entre os Estados em causa convenção para eliminar a dupla tributação.

Portugal celebrou já, como vimos a propósito das fontes de direito fiscal, convenções para eliminar a dupla tributação com vários países. Nessas convenções foi seguido de perto o Modelo da OCDE, que tem sido considerado, mau grado a diversidade de países que a integram, como o Modelo dos países "ricos", dado que é sobre o país da fonte que deverá recair o maior esforço para a eliminação da dupla tributação. Como reacção a este Modelo surgiu a Convenção Modelo da ONU, que segue a mesma estrutura da da OCDE (veja-se caixa[387]), mas que constitui uma alternativa destinada a acautelar ao máximo o poder de tributar do Estado da fonte[388]. É, no entanto, o Modelo da OCDE, até pela sua antiguidade e pela evolução da economia internacional, que tem tido maior aceitação no âmbito mundial. De acordo com esse Modelo a tributação compete, em regra, ao Estado da residência. Essa competência é-lhe, aliás, atribuída em exclusivo em certos casos: v.g., royalties e ganhos provenientes da alienação de valores mobiliários[389]. Noutros casos, porém, o Estado da fonte ou origem dos rendimentos pode igualmente tributar, ou sem qualquer restrição (v.g., rendimentos de bens imobiliários, lucros de estabelecimentos estáveis, rendimentos provenientes das actividades de profissionais de espectáculos e de desportistas, rendimentos de profissionais independentes imputáveis a uma instalação fixa) ou de uma forma limitada em termos de taxa

[387] A versão actual do Modelo da OCDE suprimiu o artº 14º – Profissões independentes, constante da anterior versão, mas que se mantém, na caixa relativa à estrutura tipo das convenções, por continuar a ser usado por Portugal, de acordo, aliás, com a reserva feita ao artº 3º do Modelo quando se define empresa, actividade e negócio de modo a incluir as profissões independentes e ao artº 7º relativo aos lucros das empresas.

[388] *United Nations Model Double Taxation Convention Between Developed and Developing Countries*, New York, United Nations, 2001. Este modelo corresponde à revisão encetada em 1999 da anterior versão, publicada em 1980.

[389] Em relação a *royalties* Portugal, à semelhança de outros países, apresentou uma reserva no sentido de lhe ser permitida a tributação desses rendimentos na fonte (veja-se reserva ao artº 12º da Convenção Modelo da OCDE). Além desta, cumpre salientar a reserva de Portugal no sentido de tributar na fonte como *royalties* "os rendimentos provenientes da locação de equipamento industrial, comercial ou científico ou de contentores e, bem assim, o rendimento da assistência técnica" [cf. artº 5º, alíneas *m*) e *n*), do Código do IRS e artºs 3º e 4º, nº 3, do Código do IRC] e bem assim o direito de tratar e de tributar em conformidade como *royalties* todos os rendimentos a título de *software* que não sejam obtidos da transferência total de direitos relativos a *software*.

ESTRUTURA TIPO DAS CONVENÇÕES DE DUPLA TRIBUTAÇÃO

I. Âmbito de aplicação da Convenção
 1. Âmbito de aplicação subjectivo – pessoas abrangidas
 2. Âmbito de aplicação objectivo – impostos abrangidos

II. Definições
 3. Definições gerais (v.g., pessoas, sociedade, empresa, tráfego internacional, autoridade competente, nacional)
 4. Residente
 5. Estabelecimento estável

III. Tributação dos rendimentos
 6. Rendimentos imobiliários
 7. Lucros das empresas
 8. Navegação marítima, interior e aérea
 9. Empresas associadas
 10. Dividendos
 11. Juros
 12. "Royalties"
 13. Ganhos de capital (Mais-valias)
 14. Profissões independentes
 15. Profissões dependentes
 16. Percentagens de membros de conselhos
 17. Artistas e desportistas
 18. Pensões
 19. Remunerações públicas
 20. Estudantes
 21. Outros rendimentos

IV. Tributação do património
 22. Património

V. Métodos para eliminar a dupla tributação
 23. Método da isenção (ou método da imputação)

VI. Disposições especiais
 24. Não discriminação
 25. Procedimento amigável
 26. Troca de informações
 27. Assistência na cobrança de impostos
 28. Agentes diplomáticos e funcionários consulares
 29. Extensão territorial

VII. Disposições finais
 30. Entrada em vigor
 31. Denúncia

aplicável (v.g. dividendos[390] e juros). Quando a ambos os Estados é reconhecido o poder de tributar, cabe ao Estado da residência a eliminação da dupla tributação.

Assim, como questão prévia à aplicação de qualquer convenção para eliminar a dupla tributação há que definir de que Estado a pessoa em causa é residente – e uma pessoa, para esse efeito, só pode ser residente de um dos Estados. Daí que, em caso de ela ser considerada residente nos dois Estados face à respectiva lei interna, ou seja ter uma "dupla residência" (*"dual residence"*), se tenha de recorrer sucessivamente aos critérios definidos na convenção de modo a definir o único Estado de que a pessoa é residente (veja-se artº 4º da Convenção Modelo da OCDE). Como assinala Alberto Xavier, a "função das convenções neste domínio é precisamente a de – partindo do pressuposto de uma dupla residência face aos critérios do direito interno – definir qual das duas residências prevalecerá"[391].

Vejamos, em especial, de forma muito sintética, as soluções consagradas no Modelo da OCDE, quanto aos vários tipos de rendimentos e património:

Rendimentos imobiliários

Podem ser tributados no Estado de localização dos imóveis.

Lucros das empresas

Só há lugar a tributação de uma empresa de um Estado no outro Estado quando ela aí opera através de estabelecimento estável e apenas quanto aos lucros imputáveis a esse estabelecimento.
Quando isso acontece importa que, nas relações da empresa com o seu estabelecimento, se utilizem preços de mercado tal como se tratasse de empresas distintas e separadas actuando com total independência.

[390] No entanto, por força da Directiva 435/90/CEE, de 23 de Julho de 1990, os lucros distribuídos no espaço comunitário por sociedades afiliadas às respectivas sociedades-mães não podem ser tributados na fonte. Portugal teve uma derrogação que lhe permitiu manter a tributação até 31 de Dezembro de 1999. Cf. artº 14º, nºs 3 e segs., do Código do IRC.

[391] XAVIER, Alberto, *Direito Tributário Internacional*, págs. 291 e segs.

Navegação marítima, interior e aérea

Os lucros provenientes da exploração de navios ou aeronaves no tráfego internacionl só podem ser tributados no Estado em que estiver situada a direcção efectiva da empresa.

Empresas associadas

Relativamente ao lucros de empresas associadas, quer porque uma delas participa na direcção, no controlo ou no capital da outra ou porque as mesmas pessoas participam na direcção, no controlo ou no capital de ambas, dispõe-se que aqueles lucros se determinam em condições de mercado entre empresas independentes.

Todavia, quando houver lugar num dos Estados a uma correcção dos lucros devido a preços de transferência, o outro Estado realiza o ajustamento correlativo correspondente para evitar a dupla tributação.

Dividendos

Podem ser tributados em ambos os Estados – da residência e da fonte – mas a tributação no Estado da fonte é limitada. Isso significa que não pode exceder uma determinada percentagem dos dividendos, que se fixa em 5% ou 15% conforme as condições de participação do beneficiário efectivo no capital da sociedade que os paga.

Juros

Tal como nos dividendos, a tributação pode verificar-se em ambos os Estados, mas com o limite de 10% dos juros no Estado da fonte.

Royalties

Consagra-se a tributação exclusiva no Estado de residência do beneficiário efectivo dos mesmos. Assim, as *royalties* provenientes de um Estado contratante e cujo beneficiário efectivo é um residente de outro Estado contratante só podem ser tributadas neste outro Estado.

Ganhos de Capital (Mais Valias)

Os ganhos de um residente num Estado derivados da alienação de bens imobiliários situados no outro Estado podem ser tributados neste outro Estado.

O mesmo se diga quanto:

- aos ganhos provenientes da alienação de bens imobiliários que façam parte do activo de um estabelecimento estável situado no outro Estado, incluindo os ganhos provenientes da alienação desse estabelecimento estável;
- aos ganhos auferidos da alienação de acções que retirem, directa ou indirectamente, mais de 50% do seu valor de bens imobiliários situados no outro Estado.

Os ganhos provenientes da alienação de outros bens só podem ser tributados no Estado de que o alienante é residente.

Rendimentos do emprego

Estes rendimentos podem ser tributados no Estado em que o serviço é prestado, excepto quando se verifiquem cumulativamente as seguintes condições, caso em que essas remunerações só podem ser tributadas no Estado de residência:

- o beneficiário das remunerações não tenha permanecido no Estado onde o serviço é prestado mais de 183 dias num período de 12 meses;
- as remunerações não forem pagas por um residente do Estado onde o serviço é prestado;
- as remunerações não tenham sido suportadas por um estabelecimento estável que a entidade patronal tenha no Estado em que o serviço é prestado.

Percentagens de membros de conselhos

As percentagens, senhas de presença e outras remunerações obtidas por um residente de um Estado na qualidade de membro do conselho de administração ou do conselho fiscal de uma sociedade residente no outro Estado membro podem ser tributadas neste outro Estado.

Artistas e desportistas

Os rendimentos resultantes da actuação num Estado de um artista ou de um desportista podem ser tributados no Estado em que se realize essa actuação, quer sejam recebidos directamente pelo artista ou pelo desportista quer por qualquer outra pessoa.

Pensões

As pensões de natureza privada só podem ser tributadas no Estado de residência da pessoa que as recebe.

Remunerações públicas

As remunerações derivadas do trabalho prestado a um Estado só podem ser tributadas por esse Estado. Esta regra, que se aplica igualmente às pensões pagas em resultado de trabalho prestado ao Estado, postula, assim, a tributação exclusiva no Estado da fonte.
Existe, no entanto, uma excepção de sentido oposto – o da tributação exclusiva no Estado de residência – quando os serviços são prestados neste Estado e quem recebe os rendimentos seja um residente deste Estado que seja seu nacional ou que não se tenha tornado residente apenas para prestar os serviços em causa.

Estudantes

Os rendimentos que um estudante ou um estagiário que foi residente de um Estado imediatamente antes de se mudar para outro Estado, para aí prosseguir os seus estudos ou a sua formação, receba para fazer face às despesas com a sua manutenção, estudos ou formação não podem ser tributados neste último Estado a não ser que tenham a sua fonte situada no mesmo.

Outros rendimentos

Todos os rendimentos de um residente num Estado não enumerados anteriormente, seja qual for a sua origem, só podem ser tributados nesse Estado

Património

De um modo geral, o património só pode ser tributado no Estado de residência do contribuinte. A possibilidade de tributação no Estado da fonte, em conexão com o que se estabelece relativamente à tributação dos rendimentos respectivos, está prevista quanto a bens imóveis ou quanto a bens móveis que façam parte do activo de um estabelecimento estável. No caso de navios ou aeronaves usados no tráfego internacional ou de barcos usados na navegação interior a tributação é exclusiva do Estado onde se situa a direcção efectiva da empresa.

Nas convenções celebradas por Portugal segue-se, em regra, como já se referiu, o Modelo de Convenção da OCDE, com a introdução, no entanto, de alguns importantes ajustamentos, aliás, sempre que é caso disso, em consonância com as reservas feitas a várias disposições desse Modelo, algumas das quais também já atrás referenciadas[392]. Em matéria de taxas máximas de retenção na fonte a situação é a seguinte[393]:

[392] Além das reservas já atrás referidas a propósito do artigo autónomo sobre profissões independentes (reservas aos artºs 3º e 7º) e da tributação na fonte sobre *royalties* (artº 12º) Portugal apresentou reservas relativamente aos seguintes artigos da Convenção Modelo da OCDE:

- artº 5º: encurtamento do prazo de doze para seis meses para um estaleiro ser considerado estabelecimento estável, encurtamento que também se aplica em relação ao direito de considerar que uma empresa tem um estabelecimento estável em Portugal se a mesma exercer, durante pelo menos esse período, actividades de planificação, supervisão, consultoria, qualquer trabalho de carácter auxiliar ou qualquer outra actividade conexa com um estaleiro de construção ou montagem, cuja duração exceda 6 meses;
- artº 7º: direito de tributar as pessoas que exerçam uma profissão liberal ou outra actividade de carácter independente quando permaneçam no respectivo território durante um período ou períodos que excedam no total 183 dias em qualquer período de doze meses, ainda que não disponham de um estabelecimento estável ou de uma instalação fixa para o exercício dessas actividades; direito de propor, nas suas negociações bilaterais, uma disposição segundo a qual, se as informações à disposição da autoridade competente de um Estado Contratante forem inadequadas para determinar os lucros a imputar ao estabelecimento estável de uma empresa, a autoridade competente pode aplicar a essa empresa, para esse efeito, as disposições da legislação fiscal desse Estado, na condição de que a sua aplicação seja conforme com os princípios do presente artigo e na medida em que as informações à disposição da autoridade competente o permitam;
- artº 10º: taxa de retenção na fonte e direito de alargamento da definição de dividendos de modo a incluir certos pagamentos efectuados a título de acordos de participação nos lucros, considerados como distribuições de dividendos face à respectiva legislação interna;
- artº 11º: taxa de retenção na fonte e direito de alargamento da definição de juros, incluindo uma referência à respectiva legislação interna, em conformidade com a definição constante do Projecto de Convenção de 1963;
- artº 21º: manutenção do direito de tributar na fonte os outros rendimentos abrangidos por este artigo;
- artº 22º: reserva ao conteúdo do artigo no caso de virem a ser criados em Portugal impostos sobre o património;
- artº 25º: a execução material dos desagravamentos ou dos reembolsos de imposto, na sequência do procedimento amigável, deve permanecer em ligação com os prazos estabelecidos na legislação interna.

[393] No domínio interno, o regime, em termos de retenção na fonte, consequente de convenções internacionais de não tributação no Estado da fonte ou dessa tributação se fazer de forma limitada (a taxa inferior à prevista internamente) encontra-se desenvolvido no artº 18º do Decreto-Lei nº 42/91, de 22 de Janeiro, e no artº 98º do Código do IRC.

CONVENÇÕES PARA EVITAR A DUPLA TRIBUTAÇÃO CELEBRADAS POR PORTUGAL

(Taxas máximas de retenção na fonte)

Países	Data de Ratificação	Dividendos Taxas	Juros Taxas	"*Royalties*" Taxas
África do Sul	2008	10 % (e) 15 % (b)	10 %	10 %
Alemanha	1982	15 %	10 % (a) 15 % (b)	10 %
Argélia	2006	10 % (e) 15 % (b)	15 %	10 %
Áustria	1971	15 %	10 %	10 % (c) 5 % (b)
Bélgica (1)	1970	15 %	15 %	10 %
Brasil (2)	2001	10 % (e) 15 % (b)	15 %	15 %
Bulgária	1996	10 % (e) 15 % (b)	10 %	10 %
Cabo Verde	2000	10 %	10 %	10 %
Canadá	2000	10 % (e) 15 % (b)	10 %	10 %
Chile	2006	10 % (e) 15 % (b)	5 % (l) 10 % (m) 15 % (b)	5 % (n) 10 % (b)
China (República Popular da)	2000	10 %	10 %	10 %
Coreia do Sul	1997	10 % (e) 15 % (b)	15 %	10 %
Cuba	2001	5 % (e) 10 % (b)	10 %	5 %
Dinamarca (3)	2002	10 % (j)	10 %	10 %
Eslováquia	2004	10 % (e) 15 % (b)	10%	10 %
Eslovénia	2004	5 % (e) 15 % (b)	10%	5 %
Espanha	1995	10 % (e) 15 % (b)	15 %	5 %
Estados Unidos da América	1995	5 % (e) 15 % (b)	10 %	10 %
Estónia	2004	10 %	10 %	10 %
Finlândia	1970	10 % (e) 15 % (b)	15 %	10 %
França	1971	15 %	10 % (f) 12 % (b)	5 %
Grécia	2002	15 %	15 %	10 %
Guiné-Bissau	2009	10 %	10 % (s)	10 %
Hungria	1999	10 % (e) 15 % (b)	10 %	10 %
Índia	2000	10 % (e) 15 % (b)	10 %	10 %
Indonésia	2006	10 %	10 %	10 %

Irlanda	1994	15 %	15 %	10 %
Islândia	2002	10 % (e) 15 % (b)	10 %	10 %
Israel	2008	5 % (p) 10 % (q) 15% (b)	10 %	10 %
Itália	1982	15 %	15 %	12 %
Koweit	2011	5 % (r) 10 % (b)	10 %	10 %
Letónia	2003	10 %	10 %	10 %
Lituânia	2003	10 %	10 %	10 %
Luxemburgo	2000	15 %	10 % (h) 15 % (b)	10 %
Macau	1999	10 %	10 %	10 %
Malta	2002	10 % (e) (i) 15 % (b) (i)	10 %	10 %
Marrocos	1998	10 % (e) 15 % (b)	12 %	10 %
México	2000	10 %	10 %	10 %
Moçambique	1992	15 %	10 %	10 %
Moldova	2010	5 % (p) 10 % (b)	10 %	8 %
Noruega	1970	10 % (e) 15 % (b)	15 %	10 %
Países Baixos	2000	10 %	10 %	10 %
Paquistão	2003	10 % (e) 15 % (b)	10 %	10 %
Polónia	1997	10 % (e) 15 % (b)	10 %	10 %
Reino Unido	1968	10 % (e) 15 % (b)	10 %	5 %
República Checa	1997	10 % (e) 15 % (b)	10 %	10 %
Roménia	1999	10 % (e) 15 % (b)	10 %	10 %
Rússia	2002	10 % (e) 15 % (b)	10 %	10 %
Singapura	2000	10 %	10 %	10 %
Suécia	2003	10 % (j)	10 %	10 %
Suíça	1974	10 % (e) 15 % (b)	10 %	5 %
Tunísia	2000	15 %	15 %	10 %
Turquia	2006	5 % (e) 15 % (b)	10 % (o) 15 % (b)	10 %
Ucrânia	2002	10 % (e) 15 % (b)	10 %	10 %
Uruguai	2011	5 % (e) 10 % (b)	10 %	10 %
Venezuela	1997	10 %	10 %	10 % (g) 12 % (b)

(1) Pelo Decreto do Presidente da República n.º 78/2000, de 14/12, foi ratificada uma Convenção Adicional, que altera esta Convenção.
(2) Anteriormente vigorou uma Convenção ratificada em 1971, que deixou de vigorar a partir de 1.1.2000 por ter sido denunciada pelo Brasil.
(3) Anteriormente vigorou (até 31 de Dezembro de 1994) uma Convenção ratificada em 1973 (Decreto-Lei n.º 365/73, de 19 de Junho) que foi denunciada pela Dinamarca.

(a) Quando pagos por entidades bancárias.
(b) Em todos os outros casos.
(c) Quando o beneficiário detém 50 %, ou mais, do capital.
(d) Obras literárias, artísticas ou científicas, filmes, etc.
(e) Quando a sociedade beneficiária controla 25 %, ou mais, do capital da sociedade que paga os dividendos e também, em grande parte das convenções, detém as participações há pelo menos dois anos.
(f) Para obrigações emitidas em França depois de 1/1/65.
(g) No caso de assistência técnica.
(h) Quando pagos por empresas a estabelecimentos financeiros.
(i) Aplicável aos dividendos de fonte portuguesa. Aos dividendos com fonte em Malta, o imposto bruto sobre os dividendos não excederá o imposto incidente sobre os lucros dos quais os dividendos são pagos.
(j) Não aplicável nas relações entre sociedade-mãe e sociedade afiliada nos termos da Directiva 90/435/CEE.
(l) Relativos a juros de obrigações e outros títulos transaccionados num mercado reconhecido.
(m) Relativos a juros de empréstimos de bancos e companhias de seguros e vendas a crédito de maquinaria e equipamento.
(n) Relativos ao uso ou concessão do uso de equipamento industrial, comercial ou científico.
(o) Quando conexos com empréstimos por período superior a 2 anos.
(p) Quando o beneficiário efectivo for uma sociedade (com excepção de uma sociedade de pessoas) que detenha, directamente, 25 % do capital da sociedade que paga os dividendos.
(q) Quando o beneficiário efectivo for uma sociedade que detenha, directamente, 25 % do capital da sociedade que paga os dividendos, quando esta última sociedade seja residente de Israel e os dividendos sejam pagos a partir de lucros sujeitos a imposto em Israel a uma taxa inferior à taxa normal do imposto israelita sobre sociedades.
(r) Quando o beneficiário efectivo for uma sociedade (excepto uma sociedade de pessoas) que detenha, directamente, pelo menos 10 % do capital da sociedade que paga os dividendos ou quando o beneficário efectivo for o Estado ou uma entidade pública conforme definido na Convenção.
(s) Excepto se o devedor dos juros for o Estado ou outra entidade pública conforme definido na Convenção ou se os juros forem pagos a estas entidades ou a instituições e organismos (incluindo instituições financeiras) por virtude de financiamentos por eles concedidos no âmbito de acordos celebrados entre os Estados, casos em que não há lugar a retenção na fonte.

11.3.3. *Métodos para evitar a dupla tributação internacional*

De acordo com o Modelo de Convenção da OCDE respeitante aos impostos sobre o rendimento e o património (artºs 23º-A e 23º-B) são dois os métodos possíveis para evitar a dupla tributação: método da isenção e método da imputacão[394].

[394] Os mesmos métodos são apresentados na convenção modelo da OCDE relativa aos impostos sobre as sucessões e doações (artºs 9º-A e 9º-B). Cf. OCDE, *Modèle de convention de double imposition concernant les successions et les donations*, Paris, 1983.

O *método da isenção* consiste na renúncia por um Estado à tributação de uma realidade que podia por ele ser tributada. Normalmente aplicado no país da residência, traduz-se em isentar de imposto neste país os rendimentos de fonte estrangeira ou o património situado no estrangeiro. Considerando por razões de simplificação apenas o caso dos impostos sobre o rendimento, este método pode ser aplicado segundo duas modalidades principais:

a) *Método da isenção integral*: o rendimento isento não é tido em consideração seja para que efeito for, pelo que não é tomado em conta quando se calcula a taxa do imposto aplicável ao resto do rendimento do contribuinte;
b) *Método da isenção com progressividade*: o rendimento isento apesar de não ser tributado é tomado em consideração, conjuntamente com os outros rendimentos, para o efeito de determinar a taxa a aplicar ao resto do rendimento do contribuinte.

Suponhamos um contribuinte que tem um rendimento total de 200 000, em que 150 000 tem a sua origem no país da residência (País A) e 50 000 num outro país (País B). As taxas de tributação são as seguintes:

País A:	Até 150 000	20 %
	Superior a 150 000	30 %
País B:	Taxa proporcional de	25 %

A situação é a seguinte em cada uma das modalidades do método da isenção:

Isenção integral:

Imposto pago no país B:	
50 000 x 0,25	12 500
Imposto pago no país A:	
150 000 x 0,20	30 000
Total	42 500

Isenção com progressividade:

Imposto pago no país B:	
50 000 x 0,25	12 500
Imposto pago no país A:	
150 000 x 0,225*	33 750
Total	46 250

* Corresponde à taxa média de tributação para um rendimento de 200 000

Verifica-se que a principal vantagem do método da isenção integral é a da simplicidade – nem sequer há obrigação de declarar o rendimento de fonte estrangeira. Esta simplicidade pode, contudo, gerar alguns efeitos negativos que levem a preferir o método da isenção com progressividade[395]. Assim, se existe progressividade no Estado da residência ela é posta em causa pelo não englobamento do rendimento de fonte externa. Por outro lado, aplicando o método da isenção integral o Estado da residência renuncia não só à tributação correspondente ao rendimento de fonte externa como também à diferença entre o imposto calculado à taxa correspondente à totalidade do rendimento de que o contribuinte efectivamente dispõe e o imposto calculado à taxa aplicável ao rendimento de origem interna. De tudo resulta que o método da isenção integral apenas tende a ser aplicado quando o imposto é calculado segundo uma taxa proporcional.

No *método da imputação* (também denominado por vezes de método do *crédito de imposto*) o rendimento de fonte estrangeira não é isento, pelo que se tributa no país da residência o rendimento global do contribuinte, seja qual for a sua origem. No entanto, ao imposto assim calculado deduz-se o imposto pago no país da origem ou fonte dos rendimentos[396] [397]. Daí que,

[395] JARNEVIC, Jean-Pierre, *Droit Fiscal International*, Paris, Economica, 1985, págs. 18 e segs. Cf. igualmente PIRES, Manuel, *ob. cit.*, págs. 343 e segs. e os comentários aos artºs 23º-A e 23º-B do citado modelo de convenção da OCDE. No caso de Portugal veja-se a regra contida no nº 4 do artº 22º do Código do IRS e um exemplo de aplicação da mesma no nº 4 do artº 39º do Estatuto dos Benefícios Fiscais.

[396] Neste método são eliminados os efeitos dos benefícios fiscais concedidos no Estado da fonte, donde deriva uma vantagem para o Estado da residência que nenhum imposto tem a imputar nesse caso. Por isso se diz que, quando tal ocorre, os benefícios fiscais não correspondem a uma vantagem efectiva para a entidade beneficiária mas apenas a uma transferência do poder de tributar, decorrente da renúncia de tributação no país da origem ou fonte dos rendimentos a favor do aumento de tributação no país da residência. Para evitar que isto aconteça, alguns Estados permitem que a imputação se verifique como se o imposto tivesse sido efectivamente pago. Esta figura é denominada de *imputação fictícia por desagravamento fiscal, tax sparing* ou *matching credit.* O fenómeno da concorrência fiscal internacional levou a que hoje muitos Estados sejam críticos em relação à mesma – cf. OCDE, *Les crédits d'impôt fictif – um réexamen de la question*, Paris, 1998.

[397] A imputação ou crédito, na modalidade de *crédito directo* (*"direct foreign tax credit"*), limita-se ao imposto que recaiu, no estrangeiro, sobre o contribuinte que o reclama, aquele em cuja colecta de imposto é usado (v.g., imposto que recaiu, no estrangeiro, sobre um estabelecimento estável da empresa ou o imposto eventualmente retido na fonte, no estrangeiro, sobre juros, dividendos ou *royalties*). Trata-se exclusivamente de eliminar a dupla tributação jurídica. É exclusivamente este o crédito que é concedido, normalmente, nas medidas unilaterais e nas convenções para evitar a dupla tributação. Distingue-se deste o chamado *crédito indirecto* (*"indirect foreign tax credit; underlying tax credit"*), em que o crédito, no caso de dividendos, se reporta ao imposto que recaiu, no estrangeiro, sobre os lucros das sociedades de que os dividendos provêm. Neste tipo

diferentemente do que se passa no método da isenção, o método da imputação opera sobre a colecta do imposto e não sobre o rendimento. Também aqui se podem apresentar duas modalidades principais:

a) *Método da imputação integral:* neste caso o que se permite deduzir no país de residência é o total do imposto efectivamente pago no país de origem;

b) *Método da imputação normal*: a dedução permitida no país de residência é limitada à fracção do seu próprio imposto correspondente aos rendimentos de fonte estrangeira.

Considere-se o exemplo apresentado anteriormente a propósito do método de isenção. Pelo método da imputação, a situação do contribuinte será a seguinte:

Imputação integral:			
Imposto pago no país B:			12 500
Imposto exigível no país A:		45 000	
Imputação do imposto pago no Estado da residência:		12 500	
Imposto devido no país A:			32 500
Total			45 000

Imputação normal:			
Imposto pago no país B:			12 500
Imposto exigível no país A:		45 000	
Imputação autorizada:			
o menor dos dois valores:			
– imposto pago no país B	*(12 500)*		
– imposto devido no país A sobre o rendimento obtido em B	*(11 250)*	11 250	
Imposto devido no país A:			33 750
Total			46 250

Também neste caso o método da imputação integral tem sobre a outra modalidade a vantagem da simplicidade, além de permitir que o total da tributação corresponda à que seria suportada se o contribuinte apenas fosse tributado no Estado da residência. No entanto, nos casos em que a

de crédito, quando os dividendos provêm de uma cadeia de sociedades, é habitual o crédito ser limitado a um certo número de níveis da cadeia. No crédito indirecto, a preocupação é com a dupla tributação económica. Um exemplo deste último é dado na Directiva 90/435/CEE, de 23 de Julho de 1990, relativa ao regime fiscal comum aplicável a sociedades mães e afiliadas quando o método usado é o da imputação.

tributação no Estado da origem é superior à tributação no Estado da residência, não se justifica que seja este último a suportar a diferença de tributação entre os dois Estados (no exemplo apresentado o rendimento de fonte externa apenas é tributado no Estado de residência por 11 250 pelo que a este valor se limita a dupla tributação). Daí que o método da imputação normal se revele mais adequado do que o método da imputação integral. Assim, de acordo com o método da imputação normal haverá apenas uma dedução parcial do imposto estrangeiro se este for superior ao que no país de residência incide sobre os mesmos rendimentos.

Confrontando agora o método da isenção e o método da imputação, verifica-se que, embora o método da isenção (na sua vertente de isenção com progressividade) seja o método mais indicado para eliminar as duplas tributações, é o método da imputação (na sua modalidade de imputação normal) o que é geralmente acolhido por estabelecer uma solução de compromisso entre o direito de tributar conferido ao país de origem dos rendimentos e a atribuição desse mesmo direito – mas em segunda linha – ao país de residência[398].

Portugal, como país importador de capitais, tem assegurado sempre que possível o direito de tributação na origem, e, além disso, tem adoptado, como regra, nas convenções que tem celebrado para eliminar a dupla tributação, o método da imputação normal[399]. Aliás, como já se referiu, por força do disposto no artº 81º do Código do IRS e do artº 91º do Código do IRC, há lugar, nas situações aí indicadas, a um crédito de imposto por dupla tributação internacional pelo método da imputação normal mesmo quando não haja convenção celebrada por Portugal, o qual corresponderá à menor das seguintes importâncias:

- imposto sobre o rendimento pago no estrangeiro;
- fracção da colecta do IRS ou do IRC, calculada antes da dedução, correspondente aos rendimentos que no país em causa possam ser tributados.

Está além disso previsto, quando existir convenção, que a dedução a efectuar não pode ultrapassar o imposto pago no estrangeiro nos termos previstos na convenção.

398 XAVIER, Alberto Pinheiro, *ob. cit.*, pág. 230.

399 Na convenção com a Áustria, porém, foi adoptado, em geral, o método da isenção com progressividade e, no caso dos dividendos, juros e *royalties*, o método da imputação normal.

12. Relação Jurídico-Fiscal

12.1. Generalidades

12.1.1. *Âmbito e natureza da relação jurídico-fiscal*

Verificado o facto gerador do imposto, nasce, por força directa da lei e nos seus exactos termos, uma relação entre dois sujeitos – o que tem direito à prestação de imposto e aquele a quem esta cabe – que a doutrina designa por *obrigação fiscal*. A relação jurídico-fiscal não se esgota, porém, nesta e inclui todo um complexo de outras relações, também de natureza obrigacional, que tem a obrigação fiscal como seu núcleo central e sua causa determinante – a obrigação de apresentar declarações e respectivos documentos justificativos, a obrigação de ter contabilidade e emitir facturas ou documentos equivalentes, a obrigação de não efectuar certas operações, etc – que recaem quer sobre o contribuinte quer sobre terceiros e que se designam por *obrigações acessórias ou deveres fiscais acessórios*.

Actualmente, o conteúdo da relação jurídico-fiscal, em termos de objecto da mesma, encontra-se, aliás, definido no artº 30º da LGT ao estabelecer que "*integram a relação jurídica tributária:*

a) O crédito e a dívida tributários;
b) O direito a prestações acessórias de qualquer natureza e o correspondente dever ou sujeição;
c) O direito à dedução, reembolso ou restituição do imposto;
d) O direito a juros compensatórios;
e) O direito a juros indemnizatórios".

É possível ver neste conjunto de direitos e deveres em que se desdobra a relação jurídica fiscal duas áreas bem distintas: uma zona central ou nuclear e uma zona circundante ou periférica.[400] A primeira diz respeito à obrigação de imposto e integra não só o direito à prestação pecuniária em que essa obrigação se concretiza e o correspondente dever de a prestar como outros direitos e deveres dela derivados, que, em nosso entender, não têm autonomia em relação àquela – v.g., o direito ao reembolso ou restituição do imposto, o direito a juros indemnizatórios ou a juros compensatórios. Na zona circundante ou periférica situam-se todos os outros direitos e deveres destinados a garantir e a controlar a obrigação principal e que designamos por obrigações ou deveres fiscais acessórios.

Quanto à *natureza da relação jurídico-fiscal* existem duas orientações principais na doutrina. Para uma delas, a obrigação fiscal tem uma natureza diferente das obrigações civis, desempenhando o acto de liquidação o papel de elemento constitutivo dessa obrigação; outra corrente entende que a obrigação fiscal não se distingue das obrigações civis, pois os aspectos distintivos não chegam para pôr em causa essa similitude quanto ao essencial e o acto de liquidação não tem natureza constitutiva da obrigação pois esta nasce com a ocorrência do facto gerador previsto na lei, tendo apenas uma natureza "declarativa" ou "cognitiva" de uma obrigação já constituída anteriormente.

Apesar de a obrigação fiscal ser, na sua essência, uma obrigação como qualquer outra, apresenta características que claramente a diferenciam em alguns aspectos das obrigações jurídicas privadas. Entre eles, a doutrina enumera os seguintes:

a) A obrigação fiscal é uma obrigação legal ("ex lege")

Refere-se a este respeito – em sintonia com a própria definição de imposto – que a obrigação fiscal resulta da simples verificação do facto tributário previsto na lei, sendo, por isso, uma obrigação legal[401]. Não é a vontade das partes, qualquer acordo entre elas, que faz nascer a obrigação de imposto mas, outrossim, a ocorrência do facto tributário (artº 36º, nº 1, da LGT)

Alguns autores[402] contestam a este propósito que se diga que a obrigação legal seja a que tem origem na lei e apenas aceitam que se fale em obrigação legal a propósito da obrigação fiscal para significar que o res-

[400] LEITE DE CAMPOS, Diogo e Mónica Horta Neves Leite de Campos, *ob. cit.*, pág. 262.

[401] De uma forma feliz o Modelo de Código Tributário do CIAT de modo a caracterizar a obrigação tributária como obrigação legal enuncia que *"la obligación tributaria surge entre el Estado y los sujetos pasivos encuanto ocurre el presupuesto de hecho previsto en la ley"*.

[402] Veja-se, por exemplo, SOARES MARTINEZ, Pedro, *ob. cit.*, págs. 172 e segs.

pectivo regime, o seu conteúdo, é definido pela lei e não resulta de um acordo entre as partes. O que permitiria neste caso distinguir uma obrigação legal de uma obrigação contratual ou negocial seria o maior ou menor papel reservado à lei na definição do respectivo conteúdo. Dando eco também a esta orientação, dispõe-se no nº 2 do artº 36º da LGT que *"os elementos essenciais da relação jurídica tributária não podem ser alterados por vontade das partes"*.

b) A obrigação fiscal é indisponível e irrenunciável

Esta característica da obrigação fiscal acentua o facto de, ao contrário do que se verifica no plano privado, estar vedado ao sujeito activo da relação jurídica de imposto a renúncia ou a disponibilidade do crédito tributário. É, por isso, aliás, que a lei estabelece claramente que *"o crédito tributário é indisponível"* (artº 30º, nº 2, da LGT) e configura a "indisponibilidade do crédito tributário" como princípio fundamental a respeitar nos contratos a celebrar entre a Administração e o contribuinte (artº 37º, nº 2, *in fine*, da LGT), não podendo a administração tributária *"conceder moratórias no pagamento das obrigações tributárias, salvo nos casos expressamente previstos na lei"* (artº 36º, nº 3, da LGT)[403]. É, aliás, fundamento de responsabilidade tributária subsidiária a *"concessão de moratória ou a suspensão da execução fiscal fora dos casos previstos na lei, quando dolosas"* (artº 85º, nº 3, do CPPT).

c) A obrigação fiscal é uma obrigação executiva e especialmente garantida

A obrigação fiscal é, em primeiro lugar, uma obrigação executiva dado que, embora a cobrança coerciva das dívidas ao Fisco careça de um processo de execução, *"não está dependente de qualquer outra pronúncia para além da constituída pelo próprio acto tributário"*[404]. É certo que a execução fiscal não é privativa das dívidas de imposto, podendo abranger designadamente outras dívidas ao Estado e a outras pessoas colectivas de direito público que devam ser pagas por força de acto administrativo [artº 148º, nº 2, alínea *a*), do CPPT].

[403] Ao nível doutrinário, a existência do princípio da indisponibilidade do crédito tributário tem sido contestada por alguns autores. Veja-se, por todos, SERRANO, María Luísa Gonzalez-Cuéllar, *Los procedimientos tributarios: su terminación transaccional*, Madrid, Editorial Colex, 1998. Também em alguns países a lei prevê a disponibilidade do crédito tributário – é o caso do artº 171º do "Código Tributário Nacional" do Brasil, o qual preceitua que *"a lei pode facultar, nas condições que estabeleça, aos sujeitos ativo e passivo da obrigação tributaria celebrar transação que, mediante concessões mútuas, importe em terminação do litígio e consequente extinção de crédito tributário"*.

[404] CASALTA NABAIS, José, *Direito Fiscal*, pág. 248.

Mas, isso não invalida que essa seja sempre uma característica da obrigação fiscal, pelo menos em Portugal e em grande parte dos países.

Por outro lado, a obrigação fiscal é uma obrigação especialmente garantida, no sentido em que dispõe de garantias muito específicas (veja-se *infra* 12.4.) que, além de a dotarem de algumas fianças legais, colocam o credor tributário numa posição de uma certa primacia ou privilégio em face dos credores comuns.

12.1.2. *As obrigações fiscais acessórias*

As obrigações fiscais acessórias são muito variadas e impendem quer sobre os contribuintes quer sobre terceiros, destinando-se a possibilitar ou a controlar a percepção da dívida de imposto. Neste exacto sentido, o nº 2 do artº 31º da LGT estabelece que "*são obrigações acessórias do sujeito passivo as que visam possibilitar o apuramento da obrigação de imposto, nomeadamente a apresentação de declarações, a exibição de documentos fiscalmente relevantes, incluindo a contabilidade ou escrita, e a prestação de informações*"[405]. Em alguns códigos tributários, essas obrigações são reunidas mesmo em capítulo próprio sob a epígrafe de "obrigações acessórias" ou "obrigações acessórias e fiscalização": veja-se, por exemplo, cap. VI do Código do IRS, cap. VII do Código do IRC e cap. VI do Código do Imposto do Selo.

Essas obrigações – que têm sempre de ter fundamento na lei e cujo incumprimento é tipificado como infracção tributária, dando origem à aplicação das correspondentes sanções previstas no RGIT – podem ser encaradas como deveres públicos de colaboração no exercício de uma dada função estadual[406] e constituem a parte substancial dos chamados "custos de cumprimento" em matéria fiscal (veja-se atrás ponto 5.3.3) e são, muitas

[405] Cf. igualmente o disposto no § 2º do artº 113 do "Código Tributário Nacional" do Brasil, segundo o qual a obrigação tributária acessória decorre da legislação tributária e "*tem por objecto as prestações, positivas ou negativas, nela previstas no interesse da arrecadação ou da fiscalização dos tributos*".

[406] CARDOSO DA COSTA, José M., *ob. cit.*, pág. 359. Aliás, na formulação da LGT, contribuintes e administração tributária estão sujeitos a um "dever de colaboração recíproco", que, pela parte dos primeiros, integra o "*cumprimento das obrigações acessórias previstas na lei*" (artº 59º, nº 4, da LGT). No mesmo sentido, SALDANHA SANCHES alude a estes "deveres de cooperação ou deveres de colaboração" como o "*conjunto de deveres de comportamento resultantes de obrigações que têm por objecto prestações de facto, de conteúdo não directamente pecuniário, com o objectivo de permitir à Administração a investigação e determinação dos factos fiscalmente relevantes*" – cf. SALDANHA SANCHES, J.L., *A quantificação da obrigação tributária - deveres de cooperação, autoavaliação e avaliação administrativa*, Lisboa, Centro de Estudos Fiscais, 1995, págs. 70 e segs.

vezes, o factor principal que permite qualificar um sistema fiscal em termos de simplicidade ou complexidade[407].

É possível classificar as obrigações ou deveres fiscais acessórios de acordo com vários critérios. Assim:

a) De acordo com a pessoa ou entidade a eles vinculados é possível distinguir as que recaem:
- sobre o próprio sujeito passivo do imposto a que essa obrigação ou dever se reporta, quer seja ou não o contribuinte directo[408];
- sobre quaisquer outras entidades, quer sejam entidades públicas quer entidades privadas

b) Conforme a natureza da obrigação ou dever em que se concretizam, é possível separar as que consistem[409]:
- numa acção (que é o caso mais comum – v. g., apresentar uma declaração, prestar uma informação, dispor de contabilidade);
- numa omissão (de que é exemplo a prevista no artº 50º do Código do IMT, segundo o qual nenhum facto, acto ou negócio jurídico pode ser definitivamente registado sem que se mostre pago o IMT que seja devido).

Com especial referência ao **universo empresarial**, as principais obrigações ou deveres fiscais acessórios podem apresentar-se como segue relativamente às situações mais frequentes:

[407] Esses custos devem ser devidamente ponderados nas decisões relativas à criação e alteração das obrigações fiscais acessórias, devendo ser permanentemente confrontados com os benefícios que delas derivem de acordo com as finalidades visadas, tendo de evitar-se a existência de obrigações para os contribuintes que, por falta de capacidade de tratamento da administração fiscal dos fluxos de informação dela derivados, só servem para dar uma aparência de controlo que não tem tradução efectiva na prática.

[408] Sobre a noção de "contribuinte directo" veja-se adiante o ponto 12.2.2.

[409] CARDOSO DA COSTA apresenta, além das obrigações acessórias que se concretizam em certo comportamento positivo e em certo comportamento negativo, um terceiro tipo constituído por aquelas obrigações cujo cumprimento consiste em permitir ou não impedir aos agentes da administração a prática de certos actos, por exemplo o exame à escrita de uma empresa – cf. CARDOSO DA COSTA, José M., *ob. cit.*, pág. 358. Entende-se, porém, que estas obrigações também se reconduzem a acções ou omissões, não tendo, por isso, autonomia.

A. Obrigações declarativas[410]

A1. Declaração de início de actividade ou de inscrição, de alterações ou de cessação:

Trata-se de uma declaração a apresentar quando se verifiquem os factos que a determinam e que estão previstos na lei: artº 112º do Código do IRS, artºs 118º e 119º do Código do IRC, artº 13º do Código do IMI e artºs 31º, 32º e 33º do Código do IVA

A2. Declarações periódicas:

Relativamente a impostos em que a determinação do imposto a pagar (ou a reembolsar) se reporta a um período, há lugar normalmente à apresentação de uma declaração com base na qual é determinado esse imposto: é o que acontece designadamente para efeitos de IRS (artº 57º do respectivo Código), para efeitos de IRC (artº 120º do Código correspondente) e para efeitos de IVA (artº 41º do Código deste imposto).

Além disso, existe, muitas vezes, a obrigatoriedade de envio de uma declaração anual de informação contabilística e fiscal – artº 113º do Código do IRS, artº 121º do Código do IRC, artº 29º, nº 1, alínea *d*), do Código do IVA e artºs 52º e 56º do Código do IS.

B. Obrigações contabilísticas, de escrituração e de documentação

B1. Obrigações contabilísticas:

Em alguns impostos, relativamente a certos contribuintes, existe a obrigação de dispor de contabilidade adequada ao apuramento e fiscalização do imposto – vejam-se artº 117º do Código do IRS, artº 123º do Código do IRC, artº 29º, nº 1, alínea *g*), do Código do IVA e artº 53º do Código do IS.

A lei não se limita, no entanto, a enunciar em termos gerais a obrigação de dispor de contabilidade organizada pois estabelece regras quanto à forma como a contabilidade deve ser executada em termos de documentos justificativos [artº 123º, nº 2, alínea *a*), do Código do IRC, aplicável também para efeitos de IRS por força do disposto no artº 117º, nº 2 do respec-

[410] Sobre a natureza destas obrigações declarativas veja-se MENEZES LEITÃO, L. M., "*O Procedimento Administrativo Tributário de Liquidação e Cobrança das Contribuições para a Segurança Social*", in *Seminário "Direito da Segurança Social"*, Lisboa, Tribunal de Contas, 2000, págs. 211 e segs.

tivo Código], cronologia do registo [artº 123º, nº 2, alínea *b*), do Código do IRC, aplicável também para efeitos de IRS por força do disposto no artº 117º, nº 2 do respectivo Código], atrasos permitidos (artº 123º, nº 3, do Código do IRC, igualmente aplicável para efeitos de IRS por força do disposto no artº 117º, nº 2 do respectivo Código), prazo de conservação dos livros e documentos de suporte (artº 123º, nº 4, do Código do IRC, aplicável também para efeitos de IRS por força do disposto no artº 117º, nº 2 do respectivo Código, artº 52º do Código do IVA e artº 53º, nº 5, do Código do IS) e local em que a contabilidade deve ser centralizada (artº 118º do Código do IRS e artº 125º do Código do IRC). Por vezes, a pormenorização é ainda mais desenvolvida de modo a impor a evidenciação de determinados valores ou operações, de que são exemplos o disposto no artº 44º, nºs 2, 3 e 4, do Código do IVA e artº 53º, nº 3, do Código do IS.

Em especial, no tocante à emissão de certos documentos:

- quanto a facturas ou documentos equivalentes, o Código do IVA[411] impõe a sua emissão [artº 29º, nº 1, alínea *b*)], dentro de determinado prazo (artºs 36º e 38º), com determinado conteúdo mínimo (artº 36º, nº 5 e artº 37º) e processados de acordo com determinadas regras em termos de número de exemplares (artº 36º, nº 4)[412], sendo a passagem destes documentos de acordo com a lei também condição para se poder exercer o direito à dedução do imposto suportado (artº 19º, nº 2);
- os bens que possam ser objecto de transmissão nos termos do Código do IVA e que estejam em circulação devem ser acompanhados de dois exemplares do chamado documento de transporte, que poderá ser factura, guia de remessa, nota de venda a dinheiro, nota de devolução, guia de transporte ou documento equivalente, com um determinado conteúdo mínimo, incluindo os locais de carga e descarga e hora de início de transporte, os quais devem utilizar impressos numera-

[411] Veja-se igualmente o disposto no artº 115º, nº 1, alínea *b*), do Código do IRS.

[412] Especial referência deve ser feita à exigência de quer as facturas quer os documentos de transporte, quando não sejam processados por mecanismos de saída de computador, caso em que devem conter a expressão "processado por computador", deverem ser impressos em tipografias devidamente autorizadas pelo Ministro das Finanças (artº 5º do Decreto-Lei nº 198/90, de 19 de Junho; cf. também Decreto-Lei nº 147/2003, de 11 de Julho).

dos seguida a tipograficamente ou processados por computador (Decreto-Lei nº 147/2003, de 11 de Julho);
- as pessoas singulares prestadoras de serviços, por conta própria, são obrigadas a passar recibo, em impresso de modelo oficial, de todas as importâncias recebidas dos seus clientes [artº 115º, nº 1, alínea *a*), do Código do IRS].

Importa ainda considerar que a lei também obriga à organização de certos registos específicos, designadamente o registo dos bens de investimento (artº 51º do Código do IVA) e bem assim o registo relativo às pessoas credoras de rendimentos sujeitos a retenção na fonte [artº 119º, nº 1, alínea *a*), do Código do IRS e artº 128º do Código do IRC] e o relativo a titulares de rendimentos isentos de imposto, dispensados de retenção ou sujeitos a taxa reduzida [artº 119º, nº 2, alínea *b*), do Código do IRS e artº 128º do Código do IRC].

Particular referência deve ser feita à exigência constante do artº 63º-C da LGT que estabelece a obrigação dos sujeitos passivos de IRC e dos sujeitos passivos de IRS que disponham ou devam dispor de contabilidade organizada de possuir, pelo menos, uma conta bancária através da qual devem ser, exclusivamente, movimentados os pagamentos e recebimentos respeitantes à actividade empresarial desenvolvida e também os relativos a suprimentos, outras formas de empréstimos e adiantamentos de sócios, bem como quaisquer outros movimentos de ou a favor dos sujeitos passivos. Por outro lado, "*os pagamentos respeitantes a facturas ou documentos equivalentes de valor igual ou superior a 20 vezes a retribuição mensal mínima devem ser efectuados através de meio de pagamento que permita a identificação do respectivo destinatário, designadamente transferência bancária, cheque nominativo ou débito directo*".

Acresce ainda sublinhar que, nos termos do artº 3º do Decreto-Lei nº 452/99, de 5 de Novembro, as entidades sujeitas aos impostos sobre o rendimento que possuam ou devam possuir contabilidade regularmente organizada, segundo os planos de contas oficialmente aplicáveis, são obrigadas a dispor de *técnico oficial de contas*.

B2. Obrigações de escrituração

Quando os contribuintes não possuam contabilidade organizada, a lei obriga-os, para determinados efeitos, a possuir um sistema de escrituração, integrando determinados livros e registos.

Assim:

a) Para efeitos de IRS [artº 116º, nº 1, alínea *a*) do respectivo Código], os titulares de rendimentos da categoria B (rendimentos empresariais e profissionais) são obrigados a possuir os seguintes livros de registo, também obrigatórios para efeitos de IVA (artº 50º do Código deste imposto):
- livro de registo de compras de mercadorias e ou livro de registo de matérias-primas e de consumo;
- livro de registo de vendas de mercadorias e ou livro de registo de produtos fabricados;
- livro de registo de serviços prestados;

b) Para efeitos de IRS (artº 116º, nº 2, do respectivo Código], os sujeitos passivos que exerçam actividades agrícolas, silvícolas ou pecuárias devem possuir, além dos livros mencionados em *a*), os seguintes, também válidos para efeitos de IVA (artº 50º, nº 5, do Código deste imposto)[413]:
- livro de registo de movimento de produtos, gados e materiais;
- livro de registo de imobilizações;

c) Para efeitos de IVA (artº 50º, nº 1, do respectivo Código) além dos livros mencionados na alínea *a*), os sujeitos passivos não enquadrados em regimes especiais devem possuir os seguintes livros de registo:
- livro de registo de despesas e de operações ligadas a bens de investimento;
- livro de registo de mercadorias, matérias-primas e de consumo, de produtos fabricados e outras existências à data de 31 de Dezembro.

É ainda aqui aplicável, com algumas adaptações, o que se referiu atrás, a propósito da contabilidade organizada, designadamente quanto a documentos justificativos, atrasos de escrituração, prazo

[413] Estes livros podem ser substituídos pelos livros e demais elementos de escrita do RICA (Rede de Informação de Contabilidades Agrícolas) ou pelas listagens do Sistema Gestagro – artº 116º, nº 3, do Código do IRS.

de conservação e emissão de documentos e registos relativos a remunerações do trabalho e a rendimentos isentos, dispensados de retenção ou sujeitos a taxa reduzida.

B3. *Obrigações de documentação*

Além das obrigações relativas aos documentos de suporte da contabilidade e escrituração, cumpre referir em especial:

a) A obrigação que recai sobre os sujeitos passivos de IRS que possuam ou sejam obrigados a possuir contabilidade organizada (artº 129º do respectivo Código) e sobre os sujeitos passivos de IRC (artº 130º do Código deste imposto) de constituir e manter em boa ordem, durante 10 anos, um *"processo de documentação fiscal"*, contendo os documentos mencionados na Portaria nº 92-A/2011, de 28 de Fevereiro[414];

b) A obrigação de organizar, nos mesmos termos previstos para o processo acima referido, a documentação respeitante à política adoptada em matéria de *preços de transferência,* incluindo as directrizes ou instruções relativas à sua aplicação, os contratos e outros actos jurídicos celebrados com entidades que com o sujeito passivo estão em situação de relações especiais, com as modificações que ocorram e com informação sobre o respectivo cumprimento, a documentação e informação relativa àquelas entidades e bem assim às empresas e aos bens ou serviços usados como termo de comparação, as análises funcionais e financeiras e os dados sectoriais, e demais informação e elementos que foram tomados em consideração para determinação dos termos e condições normalmente acordados, aceites ou praticados entre entidades independentes e para a selecção do método ou métodos utilizados (nº 6 do artº 63º do Código do IRC), tudo em conformidade com o disposto nos artºs 13º a 15º da Portaria nº 1446-C/2001, de 21 de Dezembro[415].

[414] Este processo de documentação deve ser entregue à administração fiscal conjuntamente com a declaração anual de informação contabilística e fiscal no caso de contribuintes abrangidos pelo cadastro especial de contribuintes nos termos da alínea *a*) do artº 14º da Portaria nº 348/2007, de 30 de Março, e de contribuintes abrangidos pelo regime especial de tributação dos grupos de sociedades (nº 3 do artº 130º do Código do IRC).

[415] Estão dispensados desta obrigação os sujeitos passivos que, no exercício anterior, tenham um volume de negócios inferior a € 3 000 000 (artº 13º, nº 3, da Portaria nº 1446-C/2001, de 21 de Dezembro).

C. *Outras obrigações*

Um outro importante conjunto de deveres fiscais acessórios – de algum modo consequência necessária das obrigações contabilísticas, de escrituração ou de documentação – obriga os contribuintes a permitir o livre acesso dos agentes da administração fiscal às instalações ou locais onde possam existir elementos relacionados com a sua actividade, podendo esses agentes, desde que devidamente credenciados, examinar e visar os seus livros e registos de contabilidade ou de escrituração e aceder, consultar e testar o seu sistema informático, incluindo a documentação sobre a sua análise, programação e execução [artº 63º, nº 1, alíneas *a*), *b*) e *c*), da LGT]. Trata-se de um conjunto de obrigações relacionadas com o *procedimento de inspecção tributária*, cujos princípios e regras fundamentais constam do "Regime Complementar do Procedimento de Inspecção Tributária", aprovado pelo Decreto-Lei nº 413/98, de 31 de Dezembro.

A lei define alguns limites a este dever de cooperação dos contribuintes, designadamente quando esteja em causa o acesso à habitação do contribuinte ou a consulta de elementos abrangidos pelo segredo profissional, bancário ou qualquer outro dever de sigilo legalmente regulado (artº 63º, nº 5, da LGT), casos em que a diligência *"só poderá ser realizada mediante autorização concedida pelo tribunal da comarca competente com base em pedido fundamentado da administração tributária"* (artº 63º, nº 6, da LGT).

Pela sua importância neste contexto, importa sublinhar os deveres que impendem sobre instituições de crédito e sociedades financeiras quanto a acesso a informações financeiras e bancárias (artºs 63º-A e 63º-B da LGT)[416].

[416] Trata-se de uma matéria que tem sido muito debatida e onde a legislação portuguesa continua a adoptar uma posição restritiva, ainda que hoje mitigada pelas alterações introduzidas neste domínio pela Lei nº 94/2009, de 1 de Setembro. Sobre a matéria veja-se OECD, *Improving access to bank information for tax purposes*, Paris, 2000. Para uma análise crítica da situação portuguesa anterior à referida lei veja-se *Relatório da Comissão para o Desenvolvimento da Reforma Fiscal*, Lisboa, 1996, págs. 359 e segs. e, sobre alguns aspectos das alterações introduzidas em 2000, considerando-as tímidas, FREITAS PEREIRA, M. H., *"Revisão dos impostos sobre o rendimento"*, in *Cadernos de Economia*, nº 57, Out-Dez/2001, págs. 34-42 e *"Sistema fiscal-algumas prioridades"*, in *O Economista – 2002*, Lisboa, págs. 103-107.

12.1.3. *Elementos da relação jurídico-fiscal*

Tal como em qualquer relação jurídica, são quatro os elementos da relação jurídico-fiscal: sujeitos, objecto, facto jurídico e garantia[417].

Os sujeitos são os pontos terminais da relação jurídica – o *sujeito activo*, que é o titular do correspondente direito subjectivo e o *sujeito passivo*, que é sobre quem recai o correspondente dever. Na obrigação fiscal, existe a particularidade, como se verá, de o sujeito activo ser sempre uma entidade de direito público, que tem o direito de exigir o cumprimento da obrigação (nº 1 do artº 18º da LGT). Por sua vez, o sujeito passivo é a pessoa singular ou colectiva ou qualquer outra entidade (património ou organização de facto ou de direito, diz a lei), que, nos termos legais, está vinculada ao cumprimento da obrigação (nº 3 do artº 18º da LGT).

O *objecto* é aquilo sobre que incide o direito subjectivo, aquilo a que tem direito o sujeito activo da relação jurídica. O objecto imediato é constituído pela própria prestação em si mesmo considerada, pelo comportamento positivo (acção) ou negativo (abstenção) a que está adstrito o devedor. Por sua vez, o objecto mediato é constituído por aquilo sobre que versa a prestação. Sendo a relação jurídico-fiscal uma relação complexa, são múltiplos os respectivos objectos (artº 30º da LGT). No caso específico da obrigação fiscal, deriva da própria noção de imposto que este se traduz numa prestação pecuniária, pelo que o objecto daquela obrigação é esta prestação[418].

Por sua vez, a doutrina refere que o *facto jurídico* é todo o facto da vida real que tem consequências jurídicas, interessando sobremaneira aqui aquele que desencadeia relações jurídicas novas que se costuma designar por facto jurídico constitutivo. Em termos de obrigação fiscal, este facto jurídico é o *facto gerador do imposto* ou *pressuposto de facto da obrigação de imposto* (veja-se *supra* ponto 3.1.), ou seja a materialidade definida na lei que uma vez verificada faz nascer a obrigação fiscal e que também se designa por *facto tributário* (artº 36º, nº 1, da LGT)[419].

[417] Veja-se, por todos, um dos clássicos da literatura jurídica portuguesa: ANDRADE, Manuel de, *Teoria Geral da Relação Jurídica*, vol. I, Coimbra, Livraria Almedina, 1964, págs. 19 e segs.

[418] Revela-se da maior importância não confundir o *objecto do imposto* e o *objecto da obrigação fiscal*. O primeiro é o rendimento, o património ou a despesa sobre que incide o imposto, a manifestação da capacidade contributiva sobre a qual o legislador pretende que recaia a tributação; o segundo reporta-se a um momento ulterior e consiste na prestação pecuniária em que se traduz a obrigação de imposto. Cf. XAVIER, Alberto, *Manual de Direito Fiscal*, págs. 250 e segs. e BRAZ TEIXEIRA, António, *ob cit.*, págs. 241 e 242.

[419] A situação da vida real que é acolhida para facto gerador do imposto depende obviamente da escolha que, de acordo com considerações de índole económica, jurídica, política e técnica,

Finalmente, a *garantia* é o conjunto de meios ao dispor do credor para fazer valer o seu direito no caso de o devedor não cumprir expontaneamente a obrigação a que está vinculado. No caso da obrigação fiscal, o sujeito activo dispõe a este respeito de um regime particularmente favorável – o da execução fiscal e, como se verá adiante, de garantias reforçadas.

12.2. Sujeitos da obrigação fiscal

12.2.1. *Sujeito activo*

a) Poder tributário, capacidade tributária activa, competência tributária e titularidade da receita fiscal

Nos termos do nº 1 do artº 18º da LGT, "o sujeito activo da relação tributária é a entidade de direito público titular do direito de exigir o cumprimento das obrigações tributárias, quer directamente quer através de representante".

Esta noção, para melhor se entender o seu significado, terá de enquadrar-se na distinção habitual na doutrina entre poder tributário, capacidade tributária activa, competência tributária e titularidade da receita fiscal[420].

O *poder tributário* reporta-se ao poder constitucionalmente conferido ao legislador para a criação de impostos e regulação da sua disciplina essencial, reconduzindo-se ao tema já abordado a propósito do princípio da legalidade. Trata-se de um poder, de natureza legislativa, que se situa num plano abstracto e é, por isso, anterior à constituição de relações jurídicas de imposto em concreto e dos consequentes direitos de crédito. Aquele poder é, em regra, exercido em exclusivo pelo Estado, no exercício da sua soberania fiscal; já o direito de exigir o cumprimento das obrigações tributárias reveste a natureza de um direito de crédito e não propriamente de um "poder" que coloque o respectivo titular numa posição de supremacia em relação ao sujeito passivo – ambos os sujeitos dessa relação de crédito devem respeito à lei, pois o poder de império do Estado terminou no momento em que criou, em abstracto, o imposto[421].

o legislador faça, mas é consensual, como já se referiu, que os factos geradores da obrigação de imposto devem estar sempre associados a manifestações da capacidade contributiva.

[420] Veja-se, por todos, CASALTA NABAIS, José, *Direito Fiscal*, págs. 250 e segs.

[421] Isso não significa que o credor tributário tenha a mesma configuração de um credor numa relação jurídica de direito privado, "na medida em que conserva alguns privilégios como a

A *capacidade tributária activa* refere-se à qualidade de sujeito activo, de titular do direito de crédito em que a relação fiscal se consubstancia. Faz, por isso, apelo à personalidade tributária activa ou susceptibilidade de ser sujeito activo de relações jurídicas tributárias (cf. artº 15º da LGT), que só pode ser uma entidade de direito público (nº 1 do artº 18º da LGT).

Por sua vez, a *competência tributária* reporta-se à administração ou gestão dos impostos, ou seja aos poderes instrumentais de lançamento, liquidação e cobrança dos impostos, tradicionalmente cometidos à administração fiscal mas que, hoje em dia, com a generalização de figuras como a autoliquidação e a substituição fiscal, esta reparte com os particulares – contribuintes e substitutos. O serviço da administração fiscal competente para cada caso está definido na lei relativa ao imposto em causa. Em termos gerais, na falta de disposição específica, são competentes para o procedimento tributário, que integra a liquidação e cobrança dos impostos, os órgãos periféricos locais da administração tributária do domicílio ou sede do contribuinte, da situação dos bens ou da liquidação ou na sua falta, sucessivamente, os órgãos periféricos regionais e o dirigente máximo do serviço (artº 10º do CPPT).

Finalmente, a *titularidade da receita fiscal* refere-se aos casos em que por imposição constitucional ou legal as receitas de certos impostos estejam consignadas a determinados entes públicos, o que, rigorosamente, nada tem que ver com a relação jurídica fiscal propriamente dita, consubstanciando antes um direito de crédito do titular da receita fiscal relativamente à entidade que tem a seu a cargo a gestão ou administração destes impostos.[422]

Quanto à generalidade dos impostos, o Estado detém as três qualidades indicadas de poder tributário, capacidade tributária activa e competência tributária, embora quanto à primeira a assuma enquanto Estado soberano e quanto às restantes enquanto Estado administração. Mas em relação a algumas situações essa cumulação não se verifica – é um outro ente público que detém a capacidade tributária activa, mas o poder tributário cabe ao Estado e a competência tributária pode caber igualmente ao Estado. A este respeito, o nº 2 do artº 18º da LGT estabelece que "quando o sujeito activo

determinação do título que cria o crédito, a sua actividade de liquidação e a própria execução" (FEIO, Diogo, *A substituição fiscal e a retenção na fonte: o caso específico dos impostos sobre o rendimento*, Coimbra, Coimbra Editora, 2001, pág. 29).

422 Neste sentido, CASALTA NABAIS, José, *Direito Fiscal*, pág. 252.

da relação tributária não for o Estado, todos os documentos emitidos pela administração tributária mencionarão a denominação do sujeito activo".

b) A administração fiscal do Estado

É ao Governo que compete dirigir a administração fiscal do Estado (artºs 182º e 199º da Constituição), o que faz, essencialmente, através da orgânica do Ministério das Finanças.

Os principais serviços da administração fiscal são a Direcção-Geral dos Impostos, a Direcção-Geral das Alfândegas e dos Impostos Especiais sobre o Consumo e a Direcção-Geral de Informática e Apoio aos Serviços Tributários e Aduaneiros[423].

A *Direcção-Geral dos Impostos* (DGCI) tem por missão, nos termos da respectiva lei orgânica aprovada pelo Decreto-Lei nº 81/2007, de 29 de Março (que revogou o Decreto-Lei nº 366/99, de 18 de Setembro), "administrar os impostos sobre o rendimento, sobre o património e sobre o consumo, bem como administrar outros tributos que lhe forem atribuídos por lei", incluindo a respectiva liquidação, cobrança e controlo, para o que, em termos organizacionais, dispõe de serviços centrais e unidades orgânicas desconcentradas (constituídos por serviços regionais, denominados direcções de finanças, estruturadas em três níveis, e por serviços locais, denominados serviços de finanças, de nível I ou de nível II, conforme o número de contribuintes, o volume de serviço e o volume de receita, os quais correspondem às antigas repartições de finanças) – cf. Portaria nº 348/2007, de 30 de Março[424].

[423] Como órgão de cúpula da administração fiscal foi criada, em 1999, a *Administração Geral Tributária* (AGT), a quem, nos termos da respectiva lei orgânica aprovada pelo Decreto-Lei nº 376/99, de 21 de Setembro, cabia "assegurar a direcção superior, a coordenação, o controlo e o planeamento estratégico, bem como a gestão das tarefas de interesse comum dos serviços públicos que têm a seu cargo a prossecução das actividades relativas à determinação, cobrança e controlo dos recursos fiscais". A AGT, que era uma pessoa colectiva de direito público, dotada de autonomia administrativa e financeira e de património próprio, sujeita à tutela e superintendência do Ministro das Finanças, foi extinta pelo Decreto-Lei nº 262/2002, de 25 de Novembro.

[424] Entre outros serviços, integra a DGCI o "Centro de Estudos Fiscais" (CEF), criado em 1963, organismo que se tem distinguido pelos contributos que ao longo da sua existência tem dado para a investigação científica e técnica em matéria fiscal. É da responsabilidade do CEF a publicação da revista "Ciência e Técnica Fiscal" e dos "Cadernos de Ciência e Técnica Fiscal".

Organização da Administração Fiscal do Estado

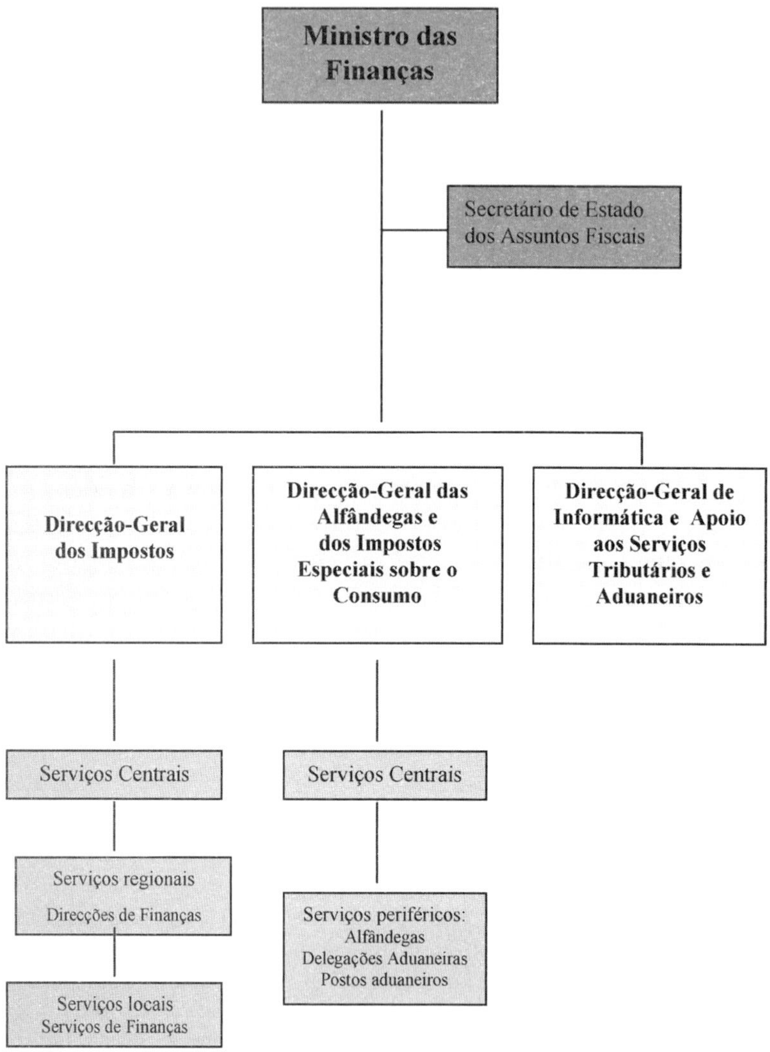

A *Direcção-Geral das Alfândegas e dos Impostos Especiais sobre o Consumo* (DGAIEC) tem por missão, nos termos da respectiva lei orgânica aprovada pelo Decreto-Lei nº 82/2007, de 29 de Março (que revogou o Decreto-Lei nº 360/99, de 16 de Setembro), exercer o controlo da fronteira externa comunitária e do território aduaneiro nacional para fins, designadamente, fiscais e administrar os impostos especiais sobre o consumo e os demais impostos indirectos que lhe estão cometidos. A DGAIEC está estruturada em serviços centrais e em serviços desconcentrados (constituídos por alfândegas, delegações aduaneiras e postos aduaneiros). As competências e o modo de funcionamento dos vários serviços constam da Portaria nº 349/2007, de 30 de Março.

A *Direcção-Geral de Informática e Apoio aos Serviços Tributários e Aduaneiros* (DGITA) tem por missão, nos termos do Decreto Regulamentar nº 24/2007, de 29 de Março, apoiar a DCCI e a DGAIEC no domínio dos sistemas e tecnologias de informação, nomeadamente através do desenvolvimento de infra-estruturas tecnológicas que assegurem a prestação de serviços de qualidade para a concretização dos objectivos estratégicos e atribuições daquelas direcções-gerais.

12.2.2. *Sujeito passivo*

a) Conceito usado na Lei Geral Tributária (LGT)

Na obrigação fiscal, o sujeito passivo é a pessoa singular ou colectiva ou qualquer outra entidade a quem a lei impõe a obrigação de efectuar a prestação de imposto. É essa, aliás, a noção acolhida no nº 3 do artº 18º da LGT, na esteira do consenso há muito existente na doutrina a este respeito.

O mesmo dispositivo considera como sujeito passivo quer o que designa como contribuinte directo[425], quer o substituto, quer ainda o responsável, adiantando, porém, a alínea *a*) do nº 4 do mesmo artº 18º que não é sujeito passivo quem suporte o encargo do imposto por repercussão legal (sem prejuízo do direito de reclamação, recurso ou impugnação nos termos das leis tributárias).

Há que assinalar a este respeito uma evolução relativamente ao que anteriormente era considerado pela lei como sujeito passivo. Com efeito a formulação do artº 10º do Código de Processo Tributário de 1991 definia os sujeitos passivos como sendo "os contribuintes, incluindo os substitutos e responsáveis, bem como outras pessoas sobre as quais recaiam obrigações daquela natureza" (natureza tributária). Agora usa-se a designação "contribuinte directo" e parece não se considerar como contribuintes os substitutos e os responsáveis.

[425] A noção de "contribuinte directo" não é definida pelo legislador mas, de uma interpretação sistemática, resulta que estamos perante a entidade relativamente à qual se verifica o facto gerador do imposto (o que corresponde também à noção acolhida na América Latina e reflectida no artº 19º do Modelo de Código Tributário do CIAT).

Importa, por isso, delimitar com mais rigor todas estas figuras de modo a visualizar-se com mais clareza a amplitude do conceito de sujeito passivo.

b) Contribuinte, devedor do imposto e sujeito passivo

A doutrina fiscal tem-se debruçado, embora com algumas hesitações e dissonâncias, sobre três figuras entre si relacionadas: contribuinte, devedor de imposto e sujeito passivo[426].

O *contribuinte* é a pessoa ou entidade em relação à qual se verifica o facto tributário, aquele que se encontra descrito "na previsão da norma tributária material para definir o elemento subjectivo do facto gerador do imposto"[427], abrangendo também, quando não coincide com este, o titular da manifestação de capacidade contributiva que se visa atingir com o imposto. Com efeito, se o conceito fosse restrito ao primeiro, como sustentam alguns autores, poderia ficar fora do seu âmbito quem é, na verdade das coisas, o contribuinte[428]. Por isso, como já se referiu a propósito do fenómeno da repercussão (veja-se atrás 3.1.), tanto se pode ter o *contribuinte de direito*, aquele em relação ao qual se verifica a incidência legal do imposto, aquele que está definido na lei como sendo o sujeito passivo de imposto, como o *contribuinte de facto*, ou seja aquele que efectivamente suporta o encargo do imposto, o que, não coincidindo com o primeiro, faz apelo ao conceito de repercussão. Por vezes, a repercussão está definida na própria lei como querida pelo legislador, de modo a que o imposto atinja a capacidade contributiva por ele visada, caso em que se denomina de repercussão legal e pode dar ao contribuinte de facto determinados direi-

[426] No sentido de que esta destrinça não se justifica veja-se SOARES MARTINEZ, Pedro, *Direito Fiscal*, págs. 228 e segs.

[427] XAVIER, Alberto, *Manual de Direito Fiscal*, págs. 353 e 354. Em Espanha, a"*Ley General Tributaria*", no seu artº 36º, define *"contribuyente"* como *"el sujeto pasivo que realiza el hecho imponible"*.

[428] O normal seria, aliás, que o titular da capacidade contributiva visada pelo imposto fosse definido na lei como sujeito passivo, como contribuinte directo do mesmo. Acontece, porém, que, com o objectivo de facilitar a gestão tributária e reduzir o número de entidades com as quais o Fisco se relaciona, a lei, de que é exemplo mais significativo o caso do imposto sobre o valor acrescentado, configura as coisas de modo diverso: define o facto tributário ligado a um sujeito passivo que não é o detentor da capacidade contributiva que se deseja atingir e impõe-lhe a prestação de imposto; a seguir exige-se que esse sujeito passivo repercuta sobre o detentor da capacidade contributiva aquela prestação de imposto. Cf. GONZÁLEZ, Eusebio e GONZÁLEZ, Teresa, *Derecho Tributario*, I, Salamanca, Plaza Universitaria Ediciones, 2004, págs. 241 e segs.

tos em termos de reclamação, recurso ou impugnação[429]. Sujeito passivo é, no entanto, apenas o contribuinte de direito, o chamado contribuinte directo[430] – a LGT (artº 18º, nº 4) é, aliás, bem clara a propósito daquele que suporta o encargo do imposto por virtude de repercussão legal e se este não é sujeito passivo menos pode como tal ser considerado o que suporta esse encargo por virtude de um fenómeno meramente económico, ou seja sem que tal esteja directamente previsto na lei fiscal.

O *devedor do imposto*, por sua vez, é a pessoa ou entidade que deve satisfazer perante o credor fiscal a obrigação de imposto. Esse devedor tanto pode ser, desde o início da relação fiscal, o contribuinte de direito como um terceiro, a quem a lei impõe o dever de, em seu lugar, pagar o imposto (o *substituto*) – ambos são *devedores originários*.[431] Mas, o conceito de devedor do imposto abrange igualmente os chamados *devedores não-originários*, ou seja aquele (o *sucessor*) que, depois de nascida a obrigação fiscal, vem a ocupar o lugar de sujeito passivo, o que só pode acontecer *mortis causa* através da chamada sucessão fiscal, ou ainda quem excepcionalmente ou em segunda linha seja pela lei responsabilizado pelo pagamento do imposto em dívida, o que faz apelo ao conceito de *responsável*.[432] Todos eles – devedores originários ou não originários – são sujeitos passivos de imposto.

Finalmente, *sujeito passivo* do imposto é toda a pessoa ou entidade a quem a lei impõe o cumprimento da prestação de imposto, confundindo-se, desse modo, com o devedor do imposto. Esta é, porém, uma noção em sentido restrito dado que, no domínio fiscal, sujeito passivo em sentido

[429] Estar-se-ia, nesse caso, perante o que já foi designado por "contribuinte legal de facto" ("*contrbuyente legal de hecho*"). Cf. PEREZ DE AYALA, J.L. e GONZÁLEZ GARCIA, E., *Derecho Tributario*, Salamanca, 1994, págs. 215 a 217.

[430] Contestando a utilização da terminologia "contribuinte de direito" e "contribuinte de facto", dado que por vezes a repercussão não se verifica apenas em termos económicos mas também e sobretudo em termos jurídicos, CASALTA NABAIS recorre aos conceitos de "contribuinte directo" e "contribuinte indirecto" para designar a mesma realidade. CASALTA NABAIS, José, *Direito Fiscal*, pág. 255.

[431] Alberto XAVIER (*Manual de Direito Fiscal*, pág. 406), a propósito dos títulos de vinculação dos sujeitos passivos distingue entre os devedores a título directo e a título indirecto (conforme em relação aos mesmos se verifique ou não o facto tributário, respectivamente), os devedores a título originário e a título não originário ou derivado (conforme a titularidade se encontra, respectivamente, na entidade relativamente à qual se constituiu a obrigação, quer seja a título directo quer a título indirecto ou na entidade que lhe sucedeu) e os devedores a título principal e a título acessório (dependendo a obrigação destes da existência e conteúdo da obrigação principal).

[432] BRAZ TEIXEIRA, António, *Princípios de Direito Fiscal*, pág. 176.

lato abrange aquele a quem a lei impõe qualquer prestação tributária, seja a prestação de imposto seja qualquer obrigação fiscal acessória.

Analisando os diferentes códigos tributários, pode ver-se que sob a designação de sujeitos passivos se enumeram normalmente o que a LGT designa como contribuintes directos. É o que pode ver-se, por exemplo, no artº 13º do CIRS, no artº 2º do CIRC, no artº 2º do CIVA ou no artº 2º do CIS.

Assim, esse sujeito passivo acaba, muitas vezes, por não ser ele a ter de cumprir perante o Fisco a prestação de imposto, incumbindo essa obrigação ao substituto – é o que acontece, por exemplo, em todas as situações em que se verifica a aplicação das chamadas taxas liberatórias em IRS (artº 71º do CIRS).

Outras vezes, esse sujeito passivo é também o devedor do imposto, mas não suporta efectivamente o correspondente encargo pois está prevista a repercussão legal do imposto para outrem – é o que acontece designadamente no IVA, em que o sujeito passivo deve adicionar o imposto ao preço do bem ou serviço e, desse modo, transfere o correspondente encargo para o adquirente (artº 37º do respectivo Código).

O caso do imposto do selo é ainda mais singular, pois a lei define que os sujeitos passivos são aqueles a quem a lei atribui a obrigação de liquidar e pagar o imposto ao Estado (artº 2º do CIS), mas impõe a repercussão legal ao dizer que o encargo do imposto é da entidade com interesse económico na realidade tributada (artº 3º), que, normalmente, não coincide com o sujeito passivo.

c) Substituição fiscal

De acordo com o nº 1 do artº 20º da LGT "a substituição tributária verifica-se quando, por imposição da lei, a prestação tributária for exigida a pessoa diferente do contribuinte".

Deste modo, a substituição fiscal tem lugar sempre que a lei impuser a obrigação de imposto não à pessoa em relação à qual se verifica o pressuposto da tributação (o contribuinte), mas a um terceiro, que vem, assim a ocupar na relação, desde o início até à extinção, o lugar de sujeito passivo do imposto[433]. O contribuinte passa a ser então o *substituído*, enquanto que o terceiro que ocupa o seu lugar é designado como *substituto*.

Tem sido desde há muito discutida a natureza jurídica da substituição fiscal. Dado que alguns autores tentam enquadrá-la em institutos de natu-

433 BRAZ TEIXEIRA, António, *Princípios de Direito Fiscal*, págs. 208 e segs.

reza mais ampla, não específicos do direito fiscal, acabam por não fornecer uma explicação satisfatória da mesma. Assim, há quem veja no substituto apenas um órgão de cobrança da administração fiscal, outros entendem que se estaria perante uma forma especial de execução junto de terceiros, outros ainda configuram-na como uma forma de representação "*ex lege*" de direito público, outros entendem que se estará perante uma forma de delegação legal, etc.[434]. O resultado de toda esta controvérsia é o de, na esteira de GIANNINI[435], se dever encarar a substituição fiscal como uma figura típica do direito fiscal[436].

A LGT indica no nº 2 do seu artº 20º que "a substituição tributária é efectivada através do mecanismo da retenção na fonte do imposto devido", posição controversa que está de acordo com parte da doutrina[437], mas que não tinha acolhimento na legislação portuguesa anterior a 1995 – veja-se, por exemplo, o artº 15º do Código de Processo Tributário, na redacção anterior ao Decreto-Lei nº 47/95 de 10 de Março – nem atende ao facto de ser possível haver, como já houve entre nós e existe noutros países, substituição tributária sem que se verifique retenção na fonte[438]. Por outro lado, pode haver retenção na fonte sem que se verifique substituição tributária em sentido próprio.

Com efeito, costuma distinguir-se na doutrina entre *substituição total* e *substituição parcial*. A primeira ocorre quando abrange quer a obrigação de imposto quer todos os deveres acessórios correspondentes, sendo então o substituto o único sujeito passivo de todos os vínculos obrigacionais que constituem a correspondente relação jurídica fiscal – é o que acontece, por exemplo, nos casos de rendimentos de não residentes obtidos em território português e não imputáveis a estabelecimento estável nele situado sempre que haja lugar a retenção na fonte a título definitivo pois então

[434] Uma síntese das várias teorias pode ver-se, entre nós, por exemplo, em BRAZ TEIXEIRA, António, *Princípios de Direito Fiscal*, págs. 217 e segs. e FEIO, Diogo, *ob. cit.*, págs. 66 e segs.

[435] GIANNINI, A. D., *Istituzioni di Diritto Tributario*, Milano, Dott Giuffrè Editore, 1974, págs. 135 e segs.

[436] É essa a posição nomeadamente de XAVIER, Alberto, *Manual de Direito Fiscal*, pág. 417, CASALTA NABAIS, José, *Direito Fiscal*, pág. 273 e FEIO, Diogo, *ob. cit.*, pág. 74.

[437] Veja-se, por exemplo, XAVIER, Alberto, *Manual de Direito Fiscal*, pág. 407.

[438] É o que acontecia no âmbito do imposto de mais-valias relativamente a ganhos realizados por incorporação de reservas no capital das sociedades, em que o sujeito passivo era o sócio mas o imposto era exigido à sociedade, que depois exercia o direito de regresso correspondente (cf. artºs 1º, nº 4, 4º, 32º e 33º do Código de Imposto de Mais-Valias, aprovado pelo Decreto-Lei nº 46 373 de 9 de Junho de 1965).

nenhuma obrigação cabe ao substituído cumprir directamente em relação com o Fisco, recaindo todas as obrigações sobre o substituto[439]. Já no caso da substituição parcial, o substituído fica com a obrigação de cumprir os deveres acessórios correspondentes ou parte deles ou ainda parte da própria obrigação fiscal. É o que acontece nos casos de rendimentos do trabalho dependente auferidos por residentes em território português, em que o facto de haver lugar a retenção na fonte não exime o substituído de apresentar a declaração anual de rendimentos e aquela retenção tem a natureza de pagamento por conta do imposto devido a final. É precisamente quando a substituição é parcial também no que respeita à obrigação de imposto que grande parte da doutrina questiona tratar-se de verdadeira substituição tributária ou de substituição tributária em sentido próprio[440]. No entanto, para a LGT também aqui se está perante uma substituição tributária.

A substituição fiscal é um fenómeno distinto da *repercussão fiscal*, mesmo quando esta assume uma forma legal, mau grado as suas evidentes afinidades com esta – a finalidade das duas técnicas é a mesma, mas a forma jurídica utilizada é diferente. Assim, embora, pelo menos num primeiro momento[441], substituído e contribuinte de facto sejam as entidades que suportam o desfalque patrimonial em que se consubstancia o imposto (e, por isso, em relação a eles é que se configura a capacidade contributiva visada pelo mesmo), o substituído é contribuinte de direito, ou seja sujeito passivo de imposto, enquanto que o contribuinte de facto é totalmente

[439] Apenas em alguns casos de aplicação das convenções para evitar a dupla tributação o Fisco exige directamente ao substituído algumas obrigações de natureza acessória para efeitos de poder beneficiar do regime previsto na convenção, como acontece quando se aplica o chamado método do reembolso.

[440] Veja-se, entre nós, MENEZES LEITÃO, João, "*A substituição e a responsabilidade fiscal no direito português*", in *Ciência e Técnica Fiscal*, nº 388, Out-Dez/1997, págs. 93-148, PAULA DOURADO, Ana, "*Substituição e responsabilidade tributária*", in *Ciência e Técnica Fiscal*, nº 39, Jul-Set/1998, págs. 7-86, CASALTA NABAIS, José, *Direito Fiscal*, págs. 270 e 271 e FEIO, Diogo, *ob. cit.*, págs. 102 e segs. Neste sentido, o artº 19º do Modelo de Código Tributário do CIAT reserva o conceito de "substituição tributária" para o caso de retenção na fonte ou percepção do imposto a título definitivo. CIAT, *Modelo de Codigo Tributario del CIAT*, Panama, 1997. Cf. igualmente GONZÁLEZ, Eusebio e GONZÁLEZ, Teresa (*Derecho Tributario*, I, págs. 251 e 252) para quem, no caso em que a retenção na fonte tem a natureza de imposto por conta a substituição não diria respeito à obrigação principal de pagar o imposto (que nesse momento ainda é futura e eventual) mas sim a uma obrigação diferente – a de fazer um pagamento antecipado e por conta, sendo em relação a esta obrigação que se verificaria a substituição tributária.

[441] É que não se pode afastar a hipótese de o substituído poder repercutir o imposto para um terceiro, que pode ou não ser o próprio substituto.

alheio à relação jurídica fiscal, não é, como se referiu atrás, sujeito passivo da mesma[442].

Da substituição fiscal deriva uma relação triangular, em que os vértices são o Fisco, enquanto sujeito activo, o substituto e o substituído ou contribuinte. Importa ver que relações se estabelecem, por um lado, entre o Fisco e o substituto/substituído e, por outro, entre substituto e substituído.

De acordo com o artº 28º da LGT:

a) em relação às importâncias retidas e não entregues nos cofres do Estado, o substituto é o único responsável, ficando o substituído desonerado de qualquer responsabilidade pelo seu pagamento;

b) em relação às importâncias não retidas e, por isso, não entregues nos cofres do Estado, há que distinguir:

  i) nos casos em que a retenção tem um natureza definitiva, o substituto é o responsável originário, sendo o substituído apenas subsidiariamente responsável pelo pagamento da diferença entre as importâncias que deveriam ter sido retidas e as que efectivamente o foram;

  ii) nos casos em que a retenção tem apenas a natureza de pagamento por conta do imposto devido a final, cabe ao substituído ou contribuinte a responsabilidade originária pelo imposto não retido e ao substituto a responsabilidade subsidiária, ficando ainda este sujeito aos juros compensatórios devidos desde o termo do prazo de entrega até ao termo do prazo para apresentação da declaração pelo responsável originário ou até à data da entrega do imposto retido, se anterior.

Atente-se no seguinte **exemplo**: uma determinada sociedade residente em território português reteve de imposto relativamente a honorários pagos a um economista a importância de 1000 euros quando devia ter retido 1250 euros. Da importância retida só entregou nos cofres do Estado 625 euros. Como se configura a responsabilidade pelo pagamento do imposto neste caso?

A retenção na fonte tem aqui a natureza de pagamento por conta do imposto devido a final (artº 98º, nº 1, do CIRS). Assim:

– relativamente à diferença entre a importância retida e a importância entregue nos cofres do Estado, ou seja 375 euros, a responsabilidade

[442] Para maiores desenvolvimentos, FEIO, Diogo, *ob. cit.*, págs. 93 e segs.

cabe unicamente à empresa (substituto), estando o economista (substituído) desonerado de qualquer responsabilidade[443];
- relativamente à diferença entre o que devia ter sido retido e o que foi retido, ou seja 250 euros, a responsabilidade originária cabe ao economista, sendo a empresa apenas responsável subsidiário, sem prejuízo de poderem ser-lhe exigidos juros compensatórios desde o termo do prazo de entrega do imposto retido (que é até ao dia 20 do mês seguinte àquele em que devia ocorrer a retenção) até ao termo do prazo para apresentação da declaração pelo economista ou até à data da entrega do imposto retido, se anterior.

Quanto às relações entre substituto e substituído elas centram-se no chamado *direito de regresso* que a lei confere ao primeiro. Este direito é que permite ligar o imposto à capacidade contributiva, ligação sem a qual o imposto poderia mesmo configurar-se como inconstitucional.[444] Esse direito de regresso na medida em que a lei configura a substituição fiscal como estreitamente associada ao fenómeno da retenção na fonte faz-se por dedução às importâncias que o substituto deve ao substituído e, por isso, é normalmente prévio ao pagamento ao Estado pelo substituto das importâncias retidas[445]. Mas esse direito de regresso pode também verificar-se posteriormente, especialmente nos casos em que a substituição fiscal não esteja associada à retenção na fonte. Por outro lado, o direito de regresso é, em regra, obrigatório[446]. Podem, no entanto, configurar-se casos em que o

[443] Se o valor da prestação tributária não entregue for superior a 7500 euros, o que não é o caso deste exemplo, pode ainda haver lugar ao crime fiscal de abuso de confiança previsto e punido nos termos do artº 105º do Regime Geral das Infracções Tributárias (RGIT). Nos casos em que não haja crime, há lugar a coima nos termos previstos no artº 114º do RGIT, que também é aplicável em qualquer caso de não entrega, dolosa ou negligente, da prestação tributária que, embora não tenha sido deduzida, o devesse ser nos termos da lei.

[444] LEITE DE CAMPOS, Diogo e Mónica Horta Leite de Campos, *Direito Tributário*, pág. 271. No mesmo sentido, na doutrina espanhola, referindo-se a uma anomalia constitucional salva pelo direito de regresso, GONZÁLEZ, Eusebio e GONZÁLEZ, Teresa, *Derecho Tributario*, I, págs. 247 e 248.

[445] Como se configura aqui uma vantagem financeira para o substituto correspondente ao período que medeia entre a data da retenção e a data da entrega do imposto retido ao Estado, a qual deve ser objecto de adequada gestão fiscal. Trata-se dos chamados benefícios de *"cash-flow"* a que já atrás se aludiu (veja-se 5.3.3.).

[446] O não exercício do direito de regresso, além das sanções que eventualmente sejam aplicáveis no caso de estar estabelecido como obrigatório, tem normalmente como consequência que o imposto não deduzido ou exigido não pode ser aceite como custo ou perda para efeitos de determinação do lucro tributável do substituto [cf. artº 45º, nº 1, alínea *c*), do Código do IRC].

direito de regresso possa ser facultativo ou até proibido. Só que, nos casos em que se esteja perante um rendimento, esse não exercício do direito de regresso como que implica a majoração desse rendimento para efeitos de tributação. É o que acontece quando se atribui um prémio num concurso, situação que está sujeita a uma tributação na fonte, a título definitivo de 35%. Se o prémio a entregar ao vencedor for de 100 000 euros, líquido de qualquer dedução, isso como que significa que o valor do prémio em termos ilíquidos é de 153 846,15 euros e a importância a entregar ao Estado pelo substituto a título de imposto é de 53 846,15 euros.

d) A responsabilidade fiscal

Como se viu, a LGT integra como sujeitos passivos de imposto, ao lado dos contribuintes directos e dos substitutos, os responsáveis (artº 18º, nº 3).

Ora, a responsabilidade tributária – que abrange, nos termos fixados na lei, a totalidade da dívida tributária, os juros e demais encargos legais (artº 22º, nº 1, da LGT) – é, em primeira linha, do respectivo sujeito passivo originário.

Pode acontecer, porém, que em relação a um determinado facto tributário se verifique uma pluralidade de sujeitos passivos, caso em que, salvo disposição da lei em contrário, todos são solidariamente responsáveis pelo cumprimento da dívida tributária (artº 21º, nº 1, da LGT)[447].

A responsabilidade tributária pode, no entanto, abranger, quer solidária quer subsidiariamente, outras pessoas para além dos sujeitos passivos originários (artº 22º, nº 2, da LGT).

São casos de responsabilidade solidária os seguintes:

a) Liquidação de sociedades de responsabilidade ilimitada ou de outras entidades sujeitas ao mesmo regime de responsabilidade, em que os sócios ou membros são solidariamente responsáveis, com aquelas e entre si, pelos impostos em dívida (artº 21º, nº 2, da LGT);

[447] É o que acontece também em matéria aduaneira em face do disposto no artº 213º do Código Aduaneiro Comunitário onde se estabelece que "existindo vários devedores por uma mesma dívida aduaneira, estes ficam obrigados ao pagamento dessa dívida a título solidário". Nestes casos, para alguns autores estar-se-ia perante uma solidariedade tributária e não propriamente perante uma responsabilidade solidária. É que na solidariedade tributária quem realiza a prestação é devedor originário embora apenas em relação a uma quota parte dela, que, como consequência do regime de solidariedade, não é dividida, ao contrário do que acontece no denominado regime da conjunção. Cf. SOARES MARTINEZ, Pedro, *Direito Fiscal*, págs. 245 e 246.

b) Não residentes em território português sem estabelecimento estável neste território, em que os gestores de bens ou direitos dos mesmos são solidariamente responsáveis em relação a estes e entre si por todas as contribuições e impostos do não residente relativos ao exercício do seu cargo (artº 27º da LGT).

A regra é, porém, que a responsabilidade tributária por dívidas de outrem é apenas subsidiária (artº 22º, nº 3 da LGT). Isso significa que só pode efectivar-se por reversão do processo de execução fiscal, ouvindo previamente o responsável subsidiário, o qual dispõe de todos os meios de defesa previstos no CPT, reversão que "depende da fundada insuficiência dos bens penhoráveis do devedor principal e dos responsáveis solidários, sem prejuízo do benefício da excussão" (artº 23º, nº 2, da LGT; cf. igualmente o nº 3 do mesmo artigo). Isto significa que só depois de penhorados e vendidos todos os bens do devedor principal e dos responsáveis solidários, pode a execução reverter contra o responsável subsidiário.

Importa ainda sublinhar que o responsável subsidiário fica isento de juros de mora e de custas se, citado para cumprir a dívida tributária principal, efectuar o pagamento dentro do prazo de oposição (artº 23º, nº 5, da LGT), o que não prejudica a manutenção da obrigação do devedor principal ou do responsável solidário de pagarem os juros de mora e as custas, no caso de lhe virem a ser encontrados bens (artº 23º, nº 6, da LGT).

Referência especial merece o ***regime legal da responsabilidade dos membros dos órgãos de gestão e fiscalização de pessoas colectivas, dos revisores oficiais de contas e dos técnicos oficiais de contas.***

Relativamente aos órgãos de gestão de pessoas colectivas e entidades legalmente equiparadas, dispõe, a este respeito, o nº 1 do artº 24º da LGT o seguinte[448]:

[448] Esta responsabilidade reporta-se às dívidas tributárias. Além desta, nos termos do artº 8º do Regime Geral das Infracções Tributárias (RGIT), também existe responsabilidade subsidiária relativamente a dívidas por multas ou coimas em termos muito semelhantes ao da responsabilidade por dívidas tributárias, mas com a importante diferença de que o ónus da prova compete aqui sempre à administração fiscal, quer relativamente à culpa da insuficiência do património quer à culpa na falta de pagamento. Tendo esta responsabilidade subsidiária sido considerada inconstitucional por Acórdão do Supremo Tribunal Administrativo, de 28 de Maio de 2008, por violar o princípio da intransmissibilidade das penas, consagrado no artº 30º, nº 3, da Constituição da República, veio o Tribunal Constitucional pronunciar-se em sentido contrário, pelo Acórdão nº 129/2009, de 12 de Março de 2009, Pº nº 649/08, no sentido da não inconstitucionalidade das normas das alíneas a) e b) do nº 1 do artº 8º do RGIT, na parte em que

"Os administradores, directores e gerentes e outras pessoas que exerçam, ainda que somente de facto, funções de administração ou gestão em pessoas colectivas e entes fiscalmente equiparados são subsidiariamente responsáveis em relação a estas e solidariamente entre si:

a) Pelas dívidas tributárias cujo facto constitutivo se tenha verificado no período do exercício do seu cargo ou cujo prazo legal de pagamento ou entrega tenha terminado depois deste, quando, em qualquer dos casos, tiver sido por culpa sua que o património da pessoa colectiva ou ente fiscalmente equiparado se tornou insuficiente para a sua satisfação;

b) Pelas dívidas tributárias cujo prazo legal de pagamento ou entrega tenha terminado no período do exercício do cargo, quando não provem que não lhes foi imputável a falta de pagamento".

Este normativo separa em dois grupos as dívidas tributárias:

a) Aquelas cujo facto gerador ocorreu durante o período do exercício do cargo e bem assim aquelas cujo facto constitutivo ocorreu antes desse período e cujo prazo legal de entrega ou pagamento vai ocorrer depois deste;

b) Aquelas, independentemente da data de ocorrência do facto gerador, cujo prazo de entrega ou pagamento ocorre durante o período do exercício do cargo.

Em relação às primeiras a responsabilidade só pode ser exercida depois de a administração fiscal provar que foi por culpa do administrador, direc-

se refere à responsabilidade subsidiária dos administradores e gerentes por coimas aplicadas a pessoas colectivas em processos de contra-ordenação. O Tribunal considerou que não se está aqui perante uma transmissibilidade de responsabilidade mas sim perante um facto autónomo inteiramente diverso do facto típico que é caracterizado como infracção contra-ordenacional. Esse facto autónomo é o facto culposo imputável aos aludidos administradores e gerentes de terem gerado uma insuficiência patrimonial da empresa, que tenha sido causadora do não pagamento da multa ou da coima que era devida, ou de não terem procedido a esse pagamento quando a sociedade ou pessoa colectiva foi notificada para esse efeito ainda durante o período do exercício do seu cargo. Já pelo Acórdão nº 26/2011, de 12 de Janeiro de 2011, no Pº 2017/10 (in *Diário da República*, 2ª série, nº 48, de 9 de Março de 2011, págs. 11253-11260) o Tribunal Constitucional decidiu julgar inconstitucional, por violação dos princípios constitucionais da culpa, da igualdade e da proporcionalidade, a norma do artigo 8.º do Regime Geral das Infracções Tributárias (aprovado pela Lei n.º 15/2001, de 5 de Junho, com as alterações posteriores), na parte em que se refere à responsabilidade subsidiária dos administradores e gerentes pelos montantes correspondentes às coimas aplicadas a pessoas colectivas em processo de contra-ordenação fiscal, efectivada através do mecanismo da reversão da execução fiscal.

tor ou gerente que o património social se tornou insuficiente; em relação às segundas verifica-se uma inversão do ónus da prova, significando que, para afastar essa responsabilidade, quem tem de provar que não tem culpa na falta de pagamento são os administradores, directores ou gerentes. Trata-se neste último caso de uma "presunção de culpa", compreensível em face do disposto no artº 32º da LGT que estabelece em relação aos mesmos a incumbência de cumprir os deveres tributários das entidades por si representadas[449].

Verifica-se, assim, em face das disposições que vigoraram anteriormente nesta matéria, uma distribuição do ónus da prova que parece mais equilibrada, mas que está longe de ser consensual, especialmente tendo em conta que em muitas situações a prova de ausência de culpa pode transformar-se numa autêntica "prova diabólica" ("*diabolica probatio*")[450], difícil e onerosa para os administradores, directores ou gerentes, a quem se recomenda, em consequência, nesses casos, a existência de evidência de que fizeram tudo o que estava ao seu alcance para cumprir os seus deveres tributários.

Quanto aos membros dos órgãos de fiscalização e revisores oficiais de contas, dispõe o nº 2 do artº 24º da LGT que são também subsidiariamente responsáveis nos termos atrás indicados para os administradores, directores e gerentes "*os membros dos órgãos de fiscalização e revisores oficiais de contas nas pessoas colectivas em que os houver, desde que se demonstre que a violação dos deveres tributários destas resultou do incumprimento das suas funções de fiscalização*".

Aqui, retomando o regime já existente em face do artº 13º do Código de Processo Tributário, o ónus da prova é da administração fiscal e dirige-se – compreensivelmente – às funções de fiscalização que cabem a estas pessoas, estando a responsabilidade dependente de se conseguir provar um nexo de causalidade entre violação dos deveres tributários e incumprimento daquelas funções de fiscalização.

Já quanto aos técnicos oficiais de contas o nº 3 do citado artº 24º da LGT prescreve que os mesmos são também subsidiariamente responsáveis nos termos que vêm sendo mencionados "*desde que se demonstre a violação dos deveres de assunção de responsabilidade pela regularização técnica nas áreas contabilística e fiscal ou de assinatura de declarações fiscais, demonstrações financeiras e seus anexos*".[451]

[449] MARQUES DA SILVA, Isabel, "*A responsabilidade tributária dos corpos sociais*", in *Problemas Fundamentais do Direito Tributário*, Lisboa, Vislis, 1999, págs. 121-140.

[450] A expressão, neste contexto, é de CASALTA NABAIS, *Direito Fiscal*, págs. 277 e 278.

[451] Além desta responsabilidade por dívidas tributárias, os técnicos oficiais de contas podem ser responsabilizados por coimas nos termos do nº 3 do artº 8º do RGIT.

É de assinalar que, para esta responsabilização, basta agora a mera culpa (até 2005 era necessário que houvesse dolo na violação dos deveres legais que são mencionados), cabendo o ónus da prova também à administração fiscal. A lei é muito genérica quanto ao tipo de deveres aqui em causa, aludindo à responsabilidade pela regularização técnica nas áreas contabilística e fiscal e assinatura de declarações fiscais e mapas contabilísticos. Assim, por exemplo, se a administração fiscal conseguir provar que o técnico de contas conhecia determinada situação e a omitiu nas declarações financeiras ou fiscais, por si assinadas, com a intenção de não ser pago o imposto que era devido, além da responsabilidade pela multa ou coima que for aplicada pela prática de infracção fiscal, pode ser responsabilizado subsidiariamente pelo pagamento daquele imposto.

12.2.3. *Transmissão da obrigação fiscal*

A regra a este respeito, quer quanto aos créditos tributários quer quanto às obrigações tributárias, está fixada no artº 29º da LGT e é a da intransmissibilidade, salvo disposição legal em contrário.

Constituem excepções estabelecidas na lei, pelo lado activo, a chamada sub-rogação nos direitos da Fazenda Pública nos termos do artº 41º da LGT e, pelo lado passivo, a denominada sucessão fiscal consignada no nº 2 do artº 29º da LGT[452]. Vejamos cada uma delas.

a) Sub-rogação nos direitos da Fazenda Pública

O nº 1 do artº 41º da LGT admite que o pagamento das dívidas tributárias pode ser realizado pelo devedor ou por terceiro. Neste último caso, pode dar-se a sub-rogação nos direitos da administração tributária, ou seja a transmissão da obrigação fiscal relativamente ao sujeito activo ou credor do imposto, desde que verificados cumulativamente os requisitos enunciados no nº 2 da mesma disposição e que são:

[452] Situação singular é a da chamada *"cessão de créditos do Estado e da segurança social para efeitos de titularização"*. Assim, nos termos da Lei nº 103/2003, de 5 de Dezembro, o Estado e a segurança social podem ceder, para efeitos de titularização, créditos emergentes de relações jurídico-tributárias, cedência que é feita de forma efectiva, completa e irrevogável, em bloco e a título oneroso, mantendo esses créditos a sua natureza e processo de cobrança e conservando as garantias, privilégios e outros acessórios, designadamente os respectivos juros compensatórios e moratórios. A gestão e cobrança dos créditos cedidos é, porém, assegurada pelas autoridades fiscais, mediante retribuição. Sobre esta operação veja-se TRIBUNAL DE CONTAS, *Relatório de Auditoria nº 6/2011-2ª S – Auditoria à Operação de Cessão de Créditos da Segurança Social para efeitos de titularização*, disponível em *www.tcontas.pt*.

i) O pagamento por terceiro ocorrer depois de terminado o prazo para pagamento voluntário;
ii) O terceiro tenha previamente requerido a declaração de sub-rogação (cf. artº 91º do CPPT);
iii) O terceiro tenha obtido autorização do devedor ou prove interesse legítimo.

Quais as consequências desta sub-rogação?

A este respeito, o nº 1 do artº 92º do CPPT estabelece que *"a dívida paga pelo sub-rogado conserva as garantias, privilégios e processo de cobrança e vencerá juros pela taxa fixada na lei civil, se o sub-rogado o requerer"*. Quer isto dizer que o sub-rogado além de conservar todas as garantias de cumprimento da obrigação fiscal de que dispõe a Fazenda Pública (veja-se adiante 12.4.2.) tem ao seu dispor o mesmo processo de cobrança coerciva ou seja o processo de execução fiscal. É isso mesmo, aliás, o que é reiterado pelo nº 2 do mencionado artº 92º do CPPT ao estabelecer que *"o sub-rogado pode requerer a instauração ou o prosseguimento da execução fiscal para cobrar do executado o que por ele tiver pago, salvo tratando-se de segunda sub-rogação"*.

Uma outra questão é a de saber se o regime da sub-rogação também se pode aplicar ao direito de regresso de que dispõe o responsável fiscal que satisfez a obrigação fiscal do devedor originário. A doutrina encontra-se dividida a este respeito. Considera-se, porém, que observados obviamente os requisitos acima enunciados, nada obsta a que se aplique também aqui esse regime[453].

b) Sucessão fiscal

Pelo lado do sujeito passivo, estabelece o nº 2 do artº 29º da LGT que *"as obrigações tributárias originárias e subsidiárias transmitem-se, mesmo que ainda não tenham sido liquidadas, em caso de sucessão universal por morte, sem prejuízo do benefício de inventário"*[454].

Assim, as dívidas de imposto, uma vez verificado o facto gerador antes da morte do seu titular, transmitem-se aos respectivos sucessores, quer sejam herdeiros quer sejam legatários[455], que, obviamente, só

[453] Neste sentido, CASALTA NABAIS, *Direito Fiscal*, págs. 282 e 283.

[454] Num sentido idêntico veja-se artº 22º do *"Modelo de Código Tributario del CIAT"*.

[455] Interessa sublinhar que a sucessão respeita apenas às dívidas de imposto do *de cujus*, não podendo o herdeiro ser responsabilizado por quaisquer penas, mesmo pecuniárias, que correspondam a transgressões fiscais do falecido (artº 30º, nº 3, da Constituição da República,

respondem pelas dívidas tributárias até ao limite da correspondente herança ou legado[456].

Nos termos do nº 4 do artº 155º do CPPT há que distinguir conforme tenha ou não havido partilhas. Assim, tendo havido partilhas, será citado cada um dos herdeiros para pagar o que proporcionalmente lhe competir na dívida exequenda; não tendo havido partilhas, citar-se-á, respectivamente, consoante esteja ou não a correr inventário, o cabeça-de-casal ou qualquer dos herdeiros para pagar toda a dívida sob cominação de penhora em quaisquer bens da herança (fazendo-se a citação dos herdeiros incertos por editais).

Há ainda que tomar em consideração neste domínio o artº 2071º do Código Civil para efeitos de saber a quem cabe o ónus de provar que os bens da herança são suficientes ou não para o cumprimento dos encargos correspondentes às dívidas de imposto. Assim, tendo a herança sido aceite pura e simplesmente, cabe ao herdeiro provar a insuficiência dos bens para aquele efeito; tendo a herança sido aceite a benefício de inventário, cabe ao credor provar a existência de outros bens além dos inventariados que possam responder pelas dívidas de imposto.

12.3. Extinção da obrigação fiscal

12.3.1. *Cumprimento*

A forma normal de extinção da obrigação fiscal é o seu cumprimento, ou seja o seu pagamento, que pode ser voluntário ou coercivo (artº 40º da LGT e artºs 84º e segs. do CPPT).

O pagamento voluntário é o efectuado dentro do prazo estabelecido nas leis tributárias e, não havendo prazo estabelecido, o realizado no prazo de

artºs 127º e 128º do Código Penal e artºs 61º e 62º do RIT). No domínio da vigência do CPCI (artº 113º, § único) a obrigação de pagamento das multas relativas a transgressões fiscais era transmissível aos herdeiros do infractor se a decisão tivesse transitado em julgado em vida deste, norma que era considerada materialmente inconstitucional – cf. LOPES DE SOUSA, Jorge e SIMAS SANTOS, Manuel, *Regime Geral das Infracções Tributárias Anotado*, 4ª edição, Lisboa, Áreas Editora, 2010, págs. 441 e 442.

456 No caso particular do IRS importará ter em conta o artº 63º, nº 1, do respectivo Código, que trata do caso específico do falecimento de um dos cônjuges. É também importante ter em conta que a ressalva do limite da herança diz respeito apenas às obrigações tributárias pelas quais o sucessor responde nessa qualidade e não como devedor originário como acontece em relação a todos os impostos cujo facto gerador ocorre posteriormente à data do óbito. No caso específico do IRS, veja-se artº 64º do Código deste imposto.

30 dias após a notificação para pagamento efectuada pelos serviços competentes (artºs 84º e 85º, nºs 1 e 2, do CPPT). Esse pagamento pode ser feito em moeda corrente ou por cheque, débito em conta, transferência conta a conta e vale postal ou por outros meios utilizados pelos serviços dos correios ou pelas instituições de crédito que a lei expressamente autorize (artº 40º, nº 1, da LGT). Hoje em dia, está muito vulgarizado o chamado pagamento electrónico através de Multibanco ou máquinas ATM.

Terminado o prazo para pagamento voluntário, começam a correr imediatamente juros de mora (artº 44º, nº 1, da LGT e artº 86º, nº 1, do CPPT), que só podem contar-se no máximo durante três anos, salvo nos casos em que a dívida tributária seja paga em prestações, caso em que os juros de mora são contados até ao termo do prazo do respectivo pagamento, sem exceder oito anos (artº 44º, nº 2, da LGT).

A lei prevê o pagamento em prestações quando o devedor "*não possa cumprir integralmente e de uma só vez a dívida tributária*", caso em que esse pagamento deve ser requerido nos termos que a lei fixar (artº 42º, nº 1, da LGT), como se verifica para efeitos de IRS e de IRC nos exactos termos previstos nos artºs 29º a 37º do Decreto-Lei nº 492/88, de 30 de Novembro (Regulamento da Cobrança e dos Reembolsos em IRS e IRC). No entanto, essa possibilidade não se aplica às dívidas de recursos próprios comunitários e, nos termos da lei, às quantias retidas na fonte ou legalmente repercutidas ou ainda quando o pagamento do imposto seja condição da entrega ou transmissão dos bens (artº 42º, nº 2, da LGT)[457].

Terminado o prazo de pagamento voluntário e antes de extraída certidão de dívida para efeitos de instauração do competente processo executivo, pode ainda o contribuinte efectuar um pagamento por conta de dívidas fiscais, desde que cumulativamente se verifiquem duas condições (nº 4 do artº 86º do CPPT).

a) Ter sido deduzida reclamação graciosa ou impugnação judicial da liquidação ou apresentado pedido de revisão oficiosa do tributo com fundamento em erro imputável aos serviços;
b) Abranger o pagamento por conta a parte da colecta que não for objecto de reclamação graciosa ou impugnação judicial.

[457] Para o caso das contribuições para a segurança social veja-se o Código dos Regimes Contributivos do Sistema Previdencial de Segurança Social, aprovado pela Lei nº 110/2009, de 16 de Setembro, com as alterações efectuadas pela Lei nº 55-A/2010, de 31 de Dezembro.

Na falta de cumprimento voluntário, tem lugar a extracção, pelos serviços competentes, com base nos elementos que tiverem ao seu dispor, de certidão de dívida (nº 1 do artº 88º do CPPT), que servirá de base à instauração do competente processo de execução fiscal (nº 4 do referido artº 88º do CPPT). No âmbito do processo executivo as dívidas tributárias poderão ser pagas em prestações nos termos da lei (artºs 196º e segs. do CPPT).

12.3.2. *Formas de extinção diferentes do cumprimento*

Além do cumprimento, a lei admite ainda expressamente como formas de extinção da obrigação fiscal a prescrição, a dação em cumprimento e a compensação. Dada a indisponibilidade que caracteriza a obrigação fiscal, estas formas de extinção ocorrem nos precisos termos definidos na lei e não são admitidas outras formas de extinção por não estarem previstas na lei.

Vejamos cada uma das formas de extinção diferentes do cumprimento legalmente possíveis:

a) Prescrição

Como se verá adiante, a prescrição ocorre, salvo disposto em lei especial, passados que sejam oito anos contados, nos impostos periódicos, a partir do termo do ano em que se verificou o facto tributário e, nos impostos de obrigação única, a partir da data em que o facto tributário ocorreu (nº 1 do artº 48º da LGT)[458]. Em termos que se desenvolverão mais à frente (*infra* 13.3.7.), a citação, a reclamação, o recurso hierárquico, a impugnação e o pedido de revisão oficiosa interrompem a prescrição (nº 1 do artº 49º da LGT), que se suspende em virtude de pagamento de prestações legalmente autorizadas, ou enquanto não houver decisão definitiva ou passada em julgado, que puser termo ao processo, nos casos de reclamação, impugnação, recurso ou oposição, quando determinam a suspensão da cobrança da dívida (nº 4 do artº 49º da LGT).

[458] No caso das contribuições para a segurança social, o prazo de prescrição é de cinco anos a contar da data em que a correspondente obrigação de pagamento deveria ter sido cumprida, prazo que é interrompido "*por qualquer diligência administrativa, realizada com conhecimento do responsável pelo pagamento, conducente à liquidação ou à cobrança da dívida*" (artº 60º da Lei nº 4/2007, de 16 de Janeiro – Lei de Bases da Segurança Social). Cf. ainda artº 187º do Código dos Regimes Contributivos do Sistema Previdencial de Segurança Social, que acrescenta às causas de interrupção da prescrição a "apresentação de requerimento de procedimento extrajudicial de conciliação".

b) Dação em cumprimento

A dação em cumprimento, dado que depende do consentimento do credor (artº 837º do Código Civil), por força da já por diversas vezes referida indisponibilidade da obrigação fiscal, só é possível nos casos expressamente previstos na lei (artº 40º, nº 2, da LGT), o que se verifica nas situações seguintes[459]:

b1) Em termos mais gerais, antes do processo de execução fiscal, nos termos do artº 87º do CPPT, no âmbito do processo conducente à celebração de acordo de recuperação de créditos do Estado.
Para o efeito, o correspondente requerimento, que não suspende a cobrança da obrigação tributária, "*pode ser apresentado a partir do início do prazo de pagamento voluntário e é dirigido ao ministro ou órgão executivo de que depende a administração tributária, que decidirá, ouvidos os serviços competentes, designadamente sobre o montante da dívida e acrescido e os encargos que incidam sobre os bens*" (nº 2 do artº 87º do CPPT).

b2) No processo de execução fiscal, nos termos dos artºs 201º e 202º do CPPT, caso em que o "*executado ou terceiro podem, no prazo de oposição, requerer ao ministro ou órgão executivo de quem dependa a administração tributária legalmente competente para a liquidação e cobrança da dívida a extinção da dívida exequenda e acrescido, com a dação em pagamento de bens móveis e imóveis, nas condições seguintes:*
a) Descrição pormenorizada dos bens dados em pagamento;
b) Os bens dados em pagamento não terem valor superior à dívida exequenda e acrescido, salvo os casos de se demonstrar a possibilidade de imediata utilização dos referidos bens para fins de interesse público ou social, ou de a dação se efectuar no âmbito do processo conducente à celebração de acordo de recuperação de créditos do Estado " (nº 1 do referido artº 201º do CPPT).
Também aqui "*o despacho que autorizar a dação em pagamento definirá os termos da entrega dos bens oferecidos, podendo seleccionar, entre os propostos, os bens a entregar em cumprimento da dívida exequenda e acrescido*" (nº 8 do citado artº 201º do CPPT), podendo "*o executado desistir da dação em pagamento no prazo de cinco dias após a notificação do despacho ministerial, mediante o integral pagamento da totalidade da dívida exequenda e acrescido, incluindo as custas das avaliações*" a que tiver havido lugar nos termos legais (nº 15 do artº 201º do CPPT).

[459] No caso das contribuições para a segurança social veja-se também o artº 196º do Código dos Regimes Contributivos do Sistema Previdencial de Segurança Social.

No caso antes referido de aceitação da dação em pagamento de valor superior à dívida exequenda e acrescido, o *"despacho que a autoriza constitui, a favor do devedor, um crédito no montante desse excesso, a utilizar em futuros pagamentos de impostos ou outras prestações tributárias, na aquisição de bens ou de serviços no prazo de 5 anos ou no pagamento de rendas, desde que as receitas correspondentes estejam sob a administração do ministério ou órgão executivo por onde corra o processo de dação"* (nº 9 do artº 201º do CPPT). É ainda importante notar que, no próprio despacho que autorizar a dação, pode ser determinada a venda dos bens dados em pagamento, que, em casos de urgência, designadamente por ser essa a solução mais adequada à continuidade da utilização produtiva dos mesmos bens, pode ser autorizado que seja por negociação particular (artº 202º do CPPT).

c) Compensação

Embora a compensação – como forma de extinção da obrigação fiscal – também só seja admitida nos casos expressamente indicados na lei (nº 2 do artº 40º da LGT), a sua previsão tem vindo a generalizar-se.

Assim, a possibilidade de o sujeito passivo que possua contra o Estado um crédito derivado de uma outra relação de imposto, poder solver, com o mesmo, total ou parcialmente, a sua dívida fiscal pode acontecer (além do mencionado caso especial atrás referido da dação em pagamento em processo de execução fiscal nos termos do artº 201º, nº 9, do CPPT):

– *por iniciativa da administração fiscal*, caso em que, conforme o disposto no nº 1 do artº 89º do CPPT, *"os créditos do executado resultantes de reembolso, revisão oficiosa, reclamação graciosa ou impugnação judicial de qualquer acto tributário são obrigatoriamente aplicados na compensação das suas dívidas à mesma administração tributária"*, salvo se estiver a decorrer prazo para interposição de reclamação graciosa, recurso hierárquico, impugnação judicial, recurso judicial ou oposição à execução ou estiver pendente qualquer dos meios graciosos ou judiciais acabados de referir ou a dívida estiver a ser paga em prestações, estando a dívida exequenda devidamente garantida. A lei prevê *"quando a importância do crédito for insuficiente para o pagamento da totalidade das dívidas e acrescido"* que deve o crédito ser *"aplicado sucessivamente no pagamento dos juros de mora, de outros encargos legais e do capital em dívida"* (nº 2 do referido artº 89º do CPPT); a lei indica ainda de que forma se efectua a compensação havendo várias dívidas fiscais (nºs 3 e 4 do mesmo artº 89º);

- *por iniciativa do contribuinte*, em requerimento endereçado ao dirigente máximo da administração tributária, nos mesmos termos e condições da efectuada por iniciativa da administração fiscal, ainda que não tenha terminado o prazo de pagamento voluntário (nº 1 do artº 90º do CPPT), podendo, igualmente, em processo de execução fiscal, incidir sobre créditos sobre o Estado de natureza não tributária de que o contribuinte seja titular, se a dívida correspondente a esses créditos for certa, líquida e exigível e tiver cabimento orçamental, (nº 4 do artº 90º do CPPT)[460].

12.4. Garantias de cumprimento da obrigação fiscal

Ligado ao direito de crédito que a lei de imposto atribui ao sujeito activo existe um conjunto de garantias destinadas a assegurar o cumprimento desse direito. É o que se costuma designar como garantia da relação jurídica de imposto, que se reporta aos meios capazes de tornar efectivo aquele direito subjectivo e que se concretiza nos bens que respondem pelo cumprimento da obrigação fiscal.

Pode distinguir-se a este propósito entre garantia geral e garantias especiais, podendo estas configurar-se ainda como garantias pessoais e garantias reais. Vejamos cada uma delas.

12.4.1. *Garantia geral*

Tal como qualquer outro credor, o sujeito activo da obrigação fiscal tem no património do devedor a garantia geral do seu crédito (nº 1 do artº 50º da LGT).

Trata-se de uma garantia que não constitui qualquer particularidade relativamente ao que acontece nas obrigações em geral, em que se permite que o credor, não sendo a obrigação voluntariamente cumprida, proceda à satisfação coactiva do seu crédito mediante a execução do património do devedor faltoso (artºs 817º e segs. do Código Civil), já que pelo cumprimento da obrigação respondem todos os bens do devedor susceptíveis de penhora (artº 601º do Código Civil)[461].

[460] Pode ver-se em legislação especial uma aplicação deste princípio restrita a dívidas perante a segurança social extintas por compensação com créditos à segurança social (artº 197º do Código dos Regimes Contributivos do Sistema Previdencial de Segurança Social).

[461] ROMANO MARTINEZ, Pedro e FUZETA DA PONTE, Pedro, *Garantias de Cumprimento*, 3ª ed., Almedina, Coimbra, 2002, págs. 13 e segs.

Assim, em caso de incumprimento, é executado o património do devedor através do processo de execução fiscal (artºs 148º e segs. do CPPT), processo esse sim dotado de especificidade em relação ao processo executivo comum já que, como se viu, não está dependente de qualquer outra pronúncia para além do próprio acto tributário.

No caso de esse património ser executado em processo que não tenha natureza fiscal, a administração fiscal é obrigatoriamente convocada para reclamar os créditos fiscais (artº 80º do CPPT), havendo, então, concurso de credores, caso em que depois de pagos os credores preferentes – e o Estado pode-o ser como se verá adiante – e sendo os bens do devedor insuficientes para integral satisfação dos seus débitos, os credores têm direito a um rateio, ou seja são pagos proporcionalmente pelo preço dos bens do devedor (artº 604º do Código Civil).

12.4.2. *Garantias especiais*

12.4.2.1. *Garantias pessoais*

São garantias pessoais aquelas em que o património de outras pessoas para além do património do devedor ou devedores fica vinculado ao cumprimento da obrigação tributária.

A figura mais relevante neste contexto é a da fiança, que é caracterizada pelo facto de alguém garantir, com o seu património, o cumprimento de uma obrigação alheia, ficando pessoalmente obrigado perante o credor (cf. Código Civil, artº 627º, nº 1).

À fiança atribuem-se duas características: a acessoriedade (nº 2 do artº 627º do Código Civil) e a da subsidiariedade, que se traduz no chamado benefício da excussão (artº 638º do Código Civil), mas enquanto a primeira é parte imprescindível da figura, a segunda pode ser afastada. A acessoriedade significa que a fiança fica subordinada e acompanha a obrigação principal. De acordo com a subsidiariedade o fiador não pode ser responsabilizado enquanto o credor não tiver excutido todos os bens do devedor para satisfação do seu crédito[462].

No domínio fiscal, encontramos em primeiro lugar a chamada *fiança legal*, resultante directamente da lei, de que é exemplo a responsabilidade

[462] Para maiores desenvolvimentos, veja-se, por exemplo, MENEZES LEITÃO, Luís M. T., *Direito das Obrigações*, vol. II, 7ª ed., Coimbra, Almedina, 2010, págs. 335 e segs.

fiscal dos membros dos órgãos de gestão e fiscalização das pessoas colectivas, dos revisores oficiais de contas e dos técnicos oficiais de contas, casos em que a responsabilidade é apenas subsidiária [veja-se *supra* 12.2.2.d)]. Situações existem, porém, em que, nos termos expressamente previstos na lei, essa responsabilidade é solidária (veja-se *supra, ibidem)*, o que tem uma natureza excepcional já que a responsabilidade tributária por dívidas de outrem é, em regra, apenas subsidiária (nº 3 do artº 22º da LGT).

Outro caso de garantia pessoal no domínio fiscal é configurado pela *fiança voluntária*, quando a lei a admita. É o caso, quando, no artº 22º, nº 7, do Código do IVA, se prevê a possibilidade de prestação de "*fiança bancária*" para efeitos de reembolso deste imposto.

A lei fiscal admite ainda como garantia pessoal o *aval bancário* (ou de outra instituição legalmente autorizada a prestá-lo) designadamente nos casos em que seja pedido o pagamento em prestações de IRS ou IRC (artº 32º do Decreto-Lei nº 492/88, de 30 de Dezembro)[463].

12.4.2.2. *Garantias reais*

As garantias reais previstas na legislação fiscal são os privilégios creditórios, o penhor e a hipoteca e a prestação de caução[464].

a) Privilégios creditórios

O privilégio creditório é a faculdade que a lei concede a certos credores de serem pagos com preferência a outros independentemente do registo dos seus créditos (artº 733º do Código Civil). Podem ser de duas espécies: mobiliários e imobiliários, conforme recaiam sobre bens móveis ou bens imóveis. Os primeiros podem ser gerais, quando abrangem o valor de todos os bens móveis do património do devedor, ou especiais, quando incluem apenas o valor de certos bens móveis; os segundos são sempre especiais (artº 735º do Código Civil).

[463] Por vezes a lei utiliza ainda a expressão "garantia idónea" que poderá englobar uma "garantia bancária" (artº 199º, nº 1, do CPPT).

[464] O artº 50º, nº 2, da LGT indica igualmente como garantia o chamado *direito de retenção*, que, em matéria tributária, é uma figura típica do direito aduaneiro, e que incide, nos termos que a lei fixar, sobre quaisquer mercadorias sujeitas à acção fiscal de que o sujeito passivo seja proprietário.

Os privilégios creditórios previstos para efeitos fiscais são os seguintes[465]:

- um privilégio mobiliário geral sobre os bens existentes no património do devedor no momento da penhora ou outro acto equivalente para pagamento do IRS e IRC dos três últimos anos (artº 111º do Código do IRS e artº 116º do Código do IRC);
- um privilégio mobiliário especial sobre os bens móveis transmitidos relativamente aos créditos fiscais resultantes do imposto do selo incidente sobre aquisições de bens (artº 47º, nº 1, do Código do IS);
- um privilégio imobiliário sobre os bens existentes no património do devedor no momento da penhora ou outro acto equivalente para pagamento do IRS e IRC dos três últimos anos (artº 111º do Código do IRS e artº 116º do Código do IRC)[466];
- um privilégio imobiliário sobre os bens sujeitos a imposto municipal sobre imóveis para pagamento deste imposto relativo aos três últimos anos (artº 744º, nº 1, do Código Civil e artº 122º do Código do IMI);

[465] A LGT [artº 50º, nº 2, alínea *a*)] prevê que, para garantia dos créditos tributários, a administração tributária goza dos privilégios creditórios previstos no Código Civil e nas leis tributárias, estipulando ainda o primeiro, quanto a privilégios mobiliários gerais (artº 736º do Código Civil), que o Estado e as autarquias locais gozam desses privilégios para garantia dos créditos por impostos indirectos e por impostos directos inscritos para cobrança no ano corrente da data da penhora, ou acto equivalente, e nos dois anos anteriores. Relativamente a contribuições e quotizações para a segurança social, bem como quanto aos respectivos juros de mora, os respectivos créditos gozam de *"privilégio mobiliário geral, graduando-se nos termos referidos na alínea a) do nº 1 do artº 747º do Código Civil"* (artº 204º do Código dos Regimes Contributivos do Sistema Previdencial da Segurança Social) e de *"privilégio imobiliário sobre os bens imóveis existentes no património das entidades patronais à data da instauração do processo executivo, graduando-se logo após os créditos referidos no artº 748º do Código Civil"* (artº 205º do Código dos Regimes Contributivos do Sistema Previdencial da Segurança Social). Quanto a este último privilégio, pelo Acórdão nº 363/2002, publicado no *Diário da República*, I série-A, de 16 de Outubro de 2002, o Tribunal Constitucional declarou a inconstitucionalidade, com força obrigatória geral, da norma constante do artº 11º do Decreto-Lei nº 103/80, de 9 de Maio, *"na interpretação segundo a qual o privilégio imobiliário geral nele conferido à segurança social prefere à hipoteca, nos termos do artº 751º do Código Civil"*. Sobre toda esta matéria veja-se CASALTA NABAIS, José, *Direito Fiscal*, págs. 294 e segs.

[466] Importa considerar que, pelo Acórdão nº 362/2002, publicado no *Diário da República*, I série-A, de 16 de Outubro de 2002, o Tribunal Constitucional declarou a inconstitucionalidade, com força obrigatória geral, da norma constante do artº 111º do Código do IRS, *"na interpretação segundo a qual o privilégio imobiliário geral nele conferido à Fazenda Pública prefere à hipoteca, nos termos do artº 751º do Código Civil"*. O artº 116º do Código do IRC coloca idêntica questão.

- um privilégio imobiliário sobre os bens transmitidos sujeitos a imposto municipal sobre as transmissões onerosas de imóveis e a imposto do selo, para pagamento destes impostos (artº 39º do Código do IMT e artº 47º, nº 1, do Código do IS).

Uma questão que tem sido levantada é a de saber se o privilégio integra também os juros de mora que forem devidos. A resposta pode ser encontrada no artº 734º do Código Civil ao estipular que o privilégio creditório abrange os juros relativos aos últimos dois anos, se forem devidos.

Cumpre também referir que o exercício, pelo Estado, dos direitos inerentes aos privilégios no caso de os bens sobre que os mesmos incidem tiverem sido transmitidos a terceiros só é possível mediante reversão do respectivo processo executivo e depois de verificado que o originário devedor ou seus sucessores não têm bens penhoráveis ou estes são insuficientes (artº 157º, nº 1, do CPPT). É ainda necessário que[467]:

- esses bens estejam sujeitos a privilégio mobiliário especial ou privilégio imobiliário (ou outra garantia real como a hipoteca), porque só o privilégio especial dá ao credor o chamado direito de sequela (artºs 750º e 751º do Código Civil);
- que a aquisição de tais bens por terceiros tenha ocorrido após o nascimento de tais privilégios;
- que tal aquisição não tenha resultado de venda ou adjudicação em processo a que a Fazenda Pública devesse ser chamada a deduzir os seus direitos.

Especial referência, pelas suas consequências, merece a extinção, com a declaração de insolvência, dos privilégios creditórios, gerais ou especiais, que forem acessórios de créditos sobre a insolvência de que forem titulares o Estado, as autarquias locais e as instituições de segurança social constituídos ou vencidos mais de 12 meses antes do início do processo de insolvência [artº 97º, nº 1, alíneas *a*) e *b*), do Código da Insolvência e da Recuperação de Empresas, aprovado pelo Decreto-Lei nº 53/2004, de 18 de Março].

[467] SOUSA, Alfredo José e PAIXÃO, José da Silva, *Código de Procedimento e de Processo Tributário – comentado e anotado*, pág. 387.

b) Penhor e hipoteca
De acordo com a LGT – artº 50º, nº 2, alínea *b)* – para garantia dos créditos tributários a administração tributária dispõe ainda do *"direito de constituição, nos termos da lei, de penhor ou hipoteca legal, quando essas garantias se revelem necessárias à cobrança efectiva da dívida ou quando o imposto incida sobre a propriedade dos bens"*[468].

É o caso, em primeiro lugar, da hipoteca legal prevista no artº 705º, alínea *a)*, do Código Civil, relativamente aos prédios sujeitos a imposto municipal sobre imóveis para garantia do pagamento deste imposto (cf. artº 122º, nº 1, do Código do IMI), hipoteca que depende de registo que compete ao chefe do serviço de finanças da situação dos prédios (artº 122º, nº 2, do mesmo Código).

No domínio das contribuições e quotizações para a segurança social, e respectivos juro de mora, está igualmente prevista a hipoteca legal para garantia dos respectivos créditos nos termos do artº 207º do Código dos Registos Contributivos do Sistema Previdencial de Segurança Social.

A hipoteca legal e o penhor estão igualmente previstos no artº 195º do CPPT, o qual prevê *"quando o interesse da eficácia da cobrança o torne recomendável"* que o órgão da execução fiscal possa *"constituir hipoteca legal ou penhor"* [469].

Pode haver ainda lugar a *penhor ou hipoteca voluntária* nos casos admitidos pela lei, a requerimento dos interessados e com a concordância da administração tributária. Assim, a hipoteca está prevista como uma das garantias possíveis no caso de pedido de pagamento em prestações do IRS e do IRC (artº 32º do Decreto-Lei nº 492/88, de 30 de Dezembro). Por sua vez, o artº 199º do CPPT admite como "garantia idónea" o penhor ou hipoteca voluntária, designadamente para que a reclamação graciosa tenha efeito suspensivo [artº 69º, alínea *f)*, do CPPT] ou para obter a suspensão do processo executivo em caso de impugnação judicial (art 103º, nº 4, do CPPT) ou para obter a suspensão da execução (artºs 169º e segs. do CPPT)

[468] O penhor incide sobre coisas ou direitos não hipotecáveis (artºs 666º e segs. do Código Civil); a hipoteca incide sobre coisas imóveis ou equiparadas (artºs 686º e segs. do Código Civil), como é o caso de automóveis, navios e aeronaves.

[469] Também se extinguem com a declaração de insolvência as hipotecas legais cujo registo haja sido requerido dentro dos dois meses anteriores à data do início do processo de insolvência e que forem acessórios de créditos, sobre a insolvência, do Estado, das autarquias locais e das instituições de segurança social [artº 97º, nº 1, alínea *c)*, do Código da Insolvência e da Recuperação de Empresas].

ou ainda o pagamento em prestações no âmbito do processo executivo (artºs 196º e segs. do CPPT)[470].

c) Prestação de caução
A garantia dos créditos tributários pode ainda ser assegurada através da prestação de caução nos casos expressamente previstos na lei[471].

Assim, no já referido caso do nº 7 do artº 22º do Código do IVA, a garantia pode ser dada através de caução.

Em termos mais gerais essa garantia – sem qualquer referência ao conteúdo da caução – está prevista como uma das possíveis no nº 1 do artº 199º do CPPT, válida, nos casos já assinalados, quando se trata designadamente de fazer com que a reclamação graciosa tenha efeito suspensivo [artº 69º, alínea *f*), do CPPT] ou de obter a suspensão do processo executivo em caso de impugnação judicial (art 103º, nº 4 do CPPT) ou de obter a suspensão da execução (artºs 169º e segs. do CPPT) ou ainda de pagamento em prestações no âmbito do processo executivo (artºs 196º e segs. do CPPT).

12.4.3. *Providências cautelares*

Nos termos do artº 51º da LGT, a *"administração tributária pode, nos termos da lei, tomar providências cautelares para garantia dos créditos tributários em caso de fundado receio de frustração da sua cobrança ou de destruição ou extravio de documentos ou outros elementos necessários ao apuramento da situação tributária dos sujeitos passivos e demais obrigados tributários"*

Essas medidas podem consistir na apreensão de bens, direitos ou documentos ou na retenção, até à satisfação dos créditos tributários, de prestações tributárias a que o contribuinte tenha direito (nº 3 do citado artº 51º da LGT), devendo *"ser proporcionais ao dano a evitar e não causar dano de impossível ou difícil reparação"* (nº 2 do mesmo artº 51º)[472].

[470] A expressão "outra garantia adequada" é também usada pela legislação fiscal (veja-se, por exemplo, o nº 7 do artº 22º do Código do IVA) sem referência ao respectivo conteúdo.

[471] A lei admite expressamente, por vezes, ao lado de outras garantias o chamado seguro-caução – cf. artº 32º, nº 1, alínea *b*) do Decreto-Lei nº 492/88, de 30 de Dezembro e artº 199º, nº 1, do CPPT – que, na prática, corresponde a uma fiança prestada por uma companhia de seguros, mediante o pagamento de uma comissão, a que se dá o nome de prémio (cf. Decreto-Lei nº 183/88, de 24 de Maio). Cf., por exemplo, MENEZES CORDEIRO, António, *Manual de Direito Bancário*, 4ª ed., Coimbra, Almedina, 2010, pág. 770.

[472] Segue-se a este respeito uma formulação idêntica à do artº 81º da *"Ley General Tributaria"* de Espanha, que, no entanto, é bastante mais desenvolvida quanto ao seu conteúdo.

As providências cautelares adoptadas pela administração podem ser objecto de impugnação judicial nos termos dos artºs 143º e 144º do CPPT, que faz parte, em conjunto com as providências cautelares de natureza judicial, do processo judicial tributário [artº 97º, nº 1, alíneas *g*) e *i*), do CPPT][473].

Esse processo judicial tributário compreende, assim, além da referida impugnação as seguintes providências cautelares avulsas a favor da administração tributária (nº 1 do artº 135º do CPPT):

- o arresto, regulado nos artºs 136º a 139º do CPPT;
- o arrolamento, disciplinado nos artºs 140 a 142º do CPPT.

Na base destas providências estará normalmente o procedimento previsto no artº 31º do Regime Complementar de Procedimento de Inspecção Tributária, aprovado pelo Decreto-Lei nº 413/98, de 31 de Dezembro, segundo o qual "*em caso de justo receio de frustração dos créditos fiscais, de extravio ou deterioração de documentos conexos com obrigações tributárias, a administração deve propor as providências cautelares de arresto ou arrolamento*" previstas no CPPT.

[473] A lei prevê igualmente, no artº 147º, nº 6, do CPPT, providências cautelares em favor dos contribuintes ou demais obrigados tributários, nos casos em que o interessado invoque e prove fundado receio de uma lesão irreparável do mesmo a causar pela actuação da administração tributária, caso em que deve indicar a providência cautelar pretendida.

13. Garantias dos Contribuintes

13.1. Noção

Apesar de a expressão "garantias dos contribuintes" ser usada quer pela Constituição da República ao definir o âmbito do chamado princípio da legalidade quer pelos diferentes códigos tributários, que lhe consagram normalmente um capítulo específico, o seu conteúdo tem suscitado controvérsia, não se encontrando qualquer noção legal da mesma.

Assim, a doutrina tem recorrido, em primeiro lugar, ao elemento histórico para tentar delimitar este conceito e, a esse propósito, tem interesse recordar que a Constituição de 1933, que consagrava igualmente o princípio da legalidade (artº 70º, § 1º), referia-se não a garantias dos contribuintes mas que cabia à lei determinar as reclamações e recursos admitidos a favor do contribuinte. Daí que se conclua muito justamente que então apenas estavam submetidos ao princípio da legalidade as chamadas garantias adjectivo-processuais, tendo a Constituição de 1976 ao referir-se às garantias dos contribuintes alargado o âmbito desse princípio para nele abranger igualmente certas garantias materiais, como o direito à informação, o direito a juros indemnizatórios, etc.[474].

Assim, constituiriam garantias dos contribuintes quaisquer direitos que tutelem o contribuinte, enquanto tal e face ao fisco, e que sejam vinculantes para a actuação deste[475]. Trata-se sempre de direitos de protecção ou defesa, estando-lhes associada uma ideia de limitação ou de compressão

[474] SÁ GOMES, Nuno, *Estudos sobre a segurança jurídica na tributação e as garantias dos contribuintes*, Lisboa, Centro de Estudos Fiscais, 1993, págs. 51 e segs.

[475] Neste sentido PAMPLONA CORTE-REAL, Carlos, *As garantias dos contribuintes*, Lisboa, Centro de Estudos Fiscais, 1986.

da actividade estadual no campo tributário. Integrar-se-iam, deste modo, no conceito quer as chamadas garantias materiais, configurando verdadeiros direitos dos contribuintes face ao fisco, quer as chamadas garantias adjectivo-processuais[476].

Adere-se, assim, à tese que configura o princípio da legalidade, definido na Constituição da República, como a primeira garantia dos contribuintes, razão por que se começará por lhe fazer uma breve referência.

13.2. Garantias dos contribuintes e Constituição da República

A principal garantia dos contribuintes é o *princípio da legalidade* que resulta dos artº 103º, nº 2, e artº 165º, nº 1, alínea *i*), da Constituição da República, com o sentido e alcance já referidos a propósito das fontes de direito (veja-se atrás 8.2.1.), do qual decorre que só a Assembleia da República, ou o Governo mediante autorização legislativa daquela, podem legislar quanto aos chamados elementos essenciais dos impostos, nos quais se incluem as próprias "garantias dos contribuintes".

Trata-se, para usar a expressão feliz de Pamplona Corte-Real, da garantia das garantias dos contribuintes, a "garantia-mãe", que dá projecção ao princípio tradicional da auto-tributação e donde emanam restrições importantes à actividade do Estado em matéria tributária[477].

Em termos de segurança jurídica este aspecto é da maior importância, até porque pressupõe um processo legislativo aberto que pode como tal ser tomado em consideração pelos agentes económicos nas suas decisões, que, como é sabido, são afectadas pelos impostos.

Essa segurança e confiança dos contribuintes aumenta significativamente com outra garantia prevista na Constituição – a de que os *impostos não podem ter natureza retroactiva* (artº 103º, nº 3, da Constituição) – que confere a necessária estabilidade e certeza à envolvente fiscal das decisões económicas.

[476] casalta nabais prefere outra classificação das garantias, sistematizando-as em meios não impugnatórios (direito à informação, direito a juros indemnizatórios, etc), meios impugnatórios administrativos e judiciais e outros meios jurisdicionais de garantia dos contribuintes. Cf. casalta nabais, José, *Direito Fiscal,* págs. 363 e segs. Veja-se também, com muito interesse, marcos, António, *O Direito dos Contribuintes à Segurança Jurídica*, Porto, Edições Universidade Fernando Pessoa, 1997 e faveiro, Vítor, *O Estatuto do Contribuinte*, Coimbra, Coimbra Editora, 2002, págs. 884 e segs. Para uma comparação internacional veja-se OCDE, *Droits et obligations des contribuables (Description de la situation legale dans les pays de l'OCDE)*, Paris, 1990. Sobre as garantias dos contribuintes numa perspectiva internacional, sá gomes, Nuno, *Estudos sobre a segurança jurídica na tributação e as garantias dos contribuintes*, págs. 49-78.

[477] pamplona corte-real, Carlos, *As garantias dos contribuintes*, pág. 16.

Estas garantias são para alguns autores recondutíveis aos direitos, liberdades e garantias previstos na Constituição, o que justifica – artº 103º, nº 3 da Constituição – a existência de um *direito de resistência* ao pagamento de impostos que não tenham sido criados nos termos da Constituição, que tenham natureza retroactiva ou cuja liquidação e cobrança se não façam nos termos da lei. Tem, aliás, sido defendido que este direito não se limita apenas a uma resistência passiva – o direito de não pagar o imposto, mas integra também a chamada resistência defensiva – o direito de defesa perante qualquer tentativa da administração de cobrar um tal imposto, para o que, sendo aquelas garantias assimiladas aos direitos fundamentais, sempre se poderia recorrer, com as necessárias adaptações, ao artº 21º da Constituição, que regula o direito de resistência[478].

13.3. Garantias materiais dos contribuintes

No conceito adoptado de "garantias dos contribuintes" cabem as chamadas garantias materiais, que configuram verdadeiros direitos dos contribuintes face ao fisco. Embora sem preocupações de exaustividade, dado que não se trata de elaborar propriamente um catálogo de garantias, incluem-se entre elas as seguintes:

- direito à informação;
- direito à avaliação da situação fiscal a pedido do contribuinte;
- direito à fundamentação e notificação
- direito à dedução, reembolso ou restituição do imposto;
- direito a juros indemnizatórios ou juros moratórios;
- direito à redução das coimas;
- direito à caducidade da liquidação, à prescrição da obrigação fiscal e à prescrição do procedimento contra-ordenacional e do procedimento criminal;
- direito à confidencialidade fiscal.

13.3.1. *Direito à informação*

Sobre a administração tributária impendem um conjunto de deveres de informação genéricos e concretos. De entre estes últimos[479], a lei confere

[478] Para maiores desenvolvimentos veja-se CORDEIRO MESQUITA, Maria Margarida, *Direito de resistência e ordem fiscal*, Coimbra, 1996.

[479] Outros deveres de informação concretos (artº 59º, nº 3 da LGT) são, por exemplo, o de assistência no cumprimento de deveres fiscais acessórios e o da comunicação atempada do início da inspecção da contabilidade ou de qualquer sistema de escrituração dos contribuintes. Sobre

especial relevo ao chamado direito à informação, segundo o qual, além da sua concreta situação tributária, o contribuinte tem direito a ser informado sobre a fase em que se encontra o procedimento e a data previsível da sua conclusão, assim como sobre a existência e teor das denúncias dolosas não confirmadas e a identificação do seu autor (nº 1 do artº 67º da LGT). Estas informações quando requeridas por escrito devem ser prestadas num prazo de 10 dias (nº 2 do artº 67º da LGT)[480].

É, porém, no domínio das *informações vinculativas* (artº 68º da LGT) que melhor se projecta esse direito à informação e se definem com mais clareza as suas consequências.

A vinculação da administração tributária reporta-se quer a pedidos dos contribuintes (artº 68º-A da LGT) quer às orientações genéricas constantes de circulares, regulamentos ou instrumentos de idêntica natureza emitidas sobre a interpretação e a aplicação das normas tributárias (artº 68º-A da LGT)[481].

No caso de pedidos dos contribuintes aquelas informações vinculativas podem abranger:

- a situação tributária dos sujeitos passivos;
- os pressupostos não concretizados dos benefícios fiscais.

Nos termos do nº 3 do artº 68º da LGT as informações vinculativas não podem compreender factos abrangidos por procedimento de inspecção tributária cujo início tenha sido notificado ao contribuinte antes do pedido e, caso este revista, conforme se refere adiante, natureza urgente, os actos

estes pontos e a sua ligação aos procedimentos previstos no Código de Procedimento Administrativo veja-se LEITE DE CAMPOS, Diogo, SILVA RODRIGUES, Benjamim e LOPES DE SOUSA, Jorge, *Lei Geral Tributária comentada e anotada*, Vislis, Lisboa, 1999.

[480] No procedimento tributário, os prazos são contínuos e contam-se nos termos do artº 279º do Código Civil (artº 57º, nº 3 da LGT e artº 20º do CPPT).

[481] É importante referir, a este propósito, a obrigação da administração tributária publicar, no prazo de 30 dias, as orientações genéricas seguidas sobre a interpretação das normas tributárias [alínea *b*) do nº 3 do artº 59º da LGT], as quais constarão de uma base de dados, permanentemente actualizada, à qual é facultado o acesso directo dos contribuintes (nº 1 do artº 56º do CPPT). Essa base de dados, no tocante a impostos administrados pela Direcção-Geral dos Impostos, está disponível em *http://www.dgci.min-financas.pt*. Aliás, nos termos do nº 3 do artº 56º do CPPT, os interessados em qualquer procedimento ou processo poderão requerer ao dirigente máximo do serviço a comunicação de quaisquer despachos comportando orientações genéricas sobre as questões discutidas, estando a administração tributária obrigada a responder no prazo de 90 dias (nº 4 do referido artº 56º).

ou factos cujo enquadramento jurídico-tributário se pretende ver esclarecido têm de ser prévios ao pedido.

A lei é clara sobre a entidade a quem deve ser dirigido o pedido – o dirigente máximo do serviço, ou seja, no caso dos impostos, o director geral dos impostos – devendo o pedido ser apresentado por via electrónica e segundo modelo oficial e ser acompanhado da descrição dos factos cuja qualificação jurídico-tributária se pretenda (nºs 1 e 4 do artº 68º da LGT). A legitimidade para formular o pedido está estabelecida em termos amplos e abrange quer os sujeitos passivos e outros interessados quer os seus representantes legais (nº 4 do artº 68º da LGT), podendo as informações ser prestadas a advogados ou outras entidades legalmente habilitadas ao exercício da consultoria fiscal acerca da situação tributária dos seus clientes devidamente identificados, mas neste caso serão obrigatoriamente também comunicadas a estes (nº 5 do artº 68º da LGT).

A lei prevê um prazo máximo de 90 dias para a emissão de informações vinculativas, estabelecendo-se que o incumprimento deste prazo, quando o contribuinte actue com base numa interpretação plausível e de boa-fé, limita a sua responsabilidade – no período entre o termo do prazo para a prestação da informação vinculativa e a notificação desta ao requerente – à dívida do imposto, não podendo ser exigidas coimas, juros e outros encargos legais (nºs 18 e 19 do artº 68º da LGT).

Admite-se, porém, que, mediante solicitação justificada do requerente, a informação vinculativa possa ser prestada com carácter de urgência, no prazo de 60 dias, desde que o pedido seja acompanhado de uma proposta de enquadramento tributário, a qual será considerada como tacitamente sancionada pela administração fiscal se o pedido não for respondido nesse prazo (nºs 2 e 8 do artº 68º da LGT). A prestação de informações vinculativas com carácter de urgência está sujeita a uma taxa a fixar entre 25 e 100 unidades de conta (ou seja, em 2011, entre € 2550 e € 10200), em função da complexidade da matéria (nº 7 do referido artº 68º).

As informações são naturalmente prestadas por escrito e notificadas por via electrónica[482] e a sua consequência mais relevante é a de que a administração tributária não pode proceder posteriormente no caso concreto em sentido diverso da informação prestada (nº 14 do artº 68º da LGT), vinculando, assim, os seviços, o que é uma forma essencial de dar

[482] Acompanhadas obrigatoriamente pela informação ou parecer em que a administração fiscal se baseou para a sua prestação (artº 57º, nº 1, do CPPT).

segurança jurídica aos obrigados fiscais[483]. Ressalvam-se naturalmente os casos de alteração da lei e os casos em que a administração tributária actue em cumprimento de decisão judicial[484].

Quando se trate de informação relativa a benefícios fiscais, os interessados não ficam dispensados, sempre que os mesmos dependam de reconhecimento, de os requerer autonomamente nos termos da lei, sendo a informação vinculativa prestada apensa a esse requerimento, devendo a entidade competente para a decisão (que pode ser diferente da que prestou a informação) conformar-se com o anterior despacho, na medida em que a situação hipotética objecto de pedido de informação vinculativa coincida com a situação de facto objecto do pedido de reconhecimento, sem prejuízo das medidas de controlo do benefício fiscal exigidas por lei (nºs 2 e 3 do artº 57º do CPPT).

A não resposta atempada da administração tributária a um pedido de informação vinculativa pode ter também outras consequências. Assim, nos termos do nº 8 do artº 63º do CPPT, as normas anti-abuso estabelecidas nos códigos tributários e outras leis tributárias não podem ser aplicáveis se o contribuinte tiver solicitado informação vinculativa sobre os factos que tiverem fundamentado essa aplicação e a administração tributária não responder no prazo de 90 dias[485].

De modo a garantir transparência de actuação e a generalizar a outros contribuintes a informação vinculativa prestada, a lei prevê que:

[483] A importância desta garantia em termos de segurança jurídica é bem ilustrada pelo facto de a administração tributária poder "ser condenada numa sanção pecuniária a quantificar de acordo com as regras da litigância de má fé em caso de actuar em juízo contra o teor de informações vinculativas anteriormente prestadas aos interessados ou o seu procedimento no processo divergir do habitualmente adoptado em situações idênticas" (artº 104º, nº 1, da LGT).

[484] Nos termos do nº 16 do artº 68º da LGT as informações vinculativas podem, porém, "ser revogadas, com efeitos para o futuro, após um ano a contar da sua prestação, precedendo audição do requerente, (...), com a salvaguarda dos direitos e interesses legítimos anteriormente constituidos". Anteriormente à introdução desta norma, pelo Acórdão de 20 de Junho de 2001 do Supremo Tribunal Administrativo – Recurso 25 584 (in *Diário da República*, Apêndice – Supremo Tribunal Administrativo, de 8 de Julho de 2003, págs. 1703 a 1708) tinha sido decidido que "*os serviços da Administração Fiscal poderão proceder de acordo com novas orientações administrativas sem violar o artº 73º do CPT, quando não actuem de forma diversa em relação ao sentido da informação prestada, o que acontece dando conhecimento ao interessado da sua nova postura e esta passe a valer para o futuro*".

[485] Para este efeito só se consideram disposições anti-abuso as normas legais que consagrem a ineficácia perante a administração tributária de negócios ou actos jurídicos celebrados ou praticados com manifesto abuso das formas jurídicas de que resulte a eliminação ou redução dos tributos que de outro modo seriam devidos (nº 2 do artº 63º do CPPT).

a) Todas as informações vinculativa prestadas, incluindo as urgentes, sejam publicadas no prazo de 30 dias por meios electrónicos, salvaguardando-se os elementos de natureza pessoal do contribuinte que efectuou o correspondente pedido (nº 17 do artº 68º da LGT);

b) Essas informações sejam convertidas em circulares administrativas, quando tenha sido colocada questão de direito relevante e esta tenha sido apreciada no mesmo sentido em três pedidos de informação ou seja previsível que o venha a ser (nº 3 do artº 68º-A da LGT).

No tocante às orientações genéricas constantes de *circulares administrativas* emitidas, pelo dirigente máximo do serviço ou funcionário em que este tiver delegado essa competência (nº 1 do artº 55º do CPPT), sobre a interpretação e aplicação das normas tributárias, elas vinculam a administração tributária que procedeu à sua emissão (nº 1 do artº 68º-A da LGT). Não são, porém, invocáveis retroactivamente perante os contribuintes que tenham agido com base numa interpretação plausível e de boa fé da lei as orientações genéricas, emitidas pela administração tributária, que ainda não estavam em vigor no momento do facto tributário (nº 2 do artº 68º-A da LGT).

13.3.2. *Direito à avaliação da situação fiscal. As inspecções a pedido do sujeito passivo ou de terceiro*

A segurança jurídica dos contribuintes pode exigir a obtenção de certezas não já, ou apenas, sobre a qualificação jurídico-tributária de um determinado facto mas sobre o aspecto quantitativo da respectiva base de incidência, quando a mesma esteja sujeita a avaliação por parte da administração tributária.

Neste sentido, os contribuintes podem, caso provem interesse legítimo, mediante o pagamento de uma taxa, solicitar a avaliação de bens ou direitos que constituam a base de incidência de quaisquer tributos a que a administração fiscal ainda não tenha procedido, a qual tem efeitos vinculativos para esta por um período de três anos após se tornar definitiva (artº 58º do CPPT).

Um desenvolvimento especial deste princípio está na base nas chamadas *inspecções a pedido*. Com efeito, no mundo dos negócios é cada vez mais importante a minimização de riscos e a obtenção de bases seguras para a sua celebração. Assim, por exemplo, se alguém pretende adquirir uma posição numa empresa pode ter interesse em garantir que, para além das dívidas fiscais eventualmente registadas nas contas desta, não surgirão outras por via do poder de correcção que a administração tributária detém dentro do período em que ainda é possível fazer essas correcções – o período de caducidade. É neste contexto que, concretizando o regime legal previsto nos artºs 47º e 54º, nº 5, da LGT, o Decreto-Lei nº 6/99, de 8 de Janeiro, regula o *sistema de inspecção tributária por iniciativa do sujeito passivo ou de terceiro* com o objectivo de definir a situação tributária dos sujeitos passivos que disponham de contabilidade organizada, com o âmbito e a extensão que forem solicitados, designadamente em matéria de tributos e períodos temporais a abranger[486].

Esta inspecção é requerida ao director-geral dos impostos pelo sujeito passivo ou, com autorização expressa deste, por terceiro, em ambos os casos com a invocação e prova do interesse legítimo do requerente na realização da inspecção, sendo ainda necessário no caso de ser um terceiro a requerê-la que sejam esclarecidas as relações negociais mantidas ou a manter com o sujeito passivo que justifiquem o pedido apresentado. O interesse legítimo a invocar consiste em qualquer vantagem resultante do conhecimento da exacta situação tributária do sujeito passivo, proveniente, nomeadamente, de actos de reestruturação empresarial, de operações de recuperação económica ou do acesso a regimes legais a que o requerente pretenda ter direito.

O requerimento deve ser obrigatoriamente apreciado no prazo de 30 dias e, caso seja deferido, a inspecção deverá iniciar-se nos prazos mencionados na lei (artº 3º do referido Decreto-Lei nº 6/99), sendo devida uma taxa pela sua realização, a fixar, dentro de um máximo e mínimo estabelecido genericamente em portaria do Ministro das Finanças (cf. Portaria nº 923/99, de 20 de Outubro), em função da sua previsível complexidade, duração e meios a utilizar.

As conclusões do relatório da inspecção vinculam a administração tributária, não podendo esta proceder a novas inspecções com o mesmo objecto ou proceder a actos de liquidação respeitantes a factos tributários nela incluídos que não tenham por fundamento as conclusões desse relatório (cf. igualmente nº 1 do artº 47º da LGT). Este efeito vinculativo pode ser condicionado à revelação por parte dos sujeitos passivos dos dados incluídos no sigilo bancário e não abrange a punição das infracções tribu-

[486] Também está prevista na lei a realização de inspecção a pedido do contribuinte num contexto totalmente diferente – como uma das condições para que, em IRC, o pagamento especial por conta possa ser reembolsado ao contribuinte quando não seja possível a sua dedução até ao fim do quarto exercício seguinte [artº 93º, nº 3, alínea b), do Código do IRC].

tárias respeitantes aos factos e no período abrangido pelo relatório, dentro do prazo de prescrição do respectivo procedimento. O efeito vinculativo também não aproveita aos autores do crime de fraude fiscal condenados com base em simulação, falsificação, viciação, ocultação, destruição, danificação ou inutilização de documentos fiscalmente relevantes em que se tenham baseado as conclusões do relatório, considerando-se, neste caso, para todos os efeitos legais, suspenso o prazo de caducidade do direito de liquidação no período entre a notificação das conclusões e o trânsito em julgado da decisão condenatória.

Mas, também nas inspecções por iniciativa da administração, por uma questão de certeza e segurança jurídicas, podem os sujeitos passivos e obrigados tributários, no prazo de 30 dias após a notificação das conclusões do relatório de inspecção, solicitar ao director geral dos impostos que sancione as conclusões desse relatório (artº 64º do Regime Complementar de Procedimento de Inspecção Tributária, aprovado pelo Decreto-Lei nº 413/98, de 31 de Dezembro).

E *"caso o pedido seja expressa ou tacitamente deferido, a administração tributária não pode proceder relativamente à entidade inspeccionada em sentido diverso do teor das conclusões do relatório nos três anos seguintes ao da data da notificação destas, salvo se se apurar posteriormente simulação, falsificação, violação, ocultação ou destruição de quaisquer elementos fiscalmente relevantes relativos ao objecto da inspecção"* (nº 4 do referido artº 64º).

13.3.3. *Direito à fundamentação e notificação*

Trata-se da concretização, no domínio fiscal, do estabelecido no nº 3 do artº 268º da Constituição da República.

Assim, as decisões que digam respeito à matéria tributária devem ser sempre fundamentadas por meio de sucinta exposição das razões de facto e de direito que as motivaram, podendo essa fundamentação consistir em mera declaração de concordância com os fundamentos de anteriores pareceres, informações ou propostas, incluindo os que integrem o relatório da fiscalização tributária (nº 1 do artº 77º da LGT). A fundamentação dos actos tributários pode ser efectuada de forma sumária, devendo sempre conter as disposições legais aplicáveis, a qualificação e quantificação dos factos tributários e as operações de apuramento da matéria colectável e do imposto a pagar (nº 2 do artº 77º da LGT).

O que importa assegurar na fundamentação é que o destinatário do acto tributário – o sujeito passivo – colocado perante ela, e sendo uma pessoa normalmente diligente ou razoável, esteja em condições de conhecer as razões de facto e de direito que determinaram a administração fiscal a decidir de uma determinada maneira e não de outra.

A clareza e congruência da fundamentação não fica, porém, prejudicada por actos tributários sustentados num mínimo suficiente de fundamentação expressa, ainda que operada de forma massiva no uso de um poder legalmente vinculado, o que tendo em conta o cada vez maior recurso a meios informáticos pela administração fiscal é cada vez mais frequente, quer porque a massividade intui maior possibilidade de entendimento dos destinatários, quer porque a vinculação dispensa a enunciação da motivação do agente, que decorrerá imediatamente da mera descrição dos factos – pressuposto do acto[487].

A lei impõe, porém, um conteúdo mínimo muito preciso para a fundamentação em várias situações, de que são exemplos os casos de correcções fiscais motivadas pela existência de relações especiais entre o contribuinte e um terceiro e de aplicação de métodos indirectos de apuramento da matéria colectável.

Assim no primeiro caso – normalmente designado por *preços de transferência* (artº 63º do Código do IRC) – a lei impõe que a fundamentação da determinação da matéria colectável corrigida dos efeitos das relações especiais deve conter (nº 3 do artº 77º da LGT):

a) Descrição das relações especiais (cf. nº 4 do artº 63º do Código do IRC);
b) Indicação das obrigações estatuídas na lei e incumpridas pelo sujeito passivo (designadamente a prática de condições não substancialmente idênticas às que seriam normalmente praticadas entre pessoas independentes em operações comparáveis);
c) Aplicação dos métodos previstos na lei (veja-se para o caso mencionado dos preços de transferência, os métodos previstos no nº 3 do artº 63º do Código do IRC), podendo a Direcção Geral dos Impostos utilizar quaisquer elementos de que disponha e considerando-se o seu dever de fundamentação dos elementos de comparação adequadamente observado ainda que de tais elementos sejam expurgados os dados susceptíveis de identificar as entidades a que dizem respeito;
d) Quantificação dos respectivos efeitos.

[487] Veja-se, por exemplo, o Acórdão do Tribunal Central Administrativo de 29/6/2004 no Processo 872/03. Cf. igualmente VIEIRA DE ANDRADE, J.C., *O dever de fundamentação expressa de actos administrativos*, Coimbra, Almedina, 2003, págs. 150 e segs.

No caso de aplicação de *métodos indirectos* de determinação da matéria colectável, a respectiva fundamentação terá de incluir obrigatoriamente (nº 4 do artº 77º da LGT):

a) Descrição das razões legais que levam a essa determinação e que, conforme as situações, podem ser:
- impossibilidade de comprovação e quantificação directas e exactas da matéria colectável;
- afastamento da matéria colectável do sujeito passivo dos indicadores objectivos de actividade de base científica, incluindo, se for caso disso, as razões da não aceitação das justificações apresentadas pelo contribuinte;
- afastamento das manifestações de fortuna relevantes;
- sequência dos prejuízos fiscais relevantes;

b) Critérios utilizados na avaliação da matéria colectável.

Não basta, porém, que a decisão esteja fundamentada nos termos que se acabam de descrever. A sua eficácia depende da respectiva notificação ao sujeito passivo (nº 6 do artº 77º da LGT e artº 36º do CPPT), que deve sempre conter a decisão, os seus fundamentos e meios de defesa e prazo para reagir contra o acto notificado, bem como a indicação da entidade que o praticou e se o fez no uso de delegação ou subdelegação de competências (nº 2 do artº 36º do CPPT). As notificações têm de ser feitas pela forma prevista na lei (artºs 38º a 42º do CPPT), que é, em geral, simples aviso postal para o caso de liquidações de impostos periódicos feitas nos prazos previstos na lei, carta registada com aviso de recepção para os actos ou decisões que afectem a situação tributária do contribuinte ou a convocação para estes assistirem ou participarem em diligências, e carta registada, para os outros casos.

13.3.4. *Direito à dedução, reembolso ou restituição do imposto*

Fixado em termos gerais na alínea *c*) do nº 1 do artº 30º da LGT, este direito encontra-se plasmado nos vários Códigos tributários e legislação complementar, de acordo com uma terminologia que nem sempre é uniforme.

Assim, por exemplo, nos termos do artº 96º do Código do IRS, há lugar a restituição oficiosa do imposto quando se verificar diferença a favor do sujeito passivo entre o imposto devido a final e o que tiver sido entregue nos cofres do Estado em resultado de retenções na fonte ou pagamentos por conta. Essa restituição deve ser efectuada até ao termo do prazo definido no nº 1 do artº 97º do Código do IRS, que, em geral, é 31 de Agosto ou 30 de Setembro do ano seguinte àquele a que respeitam os rendimentos, conforme, respectivamente, se trate de rendimentos apenas respeitantes às categorias A e H ou inclua rendimentos de outras categorias. Sobre essa diferença quando apurada com base em declaração apresentada no prazo legal é devida, aliás, uma remuneração compensatória.

No Código do IRC está igualmente previsto o reembolso de imposto ao contribuinte (nº 2 do artº 104º do Código) quando:

a) Seja negativo o valor apurado na declaração de rendimentos, líquido das deduções à colecta de que possa resultar esse valor negativo, pela importância resultante da soma do correspondente valor absoluto com o montante dos pagamentos por conta;
b) Não sendo negativo o valor apurado referido em *a)*, o mesmo for inferior ao valor dos pagamentos por conta, caso em que o reembolso é efectuado pela respectiva diferença.

Sendo a declaração periódica de rendimentos enviada ou apresentada no prazo legal e desde que a mesma não contenha erros de preenchimento, o reembolso deve ser efectuado até ao fim do terceiro mês seguinte ao da sua apresentação ou envio (prazo que, em geral, termina em 31 de Maio de cada ano com referência ao ano civil anterior).

É, porém, no IVA que as deduções e reembolsos do imposto assumem maior amplitude. Como é sabido, de acordo com o método indirecto subtractivo adoptado, o imposto a entregar ao Estado é apurado pela diferença entre o imposto liquidado e o imposto suportado que seja dedutível. Sendo essa diferença negativa, ou seja sempre que a dedução de imposto a que haja lugar supere o montante devido pelas operações tributáveis, no período correspondente, o excesso será deduzido nos períodos de imposto seguintes (nº 4 do artº 22º do Código do IVA). Se, passados doze meses, persistir crédito a favor do contribuinte superior a determinado montante, este poderá solicitar o reembolso, o que também se poderá verificar antes de decorrido esse prazo desde que observadas determinadas condições (nºs 5 e 6 do artº 22º do Código do IVA). Não estão previstos prazos para apreciação dos requerimentos, mas está estabelecido, como regra geral, que os reembolsos, quando devidos, deverão ser efectuados até ao fim do segundo mês seguinte ao da apresentação dos pedidos ou, no caso de sujeitos passivos que estejam inscritos no regime de reembolso mensal, até aos 30 dias posteriores ao da apresentação do pedido, findo os quais podem os sujeitos passivos solicitar a liquidação de juros indemnizatórios (nº 8 do referido artº 22º)[488].

13.3.5. *Direito a juros indemnizatórios ou juros moratórios*

Dando cumprimento a um direito que se pode considerar como tendo raiz constitucional (artº 22º da Constituição da República), nos termos do artº 43º da LGT são devidos juros indemnizatórios quando:

a) Em reclamação graciosa ou impugnação judicial se determine que houve erro imputável aos serviços de que resultou pagamento da dívida tributária em montante superior ao legalmente devido (o que também se considera verificado nos casos em que, apesar da liquidação ser efectuada com base em declaração do contribuinte, este tenha seguido, no seu preenchimento, as orientações genéricas da administração fiscal, devidamente publicadas);
b) Não seja cumprido o prazo legal de restituição oficiosa dos impostos (veja-se ponto anterior);
c) Em caso de anulação do acto tributário por iniciativa da administração tributária, tenham passado 30 dias após essa decisão sem que tenha sido processada a nota de crédito;
d) A revisão do acto tributário por iniciativa do contribuinte se efectuar mais de um ano após o pedido deste, salvo se o atraso não for imputável à administração tributária.

Nos termos do artº 100º da LGT também há lugar a juros indemnizatórios, a partir do termo do prazo de execução da decisão favorável ao sujeito passivo, em todos os casos em que tiver sido decidida a anulação de um acto tributário de que resulte o dever de restituição de uma quantia

[488] Parece verificar-se neste domínio um atraso às vezes significativo na apreciação dos pedidos, muitas vezes não sendo dado conhecimento aos contribuintes de qualquer despacho que tenha recaído sobre os mesmos. Nesses casos, o contribuinte poderá considerar os pedidos como tendo sido objecto de indeferimento tácito nos termos da lei geral e recorrer para os tribunais do mesmo, dado que tem direito ao reembolso. Com efeito, o nº 5 do artº 57º da LGT estabelece a regra da presunção do indeferimento tácito para efeitos do recurso hierárquico, recurso contencioso ou impugnação judicial no caso de a administração tributária incumprir o prazo para conclusão do procedimento tributário que é, em geral, de seis meses (nº 1 do artº 57º da LGT).

ao contribuinte. No entanto, dado que do artº 43º acima indicado resulta também a obrigação de pagamento de juros indemnizatórios, que abrangem quer o período anterior ao termo do prazo de execução da decisão quer o período posterior a este até que essa execução se verifique, ter-se-á de entender que o artº 100º apenas abrange os casos não cobertos pelo artº 43º, de que são exemplo aqueles em que o erro que vicia o acto tributário é imputável ao contribuinte[489].

A taxa dos juros indemnizatórios a favor do contribuinte é igual à taxa dos juros compensatórios a favor do Estado, que é, nos termos do nº 10 do artº 35º da LGT, equivalente à taxa dos juros legais fixados nos termos do nº 1 do artº 559º do Código Civil. Esta taxa foi fixada em 4% pela Portaria nº 291/2003, de 8 de Abril.

Nos termos do nº 2 do artº 102º da LGT, no caso de a sentença implicar a restituição de tributo já pago, serão devidos juros de mora a partir do termo do prazo da sua execução espontânea e não juros indemnizatórios como está previsto para os casos de anulação do acto tributário por iniciativa da administração, a partir do 30º dia posterior à decisão, sem que tenha sido processada nota de crédito. O facto de se tratar então de juros moratórios faz com que a respectiva taxa seja a prevista no artº 3º do Decreto-Lei nº 73/99, de 16 de Março, o qual na relação vigente até 31/12/2010 estabelece que, fazendo-se o pagamento dentro do mês de calendário em que se verificou a sujeição aos mesmos juros, a taxa é de 1%, aumentando-se uma unidade por cada mês de calendário ou fracção se o pagamento se fizer posteriormente; a partir de 1 de Janeiro de 2011 a taxa é revista anualmente e publicitada pelo Instituto de Gestão da Tesouraria e do Crédito Público, IP, tendo sido fixada para 2011 na taxa anual de 6,351% (vide supra o ponto 3.3.3.).

13.3.6. *Direito à redução das coimas*

Em caso de contra-ordenação fiscal, o infractor tem direito à redução da coima que for devida caso assuma a sua responsabilidade e tome a iniciativa de regularizar a sua situação tributária. Trata-se de um direito actualmente previsto nos artºs 29º e segs. do Regime Geral das Infracções Tributárias (RGIT), aprovado pela Lei nº 15/2001, de 5 de Junho.

[489] Para maiores desenvolvimentos veja-se Lopes de Sousa, Jorge, "Juros nas relações tributárias", in *Problemas Fundamentais do Direito Tributário*, Lisboa, Vislis, 1999, págs. 141-183.

Assim, as coimas pagas a pedido do agente, apresentado antes da instauração do processo contra-ordenacional, são reduzidas nos termos seguintes:

a) Se o pedido de pagamento for apresentado nos 30 dias posteriores ao da prática da infracção e não tiver sido levantado auto de notícia, recebida participação ou denúncia ou iniciado procedimento de inspecção tributária, para 25% do montante mínimo legal (estabelecido para os casos de negligência);
b) Se o pedido de pagamento for apresentado depois do prazo referido na alínea anterior, sem que tenha sido levantado auto de notícia, recebida participação ou denúncia ou iniciado procedimento de inspecção tributária, para 50% do montante mínimo legal (estabelecido para os casos de negligência);
c) Se o pedido de pagamento for apresentado até ao termo do procedimento de inspecção tributária e a infracção for meramente negligente, para 75% do montante mínimo legal, devendo neste caso o requerente dar conhecimento do pedido ao funcionário da inspecção tributária, que elaborará relatório sucinto das faltas verificadas e sua qualificação, que será enviado à entidade competente para a instrução do pedido.

O direito à redução das coimas depende do seu pagamento dentro de determinado prazo e da regularização da situação tributária do infractor dentro do mesmo prazo (artº 30º do RGIT).

Há ainda lugar a redução da coima nos termos dos artºs 75º e 78º do RGIT nos casos, respectivamente, do seu pagamento antecipado e do seu pagamento voluntário.

13.3.7. *Direito à caducidade da liquidação, à prescrição da obrigação tributária e à prescrição do procedimento contra-ordenacional e do procedimento criminal*

Constitui uma garantia dos contribuintes e uma fonte decisiva de segurança jurídica para estes o facto de a partir de determinado momento a administração tributária deixar de poder liquidar qualquer imposto ou outra prestação tributária.

É o que se designa por *caducidade do direito à liquidação*[490].

Assim, nos termos do artº 45º da LGT, o direito de liquidar os tributos caduca se a liquidação não for validamente notificada ao contribuinte no prazo de quatro anos[491], quando a lei não fixar outro, contados, nos impostos periódicos, a partir do termo do ano em que se verificou o facto tributário e nos impostos de obrigação única a partir da data em que o facto tributário ocorreu, excepto no IVA e nos impostos sobre o rendimento quando a tributação seja efectuada por retenção na fonte a título definitivo, caso em que esse prazo se conta a partir do início do ano civil seguinte àquele em que se verificou, respectivamente, a exigibilidade do imposto ou o facto tributário. Com esta formulação fica claro – o que já era orientação anterior de grande parte da doutrina – que não basta que o acto de liquidação seja feito dentro daquele prazo, é também necessário que a respectiva notificação ocorra dentro do mesmo.

O próprio artº 45º da LGT se encarrega de estabelecer algumas excepções ao referido prazo geral de 4 anos. Assim:

a) O prazo é de três anos nos casos de erro evidenciado na declaração do sujeito passivo ou de utilização de métodos indirectos por motivo da aplicação à situação tributária dos indicadores objectivos de actividade previstos na lei;

b) O prazo é o do exercício do reporte de prejuízos (actualmente, quatro anos no IRS – artº 55º do respectivo Código; e quatro anos no IRC – artº 52º do Código correspondente), nos casos de esse reporte ter sido efectuado (sendo também essa a regra no caso de qualquer outra dedução ou crédito de imposto);

c) O prazo é alargado até ao arquivamento ou trânsito em julgado da sentença, acrescido de um ano, sempre que o direito à liquidação respeite a factos relativamente aos quais foi instaurado procedimento criminal.

490 Para maiores desenvolvimentos veja-se GONÇALVES, Joaquim, "*A caducidade face ao direito tributário*", in *Problemas Fundamentais do Direito Tributário*. Lisboa, Vislis, 1999, págs. 227-257.

491 A expressão "validamente notificada" não deixará de ser fonte de alguma controvérsia, parecendo dever entender-se que para ser válida uma notificação deve ser feita na forma prescrita na lei, cabendo à administração o ónus da prova de que tal se verificou. No entanto, nos termos do nº 6 do artº 45º da LGT as notificações sob registo consideram-se validamente efectivadas ao terceiro dia posterior ao do registo ou no primeiro dia útil seguinte a esse, quando esse dia não seja útil.

Os prazos de caducidade suspendem-se e interrompem-se nas situações previstas na lei (artº 46º da LGT; cf. também nº 5 do artº 92º da LGT).

A *prescrição* insere-se no mesmo objectivo de certeza e segurança, quer para o Estado quer, sobretudo, para os contribuintes – com ela verifica-se a extinção de uma obrigação vencida em consequência do decurso de um prazo fixado na lei. Este instituto distingue-se do da caducidade, pois na prescrição extingue-se o direito do credor tributário de poder exigir o cumprimento da obrigação tributária constituída com a ocorrência do facto tributário, enquanto na caducidade o que se extingue é o poder do credor tributário de constatar a existência desse facto e de declarar o montante do imposto correspondente através da emissão da correspondente liquidação[492]. Enquanto a prescrição consiste num limite temporal para cobrar o imposto em dívida, a caducidade fornece um limite temporal para a liquidação da dívida[493].

Assim, nos termos do artº 48º da LGT, as dívidas fiscais prescrevem, salvo o disposto em lei especial, no prazo de oito anos contados nos impostos periódicos, a partir do termo do ano em que se verificou o facto tributário e nos impostos de obrigação única a partir da data em que o facto tributário ocorreu, excepto no IVA e nos impostos sobre o rendimento quando a tributação seja efectuada por retenção na fonte a título definitivo, em que esse prazo se conta nos termos já referidos a propósito da caducidade[494].

A contagem deste prazo de prescrição interrompe-se ou suspende-se nos termos definidos na lei (artº 49º da LGT). A prescrição é interrompida – inutilizando-se para a prescrição todo o tempo decorrido anteriormente (artº 326º, nº 1, do Código Civil) – com a citação, a reclamação, o recurso hierárquico, a impugnação e o pedido de revisão oficiosa da liquidação

[492] SILVA RODRIGUES, Benjamim, "A prescrição no direito tributário", in *Problemas Fundamentais do Direito Tributário*, Lisboa, Vislis, 1999, págs. 259-298 e LOPES DE SOUSA, *Sobre a Prescrição da Obrigação Tributária, Notas Práticas*, Lisboa, Áreas Editora, 2008.

[493] SALDANHA SANCHES, J.L., *Manual de Direito Fiscal*, pág. 262.

[494] Quanto à segurança social, dispõe o artº 187º do Código dos Regimes Contributivos do Sistema Previdencial de Segurança Social, que "a obrigação do pagamento das contribuições e das quotizações, respectivos juros de mora e outros valores devidos à segurança social, no âmbito da relação jurídico-contributiva prescreve no prazo de cinco anos a contar da data em que aquela obrigação deveria ter sido cumprida", interrompendo-se "por qualquer diligência administrativa, realizada com conhecimento do responsável pelo pagamento, conducente à liquidação ou à cobrança da dívida e pela apresentação de requerimento de procedimento extrajudicial de conciliação".

do tributo[495]. Verifica-se suspensão do prazo de prescrição por motivo do pagamento de prestações legalmente autorizadas, ou enquanto não houver decisão definitiva, ou passada em julgado, que puser termo ao processo, nos casos de reclamação, impugnação, recurso ou oposição, quando determinem a suspensão da cobrança da dívida.

As causas de interrupção ou suspensão da prescrição aproveitam quer ao devedor principal quer aos responsáveis solidários ou subsidiários, mas a interrupção da prescrição quanto ao devedor principal não produz efeitos quanto ao responsável subsidiário se a citação deste, em processo de execução fiscal, for efectuada após o 5º ano posterior ao da liquidação (nºs 2 e 3 do artº 48º da LGT).

O regime da prescrição também é aplicável, no domínio das infracções tributárias, ao procedimento contra-ordenacional e ao procedimento criminal. E isso pelas mesmas razões que no domínio da obrigação fiscal: a segurança jurídica e a paz dos cidadãos.

Assim, nos termos do artº 33º do RGIT, o procedimento por contra-ordenação extingue-se, por efeito da prescrição, logo que sobre a prática do facto sejam decorridos cinco anos, sendo este prazo reduzido ao prazo de caducidade do direito à liquidação quando a infracção depender daquela liquidação.

A prescrição do procedimento criminal por crime tributário está definida em termos semelhantes. Nos termos do artº 21º do RGIT, esse procedimento criminal por crime tributário extingue-se, por efeito da prescrição, logo que sobre a sua prática sejam decorridos cinco anos, sendo este prazo reduzido ao prazo de caducidade do direito à liquidação quando a infracção depender daquela liquidação. Este prazo de prescrição não prejudica os prazos de prescrição estabelecidos no Código Penal quando o limite máximo da pena de prisão for igual ou superior a 5 anos.

Quer a prescrição do procedimento contra-ordenacional quer a prescrição do procedimento criminal interrompem-se ou suspendem-se nos termos definidos na lei (respectivamente, artºs 33º, nº 3, e 21º, nº 4, do RGIT).

[495] A Lei do Orçamento do Estado para 2007 (Lei nº 53-A/2006, de 29 de Dezembro) revogou o nº 2 do artº 49º da LGT que determinava que "a paragem do processo por período superior a um ano por facto não imputável ao sujeito passivo faz parar essa interrupção, somando-se nesse caso o tempo que decorrer após esse período ao que tiver ocorrido até à data da autuação". Constituindo a prescrição da obrigação tributária uma garantia de certeza e de segurança para os contribuintes, esta revogação pode pôr em causa os objectivos que norteiam o instituto da prescrição, principalmente se não for acompanhada de medidas para o rápido andamento dos processos presentes nos tribunais tributários.

13.3.8. *Direito à confidencialidade fiscal*

Dado o acervo de informações que em matéria fiscal fica ao dispor da administração tributária – e, de algum modo, como contrapartida ao acesso generalizado a informações sobre a situação patrimonial e financeira dos contribuintes, recentemente alargado com o acesso a informações e documentos bancários (artº 63º-B da LGT) – a lei estabelece o direito do contribuinte à confidencialidade fiscal por parte de todo o pessoal da administração tributária, podendo mesmo configurar a sua violação um crime fiscal punido com multa ou prisão até 360 dias (artº 91º do RGIT). Como que se privilegia o valor da confidencialidade em face de um outro que caracteriza a administração pública nos Estados modernos, o do chamado princípio da administração aberta, que tem fundamento constitucional (artº 268º, nº 2, da Constituição), mas está limitado, designadamente, pelo direito à intimidade pessoal[496].

Assim, nos termos do artº 64º da LGT, os dirigentes, funcionários e agentes da administração tributária estão obrigados a guardar sigilo sobre os dados recolhidos sobre a situação tributária dos contribuintes e os elementos de natureza pessoal que obtenham no procedimento, nomeadamente os decorrentes do sigilo profissional ou qualquer outro dever de segredo legalmente regulado. Este dever cessa em alguns casos previstos na lei, designadamente por autorização do contribuinte ou por força dos deveres de cooperação legal com outras entidades ou de cooperação e assistência mútua com outras administrações tributárias ou ainda por virtude da colaboração com a justiça nos termos do Código de Processo Civil e do Código de Processo Penal, comunicando-se então esse dever de confidencialidade a quem tenham sido comunicados os elementos protegidos por segredo fiscal.

O dever de confidencialidade fiscal não prejudica:

- o acesso do sujeito passivo aos dados sobre a situação tributária de outros sujeitos que sejam comprovadamente necessários para fundamentar reclamações, recursos ou impugnações judiciais, desde que expurgados de quaisquer dados que possibilitem a identificação da pessoa ou pessoas a que dizem respeito;

[496] Sobre a problemática da confidencialidade fiscal veja-se PAMPLONA CORTE-REAL, Carlos, BACELAR GOUVEIA, Jorge e CARDOSO DA COSTA, Joaquim Pedro, *"Breves reflexões em torno da confidencialidade fiscal"*, in *Ciência e Técnica Fiscal*, Lisboa, nº 368, Out-Dez/1992, págs. 7-48 e MORGADO, Abílio, *"O sigilo fiscal"*, in *Ciência e Técnica Fiscal*, Lisboa, nº 414, Jul.-Dez./2004, págs. 7-62.

- a divulgação de listas de contribuintes cuja situação tributária não se encontre regularizada, designadamente listas hierarquizadas em função do montante em dívida, desde que já tenha decorrido qualquer dos prazos legalmente previstos para a prestação de garantia ou tenha sido decidida a sua dispensa (divulgação também aplicável aos contribuintes da Segurança Social por força do disposto no artº 49º da Lei do OE/2010 (Lei nº 3-B/2010, de 28 de Abril);
- a publicação de rendimentos declarados ou apurados por categorias de rendimentos, contribuintes, sectores de actividade ou outras (que, aliás, deverão ser publicados anualmente como forma de garantir a transparência e publicidade da actividade administrativa fiscal).

13.4. Garantias adjectivo-processuais do contribuinte

Trata-se de garantias que oferecem ao contribuinte o direito de intervir no procedimento e no processo tributários em defesa dos seus direitos e interesses. Pela sua importância, destacam-se, de entre elas, os seguintes direitos[497]:

- audição prévia;
- revisão da matéria colectável;
- recurso hierárquico;
- pedido de correcção de erros de administração tributária;
- reclamação graciosa;
- impugnação judicial.

Configura igualmente uma garantia do contribuinte o dever que impende sobre a Administração Tributária, mesmo depois do decurso dos prazos de reclamação graciosa e de impugnação judicial, de revogar actos de liquidação de tributos que sejam ilegais, nas condições e limites tempo-

[497] Outras garantias adjectivo-processuais se poderiam enumerar tais como as acções para o reconhecimento de um direito ou interesse legalmente protegido em matéria tributária (artº 145º do CPPT), os meios processuais acessórios de intimação para a consulta de documentos e passagem de certidões, de produção antecipada de prova e de execução de julgados (artº 146º do CPPT), a intimação para um comportamento em casos de omissões da administração tributária lesivas de quaisquer direitos ou interesses legítimos (artº 147º do CPPT), a oposição à execução fiscal (artºs 203º e segs. do CPPT), etc. Sobre algumas delas veja-se CASALTA NABAIS, José, *Direito Fiscal*, págs. 402 e segs. No plano internacional, importa destacar a chamada Convenção de Arbitragem (90/436/CEE), de 23 de Julho de 1990, em que está previsto o procedimento amigável e o procedimento arbitral em caso de correcção de lucros entre empresas associadas e de imputação de lucros a um estabelecimento estável.

rais referidos no artº 78º da LGT. E mais: embora a revisão do acto tributário com fundamento em erro imputável aos serviços deva ser da iniciativa da Administração Tributária, o contribuinte pode pedir que esse dever seja cumprido, dentro dos limites temporais em que a Administração o pode exercer, sendo o indeferimento, expresso ou tácito, deste pedido susceptível de ser impugnado contenciosamente pelo contribuinte[498].

Há ainda que considerar a chamada *"arbitragem em matéria tributária"*, introduzida no ordenamento jurídico português pelo Decreto-Lei nº 10/2011, de 20 de Janeiro, que é apresentada como uma "forma alternativa de resolução jurisdicional de conflitos no domínio fiscal" e que tem como um dos seus principais objectivos "reforçar a tutela eficaz dos direitos e interesses legalmente protegidos dos sujeitos passivos".[499]

[498] Neste exacto sentido, veja-se Acórdão do Supremo Tribunal Administrativo nº 653/05, de 6.10.2005.

[499] A competência dos tribunais arbitrais está definida de forma ampla: a) declaração de ilegalidade de liquidação de tributos, de autoliquidação, de retenção na fonte e de pagamento por conta; b) declaração de ilegalidade de actos de determinação da matéria colectável e de actos de fixação de valores patrimoniais; c) apreciação de qualquer questão, de facto ou de direito, relativa ao projecto de decisão de liquidação, sempre que a lei não assegure a faculdade de deduzir a pretensão antes imediatamente referida. A administração tributária não está, porém, vinculada a litígios de valor superior a 10 milhões de euros nem a pretensões que, no domínio dos impostos administrados pela Direcção Geral dos Impostos, digam respeito a pretensões relativas à ilegalidade de actos de autoliquidação, de retenção na fonte e de pagamentos por conta que não tenham sido precedidos de recurso á via administrativa nos termos dos artºs 131º a 133º do CPPT e a pretensões relativas a actos de determinação da matéria tributável e a actos de determinação da matéria colectável, ambos por métodos indirectos, incluindo a decisão do procedimento de revisão (cf. Portaria nº 112-A/2011, de 22 de Março). Verificou-se, assim, uma considerável restrição do âmbito dos processos sujeitos a arbitragem, que também não é vinculativa em relação a todos os tributos (por exemplo, os administrados pela Segurança Social ou pelas Câmaras Municipais). Um dos objectivos da "arbitragem" expressamente assumidos é "reduzir a pendência nos tribunais administrativos e fiscais" para o que se permite até que sejam sujeitos ao processo arbitral actos tributários que, à data da entrada em vigor do Decreto-Lei nº 10/2011 se encontrem pendentes de decisão em primeira instância nos tribunais judiciais tributários há mais de dois anos, com o incentivo da dispensa de pagamento de custas judiciais. Outro dos principais objectivos tem que ver com a celeridade na resolução de litígios, para o que está fixado um limite de seis meses para emissão da decisão arbitral (embora prorrogável por mais seis meses). A composição do Tribunal arbitral depende do facto de o sujeito passivo designar um árbitro de sua escolha e do valor da causa: em processos em que o valor da causa não exceda duas vezes a alçada do Tribunal Central Administrativo e o sujeito passivo não designe árbitro, o Tribunal será singular, sendo o único árbitro designado pelo Conselho Deontológico do CAAD (Centro de Arbitragem Administrativa), de entre a lista de árbitros que compõem o Centro de Arbitragem Administrativa; em processos que excedam aquele valor, o Tribunal funcionará com um colectivo de três juízes, nomeados também pelo Conselho Deon-

13.4.1. *Audição prévia*

De acordo com o chamado "princípio da participação" o contribuinte tem direito a ser ouvido antes de ser tomada uma decisão por parte da administração tributária que afecte os seus interesses. Trata-se de um direito que ocorre nas mais variadas situações previstas na lei, a saber (artº 60º da LGT)[500]:

a) Antes da liquidação;

tológico do CAAD ou, se o sujeito passivo designar o seu árbitro, cabendo à outra parte designar outro árbitro e os dois árbitros assim designados escolher um terceiro, que será o árbitro presidente (casos em poderão ser nomeados árbitros não integrantes da lista de árbitros do Centro de Arbitragem Administrativa). As decisões proferidas pelos Tribunais fiscais arbitrais, que devem apenas ter em conta o direito constituído, estando vedado o recurso á equidade, são, em regra irrecorríveis, excepto em alguns casos em que pode haver recurso para o Tribunal Constitucional ou para o Tribunal Central Administrativo ou reenvio prejudicial para o Tribunal de Justiça da União Europeia. Está estabelecido que as decisões proferidas no âmbito dos processos arbitrais terão o mesmo valor e efeitos jurídicos das sentenças proferidas pelos tribunais administrativos e fiscais. Estão fixadas as taxas de arbitragem, que são calculadas tendo em conta o valor da causa e o modo de designação dos árbitros, sendo consideravelmente mais elevadas caso o contribuinte use da sua livre escolha de designação do seu árbitro.

Que dizer de todo este regime, cujo percurso, desde a correspondente autorização legislativa (artº 124º da Lei nº 3-B/2010, de 28 de Abril), indicia afinal muitas dúvidas do legislador sobre a sua pertinência e eficácia ? Em primeiro lugar, que se trata, no contexto fiscal europeu, de uma originalidade portuguesa, pois desconhece-se qualquer paralelo na Europa aos tribunais arbitrais fiscais assim criados em Portugal, o que em si mesmo é revelador. Julga-se que tal se deverá, em boa medida, a uma objecção de fundo, relacionada com a natureza da obrigação tributária, que não parece compatível com esta "privatização da justiça", principalmente quando, não se cingindo a arbitragem a aspectos específicos em que a administração fiscal pode usar alguma discricionariedade técnica, a mesma poder ter ao menos a tentação, na prática, de substituir soluções legais por soluções arbitrais, tudo agravado pela impossibilidade de recurso para os tribunais judiciais das decisões arbitrais. Acresce a grande disparidade no valor das taxas consoante exista ou não designação de árbitros pelo sujeito passivo, o que já levou à interrogação sobre se a instituição da arbitragem tributária não redundará num acentuar das desigualdades no acesso à justiça, o que será o caso se o recurso à arbitragem ficar mais caro do que a justiça pública. Tendo também em conta o tipo de processos que correm nos tribunais tributários e as limitações de âmbito no recurso à arbitragem põe-se também a questão de saber, o que só o futuro se encarregará de dizer, se um dos objectivos visados – o da redução da pendência nos tribunais tributários – será alcançado. Cf., com muito interesse, CASALTA NABAIS, José, "*Reflexões sobre a introdução da arbitragem tributária*", a publicar em "*Estudos em Homenagem ao Prof. Doutor Jorge Miranda*" que, embora admitindo a arbitragem tributária, é muito crítico do regime instituído, apresentando, desenvolvidamente, algumas das reservas e interrogações acima indicadas.

500 A administração fiscal através da Circular nº 13/99, de 8 de Julho de 1999, definiu regras sobre a aplicação do chamado princípio da participação estabelecido no artº 60º da LGT, elencando decisões sujeitas a audiência, decisões excluídas de audiência e decisões em que poderá ser dispensada a audiência dos interessados.

b) Antes do indeferimento total ou parcial dos pedidos, reclamações, recursos ou petições;
c) Antes da revogação de qualquer benefício ou acto administrativo em matéria fiscal;
d) Antes da aplicação de métodos indirectos, quando não haja lugar a relatório de inspecção;
e) Antes da conclusão do relatório de inspecção tributária.

Existe ainda obrigatoriedade de audição prévia nos casos de reversão do processo de execução fiscal contra terceiros (responsáveis subsidiários) – nº 4 do artº 23º da LGT e nos casos de aplicação das normas anti-abuso – nº 4 do artº 63º do CPPT.

É, no entanto, dispensada a audição no caso de a liquidação se efectuar com base na declaração do contribuinte[501] ou a decisão do pedido, reclamação, recurso ou petição lhe for favorável (nº 2, alínea *a*), do artº 60º da LGT) e, bem assim, no caso de a liquidação se efectuar oficiosamente, com base em valores objectivos previstos na lei, desde que o contribuinte seja notificado para apresentação da declaração em falta, sem que o tenha feito [nº 2, alínea *b*), do artº 60º da LGT]. A audição, antes da liquidação, é também dispensada quando o contribuinte tenha sido anteriormente ouvido em qualquer das fases do procedimento a que se referem as alíneas *b*) a *e*) acima e não sejam invocados factos novos sobre os quais ainda se não tenha pronunciado (nº 3 do artº 60º da LGT).

Para este efeito, a administração tributária comunica ao sujeito passivo, em carta registada enviada para o seu domicílio fiscal onde é fixado o prazo para a resposta, o projecto de decisão e a sua fundamentação. Aquele prazo para a resposta, oral ou escrita, não pode ser inferior a 8 dias nem superior a 15 dias.

A participação do contribuinte não é, contudo, obrigatória, o que significa que, na falta de resposta deste, o mesmo não fica impedido de vir a usar os meios impugnatórios que entender adequados. Não vigora aqui, portanto, qualquer princípio de preclusão.[502]

[501] No entanto, se a liquidação tomou por base apenas os elementos factuais constantes da declaração mas lhe deu diferente enquadramento jurídico já será necessária a audição – neste sentido *Acórdão do Supremo Tribunal Administrativo* de 15/11/2006 no Pº 759/06.

[502] ROCHA, Joaquim Freitas, *Lições de Procedimento e Processo Tributário*, 3ª ed., Coimbra, Coimbra Editora, 2009, pág. 43.

Uma questão discutida é a de saber quais os efeitos da não audição prévia. Parece que o melhor enquadramento é o que resulta da consideração da audiência prévia como um direito subjectivo legal-procedimental, caso em que se está apenas perante um vício de forma da decisão final, determinante da anulabilidade do acto correspondente a essa decisão[503]. Tal vício não é, assim, do conhecimento oficioso, devendo ser arguido pelo interessado.

13.4.2. *Revisão da matéria colectável*

A revisão da matéria colectável é um procedimento que pode ser usado no caso de avaliação da matéria colectável por métodos indirectos, excepto nas situações em que se apliquem regimes simplificados em que não sejam efectuadas correcções com base em outro método indirecto (nº 1 do artº 91º da LGT).

O pedido de revisão – que tem efeito suspensivo da liquidação – deve ser apresentado pelo sujeito passivo em requerimento fundamentado dirigido ao órgão da administração tributária da área do seu domicílio fiscal, no prazo de 30 dias a contar da notificação da decisão que se deseja ver revista[504].

O procedimento de revisão assenta num debate contraditório entre o perito indicado pelo contribuinte e o perito indicado pela administração tributária (podendo ainda ser nomeados peritos independentes por ambas as partes) e visa o estabelecimento de um acordo, nos termos da lei, quanto ao valor da matéria colectável a considerar para efeitos de liquidação, que deve ser devidamente fundamentada (artº 92º da LGT). Obtido esse acordo, será com base na matéria colectável acordada que o tributo será liquidado e a administração tributária não pode alterar essa matéria colectável salvo em caso de trânsito em julgado de crime de fraude fiscal envolvendo os elementos que serviram de base à sua quantificação.

[503] As consequências seriam diferentes se o direito de audição fosse configurado como um direito fundamental, caso em que a preterição indevida da audição prévia seria causa de nulidade da decisão final, que, por isso, seria impugnável a todo o tempo (artº 133º, nº 2, do Código de Procedimento Administrativo, aplicável aqui subsidiariamente). Neste exausto sentido veja-se *Acórdão do Supremo Tribunal Administrativo* de 18/1/2006, no Pº 901/05. Para maiores desenvolvimentos, veja-se MACHETE, Pedro, "*A audição prévia do contribuinte*", in *Problemas Fundamentais do Direito Tributário*. Lisboa, Vislis, 1999, págs. 299-335.

[504] Importa referir que concluindo-se, em face de elementos concretos conhecidos posteriormente, que houve injustiça grave ou notória, o lucro tributável determinado por métodos indirectos pode ser revisto nos três anos posteriores ao do correspondente acto tributário – artº 62º do Código do IRC. Cf. também o nº 4 do artº 78º da LGT.

Não havendo acordo, o órgão competente da administração tributária resolverá, de acordo com o seu prudente juízo, tendo em conta as posições de ambos os peritos.

A designação de perito independente (sorteado de entre personalidades constantes de listras distritais – artº 93º da LGT) revela-se de certa importância já que no caso de o seu parecer ser conforme ao do perito do contribuinte e a administração tributária resolver em sentido diferente, a reclamação graciosa ou impugnação têm efeito suspensivo, independentemente da prestação de garantia, quanto à parte da liquidação controvertida em que aqueles peritos estiveram de acordo (nº 8 do artº 92º da LGT).

O indeferimento do pedido de revisão não está sujeito a qualquer encargo, mas poderá ser aplicado um agravamento até 5% da colecta reclamada quando se verifiquem cumulativamente as seguintes circunstâncias (nº 9 do artº 91º da LGT):

a) Provar-se que lhe é imputável a aplicação de métodos indirectos;
b) A reclamação ser destituída de qualquer fundamento;
c) Tendo sido deduzida impugnação judicial, esta ser considerada improcedente.

13.4.3. *Recurso hierárquico*

As decisões dos órgãos da administração tributária são sempre susceptíveis de recurso hierárquico (artº 66º do CPPT), sem prejuízo do princípio do duplo grau de decisão, segundo o qual não pode a mesma pretensão do contribuinte ser apreciada sucessivamente por mais de dois órgãos integrando a mesma administração tributária (nº 1 do artº 47º do CPPT)[505].

Estão sujeitas a recurso hierárquico:

- todas as decisões em que a lei expressamente o admite, como é o caso de indeferimento de reclamação graciosa (artº 76º, nº 1, do CPPT) ou de não reconhecimento de benefícios fiscais (artº 65º, nº 4, do CPPT);
- todas aquelas em que não existe qualquer outra possibilidade de controlo administrativo, como é o caso das correcções aritméticas a que alude o artº 91, nº 14, da LGT.

[505] Sobre o princípio do duplo grau de decisão veja-se ROCHA, Joaquim Freitas, *ob. cit.*, págs. 120 e 121.

Os recursos hierárquicos são dirigidos ao mais elevado superior hierárquico do autor do acto e interpostos no prazo de 30 dias a contar da notificação do acto respectivo, perante o autor do acto recorrido, que os fará subir, no prazo de 15 dias, acompanhados de informação sucinta ou parecer. Durante esse prazo pode o autor do acto revogá-lo total ou parcialmente[506].

A regra – salvo disposição expressa em contrário – é a de que o recurso hierárquico tem natureza meramente facultativa (artº 80º da LGT), o que significa que não é necessário para seguir a via contenciosa, podendo o interessado recorrer desde logo a tribunal, mesmo que não recorra hierarquicamente. O CPPT acrescenta-lhe ainda o efeito devolutivo (artº 67º, nº 1 do CPPT), o que significa que, em princípio, o recurso hierárquico não suspende a execução do acto tributário recorrido[507].

13.4.4. *Pedido de correcção de erros da administração tributária*

Trata-se de um procedimento – caracterizado pela dispensa de formalidades essenciais e simplicidade de termos – que visa a reparação, por meios simplificados, de erros materiais ou manifestos da administração tributária ocorridos na concretização do procedimento tributário ou na tramitação do processo de execução fiscal (artºs 95º-A e segs. do CPPT).

Para este efeito "*consideram-se erros materiais ou manifestos designadamente os que resultarem do funcionamento anómalo dos sistemas informáticos da administração tributária, bem como as situações inequívocas de erro de cálculo, de escrita, de inexactidão ou lapso*".

Em qualquer caso, a instauração do procedimento não prejudica a utilização, no prazo legal, de qualquer outro meio procedimental ou processual que tenha por objecto a ilegalidade da liquidação ou a exigibilidade da dívida.

[506] A doutrina tem referido que existem duas espécies de recursos hierárquicos. Uma seria a que está prevista no artº 66º do CPPT que se reportaria aos "actos em matéria tributária", isto é, actos administrativos relativos a questões fiscais que implicam a aplicação de normas tributárias ou de decisões nos procedimentos tributários, quer sejam actos interlocutórios quer decisões finais. A outra, prevista no artº 76º do CPPT terá por objecto o indeferimento da reclamação graciosa que se reporta a "actos tributários", em regra actos de liquidação de tributos. Para maiores desenvolvimentos sobre esta matéria pode ver-se SOUSA, Alfredo José, e SILVA PAIXÃO, José, *Código de Procedimento e de Processo Tributário comentado e anotado*, pág. 161 e segs.

[507] Exemplos de recursos hierárquicos com efeito suspensivo são os previstos no artº 83º, nº 2, do CIVA.

O pedido é apresentado, por escrito ou verbalmente, em qualquer serviço da administração tributária, no prazo de dez dias posteriores ao conhecimento efectivo pelo contribuinte do acto lesivo em causa, devendo ser decidido, pelo dirigente máximo do serviço ou qualquer outro funcionário em que tenha sido delegada essa competência, no prazo máximo de 15 dias.

Caso o fundamento do pedido seja a ilegalidade da liquidação, a inexigibilidade da dívida ou outro fundamento para o qual a lei preveja meio processual próprio, deve o contribuinte ser convidado a substituir o procedimento pelo meio adequado.

A decisão do pedido é notificada ao contribuinte presencialmente ou por via postal simples, não estando sujeito o seu indeferimento a audição prévia.

13.4.5. *Reclamação graciosa*

13.4.5.1. *Regime geral*

A reclamação graciosa – que, nos termos da alínea *f*) do artº 69º do CPPT, não tem efeito suspensivo, salvo, quando, a requerimento do contribuinte, for prestada a garantia adequada – visa a anulação total ou parcial dos actos tributários por iniciativa do contribuinte, incluindo, nos termos da lei, os substitutos e responsáveis (nº 1 do artº 68º do CPPT).

Nos termos do nº 1 do artº 70º do CPPT, podem servir-lhe de base os mesmos *fundamentos* previstos para a impugnação judicial, ou seja qualquer ilegalidade, incluindo a errónea qualificação e quantificação dos rendimentos, lucros, valores patrimoniais e outros factos tributários, a incompetência, a ausência ou vício da fundamentação legalmente exigida e a preterição de outras formalidades legais (artº 99º do CPPT). Não pode, contudo, ser deduzida reclamação graciosa quando com o mesmo fundamentado for apresentada impugnação judicial (nº 2 do artº 68º do CPPT).

O *prazo* para a sua apresentação é de 120 dias (artº 70º do CPPT), sendo de sublinhar que, nos termos já assinalados, essa apresentação faz interromper o prazo de prescrição da obrigação tributária (artº 49º, nº 1, da LGT).

Em princípio, no tocante aos impostos administrados pela DGCI, a reclamação deve ser entregue ou efectuada oralmente no serviço de finanças da área do domicílio ou sede do contribuinte, da situação dos bens ou da liquidação, dirigida ao director distrital de finanças respectivo (artº 73º do CPPT), que é, sem prejuízo das delegações de competências previstas na lei, a entidade competente para a decisão (artº 75º do CPPT). A competência é, no entanto, do chefe do serviço de finanças nos casos em que o valor do processo não exceda o quíntuplo da alçada do tribunal de 1ª instância (nº 4 do artº 73º do CPPT).

Ao indeferimento, total ou parcial, da reclamação graciosa pode reagir-se através de:

a) Recurso hierárquico, a interpor no prazo de 30 dias – artº 76º do CPPT (veja-se acima 13.4.3.)[508];
b) Impugnação judicial, a apresentar no prazo de 15 dias a contar da notificação de indeferimento expresso da reclamação – (nº 2 do artº 102º do CPPT) ou de 90 dias a contar do indeferimento tácito da reclamação [nº 1, alínea *d*), do artº 102º do CPPT)[509].

A decisão que vier a recair sobre o recurso hierárquico é passível de recurso contencioso, salvo se de tal decisão já tiver sido deduzida impugnação judicial com o mesmo objecto[510].

[508] Como o recurso hierárquico é facultativo e tem efeito meramente devolutivo, não suspende o prazo de impugnação judicial consequente ao indeferimento da reclamação graciosa, pelo que o reclamante terá de deduzir essa impugnação sem prejuízo de interpor também recurso hierárquico. Se este for julgado procedente e revogado o acto tributário, a impugnação judicial deverá ser julgada extinta por impossibilidade superveniente da lide; se o recurso hierárquico for julgado improcedente não poderá haver lugar a recurso contencioso para evitar litispendência e eventual contradição de julgados entre o recurso contencioso e a impugnação judicial. Cf. SOUSA, Alfredo José, e SILVA PAIXÃO, José, *Código de Procedimento e de Processo Tributário comentado e anotado*, pág. 178.

[509] A formação da presunção de indeferimento tácito de reclamação graciosa pode ser assumida para efeitos de impugnação quando não for proferida decisão no prazo em que o procedimento tributário deve estar concluído, prazo que é de seis meses (artº 106º do CPPT e artº 57º da LGT). Cf. LOPES DE SOUSA, Jorge, *Código de Procedimento e de Processo Tributário*, I vol., Lisboa, Áreas Editora, 2006, págs. 731-733 e 770-775.

[510] Assim, além de existir uma dupla via administrativa para obter a revogação total ou parcial de um acto tributário: o recurso hierárquico e a reclamação graciosa, esta duplicação é ainda agravada pelo facto de do indeferimento da reclamação graciosa ser ainda possível interpor recurso hierárquico além de impugnação judicial. E o indeferimento deste recurso hierárquico abre outra via de acesso aos tribunais – a do recurso contencioso. Crítica destas soluções pode ver-se em SOUSA, Alfredo José, e SILVA PAIXÃO, José, *Código de Procedimento e de Processo Tributário comentado e anotado*, pág. 163 que secunda a crítica relacionada com esta matéria constante do *Relatório da Comissão para o Desenvolvimento da Reforma Fiscal*, Lisboa, Ministério das Finanças, 1996, pág. 252.

Meios gerais de defesa ao dispor do contribuinte*

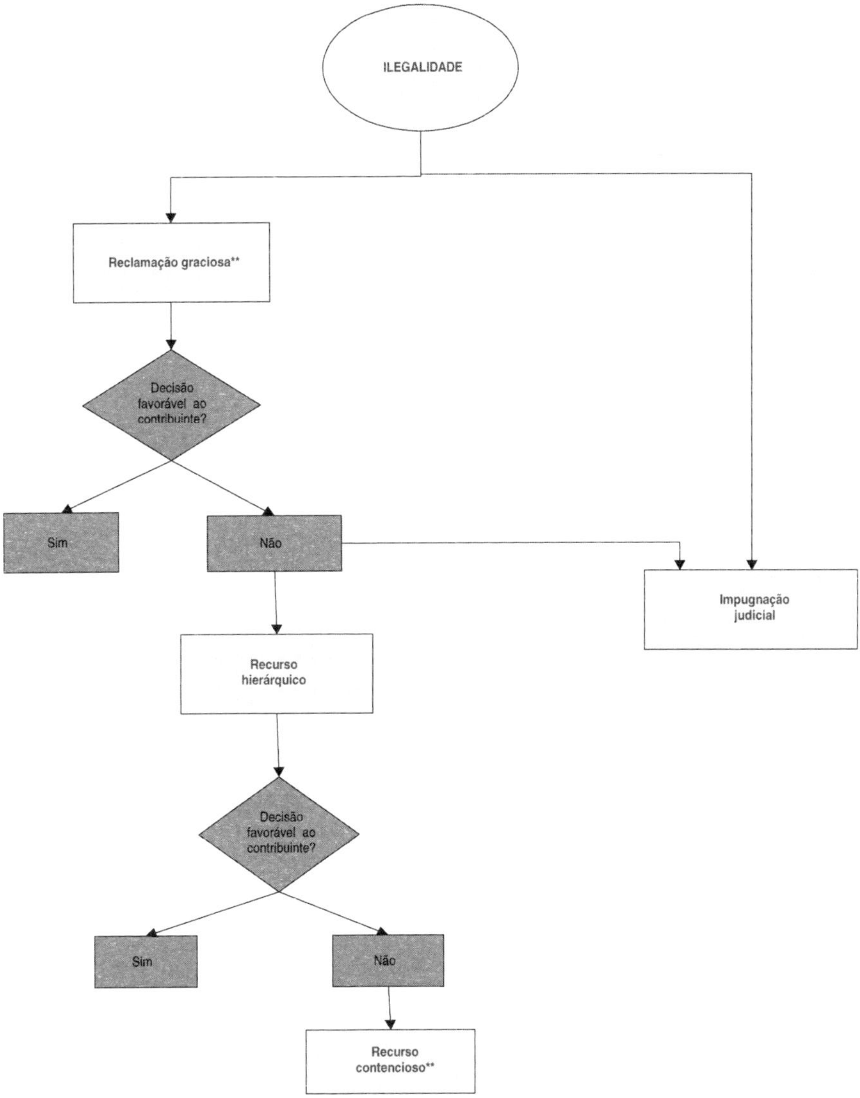

* Além de outros que sejam aplicáveis, designadamente recurso hierárquico
** Se não tiver sido deduzida impugnação judicial com o mesmo fundamento

A reclamação graciosa está isenta de custas [alínea *d*) do artº 69º do CPPT] mas isso não impede que, nos casos em que a reclamação graciosa não seja condição de impugnação judicial e não existam motivos que razoavelmente a fundamentem, possa ser aplicada, a título de custas, um agravamento graduado até 5% da colecta objecto do pedido (nº 1 do artº 77º do CPPT). Nos casos em que a reclamação graciosa seja condição de impugnação judicial esse agravamento só pode verificar-se quando tenha sido julgada improcedente a impugnação judicial deduzida pelo reclamante (nº 2 do artº 77º do CPPT).

13.4.5.2. ***Especificidades de regime relativamente ao IRS, IRC e IVA***

A reclamação graciosa nos casos de IRS, IRC e IVA apresenta algumas especificidades, designadamente em termos de prazos, que importa precisar.

Assim, no tocante ao IRS (artº 140º do respectivo Código), além da reclamação da liquidação do IRS, contando-se o prazo da reclamação a partir dos 30 dias posteriores ao da notificação da liquidação, a retenção na fonte pode ainda ser objecto:

a) De reclamação por parte do titular dos rendimentos ou do seu representante, sempre que se verifique a impossibilidade de ser efectuada a respectiva correcção nas entregas seguintes até ao fim do último período de retenção anual (nº 4 do artº 98º do Código do IRS) ou de o respectivo montante ser levado em conta na liquidação final do imposto, caso em que o prazo de reclamação se conta a partir do dia 20 de Janeiro do ano seguinte àquele a que a retenção disser respeito;

b) De reclamação por parte das entidades que, no âmbito da substituição tributária, tenham entregue por erro importância superior ao imposto retido ou as que, em cumprimento da obrigação de liquidação autónoma, tenham praticado algum erro na liquidação, caso em que o prazo de reclamação se conta a partir do dia 20 de Janeiro do ano seguinte àquele a que a retenção disser respeito ou a partir da data de pagamento do imposto que autonomamente deva ser liquidado e entregue nos cofres do Estado.

No que se refere ao IRC (artº 137º do respectivo Código), além da reclamação graciosa da liquidação nos termos gerais, poderá também haver lugar a reclamação nos casos de autoliquidação, retenção na fonte e pagamentos por conta, nos termos previstos para a respectiva impugnação nos artºs 131º a 133º do CPPT (veja-se adiante 13.4.6.2.). No entanto, a reclamação, pelo titular dos rendimentos ou seu representante, da retenção na fonte de importâncias total ou parcialmente indevidas, só tem lugar quando essa retenção tenha carácter definitivo e deve ser apresentada no prazo de dois anos a contar do termo do prazo de entrega, pelo substituto, do imposto retido na fonte ou da data do pagamento ou colocação à disposição dos rendimentos, se posterior.

No caso do IVA, a reclamação graciosa por erro verificado na liquidação do IVA não é admitida quando os erros forem ainda susceptíveis de correcção nos termos do artº 78º do respectivo Código ou se não tiver sido entregue a declaração periódica cuja falta originou a liquidação, contando-se então o prazo para a reclamação a partir do dia imediato àquele em que é possível fazer a correcção (que é de dois anos) – nºs 2 e 5 do artº 97º do Código do IVA.

Deve ainda referir-se que nos termos dos artº 131º a 133º do CPPT, a reclamação graciosa é, em muitos destes casos, condição prévia para a impugnação judicial devendo nestes casos essa reclamação ser apresentada nos prazos aí indicados (veja-se adiante 13.4.6.2.)

13.4.6. *Impugnação judicial*

13.4.6.1. *Regime geral*

De acordo com o princípio geral de que todos os actos em matéria tributária que lesem direitos ou interesses legalmente protegidos são impugnáveis ou recorríveis nos termos da lei (nº 2 do artº 9º da LGT; cf. igualmente nº 4 do artº 268º da Constituição da República)[511], a impugnação judicial compreende (artº 97º do CPPT) designadamente:

- a impugnação da liquidação dos tributos, incluindo os parafiscais e os actos de autoliquidação, retenção na fonte e pagamento por conta;
- a impugnação da fixação da matéria tributável, quando não dê origem à liquidação de qualquer tributo;

[511] Isto não significa que todos os actos em matéria tributária sejam objecto do processo judicial tributário constante do CPPT. Assim, o recurso contencioso dos actos administrativos em matéria tributária que não comportem a apreciação da legalidade do acto de liquidação regula-se pela Lei de Processo nos Tribunais Administrativos e Fiscais (nºs 2 e 3 do artº 97º do CPPT).

- a impugnação do indeferimento total ou parcial das reclamações graciosas dos actos tributários;
- a impugnação dos actos administrativos em matéria tributária que comportem a apreciação da legalidade do acto de liquidação;
- a impugnação do agravamento à colecta aplicado, nos casos previstos na lei, em virtude da apresentação de reclamação ou recurso sem qualquer fundamento razoável;
- a impugnação dos actos de fixação de valores patrimoniais;

Constitui *fundamento* para a impugnação qualquer ilegalidade, incluindo a errónea qualificação e quantificação dos rendimentos, lucros, valores patrimoniais e outros factos tributários, a incompetência, a ausência ou vício da fundamentação legalmente exigida e a preterição de outras formalidades legais (artº 99º do CPPT).

O *prazo* para a apresentação da impugnação é, em geral (artº 102º do CPPT), de[512]:

- 90 dias, a contar do termo do prazo para pagamento voluntário dos impostos, da notificação dos actos tributários que não deem origem a liquidação, da citação dos responsáveis subsidiários em processo de execução fiscal, da formação da presunção de indeferimento tácito, da notificação dos restantes actos que possam ser objecto de impugnação autónoma nos termos do CPPT, do conhecimento de outros actos lesivos dos interesses legalmente protegidos;
- 15 dias, após a notificação, em caso de indeferimento expresso de reclamação graciosa.

Embora não fosse necessário, o nº 3 do artº 102º do CPPT estabelece que se o fundamento da impugnação for a nulidade, a impugnação pode ser deduzida a todo o tempo.

A impugnação começa com uma petição articulada dirigida ao juiz do tribunal competente – elaborada em triplicado, sendo uma cópia para arquivo e outra para o representante da Fazenda Pública – em que se identifiquem o acto impugnado e a entidade que o praticou, se exponham os factos e as razões de direito que fundamentam o pedido e se indique o

[512] Existem vários casos de prazos especiais para a impugnação, designadamente, quanto ao IRS (nº 4 do artº 140º do respectivo Código), IMT (artº 43º, nº 2 do CIMT), Imposto do Selo (artº 49º, nº 2, do CIS) e IVA (artº 97º, nºs 2 e 5, do CIVA).

valor do processo ou a forma como se pretende a sua determinação a efectuar pelos serviços da administração tributária (artº 108º do CPPT). Com a petição o impugnante oferecerá os documentos de que dispuser, arrolará testemunhas e requererá as demais provas que não dependam de ocorrências supervenientes.

A petição inicial é apresentada – ou enviada pelo correio, sob registo – no tribunal tributário competente ou no serviço periférico local (os agora designados serviços de finanças, no caso da DGCI) onde haja sido praticado ou deva legalmente considerar-se praticado o acto, devendo, neste último caso, o serviço enviar a petição ao tribunal tributário competente no prazo de cinco dias após o pagamento da taxa de justiça inicial (artº 103º do CPPT)[513].

A impugnação tem efeito suspensivo quando, a requerimento do contribuinte, seja prestada garantia adequada, podendo manter-se independentemente de requerimento ou despacho a garantia prestada para o mesmo efeito aquando de reclamação graciosa (nºs 4 e 5 do artº 103º do CPPT).

13.4.6.2. *Impugnação nos casos de autoliquidação, retenção na fonte e pagamento por conta*

Embora seguindo nos seus termos gerais o regime que acaba de se apresentar, a *impugnação nos casos de autoliquidação, retenção na fonte e pagamento por conta* tem alguns aspectos particulares (artºs 131º a 133º do CPPT).

Em todos estes casos, a impugnação é obrigatoriamente precedida de reclamação graciosa, excepto em caso de autoliquidação e retenção na fonte em que esteja em causa exclusivamente matéria de direito e a autoliquidação ou a retenção na fonte tiver sido efectuada de acordo com as orientações genéricas emitidas pela administração fiscal (nº 3 do artº 131º e nº 6 do artº 132º do CPPT).

Assim:

a) No caso de erro na autoliquidação, a impugnação é, salvo o caso acima referido, obrigatoriamente precedida de reclamação graciosa, a apresentar no prazo de dois anos após a apresentação da declaração, sendo a impugnação apresentada no prazo de 30 dias a partir da

[513] Durante uma fase inicial do percurso da impugnação judicial pode a administração tributária (através do órgão periférico local ou do órgão periférico regional) revogar, total ou parcialmente, o acto impugnado (artº 112º do CPPT).

notificação de indeferimento ou da formação da presunção de indeferimento tácito (nºs 1 e 2 do artº 131º do CPPT)[514];

b) No caso de erro na entrega de imposto superior ao retido e não sendo possível a correcção nas entregas seguintes da mesma natureza a efectuar no ano do pagamento indevido, a impugnação é, salvo o caso acima referido, obrigatoriamente precedida de reclamação graciosa, a apresentar pelo substituto no prazo de dois anos, sendo a impugnação apresentada no prazo de 30 dias a partir da notificação de indeferimento ou da formação da presunção de indeferimento tácito (artº 132º do CPPT)[515];

c) No caso de erro sobre os pressupostos da existência de pagamento por conta ou do seu quantitativo quando determinado pela administração tributária, a impugnação depende de prévia reclamação graciosa a apresentar no prazo de 30 dias após o pagamento indevido, sendo a impugnação apresentada no prazo de 30 dias a partir de indeferimento expresso, pois no caso de este não existir no prazo de 90 dias a contar da apresentação da reclamação, esta é considerada tacitamente deferida (artº 133º do CPPT).

[514] Tal como para a reclamação graciosa, no caso de impugnação por erro verificado na liquidação do IVA, aquela não será admitida quando os erros forem ainda susceptíveis de correcção nos termos do artº 78º do respectivo Código, contando-se então o prazo para a impugnação a partir do dia imediato àquele em que é possível fazer a correcção (que, conforme os casos, é de um ano ou de dois anos) – nºs 2 e 5 do artº 97º do Código do IVA.

[515] Este regime aplica-se igualmente ao substituído quando a retenção na fonte tiver natureza definitiva, o que exceptua, assim, os casos em que a liquidação tiver a mera natureza de imposto por conta devido a final (nº 4 do artº 132º do CPPT).

III

Os Impostos, a Economia e a Gestão

14. Nível de Fiscalidade, Esforço Fiscal e Estrutura Fiscal

14.1. Nível de fiscalidade

14.1.1. *Noção de nível de fiscalidade*

Uma das variáveis a que, nos estudos económicos dos impostos, se deve dar a maior importância, designadamente para efeitos de comparações internacionais, é a do nível de fiscalidade – também, por vezes, designada por coeficiente fiscal ou "*ratio*" fiscal – que é expressa pela relação entre receitas fiscais e um indicador do rendimento nacional, geralmente o produto nacional bruto ou o produto interno bruto, a preços de mercado.

Esta expressão pretende medir a parte do rendimento nacional que, através dos impostos, é transferida das mãos dos particulares para o sector público.

Muitas vezes, o nível de fiscalidade é referido como constituindo a pressão fiscal ou a carga fiscal, o que, sendo explicável – na mente das pessoas não há uma ligação estreita entre os impostos e as contrapartidas que estes tornam possíveis[516] – não é totalmente correcto por várias razões[517]. Com efeito, o nível de fiscalidade depende, em primeiro lugar, das preferências dos indivíduos entre satisfazer algumas das suas necessidades por bens e serviços públicos ou por bens e serviços privados. Por outro lado, uma pressão ou uma carga significam sacrifício e este não pode ser expresso apenas

[516] CHELLIAH, Raja J., "*Trends in Taxation in Developping Countries*", in *Staff Papers – International Monetary Fund*, Washington, vol. XVII, nº 2, July 1971, pág. 258.

[517] Veja-se, por exemplo, CAVACO SILVA, A. e MURTEIRA, Bento, "*Nível e estrtura da fiscalidade: Portugal e os outros países da OCDE*" in *Economia*, Lisboa, vol. II, nº 1, Janeiro de 1978, págs. 62 e 63.

pelo nível das receitas fiscais mas sobretudo pela distribuição destas pelos diferentes contribuintes. Finalmente, o nível de fiscalidade depende do facto de certas políticas (por exemplo, a protecção à família ou os incentivos à indústria) serem prosseguidas através da concessão de subsídios ou transferências em espécie ou através de vantagens fiscais, pois neste último caso menos receitas são arrecadadas. Além disso, para a análise da pressão ou carga fiscal tem de se tomar também em conta a incidência económica dos impostos e os benefícios que os contribuintes retiram das despesas públicas, estudo que o nível de fiscalidade não permite fazer.

Em síntese, pode dizer-se que o nível de fiscalidade fornece apenas – o que já é muito – "uma indicação da preferência que é dada num determinado país aos bens colectivos *versus* bens privados, ao papel dos poderes públicos na distribuição dos rendimentos e às utilizações das transferências ou dos benefícios fiscais como instrumentos de política económica"[518] ou, por outras palavras, fornece uma ideia de como numa economia se dividem as responsabilidades entre o sector público e o sector privado e do grau de controlo que o Estado exerce sobre a disposição do poder aquisitivo dos particulares[519]. E mesmo estas indicações devem ser entendidas com as limitações inerentes – nem as receitas fiscais são as únicas de que o Estado e os outros entes públicos podem lançar mão para satisfazerem as necessidades colectivas e por isso o nível de fiscalidade não pode ser entendido como uma medida absoluta da dimensão do sector público; nem a política fiscal é a única política de que o Estado se pode servir para influenciar a actividade económica e, por isso, o nível de fiscalidade não é um indicador absoluto do grau de intervenção do Estado na economia.

Deve ainda referir-se que o nível de fiscalidade é afectado se existe um grau elevado de fuga aos impostos, designadamente por virtude da existência de economia subterrânea, o que se reflecte evidentemente no valor das receitas fiscais. Essa distorção assume maior relevo se os valores do indicador do rendimento nacional não estiverem influenciados também por esse fenómeno.

Todos estes factores determinam que a comparação internacional dos níveis de fiscalidade deva ser efectuada com muita prudência. A OCDE

[518] OCDE, *Statistiques des recettes publiques des pays membres de l'OCDE (1965-1981)*, Paris, 1982, pág. 27.

[519] CHELLIAH, Raja J., *art. cit*, pág. 258.

assinala que os níveis de fiscalidade e a sua evolução no tempo dependem designadamente dos seguintes factores[520]:

- o grau de assistência social ou económica que os países concedem através de despesas fiscais (despesas feitas através do sistema fiscal)[521] em vez de despesas públicas directas;
- a tributação ou não das prestações de segurança social;
- as diferenças entre os valores da fraude fiscal e os da economia subterrânea, não sendo estes últimos reflectidos a não ser de modo incompleto nos montantes do PIB;
- o tempo que medeia entre a data da exigibilidade do imposto e a sua cobrança;
- as relações entre a base fiscal e o PIB, por um lado, e o ciclo económico, por outro;
- as diferenças de mensuração do PIB entre os vários países.

Assim, *ceteris paribus*, um país que prefira levar a cabo a sua política económica através de benefícios fiscais em vez de subsídios directos terá um nível de fiscalidade menor que um outro país que dê preferência a estes subsídios[522].

Por outro lado, existem países em que se deduzem na totalidade para efeitos fiscais as contribuições para a segurança social, com as inerentes consequências em termos de receitas fiscais, mas em que grande parte ou mesmo a totalidade das prestações de segurança social não são tributadas, o que distorce as comparações internacionais entre países que adoptam posturas tributárias diferentes em relação à dedutibilidade ou não das contribuições para a segurança social e à tributação ou não das prestações de segurança social.

Acresce que diferenças nos níveis de fiscalidade não reflectem necessariamente diferenças nas políticas fiscais ao longo do tempo ou entre os vários países. Com efeito, considerando que o total das receitas fiscais, que figura no numerador, é o resultado de um somatório das receitas dos vários impostos e isolando, por exemplo, a parte correspondente ao imposto de

[520] OCDE, *Statistiques de recettes publiques des pays membres de l' OCDE (1965-1998)*, Paris, 1999, págs. 52 e 53. Cf. igualmente OECD, *Tax Burdens – alternative measures*, Paris, 2000, págs. 27-31.

[521] Sobre o conceito de "despesa fiscal" veja-se adiante o ponto 15.3.1.

[522] Uma análise dos efeitos dos benefícios fiscais sobre os níveis de fiscalidade pode ver-se no estudo especial *"Allégements fiscaux et interpretation des rapports impôts/PIB"* incluído em OCDE, *Statistiques de recettes publiques (1965-2002)*, Paris, 2003, págs. 59-65.

sociedades, poderá ver-se que a diferença de níveis de fiscalidade pode resultar da variabilidade do *ratio* dos lucros no PIB, explicada designadamente pela fase do ciclo económico em que se encontra cada país, e não por políticas fiscais diversas.

Finalmente, como se sublinha no ponto imediatamente a seguir, importa ter em conta a fiabilidade do cálculo do PIB ao longo do tempo e de país para país. Em especial, tem sido observado que é muito diferente entre os países a forma como é reflectida no PIB a economia subterrânea, o que necessariamente influencia os níveis de fiscalidade. Há também que ter em conta as sucessivas revisões a que se encontra sujeito o cálculo do PIB[523].

14.1.2. *Questões metodológicas*

O nível de fiscalidade depende das grandezas escolhidas para numerador e denominador e suscita numerosas e complexas questões de conceituação e terminologia[524].

Referiu-se já que o numerador são as receitas fiscais, entendendo-se que nelas se incluem, de acordo com a definição da OCDE, todas as "prestações obrigatórias feitas sem contrapartida em benefício de administrações públicas", o que abrange:

- as receitas fiscais arrecadadas a todos os níveis de governo (central, estadual e local), de modo a permitir comparações no tempo e no espaço, visto o papel atribuído a cada um desses níveis poder evoluir entre as várias épocas ou ser diferente entre os vários países;

[523] Também o sistema de contas nacionais usado para cálculo do PIB influencia as comparações no tempo e no espaço do nível de fiscalidade e deve ser tido em conta. A esse respeito ao nível da OCDE importa ter em consideração a substituição, não simultânea em todos os países, do Sistema de Contabilidade Nacional de 1968 (SCN 1968) pelo Sistema de Contabilidade Nacional de 1993 (SCN 1993) e, ao nível da União Europeia, a substituição do Sistema Europeu de Contas Económicas Integradas de 1979 (SEC 1979) pelo Sistema Europeu de Contas Económicas Integradas de 1995 (SEC 1995). Para maiores desenvolvimentos sobre este ponto veja-se OCDE, *Statistiques de recettes publiques des pays membres de l' OCDE (1965-1998)*, Paris, 1999, págs. 55-58. Sobre a influência no nível de fiscalidade das sucessivas revisões do PIB veja-se também OCDE, *Statistiques de recettes publiques (1965-2007)*, Paris, 2008, págs. 68-69.

[524] Para maiores desenvolvimentos veja-se, por exemplo, MESSERE, K.C. e OWENS, J.P., "*Comparaisons internationales du niveau de la fiscalité: écueils et éclairages*" in *Revue Economique de l' OCDE*, Paris, nº 8, Printemps 1987, págs. 101-131 e SANTOS, J. Albano, "*A fiscalidade: medições e limites*", in *Estudos de Economia*, Lisboa, vol. IX, nº 4, Jul-Set/1989, pags. 396 e segs.

- além dos impostos, as contribuições para a segurança social, pois, até atento o modo como é financiada a segurança social em alguns países, essas contribuições, independentemente da querela sobre a sua natureza jurídico-económica a que já se aludiu (ponto 2.4.), não podem deixar de ser incluídas nas receitas fiscais de modo a permitir comparações internacionais.

Quanto ao denominador, há que escolher a grandeza que, para este efeito, seja o melhor indicador do rendimento nacional. As alternativas possíveis dependem da disponibilidade de dados minimamente comparáveis e, na prática, redundam na escolha entre o Produto Nacional Bruto (PNB) e o Produto Interno Bruto (PIB), a preços de mercado ou ao custo dos factores. Deve ter-se em conta a este respeito que a diferença entre PIB e PNB está no chamado "rendimento líquido dos activos externos" ou seja o PIB inclui o rendimento produzido localmente e transferido para não residentes e exclui o rendimento recebido do estrangeiro pelos residentes, enquanto que o PNB exclui o primeiro e inclui o segundo. Na prática, tem sido usado sobretudo o PIB a preços de mercado, podendo dizer-se que a escolha de uma ou outra das soluções não tem, em geral, influência significativa sobre os níveis de fiscalidade relativos.

14.1.3. *Nível de fiscalidade em Portugal e noutros países da OCDE*

O nível de fiscalidade em Portugal – expresso pela relação entre receitas fiscais (incluindo contribuições para a segurança social) e produto interno bruto, a preços de mercado – passou de 15,4% para 22,9% entre 1955 e 1980 e atingiu sucessivamente 26,9% em 1990, 30,9% em 1995, 32,8% em 2000 e 35,2 em 2008[525]. Com efeito é a seguinte a evolução deste indicador no período 1965-2008:

	1965	1975	1985	1990	1995	2000	2005	2008
Nível de fiscalidade (incluindo segurança social)	15,9	19,1	24,5	26,9	30,9	32,8	33,7	35,2
Nível de fiscalidade (excluindo segurança social)	12,4	12,5	18,1	19,2	21,5	22,9	22,7	23,7

[525] Cf. OCDE, *Tendances à long terme des recettes fiscales des pays membres de l'OCDE* (1955-1980), Paris, 1981 e OCDE, *Statistiques de recettes publiques (1965-2009)*, Paris, 2010. Para o caso português veja-se CARVALHO, António J. e GOMES SANTOS, J.G., *Nível e estrutura da fiscalidade portuguesa – comparações internacionais*, Lisboa, Cadernos de Ciência e Técnica Fiscal nº 156, Centro de Estudos Fiscais, 1989.

Em termos internacionais, verifica-se uma grande amplitude nos níveis de fiscalidade dos vários países da OCDE (Quadro I), que vai, em 2008, dos 48,2 % da Dinamarca aos 21% do México. Na parte superior da escala – níveis de fiscalidade iguais ou superiores a 44% estão alguns dos países da União Europeia: Dinamarca, Suécia e Bélgica; já na parte inferior – níveis de fiscalidade abaixo dos 30% – estão países como a Eslováquia, Suiça, Irlanda, Japão, Austrália, Coreia do Sul, Estados Unidos da América, Turquia, Chile e México. Tal justifica que a União Europeia seja caracterizada como uma das regiões mais altamente tributadas no mundo.

Portugal, com os seus 35,2%, situa-se, em 2008, praticamente a meio da tabela – no conjunto dos países da OCDE, tem um nível de fiscalidade mais elevado do que a Polónia, Israel, Nova Zelândia, Espanha, Grécia, Canadá, Eslováquia, Suíça, Irlanda, Japão, Austrália, Coreia do Sul, Estados Unidos da América, Turquia, Chile e México.

Comparativamente com a média (não ponderada) dos países da da UE 15, o nível de fiscalidade em Portugal situava-se em 2008 abaixo dessa média, o que poderia sugerir que existe ainda a possibilidade do seu incremento. A este propósito importa, porém, equacionar dois factores, que actuam em sentidos opostos: por um lado, há países pertencentes à União Europeia (Polónia, Eslováquia, Espanha, Grécia e Irlanda) cujos níveis de fiscalidade são inferiores ao nosso[526]; por outro lado, o facto de, perante crescentes necessidades financeiras do Estado para manutenção do chamado "modelo social europeu" e cumprimento de obrigações internacionais em termos de défice face ao Pacto de Estabilidade e Crescimento da UE, necessidades que a crise financeira agravou, não ser possível reduzir os impostos e, consequentemente, o nível de fiscalidade.

Quanto à evolução no tempo, verifica-se, em termos de tendência de longo prazo (cf. adiante Figura 6), que o nível de fiscalidade (incluindo segurança social) na zona da OCDE não tem parado de aumentar, ainda que a ritmos diferentes conforme os países[527], visualizando-se nos últimos

[526] A que acrescem outros Estados membros da União Europeia a 27 que em 2008 não eram membros da OCDE: terão também níveis de fiscalidade inferiores ao de Portugal, os seguintes países: Bulgária, Estónia, Letónia, Lituânia, Malta e Roménia. Cf. European Commission, *Taxation Trends in the European Union*, 2010 edition.

[527] São poucos os países que resistiram a esta tendência de longo prazo: apenas um país – Países Baixos tem actualmente um nível de fiscalidade inferior ao de 1975 e apenas em três países – México, Reino Unido e Estados Unidos – as receitas fiscais evoluíram seguindo de perto o ritmo do PIB no longo prazo. Verifica-se, no entanto, que fora da Europa só três países têm níveis de fiscalidade não inferiores a 30% – Canadá, Austrália e Nova Zelândia. Uma síntese

QUADRO I – Nível de fiscalidade
(Países membros da OCDE)

2008

Países	*Receitas Fiscais em % do PIB p.m.*	*Contribuições para a Segurança Social em % do PIB p.m.*	*Receitas Fiscais sem Cont Seg. Social em % do PIB p.m.*
Dinamarca	48,2	1	47,2
Suécia	46,3	11,5	34,8
Bélgica	44,2	14	30,2
Itália	43,3	13,5	29,8
França	43,2	16,1	27,1
Finlândia	43,1	12,1	31
Áustria	42,7	14,3	28,4
Noruega	42,6	8,9	33,7
Hungria	40,2	13,1	27,1
Países Baixos	39,1	14,5	24,6
Eslovénia	37,2	14,1	23,1
Alemanha	37	13,9	23,1
Islândia	36,8	2,8	34
República Checa	36	16	20
Reino Unido	35,7	6,8	28,9
Luxemburgo	35,5	10	25,5
Portugal	35,2	11,5	23,7
Polónia	34,3	11,4	22,9
Israel	33,8	5,6	28,2
Nova Zelândia	33,7	-	33,7
Espanha	33,3	12,2	21,1
Grécia	32,6	12,3	20,3
Canada	32,3	4,7	27,6
Eslováquia	29,3	11,9	17,4
Suiça	29,1	6,7	22,4
Irlanda	28,8	5,1	23,7
Japão	28,1	10,8	17,3
Austrália	27,1	-	27,1
Coreia do Sul	26,5	5,8	20,7
Estados Unidos da América	26,1	6,6	19,5
Turquia	24,2	6	18,2
Chile	22,5	1,4	21,1
México	21	2,7	18,3
Média não ponderada			
OECD Total	34,8	9	25,8
UE 15	39,2	11,2	28

Fonte: OCDE, *Statistiques des recettes publiques (1965-2009)*, Paris, 2010

anos uma estagnação ou ligeira dminuição. Assim, a média não ponderada do nível de fiscalidade teve a seguinte evolução entre 1965 e 2008:

	1965	1975	1985	1990	1995	2000	2005	2008
Total OCDE	25,5	29,4	32,5	33,1	34,4	35,5	35,2	34,8
União Europeia 15	27,6	32,1	37,5	38,1	38,9	40,5	39,6	39,2

A evolução no tempo dos níveis de fiscalidade está associada quer a razões fiscais (reformas tributárias, designadamente a introdução do IVA) quer a múltiplos factores não fiscais, especialmente de índole económica, social e política[528].

Entre 1965 e 1975, o nível de fiscalidade na zona da OCDE aumentou cerca de 4 pontos percentuais, o que é associado ao crescimento contínuo dos rendimentos reais verificado em quase todos os países da OCDE até ao primeiro choque petrolífero (1973-1974). A União Europeia (a 15) acompanhou esta tendência, superando-a.

Entre 1975 e 1985, o nível de fiscalidade na zona da OCDE volta a crescer, mas agora só de cerca de 3 pontos percentuais, enquanto na União Europeia volta a aumentar, desta vez mais de 5 pontos percentuais. Há, no entanto, que distinguir neste intervalo de tempo duas fases diferentes: na segunda metade dos anos 70, verifica-se a conjugação de três factores que irão repercutir-se numa subida lenta do nível de fiscalidade (particularmente visível na União Europeia), a saber: diminuição no ritmo de crescimento dos rendimentos reais, aumento do desemprego, constatação da chamada crise do Estado-providência. A partir, porém, do segundo choque petrolífero (1980), os governos europeus aumentam de novo os impostos, de modo a combater défices crescentes e a financiar as despesas de segurança social.

Entre 1985 e 1995 o nível de fiscalidade aumentou de novo, quer na zona da OCDE quer na União Europeia, mas a um ritmo menor. Para estas tendências contribuem as vastas reformas fiscais empreendidas nos anos 80 que são enquadradas por uma certa estabilização das receitas fiscais globais na medida em que, no domínio dos impostos sobre o rendimento, se associa uma baixa das taxas a um alargamento da base tributável.

destas tendências pode ver-se em OECD, *Tax and the Economy – a comparative assessment of OECD countries*, págs. 11 e segs.

[528] Uma explanação destas influências pode ver-se em MESSERE, Ken, *"Half a century of changes in taxation"*, in *Bulletin for Internacional Fiscal Documentation*, vol. 53, n. 8/9, August/September 1999, págs. 340-365 e ainda em *OECD Economic Outlook*, 63, June 1998, págs. 157-169.

Nos últimos anos – de 2000 para 2008 – assiste-se a uma diminuição.

Esta evolução global esconde, no entanto, tendências muito diferentes conforme a zona da OCDE que seja considerada. Assim, para contrapor à subida verificada ao nível da União Europeia, importa ter em consideração que na chamada zona americana da OCDE (Canadá, Estados Unidos e México) o nível de fiscalidade continua a apresentar uma média baixa (26,5% em 2008), situação que se deve sobretudo ao reduzido valor do México (com 21% em 2008).

Este facto explica o afastamento entre o nível de fiscalidade da União Europeia e o do total da OCDE. Já quanto a Portugal – Figura 6 – é visível uma progressiva convergência do nosso nível de fiscalidade com quer o da média da OCDE quer o da média da União Europeia[529], que em 2008 ultrapassa mesmo o primeiro deles.

FIGURA 6

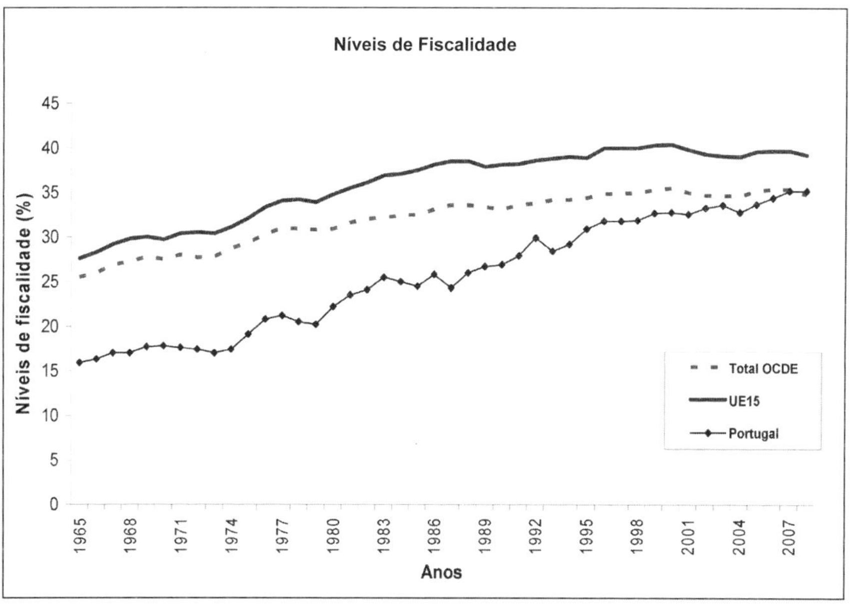

[529] Sobre a medida de convergência dos níveis de fiscalidade veja-se, entre nós, GOMES DOS SANTOS, J.C., *"Principais tendências de convergência nos sistemas fiscais dos países comunitários – uma perspectiva quantificada"*, in *Colóquio "A Internacionalização da economia e a fiscalidade" comemorativo do XXX aniversário do Centro de Estudos Fiscais*, Lisboa, Ministério das Finanças, 1993, págs. 125-160.

Tem sido sublinhado que, nos últimos anos, essa convergência encontra alguma explicação no desenvolvimento dos sistemas de protecção social e das infra-estruturas para as tornar mais próximas das vigentes noutros países da União Europeia e também pela necessidade de reduzir os défices públicos a níveis compatíveis com a adesão à União Económica e Monetária.

A um nível mais analítico e considerando a evolução mais recente, pode concluir-se que não existe uniformidade na evolução deste indicador conforme os países.

Entre 1980 e 2008 o incremento do nível de fiscalidade na zona da União Europeia (a 15) variou entre crescimentos no intervalo de 10 a 14 pontos percentuais (Grécia, Itália, Portugal, Espanha) e incrementos até 5 pontos percentuais (Bélgica, França, Reino Unido e Áustria); na Alemanha, no Luxemburgo e na Suécia registou-se uma certa estabilização e na Irlanda e nos Países Baixos verificou-se mesmo um decréscimo.

E especificamente ao nível da União Europeia (a 27) num período mais recente (2000-2008) é possível ver que essa evolução comporta algumas especificidades e, como parece resultar dos dados publicados pela Comissão Europeia relativos à evolução das receitas fiscais nesse período,[530] quando se comparam os valores de início e fim do período considerado, verifica-se mesmo uma baixa quer em termos de média aritmética simples quer em termos de média ponderada.

Assim, apenas em 10 países (nos quais se inclui Portugal) o nível de fiscalidade terá aumentado de 2000 para 2008, verificando-se um forte declínio desse indicador em dois países nórdicos – Suécia e Finlândia – que tradicionalmente registam elevados níveis de fiscalidade.

Este quadro é ainda mais visível quando considerada uma variação ciclicamente ajustada (Fig. 7), em que: na parte superior se evidenciam os países cujo nível de fiscalidade ciclicamente ajustado aumentou a partir de 2000 e na parte inferior aqueles em que se verificou um decréscimo desse nível; por sua vez, do lado esquerdo identificam-se os países cujo nível de fiscalidade ajustado em 2000 se situava abaixo da média europeia nesse ano e do lado direito aqueles em que acontecia o contrário.

[530] European Commission, *Taxation Trends in the European Union,* 2010 edition, págs. 53 e segs.

FIGURA 7

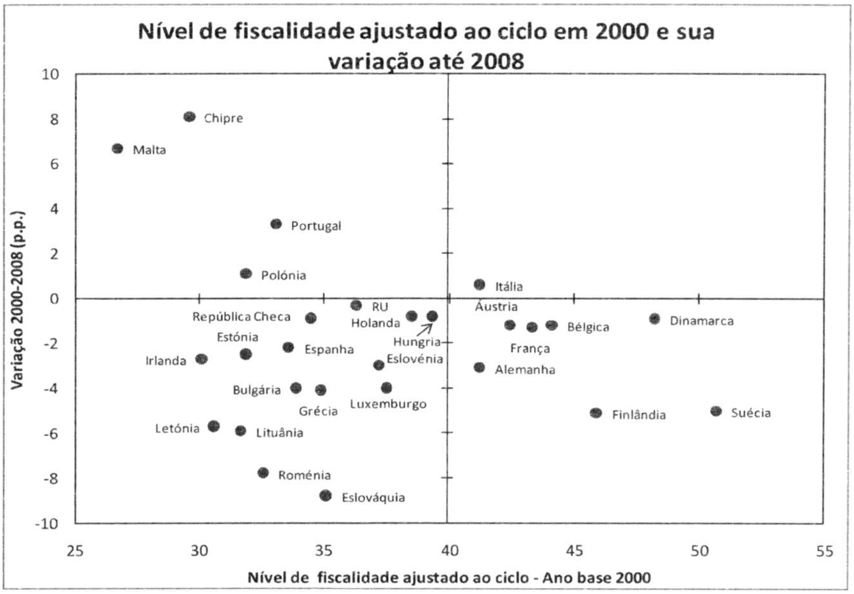

Fonte: European Commission, *Taxation Trends in the European Union*, 2010 edition.

Verifica-se que todos os Estados membros, com excepção de cinco (entre os quais Portugal), se situam na parte inferior da Figura 7, o que acontece quer em relação a países cujo nível de fiscalidade em 2000 se situava abaixo da média da União Europeia quer acima dessa média. A convergência para essa média é registada em onze países: os quatro que se situam no quadrante superior esquerdo dessa figura e os sete que se encontram no quadrante inferior direito da mesma.

Esta evolução é consentânea com uma certa preocupação para, em alguns países, reduzir o papel do Estado na economia e aumentar o controlo das despesas públicas e se tal linha de orientação persistir o nível de fiscalidade não deixará de o reflectir. No entanto, a existência de défices orçamentais importantes e a necessidade de manter certos níveis de transferências sociais a favor de determinados estratos populacionais tornam difícil a redução do nível de fiscalidade. Pelo contrário, a dificuldade de reduzir as despesas públicas em termos reais perante uma sociedade mais envelhecida e com níveis de desemprego importantes, conjuntamente com os constrangimentos em termos de défice orçamental, torna difícil não prognosticar que, em termos médios, o nível de fiscalidade continuará a aumentar[531]. A grave crise que, a partir de 2008, se faz sentir sobre a economia internacional e o crescente apelo a mais intervencionismo estatal para ajudar as famílias e as empresas nesse contexto não podem deixar de se reflectir no mesmo sentido, embora, aumentos de impostos possam provocar recessão e, assim, dificultar a saída da crise. Importa, portanto, tentar o equilíbrio em termos de estrutura fiscal capaz de compatibilizar, na medida do que é possível, estas duas condicionantes da política fiscal.

14.2. Esforço fiscal

14.2.1. *Noção de capacidade tributária. Factores explicativos*

O nível de fiscalidade mede, como se viu, a relação entre as receitas fiscais e a produção nacional, não fornecendo, por si mesmo, qualquer indicação sobre se, num dado país e num certo momento, esse nível está alto ou está baixo relativamente ao que devia ou podia estar tendo em conta a situação específica desse país.

Isso não tem impedido que, com base em comparações no tempo e no espaço do nível de fiscalidade, se ensaiem, por vezes, juízos que ultrapassam o significado desse indicador. Com efeito, que sentido tem, por exemplo, comparar os 35,2% do nível de fiscalidade atingido em 2008 por Portugal com os 48,2% do nível de fiscalidade da Dinamarca?

Este problema conduz-nos à necessidade de introduzir na análise outra noção, que está longe de ser nova na literatura económica, mas que foi desde sempre muito controversa – a noção de capacidade tributária, que pode ser definida como a aptidão de um país para consagrar, através do imposto, uma parte dos seus rendimentos ao financiamento das despesas públicas.

De que depende a capacidade tributária de um país?

Têm sido apresentados vários factores a este respeito, destacando-se de entre os de índole não económica os seguintes:

- comportamentos sociais (em igualdade de condições económicas, o montante das receitas públicas depende da atitude da população face às suas obrigações fiscais – a chamada consciência fiscal – que é decisiva para o nível de evasão e fraude fiscais);

[531] MESSERE, Ken, *art. cit.*, pág. 367.

- estrutura demográfica (os impostos estão associados em grande medida à existência de uma forte população activa, pelo que se, por exemplo, a população está envelhecida, o nível de receitas fiscais não pode deixar de ser afectado por essa circunstância);
- organização política e institucional (os impostos estão, em alguns casos, relacionados com o grau de centralização das estruturas políticas e administrativas ou com o sistema de representação política dos cidadãos: estudos empíricos demonstraram que, por exemplo, um alto grau de descentralização está frequentemente associado com receitas fiscais mais elevadas).

São, porém, os factores de tipo económico os que têm sido objecto de maior estudo. De entre eles, costumam ser sublinhados os seguintes:

a) Nível de desenvolvimento económico

Trata-se do elemento mais citado nos estudos sobre os factores determinantes da capacidade tributária e todos assumem que, em geral, quanto maior for aquele nível maior será esta.

Como indicadores principais são usados quer o produto interno (ou nacional) bruto, quer o produto interno (ou nacional) bruto per capita, quer a própria composição do produto interno bruto.

Se o nível de desenvolvimento for medido através do produto per capita, pode dizer-se que existe uma relação positiva entre este produto e a capacidade tributária; se o nível de desenvolvimento for medido, porém, pelo grau de participação da agricultura no PIB, então obviamente este estará negativamente associado à capacidade tributária.

b) Grau de abertura ao exterior

O volume de comércio externo é associado positivamente com a capacidade tributária por reflectir, de algum modo, o nível de industrialização e o grau de monetarização da economia, sendo também de sublinhar a maior facilidade administrativa da tributação das transacções com o exterior, designadamente por força do controlo nas fronteiras.

Como indicadores são utilizados para este efeito as exportações (em % do PIB), as importações (em % do PIB) ou ainda a parte do comércio externo (importações e exportações) no PIB.

c) Composição do produto interno bruto
Está demonstrado que existem sectores económicos que geram mais rendimento tributável que outros e também em relação a alguns deles, pela concentração empresarial que lhes está associada, é mais fácil determinar uma matéria colectável e aplicar um imposto. Assim, por exemplo, como já se referiu, quanto maior é o peso do sector agrícola menor será a capacidade tributária; em contrapartida, quanto maior é o peso do sector mineiro maior será a capacidade tributária. Daí que os indicadores mais utilizados sejam a parte da agricultura no PIB e a parte do sector mineiro no PIB.

14.2.2. *Noção de esforço fiscal*
Da capacidade tributária reflectida, de uma forma quantificada, pelos factores que se acabam de mencionar resulta um nível de fiscalidade estimado ou potencial, ou seja, o que poderia ser obtido tendo em conta essa capacidade tributária. Como que se estima um valor médio do nível de fiscalidade para um conjunto de países em função de uma série de variáveis: v.g. rendimento per capita, composição sectorial do produto, grau de abertura ao exterior. Há, assim, embora com as limitações inerentes à amostra de países tomada como referência e às variáveis escolhidas, possibilidade de confrontar um nível de fiscalidade efectivo e um nível de fiscalidade potencial. Desse confronto deriva a noção de esforço fiscal, que é dado pela relação entre o nível de fiscalidade efectivo e o nível de fiscalidade potencial. Ou, como diz BAHL, pela "relação entre as receitas fiscais efectivamente cobradas num dado país e a capacidade tributária"[532]. Se o nível de fiscalidade efectivo é maior que o nível de fiscalidade potencial diz-se que há um esforço fiscal exigido à população e tanto maior quanto mais afastados estiverem aqueles indicadores: a capacidade tributária está a ser sobreutilizada. Ao contrário, se o nível de fiscalidade efectivo é menor que o nível de fiscalidade potencial não se pode falar em esforço fiscal exigido à população, existindo uma margem de utilização da capacidade tributária ainda não aproveitada: a capacidade tributária está a ser subutilizada.

Pode dizer-se que esta noção de esforço fiscal, que recorre a modelos econométricos, constitui um desenvolvimento teórico das abordagens feitas por FRANK e BIRD em 1959 e 1964, respectivamente, ao apresenta-

[532] BAHL, Roy W., *"A Regression Approach to Tax Effort and Tax Ratio Analysis"*, in *Staff Papers - International Monetary Fund*, Washington, 1971, vol. 18, nº 3, págs. 570-612 e *"A Representative Tax System Approach to Measuring Tax Effort in Developing Countries"*, in *Staff Papers - International Monetary Fund*, Washington, 1972, vol. 19, nº 1, págs. 87-123.

rem índices de esforço fiscal que, além das receitas fiscais, têm em conta o número de habitantes e o rendimento pessoal[533].

Assim, para FRANK o rendimento pessoal per capita de um país é o indicador adequado da capacidade tributária dos seus habitantes, pelo que o índice de esforço fiscal (E) seria dado por:

$$E = \frac{\frac{T}{Y}}{Y_p} x100$$

em que:

T – Total das receitas fiscais

Y – Produto Nacional Bruto

Y_p – Produto Nacional Bruto per capita

O valor assim obtido, por si, é insuficiente para dar qualquer indicação – uma análise cronológica, porém, permite extrair conclusões sobre a forma como tem evoluído ao longo do tempo; a comparação entre países, por sua vez, permite concluir sobre a posição relativa de um dado país.

No entanto, o índice de FRANK tem sido muito questionado, especialmente devido ao peso excessivo que atribui ao rendimento per capita, que dá origem, muitas vezes, a resultados absurdos[534]. O índice de BIRD, embora mantendo a importância do factor rendimento per capita, tomado como um indicador da capacidade tributária, tem subjacente que para medir o que o seu autor designa por "sacrifício fiscal" se deve ter em conta não o rendimento total mas o rendimento disponível. Daí que esse índice – que se designará por B – se apresente do seguinte modo, atribuindo aos diversos símbolos o significado já assinalado:

$$B = (\frac{T}{Y - T} x100) : Y_p$$

Verifica-se que basicamente este índice constitui uma reformulação do anterior, com vista a evitar alguns resultados absurdos a que este conduzia,

[533] FRANK, Henry, *"Measuring State Tax Burdens"*, in *National Tax Journal*, New Orleans, 1959, vol. 12, nº 2, págs. 179-185 e BIRD, Richard, *"A note on 'tax sacrifice' comparisons"*, in *National Tax Journal*, New Orleans, 1964, vol. 17, nº 3, págs. 303-308.

[534] Cf. TANZI, Vito, *"International Tax Burdens. A Study of Tax Ratios in the OCDE Countries"*, in *Taxation: A Radical Approach*, Londres, The Institute of Economic Affairs, 1970, pág. 12.

pelo que, no fundamental, as críticas que lhe podem ser feitas são as mesmas que foram dirigidas ao índice de FRANK.

Estas limitações conduziram a que as tentativas de medir o esforço fiscal se orientassem para a relação entre nível de fiscalidade efectivo e nível de fiscalidade potencial, obtido através de modelos econométricos.

14.2.3. *Modelos de esforço fiscal*

São vários os modelos que têm sido apresentados para a determinação do nível de fiscalidade potencial, que, como todos os modelos, constituem sempre uma simplificação, muitas vezes grosseira, da realidade. Apresentar-se-ão aqui, de forma muito sintética, as contribuições de LOTZ e MORSS e de BAHL. Mas, na literatura da especialidade podem encontrar-se muitos outros modelos, devidos a diversos autores, designadamente a TANZI e SHIN[535].

Os sucessivos modelos apresentados por LOTZ e MORSS assim como o primeiro modelo de BAHL pressupõem que o rácio fiscal é um indicador apropriado da capacidade fiscal quando ajustado em função de factores que se considera reflectirem as diferenças entre os vários países quanto à dimensão da base tributável e à capacidade para cobrar impostos.

Na segunda abordagem de BAHL – a do chamado "sistema fiscal representativo" – a metodologia usada assenta no pressuposto de que a capacidade tributária é dada pelo total de receitas fiscais que podem ser cobradas aplicando um conjunto de taxas efectivas a determinadas bases tributáveis.

14.2.3.1. *Modelos de LOTZ e MORSS*

O primeiro modelo econométrico destinado a medir o esforço fiscal de um país foi apresentado em 1967 por J.R. LOTZ e E.R. MORSS[536].

O esforço fiscal é definido como a relação entre as receitas fiscais efectivas e indicadores da capacidade fiscal. Assim, partindo da apresentação da relação entre receitas fiscais e produto nacional bruto (o chamado rácio fiscal) em 72 países, os autores sustentam que pelo facto de a relação

[535] TANZI, Vito, "*Comparing International Tax Burdens: A Suggested Method*", in The *Journal of Political Economy*, vol. LXXVI, nº 5, Sept.-October 1968, págs. 1078-1084; SHIN, Kilman, "*International Difference in Tax Ratio*", in *Revue of Economics and Statistics*, vol. LI, 1969, págs. 213 e segs. Um quadro sinóptico dos vários estudos empíricos de esforço fiscal pode ver-se em GUPTA, Abhijit Sem, *Determinants of Tax Revenue Efforts in Developing Countries*, July 2007, IMF Working Paper WP/07/184.

[536] LOTZ, Joergen R. e MORSS, Elliott R., "*Measuring 'Tax Effort' in Developing Countries*", in *Staff Papers – International Monetary Fund*, Washington, Vol. XIV, nº 3, Nov. 1967, págs. 478-497.

ser alta ou baixa não pode concluir-se que os impostos devam diminuir ou aumentar, pois tem de atender-se a outros factores para além do rendimento nacional.

Embora seja reconhecida a influência de outras condicionantes (distribuição do rendimento, composição sectorial do produto e composição das despesas públicas) são três os indicadores da capacidade fiscal explicitamente considerados no modelo inicial de LOTZ e MORSS: produto nacional bruto, produto nacional bruto per capita e dimensão do comércio externo.

Numa primeira abordagem, LOTZ e MORSS fizeram a estimação pelo método dos mínimos quadrados da equação:

$$\frac{T}{Y} = a_1 + b_1 Y_p$$

onde:

T – Total das receitas fiscais

Y – Produto Nacional Bruto (PNB)

Y_p – Produto Nacional Bruto *per* capita

Estimados, deste modo, a_1 e b_1, é possível obter um rácio fiscal médio para um dado país dado o seu rendimento *per* capita. Comparando o rácio fiscal efectivamente verificado nesse país com o estimado por este processo podem-se ordenar os países de acordo com o seu esforço fiscal: ao país cujo rácio fiscal efectivo excede em maior percentagem o estimado é dado o grau de esforço fiscal mais elevado e ao país cujo rácio efectivo fica em maior percentagem aquém do estimado é dado o mais baixo grau de esforço fiscal.

Introduzindo na relação acima a importância do comércio externo, esta vem:

$$\frac{T}{Y} = a_2 + b_2 Y_p + c_2 \frac{F}{Y}$$

onde T, Y e Y_p têm o significado expresso atrás e $\frac{F}{Y}$ é a soma das exportações (FOB) e das importações (CIF) como percentagem do PNB.

Para melhorar o poder explicativo do seu modelo, LOTZ e MORSS introduzem depois uma equação onde $\frac{T}{Y}$ em vez de crescer a uma taxa absoluta constante com o rendimento *per capita* cresce a uma taxa acelerada:

$$\frac{T}{Y} = a_3 + b_3 Y_p{}^2 + c_3 \frac{F}{Y}$$

Efectuando cálculos separados para países de baixo e de alto rendimento, os autores concluem que para os países de elevado rendimento não existe nenhuma relação significativa entre rácio fiscal e rendimento per capita, conclusão que não é alterada com a consideração do grau de abertura ao exterior. Explicam este resultado com o facto de, nestes países, o rácio fiscal ser mais um indicador da preferência política por uma determinada dimensão do sector público do que um índice da capacidade fiscal. Já para os países de baixo rendimento, quer o rendimento per capita quer o grau de abertura ao exterior encontram-se significativamente relacionados com o rácio fiscal e embora aqueles dois factores não expliquem todas as diferenças, os métodos usados dão uma melhor indicação do esforço fiscal que os simples rácios fiscais.

Num trabalho posterior[537], LOTZ e MORSS desenvolvem o seu modelo pela consideração de novas variáveis. Estudam sucessivamente o sector do comércio externo e as variáveis mais aptas a representá-lo, o grau de monetarização, a composição das exportações e o grau de centralização governamental, formulando vinte equações de regressão que aplicam, pelas razões acima apontadas, aos países em desenvolvimento. Quanto aos desenvolvidos reiteram a conclusão de que os níveis de fiscalidade são mais determinados pela procura de serviços públicos do que por factores relativos à capacidade tributária.

Uma extensão do modelo de LOTZ e MORSS foi apresentada por CHELLIAH que considera três principais factores como os que têm maior influência nos rácios fiscais: o grau de abertura da economia (representado pelo rácio das exportações), o nível de rendimento e do desenvolvimento (representado pela proporção do rendimento gerado na agricultura) e a composição do rendimento ou estrutura económica (representado pela participação da

[537] LOTZ, Joergen R. e MORSS, Elliott R.,"*A Theory of Tax Level Determinants for Developing Countries*", in *Economic Development and Cultural Change*, vol. XVIII, 1970, nº 3, págs. 328-341.

indústria extractiva no PIB)[538]. Para este efeito, são elaboradas quatro equações de regressão. Embora a que tenha obtido estatisticamente melhores resultados seja aquela em que se tomam em conta apenas dois factores – a participação da agricultura e da indústria extractiva no PIB – CHELLIAH acaba por considerar que a mais significativa do ponto de vista económico e da análise do esforço fiscal é a que integra o rendimento *per* capita não derivado das exportações, o rácio das exportações excluídos os produtos minerais e a participação da indústria extractiva no PIB:

$$\frac{T}{Y} = a_4 + b_4(Y_p - X_p) + c_4 N_y + d_4 X_y'$$

onde T, Y e Y_p têm o significado enunciado acima e:

X_p – Exportações per *capita*
N_y – Participação da indústria extractiva no PIB
X_y' – Exportações não minerais em % do PNB

A inclusão de $Y_p - X_p$ e X_y' em vez de Y_p e X_p, respectivamente, encontra-se justificada pelo facto de as exportações serem, por um lado, parte do rendimento e, por outro, incluírem também produtos minerais.

14.2.3.2. *Modelos de* BAHL

Num artigo publicado em 1971[539], BAHL após fazer a análise crítica dos estudos anteriores e de assinalar os objectivos e limitações dessas análises, apresenta um modelo de esforço fiscal, definido este como a forma como um país faz uso da sua capacidade tributária. Nele, o autor não se afasta grandemente dos trabalhos já citados e, apesar de ser possível considerar uma lista muito extensa de variáveis que influenciam a capacidade tributária, retém apenas três determinantes principais: o estádio de desenvolvimento económico (expresso pela parte do rendimento gerado no sector agrícola), a composição sectorial do rendimento (expresso pelo peso do

[538] CHELLIAH, Raja J., *art. cit.*, tendo os resultados deste estudo sido desenvolvidos em CHELLIAH, Raja J., BAAS, Hessel J. e KELLY, Margaret R., "*Tax Ratios and Tax Effort in Developing Countries, 1969-1971*", in *Staff Papers - International Monetary Fund*, Washington, vol. XXII, nº 1, March 1975, págs. 187-205.

[539] BAHL, Roy W., "*A Regression Approach to Tax Effort and Tax Ratio Analysis*" in *Staff Papers - International Monetary Fund*, Washington, vol. XVIII, nº 3, Nov. 1971, págs. 570-608.

sector mineiro) e a dimensão do sector do comércio externo (expressa pelo rácio das exportações).

Combinadas estas variáveis obtém-se uma equação de capacidade tributária, estando esta negativamente relacionada com a participação do sector agrícola no rendimento nacional (A_y), positivamente relacionada com a participação do sector mineiro (N_y) e positivamente relacionada com o rácio das exportações (X_y):

$$\frac{T}{Y} = a_5 + b_5 A_y + c_5 N_y + d_5 X_y$$

Atendendo aos problemas de estimação desta equação, é apresentada como alternativa uma outra em que as exportações agrícolas e as exportações mineiras são deduzidas no rácio das exportações:

$$\frac{T}{Y} = a_6 + b_6 A_y + c_6 N_y + d_6 (X_y - Ax_y - Nx_y)$$

A equação a que BAHL finalmente chega resulta do abandono da variável representativa do comércio externo, pois, embora ela seja uma determinante importante da capacidade tributária, a variável representativa da participação do sector mineiro no rendimento nacional serve para exprimir uma parte do efeito do rácio das exportações.

Os resultados estatísticos obtidos demonstram que a capacidade tributária responde positivamente a altas percentagens de participação do sector mineiro no rendimento nacional (e implicitamente a elevados rácios das exportações) e negativamente a elevadas participações da agricultura.

Esses resultados permitem ordenar os países de acordo com a sua capacidade tributária expressa pela equação de regressão e o seu esforço fiscal, que, sendo a extensão como um país usa a sua capacidade tributária, é medido pela relação entre o rácio fiscal efectivo e o rácio fiscal esperado, ou, por outras palavras, pela relação entre o nível de fiscalidade efectivo ($\frac{T}{Y}$) e o nível de fiscalidade ($\frac{T'}{Y}$) que poderia esperar-se atendendo à capacidade tributária. Assim, $\frac{T' - T}{T}$ é a percentagem pela qual o actual nível de receitas fiscais devia ser aumentado (ou reduzido) em ordem a atingir um nível "médio" de receitas fiscais.

Num trabalho posterior, BAHL ensaia um novo método para comparações internacionais de esforço fiscal, no qual o índice de esforço fiscal se relaciona com o que designa como um "sistema fiscal representativo"[540] Através dele pretende-se ultrapassar os problemas metodológicos constituídos pelas restrições que as dificuldades estatísticas impõem quanto às variáveis que podem ser incluídas em modelos estocásticos. Nesta nova abordagem, a capacidade tributária é dada pelo total de receitas fiscais que poderiam ser cobradas se um país aplicasse um determinado conjunto de taxas de tributação efectivas a certas bases tributáveis seleccionadas e comparáveis, ou seja se aplicasse um "sistema fiscal representativo". E, tal como no modelo anterior, dividindo as receitas fiscais efectivas pelo total de receitas correspondente à capacidade tributária obter-se-ía o esforço fiscal.

Para obter as taxas efectivas "representativas" (r_i) não se parte de um modelo *a priori* mas, para manter o carácter positivo da análise, da média aritmética das taxas dos países considerados na amostra, ou seja:

$$r_i = \frac{\sum_{j=1}^{m} \left(T_{ij} / B_{ij} \right)}{m} \quad i = 1, 2, \ldots, 6$$

em que:

T_{ij} – Receita efectiva do imposto i no país j

B_{ij} – Valor da base estimada do imposto i no país j

m – Número de países para que há dados disponíveis das receitas dos impostos

Assim, a capacidade tributária total (T') pode ser calculada do seguinte modo:

$$T' = r_1 (Y - A + A_x) + r_2 (N + I + A_x) + r_3 M + r_4 Y + r_5 (N + I + A_x) + \\ + r_6 (Y - A + A_x)$$

[540] BAHL, Roy W., *"A Representative Tax System Approach to Measuring Tax Effort in Developing Countries"*, in *Staff Papers – International Monetary Fund*, Washington, vol. XIX, nº 1, March 1972, págs. 87-123.

que se pode reduzir para:

$$T' = (r_1 + r_6)(Y - A + A_x) + (r_2 + r_5)(N + I + A_x) + r_3 M + r_4 Y$$

onde:

Y – PNB
A – Rendimento total gerado no sector agrícola
A_x – Valor total das exportações agrícolas
N – Rendimento total gerado no sector mineiro
I – Rendimento total gerado no sector da indústria transformadora
M – Valor total das importações
r_1 – taxa efectiva do imposto de rendimento pessoal
r_2 – taxa efectiva do imposto sobre o rendimento das sociedades
r_3 – taxa efectiva dos impostos sobre as importações
r_4 – taxa efectiva do imposto sobre a propriedade
r_5 – taxa efectiva dos impostos sobre as exportações
r_6 – taxa efectiva dos impostos indirectos internos

Ao contrário dos anteriores, este método permite analisar de que modo cada tipo de impostos contribui para que o esforço fiscal seja alto ou baixo. No entanto, as bases de tributação escolhidas suscitam várias críticas, especialmente quanto ao peso das operações de comércio externo.

14.2.4. *O esforço fiscal em Portugal*

Não obstante as limitações dos modelos de esforço fiscal, especialmente quando aplicados a países mais desenvolvidos, têm sido feitos vários estudos tendentes a medir o esforço fiscal em Portugal[541].

Em relação a países mais desenvolvidos tendem a ser considerados modelos em que apenas é considerada como variável explicativa da capacidade tributária o nível de desenvolvimento económico, traduzido pelo rendimento per capita, mas, mesmo assim, verifica-se que apenas uma parte da diferença entre os níveis de fiscalidade pode encontrar explicação em diferenças no nível de desenvolvimento económico. Daí que se possa afirmar que outro tipo de preferências, designadamente de índole político-

[541] Veja-se CAVACO SILVA, A. e MURTEIRA, Bento, *art. cit.*, RATO RAINHA, J.H., "*Comparações Fiscais Internacionais: Portugal e os paises europeus da OCDE (1971-1972 e 1977-1978)*", in *Ciência e Técnica Fiscal*, Lisboa, 274/276, Outubro-Dezembro de 1981, págs. 57 e segs., CARVALHO, António J. e GOMES SANTOS, J.G., *ob. cit.* e SANTOS, J. Albano, *art. cit.*

-cultural e de maior ou menor confiança no Estado *versus* mercado, é determinante para explicar as diferenças entre os níveis de fiscalidade dos vários países.

Assim, considerando dados da OCDE relativos a 2008 para 17 países desta organização que pertencem à União Europeia[542], a recta de regressão obtida é:

$$\frac{T}{Y} = 29{,}275 + 0{,}2577\ Y_p$$

com $R^2 = 0{,}5138$

e onde:

T – Total das receitas fiscais

Y – Produto Interno Bruto (PIB)

Y_p – Produto Interno Bruto per capita

A tradução gráfica da correlação obtida é:

FIGURA 8

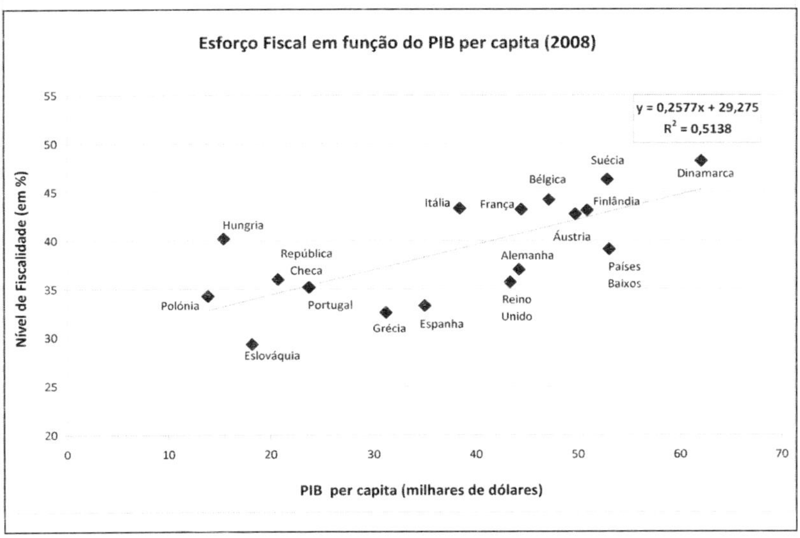

[542] A Irlanda e o Luxemburgo foram retirados por serem, nitidamente, *outliers* nesta relação, o que significa que neles é mais pronunciada a falta de relação entre nível de fiscalidade e rendimento per capita.

A correlação obtida confirma o que se referiu atrás: o rendimento per capita apenas explica cerca de 51% das diferenças dos níveis de fiscalidade, pelo que as conclusões que se podem retirar de um modelo aplicável a países desenvolvidos que se sirva daquela variável para medir o esforço fiscal tem de ser encarado com reservas.

No entanto, desde que com este enquadramento e lendo as conclusões com as precauções devidas, é, em todo o caso, possível melhorar a compreensão do *ratio* nível de fiscalidade quando se tem em conta a capacidade tributária expressa através do rendimento per capita.

Assim, com base na recta de regressão obtida, determina-se o nível de fiscalidade potencial ou seja o que caberia a cada um dos países se fosse devidamente utilizada a respectiva capacidade tributária. Dividindo o nível de fiscalidade efectivo pelo nível de fiscalidade potencial calcula-se finalmente o esforço fiscal (veja-se Quadro II).

Se num país o esforço fiscal for muito próximo da unidade, isso significa que neste país o nível de fiscalidade efectivo é praticamente o que se poderia obter se lhe fosse aplicado o «modelo» fiscal que, em termos médios, está em vigor nos países considerados.

O esforço fiscal será tanto maior ou tanto menor quanto o respectivo índice for, respectivamente, superior ou inferior a 1, ou graficamente quanto mais acima ou mais abaixo da recta estiver o nível de fiscalidade efectivo[543].

[543] No passado recente, sobre as possibilidades de incremento do nível de fiscalidade em Portugal veja-se Ministério das Finanças, *Relatório da Comissão para o Desenvolvimento da Reforma Fiscal*, Lisboa, 1996, pág. 4 e SILVA LOPES, José, *"Política Fiscal"*, in *Desafios para Portugal – Seminários da Presidência da República*, Lisboa, Casa das Letras, 2005, págs. 81 e 82. Importará ter em conta que esse incremento poderá resultar quer do aumento de impostos quer de maior eficiência fiscal, designadamente em termos de combate à evasão e fraude fiscais, devendo a ênfase ser sempre colocada nesta segunda vertente. Nos últimos anos, aliás, existem evidências de que o crescimento do nível de fiscalidade se deve, em grande parte, a esse aumento de eficiência fiscal. Neste sentido, in *"Public Finances in EMU* – 2007", *European Economy*, nº 3, 2007, págs. 270-273, a Comissão Europeia analisa a evolução das receitas fiscais em Portugal no período 1995-2006 e procura identificar os diferentes factores que estiveram na base dessa evolução, designadamente alterações fiscais e evolução macro-económica, tendo concluído que no período 2001-2006, parte significativa da evolução das receitas fiscais não é explicada por esses factores. A análise permite evidenciar que, a partir de 2004, se verifica que há um conjunto de outros factores que explicam o elevado crescimento das receitas fiscais, entre os quais melhorias nos níveis de cumprimento fiscal e na cobrança fiscal, em especial no IRC, IVA e, mais recentemente, nas contribuições para a segurança social. E conclui dizendo: *"the recent increases have been consistent with improvements in the work of tax administration, namely at the level of improving*

QUADRO II – Esforço fiscal em alguns Países Europeus (2008)

Países	PIB per capita (1)	Nível de fiscalidade efectivo (2)	Nível de fiscalidade estimado (3)	Esforço fiscal (4)=(2)/(3)
Alemanha	44,26	37,0	40,7	0,909
Áustria	49,74	42,7	42,1	1,014
Bélgica	47,19	44,2	41,4	1,068
Dinamarca	62,04	48,2	45,3	1,064
Eslováquia	18,21	29,3	34,0	0,862
Espanha	35,00	33,3	38,3	0,869
Finlândia	50,90	43,1	42,4	1,017
França	44,47	43,2	40,7	1,061
Grécia	31,17	32.6	37,3	0,874
Hungria	15,41	40,2	33,2	1,211
Itália	38,39	43,3	39,2	1,105
Países Baixos	53,08	39,1	43,0	0,909
Polónia	13,86	34,3	32,8	1,046
Portugal	23,71	35,2	35,4	0,994
Reino Unido	43,37	35,7	40,5	0,881
República Checa	20,73	36,0	34,6	1,040
Suécia	52,88	46,3	42,9	1,079

NOTA – O nível de fiscalidade estimado foi determinado a partir da recta de regressão acima indicada: $\frac{T}{Y} = 29{,}275 + 0{,}2577\, Y_p$

Fonte: PIB per capita – World Bank, *World Bank Indicators*, 2011.
Nível de fiscalidade efectivo – OCDE, *Statistiques des recettes publiques des pays membres de l' OCDE (1965-2009)*, Paris, 2010

Em Portugal, de acordo com os dados acima, o nível de fiscalidade efectivo é praticamente idêntico ao nível de fiscalidade potencial, o que significa, neste modelo, que se atingiu já o nível de fiscalidade possível na actual fase de desenvolvimento do país.

data management, including information exchange between tax and social contributions administrations or the introduction of automatic systems for clearing tax payments or checking tax declarations". À mesma conclusão, quanto à explicação do aumento do nível de fiscalidade com base num aumento da eficiência fiscal no período 2004-2007, se chega em BRAZ, Cláudia *et al.*, "*Finanças públicas em Portugal: tendências e desafios*", in *A Economia Portuguesa no Contexto da Integração Económica, Financeira e Monetária*, Lisboa, Banco de Portugal, 2009, págs. 351-353.

14.3. Estrutura fiscal

14.3.1. *Noção de estrutura fiscal. Tendências recentes*

Uma estrutura fiscal é caracterizada pela forma como se articulam entre si os diversos impostos que integram um determinado sistema fiscal e pela posição que cada um deles, ou um determinado conjunto deles, tem, em termos absolutos e relativos, no total das receitas fiscais. Trata-se de aspecto essencial para a classificação dos sistemas fiscais

O respectivo estudo pode reportar-se a um certa data ou ter como objectivo analisar a evolução verificada num certo período de tempo. Em ambos os casos poderão confrontar-se os elementos de um país com os de outros países escolhidos como termos de comparação.

Como já se referiu a propósito dos sistemas fiscais (ponto 5.2.), a estrutura fiscal de um país é determinada, em primeiro lugar, pelo seu nível de desenvolvimento económico. No entanto, existem outros factores que influenciam essa estrutura, designadamente de índole histórica, cultural, social ou política. De tempos a tempos, sente-se a necessidade de introduzir alterações qualitativas globais na estrutura fiscal, que podem ter ou não reflexos em termos quantitativos – é esse o objectivo das reformas fiscais. Mas, mesmo então, esses factores, que traduzem afinal a interacção do sistema fiscal com o seu meio envolvente, fazem sentir a sua influência sobre a estrutura fiscal.

Face aos estudos empíricos que têm sido feitos podem detectar-se certas linhas de força na evolução das estruturas fiscais (do "*tax mix*"), paralelamente ao desenvolvimento económico dos respectivos países, que têm algum valor indicativo embora não cheguem para caracterizar uma estrutura fiscal óptima, a seguir como paradigma rígido. Assim, poderá dizer-se que os impostos sobre o rendimento e as contribuições para a segurança social, por um lado, e os impostos gerais sobre o consumo, por outro, têm, nos países mais desenvolvidos, a primazia. Os impostos sobre o comércio externo são característicos de uma dada fase de evolução económica e os impostos sobre o património, embora subsistam, têm um peso diminuto.

Confirmando estas tendências, ao nível dos países da OCDE, o peso dos *impostos sobre o rendimento* no total das receitas fiscais aumentou de 34,7%, em 1965, para 37,1%, em 1990, baixando posteriormente para se situar em 35,6%, em 2008. Esta evolução é devida sobretudo ao imposto de sociedades já que o imposto pessoal de rendimento registou uma diminuição de cerca de 1,2 pontos percentuais entre aqueles anos limite. No tocante às *contribuições para a segurança social* regista-se um nítido aumento do seu peso na estrutura fiscal, sempre ascendente, tendo a sua participação passado de 17,6%, em 1965, para 22%, em 1990 e 25,3% em 2008, o que pode ser associado à pressão sobre as prestações sociais resultantes do envelhecimento populacional. Daí se poder concluir que, no total, os impostos sobre o rendimento e as contribuições para a segurança social representavam, em média, em 2008, 60,9% das receitas fiscais. Os *impostos sobre o património* têm um peso diminuto, tendo registado uma grande baixa até 1980: de 7,9%, em 1965, para 5,3%, em 1985, tendo o respectivo peso mantido-se quase inalterável nas duas décadas seguintes: a sua participação era de 5,4%, em 2008. O peso dos *impostos sobre o consumo* também tem diminuído: passou de 36,2%, em 1965, para 31,4%, em 1990, tendência que continuou, registando 29,9%, em 2008. Contribuiu para esta baixa a queda da participação dos impostos especiais de consumo já que a importância do imposto geral de consumo tem vindo a aumentar, o que se deve atribuir à introdução do IVA em quase todos os países da OCDE (33 países num total possível de 34). Com efeito, enquanto o peso do imposto geral de consumo passou de 11,9% em 1965 para 19,5% em 2008, a importância dos impostos especiais de consumo caiu para menos de metade pois baixou de 24,3% no primeiro daqueles anos para 10,4% no último[544].

Daqui resulta que mais de 90% das receitas fiscais ao nível da OCDE derivam dos impostos sobre o rendimento, as contribuições para a segurança social e os impostos sobre o consumo, o que não significa que uma análise por países não demonstre que é muito diferente, de país para país, a repartição das receitas fiscais por impostos. Basta sublinhar que em 2008:

- a dispersão no tocante ao peso do imposto sobre as sociedades no total das receitas fiscais vai de 5,7% na Áustria a 29,4% na Noruega;
- a mesma dispersão se verifica no tocante às contribuições para a segurança social: a Austrália e a Nova Zelândia não relevam receitas deste tipo; para os outros países o peso no total das receitas fiscais atribuído a essas contribuições varia de 2,1% na Dinamarca a 44,6% na República Checa.

[544] Cf. igualmente MESSERE, K. C. e OWENS, J.P., *"Long-Term Revenues Trends and Current Tax Reform Issues in OECD Countries"*, in *Changes in Revenue Structures* (Proceedings of the 42nd Congress of the International Institute of Public Finance), ed. CHIANCONE, Aldo e MESSERE, K., Detroit, Wayne State University Press, 1989, págs. 21-35.

É, no entanto, significativo que em dez países – Áustria, República Checa, Espanha, França, Alemanha, Grécia, Japão, Países Baixos, Eslovénia e Eslováquia – as contribuições para a segurança social constituam a principal fonte das receitas fiscais. Pelo contrário, nos países escandinavos e nos países anglófonos da OCDE uma parte significativa das despesas públicas afectas à segurança social é financiada pelas outras receitas do Estado, o que não significa que, mesmo no primeiro grupo de países, os défices da segurança social não sejam cobertos com transferências de outras receitas do Estado.

Quanto aos impostos sobre o património, importa registar que, num certo número de países – Canadá, Coreia, Reino Unido e Estados Unidos da América, o seu peso no total das receitas é ainda igual ou superior a 10%.

Nos impostos gerais de consumo é significativo o peso que assumem no Chile – 39,4% das receitas fiscais totais. Em percentagem inferior a 10% situava-se o Japão (8,9%) e os Estados Unidos da América (8,1%).

No tocante aos impostos especiais de consumo, o seu peso no total das receitas fiscais continua muito elevado no México (40,3%) e na Turquia (23,2%).

14.3.2. *Estrutura fiscal portuguesa*

A estrutura fiscal portuguesa pode caracterizar-se pelo predomínio dos impostos sobre bens e serviços, que representavam ainda 36,6% do total das receitas fiscais, em 2008. Portugal é, assim, um dos países da OCDE em que esse peso é mais elevado já que, em média, o peso desses impostos não representava aí, no mesmo ano, mais de 31,7%. No México, Chile, Polónia, Hungria, Irlanda, Israel, Islândia e na Turquia esse peso era, no entanto, superior.

Os impostos sobre o rendimento que, na média dos países da OCDE, participam, no ano de 2008, em 35,6% das receitas fiscais totais, em Portugal apenas representavam 26,3%, tendo subido de 1975 para 2008 cerca de 8,8 pontos percentuais. No quadro da União Europeia, apenas na República Checa, em França, na Grécia, na Polónia, na Eslovénia e na Eslováquia se regista um valor igual ou inferior, mas, em contrapartida, deverá ter-se em conta que estes países registam alguns dos mais elevados pesos das contribuições para a segurança social do conjunto dos países da OCDE. Aliás, dada a diversidade dos sistemas de financiamento da segurança social, convirá tomar os seus valores em conjunto com os dos impostos sobre o rendi-

Quadro III – Evolução da Estrutura Fiscal nos Países da OCDE
(em % das receitas fiscais totais)

Países	Imposto Rendimento				Cont. Segurança Social				Imposto Património				Imposto G Consumo				Imposto E. Consumo			
	1965	1975	1990	2008	1965	1975	1990	2008	1965	1975	1990	2008	1965	1975	1990	2008	1965	1975	1990	2008
Alemanha	33,8	34,4	32,4	31,1	26,8	34,0	37,5	37,6	5,8	3,9	3,4	2,3	16,5	14,6	16,6	19,2	14,6	10,8	9,2	8,3
Austrália	50,7	56,0	57,1	59,3					11,5	8,8	9,0	8,2	7,4	6,7	8,0	12,9	22,7	19,1	15,3	12,1
Áustria	25,5	26,1	25,5	30,7	24,9	27,6	32,9	33,5	4,0	3,1	2,7	1,3	18,7	19,8	20,8	18,1	18	14,0	9,0	7,4
Bélgica	27,6	39,5	36,9	38,0	31,4	30,2	33,2	31,5	3,7	2,9	3,4	5,0	21,1	16,3	16,6	15,9	13	9,8	8,4	7,0
Canadá	38,6	47,2	48,6	49,1	5,6	10,0	12,1	14,7	14,3	9,5	10,0	10,5	17,8	12,5	14,1	13,3	16,8	13,6	10,3	8,6
Chile			23,2	37,5			9,0	6,4			6,2	5,4			37,4	39,4			23,0	8,7
Coreia do Sul		24,3	32,8	31,0		0,9	10,1	21,8		9,7	11,8	11,9		12,7	18,7	16,1		47,3	24,3	14,5
Dinamarca	46,8	59,0	60,1	60,5	3,8	0,6	2,0	2,0	8,0	6,1	4,2	4,1	10,1	17,3	20,5	20,9	28,9	15,0	11,0	9,8
Eslováquia				21,2				40,8				1,3				23,4				10,0
Eslovénia				22,6				37,8				1,6				22,9				11,2
Espanha	24,5	22	30,6	30,9	28,3	47,5	35,4	36,4	6,4	6,3	5,5	6,8	22,2	15,3	16,0	15,5	18,4	8,7	10,5	7,8
Estados Unidos da América	48,1	46,0	46,0	45,2	13,3	20,5	25,2	25,1	15,9	13,9	11,5	12,1	4,8	7,0	8,0	8,1	15,1	10,0	7,0	6,3
Finlândia	41,4	43,3	39,2	39,0	6,8	20,4	25,6	28,0	4,0	1,9	2,4	2,6	18,5	18,3	19,3	19,5	23,4	16,0	12,9	9,7
França	15,9	15,9	16,1	24,1	34,2	40,6	44,1	37,2	4,3	5,1	6,3	7,8	23,3	23,4	18,8	16,8	14,3	9,0	8,7	7,0
Grécia	9,1	13,3	19,9	22,5	31,6	29,5	30,2	37,6	9,7	9,7	4,6	4,6	10,3	18,3	26,5	23,2	33,8	23,9	15,6	8,6
Hungria				26,0				32,5				2,2				25,6				10,8
Irlanda	25,7	30,0	36,9	37,6	6,5	13,8	14,8	17,7	15,1	9,7	4,7	6,4	5,7	14,7	20,6	24,3	43,4	29,7	20,1	10,7
Islândia	21,4	22,8	29,7	48,5	8,1	2,7	3,1	7,7	4,0	5,1	8,4	6,1	16,7	28,6	32,3	24,7	45,0	33,6	16,9	9,1
Israel				32,9				16,5				9,4				28,5				6,1
Itália	17,8	21,5	36,5	34,4	34,2	45,9	32,9	31,2	7,2	3,3	2,3	4,3	12,9	14,3	14,7	13,8	24,1	14,0	10,6	8,2
Japão	43,9	44,6	50,2	33,7	21,8	29,0	26,4	38,6	8,1	9,1	9,4	9,4			4,4	8,9	25,0	15,1	7,5	7,0
Luxemburgo	35,9	43,1	39,4	36,0	32,3	29,4	27,0	28,3	6,2	5,2	8,3	7,4	12,4	12,1	13,9	16,7	11,1	8,0	10,8	10,8
México			27,1	24,8			13,4	12,7			1,5	1,4			20,8	18,0			34,0	40,3
Noruega	43,4	34,4,8	35,2	50,8	11,9	24,8	26,3	20,9	3,1	2,3	2,9	2,7	21,5	20,5	18,8	17,1	18,4	16,1	15,3	7,0
Nova Zelândia	60,5	66,5	59,6	60,4					11,5	9,2	6,8	5,8	7,7	9,0	22,4	25,4	18,5	13,8	9,2	6,1
Países Baixos	35,8	34,8	32,2	27,2	30,8	38,4	37,4	37,0	4,4	2,4	3,7	4,2	12,4	14,4	16,5	18,5	14,7	8,1	7,5	8,6
Polónia				23,6				33,1				3,6				23,0				13,8
Portugal	24,6	17,5	25,7	26,3	21,8	34,6	27,2	32,7	5,0	2,5	2,7	3,6		11,2	19,6	23,8	44,0	28,9	23,8	12,1
Reino Unido	37	44,8	39,3	40,0	15,4	17,5	17,0	19,0	14,5	12,7	8,2	11,6	5,9	8,9	16,9	17,8	25,2	14,8	12,6	9,8
República Checa				21,9				44,6				1,1				19,6				10,2
Suécia	54,9	50,5	41,6	36,3	12,1	19,5	27,2	24,8	1,8	1,1	3,5	2,3	10,4	12,0	14,9	20,3	19,2	10,7	9,2	6,4
Suíça	41,1	47,6	46,4	47,7	14,9	22,0	23,4	23,0	9,9	8,0	8,9	7,5	10,6	8,7	11,6	12,8	21,3	11,9	8,2	6,2
Turquia	29,6	42,3	33,5	23,9	5,9	9,5	19,7	25,0	10,5	6,9	2,3	3,6			23,3	20,3	53,5	40,9	7,3	23,2
OCDE Total	34,7	37,1	37,1	35,6	17,6	22,0	22,0	25,3	7,9	6,3	5,7	5,4	11,9	13,4	18,1	19,5	24,3	17,7	13,3	10,4
UE 15	30,4	33,0	34,1	34,3	22,7	28,6	28,3	29,0	6,7	5,1	4,4	5,0	14,3	15,4	18,4	19,0	23,1	14,8	12,0	8,8

Fonte: OCDE, *Statistiques des recettes publiques (1965-2009)*, Paris, 2010

mento, pois, como é visível no Quadro III, a ausência ou baixa participação relativa das contribuições para a segurança social anda geralmente associada a maior peso dos impostos sobre o rendimento. De qualquer modo, em termos de contribuições para a segurança social, Portugal, em 2008, está acima quer da média dos países da OCDE, quer da média da União Europeia (a 15).

No tocante aos impostos sobre o património, o seu peso em Portugal reduziu-se drasticamente de 5% em 1965 para 1,9% em 1985 e embora tenha aumentado depois, é ainda reduzido, ficando os 3,5% registados em 2008 muito aquém dos 5,4% e 5,0% verificados, respectivamente, na média dos países da OCDE e da União Europeia (a 15), o que, tendo em conta que as taxas dos correspondentes impostos não são mais baixas entre nós que nesses países, indicia desactualização das bases tributáveis sobre que os mesmos incidem e evasão e fraude fiscais. No entanto, em muitos outros países da União Europeia o peso desses impostos é ainda menor ao verificado em Portugal – é o caso da Alemanha, Áustria, Finlândia, Suécia, Eslováquia, Eslovénia, Hungria e República Checa.

A estrutura fiscal portuguesa em 2008 é o resultado de várias tendências que, em termos mais recentes, se pode dizer que denotam, no geral, sentido semelhante ao verificado a mais largo prazo nos países da OCDE – aumento do peso dos impostos sobre o rendimento, baixa da participação dos impostos sobre o consumo.

Assim, no tocante aos impostos sobre o rendimento, em 1965 (ano em que foi concluída a reforma fiscal dos anos 60 relativamente a estes impostos), a sua participação no total das receitas fiscais era de 24,6%. Depois verificou-se um decréscimo desse peso, que atingiu, em 1975, sob o efeito da revolução de 25 de Abril de 1974, 17,5%. A partir de então verifica-se uma tendência no sentido ascendente que culmina em 1985 com uma participação de 25,8%. No entanto, esse peso volta depois a cair e, em 1988, nas vésperas da reforma fiscal da tributação do rendimento, era de 22,2%. A introdução do IRS e do IRC aumenta o peso da tributação do rendimento no total, alcançando-se, desse modo, um dos grandes objectivos da reforma fiscal de 1989, que teve como elementos centrais o alargamento da base tributável (através designadamente da redefinição da noção de rendimento e da supressão de benefícios fiscais), a redução das taxas marginais de tributação e a estabilidade das receitas. Por outro lado foi reduzido o intervalo

QUADRO IV – Evolução da Estrutura Fiscal
(em % do PIB)

	1975			1990			2000			2008		
	PT	EU 15	OCDE Total	PT	EU 15	OCDE Total	PT	EU 15	OCDE Total	PT	EU 15	OCDE Total
Imp Rendimento	3,3	11,3	11,2	6,9	13,4	12,5	9,2	14,4	12,7	9,3	13,7	12,5
Cont. Seg. Social	6,6	8,8	6,5	7,3	10,7	7,6	9,9	11,1	8,9	11,5	11,2	9,0
Imp. Património	0,8	1,5	1,9	0,7	1,7	1,8	1,2	2,0	1,9	1,3	1,9	1,8
Imp. Bens e Serviços	8,2	9,8	9,3	11,9	11,7	10,5	12,2	12,0	11,3	12,9	11,4	10,8
TOTAL	19,1	32,1	29,4	26,9	38,1	33,1	32,8	40,4	35,5	35,2	39,2	34,8

Fonte: OCDE, *Statistiques des recettes publiques (1965-2009)*, Paris, 2010

existente entre o momento da realização do rendimento e o do correspondente pagamento do imposto[545]. Após estes primeiros anos da década de 90, o peso dos impostos sobre o rendimento volta a diminuir, atingindo, em 1995, 24,9%. A partir de então, por força do aumento das receitas de IRC, verifica-se um movimento ascendente que permite aos impostos sobre o rendimento alcançarem, em 2000, 28% das receitas fiscais totais. Mas, nos anos seguintes verifica-se uma diminuição. No século XXI, assiste-se, nos primeiros cinco anos a uma baixa, atingindo esse peso 23,5% em 2005, para passar depois a crescer, por força do IRC, para 26,3% em 2008 – veja-se Quadro V[546].

[545] OCDE, *Études Économiques - Portugal 1990/91*, Paris, 1991, págs. 68 e segs. (tradução portuguesa em *Ciência e Técnica Fiscal*, Lisboa, nº 361, Janeiro-Março de 1991, págs. 183-209).

[546] O comportamento do imposto de sociedades tem sido em Portugal e noutros países motivo de reflexão. Com efeito, em Portugal o IRC passou de um peso de 2,1% do PIB em 1990 para 3,6% em 2008, reflectindo-se na estrutura das receitas fiscais em que, entre os mesmo anos, passou de 8% do total das mesmas para 10,3%. Tendo em conta que neste período se verificou uma descida das taxas nominais, a assimetria verificada – baixa das taxas nominais e aumento das receitas fiscais – tem sido explicada, além da maior eficiência da administração fiscal na promoção do cumprimento fiscal e pelo próprio efeito da globalização económica, pelo alargamento da base tributável e pelo incentivo para a constituição de sociedades que resulta da diferença entre a taxa marginal do imposto pessoal de rendimento e a taxa de tributação das sociedades. Cf. OECD, *Fundamental Reform of Corporate Income Tax*, Paris, 2007, págs. 33 e 34, MOOIS, Rund e NICODÈME, Gaïtau, *Corporate tax policy, entrepreneurship and incorporation in the EU*, European Commission, Economic Papers nº 269, January 2007 e FREITAS PEREIRA, M. H., *"Tributação das sociedades e globalização económica"*, in *Ciência e Técnica Fiscal*, nº 422, Julho-Dezembro de 2008, págs. 7-24.

Quadro V – Estrutura Fiscal Portuguesa

em milhões de euros

PRINCIPAIS IMPOSTOS	1985		1990		1995		2000		2008	
	Valor	%	Valor	%	Valor	%	Valor	%	Valor	%
Impostos sobre o Rendimento	1 432	25,8	3 805	25,7	6 757	24,9	11 684	28,0	15 926	26,3
IRS	-	-	2 350	15,9	4 740	17,5	6 949	16,6	9 691	16,0
IRC	-	-	1 182	8,0	2 017	7,4	4 735	11,4	6 235	10,3
Outros	1 432	25,8	273	1,8	-	-	-	-	-	-
Contribuições para a Segurança Social	1 440	25,9	4 026	27,2	8 259	30,5	12 624	30,3	19 832	32,7
Impostos sobre o Património	105	1,9	402	2,7	825	3,9	1 468	3,5	2 156	3,6
Impostos sobre Bens e Serviços	2 430	43,7	6 555	44,2	11 086	40,9	15 486	37,2	22 206	36,6
IVA	-	-	2 899	19,6	6 075	22,4	9 733	23,4	14 432	23,7
Imp. Tabaco	197	3,5	362	2,4	781	2,9	1 077	2,6	1 281	2,1
Imp. Automóvel	167	3,0	304	2,1	676	2,5	1 239	3,0	946	1,6
Imp.Prod. Petrolíferos	-	-	1 251	8,4	2 216	8,2	1 969	4,7	3 189	5,3
Outros	153	2,8	37	0,3	84	0,3	216	0,5	301	0,5
Receitas Fiscais Totais	5 560	100,0	14 825	100,0	27 118	100,0	41 683	100,0	60 598	100,0

Em IRC está incluída também a derrama
Fonte: OCDE, *Statistiques des recettes publiques* (1965-2009), Paris, 2010

Relativamente às contribuições para a segurança social, de 1965 a 1975 acusam uma tendência de sinal contrário à dos impostos sobre o rendimento: o seu peso no total das receitas fiscais passa de 21,8% para 34,6%. Depois, essa participação relativa desce e em 1985 atinge 25,9%. A partir de então regista-se um ligeiro aumento, que na primeira metade dos anos 90 tende a estabilizar-se à roda dos 27%. A partir de 1995, verifica-se um novo reforço de posição relativa que explica os cerca de 30% verificados quer nesse ano quer em 2000, incremento que se reforça nos anos seguintes dado que a posição relativa destas contribuições atinge quase 33% em 2008.

Nos impostos sobre o património, apesar de Portugal estar ainda aquém da média dos países da OCDE, regista-se uma tendência firme para a descida: a sua participação no total das receitas fiscais baixa primeiro de 5%, em 1965, para 2,5%, em 1975 e depois continua a baixar para se estabilizar entre 1,5% e 2% durante toda a década de 80. Em 1989, último ano em que os impostos sobre o património não integram as receitas da contribuição autárquica, esse peso situa-se em 1,5%. Por efeito da introdução deste imposto, o peso dos impostos sobre o património sobe em 1990 para 2,7%, peso que volta a aumentar, atingindo 3,6% em 2008.

Quanto aos impostos sobre o consumo, em 1965 representavam 44% do total das receitas fiscais, peso que se devia na totalidade ao que a OCDE designa por impostos especiais e em que desempenhavam papel significativo os direitos aduaneiros. Em 1966 é criado o imposto de transacções e sob o seu efeito essa participação cresce para 44,8% em 1970, tendo o peso dos impostos especiais descido para 36,4%. A partir de então, enquanto o imposto de transacções aumenta a sua participação, nos impostos especiais de consumo acontece o contrário – em 1980, a participação do primeiro ascende a 16,2% e a dos segundos a 28,9%. O efeito conjugado destas evoluções determina que, no total, os impostos sobre o consumo, embora tenham diminuído o seu peso para 40,1% em 1975, atingem uma participação no total das receitas fiscais de 45% em 1980. Nos anos 80 o peso dos impostos especiais, depois de uma certa estabilização até 1988 (à roda dos 27%), baixa de novo, situando-se, em 1990, nos 23,8%. Quanto ao imposto de transacções, os últimos 5 anos da sua vigência (1981-1985) caracterizam-se por uma continua erosão da sua participação no total das receitas fiscais – esta passa de 16,13%, em 1981, para 12,65%, em 1985. O imposto sobre o valor acrescentado é introduzido em 1986 e o efeito desta reforma é imediato: o seu peso aumenta logo em 1986 para 20% das receitas fiscais totais e aí se manteve com ligeira oscilação até 1990 – ano em que atinge 19,6% – apresentando a partir de então uma tendência em geral no sentido ascendente que lhe permitirá alcançar 22,4% em 1995 e 23,9% em 2008. No total, os impostos sobre o consumo reflectem esta evolução das suas duas principais componentes – a sua participação no total das receitas fiscais passa de 44% em 1965 para 45% em 1980 e de então para cá, depois de um pico no ano da introdução do imposto sobre o valor acrescentado, há uma tendência geral para a sua diminuição, atingindo 35,9% em 2008.

Nos impostos sobre o rendimento o maior relevo é assumido pelo *IRS* – em 2008, as respectivas receitas atingiram cerca de 8 554 milhões de euros, o que representa 16% das receitas totais nesse ano. Verifica-se, por outro lado, que essa importância aumentou na primeira metade da década de 90, atingindo 17,5% em 1995, mas decresceu depois. Quanto ao *IRC* (em conjunto com a *derrama*), a sua importância aumentou consideravelmente na segunda metade dos anos 90 pois cresceu, de 1990 para 1995, 70,6% e, de 1995 para 2000, 134,8%, atingindo neste último ano o seu peso máximo – 11,4% das receitas fiscais totais (o que corresponde a 3,9% do PIB, contra uma média de 3,6% do PIB na EU15). Em 2005 verifica-se uma queda, para 3 836 milhões de euros, o que corresponde a 8% das receitas fiscais totais.

As receitas dos anos seguintes registam um crescimento, mas tudo indica que a, partir de 2008, registarão uma quebra, que só não será mais pronunciada devido ao aumento da taxa efectiva de tributação, que, de acordo com a DGCI, terá passado de 16% em 2007 para 19% em 2009. Continua, porém, a registar-se uma acentuada concentração da receita num pequeno número de contribuintes – em 2009, 155 sujeitos passivos (de um total de mais de 390 mil) são responsáveis por 37% do IRC liquidado – o que evidencia o risco, em termos de receita, derivado de alguma derrapagem nos resultados deste núcleo restrito de empresas.

Nas *contribuições para a segurança social*, dos 19 832 milhões de euros cobrados em 2008 (o que representa cerca de 32,7% das receitas fiscais totais), 5 914 milhões (29,8%) eram provenientes das contribuições de trabalhadores por conta de outrem, 12 971 millhões (65,4%) das respectivas entidades empregadoras e 946 milhões (4,8%) dos trabalhadores independentes. É visível uma evolução positiva neste tipo de receitas.

Quanto aos impostos sobre o património, dos 2 156 milhões de euros cobrados em 2008 (3,6% das receitas fiscais totais), cerca de 36,5% cabe ao imposto municipal sobre as transmissões onerosas de imóveis, com 787 milhões, a que acrescem 215 milhões de imposto do selo sobre transacções imobiliárias. A outra grande fonte é o imposto municipal sobre imóveis, com 1 106 milhões de euros (51,3% daquele total). Trata-se de um imposto que sucedeu à contribuição autárquica, surgida com a reforma fiscal de 1989 e que foi pela primeira vez cobrada em 1990, ano em que rendeu 133 milhões de euros, tendo a partir de então apresentado sempre um contínuo crescimento das suas receitas. Apesar disso, era um tributo com importantes problemas de equidade, dada a desactualização e falta de uniformidade dos valores patrimoniais sobre que incide, problemas que se espera sejam atenuados com a reforma feita em 2004, que parece ter tido um efeito muito acentuado em termos de receitas, que estão consignadas às autarquias locais: o valor cobrado passou de 508 milhões em 2000 para 1 106 milhões em 2008. O *imposto sobre as sucessões e doações*, tem uma importância relativamente marginal e menor teria não fosse a parte nele representada pelo chamado imposto sucessório por avença, que nos últimos anos da sua vigência incidiu sobre o rendimento das acções. Como já se teve oportunidade de referir, este imposto foi abolido a partir de 1 de Janeiro de 2004.

Figura 9 – Estrutura Fiscal Portuguesa

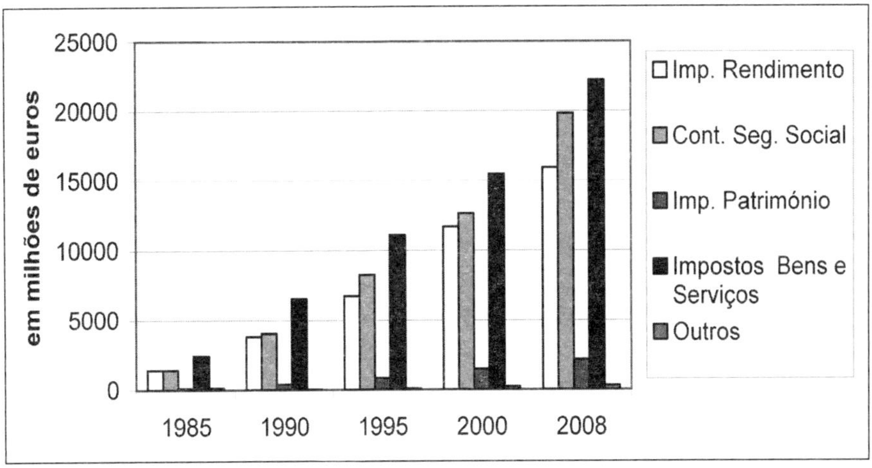

Das receitas dos impostos sobre bens e serviços, cerca de 65% cabem ao *IVA*, o que lhe confere a maior importância – 14 432 milhões de euros em 2008 (23,7% das receitas fiscais totais) O segundo imposto mais importante é o *imposto sobre produtos petrolíferos* (em 2008 terá rondado os 5,3% das receitas fiscais totais). Os outros dois impostos com grande significado nos impostos especiais de consumo – o *imposto sobre o tabaco* e o *imposto automóvel* – têm pesos próximos no total das receitas fiscais (em 2008, 2,1% e 1,6% respectivamente). Nos outros impostos sobre bens e serviços merece referência especial o *imposto do selo*, no qual assume grande importância o imposto do selo sobre operações bancárias (com 796 milhões de euros) e sobre prémios de seguro (com 354 milhões de euros).

15. Política Fiscal – Noção e Objectivos. Os Benefícios Fiscais

15.1. Conceito de política fiscal

A essência da *política económica* encontra-se na utilização de certas variáveis (as variáveis instrumentais ou instrumentos) para alcançar certos objectivos[547]. Dela faz parte a *política orçamental* – em que os instrumentos são as receitas e despesas do sector publico – e, com um âmbito mais restrito, a *política fiscal* – em que os instrumentos são os impostos.

A política fiscal consiste, assim, no uso adequado dos vários impostos e das características que os recortam (incidência, isenções, taxas, etc.) no sentido de serem prosseguidos os objectivos económico-sociais definidos.

Com efeito, o imposto influencia e é influenciado pelo substracto económico sobre que incide. Daí a ligação que, como vimos (ponto 5.2.), se pode estabelecer entre desenvolvimento económico e nível e estrutura da fiscalidade. Aqui, no entanto, interessa mais realçar a outra face da relação indicada, isto é a intervenção que através do sistema fiscal se pode fazer quer sobre a conjuntura quer sobre a própria estrutura económica, aliás de acordo, como também já se referiu, com a própria noção moderna de imposto, que integra nas suas finalidades, ao lado do objectivo tradicional da arrecadação de receitas, a prossecução de objectivos económico-sociais.

Vai assim longe o tempo das chamadas finanças públicas neutras ou praticamente neutras, em que o imposto devia manter inalteráveis os preços

[547] CAVACO SILVA, A. A. e CÉSAR DAS NEVES, J.L., *Finanças Públicas e Política Macroeconómica*, págs. 19 e segs.

relativos dos bens e dos factores de produção, a distribuição de rendimentos e a afectação de recursos[548]. Hoje é assumido, em maior ou menor grau, que as finanças públicas devem ter uma componente intervencionista, ou seja de alteração das "condições da economia privada"[549].

A natureza deste intervencionismo depende da finalidade visada, o que tem que ver com os objectivos da política fiscal. Ao nível macro-económico, esses objectivos estão associados à redistribuição, à estabilização e ao efeito incentivador ou deincentivador dos impostos. É, assim, habitual enunciarem-se os seguintes objectivos da política fiscal:

- redistribuição do rendimento e da riqueza;
- estabilização económica ou regulação conjuntural;
- desenvolvimento económico.

Isso faz com que a neutralidade do imposto seja agora aferida face aos objectivos visados pela política fiscal. Isto é, deixa de ser absoluta para passar a ser relativa: a não ser na exacta medida em que tal seja necessário para prosseguir os fins visados, o imposto deve ser neutro, ou seja, não deve ter influência no comportamento e nas decisões dos agentes económicos (veja-se atrás 5.3.2.).

Os impostos não podem, contudo, ser vistos de uma forma isolada. Assim, é importante sublinhar que o nível e, em grande medida, a estrutura fiscal está ligada ao nível da despesa pública, que é a outra face do intervencionismo do Estado na economia. E os impostos são, como é sabido, necessários para assegurar a disciplina orçamental.

15.2. Objectivos da política fiscal

15.2.1. *Redistribuição do rendimento e da riqueza*

O objectivo de uma justa repartição do rendimento e da riqueza é, em Portugal, um objectivo consignado na Constituição da República quer ao sistema fiscal no seu conjunto quer aos principais impostos (cf. os seus artºs 103º e 104º).

[548] O conceito de neutralidade fiscal não é porém pacífico, desde há muito se debatendo o seu significado preciso. Veja-se, por exemplo, BUCHANAN, James M., *The Public Finances – An Introductory Textbook*, 3rd ed., Illinois. Richard D. Irwin, Inc., 1970, págs. 63 e segs.

[549] TEIXEIRA RIBEIRO, J.J., *Lições de Finanças Públicas*, págs. 40 e segs. Cf. igualmente ORSONI, Gilbert, *L'interventionisme fiscal*, Paris, PUF, 1995.

Qualquer sistema fiscal pode proporcionar uma distribuição do rendimento e da riqueza, desde que quem é beneficiado pelas despesas públicas financiadas pelos impostos não tenha contribuído exactamente do mesmo modo que é beneficiado para esse financiamento. Só que, quando se fala na redistribuição do rendimento e da riqueza através do instrumento fiscal, tem-se em vista o objectivo de uma maior justiça, o que implica transferir rendimentos de quem os possui mais para quem os possui menos[550].

Pressupondo que da acção do Estado (v.g. fornecimento de bens públicos ou semi-públicos ou atribuição de subsídios) beneficiam os mais carenciados, importa que os impostos sejam pagos em maior montante pelos mais favorecidos. É, por isso, que a progressividade do sistema fiscal favorece a redistribuição do rendimento e da riqueza. O problema está em saber qual o grau desejável de progressividade de modo a que outros objectivos da política fiscal, especialmente o do desenvolvimento, não sejam prejudicados[551].

Como medir o efeito redistributivo dos impostos?

Têm sido enunciados vários indicadores. Um deles, de uso generalizado, compara a distribuição do rendimento (e/ou da riqueza) antes e depois de impostos – se a distribuição é a mesma, não houve efeito redistributivo (o sistema fiscal é proporcional), se a distribuição melhorou, o sistema tem um efeito redistributivo positivo (o sistema é progressivo), se a distribuição piorou, o sistema tem um efeito redistributivo negativo (o sistema é regressivo). Em termos quantitativos, usa-se para o efeito o "coeficiente de concentração de *Gini*", antes e depois de impostos, e, em termos gráficos, a chamada "curva de *Lorenz*", antes e depois de impostos[552].

Os estudos empíricos que têm sido feitos não permitem concluir sobre uma grande eficácia do sistema fiscal como instrumento de uma política de redistribuição. Têm sido apontadas várias razões para isso. Uma delas respeita à estrutura das receitas fiscais. É que, sendo o imposto sobre o rendimento aquele que poderia desempenhar o papel mais importante, o seu peso no total das receitas fiscais, embora variável de país para país, não

[550] Esta é, porém, a chamada *redistribuição vertical* – redistribuição entre pessoas com níveis de rendimentos diferentes. Ao lado desta também se pode visualizar a *redistribuição horizontal* entre grupos ou categoria sociais. Esta última, porém, mau grado o imposto não lhe ser muitas vezes estranho (v.g. através das diferentes possibilidades dos grupos sociais face à fuga aos impostos ou através de benefícios fiscais sectorialmente orientados) contraria o princípio da igualdade.

[551] Para maiores desenvolvimentos veja-se TEIXEIRA RIBEIRO, J.J., *ob. cit.*, págs. 355 e segs.

[552] Cf. KAKWANI, N.C., *"Measurement of tax progressivity: An international comparison"*, in *The Economic Journal*, vol. 87, March 1977, págs. 71-80.

o torna factor decisivo sem a consideração do efeito dos outros impostos. Também relativamente aos impostos sobre o património – que são teoricamente outra das vertentes de uma política fiscal de redistribuição – a sua importância é diminuta. Aliás, o modo como se estruturam alguns dos seus aspectos essenciais, designadamente em termos de avaliação da matéria colectável, e bem assim os níveis atingidos pela evasão e fraude fiscais, justifica que os mesmos desempenhem um papel limitado. No tocante aos impostos sobre a despesa são conhecidos os seus efeitos regressivos. Assim, quando assumem grande peso na estrutura das receitas, a sua influência é, no aspecto redistributivo, em princípio, negativa, dependendo o efeito final dos elementos correctivos desempenhados pelas isenções de bens essenciais e pela diferenciação de taxas no imposto geral e pela existência de impostos específicos onerando alguns consumos de luxo.

Uma outra vertente de uma política de redistribuição de base fiscal pode encontrar-se no chamado *imposto negativo sobre o rendimento*[553]. Neste modelo de tributação (Figura 10), quem tem rendimentos superiores a um dado limiar (O) – por alguns denominado mínimo de existência – paga um imposto que vai aumentando à medida que o rendimento se eleva e quem tem rendimentos inferiores a esse mínimo recebe uma prestação pecuniária que aumenta à medida que o rendimento desce. A filosofia de base de um tal sistema está em assegurar que os desagravamentos que estruturam um sistema fiscal devem efectivar-se quer relativamente aos que têm rendimento suficiente para serem tributados quer relativamente aos que o não têm, caso em que deverão receber um subsídio do Estado. Há, deste modo, uma nova modalidade de redistribuição integrada no próprio sistema fiscal.

Um imposto negativo sobre o rendimento pode apresentar-se de forma simplificada da seguinte forma:

$$I = t(Y - O)$$

em que:

- I é o imposto (positivo ou negativo);

[553] OCDE, *L'impôt négatif sur le revenu*, Paris, 1974, e, entre nós, XAVIER DE BASTO, J.G., "*O imposto negativo sobre o rendimento*", in *Boletim de Ciências Económicas*, Coimbra, vol. XVI, 1973, págs. 1-31 e DUARTE NEVES, F. J., *Efeitos de uma Política de Rendimento Mínimo Garantido: Aspectos Teóricos e Experiência de Implementação no Contexto Europeu* (Dissertação de Mestrado em Economia e Política Social no ISEG), Lisboa, policopiado, 1996, em especial págs. 23 e segs.

- *Y* o rendimento real; e
- *O* o rendimento de equilíbrio (aquele que uma vez alcançado nem há lugar a imposto positivo nem a imposto negativo).

FIGURA 10 – Sistema de Imposto Negativo Sobre o Rendimento

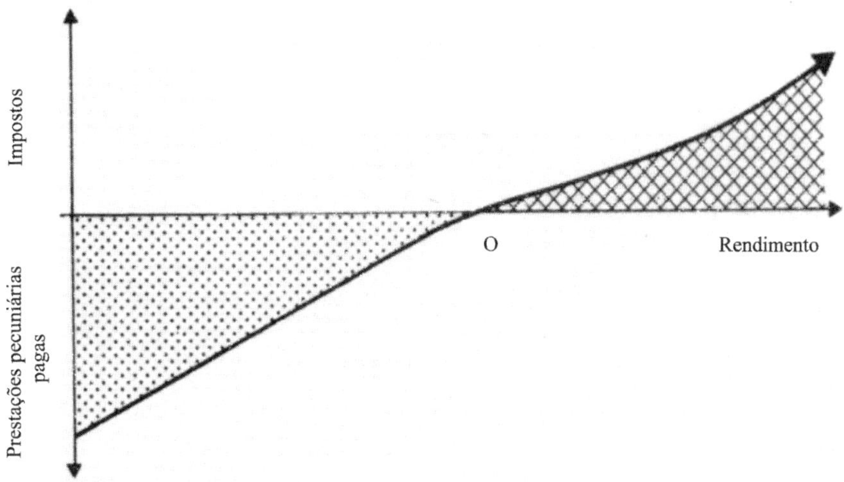

Comporta assim:

- o rendimento mínimo garantido (*tO*), por alguns chamado o desvio de pobreza (*poverty gap*);
- a taxa de tributação (*t*), que é sempre inferior a 100%, de modo a que a prestação garantida não tenha um efeito de desincentivo ao trabalho (se todos tivessem garantido o mínimo de existência, poderia um pobre perguntar – o que ganho se trabalhar?[554]);
- o nível de rendimento de equilíbrio (*O*), ou seja o rendimento em que não se paga imposto positivo nem se recebe imposto negativo.

Para além de alguns problemas técnicos, a instituição do imposto negativo defronta com sérios obstáculos de índole financeira.

[554] Daí que *t*, num imposto negativo, seja, às vezes, também designada por taxa de moderação da ociosidade.

15.2.2. *Estabilização económica ou regulação conjuntural*

A utilização do imposto como instrumento de uma política de estabilização económica ou regulação conjuntural tem sido largamente efectuada depois da segunda guerra mundial pelos principais países ocidentais[555].

Tem-se basicamente em vista minimizar as flutuações do rendimento próprias da conjuntura económica, pelo que importa, por um lado, analisar de que modo o imposto é sensível a essa conjuntura e, por outro, como pode actuar sobre a mesma.

A *sensibilidade fiscal* é traduzida pelo grau e rapidez com que as receitas fiscais são afectadas pelas variações da actividade económica e depende de vários factores, entre os quais[556]:

- a natureza da matéria colectável: não só a conjuntura afecta de modo diferente o rendimento, o património ou a despesa, que constituem a base dos impostos, como os diferentes impostos reagem de modo diferente à conjuntura, podendo dizer-se que os que mais a reflectem de perto são os impostos gerais de consumo;
- a técnica de determinação da matéria colectável: a conjuntura faz-se sentir melhor numa matéria colectável real ou efectiva do que numa matéria colectável presumida, designadamente na determinada por métodos indiciários;
- o tipo de taxas: as taxas específicas não são, em geral, sensíveis à conjuntura, ao contrário das taxas *ad valorem*; um imposto de taxa propocional segue os movimentos da conjuntura económica ao mesmo ritmo desta enquanto que um imposto de taxas progresivas reflecte de forma mais acentuada esses movimentos;
- a técnica de cobrança: um imposto cobrado por retenção na fonte, dado que a cobrança está mais próxima da ocorrência dos factos geradores, reflecte de modo imediato a conjuntura, enquanto que um

[555] Em BOBE, Bernard e LLAU, Pierre, *Fiscalité et choix économiques*, Calmann-Lévy, 1978, págs. 127 e segs., podem ver-se alguns exemplos históricos da aplicação de uma política de estabilização. Mais recentemente, no contexto da União Europeia, o uso dos impostos com o objectivo de estabilização ou regulação conjuntural ganha ainda maior importância dado que, com a perda de autonomia em matéria de política monetária, a política fiscal é dos poucos instrumentos que restam aos Estados no plano nacional. O instrumento fiscal tem sido muito utilizado no contexto da crise económico-financeira que surgiu no final da primeira década do século XXI, muitas vezes, porém, mais para obter receitas do que para promover a regulação conjuntural.

[556] Para maiores desenvolvimentos veja-se, por exemplo, MEHL, Lucien e BELTRAME, Pierre, *Science et Technique Fiscales*, págs. 500 e segs.

imposto cuja liquidação e cobrança se façam mais tarde vai efectivar--ser em termos temporais desfazados e numa altura em que a conjuntura pode já não ser a mesma.

São dois os métodos principais para aferir da sensibilidade fiscal: cálculo das taxas marginais de tributação e cálculo das elasticidades fiscais.

As *taxas marginais de tributação* (α) assumem formas de apresentação diversas, designadamente a um nível mais agregado ou mais desagregado, mas fundam-se na relação entre a variação marginal da receita fiscal e a variação marginal do rendimento[557]:

$$\alpha = \frac{\textit{Variação marginal da receita fiscal}}{\textit{Variação marginal do rendimento}}$$

Por sua vez, considerando T_0 e R_0 os valores iniciais das receitas fiscais e do rendimento, a *elasticidade fiscal* (E_T) costuma definir-se como a relação entre a variação relativa das receitas fiscais ($\frac{\Delta T}{T_0}$) e a variação relativa do rendimento ($\frac{\Delta R}{R_0}$), no decorrer de um dado periodo, ou seja:

$$E_T = \frac{\frac{\Delta T}{T_0}}{\frac{\Delta R}{R_0}}$$

E_T mede, assim, a variação das receitas fiscais que resulta de uma determinada variação do rendimento e depende, por isso, como sublinha MUSGRAVE, do nível inicial das taxas de tributação, da progressividade da estrutura de taxas e do modo como a base tributável responde a variações do rendimento (o que é influenciado designadamente pela evasão e fraude fiscais)[558]. Isso leva à decomposição da elasticidade fiscal (E_T) em duas: a elasticidade da taxa de tributação (E_t) e a elasticidade da base tributável (E_b).

[557] Em termos genéricos pode dizer-se que se a taxa marginal de tributação é igual à taxa média estamos perante um imposto proporcional; se é superior então o imposto é progressivo e se é inferior é regressivo.

[558] MUSGRAVE, Righard A., *Theory of Public Finance*, págs. 505 e segs. Uma aplicação prática do conceito de elasticidade fiscal pode ver-se em OCDE, *Élasticité de l'impôt sur le revenu des personnes phisiques échéant à l'administration centrale*, Paris, 1984.

Assim, considerando *t* a taxa média de tributação e *B* a base tributável e sendo *R* o nível de rendimento nacional, tem-se:

$$E_t = \frac{\frac{\Delta t}{t_o}}{\frac{\Delta B}{B_o}} \quad \text{e} \quad E_b = \frac{\frac{\Delta B}{B_o}}{\frac{\Delta R}{R_o}}$$

pelo que combinando as duas elasticidades tem-se:

$$E_T = (1 + E_t \frac{B_1}{B_o})E_b = E_b(E_t + \frac{t_1}{t_o})$$

Verifica-se, portanto, que a elasticidade fiscal total depende conjuntamente da elasticidade da taxa e da elasticidade da base tributável.

É muito discutido o nível desejável da elasticidade fiscal. O que se pode dizer é que, em princípio, quanto mais elevada ela for mais o sistema fiscal pode desempenhar um efeito estabilizador sobre a economia. Assim, em épocas de expansão da actividade económica, as receitas fiscais crescerão mais do que proporcionalmente e daqui resultará, em princípio, uma contracção da procura e com ela uma moderação das tensões inflacionistas. Pelo contrário, em épocas de depressão, as receitas fiscais baixarão, o que aumentará a procura e criará condições para o relançamento da actividade económica.

A análise das taxas marginais de tributação e da elasticidade fiscal conduz-nos à questão da tipologia das políticas de estabilização.

Assim, poder-se-á, com base no estudo da situação económica e da previsão do seu comportamento futuro desencadear uma *política de estabilização activa ou discricionária*, traduzida em variações deliberadas das variáveis instrumentais com vista à obtenção dos objectivos desejados, em termos, especialmente, de pleno emprego e de estabilidade dos preços. É discutida na teoria económica a eficácia de uma tal política nomeadamente face às dificuldades de precisar com rigor a amplitude da variação dos instrumentos estritamente necessária para atingir certos efeitos em termos de objectivos. É que um doseamento inadequado poderá fazer com que uma determinada política de estabilização tenha afinal um efeito desestabilizador (v.g. uma medida anti-inflacionista pode ter um efeito recessivo ou uma medida anti-recessão pode causar um efeito inflacionista). Não se entrará aqui nesses desenvolvimentos[559]. Nota-se, não obstante, que normalmente tende a recorrer-se à fiscalidade directa quando se trata de influenciar o consumo privado e à fiscalidade indirecta quando se deseja influenciar os preços dos bens e serviços. Em relação ao investimento, recorre-se por vezes a benefícios fiscais, sem, no entanto, deixar de considerar o quadro geral da tributação das empresas e dos rendimentos de aplicação de capitais.

De qualquer modo, uma política de estabilização activa demora algum tempo a produzir os seus efeitos – o conhecimento desse periodo de tempo é essencial para se avaliar a política empreendida. Os atrasos constituem, aliás, o grande problema deste tipo de políticas – há em primeiro lugar o chamado *atraso de reconhecimento (recognition lag)*, traduzido pelo tempo necessário para que as autoridades reconheçam a necessidade de uma intervenção, o que depende fundamentalmente da informação económica disponível e das técnicas de previsão; depois vem o *atraso de instauração ou administrativo (operational lag)* dado que após o reconhecimento da necessidade de intervir demora ainda algum tempo a decidir e pôr em prática as medidas adequadas, o que tem que ver também com factores institucionais, especialmente com o facto de normalmente caber aos parlamentos a respectiva aprovação[560]; finalmente verifica-se o denominado *atraso de eficácia (effectiveness lag)*, que corresponde ao periodo que decorre entre a tomada das medidas e a produção dos seus efeitos.

Tantos atrasos acentuam os méritos da chamada *política de estabilização automática*, que assenta em elementos estruturais que, sem necessidade de qualquer reconhecimento da situação ou tomada de medidas específicas, têm por si só um comportamento anti-cíclico[561]. Entre esses elementos estão

[559] Veja-se, com muito interesse, CAVACO SILVA, A.A. e CÉSAR DAS NEVES, J.L., *ob. cit.*, págs. 208 e segs., que, aliás, constitui, na bibliografia portuguesa, obra de referência em matéria de política de estabilização

[560] Em Portugal, este atraso é, na maior parte dos casos, muito significativo. Com efeito, entre o reconhecimento da necessidade de uma medida fiscal e a sua entrada em vigor com a publicação da correspondente legislação no Diário da República medeiam, em geral, seguramente vários meses. É que mesmo que aquele reconhecimento dê lugar à imediata apresentação de uma proposta ou projecto de lei, o que nem sempre acontece, há que ter em conta o tempo normal consumido pelo processo legislativo: discussão e aprovação da lei pelo orgão competente, promulgação pelo Presidente da República, etc.

[561] Alguns autores indicam uma tríplice superioridade dos estabilizadores automáticos face aos estabilizadores discricionários. Em primeiro lugar, evitam as dificuldades de previsão inerentes a estes últimos; em segundo lugar, os mecanismos de auto-correcção inerentes aos

os impostos sobre o rendimento, cujo efeito estabilizador automático é, normalmente, tanto maior quanto mais elevada for a variação da respectiva receita fiscal em resposta a uma variação do rendimento, ou seja tanto maior que 1 for a elasticidade fiscal. Isso significa que um imposto progressivo tem um maior efeito estabilizador que um imposto proporcional. Assim, por exemplo, numa fase recessiva, com a baixa dos rendimentos, algumas pessoas que anteriormente pagavam imposto deixam de o pagar ou pagam-no a uma taxa mais baixa por virtude da mudança de escalão, o que faz com que o rendimento disponível não baixe na mesma proporção do rendimento pessoal, deste modo se contrariando o movimento de contracção. Verifica-se o oposto em fases de expansão: com o aumento de rendimento, algumas pessoas passam a ficar integradas em escalões de rendimentos a que corresponde uma taxa de tributação mais elevada e por isso o seu rendimento disponível não cresce tanto como o seu rendimento pessoal, com efeitos automáticos ao nível da procura[562]. Isto é tanto mais válido quanto mais próxima estiver a data do pagamento da data da percepção do rendimento, o que aconselha que a cobrança dos impostos se faça por retenção na fonte.

Ainda que sejam de preferir os estabilizadores automáticos aos estabilizadores discricionários, os primeiros não são em regra suficientes para promover uma regulação conjuntural completa – quando muito atenuam as crises mas não as eliminam[563]. Daí que ao lado de uma política de estabilização automática seja necessário prever o recurso a algumas medidas

estabilizadores automáticos limitam a possibilidade de se tomarem medidas inadequadas com efeitos opostos aos que se pretendem obter; em terceiro lugar, na estabilização automática não há necessidade de intervenção dos poderes públicos, o que se adequaria a uma política liberal. Cf. BOBE, Bernard e LLAU, Pierre, *ob. cit.*, pág. 139.

562 Em termos muito simples, sendo R_d o rendimento disponível, R o rendimento, T o imposto pago e t a taxa média de tributação em função do rendimento, tem-se para um dado nível de rendimento R_1:

$$Rd_1 = R_1 - T_1 = R_1 - t_1 R_1 = R_1 (1 - t_1)$$

Subindo o rendimento de R_1 para R_2 tem-se:

$$Rd_2 = R_2 - T_2 = R_2 - t_2 R_2 = R_2 (1 - t_2)$$

E como o imposto é de taxa progressiva $t_2 > t_1$, verifica-se que:

$$\frac{R_2}{R_1} > \frac{R_{d2}}{R_{d1}}$$

ou seja o crescimento do rendimento disponível é menor que o crescimento do rendimento.

563 CAVACO SILVA, A.A. e CÉSAR DAS NEVES, J.L., *ob. cit.*, págs. 224 e segs.

próprias de uma política de estabilização activa. No entanto, para reduzir os inconvenientes desta última, designadamente os problemas ligados aos atrasos já referidos, tem sido preconizada a chamada "*estabilização segundo normas de flexibilidade*" (*formula flexibility*), que constitui uma extensão de uma política de estabilização automática (*built-in flexibility*), de acordo com a qual se estabeleceriam regras segundo as quais certos desenvolvimentos económicos implicariam determinadas medidas de ajustamento nas variáveis fiscais[564]. Poderia, por exemplo, estabelecer-se que o Governo desceria X pontos percentuais as taxas do imposto pessoal de rendimento ou do imposto sobre os lucros das empresas se o desemprego atingisse Z % ou instituiria nessa altura um crédito fiscal por investimento de Y %; ao contrário, poderia prever-se uma subida da taxa do imposto sobre o rendimento de N pontos percentuais se, durante um certo periodo, a taxa de inflação subisse de M %.

Esta política tem a vantagem de permitir que os agentes económicos saibam o que o Governo fará no caso de ocorrerem certos desenvolvimentos económicos. Tem, porém, a limitação inerente à definição apriorística de que a reacção a determinada situação se fará de um certa forma predeterminada, sem análise da situação económica que está subjacente ao indicador usado.

15.2.3. *Desenvolvimento económico*

Um outro objectivo consignado à política fiscal é o do desenvolvimento económico, numa dupla vertente de natureza estrutural:

- o sistema fiscal não deve ser entrave a esse desenvolvimento;
- o sistema fiscal deve promover activamente esse desenvolvimento.

O primeiro aspecto tem que ver com o tema já abordado anteriormente do *nível* e da *estrutura fiscal* de um dado país, já que um e outra podem ser factores de estrangulamento da actividade económica e, num mundo cada vez mais globalizado e integrado, constituírem variáveis que discriminem negativamente o exercício dessa actividade num espaço relativamente a outro. Esta preocupação – tradicionalmente presente na chamada *neutra-*

564 Veja-se também STIGLITZ, Joseph E., *Economics of the Public Sector*, págs. 681 e segs. Uma revisão crítica da literatura neste domínio pode ver-se em BOORSMA, Peter B., "*Rules versus Discretion in Fiscal Policy – Some Critical Remarks on a Discussion*", in *Public Finance and Steady Economic Growth* (Proceedings of the 45th Congress of the "International Institute of Public Finance"), ed. Gerold Krause-Junk, The Hague, Foundation Journal of Public Finance, 1990, págs. 183-196.

lidade relativa do sistema fiscal – ganha, assim, nova dimensão, levando à problemática da *concorrência fiscal* entre os Estados.

Com efeito, no passado a política fiscal respondia primordialmente a preocupações nacionais e tinha repercussões que pouco ultrapassavam o âmbito doméstico – os aspectos internacionais, ainda que presentes, não eram os mais relevantes. Hoje em dia as coisas não se passam assim. É certo que a política fiscal de um Estado continua a dever ser moldada pelos objectivos tradicionais, que se situam, em primeiro lugar, num quadro nacional. Mas, a crescente mobilidade das pessoas e dos capitais conduziu a uma globalização da economia, que as novas tecnologias mais potenciaram, fazendo com que a política fiscal tenha de ser encarada numa perspectiva transnacional. Não é possível desenhar o sistema fiscal e tomar uma medida fiscal sem consideração deste quadro, ou seja, do que se passa nos outros países, de modo a evitar que o sistema fiscal leve à deslocalização de pessoas e de capitais. Trata-se de matéria que faz apelo a uma certa *convergência* expontânea dos sistemas fiscais, mas que, para além de certo limite, necessita de uma certa *coordenação* a nível internacional[565]. É que da concorrência fiscal pode resultar uma sucessiva erosão das receitas fiscais que, por um lado, leve a maior tributação dos factores menos móveis relativamente aos dotados de maior mobilidade, prejudicando, desse modo, a equidade do sistema e a realização de objectivos de maior justiça social, e, por outro lado, ponha em causa o financiamento das actividades que devem ser prosseguidas pelo Estado e que são elas próprias factores de desenvolvimento (investimentos públicos, despesas com a educação e a saúde, etc.).

A segunda vertente relaciona-se com o uso dos impostos para intervir activamente nesse desenvolvimento, nas suas várias componentes. Esta vertente intervencionista concretiza-se primordialmente através dos *benefícios fiscais*, que, pela sua importância decisiva em temos de política fiscal, serão estudados autonomamente adiante. Nos seus objectivos estão, como se verá, reflectidas as várias componentes do desenvolvimento.

A principal componente, especialmente nos países menos desenvolvidos, é o *crescimento económico*, ou seja a *expansão da capacidade produtiva*, como via para aumentar a produção de bens e serviços e melhorar o nível de vida da população. Os principais factores de crescimento têm que ver não só com a disponibilidade dos factores de produção – capital e trabalho, mas

[565] Sobre esta problemática, com incidência em especial ao nível da União Europeia, veja-se FREITAS PEREIRA, M. H., "Concorrência fiscal prejudicial – o Código de Conduta da União Europeia", in *Ciência e Técnica Fiscal*, Lisboa, nº 390, Abril-Junho de 1998, págs. 205-219.

igualmente com a produtividade dos mesmos. Isso leva a equacionar as relações entre fiscalidade e investimento, área em que muitos estudos têm sido feitos, em particular quanto ao tema da influência da fiscalidade em geral e do imposto sobre os lucros das sociedades em especial sobre as decisões de investimento das empresas. Nesses estudos, no caso do imposto sobre o rendimento, incluindo mais-valias, consideram-se como variáveis mais relevantes as taxas de imposto, as regras sobre o regime fiscal das depreciações e amortizações e a existência de benefícios fiscais ao investimento. Os estudos de índole teórica sugerem que a tributação influencia o investimento quer através dos custos de produção quer do resultado disponível para distribuição. No entanto, as conclusões que se podem retirar de alguns estudos, utilizando métodos econométricos, com o objectivo de determinar de que modo os impostos afectam as decisões de investimento são variadas e algo inconclusivas[566].

Mas, além do crescimento, enquanto componente quantitativa do desenvolvimento, é dada cada vez maior importância a aspectos qualitativos deste, como, por exemplo, *a protecção e defesa do ambiente.* Assim, na sequência da tomada de consciência de que existe um "bem ambiental" pertencente à comunidade, que importa preservar e melhorar e que tem sido gravemente posto em causa por um crescimento a todo o custo, os impostos passaram a ser um dos instrumentos da política ambiental. A interacção entre fiscalidade e ambiente pode, contudo, ser vista sob vários ângulos. Um deles é o da criação dos chamados impostos ambientais ou da reestruturação dos impostos sobre a energia e/ou sobre os transportes[567]. Com efeito, na última década do século XX, principalmente nos países do norte da Europa, assistiu-se a reformas fiscais em que o ambiente assumiu um papel central, aproveitando-se esse facto para, num ambiente económico caracterizado por aumento dos níveis de desemprego e deslocalização de capitais, motivando um agravamento relativo dos impostos sobre os rendimentos do factor trabalho, tentar substituir o peso da fiscalidade sobre estes rendimentos por impostos sobre formas de consumo e de produção prejudiciais ao ambiente. Obter-se-ia, assim, o que já foi designado por "duplo dividendo", no sentido de que esses impostos permitiriam melhorar a protecção ambiental e ao mesmo tempo, na medida

[566] No caso do investimento directo estrangeiro, uma síntese desses estudos pode ver-se em OECD, *Corporate Tax Incentives for Foreign Direct Investment*, Paris, 2001, págs. 49 e segs.

[567] Uma síntese da problemática envolvida pode ver-se em OCDE, *Stratégies de mise en oeuvre des écotaxes*, Paris, 1997.

em que financiassem uma baixa da tributação sobre o factor trabalho, *maxime* das contribuições para a segurança social, baixar o desemprego, efeito que, no entanto, depende de múltiplos factores e tem sido objecto de controvérsia[568]. É neste contexto que se verifica a criação, em alguns países, de impostos ambientais enquanto noutros se constata uma tendência para a reestruturação dos impostos sobre a energia e/ou sobre os transportes no sentido de incentivar comportamentos ecologicamente mais satisfatórios.[569] Outro ângulo em que se pode visualizar a ligação entre fiscalidade e ambiente, menos polémico e insistentemente objecto de recomendações por organizações internacionais, é o do incentivo fiscal a investimentos ecológicos, que pode assumir várias modalidades técnicas, mas que, quando opera ao nível dos impostos sobre o rendimento, se traduz em depreciações aceleradas ou em deduções à matéria colectável ou à colecta de uma certa percentagem do investimento. Esta vertente da projecção fiscal das questões ambientais tem-se reflectido em várias disposições inseridas nos sistemas fiscais dos países da OCDE, sendo, no entanto, muito discutida a sua eficácia já que pressupõe que a medida é suficientemente motivadora para induzir um comportamento ecologicamente considerado mais satisfatório[570].

[568] Para maiores desenvolvimentos veja-se, na bibliografia portuguesa, DIAS SOARES, Cláudia Alexandra, *O imposto ecológico – contributo para o estudo dos instrumentos económicos de defesa do ambiente*, Studia Iuridica 58, Coimbra, Coimbra Editora, 2001, págs. 531 e segs.

[569] O debate subjacente a estas alterações, apesar de durar há já muito tempo, encontra-se longe de estar encerrado. É disso exemplo, no quadro da União Europeia, o facto de já em Junho de 1992 ter sido apresentada uma proposta de directiva visando a instauração de um imposto sobre o dióxido de carbono e a energia, proposta que, apesar de emendada em Maio de 1995, não logrou obter consenso no Conselho ECOFIN. Respondendo ao convite que então este Conselho lhe formulou, a Comissão veio a apresentar em 17 de Março de 1997 – *Jornal Oficial das Comunidades Europeias*, C 139, de 6 de Maio de 1997 – uma proposta de directiva que reestrutura o quadro comunitário de tributação dos produtos energéticos. Nessa proposta, tendo em conta os objectivos da União Europeia de estabilizar as suas emissões de CO2 no ano 2000 aos níveis de 1990 e bem assim os compromissos tomados, enquanto parte signatária da Convenção-Quadro das Nações Unidas sobre as alterações climatéricas, no sentido de estabilizar as concentrações de gás com efeito de estufa na atmosfera a níveis que preservem o sistema climatérico de um impacto nefasto, visa-se estabelecer níveis mínimos de tributação sobre produtos energéticos, incluindo a electricidade, deixando aos Estados membros a liberdade de escolha dos impostos (excluindo IVA) em que essa tributação é concretizada.

[570] Em Portugal, em matéria de impostos sobre o rendimento, existe a possibilidade de constituição em IRC de uma provisão para a reparação de danos de carácter ambiental de locais afectos a indústrias extractivas ou ao tratamento e eliminação de resíduos, após a cessação destas actividades (artº 40º do Código do IRC) e tem estado disponível uma dedução à colecta

15.3. Benefícios fiscais

15.3.1. *Conceito de benefício fiscal. As despesas fiscais*

15.3.1.1. Os benefícios fiscais caracterizam-se, em primeiro lugar, por se traduzirem numa derrogação às regras gerais de tributação. Costuma falar-se a propósito de um "sistema normativo de imposto" (que, no caso do imposto sobre o rendimento, inclui designadamente as regras de incidência real e pessoal, de determinação da matéria colectável, as taxas de tributação), sendo um benefício fiscal um afastamento desse "quadro normativo".[571] Tratando-se de derrogação a regras gerais, ao regime normal de tributação, está implícito no conceito de benefício fiscal uma natureza excepcional. Isso permite distinguir o benefício fiscal de situações de não sujeição tributária – das chamadas exclusões tributárias[572] – já que nestes casos estamos perante uma manifestação do próprio sistema normal de tributação: faz parte da tributação-regra que certas situações não sejam tributadas[573].

em IRS, até certo limite quantitativo, de 30% das despesas com a compra de equipamentos novos para utilização de energias renováveis e de outras despesas , v.g relacionadas com o comportamento térmico dos edifícios ou a aquisição de veículos exclusivamente eléctricos ou movidos a energis renováveis não combustíveis (artº 73º do EBF) e vigorou de 1999 a 2001 um crédito fiscal ao investimento das empresas em bens de protecção ambiental (Decreto-Lei nº 477/99, de 9 de Novembro). É ainda de sublinhar a sujeição à taxa intermédia de IVA de aparelhos e máquinas ligados a energias alternativas ou ao combate à poluição (verba 2.4 da Lista II) e de uma componente ambiental (expressa em escalões progressivos de nível de emissão de dióxido de carbono – CO_2) nas taxas aplicáveis em imposto sobre veículos (artº 7º do respectivo Código). Cf. FREITAS PEREIRA, M. H., *"Uma nova vertente da política ambiental em Portugal – os benefícios fiscais à protecção e defesa do ambiente"*, in *Revista Jurídica do Urbanismo e do Ambiente*, nºs 11/12, Jun-Dez 1999, págs. 345-375 e CASALTA NABAIS, José, *"Direito fiscal e tutela do ambiente em Portugal"*, in *Rev. CEDOUA*, Coimbra, nº 12, ano VI, 2003, págs. 23-42.

[571] FREITAS PEREIRA, M.H., *"Os incentivos fiscais e o financiamento do investimento privado"*, in *Influência da fiscalidade na forma de financiamento das empresas*, Cadernos de Ciência e Técnica Fiscal, nº 121, Lisboa, Centro de Estudos Fiscais, 1981, págs. 236 e segs. A definição do que se deve entender por "sistema normativo de imposto" é questão que ainda não está resolvida na doutrina.

[572] SÁ GOMES, Nuno, *Teoria Geral dos Benefícios Fiscais,* Cadernos de Ciência e Técnica Fiscal, no 165, Lisboa, Centro de Estudos Fiscais, 1991, págs. 113 e segs.

[573] Neste sentido, o artº 4º do Estatuto dos Benefícios Fiscais estabelece que "não são benefícios fiscais as situações de não sujeição tributária", considerando-se como tais genericamente "as medidas fiscais estruturais de carácter normativo que estabeleçam delimitações negativas expressas da incidência". A distinção entre benefícios fiscais e outras medidas de desagravamento fiscal que sejam de natureza estrutural e, portanto, façam parte do referido sistema

A mencionada excepção há-de, porém, constituir uma vantagem (ou desagravamento) em favor de certa entidade, actividade ou situação. A referência a vantagem é indispensável pois relativamente àquele sistema normativo também poderá haver derrogações através das quais se usa a fiscalidade como elemento dissuasor: em vez de se beneficiar certos factos pretende-se penalizá-los[574].

Por outro lado, os benefícios fiscais são sempre instrumentos de política que visam certos objectivos económico-sociais ou outras finalidades que justifiquem o seu carácter excepcional em relação à normalidade. Não se vê como o sistema fiscal possa infringir o princípio básico da igualdade de todos contribuirem para as receitas do Estado sem que tal excepção à regra se justifique face aos objectivos que a determinam. Sem objectivos que a fundamentem, aquela vantagem não é um benefício fiscal mas outrossim um privilégio que, face ao princípio da igualdade, não tem razão de ser. Deste modo, não se concebe um benefício fiscal que não seja um meio de atingir um fim assumido de valor hierarquicamente superior ao da igualdade de todos os contribuintes.

normativo de imposto (no qual se inserem designadamente as delimitações negativas de incidência) é da maior importância pois, ao contrário destas últimas, os benefícios fiscais dependentes do reconhecimento não podem ser concedidos quando o sujeito passivo tenha deixado de efectuar o pagamento de qualquer imposto sobre o rendimento, a despesa ou o património e das contribuições relativas ao sistema de segurança social (artº 13º do EBF) e; por outro lado, os benefícios fiscais cessam os seus efeitos no caso de o sujeito passivo deixar de efectuar o pagamento de qualquer imposto sobre o rendimento, a despesa ou o património e das contribuições para a segurança social e enquanto se mantiver a situação de incumprimento, salvo se a dívida tributária tiver sido objecto de reclamação, impugnação ou oposição, com a prestação de garantia idónea, quando exigível (artº 14º, nºs 5, 6 e 7, do EBF). A importância da distinção entre benefícios fiscais e outros desagravamentos fiscais que sejam de natureza estrutural – que na linguagem não técnica nem sempre é feita com o rigor adequado – manifesta-se igualmente a propósito da delimitação global da redução da colecta em IRS e IRC devida a benefícios fiscais, que salvo declaração espressa na lei que também os inclua, não abrange esses desagravamentos (cf. artº 88º do Código do IRS e artº 92º do Código do IRC), pois estes últimos, por natureza, estão, ou deverão estar, ligados à determinação de um imposto que, de algum modo, reflita a capacidade contributiva.

[574] Esta característica justifica nos benefícios automáticos ou não dependentes de reconhecimento (sobre as características destes benefícios veja-se adiante 15.3.3.2. *in fine*) a possibilidade de renúncia aos mesmos, já que não é admissível que da existência de um benefício fiscal resulte uma tributação superior à que resultaria da aplicação da tributação-regra. Por isso se compreende que a lei, em face do regime previsto no nº 8 do artº 14º do Estatuto dos Benefícios Fiscais, que, como regra, proibe a renúncia aos benefícios fiscais automáticos e dependentes de reconhecimento oficioso, a admita em certas condições. Cf. por exemplo a possibilidade de renúncia prevista no nº 5 do artº 13º do Estatuto Fiscal Cooperativo (Lei nº 85/98, de 16 de Dezembro).

Por vezes, em lugar de benefício fiscal alude-se a incentivo fiscal. Embora na linguagem corrente se utilizem essas expressões como sinónimas, em termos rigorosos não o são. Assim, o incentivo fiscal, como sugere o vocábulo "incentivar", deve motivar os sujeitos económicos no sentido da adopção de um determinado comportamento, o qual é a sua razão de ser. Por outras palavras – e esta é a característica que fundamentalmente distingue o benefício fiscal do incentivo fiscal – o incentivo actua *ex ante*, determinando, em maior ou menor grau, um comportamento ligado aos objectivos económico-sociais que o justificam. No benefício fiscal já não seria importante averiguar de que modo a sua existência desempenhou o referido papel motivador de um comportamento, pelo que se diz que actua *ex post*. Por outras palavras, o benefício fiscal tem uma natureza essencialmente estática enquanto que o incentivo fiscal se caracteriza pela sua natureza dinâmica. Trata-se, porém, de domínio em que é difícil distinguir, na prática, quando acaba o benefício fiscal e começa o incentivo fiscal e isso justifica que na maioria dos casos se refiram apenas os benefícios fiscais. Aliás, poder-se-ão abranger no conceito de benefício fiscal em sentido amplo os próprios incentivos fiscais[575].

Na legislação portuguesa, encontramos actualmente uma definição de benefício fiscal. Assim, no nº 1 do artº 2º do Estatuto dos Benefícios Fiscais definem-se benefícios fiscais como as "medidas de carácter excepcional instituídas para tutela de interesses públicos extrafiscais relevantes que sejam superiores aos da própria tributação que impedem". Neste conceito resultam evidentes as características enunciadas: derrogação de natureza excepcional à tributação-regra e prossecução de finalidade extrafiscal com relevante interesse público. Não se alude à característica da vantagem, mas tem de considerar-se a mesma implícita na própria natureza de um benefício.

15.3.1.2. Os benefícios fiscais integram-se nas chamadas "despesas fiscais" (*tax expenditures* ou *dépenses fiscales*), conceito que, no domínio dos impostos sobre o rendimento – seu domínio prioritário de actuação – foi primeiramente desenvolvido pelo Prof. Stanley Surrey e que assenta em dois elementos[576]. O primeiro compõe-se das disposições de ordem estrutural

[575] No mesmo sentido, sá gomes, Nuno, *Teoria Geral dos Benefícios Fiscais*, pág. 38.

[576] surrey, Stanley, *Pathways to Tax Reform: The Concept of Tax Expenditures*, Harvard Business Press, 1973. Cf. também surrey, Stanley e sunley JR, Emil, "*Rapport Général du premier sujet du XXX Congrès International de Droit Financier et Fiscal – Les encouragements fiscaux utilisés comme*

necessárias para aplicar um imposto sobre o rendimento, como por exemplo, a fixação do rendimento líquido, dos periodos de imposição, dos sujeitos passivos de imposto, das taxas, dos níveis de isenção. O segundo elemento inclui os desagravamentos excepcionais, que constituem derrogações à estrutura normal do imposto e visam favorecer uma indústria, uma actividade ou um grupo de pessoas[577].

Assim, a "despesa fiscal" pode ser definida como uma derrogação deliberada ao sistema normal de tributação, que permite actuar sobre a economia privada do mesmo modo que por despesas directas, representando um pagamento implícito feito pelos poderes públicos por intermédio de uma redução dos impostos a pagar ou seja uma despesa pública feita através do sistema fiscal. Ela é, assim, ao mesmo tempo, o "simétrico" da expressão "despesas orçamentais" e o "negativo" da expressão "receitas fiscais".

Nos Estados Unidos, define-se "despesa fiscal" como uma derrogação preferencial à estrutura de base da legislação fiscal em vigor, que corresponde à realização de despesas através do sistema fiscal. Em França, refere-se que "pode ser qualificada de despesa fiscal toda a disposição legislativa ou regulamentar da qual deriva para o Estado uma perda de receita e para o contribuinte uma diminuição da sua carga fiscal em relação à que resultaria da "norma" ou seja dos princípios gerais do direito fiscal". Na Finlândia usa-se uma definição ainda mais sucinta: "despesa fiscal é uma derrogação ao sistema de tributação normal estabelecida a título de auxílio".[578]

Pela sua natureza substitutiva das despesas directas, as "despesas fiscais" devem ser contabilizadas e objecto dos mesmos controlos que aquelas. É com este objectivo que, não obstante as inúmeras questões metodológicas que se levantam e que ainda não estão resolvidas, se têm vindo a institucionalizar em vários países os denominados "orçamentos de despesas fiscais", que são um primeiro passo para a integração destas na rotina

instrument de politique des pouvoirs publiques", in *Cahiers de Droit Fiscal International*, vol. LXIa, Kluwer, Deventer, 1976. A necessidade de contabilização dos benefícios fiscais já tinha sido apresentada em 1969 em BITTKER, B.I.,*"Accounting for Federal "tax subsidies" in the National Budget"*, in *National Tax Journal*, Juin 1969, págs 244-261.

577 O aspecto mais controverso nesta definição é delimitar o sistema "normal" de tributação – o "*benchmark*" em relação ao qual se identificariam os desvios, as derrogações que constituiriam "despesas fiscais".

578 Sobre o conceito de "despesa fiscal" em vários países veja-se OCDE, *Dépenses fiscales – experiences récentes*, Paris, 1996 e *Les dépenses fiscales dans les pays de l'OCDE*, Paris, 2010.

orçamental normal[579]. Com efeito, se as "despesas fiscais" são um meio de acção governamental como as despesas directas, ambas devem ser objecto dos mesmos processos de avaliação e controlo, sem o que a própria análise das "despesas públicas" nos vários domínios de actuação fica distorcida[580].

Em Portugal, de acordo com o artº 106º, nº 3, alínea *g*), da Constituição da República, a proposta de Orçamento de Estado é acompanhada, entre outros, de relatório sobre os benefícios fiscais e a estimativa da receita cessante[581]. Nesta linha, têm sido apresentadas nos últimos anos estimativas sobre as perdas de receitas fiscais decorrentes dos benefícios fiscais (receita fiscal cessante), em conformidade com o estabelecido nos artºs 32º (Mapa XXI) e 37º, nº 1, alínea *r*), da Lei de Enquadramento do Orçamento do Estado (Lei nº 91/2001, de 20 de Agosto)[582]. Além da estimativa das per-

[579] São vários os métodos possíveis para avaliar as "despesas fiscais", cujo uso depende dos dados disponíveis e da complexidade de cada sistema fiscal. Por outro lado, o exercício pode ser feito *ex ante* ou *ex post*. A OCDE, na obra já citada, distingue três métodos principais:
- a perda de receitas: consiste em calcular o montante das receitas fiscais que não são cobradas em consequência da existência de benefícios fiscais;
- o ganho de receitas: o custo das "despesas fiscais" é medido pelas receitas fiscais que se obteriam se não existissem as vantagens fiscais em causa e tem, por isso, em conta os próprios efeitos que resultariam da inexistência destes pois, na sua ausência, é de presumir que o comportamento dos contribuintes seria diferente e com reflexos não só no imposto a que se reporta o desagravamento mas também noutros impostos;
- a despesa directa equivalente: tem-se em conta a despesa directa que seria necessário suportar para conceder uma vantagem, líquida de impostos, equivalente à que é obtida através do benefício fiscal.

[580] Sobre a necessidade do controlo dos benefícios fiscais, em geral e pelo Tribunal de Contas em particular, veja-se PAZ FERREIRA, Eduardo, *"O controlo das subvenções financeiras e dos benefícios fiscais"*, in *Revista do Tribunal de Contas*, nº 1, Jan-Março/1989, págs. 21-85.

[581] Estas regras, ainda que com tradução diferente em termos de publicação, estiveram subjacentes ao Despacho Normativo nº 310/80, de 8 de Setembro (*Diário da República*, I série, de 23/9/80), que, porém, parece não ter tido sequência prática. Aí se determinava a contabilização sistematizada das "despesas fiscais" decorrentes da concessão de benefícios fiscais de natureza temporária, devendo a Conta Geral do Estado patentear a perda de receitas decorrente da concessão desses benefícios, segundo a actividade principal exercida pelas entidades beneficiárias e o regime legal dos benefícios. No entanto, é possível encontrar nas Contas Gerais do Estado (CEE) e nos Pareceres do Tribunal de Contas sobre as mesmas elementos muito importantes sobre esta quantificação. A partir de 2008, a despesa fiscal constante da CGE passou a ser publicada de acordo com o Classificador dos Benefícios Fiscais, aprovado através da Deliberação nº 1447/2007 do Conselho Superior de Estatística, publicada no Diário da República, 2ª série, nº 144, de 27 de Julho de 2007.

[582] As estimativas que têm sido apresentadas nas propostas de Orçamento do Estado têm-se caracterizado pela sua grande precariedade e estão sistematicamente subavaliadas, como aliás

das de receita, a lei obriga a juntar ao Orçamento do Estado relatório sobre a justificação económica e social dos benefícios fiscais [alínea *r*) do nº 1 do artº 37º].

No sentido de uma ainda maior inserção no Orçamento do Estado, o nº 3 do artº 2º do Estatuto dos Benefícios Fiscais estabelece que "os benefícios fiscais são considerados despesas fiscais, as quais podem ser previstas no Orçamento do Estado ou em documento anexo e, sendo caso disso, nos orçamentos das regiões autónomas e das autarquias locais". E o nº 4 do mesmo artigo, de modo a possibilitar o cálculo da despesa fiscal, prevê a possibilidade de exigência aos interessados da declaração dos rendimentos isentos auferidos, "salvo tratando-se de benefícios fiscais genéricos e automáticos", casos em que os serviços fiscais terão de obter os elementos necessários de outra forma[583].

15.3.1.3. Atenta a ligação existente entre "despesas fiscais" e "despesas directas" um problema de opção se põe quanto ao uso de umas ou de outras para prosseguir determinados objectivos. Trata-se de uma questão já antiga, cujos pólos de decisão são, entre outros, a transparência, o controlo e os custos administrativos[584].

É óbvio que as despesas públicas directas – também denominadas para este efeito subvenções ou subsídios – são mais transparentes e mais fáceis de controlar do que as "despesas fiscais", que, mesmo quando contabilizadas, são objecto de menor controlo. Relativamente aos custos adminis-

o reconhece o próprio texto dessas propostas ao comentar as estimativas de anos anteriores. Acresce que nem todos os benefícios fiscais têm estado sujeitos a esse exercício – além de não serem abrangidos os impostos municipais e, até recentemente, as contribuições para a segurança social, também o não têm sido benefícios que têm um carácter permanente, alguns dos quais dispensam até a entrega das declarações fiscais que permitiriam a sua quantificação (cf., por exemplo, alínea *b*) do nº 6 do artº 109º do Código do IRC). Sobre estes problemas veja-se *Reavaliação dos Benefícios Fiscais – Relatório do Grupo de Trabalho constituído pelo Despacho do Ministro das Finanças*, Cadernos de Ciência e Técnica Fiscal nº 180, Lisboa, Centro de Estudos Fiscais, 1998, págs. 32 e segs. De acordo com a Lei de Enquadramento do Orçamento do Estado as obrigações relativas a benefícios fiscais são extensivas a quaisquer benefícios tributários e abrangem serviços integrados, serviços e fundos autónomos e segurança social (art.os 32º e 37º da Lei nº 91/2001, de 20 de Agosto).

583 Cf. igualmente o nº 3 do artº 14º da Lei Geral Tributária.

584 Sobre a natureza jurídica do conceito de despesa fiscal, defendendo a sua inserção no direito financeiro por contraposição à sua mera consideração no campo do direito fiscal, veja-se, na bibliografia portuguesa, OLIVEIRA MARTINS, Guilherme Waldemar, *A Despesa Fiscal e o Orçamento do Estado no Ordenamento Jurídico Português*, Coimbra, Almedina, 2004.

trativos envolvidos não é possível formular uma regra geral – a concessão selectiva de um benefício fiscal pode envolver um tratamento burocrático muito semelhante ao de uma subvenção. Em geral, porém, os benefícios fiscais envolvem um menor ónus burocrático que as subvenções. Por outro lado, o momento da efectivação da subvenção ou do benefício fiscal tem reflexos importantes ao nível da liquidez quer do Estado quer dos beneficiários, sendo igualmente de tomar em conta o diferente efeito psicológico de cada uma dessas técnicas. Há ainda que considerar que o desagravamento fiscal, a menos que seja institucionalizado o sistema da "despesa fiscal negativa", tem sempre como limite o montante do imposto e não existe para quem tenha base tributável ou a tenha insuficiente. Porém, este inconveniente pode, sob certo aspecto, tornar-se uma vantagem ao permitir ligar o *quantum* do benefício à base tributável e premiar, por exemplo, a rendibilidade de um investimento. A grande vantagem das subvenções é, contudo, o facto de, por terem a natureza orçamental de despesas públicas, obrigarem ao exame permanente da sua justificação face às finalidades que perseguem, enquanto que os benefícios fiscais têm uma grande inércia e tendem a subsistir mesmo para além dos objectivos que determinaram a sua criação. Com efeito, os respectivos beneficiários tomam-nos como um direito adquirido e procuram encontrar sempre justificação, através de pressões sobre o poder político, para o seu contínuo alargamento e prolongamento no tempo. É por isso que, como o ensinou há muito Maurice LAURÉ, muitas vezes a única forma de suprimir um benefício passa pela supressão do próprio imposto a que respeita, acontecendo, frequentemente, que o benefício consegue sobreviver – transformando-se – à morte do próprio imposto[585].

15.3.2. *Benefícios fiscais e regras internacionais sobre auxílios de Estado*

Os benefícios fiscais constituem auxílios de Estado e, internacionalmente, de modo a evitar que interfiram com as regras da concorrência, têm sido definidas regras de enquadramento dos mesmos que os Estados têm de respeitar. É o que acontece no âmbito da Organização Mundial do Comércio e ao nível da União Europeia.

[585] LAURÉ, Maurice, *Traité de Politique Fiscale*, Paris, 1956, págs. 354-355.

15.3.2.1. *Organização Mundial do Comércio*

A "Organização Mundial do Comércio (OMC)" sucedeu, em 1994, na sequência das negociações conhecidas por "*Uruguai Round*", ao "Acordo Geral sobre Pautas Aduaneiras e Comércio (GATT)", estabelecido em 1947, e é integrada por um vasto conjunto de acordos, declarações e decisões[586].

Entre esses acordos está o "Acordo sobre as Subvenções e as Medidas de Compensação" que visou completar o Acordo relativo à interpretação e aplicação dos artigos VI, XVI e XXII do GATT", negociado no quadro do "*Tokyo Round*" e conhecido geralmente pela designação de "Código Anti-Subvenções"[587].

O Acordo começa – artº 1º – por definir o que se entende por "subvenção", no sentido de que ela existe sempre que, designadamente, o Estado ou outra entidade pública "renuncie ou não proceda à cobrança de receitas públicas normalmente exigíveis [incentivos fiscais, tais como créditos fiscais[588]]" e, desse modo, se conceda uma vantagem.

Enumeram-se a seguir os vários tipos de subvenções e os limites à sua utilização.

Assim, consideram-se "subvenções proibidas"(artº 3º) as:

a) "subvenções subordinadas, de direito ou de facto[589], quer exclusivamente quer entre diversas condições, aos resultados das exportações", incluindo as subvenções enumeradas no Anexo I ao Acordo (e que inclui, entre outros, a título exemplificativo vários benefícios fiscais quer relativos a impostos directos quer respeitantes a impostos indirectos);

[586] Na bibliografia portuguesa veja-se RAPOSO DE MEDEIROS, Eduardo, "*Organização Mundial do Comércio*", in MOTA DE CAMPOS, João et al, *Organizações Internacionais*, Lisboa, Fundação Calouste Gulbenkian, 1999, págs. 319-379. Em 2008, a OMC tinha 153 países membros.

[587] 5Para maiores desenvolvimentos veja-se MOTA, Pedro Infante, *O Sistema GATT/OMC*, Coimbra, Almedina, 2005, págs. 340 e segs. e EASSON, Alex, *Tax Incentives for Foreign Direct Investment*, The Hague, Kluwer Law International, 2004, págs. 200-207.

[588] O Acordo considera que "em conformidade com as disposições do artigo XVI do GATT de 1994 (nota relativa ao artigo XVI) e às disposições dos anexos I a III do presente acordo, não serão consideradas subvenções a isenção, a favor de um produto exportado, dos direitos ou encargos que incidam sobre o produto similar quando destinado ao consumo interno, ou a remissão destes direitos ou encargos até ao montante das quantias devidas a pagar".

[589] O Acordo considera que "esta condição está preenchida sempre que os factos demonstrem que a concessão de uma subvenção, apesar de não estar juridicamente subordinada aos resultados das exportações, está de facto ligada às exportações ou receitas de exportações efectivas ou previstas".

b) "subvenções subordinadas, quer exclusivamente quer entre diversas outras condições, à utilização de produtos nacionais em detrimento de produtos importados".

E, em relação a estas subvenções proibidas, estabelece-se que os membros não as concederão nem manterão.

Enunciam-se depois as chamadas "subvenções passíveis de recurso" (artº 5º), que são as subvenções específicas (no sentido que a esta expressão é dado pelo artº 2º) que causem efeitos desfavoráveis aos interesses dos restantes membros, designadamente as que:

a) causem um prejuízo a um ramo da produção nacional de um outro membro;
b) anulem ou comprometam vantagens que resultem directa ou indirectamente do GATT 1994 para outros membros;
c) causem, ou ameacem causar, um prejuízo grave aos interesses de outro membro (no sentido que à expressão é dada no artº 6º).

São também indicadas as "subvenções não passíveis de recurso" (artº 8º), ou seja permitidas, sendo como tal consideradas as subvenções que não são específicas e bem assim as que o sendo satisfaçam um conjunto de condições enumeradas no acordo (assistência a actividades de investigação realizadas em certos termos; assistência a regiões desfavorecidas obedecendo a determinados requisitos; e assistência tendo em vista a adaptação de instalações existentes às novas exigências em matéria ambiental impostas por disposições legislativas e/ou regulamentares).

Finalmente, o Acordo integra igualmente disposições que dizem respeito a "medidas compensatórias" (artº 10º), isto é direitos impostos pelo país importador para neutralizar qualquer subvenção concedida, directa ou indirectamente, ao fabrico, à produção ou à exportação de um produto.

O Acordo enuncia ainda as regras relativas a procedimentos em relação a cada uma das áreas acabadas de enunciar.

15.3.2.2. *União Europeia*

De acordo com o nº 1 do artº 107º do TFUE os auxílios de Estado, independentemente da forma que assumam, desde que falseiem ou ameacem falsear a concorrência, favorecendo certas empresas ou certas produções, são incompatíveis com o mercado comum, na medida em que afectem as trocas comerciais entre os Estados membros[590].

Certos auxílios são, no entanto, compatíveis com o mercado comum nos termos do nº 2 do artº 107º (v.g. auxílios de natureza social atribuídos a consumidores individuais que não sejam discriminatórios quanto à origem dos produtos e auxílios destinados a remediar os danos causados por calamidades naturais ou por outros acontecimentos extraordinários) e outros, nos termos do nº 3 do mesmo artigo, podem ser considerados compatíveis com o mercado comum:

- auxílios destinados a promover o desenvolvimento económico de regiões em que o nível de vida seja anormalmente baixo ou em que exista grave situação de subemprego [artº 107º, (3), (a)];
- auxílios destinados a fomentar um projecto importante de interesse europeu comum ou a sanar uma perturbação grave da economia de um Estado membro [artº 107º, (3), (b)];
- auxílios destinados a facilitar o desenvolvimento de certas actividades ou regiões económicas, quando não alterem as condições das trocas comerciais de maneira que contrariem o interesse comum [artº 107º, (3), (c)];
- auxílios destinados a promover a cultura e a conservação do património, quando não alterem as condições das trocas comercias e da concorrência na Comunidade num sentido contrário ao interesse comum [artº 107º, (3), (d)];
- outras categorias de auxílios determinadas por decisão do Conselho, deliberando por maioria qualificada, sob proposta da Comissão [artº 107º, (3), (e)].

A caracterização dos auxílios tem sido feita de modo a incluir[591]:

a) Qualquer medida que confira aos beneficiários uma *vantagem* que diminua os encargos que normalmente os onera;

b) As vantagens concedidas pelo Estado ou através de recursos estatais (incluindo entidades regionais e locais), independentemente da

[590] Na bibliografia portuguesa veja-se MARTINS, Manuel, *Auxílios de Estado no Direito Comunitário*, Cascais, Principia, 2002 e SANTOS, António Carlos dos, *Auxílios de Estado e Fiscalidade*, Coimbra, Almedina, 2003.

[591] Cf. Comunicação da Comissão sobre aplicação das regras sobre auxílios estatais – JO C 384, 10.12.98.

via por que são concedidas (lei, regulamento ou simples prática administrativa);

c) As medidas susceptíveis de afectar a concorrência e as trocas comerciais entre os Estados-membros (critério que se considera preenchido quando a empresa beneficiária exerce uma actividade económica que é objecto de trocas comerciais entre os Estados-membros);

d) As medidas específicas ou selectivas, no sentido de favorecer "certas empresas ou certas produções" (não abrangendo, em princípio, as medidas que se aplicam a todos os agentes económicos e aquelas em que a selectividade é justificada "pela natureza ou economia do sistema").

É à Comissão que, fundamentalmente, compete apreciar a compatibilidade ou não dos auxílios de Estado com o mercado comum, tendo, para o efeito, os poderes de apreciação, que lhe estão cometidos no artº 108º. Para o efeito, além do exame permanente dos auxílios existentes nos Estados membros, estes, nos termos do nº 3 do mesmo artigo, têm de informar atempadamente a Comissão dos projectos relacionados com a instituição ou alteração de quaisquer auxílios, para que esta possa apresentar as suas observações e declarar ou não essa ajuda como compatível com o mercado comum. E todos os auxílios concedidos sem terem sido notificados e aprovados são ilegais e susceptíveis de reembolso[592].

Porém, nos termos do artº 109º do TFUE (anterior artº 89º do Tratado CE), a Comissão foi autorizada, através do Regulamento (CE) nº 994/98,

[592] Os trâmites a observar neste âmbito estão definidos no Regulamento (CE) nº 659/1999 do Conselho, de 22 de Março de 1999, cujas regras de aplicação foram definidas no Regulamento (CE) nº 794/2004 da Comissão, de 21 de Abril de 2004, estando estabelecidos os seguintes procedimentos genéricos para as propostas de novos auxílios de Estado:

- notificação do Estado membro à Comissão dos projectos de auxílios, através de um formulário normalizado;
- análise preliminar da notificação e eventualmente pedido de informações complementares;
- decisão de não levantar objecções ou de início de um processo formal de investigação;
- decisão de encerramento do procedimento formal de investigação (podendo a decisão ser positiva, condicional ou negativa).

Além desta verificação *ex-ante* dos auxílios de Estado, terão de ser apresentados à Comissão relatórios anuais sobre todos os regimes de auxílios existentes em relação aos quais não foram impostas obrigações específicas de apresentação de relatórios, podendo a Comissão efectuar visitas de controlo *in loco*. Em relação a certos tipos de auxílios estatais foi estabelecido um procedimento simplificado de tratamento de acordo com a Comunicação publicada no *Jornal Oficial da União Europeia* C 136, de 16.06.2009, págs. 3-11.

de 7 de Maio de 1998, a declarar, por meio de regulamentos, que determinadas categorias de auxílios são compatíveis com o mercado comum, de acordo com uma ou mais das disposições dos nºs 2 e 3 do artº 107º e estão isentas do disposto no nº 3 do artº 108º.

Isso foi feito em relação aos denominados auxílios *de minimis* através do Regulamento (CE) nº 1998/2006 da Comissão, de 15 de Dezembro de 2006 (que substituiu o Regulamento (CE) nº 69/2001 da Comissão, de 12 de Janeiro de 2001), segundo o qual o montante total desses auxílios concedidos a uma empresa não pode exceder 200 000 euros (para as empresas do sector dos transportes rodoviários 100 000 euros), durante um período de três anos, qualquer que seja a forma dos auxílios ou o objectivo prosseguido[593].

Em 2008, em conformidade com o referido Regulamento (CE) nº 994/98, foi publicado o Regulamento (CE) nº 800/2008 da Comissão, de 6 de Agosto (in JO L 214, de 9.8.2008) que declara certas categorias de auxílios compatíveis com o mercado comum, estabelecendo um "Regulamento geral de isenção por categoria", aplicável às seguintes categorias de auxílios:

a) Auxílios com finalidade regional (a favor do investimento e do emprego; às pequenas empresas recentemente criadas);
b) Auxílios ao investimento e ao emprego a favor de pequenas e médias empresas (PME)[594];

[593] Sobre o registo central de auxílios de *minimis* veja-se a Resolução do Conselho de Ministros nº 27/2009, de 20 de Março. No âmbito do "Quadro comunitário temporário relativo às medidas de auxílio estatal destinadas a apoiar o acesso ao financiamento durante a actual crise financeira e económica" (Comunicação da Comissão Europeia 2009/C 16/01, de 22 de Janeiro), a Portaria nº 184/2009, de 20 de Fevereiro, relativamente aos apoios concedidos desde 1 de Janeiro de 2009 até 31 de Dezembro de 2010, determinou que os limite dos auxílios de *minimis* passem a ser de e 500 000 euros por empresa, durante um período de três exercícios financeiros. De harmonia com a Comunicação da Comissão Europeia 2011/C 6/05, de 11.1.2011, a Portaria nº 70/2011, de 9 de Fevereiro, permite que este limite seja aplicado às candidaturas apresentadas até 31.12.2010 e cujo auxílio seja aprovado até 31.12.2011, relativas ao Auxílio Estatal nº 13/2009.

[594] A definição de PME consta de anexo a este Regulamento, sendo de sublinhar que a categoria de PME é constituída por empresas que empreguem menos de 250 pessoas e cujo volume de negócios anual não exceda 50 milhões de euros ou cujo balanço total anual não exceda 43 milhões de euros. Dentro da categoria das PME, uma pequena empresa é definida como uma empresa que emprega menos de 50 pessoas e cujo volume de negócios ou balanço total anual não excede 10 milhões de euros; por sua vez, uma microempresa é definida como uma empresa que emprega menos de 10 pessoas e cujo volume de negócios ou balanço total anual não excede

c) Auxílios para a criação de empresas por mulheres empresárias;

d) Auxílios a favor do ambiente (auxílios ao investimento que permitam às empresas superar as normas comunitárias em matéria de protecção do ambiente ou, na sua ausência, aumentar o nível de protecção do ambiente; auxílios à aquisição de novos veículos de transporte que superem as normas comunitárias ou, na sua ausência, que melhorem o nível de protecção do ambiente; auxílios à adaptação antecipada a futuras normas comunitárias, a favor das PME; auxílios ao investimento a favor de medidas de poupança de energia; auxílios ao investimento no domínio do ambiente a favor da co-geração de elevada eficiência; auxílios ao investimento no domínio do ambiente a favor da promoção da energia produzida a partir de fontes renováveis; auxílios a favor de estudos ambientais; auxílios sob a forma de redução dos impostos ambientais);

e) Auxílios em matéria de consultoria a favor de PME e auxílios à participação de PME em feiras;

f) Auxílios sob a forma de capital de risco;

g) Auxílios à investigação, desenvolvimento e inovação (auxílios a projectos de investigação e desenvolvimento; auxílios para estudos de viabilidade técnica; auxílios destinados a cobrir as despesas de direitos da propriedade industrial das PME; auxílios à investigação e desenvolvimento nos sectores agrícola e das pescas; auxílios a jovens empresas inovadoras; auxílios para serviços de consultoria em inovação e para serviços de apoio à inovação; auxílios para a contratação de pessoal altamente qualificado);

h) Auxílios à formação;

i) Auxílios a favor de trabalhadores desfavorecidos e com deficiência (auxílios à contratação de trabalhadores desfavorecidos ou com deficiência sob a forma de subvenções salariais; auxílios sob a forma de compensação dos custos adicionais decorrentes do emprego de trabalhadores com deficiência).

Têm também grande importância, por definirem o enquadramento comunitário dos auxílios estatais nos correspondentes domínios, os seguintes documentos emitidos para esse efeito pela Comissão: ambiente (2008/C 82/01, in JO C 82 de 1.4.2008), investigação, desenvolvimento e

2 milhões de euros. Cf. igualmente Recomendação da Comissão de 6 de Maio de 2003 (in JO L 124, de 20.5.2003) e Decreto-Lei nº 372/2007, de 6 de Novembro.

inovação (2006/C 323/01, in JO C 323 de 30.12.2006), capital de risco a pequenas e médias empresas (2006/C 194/02, in JO C 194 de 18.8.2006), emergência e reestruturação de empresas em dificuldade (2004/C 244/02, in JO C 244 de 1.10.2004).

Em especial, no domínio dos auxílios com finalidade regional, a Comissão publicou em 1998 as orientações a seguir em relação aos mesmos (98/ /C 74/06, in JO C 74 de 10.3.98)[595]. Assim, para que as regiões possam ser abrangidas pelas derrogações previstas nas alíneas *a*) e *c*) do nº 3 do artº 87º do Tratado CE (actual artº 107º do TFUE) devem satisfazer um conjunto de requisitos, conduzindo à concentração regional dos auxílios. O conjunto formado, por um lado, pelas regiões de um Estado que podem beneficiar dessas derrogações e, por outro, pelos limites máximos de intensidade dos auxílios ao investimento inicial ou à criação de emprego aprovados para cada uma delas, constitui o mapa dos auxílios com finalidade regional do Estado membro, o qual é adoptado pela Comissão mediante apresentação do respectivo projecto por esse Estado. O período de validade dos mapas é alinhado, em princípio, pelo calendário das intervenções dos fundos estruturais, sendo os projectos de regimes de auxílios aprovados nos limites estabelecidos em cada mapa, em termos de regiões, intensidade máxima e duração[596].

[595] Quanto ao enquadramento multissectorial dos auxílios com finalidade regional para grandes projectos de investimento veja-se Comunicação da Comissão 2002/C 70/04, in JO C 70, de 19.3.2002.

[596] Quanto aos limites máximos nacionais de cobertura destes auxílios para o período 2000-2006 veja-se o doc. 1999/C 16/04, JO C 16 de 21.1.1999. As orientações relativas aos auxílios estatais com finalidade regional para o período 2007-2013 estão publicadas no JO C 054, de 4.3.2006. Em relação a Portugal, a Comissão aprovou em 7.2.2007 o mapa dos auxílios regionais para 2007-2013, por onde se verifica que a população passível de ser abrangida (por ter um nível de rendimento *per capita* abaixo dos 75 % da média da EU) passa de 100% no período anterior para 76,7% agora, sendo, em síntese, os limites fixados os seguintes (cf. MEMO/07/45, de 7.2.2007):

a) Regiões elegíveis no âmbito do artº 87(3)(a) [actual artº 107(3)(a)] para todo o período 2007-2013 – certas áreas do Norte, Centro e Alentejo e Regiões Autónomas dos Açores e da Madeira:
   - de 1.1.2007 a 31.12.2010, os limites variam, no continente, entre 30% e 40%, sendo de 52% para os Açores e Madeira;
   - de 1.1.2011 a 31.12.2013, o limite é, no continente, de 30%, sendo de 50% para os Açores e de 40 % para a Madeira;

b) Região elegível no âmbito do artº 87(3)(a) [actual artº 107(3)(a)] devido ao chamado "efeito estatístico" – Algarve, 30% de 1.1.2007 a 31.12.2010 e 20% de 1.1.2011 a 31.12.2013, excepto

Verifica-se, desse modo, que para poderem ser compatíveis com o mercado comum [artº 87º (actual 107º), nº 3], estes auxílios devem ser *"proporcionais e orientados para os objectivos pretendidos"*, a que, actualmente, acresce a análise dos seus efeitos à luz do Código de Conduta da Fiscalidade das Empresas[597].

se uma revisão a fazer em 2010 demonstrar que o rendimento *per capita* se situa abaixo dos 75% da média da EU-25, caso em que se mantém o limite de 30%;

c) Regiões elegíveis no âmbito do art. 87(3)(c) [actual artº 107(3)(c)] para todo o período 2007-2013 – certas áreas do concelho de Vila Franca de Xira e concelhos de Setúbal, Palmela, Montijo e Alcochete, em que o limite é de 15 %;

d) Regiões elegíveis no âmbito do art. 87(3)(c) [actual artº 107(3)(c)] para o período 2007-2008, com o limite de 10% – certas áreas do concelho de Vila Franca de Xira e concelhos de Mafra, Loures, Sintra, Amadora, Cascais, Odivelas, Oeiras, Seixal, Almada, Barreiro, Moita e Sesimbra.

Quanto à alínea a) acima, para investimentos com despesa elegível que não exceda e 50 milhões, o limite é aumentado de 10 pontos percentuais para empresas de média dimensão e de 20 pontos percentuais para empresas de pequena dimensão, tal como são definidas na Recomendação da Comissão de 6 de Maio de 2003 relativa à definição de micro, pequena e média empresa (in JO L 124, de 20.5.2003). Para grandes projectos de investimento com despesas elegíveis que excedam e 50 milhões, o limite é sujeito a ajustamento de acordo com o parágrafo 67 das Orientações relativas aos auxílios estatais com finalidade regional para o período 2007-2013 acima mencionadas.

[597] Importa tomar em conta não só este "Código de conduta" como também os "Princípios Directores sobre o tratamento dos regimes fiscais preferenciais prejudiciais" da OCDE (in OCDE, *Concurrence fiscale domegeable – un problème mondiale*, Paris, 1998). O núcleo central dos dois compromissos está nas disposições relativas aos denominados *congelamento e desmantelamento* das medidas fiscais prejudiciais. Assim, os Estados comprometem-se a não introduzir novas medidas fiscais que possam ser qualificadas como prejudiciais em face desses dois documentos e bem assim a respeitar estes ao elaborarem a sua política fiscal futura, certificando-se do carácter eventualmente prejudicial de quaisquer novas medidas fiscais. Por outro lado, os Estados comprometem-se a reanalisar as disposições existentes e as práticas em vigor com base nos princípios subjacentes a esses documentos, com o objectivo de eliminar quaisquer medidas fiscais qualificadas como prejudiciais. As medidas cuja não introdução ou eliminação se pretende são as que conduzem a uma concorrência fiscal prejudicial. Por isso, importa avaliar quando é que uma determinada medida fiscal pode ser considerada como veículo dessa concorrência. O "Código de conduta" fornece, a título exemplificativo, alguns *parâmetros a ter em conta na avaliação de uma dada medida como assumindo carácter prejudicial*, parâmetros que devem ser visualizados para este efeito alternativamente. São eles os seguintes:

A. Se o regime é acessível apenas a não residentes ou a transacções realizadas com não residentes.

B. Se as vantagens concedidas são totalmente isoladas da economia interna, sem, portanto, incidência na base fiscal nacional.

C. Se as vantagens são concedidas mesmo que não exista qualquer actividade económica real nem qualquer presença económica substancial no Estado que as proporciona.

Em especial, de acordo com a Comissão[598], exige-se que as medidas em causa:

- contribuam para o desenvolvimento regional e correspondam a actividades com impacto local;
- visem compensar "desvantagens regionais reais";
- sejam examinadas num quadro comunitário, tendo em consideração os seus eventuais efeitos negativos noutros Estados-membros.

15.3.3. *Tipos de benefícios fiscais*

15.3.3.1. *Considerações gerais*

A tipologia dos benefícios fiscais pode ser feita de acordo com o seu carácter comum a todos os impostos ou específico de alguns deles[599]. Assim, os primeiros podem assumir as seguintes formas:

- isenção;
- redução de taxa;
- dedução à matéria colectável;
- dedução à colecta (crédito de imposto).

Quanto aos específicos dos impostos sobre o rendimento, assumem especial relevo, no tocante às empresas, as chamadas depreciações (anteriormente designadas por reintegrações) e amortizações aceleradas e os regimes especiais de dedução de prejuízos fiscais.

D. Se o método de determinação dos lucros resultantes das actividades internas de um grupo multinacional se afasta dos princípios geralmente aceites a nível internacional, nomeadamente das regras aprovadas pela OCDE, o que visa sobretudo as regras em matéria de 'preços de transferência' mas pode igualmente abranger outros princípios tais como os definidos na Convenção Modelo da OCDE em termos de determinação dos lucros dos estabelecimentos estáveis (veja-se artº 7º da Convenção Modelo sobre lucros das empresas e respectivos comentários).

Estes critérios são muito semelhantes aos acolhidos nos "Princípios Directores da OCDE". Para maiores desenvolvimentos veja-se FREITAS PEREIRA, M. H., *"Concorrência fiscal prejudicial – o Código de Conduta da União Europeia"*, in *Ciência e Técnica Fiscal*, nº 390, Abril-Junho de 1998, págs. 205-219.

[598] Veja-se "Comunicação da Comissão sobre aplicação das regras sobre auxílios estatais às medidas que respeitem à fiscalidade directa das empresas" in *JO* C 384, de 10.12.98.

[599] COSTA, Amável, RATO RAINHA, J.H. e FREITAS PEREIRA, M.H., *Benefícios Fiscais em Portugal*, Coimbra, Livraria Almedina, 1977, pág. 17. Cf. igualmente o nº 2 do artº 2º do Estatuto dos Benefícios Fiscais.

15.3.3.2. *Isenções*

A *isenção* é um benefício em virtude do qual, embora exista o pressuposto previsto na lei como fonte ou base de determinada tributação, por razões extrínsecas, de conveniência política ou económica, a tributação é afastada, temporária ou definitivamente. É, por isso, que, em termos jurídicos, a isenção tem a natureza de um facto impeditivo autónomo e originário e não de uma simples delimitação negativa do facto constitutivo, da incidência[600].

Não se pode, portanto, confundir *isenção* com situação de *não tributação.* Por outro lado, nem todas as isenções podem ser qualificadas como benefícios fiscais. É que, por vezes, usam-se as isenções por razões técnicas, designadamente para evitar uma dupla tributação, fazendo parte, nesse caso, do regime normal de tributação.

Existem várias classificações das isenções, que, são, em geral, aplicáveis aos demais benefícios fiscais.

Uma primeira classificação das isenções é a que distingue as *isenções objectivas (ou reais)* e as *isenções subjectivas (ou pessoais)*, conforme são definidas, respectivamente, em razão do objecto tributado ou da pessoa tributada. Se a isenção é modelada apelando simultaneamente para esses dois elementos costuma designar-se por *isenção mista.* Dentro das isenções subjectivas há ainda que considerar as chamadas *isenções individuais* que abrangem apenas um beneficiário concreto e individualizado[601].

Outra distinção classifica as *isenções* em *temporárias* e *permanentes*, conforme vigoram por um período predeterminado de duração ou não[602].

[600] Veja-se, por todos, XAVIER, Alberto, *Manual de Direito Fiscal*, I, Lisboa, 1974, págs. 282 e segs. e BARBOSA NOGUEIRA, Ruy, *Curso de Direito Tributário*, págs. 170 e segs. Veja-se igualmente sobre esta questão, ARAMAYO, Maria Sílvia Velarde, *Benefícios y minoraciones em derecho tributário*, Madrid, Marcial Ponts, 1997.

[601] Estas isenções, porém, como, aliás, todos os benefícios de natureza individual, só podem admitir-se, como dispõe o nº 1 do artº 6º do Estatuto dos Benefícios Fiscais, por razões excepcionais, devidamente justificadas no diploma que os instituir. Com efeito, nos termos do normativo indicado, a "definição dos pressupostos objectivos e subjectivos dos benefícios fiscais deverá ser feita em termos genéricos e tendo em vista a tutela de interesses públicos relevantes". Essa formulação genérica deve ainda obedecer ao princípio da igualdade, de modo a não falsear ou ameaçar falsear a concorrência (cf. nº 2 do mencionado artº 6º do Estatuto dos Benefícios Fiscais). Um levantamento de benefícios fiscais de natureza individual, hoje muito desactualizado, pode ver-se em *Ciência e Técnica Fiscal*, nº 355, Jul-Set/1989, págs. 117-161.

[602] A distinção tem muito interesse em vários aspectos, a começar pelo facto de, em princípio, as normas que alterem benefícios fiscais temporários não serem aplicáveis aos contribuintes que já aproveitem do direito aos mesmos, em tudo o que os prejudique (artº 11º, nº 1, do EBF).

Podem ainda distinguir-se as *isenções totais* – a isenção abrange o facto tributário na sua totalidade – e as *isenções parciais* – a isenção reporta-se apenas a determinada parte quantitativa do facto tributário. As isenções parciais colocam muitas vezes problemas de quantificação complexos ao obrigarem à determinação separada da parte da matéria colectável isenta[603].

Os autores falam ainda de *isenções puras (ou absolutas)* e *isenções condicionais*, para aludir aos casos em que a isenção ainda que sujeita a reconhecimento oficial, é consequência imediata da verificação de certo facto ou situação, distinguindo-os daqueles em que as isenções além da verificação desses factos ou situações – que são chamados factos principais – estão dependentes da verificação de outros factos ou situações – os denominados factos acessórios, sem a verificação dos quais a isenção não começa (condição suspensiva) ou com a verificação dos quais a isenção cessa (condição resolutiva)[604].

A necessidade ou não de reconhecimento permite ainda distinguir as *isenções automáticas* e as *isenções dependentes de reconhecimento*. Nos termos do nº 1 do artº 5º do Estatuto dos Benefícios Fiscais, as primeiras resultam directa e imediatamente da lei enquanto as segundas pressupõem um ou mais actos posteriores de reconhecimento. Este pode ser oficioso ou depender de pedido do contribuinte, sendo este último a regra geral (cf. nº 3 do artº 5º deste diploma). Em qualquer caso, o reconhecimento, salvo quando a lei dispuser o contrário, tem um efeito meramente declarativo (cf. nº 2 do mesmo artº 5º)[605].

15.3.3.3. *Reduções de taxa*

A *redução de taxa* consiste na previsão por razões de política económica ou social de uma taxa inferior à taxa normal, quer de uma forma geral e bem

[603] Veja-se, por exemplo, o nº 3 do artº 17º do Código do IRC.

[604] Veja-se, para maiores desenvolvimentos, XAVIER, Alberto, *Manual de Direito Fiscal*, págs. 290 e 291.

[605] A importância prática da distinção entre actos declarativos e actos constitutivos tem que ver com o momento a partir do qual os actos produzem efeitos jurídicos. É que, ao contrário dos actos constitutivos, os actos declarativos têm eficácia retroactiva e, por isso, o reconhecimento tem efeitos a partir do momento em que se verificam os respectivos pressupostos. Assim, por exemplo, o reconhecimento por despacho do Ministro das Finanças nos termos do nº 2 do artº 10º do Código do IRC de que determinada pessoa colectiva goza de certa isenção de imposto produz efeitos retroactivos, desde a data em que se verificam os pressupostos de que o nº 1 do mesmo artº 10º faz depender a isenção. Cf. ainda o artº 12º do EBF e os artºs 127º e segs. do Código de Procedimento Administrativo.

determinada quer através da possibilidade de fixação caso a caso de taxas reduzidas. Embora a própria previsão num imposto de taxas diversas para diferentes categorias de factos tributários pudesse ser qualificada como vantagem fiscal quanto às situações que gozem de taxa menos elevada, a expressão redução de taxa é aqui tomada num sentido mais restrito e pretende referir-se aos casos em que não obstante estar prevista para uma determinada categoria de situações uma determinada taxa, a lei permite que, verificadas certas condições, algumas das situações incluídas nessa categoria sejam tributadas a uma taxa inferior[606].

Quando a redução de taxa signifique a possibilidade de fixação da taxa zero está-se reconduzido geralmente a uma situação economicamente equivalente à isenção. Mas, parece dever entender-se que quando a modalidade técnica de incentivo adoptada é a da redução de taxa, não se quis acolher, ao menos como regra, essa possibilidade já que se assim fosse adoptar-se-ia o regime de isenção.

[606] As próprias reduções das taxas do imposto sobre o rendimento das empresas permitidas pela Lei nº 13/98, de 24 de Fevereiro, no quadro da adaptação do sistema fiscal nacional às especificidades das Regiões Autónomas dos Açores e da Madeira foram também consideradas pela Comissão Europeia como auxílios de Estado e, por isso, sujeitas à apreciação da sua conformidade com as regras comunitárias aplicáveis, designadamente quanto aos auxílios com finalidade regional. Para tanto, foi considerado que, na situação em causa, não se estava perante um mecanismo que permitisse ao conjunto das colectividades locais de determinado nível (regiões, municípios ou outras) instituir e cobrar impostos locais, mas, outrossim, da possibilidade de uma redução, de âmbito territorial delimitado, das taxas de tributação fixadas pela legislação nacional e que, por isso, constitui uma derrogação ao sistema fiscal nacional. Por outro lado, o facto de se estar perante auxílios aplicáveis a uma região ultraperiférica só será relevante se os mesmos servirem para compensar os custos adicionais inerentes aos factores que prejudicam o desenvolvimento destas regiões enunciados no nº 2 do artº 299º do Tratado CE (grande afastamento, insularidade, pequena superfície, relevo e clima difíceis, dependência económica relativamente a um pequeno número de produtos). E relativamente a empresas do sector financeiro (v.g. actividades de intermediação financeira e de seguros) não é possível alegar que o benefício em causa compensa custos adicionais inerentes à condição de região ultra-periférica. Veja-se para maiores desenvolvimentos a *"Decisão da Comissão de 11 de Dezembro de 2002"*, in JO L 150, de 18.6.2003, págs. 52-63 e bem assim o Acórdão do Tribunal de Justiça, de 6.9.2006, (Processo C-88/03), em que foi negado provimento ao recurso de anulação interposto pela República Portuguesa contra essa decisão da Comissão. Comentários a este Acórdão podem ver-se em SANTOS, António Carlos, *"O estranho caso do conceito comunitário de autonomia suficiente em sede de auxílios de Estado sob forma fiscal"*, in *Revista de Finanças Públicas e Direito Fiscal*, nº 1, 04/08, págs. 235-258.

15.3.3.4. *Deduções à matéria colectável*

As *deduções à matéria colectável* traduzem-se em abatimentos às realidades que constituem o objecto do imposto de uma certa fracção da matéria colectável que, em condições normais, seria tributada.

A fracção da matéria colectável a deduzir pode ser de um montante fixo ou determinada em função de valores associados aos objectivos que se pretendem incentivar. Assim, por exemplo, no caso das deduções por investimento liga-se a dedução ao valor total ou parcial deste. Estabelece-se ainda em certos casos que a dedução não pode ultrapassar um certo limite percentual da matéria colectável. Por outro lado, a dedução pode:

a) reportar-se na totalidade a um único período impositivo, distinguindo-se conforme haja ou não a possibilidade de deduzir nos períodos seguintes (eventualmente até um determinado número deles) os montantes que por falta ou insuficiência da matéria colectável do período a que se reporta a dedução não puderem ser deduzidos;

b) ser obrigatoriamente fraccionada e efectivar-se nas matérias colectáveis relativas a um certo número de períodos, com a possibilidade ou não de acrescer nos períodos seguintes (até um certo número deles) os montantes que por falta ou insuficiência da matéria colectável não possam ser abatidos naquele em que o deviam ser.

No tocante aos impostos sobre o rendimento incidentes sobre as empresas e tendo em conta o processo de determinação da matéria colectável (em que se parte de um resultado contabilístico com vista ao apuramento de um resultado fiscal e posterior determinação da matéria colectável), os benefícios fiscais que se traduzem em deduções na base tributável têm reflexos diferentes conforme a fase dessa determinação em que se efectivam.

Assim, se consistem em deduções com vista ao apuramento do resultado tributável (as chamadas "deduções ao rendimento") podem influenciar o próprio montante de um eventual prejuízo a reportar para os exercícios seguintes, enquanto que se consistem em "deduções ao lucro tributável" só se efectivam na medida em que este exista dentro dos prazos previstos na lei para efectuar a dedução. As referidas "deduções ao rendimento" estão geralmente associadas à não tributação total ou parcial de um rendimento (v.g., quando se estabelece que os dividendos de acções em certas condições só são tributados em X %) ou à consideração de um encargo por montante superior ao efectivamente despendido (v.g. quando se preceitua que os encargos com jardins de infância são dedutíveis em mais de 100%).

15.3.3.5. *Deduções à colecta*

As *deduções à colecta* distinguem-se das deduções à matéria colectável pela diversa natureza da realidade a que se faz reportar a dedução: aqui é ao próprio imposto que se deduz uma determinada quantia, razão por que também são denominadas de *crédito de imposto.*

Embora sigam normalmente os mesmos princípios orientadores enunciados a propósito das deduções à matéria colectável – designadamente relação com determinada expressão quantitativa de uma realidade associada ao seu objectivo, fixação de um limite máximo em termos de percentagem do valor em que se efectivam, período em que podem ser efectuadas – as deduções à colecta apresentam uma maior transparência em termos de despesa fiscal envolvida, razão por que têm vindo a ser a modalidade técnica mais recomendada quando se pretende conferir ao sistema de benefícios essa qualidade.

Aliás, num imposto de taxa proporcional, se o montante a deduzir na colecta tiver uma relação percentual igual à da taxa do imposto relativamente ao que seria abatido na matéria colectável o efeito em termos de vantagem é, em princípio, o mesmo. Mas, num imposto de taxas progressivas já isso não se verifica. Com efeito, o valor da despesa fiscal associada à dedução à matéria colectável depende da taxa marginal aplicável, sendo tanto maior quanto mais elevado for o escalão da matéria colectável em que se encontrar o contribuinte, enquanto que nas deduções à colecta é a mesma para todos os contribuintes.

A técnica do crédito de imposto anda também muitas vezes associada à possibilidade de o contribuinte poder escolher o imposto em que efectiva o direito à dedução, já que a correspondente despesa fiscal é independente do imposto em que a mesma é concretizada. Esta possibilidade no tocante a alguns benefícios não se revela, porém, como a mais indicada quando se pretende ligar a sua concretização à existência de determinado imposto a pagar. Assim, por exemplo, uma dedução de uma certa percentagem de um investimento à colecta de um imposto sobre lucros só se efectiva se houver lucro, o que premeia a rendibilidade do investimento.

15.3.3.6. *Depreciações e amortizações aceleradas*

As depreciações (antes designadas por reintegrações) e amortizações aceleradas equivalem a um empréstimo sem juros, com as vantagens financeiras inerentes[607]. A tributação é reduzida nos anos em que há lugar à aceleração e aumentada na mesma proporção nos anos seguintes.

A aceleração pode traduzir-se na redução do período de vida útil fiscal relativamente à vida económica, em quotas de depreciação e amortização mais elevadas nos primeiros anos de vida útil e menores nos últimos, mas mantendo a vida útil total em correspondência com a vida económica, ou, o que é mais frequente, numa combinação dessas duas alternativas.

Actualmente, prefere-se geralmente flexibilizar, com carácter geral, o regime de depreciações e amortizações, pela previsão da possibilidade de prática de quotas degressivas ou através de taxas de depreciação e amortização mais elevadas, o que limita o uso desta modalidade de benefício fiscal. Aliás, esta é geralmente criticada pelas dificuldades de quantificação da despesa fiscal que origina e, por constituir, via de regra, um elemento de distorção do próprio resultado contabilístico.

15.3.3.7. *Regimes especiais de dedução de prejuízos fiscais*

O "sistema normativo de imposto" comporta normalmente uma regra geral sobre dedução de perdas ou prejuízos fiscais (veja-se, entre nós, o art.º 55º do Código do IRS e o art.º 52º do Código do IRC).

Esse regime geral tem determinadas características e exigências e bastará que em relação a uma delas haja uma derrogação, que constitua uma vantagem com determinado objectivo económico-social, para se estar em presença de um benefício fiscal.

Assim, a dedução de prejuízos fiscais em IRC é norteada actualmente pelos seguintes quatro princípios fundamentais: é um reporte exclusivamente para a frente, limitado a certo prazo (os quatro exercícios seguintes ao da ocorrência do prejuízo); o prejuízo a reportar e os lucros em que é feito o reporte têm uma natureza global; existe independência entre reporte contabilístico e reporte fiscal; é exigida identidade entre a empresa que obteve o prejuízo e a que efectua o reporte, quer em termos jurídicos quer em termos de actividade exercida[608]. Se em relação a qualquer destas

[607] Para maiores desenvolvimentos veja-se CIMOURDAIN DE OLIVEIRA, Camilo, *A reintegração acelerada como incentivo fiscal ao investimento*, Porto, 1964.

[608] Cf. para maiores desenvolvimentos FREITAS PEREIRA, M. H., "Regime fiscal do reporte de prejuízos – princípios fundamentais", in *Estudos em homenagem à Dra. Maria de Lourdes Órfão de Matos*

características há uma derrogação então podemos estar em presença de um benefício fiscal. É o que aconteceria, por exemplo, se, para incentivar a instalação de novas empresas, se permitisse um maior período de reporte para efeitos fiscais em relação aos prejuízos verificados nos primeiros anos de actividade. É o que acontece se, a título excepcional, se permite a transmissibilidade de prejuízos entre entidades diferentes, como, aliás, está previsto no artº 75º do Código do IRC quando existe uma fusão que, tendo sido realizada por razões económicas válidas, se insere "numa estratégia de redimensionamento e desenvolvimento empresarial de médio e longo prazos, com efeitos positivos na estrutura produtiva"[609] ou quando, nos casos

Correia e Vale, Lisboa, Centro de Estudos Fiscais, 1995, págs. 221-244 e o relatório nacional português do mesmo autor para o Congresso da IFA de Londres, no tema "*Tax treatment of corporate losses*", in *Cahiers de droit fiscal international*, vol. LXXXIIIa, 1998, Kluwer, págs. 717-732.

[609] A natureza de benefício fiscal desta disposição está jurisprudencialmente reconhecida pelo menos desde o Acórdão do Supremo Tribunal Administrativo de 8.5.1991 (Recurso nº 11 913), in *Ciência e Técnica Fiscal*, Lisboa, nº 365, pág. 189., jurisprudência que foi reafirmada pelo mesmo Tribunal em várias outras decisões – veja-se, nas mais recentes, por exemplo, Acórdão de 5.5.2006 (Pº 142/06) e Acórdão de 6.11.2008 (Pº 40/08). No entanto, parece que o Tribunal entende nos últimos tempos que se justificam algumas dúvidas, em face da doutrina que nega ao artº 75º do Código do IRC a natureza de benefício fiscal –vejam-se, por exemplo, os Acórdãos de 27 de Janeiro de 2010, Pº 1097/09 e de 16 de Junho de 2010, Pº 103/10. Assim, a propósito de outras questões – natureza do deferimento tácito do requerimento em que se solicita a transmissibilidade e não junção ao mesmo de certidão comprovativa da inexistência de dívidas à Segurança Social – o Tribunal, embora não tomando uma posição definitiva sobre a natureza ou não de benefício fiscal dessa disposição, faz eco da controvérsia doutrinária sobre a mesma (veja-se, por todos, LOBO, Carlos Baptista, "*Neutralidade fiscal das fusões: benefício fiscal ou desagravamento estrutural ? Corolários ao nível do regime de transmissibilidade de prejuízos*", in *Fiscalidade*, nºs 26/27, Abril-Junho/Julho-Setembro de 2006, págs. 29-61). E, nesta senda, por Acórdão de 3.2.2010 (Pº 844/09) faz mesmo um pedido de decisão prejudicial ao Tribunal de Justiça da União Europeia nos seguintes termos: "*Qual o sentido e alcance do disposto no artigo 11º, n.º 1, alínea a), da Directiva 90/434/CEE, de 23 de Julho de 1990, nomeadamente qual o conteúdo do conceito «razões económicas válidas» e do conceito «reestruturação ou racionalização das actividades» de sociedades participantes em operações abrangidas pela Directiva 90/434/CEE?*" e "*É compatível com essa norma comunitária o entendimento perfilhado pela Administração Tributária no sentido de ausência de razões económicas graves que justificassem o pedido de transmissibilidade de prejuízos fiscais formulado pela sociedade incorporante, para o que considerou não ser evidente, na perspectiva da sociedade incorporante, o interesse económico da incorporação, tendo em conta que a sociedade incorporada não desenvolveu qualquer actividade como sociedade gestora de participações sociais, nem detinha participações financeiras, dessa forma apenas transmitindo elevados prejuízos, não obstante ter considerado que a fusão era susceptível de consubstanciar um efeito positivo em termos de estrutura de custos do grupo?*". Aguarda-se agora, com expectativa a posição do Tribunal de Justiça. Sublinha-se, no entanto, desde já, que suscita dúvidas a aplicação ao caso do artº 11º, nº 1, da Directiva 90/434/CE, pois os contornos de um eventual regime de transmissibilidade de prejuízos para as operações abrangidas pela direc-

de reconhecido interesse económico, se permite a derrogação da regra da identidade económica (artº 52º, nº 9, do Código do IRC).

15.3.4. *Objectivos dos benefícios fiscais*

Os objectivos económico-sociais dos benefícios fiscais são, como se viu, um dos elementos fundamentais do conceito de benefício fiscal. A este respeito, a Lei Geral Tributária (nº 3 do artº 14º) estabelece que "a criação de benefícios fiscais depende da clara definição dos seus objectivos e da própria quantificação da despesa fiscal".

Esses objectivos, de natureza extra-fiscal, têm de ser assumidos, pelo legislador, como de relevância superior ao própria tributação, e, por isso, capazes de justificar as derrogações, em que se traduzem, ao princípio da igualdade que deve moldar o sistema fiscal[610].

Reflectindo os objectivos mais gerais de política económica e social, podem ser arrolados diversos objectivos para os benefícios fiscais, sendo usual encontrar nomeadamente os seguintes[611]:

- investimento produtivo;
- investigação e desenvolvimento;

tiva é da total competência do legislador nacional desde que se aplique da mesma forma às operações internas e às operações transfronteiriças, ou seja de acordo com o princípio da não discriminação. Pode até não haver qualquer regime de transmissibilidade de prejuízos nestes casos, como, aliás, sucede em vários países, mesmo a título de regime excepcional ao regime-regra. E nada impedirá que, sendo a regra a intransmissibilidade, se permita essa transmissibilidade desde que se verifique a ocorrência de alguns objectivos económicos considerados relevantes. Acresce que o condicionalismo para que haja transmissibilidade de prejuízos não é só o de a operação se fazer por "*razões económicas válidas, tais como a racionalização ou reestruturação das sociedades intervenientes*"(numa formulação idêntica à usada na norma anti-abuso) pois a este se junta o de se demonstrar que a operação "*se insere numa estratégia de redimensionamento e desenvolvimento empresarial de médio ou longo prazo, com efeitos positivos na estrutura produtiva*", ou seja que se prossegue um objectivo económico relevante que justifica a vantagem concedida. Sobre esta matéria veja-se FREITAS PEREIRA, M. H., "*Regime Fiscal Aplicável a Fusões, Cisões e Entradas de Activos - Novos Desenvolvimentos*", in *Estudos em Homenagem ao Professor Doutor Paulo de Pitta e Cunha*, vol. II, Coimbra. Almedina, 2010, págs. 422-446.

[610] O legislador definiu, aliás, que a própria tributação deve favorecer o emprego, a formação do aforro e o investimento socialmente relevante (artº 7º, nº 1, da Lei Geral Tributária).

[611] Uma enumeração dos objectivos económicos e sociais prioritários, de considerável amplitude, pode ver-se, por exemplo, no nº 2 do ponto 12º da Resolução do Conselho de Ministros nº 119/97, de 14 de Julho. Para uma análise por objectivos dos benefícios fiscais pode ver-se, entre nós, *Reavaliação dos Benefícios Fiscais - Relatório do Grupo de Trabalho constituído pelo Despacho do Ministro das Finanças*, já citado, que se segue de perto, neste ponto, quanto aos aspectos aqui focados.

- protecção e defesa do ambiente;
- poupança e aplicação de capitais;
- emprego e formação profissional;
- concentração e cooperação empresariais;
- desenvolvimento regional;
- cultura e património cultural;
- habitação;
- fomento do cooperativismo;
- protecção de pessoas portadoras de deficiência.

Dada a sua relevância em termos de gestão das empresas, abordar-se-ão a seguir os objectivos do investimento, emprego e reestruturação empresarial[612].

15.3.4.1. *Investimento*

Qualquer benefício ao investimento pode ser definido como uma medida que tem por fim aumentar o fluxo esperado de lucros líquidos de impostos derivados desse investimento comparativamente com o seu custo no momento da decisão de investir[613]. O tratar-se de benefício fiscal tem que ver apenas com a natureza fiscal da medida e não com o seu objectivo último.

Dito de outro modo e utilizando uma metodologia de raiz keynesiana pode afirmar-se que os benefícios fiscais ao investimento devem ser perpectivados quanto à influência que possam exercer sobre a eficiência marginal do investimento a realizar e o custo dos fundos destinados a financiá-lo[614].

No primeiro aspecto, trata-se de diminuir o custo do investimento e ou aumentar o fluxo dos rendimentos líquidos esperados daquele.

[612] Os benefícios fiscais de carácter mais permanente constam, em Portugal, do Estatuto dos Benefícios Fiscais e em outros diplomas de carácter geral: designadamente o Estatuto Fiscal Cooperativo (Lei nº 85/98, de 16 de Dezembro) e o Código Fiscal do Investimento (Decreto-Lei nº 249/2009, de 23 de Setembro). No entanto, os benefícios fiscais previstos no EBF vigoram apenas, em princípio, durante um período de cinco anos (artº 3º do EBF). Podem encontrar-se também benefícios fiscais nos Códigos relativos a cada imposto e, quando tenham vigência conjuntural limitada, em legislação avulsa.

[613] Cf., por exemplo, BRACEWELL-MILNES, Barry e HUISKAMP, J.C.L., *Investment Incentives*, Deventer, Kluwer, 1977, págs. 20 e segs.

[614] LAGARES CALVO, M.J., *Incentivos fiscales a la inversion privada*, Madrid, Instituto de Estudios Fiscales, 1974, págs. 82 e segs.

Operam no sentido daquela diminuição a isenção ou redução de impostos que recaiam sobre a compra de bens de capital ou a dedução concedida no montante de um imposto com base no valor do investimento realizado. O aumento do valor dos rendimentos líquidos esperados processa-se nomeadamente pela isenção total ou parcial, geralmente temporária, da tributação que recai sobre os rendimentos do investimento e pela concessão de determinadas vantagens no tocante à determinação do rendimento colectável.

Quanto ao custo dos fundos destinados a financiar o investimento, os incentivos fiscais actuam principalmente sobre o montante global dos meios financeiros disponíveis, sem prejuízo de poderem discriminar a favor de alguns deles. Aqui se inserem todas as medidas que favoreçam o autofinanciamento das empresas, assim como a formação da poupança pelos particulares e a sua aplicação produtiva[615].

Muitas vezes não se quer incentivar todo e qualquer investimento, ou então deseja-se distinguir este de acordo com os efeitos que induz e daí a discriminação dos incentivos consoante a inserção daquele em outras metas que se pretendam prosseguir, designadamente quanto a emprego, desenvolvimento regional, níveis de competitividade, desenvolvimento tecnológico, poupança de energia e preservação do meio ambiente. Por outro lado, os benefícios fiscais podem não se limitar a actuar sobre o financiamento global do investimento, antes podem privilegiar certas formas (v.g. autofinanciamento, aumento de capital por entrada de dinheiro fresco, empréstimo obrigacionista) em relação a outras (v.g. empréstimos dos sócios).

A eficácia dos benefícios fiscais ao investimento é questão controversa. Grande parte das vezes trata-se apenas de “prémios” fiscais ao investimento e muitas vezes são uma medida que poderia com vantagem ser substituida por uma redefinição de alguns parâmetros do próprio regime-regra, designadamente em termos de níveis de taxa de tributação. Apesar desta controvérsia, os benefícios ao investimento são ainda uma realidade incontornável dos sistemas fiscais, com implicações, muitas vezes, mais em termos de imagem geral do sistema e da consequente criação de um ambiente favorável ao investimento do que em termos de racionalidade económica.

[615] Para maiores desenvolvimentos sobre o papel dos incentivos fiscais ao financiamento do investimento veja-se FREITAS PEREIRA, M.H., *Os incentivos fiscais e o financiamento do investimento privado,* já anteriormente citado.

No desenho dos incentivos ao investimento há vários problemas a resolver. Vejamos alguns deles.

Em primeiro lugar, em consonância com os objectivos mais gerais prosseguidos com os benefícios ao investimento, assim o tipo de investimento que é objecto de incentivo. Privilegia-se, em regra o chamado "investimento produtivo" em bens em "estado de novo", definindo-se os bens do activo que podem ser elegíveis para o efeito, de que se excluem, em geral, além de terrenos que não sejam de exploração, viaturas ligeiras e equipamento social e administrativo. Os incentivos ao investimento são, muitas vezes, extensivos e até majorados em relação a determinados tipos de despesas, como as ligadas à investigação e desenvolvimento (I&D) ou à protecção do ambiente.

Outro problema a resolver consiste em decidir se deve promover-se apenas o investimento adicional ou também, pelo menos em relação a determinados benefícios em concreto, o investimento de substituição, o que coloca, em relação ao primeiro, o problema de definir o que se deve entender por investimento adicional. Uma solução poderá ser tomar como referência o valor depreciável dos bens no período imediatamente anterior ao investimento ou o valor médio de um conjunto de períodos anteriores e compará-lo com o total que resulta dos novos investimentos, sendo objecto de benefício a diferença apurada. Poderá ainda introduzir-se um requisito adicional, exigindo que esse investimento adicional se traduza num determinado incremento percentual mínimo do valor dos bens de investimento ao serviço da empresa. Em qualquer caso, define-se, muitas vezes, um montante mínimo abaixo do qual não haverá lugar a aplicação de benefícios fiscais.

Finalmente, pode ser estabelecido um prazo durante o qual os bens relativamente aos quais foi concedido o benefício não podem ser alienados ou fixadas as condições em que o podem ser (e que consistem normalmente no reinvestimento), havendo que considerar que estas limitações não devem constituir um entrave à actualização tecnológica das empresas.

Por outro lado, a escolha do nível e das modalidades técnicas dos benefícios ao investimento depende obviamente das considerações anteriormente feitas quanto ao objectivo visado e aos investimentos abrangidos.

Como regra geral o nível dos benefícios deverá ser suficiente para que estes sejam persuasivos mas não mais do que isso. Um padrão de referência parece poder ser o montante do investimento, o que é por si só uma condicionante do tipo de instrumento a adoptar: a dedução ou crédito fiscal por investimento traduz melhor esse nível do que a simples isenção.

Por outro lado, há que considerar qual a filosofia que se deseja estar subjacente aos benefícios. Assim, estes podem estar predominantemente ligados ou ao montante do investimento (quanto maior o volume do capital investido maior o benefício) ou à rendibilidade do investimento (quanto mais elevados os lucros derivados do investimento maior o benefício), ou tentar compatibilizar os dois objectivos. Deste modo, podem classificar-se as modalidades de benefícios da seguinte forma[616]:

A. Medidas dependentes do volume de investimento:
   - A1. Crédito de investimento: consiste na dedução, na colecta do contribuinte que faz um investimento, de uma certa fracção desse investimento.
   - A2. Desconto por investimento: consiste em deduzir, ao rendimento normalmente tributável e não ao próprio imposto, uma certa fracção do valor do investimento
   - A3. Crédito provisório por investimento: concretiza-se através duma redução provisória do montante do imposto devido (equivale a um empréstimo sem juros, igual à importância do imposto cujo pagamento é diferido)

B. Medidas de fomento dependentes do rendimento derivado do investimento:
   - B1. Isenção, de carácter permanente ou temporário.
   - B2. Redução de taxa, de carácter permanente ou temporário.

Preocupações ligadas à operacionalidade dos benefícios podem também condicionar a escolha dos instrumentos mais adequados. É o caso das isenções ou reduções de taxa, que, no caso de empresas já existentes, para estarem ligadas especificamente a um investimento, impõe a separação contabilística da correspondente matéria colectável, o que poderá envolver custos administrativos elevados. Parece, assim que deve ser reservada para situações especiais e muito delimitadas.

A medida que é mais usada é a do *crédito por investimento*, que tem como grandes vantagens a da sua simplicidade e transparência, premiando, além disso, as empresas lucrativas, o que não acontece com a dedução ao rendimento, que, se não forem estabelecidas limitações nesse sentido, pode

[616] OCDE, *Medidas fiscais para o fomento dos investimentos*, Cadernos de Ciência e Técnica Fiscal nº 50, Lisboa, Centro de Estudos Fiscais, 1967, págs. 56 e segs.

influenciar, numa empresa deficitária, o próprio prejuízo fiscal a reportar para os exercícios seguintes[617].

15.3.4.2. *Emprego*

As relações entre impostos e emprego são um dos temas clássicos da teoria fiscal, não havendo ainda, apesar dos cada vez mais numerosos estudos que lhe são consagrados, um conclusão unânime sobre as mesmas.

Apesar disso, num contexto de aumento de desemprego, é recorrente a ponderação do modo como a fiscalidade pode ser instrumento de uma política activa de emprego[618].

A esse respeito importa ter em conta que em muitos países os empregadores suportam o pagamento de encargos fiscais (em especial das contribuições para a segurança social[619]) que incidem sobre o volume de salários pagos, encargos que aumentam o custo do factor trabalho e, numa medida dependente da elasticidade da oferta deste, reduzem o salário que os empregadores estão dispostos a pagar. Por outro lado, os impostos sobre o rendimento e as contribuições para a segurança social a cargo dos empregados reduzem o salário líquido auferido pelos trabalhadores, que por essa razão tenderão a aumentar os salários brutos exigidos. De modo similar, os impostos indirectos reduzem o poder aquisitivo dos rendimentos líquidos dos trabalhadores, o que poderá afectar o salário por estes reclamado.

Acresce que encargos fiscais, a cargo dos empregadores, cuja base de incidência sejam os salários, acabam por discriminar contra as indústrias de trabalho intensivo ou provocar fenómenos de deslocalização da produção ou ainda, com frequência, ser uma das principais causas da economia paralela ou informal.

Deste modo, alguns estudos sugerem que a fiscalidade tem um efeito (por vezes importante) sobre o desemprego existindo um consenso mais ou menos generalizado entre os economistas no sentido de que os impos-

[617] O crédito por investimento está previsto em Portugal, designadamente, quanto a projectos de investimento em unidades produtivas ou de investimento directo no estrangeiro, em ambos os casos em regime contratual, no artº 41º do EBF e no Código Fiscal do Investimento, aprovado pelo Decreto-Lei nº 249/2009, de 23 de Setembro.

[618] FREITAS PEREIRA, M. H., *"O papel da fiscalidade numa política activa de emprego"*, in Conselho Económico e Social, *Colóquio "O Plano Nacional de Emprego"*, Lisboa, 1998, págs. 63-70.

[619] Em Portugal, no regime geral de segurança social dos trabalhadores por conta de outrem as entidades patronais contribuem com 23,75% dos salários e os trabalhadores com 11% dos mesmos (cf. artº 53º do Código dos Regimes Contributivos do Sistema Previdencial de Segurança Social).

tos influenciam os custos reais do trabalho no curto prazo, originando desemprego que, devido à perda de qualificações e desmotivação associadas a situações de desemprego, se poderá vir transformar num fenómeno de longo prazo[620].

No entanto, como se referiu, os resultados dos estudos e as opiniões diferem consideravelmente quanto à dimensão do impacto da fiscalidade sobre os salários, à forma como custos salariais mais elevados se traduzem em maior desemprego, à velocidade com que estes efeitos têm lugar e quanto à existência ou não de efeitos diferenciados consoante os impostos e contribuições incidam sobre os empregadores, os empregados ou sobre o consumo. Relativamente a esta última questão será, no entanto, de realçar que muitos estudos sugerem que os impostos e contribuições a cargo dos empregadores parecem ter um efeito mais importante sobre o emprego.

Assim, em situações de incremento do desemprego, uma medida de benefício fiscal poderá consistir em aumentar, em determinado montante ou percentagem, a dedução para feitos fiscais dos encargos com o pessoal ou da variação positiva dos encargos com o pessoal, na totalidade ou limitada às contribuições patronais para a segurança social. Tal medida poderá ser, por outro lado, limitada a certos sectores ou regiões ou a certo tipo de emprego (por exemplo, jovens ou desempregados de longa duração)[621].

Em termos económicos uma tal medida poderá ser equiparada, grosso modo, a um reembolso de impostos ou de contribuições para a segurança social, equivalente a um subsídio directo ao emprego, ou, no limite, se restrita a impostos, a uma transferência de receitas fiscais para receitas da segurança social. Trata-se de dispositivo com alguns problemas para ser gerido, importando acautelar que se reflectirá, de modo efectivo, sobre o factor trabalho.

Um outro tipo de medidas – que é geralmente o mais aconselhado mas que implica custos para o sistema de segurança social – é o de permitir a isenção ou redução temporária de contribuições para a segurança social a cargo da entidade empregadora, ainda que limitada, no entanto, ao incremento líquido de postos de trabalho, por tempo indeterminado ou por um

[620] Cf. OECD, *The OECD Jobs Study – Taxation, employment and unemployment*, Paris, 1995, págs. 65 e segs.

[621] É deste tipo o benefício fiscal previsto no artº 19º do Estatuto dos Benefícios Fiscais.

período de tempo relativamente longo, destinados a jovens desempregados ou desempregados de longa duração[622].

15.3.4.3. *Reestruturação empresarial*

O conceito de reestruturação empresarial, tal como é entendido na literatura económico-financeira, engloba um vasto conjunto de operações que reflectem alterações na estratégia, nos activos, na estrutura financeira ou nas operações de produção e distribuição que têm em vista melhorar o desempenho de uma empresa ou de um conjunto de empresas e, desse modo, criar valor.

O que se procura é, afinal, conseguir sinergias operacionais, financeiras ou de gestão que melhorem os níveis de eficiência, o que é imposto pela evolução do próprio mercado, cada vez mais globalizado, e pela necessidade de se aproveitarem eficazmente essas novas oportunidades num ambiente caracterizado por uma concorrência acrescida.

As acepções mais comuns têm que ver com decisões estratégicas que implicam crescimento ou diversificação, mas conduzem também muitas vezes a operações de cooperação entre empresas.

No caso do crescimento, a opção é entre um crescimento interno, através de investimentos adicionais nas unidades já existentes, ou crescimento externo, adquirindo a propriedade ou o controlo de outras unidades já existentes e em funcionamento. Muitas vezes, opta-se simultaneamente pelas duas formas de crescimento.

O crescimento externo concretiza-se grande parte das vezes através das chamadas operações de concentração de empresas, que pode assumir a forma de concentração horizontal (através da qual se processa a reunião de unidades que produzem bens idênticos numa mesma fase produtiva – concentração horizontal homogénea, ou bens diferentes e não complementares – concentração horizontal heterogénea ou diversificação) ou concentração vertical ou integração (através da qual se reúnem fases sucessivas de produção e se cobrem relações complementares entre fornecedores e clientes.[623]

[622] É deste tipo, embora com algumas especificidades, o regime que tem vigorado em Portugal, ao abrigo do Decreto-Lei nº 89/95, de 6 de Maio, alterado pelo Decreto-Lei nº 34/96, de 18 de Abril. Cf. igualmente os artºs 57º e 100º a 104º do Código dos Regimes Contributivos do Sistema Previdencial de Segurança Social.

[623] Para maiores desenvolvimentos veja-se, por exemplo, MORVAN, Yves, *Fondements d'economie Industrielle*, Paris, Gestion-Economica, 1991, págs. 131 e segs. Na literatura em língua portuguesa veja-se sobre estes conceitos e outros (como os de conglomerados ou de concentração

No plano jurídico, são diversas as formas de concretizar estas operações: as mais frequentes são fusões, cisões-fusões e entradas de activos.

Outras ocasiões, a reestruturação implica decisões de redução, cisão ou especialização das unidades económicas, entregando a entidades distintas cada um dos ramos de actividade até determinado momento exercidos por uma única entidade. É o que se consegue no plano jurídico através, designadamente, de operações de cisão.

Por sua vez, a cooperação empresarial visa criar mecanismos através dos quais as empresas, sem perda da sua individualidade e estrutura de activos, se juntam para a realização de determinados objectivos em que estejam interessadas em conjunto. No domínio jurídico, as vias mais frequentes para a realizar são o consórcio *(joint-venture)*, a associação em participação e os agrupamentos de empresas (agrupamentos complementares de empresas e agrupamentos europeus de interesse económico).

Neste domínio, a fiscalidade é chamado a desempenhar um duplo papel.

Por um lado, cumpre assegurar neutralidade fiscal a estas operações, ou seja garantir que, traduzindo-se as mesmas em factos de que normalmente decorre uma tributação, esta não constituirá um obstáculo à realização dessas operações. Isso leva normalmente, verificados certos requisitos, a afastar essa tributação, de modo definitivo ou diferindo-a para momento ulterior. É o que se verifica, em termos de IRC e de IRS através do regime de neutralidade fiscal aplicável a fusões, cisões, entradas de activos e permutas de partes sociais[624] (artºs 73º e segs. do Código do IRC e nºs 8, 9 e 10 do artº 10º do Código do IRS) e a entradas do património de uma empresa individual para realização do capital de uma sociedade (artº 38º do Código do IRS e artº 86º do Código do IRC) e em termos de IVA através da delimitação negativa do conceito de transmissão para efeitos de incidência deste imposto (nº 4 do artº 3º do respectivo Código).

Por outro lado, dado o interesse económico destas operações, pode justificar-se, em paralelo com o que se verifica, relativamente ao chamado cresci-

concêntrica) FERREIRA, Domingos, *Fusões, aquisições e reestruturações de empresas*, vol. I, Lisboa, Sílabo, 2002, págs. 129 e segs.

[624] Regime aliás moldado de acordo com a Directiva 90/434/CEE, de 23 de Julho de 1990. Sobre esta veja-se FREITAS PEREIRA, M. H., *"A directiva comunitária relativa ao regime fiscal comum aplicável a fusões, cisões, entradas de activos e permutas de acções"*, in *Fisco*, nº 47, Out 1992, págs. 3-14 e *"Regime Fiscal Aplicável a Fusões, Cisões e Estudos de Activos – Novos Desenvolvimentos"*, in *Estudos em Homenagem ao Professor Doutor Paulo Pitta e Cunha*, vol. II, págs. 422-446.

mento interno, através dos benefícios ao investimento, que também quanto ao crescimento externo e à cooperação existam benefícios fiscais que, em determinados casos e com determinados requisitos, os favoreçam, dentro de uma lógica de desenvolvimento estratégico das unidades económicas. que melhore o tecido produtivo e as condições de competitividasde no mercado.

É neste enquadramento que algumas legislações, entre as quais a portuguesa (veja-se artº 75º do Código do IRC), preveem benefícios fiscais em matéria de reporte de prejuízos, admitindo a sua transmissibilidade da empresa que os obteve – a empresa fundida ou cindida, no caso de se verificar a extinção desta ou o estabelecimento estável objecto de fusão, cisão ou entrada de activos – para a empresa para a qual são transferidos os activos. Trata-se de benefício que exige um controlo rigoroso dos pressupostos da sua aplicação – no caso português, que a operação se realize "por razões económicas válidas, tais como a reestruturação ou racionalização" das entidades intervenientes e se insira "numa estratégia de redimensionamento e de desenvolvimento empresarial de médio e longo prazo, com efeitos positivos na estrutura produtiva".

Podem igualmente estabelecer-se outros benefícios em domínios em que não estejam previstas medidas de neutralidade fiscal para operações que contribuam para a reestruturação empresarial, É o que se tem verificado entre nós, primeiramente, através do Decreto-Lei nº 404/90, de 21 de Dezembro, e, actualmente, de acordo com o artº 60º do Estatuto dos Benefícios Fiscais, em matéria de imposto municipal sobre as transmissões onerosas de imóveis e de imposto do selo, emolumentos e outros encargos legais, relativamente a operações de concentração e cooperação de empresas, nos termos aí definidos, que:

a) Sem prejudicar, de forma significativa, a existência de um grau desejável de concorrência no mercado, tiverem "efeitos positivos em termos de reforço da competitividade das empresas ou da respectiva estrutura produtiva, designadamente através de um melhor aproveitamento da capacidade de produção ou de comercialização ou do aperfeiçoamento da qualidade dos bens ou serviços";

b) Envolvam sociedades que "exerçam, efectiva e directamente, a mesma actividade económica ou actividades económicas integradas na mesma cadeia de produção e distribuição do produto, compartilham canais de comercialização ou processos produtivos ou, ainda, quando existia uma manifesta similitude ou complementaridade entre os processos produtivos ou os canais de distribuição utilizados".

16. Gestão Fiscal, Evasão Fiscal e Fraude fiscal

16.1. Considerações gerais

É inerente à racionalidade económica, quer no plano pessoal quer no plano empresarial, a minimização dos impostos a suportar.

Esta diminuição dos impostos pode fazer-se, no entanto, por diversas vias, se bem que as fronteiras entre elas sejam, por vezes, difíceis de traçar, a que se adiciona uma velha querela terminológica e conceptual sobre as figuras em presença.

Uma delas, que se designará aqui por **gestão fiscal** ("*tax planning*") – matéria desenvolvida em disciplina específica no âmbito do Mestrado em Contabilidade, Fiscalidade e Finanças Empresariais do ISEG – e outros denominam planeamento fiscal, optimização fiscal ou engenharia fiscal, consiste em minimizar os impostos a pagar (traduzindo-se em aumento do rendimento depois de impostos) por uma via totalmente legítima e lícita, querida até pelo legislador ou deixada por este como opção ao contribuinte. Trata-se de escolher a via fiscalmente menos onerosa consistente com a gestão normal dos negócios pessoais ou empresariais. É o caso das exclusões tributárias, dos benefícios fiscais e das alternativas fiscais. Trata-se de situações em que a economia fiscal "é, expressa ou implicitamente, querida, desejada, ou, ao menos, sugerida pelo próprio legislador fiscal"[625]. Os actos e negócios que lhe são próprios situar-se-iam, neste caso, *intra legem*.

Noutros casos, a diminuição dos impostos a pagar efectua-se através do que se designa por **evasão fiscal** ("*tax avoidance*") e que outros apelidam de

[625] SÁ GOMES, Nuno, *Evasão fiscal, infracção fiscal e processo penal fiscal*, 2ª ed., Lisboa, Rei dos Livros, 2000, pág. 24.

elisão fiscal, que se traduz na prática de actos ou negócios lícitos mas que a lei fiscal qualifica como não sendo conformes com a substância da realidade económica que lhes está subjacente ou serem anómalos, anormais ou abusivos[626]. Nesta qualificação detecta-se, ao contrário do que sucede na gestão fiscal, a intenção do legislador de abranger tais actos ou situações pela tributação e de acordo com os padrões ditos normais para a realização de tais actos ou operações. Estar-se-ia, assim, perante uma poupança fiscal realizada através de factos ou situações que o legislador tem a intenção de cobrir mas que, por esta ou aquela razão, não se encontram expressamente previstos pela lei fiscal ou, se nela previstos, são realizados em condições diferentes das normais, e que a lei fiscal, através de normas gerais ou especiais anti-abuso, combate, promovendo as correcções de impostos a que haja lugar tomando por referência os factos, situações ou condições que são escolhidos como referência.

Finalmente, a diminuição dos impostos a pagar pode concretizar-se através do que se designa por **fraude fiscal** em sentido amplo ("*tax evasion*") e que alguns autores denominam de evasão fiscal, o que se consegue através de actos ou negócios ilícitos, infringindo frontalmente a lei fiscal, pelo que se costuma dizer que actuam *contra legem* (para se distinguir da evasão fiscal que para alguma doutrina actuaria *extra legem*). Na fraude fiscal viola-se directamente a lei, quer por acção quer por omissão, não se pagando por via dela, no todo ou em parte, um imposto cujo facto gerador se verificou ou obtendo-se uma vantagem patrimonial indevida. A consequência normal da fraude fiscal é, uma vez descoberta, além da entrega dos impostos a que haja lugar, a aplicação de uma sanção penal fiscal, quer de natureza contraordenacional (coima) quer de natureza criminal (prisão ou multa).

Qualquer destas modalidades de economia fiscal tem grande importância para a gestão das empresas e para o gestor, constituindo até uma obrigação deste a tomada de decisões que, sendo lícitas, conduzam à minimização dos impostos a pagar e consequente maximização da rendibilidade após impostos, ou seja, fazer gestão fiscal[627].

[626] A dificuldade conceptual está bem expressa por exemplo no facto de para alguns autores, numa apresentação tripartida da fuga aos impostos, ser qualificada como evasão fiscal toda a forma de diminuir os impostos a pagar que não seja gestão fiscal nem fraude fiscal. Cf. UCKMAR, V., *Tax avoidance/tax evasion (General report of the XXXVII Congress of IFA)*, in *Cahiers de droit fiscal international*, Vol. XXXVIIa, Kluwer, Deventer, 1983.

[627] É já uma citação clássica, pelo menos na literatura de língua inglesa, a seguinte passagem de uma sentença dada em 1947 pelo Juíz Learned Hand: *"Over and over again courts have said that there is nothing sinister in so arranging one's affairs as to keep taxes as low as possible. Everybody does so,*

16.2. Gestão fiscal

16.2.1. *Noção e principais modalidades*

A gestão fiscal nos tempos modernos caracteriza-se por uma postura activa da parte do contribuinte, que procura inserir a variável fiscal nas suas decisões e, assim, normalmente, minimizar a factura fiscal que sobre ele recai, desde que isso se reflita em aumento do rendimento após impostos. O uso de "normalmente" pretende significar que, embora o que grande parte das vezes aconteça na gestão fiscal seja a prossecução de um objectivo de minimização dos impostos a suportar, podem hipostasiar-se situações em que tal não é o objectivo prioritário dentro da estratégia prosseguida pela empresa, o que não impede que a variável fiscal seja objecto de atenção de modo a que possa ser colocada ao serviço dessa mesma estratégia. É que, por exemplo, uma empresa pode ter no seu horizonte um aumento do lucro distribuível e, por isso, não poder usar certas alternativas de minimização de impostos a pagar que afectam esse lucro. Por outro lado, às vezes não se trata de minimizar os impostos a pagar pela empresa, já que eles são suportados por terceiros, do que se trata é de gerir a liquidação e o pagamento desses impostos da forma mais vantajosa para a empresa, designadamente do ponto de vista financeiro ou sob uma perspectiva comercial.

Importa ainda considerar que a gestão fiscal se deve inserir numa abordagem global da estratégia da empresa, o que significa que a minimização dos impostos a pagar não pode, sem riscos, ser considerada como um fim em si mesma. Com efeito, essa perspectiva global implica três ordens de considerações[628]:

a) Uma abordagem multilateral: a gestão fiscal deve tomar em consideração as consequências fiscais para todas as partes envolvidas no negócio ou na transacção;
b) A consideração quer dos chamados impostos explícitos (os que são pagos às autoridades fiscais) quer dos impostos implícitos ou ocultos (os que estão associados às condições em que se efectivam as opções

rich or poor, and all do right, for nobody owes any public duty to pay more than the law demands: taxes are enforced exactions, not voluntary contributions. To demand more in the name of morals is mere cant" [*Commissioner v. Newman*, 159 F.2d848 (CA-2,1947)].

[628] SCHOLES, Myron S., Mark A. WOLFSON, Merle ERICKSON, Edward L. MAYDEW and Terry SHEVLIN, *Taxes and Business Strategy – A Planning Approach*, 4th ed., New Jersey, Prentice Hall, 2009, pág. 3.

favorecidas fiscalmente, que podem implicar uma eventual menor rendibilidade antes de impostos dessas opções)[629];

c) A importância dos custos não fiscais já que certas opções podem minimizar os impostos a pagar mas acarretar o aumento de outros custos.

Esta abordagem global significa que, em vez de se considerar a minimização dos impostos a pagar como objectivo da gestão fiscal, a perspectiva correcta é visar o aumento do rendimento após impostos.

Por outro lado, resulta dessa abordagem a necessidade de integrar o factor fiscal como um dos múltiplos aspectos a considerar nas decisões de gestão, não podendo estas resultar apenas de uma ponderação dos aspectos fiscais.

Em qualquer caso, a gestão fiscal recorre sempre, como já se referiu, a práticas lícitas, queridas ou admitidas pelo legislador como formas legítimas de diminuição desses impostos[630].

As principais modalidades de gestão fiscal são, como também já se indicou, as exclusões tributárias, os benefícios fiscais e as alternativas fiscais.

As duas primeiras já foram abordadas noutros capítulos deste Manual pelo que importa agora ver de forma especial a questão das alternativas fiscais.

16.2.2. *As alternativas fiscais*

Quando se alude às alternativas fiscais como forma de levar a cabo a gestão fiscal não se pretende fazer referência à forma mais radical de alternativa que é a de não levar a cabo a actividade ou realizar o facto que por

[629] Este aspecto é particularmente visível a propósito dos benefícios fiscais, em que existe sempre um objectivo extra-fiscal de natureza económica ou social justificativo da perda de receita fiscal que lhes está associada, o qual pode dar lugar a um imposto oculto ou implícito. E sempre que esses benefícios sejam utilizados indevidamente, aproveitando, por exemplo, as ambiguidades ou falta de clareza da lei para não prosseguir os objectivos queridos pelo legislador, podemos estar perante um comportamento abusivo qualificável como evasão fiscal.

[630] Para SALDANHA SANCHES a gestão fiscal, que designa de "planeamento fiscal legítimo", consistiria numa técnica de redução da carga fiscal pela qual "o sujeito passivo renuncia a um certo comportamento por este estar ligado a uma obrigação tributária ou escolhe, de entre as várias soluções que lhe são proporcionadas pelo ordenamento jurídico, aquela que, por acção intencional ou omissão do legislador fiscal, está acompanhada de menores encargos fiscais". E para esse autor, esse planeamento constitui mesmo uma dimensão essencial do planeamento económico, sendo o seu limite a fraude à lei (que preferimos designar por evasão fiscal). Cf. SALDANHA SANCHES, J. L., *Os limites do planeamento fiscal*, Coimbra, Coimbra Editora, 2006, págs. 21 e 107.

uma lei ter definido como pressuposto do imposto faz nascer a obrigação fiscal. Ou seja, por exemplo, sendo os rendimentos do trabalho tributados, há sempre uma forma de escapar à tributação que é a de não trabalhar, optando pelo lazer.

As alternativas fiscais aqui visadas não comportam a simples abstenção da realidade sobre que incide o imposto, mas, outrossim, tomando essa realidade como um dado, pretendem visualizar as alternativas que se colocam ao contribuinte com efeitos no montante, tempo e modo de pagamento dos impostos que sejam devidos.

Essas alternativas projectam-se desde logo em muitas disposições dos vários códigos tributários em que é possível escolher o regime de tributação ou a forma de determinação da base tributável. Estão neste caso, por exemplo, a opção entre tributação separada ou tributação conjunta em IRS nas uniões de facto, entre englobamento ou não englobamento de determinados rendimentos para efeitos de IRS, entre regime simplificado ou contabilidade para efeitos de determinação do lucro sujeito a imposto em IRS, entre aplicação do regime geral ou regime de neutralidade fiscal nas operações de fusão, cisão, entrada de activos ou permutas de partes sociais, entre aplicação ou não do regime especial de tributação dos grupos de sociedades em IRC, entre regime de isenção ou renúncia à isenção para efeitos de IVA.

Tratar-se-ão a seguir de outras alternativas, que, sem preocupações de enumeração exaustiva, costumam agrupar-se em quatro grandes grupos:

- forma de realização das operações ou actividades (forma jurídica, estrutura financeira);
- local de realização das operações ou actividades;
- momento de tributação;
- categoria e tipo de rendimentos.

Vejamos mais detidamente cada um deles.

16.2.2.1. *Forma de realização das operações ou actividades*

Em primeiro lugar há que considerar o tratamento fiscal das diferentes *formas jurídicas* que estejam, tendo em conta as outras condicionantes, ao efectivo dispor do contribuinte.

Assim, podem realizar-se as operações ou actividades sob a forma de empresa individual, incluindo o estabelecimento individual de responsabilidade limitada, ou sob uma forma societária, neste caso havendo ainda que escolher uma das formas de sociedades disponíveis e tendo também em conta a possibilidade oferecida pelas sociedades unipessoais. É que, além de outras especificidades, no primeiro caso, os resultados obtidos são tributados em IRS (Categoria B – Rendimentos empresariais e profissionais), em que as taxas de tributação são progressivas indo, em conjunto com os restantes rendimentos do empresário, de 10,5% a 42%, enquanto que os resultados de uma sociedade são, excepto se houver lugar ao regime de transparência fiscal, tributados em IRC, em que as taxas gerais são de 12,5% (na parte da matéria colectável que não excede € 12 500) e 25% (na parte da matéria colectável que excede aquele montante), a que se adiciona um imposto local – a derrama municipal, que pode atingir 1,5% do lucro tributável sujeito e não isento de IRC – e a derrama estadual que consiste numa taxa adicional de 2,5% sobre a parte do lucro tributável superior a 2 milhões de euros[631]. Numa perspectiva global, há, porém, que considerar também a tributação do dono da empresa ou do(s) sócio(s) relativamente às relações que tem com a empresa ou a sociedade, respectivamente. Assim, no caso de empresa em nome individual, incluindo o estabelecimento individual de responsabilidade limitada, apesar da necessidade de separar contabilisticamente o património empresarial e o património pessoal[632], não são aceites para efeitos de determinar o resultado empresarial sujeito a tributação quaisquer remunerações eventualmente atribuídas ao empresário ou a membros do seu agregado familiar que lhe prestem serviço (o que desloca esses rendimentos da categoria A para a categoria B, do IRS), não há a possibilidade de considerar parte do capital posto pelo empresário ao dispor da empresa como capital alheio, vencendo juros, não havendo qualquer tributação associada ao levantamento dos resultados obtidos pela empresa. Em contraponto, no

[631] Alguns estudos recentes têm destacado que a tendência para um incremento da diferença de taxas entre o imposto pessoal de rendimento e o imposto de sociedades, em resultado da baixa de taxas neste último, tem levado a uma crescente constituição de sociedades e, assim, operado uma transferência de receitas do imposto pessoal para o imposto de sociedades. Isso explicaria o aparente paradoxo de, apesar da baixa das taxas de tributação neste último, a consequente quebra de receitas far-se-á mais sentir ao nível do imposto pessoal de rendimento do que ao nível do imposto de sociedades. Cf., por todos, MOOIS, Rund e NICODÈME, Gaïtau, *Corporate tax policy, entrepreneurship and incorporation in the EU*, European Commission, Economic Papers nº 269, January 2007. (Cf. igualmente dos mesmos autores "*Corporate tax policy and incorporation in the EU*", in *International Tax and Public Finance*, vol. 15, n. 4, August 2008, págs. 478-498).

[632] Sobre esta matéria veja-se FREITAS PEREIRA, M. H., "*Tratamento fiscal da transferência de bens imóveis entre o património privado e o património empresarial de uma pessoa singular*", in *Ciência e Técnica Fiscal*, nº 367, Julho-Setembro de 1992, págs. 7-26.

caso de uma sociedade, incluindo a sociedade unipessoal, é possível deduzir como custo a remuneração do trabalho dos sócios e membros do seu agregado familiar, existe a figura do suprimento, podendo os respectivos juros ser deduzidos para efeitos de determinar o resultado tributável se não excederem a taxa fixada na lei, mas, em regra, há lugar a nova tributação no momento em que os lucros são postos à disposição dos sócios, o que implica uma dupla tributação dos lucros que só é parcialmente atenuada.

A dicotomia empresa em nome individual – sociedade não é apenas importante quanto aos efeitos em termos de impostos sobre o rendimento. No caso dos impostos sobre o património, a transferência do património pessoal para o património empresarial de um imóvel necessário ao exercício da actividade não está sujeita a imposto municipal sobre transmissões onerosas de imóveis (IMT); essa transferência se for do sócio para a sociedade, mesmo que realizada a título de entrada de capital, está sujeita a esse imposto. No caso do imposto sobre o valor acrescentado, o chamado regime dos pequenos retalhistas está reservado a pessoas singulares, o mesmo acontecendo ao regime de isenção já que só podem a ele aceder os sujeitos passivos de IRS ou IRC que não sejam obrigados a possuir contabilidade organizada e as sociedades são sempre obrigadas a dispor de contabilidade.

Estas diferenças de tratamento fiscal – e muitas outras se poderiam enumerar, em particular as ligadas à estrutura dos grupos económicos – exemplificam a importância da escolha da forma jurídica.

A forma jurídica escolhida para uma operação e o modo de a concretizar pode igualmente ter consequências quanto à possibilidade de acesso a um dado regime fiscal. É o que acontece no caso das operações de fusão, cisão, entrada de activos e permuta de partes sociais em que um determinado resultado económico pode ser alcançado seguindo várias alternativas possíveis e legítimas, cujo enquadramento fiscal é diferente, havendo então que ponderar, face a cada situação em concreto, qual a melhor forma de atingir aquele resultado (Exemplo 1).

Exemplo 1

Suponha-se uma sociedade (Soc. X), residente em Lisboa, que além de desenvolver directamente uma actividade económica (que representamos por A) detém participações noutras sociedades (actividade que representamos por B).

Em determinado momento, resolve separar os dois tipos de actividade, com vista à ulterior constituição de uma SGPS (sociedade gestora de participações sociais).

Quais as alternativas que se lhe colocam?

Em primeiro lugar, poderá equacionar, por hipótese, uma cisão parcial: destacar a actividade B, constituindo com os elementos patrimoniais assim destacados uma nova sociedade Y.

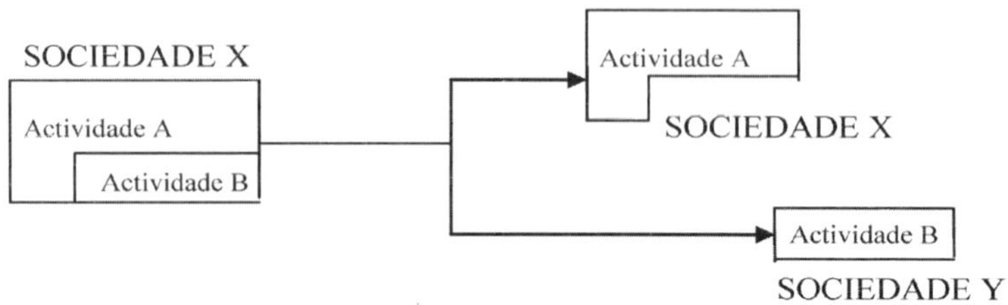

Se resolver aplicar a esta operação o regime geral de tributação em IRC para a Sociedade X e, para os sócios desta, o regime geral em IRS ou em IRC conforme sejam, respectivamente, pessoas singulares ou pessoas colectivas, nenhum obstáculo se coloca; esta cisão respeita o preceituado no Código das Sociedades Comerciais (artº 124º, nº 1), pelo que poderá efectuá-la sujeitando-se a esse regime geral.

Mas, se quiser aproveitar do regime especial de neutralidade fiscal, definido nos artºs 73º e segs. do Código do IRC (e artº 10º, nº 10, do Código do IRS), tal, em princípio, não é possível, pois a definição fiscal de cisão para esse efeito é mais restritiva do que a da legislação comercial e exige que o conjunto de elementos activos e passivos destacados seja uma ramo de actividade ("conjunto de elementos que constituem, do ponto de vista organizacional, uma unidade económica autónoma, ou seja, um conjunto capaz de funcionar pelos seus própris meios") e isso, se apenas se destacam participações sociais, não acontece. E se o destaque fosse da actividade A (que reuniria essas condições) também não é possível face à definição fiscal de cisão parcial: é necessário que na sociedade cindida permaneça um ramo de actividade (exigência que decorre da definição de cisão parcial na directiva comunitária de base e que não encontra paralelo na legislação comercial), o que, se as mesmas circunstâncias se verificassem, também não seria o caso.

Assim, só acolhendo-se o regime geral de tributação poderá ser realizada a operação neste formato, o que pode ou não ser o regime fiscal mais vantajoso.

Se abandonar a hipótese cisão parcial e considerar que é vantajosa a aplicação do regime especial de neutralidade fiscal, tem duas outras hipóteses possíveis e legítimas: fazer uma cisão total ou efectuar uma entrada de activos.

No caso de cisão total, nos termos da definição retida para efeitos fiscais [cf. artº 73º, nº 2, alínea b), do Código do IRC] cada uma das partes destacadas não necessita de ser um ramo de actividade no sentido definido acima para que possa ser aplicável o regime de neutralidade fiscal.

Assim, a sociedade X extingue-se e cada uma das actividades A e B pode dar origem a uma nova sociedade ou ser incorporada em sociedades já existentes. Designando no primeiro caso cada uma das novas sociedades por Z_1 e Z_2 tem-se:

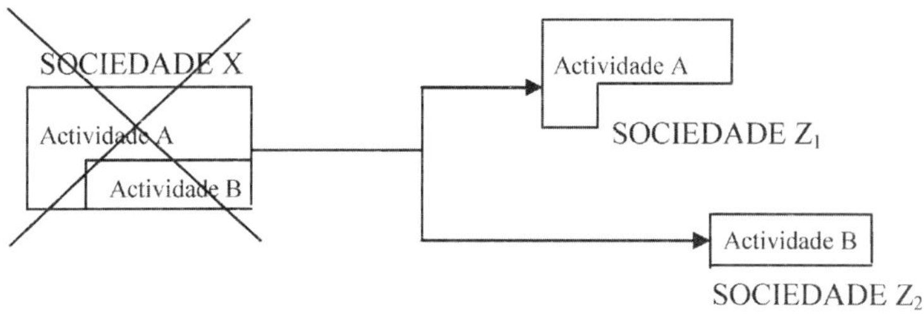

Uma outra hipótese consiste em realizar uma entrada de activos, caso em que a actividade A é transferida para uma outra sociedade (que designamos por W) em contrapartida de partes de capital desta última sociedade, não estando esta operação para efeitos de aplicação do regime de neutralidade fiscal sujeita à manutenção na sociedade X de um ramo de actividade no sentido definido acima, pelo que após a operação a situação fica como segue:

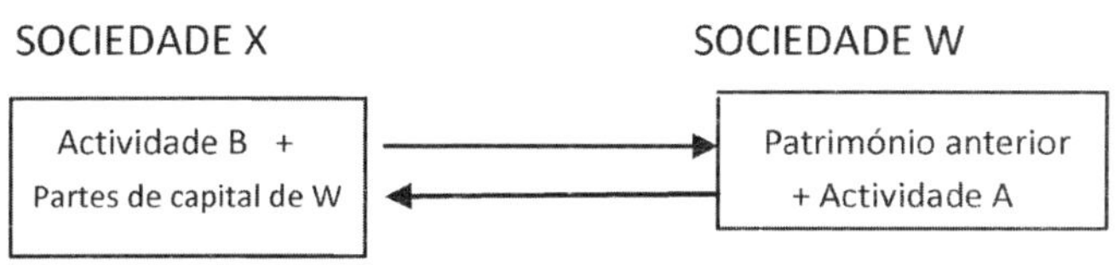

Há ainda que escolher, em especial no caso de a opção quanto à forma jurídica de exercício da actividade ser uma sociedade, a *estrutura financeira da empresa.*

É normalmente reconhecido que o financiamento por capitais alheios, particularmente através de empréstimos dos sócios, ao permitir a dedução dos encargos financeiros correspondentes para efeitos de determinação do resultado tributável, se apresenta fiscalmente favorecido em relação ao financiamento por capitais próprios (ver caixa – "Os impostos e a estrutura financeira das empresas"). Em termos simplificados, se, ao nível do imposto pessoal de rendimento (IRS), a taxa efectiva de tributação dos juros for a mesma que a taxa efectiva de tributação dos dividendos, essa vantagem resulta da diferença da taxa do imposto de sociedades (IRC). Só que isso pode não suceder, designadamente em consequência da existência de mecanismos para evitar a dupla tributação económica. Nesse caso, tudo dependerá do efeito conjugado das diferentes taxas. Além disso, mesmo a vantagem fiscal do endividamento pode não se efectivar, total ou parcialmente, se através de outros mecanismos fiscais (v.g. depreciações, benefícios fiscais) o resultado tributável for reduzido a um nível que não permita absorver esses encargos[633]. Pelo que as decisões sobre a estrutura de capital das empresas têm de equacionar todos os aspectos relevantes e ter igualmente em consideração os impostos que incidem sobre os financiadores, designadamente os mecanismos que eventualmente existam para atenuar ou eliminar a dupla tributação económica, para se aferir a carga fiscal global nas várias opções.

Os impostos e a estrutura financeira das empresas

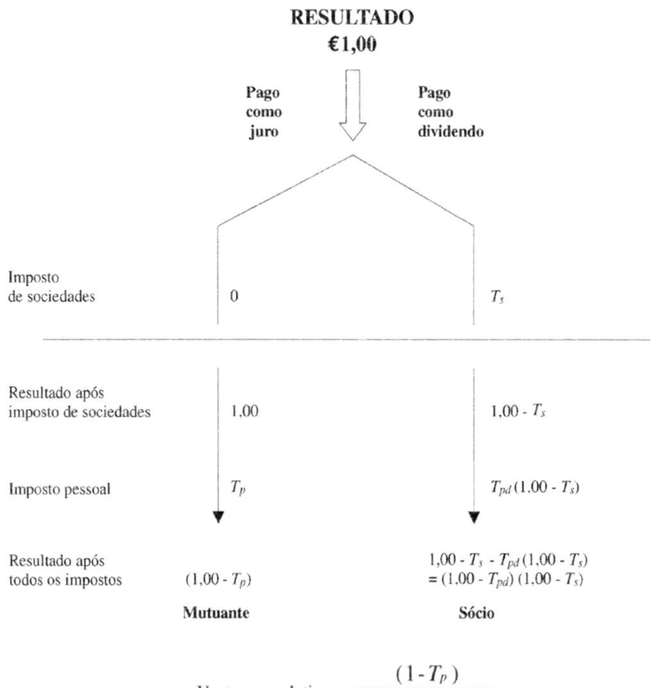

$$\text{Vantagem relativa} = \frac{(1 - T_p)}{(1 - T_{pd})(1 - T_s)}$$

Fonte: Adaptado de BREALEY, Richard e MYERS, Stewart, *Principles of Corporate Finance*, 4 th ed, New York, McGraw-Hill, 1991.

[633] Na literatura portuguesa sobre este ponto, veja-se MARTINS, António, *A fiscalidade e o financiamento das empresas*, Porto, Vida Económica, 2000, CADETE, Joaquim António Pereira, *O efeito da tributação nas escolhas dos investidores*, Moderna Finança nº 7, Porto, Instituto do Mercado de Capitais, 1998 e FRANCISCO, Paulo, *"Estrutura óptima de financiamento no contexto fiscal nacional actual"* in *Cadernos do Mercado de Valores Mobiliários*, nº 29, Abril de 2008, págs. 38-56.

Por outro lado, quer no capital próprio quer no capital alheio são várias as alternativas possíveis, não havendo absoluta neutralidade fiscal entre as mesmas. Trata-se, por exemplo, de escolher para a aquisição de um equipamento entre a locação financeira e um financiamento bancário, ou para a realização de um investimento entre a emissão de obrigações ou um suprimento dos sócios.

Exemplo 2

Suponha-se que uma empresa deseja adquirir uma máquina e equaciona financiar essa compra com um empréstimo bancário ou recorrendo à locação financeira (*leasing*).

Na ponderação da solução mais vantajosa a empresa deverá ter em conta que os juros do empréstimo bancário estão isentos de IVA (artº 9º, nº 27, do respectivo Código) mas sujeitos a imposto do selo (verba nº 17 da Tabela anexa ao respectivo Código), que constitui encargo da empresa enquanto utilizador do crédito [artº 3º, nº 3, alínea *f*), do Código do Imposto do Selo]. Na locação financeira, existe IVA sobre a totalidade da renda de locação [artº 16º, nº 2, alínea *h*), do Código do IVA], pelo que não há lugar a imposto do selo (artº 1º, nº 2, do respectivo Código). Há, no entanto, que ter em consideração que o IVA suportado não é encargo para a empresa uma vez que, em princípio, será dedutível (artº 19º do Código do IVA).

16.2.2.2. *Local de realização das operações ou actividades*

Outra importante decisão é quanto ao *local* de realização das operações ou actividades.

Desde logo, importa ter em conta as diferenças que resultam em termos dos impostos locais – em Portugal, derrama quanto aos impostos sobre o rendimento e imposto municipal sobre imóveis (IMI) quanto aos impostos sobre o património. Por outro lado, nas regiões autónomas, mesmo em relação a impostos estaduais, as taxas aplicáveis são diferentes – é o que se passa quanto ao IRS, IRC e IVA. Acresce a consideração de benefícios fiscais dependentes da localização. Para este efeito, ter-se-á de atender às regras estabelecidas em termos de residência, quando este for o critério de conexão de territorialidade relevante, ou do local em que se realizam as transmissões de bens ou as prestações de serviços, para efeitos designadamente de imposto sobre o valor acrescentado. Em especial, quando se trate de bens para consumo final, o modo como se distribuem os estabelecimentos da empresa e o local em que se situem os bens quando postos à disposição do adquirente, são relevantes para efeitos de determinação da localização das operações com consequências ao nível da taxa de imposto sobre o valor acrescentado aplicável.

Relativamente às empresas que tenham actividade internacional, outro conjunto de alternativas se colocam com efeitos quanto ao montante total de impostos a pagar. Assim, podem desenvolver-se as actividades directamente a partir da sede em território nacional sem qualquer implantação no estrangeiro. Nesse caso a regra é a da tributação exclusiva dos correspondentes resultados em Portugal. Quando muito, poderá recorrer-se a um agente no estrangeiro, a quem se pagam comissões, dedutíveis para efeitos de determinação dos resultados em Portugal mas, face à legilação interna, tributáveis por retenção na fonte no momento do seu pagamento. Poderá, no entanto, recorrer-se à instalação no estrangeiro de um depósito ou armazém, que, por apenas desenvolver actividades com um carácter preparatório ou auxiliar, não possa ser qualificado em face da legislação desse país como um estabelecimento estável, caso em que a tributação do rendimento se continua a fazer exclusivamente em Portugal. A implantação no estrangeiro poderá, no entanto, justificar-se que assuma uma forma que não se restrinja a um carácter preparatório ou auxiliar, tendo, então, de ser equacionadas as questões relativas à localização dessa implantação e da forma jurídica que a mesma deva revestir. Afastada a hipótese de localização em territórios de baixa tributação, caso que a lei qualifica como abusivo e que, por isso, é uma prática não de gestão fiscal mas de evasão fiscal (veja-se adiante 16.3.2.1.), sujeita a medidas anti-abuso, essa localização, numa óptica estrita de minimização dos impostos sobre o rendimento, que terá de ser inserida numa perspectiva mais global, depende das regras de determinação do lucro nos vários países em presença, das respectivas taxas de tributação e dos critérios seguidos para eliminação da dupla tributação internacional.

Exemplo 3

Suponha-se que a taxa efectiva de tributação dos lucros em determinado país A é de 20% e que uma empresa tem a alternativa de localizar um seu estabelecimento estável num país B, em que os lucros são tributados à taxa de 25%, num país C, em que os lucros são tributados à taxa de 20%, ou num país D, em que os lucros são tributados à taxa de 15%.

O país A usa o método da imputação ordinária para eliminar a dupla tributação internacional (veja-se atrás 11.3.3.).

Se a localização se fizer no país B, os lucros do estabelecimento estável são tributados nesse país à taxa de 25% e nenhuma tributação ocorre no país A. Total da tributação – 25%.

Se a localização se fizer no país C, os lucros do estabelecimento estável são tributados nesse país à taxa de 20% e nenhuma tributação ocorre no país A. Total da tributação – 20%.

Se a localização se fizer no país D, os lucros do estabelecimento estável são tributados nesse país à taxa de 15%, a que segue no país A uma tributação de 5% (tributação à taxa de 20% deduzida do imposto pago no estrangeiro). Total da tributação – 20%.

Deste modo, a localização no país B parece de afastar, sendo indiferente a localização nos países C ou D.

Mas, se o método usado no país A para eliminar a dupla tributação internacional for o da isenção (veja-se igualmente 11.3.3.), já parece preferível a localização no país D.

Quanto à forma jurídica, a opção será entre um estabelecimento estável (por exemplo uma sucursal) ou uma filial (também às vezes designada como "subsidiária"). Enquanto no primeiro caso há lugar a tributação no país da empresa mãe à medida que os resultados são obtidos, no segundo caso só haverá lugar, em regra, a tributação nesse país quando os lucros forem distribuídos. E até poderá estar estabelecido que, no país da sociedade mãe, estes lucros, quando distribuídos, não voltam a ser tributados, caso em que, se o método para eliminar a dupla tributação internacional no caso de resultados obtidos no estrangeiro através de estabelecimentos estáveis não for o da isenção, há sempre vantagem em optar pela figura da filial quando a taxa de tributação doméstica for superior à taxa de tributação no país estrangeiro de localização.

PORTUGAL
Tributação dos rendimentos de origem externa

- Tributação numa base de acréscimo ("*accrual*")
  - Estabelecimentos estáveis
  - Transparência fiscal internacional (artº 66º do CIRC)
- Tributação quando o lucro é colocado à disposição (*deferral*")
  - Sociedades participadas
- Isenção de tributação *("exemption")*
  - Afiliadas [artº 51º do CIRC e artº 42º do EBF]

Por outro lado, a opção entre estabelecimento estável ou filial pode também ser influenciada por outros factores – por exemplo, no caso dos primeiros não é aceite normalmente qualquer dedução a título de juros por capital afecto pela empresa mãe ao estabelecimento estável, enquanto que no caso das filiais, desde que respeitadas as regras sobre subcapitalização eventualmente existentes, essa dedução é possível; no caso de o estabelecimento estável obter perdas estas são tidas em consideração no apuramento do lucro tributável da empresa mãe, o que não acontece no caso de se tratar de filial (as sociedades de um grupo sedeadas no estrangeiro não são abrangidas pelo regime especial de tributação dos grupos de sociedades previsto nos artºs 69º e segs. do Código do IRC).

Exemplo 4

Suponha-se que uma sociedade com sede em Portugal equaciona as seguintes alternativas de localização fora do território português:

- Estado A da União Europeia (UE), em que a taxa do imposto de sociedades (IS) é de 30%;
- Estado B da UE, em que a taxa do IS é de 20%;
- Estado C fora da UE*, em que a taxa do IS é de 28%;
- Estado D fora da UE*, em que a taxa do IS é de 18%;
- Estado E, considerado como tendo regime fiscal privilegiado, em que a taxa do IS é 0%.

* E também não sendo um país africano de língua oficial portuguesa nem Timor-Leste, em que o regime é o aplicável nos termos do artº 42º do EBF.

Pretende-se saber as consequências de adoptar em cada caso a forma de sucursal ou afiliada (detenção do respectivo capital em mais de 10%) e, em consequência, em face apenas da legislação interna e abstraindo do momento da tributação, qual a melhor forma jurídica e a melhor localização.

Na localização no Estado A, em princípio a tributação será a mesma quer se opte por sucursal ou por filial já que os lucros aí obtidos serão nas duas hipóteses tributados à taxa de 30% [no caso de sucursal, o crédito de imposto por dupla tributação internacional (artº 91º do Código do IRC) permitirá que esses lucros acabem por não ser tributados na sociedade-mãe; no caso da filial, os lucros distribuídos à sociedade-mãe não voltam a ser tributados (artº 51º do Código do IRC].

Na localização no Estado B, a tributação total pode considerar-se que é de 25% caso se opte por sucursal (repartida pelo Estado B em 20% e por Portugal em 5%, por efeito do crédito de imposto por dupla tributação internacional) e será de 20% caso se opte por filial, devido ao facto de os lucros distribuídos à sociedade-mãe não voltarem a ser tributados (artº 51º do Código do IRC).

Na localização no Estado C, a tributação caso se opte por sucursal será de 28% correspondente à tributação neste Estado, dado que o crédito de imposto por dupla tributação internacional (artº 91º do Código do IRC) permitirá que esses lucros acabem por não ser tributados na sociedade-mãe. No caso de se optar por filial a tributação total será superior pois corresponderá aos 28% no Estado C mais a tributação a que houver lugar em Portugal quando os lucros forem distribuídos à sociedade-mãe (dado que aqui não se aplica o artº 51º do Código do IRC).

Se a localização se efectivar no Estado D, a tributação caso se opte por sucursal será de 25% (repartida pelo Estado D em 18 % e por Portugal em 7%, por efeito do crédito de imposto por dupla tributação internacional). Optando-se por filial a tributação total corresponderá aos 18 % no Estado D mais a tributação a que houver lugar em Portugal quando os lucros forem distribuídos à sociedade-mãe (dado que aqui também não se aplica o artº 51º do Código do IRC). Dada a diferença de taxas poderá dizer-se que a tributação neste caso será superior aos 25% determinados para o caso da sucursal (a preferência por sucursal ou filial dependerá, na hipótese de a taxa de tributação no Estado de implementação ser inferior à taxa em vigor no Estado da sociedade mãe, de essa diferença de taxas fazer com que a tributação total seja igual ou inferior à taxa vigente neste último Estado).

Na localização no Estado E, em princípio a tributação será a mesma quer se opte por sucursal ou por filial já que os lucros aí obtidos serão nas duas hipóteses tributados à taxa de 25%, com a particularidade de mesmo no caso de filial esta tributação ocorrer no próprio ano em que os lucros são obtidos por efeito do chamado regime de transparência fiscal internacional – artº 66º do Código do IRC (veja-se adiante 16.3.4.).

16.2.2.3. *Momento de tributação*

O factor tempo desempenha um papel crucial em fiscalidade. Ele está abundantemente presente não só no marco decisivo que é a ocorrência do facto gerador de imposto, mas na vasta panóplia de prazos que condicionam a constituição, o desenvolvimento e a extinção das relações jurídico-fiscais assim como a aplicação das leis às situações concretas.

Os códigos fiscais estão repletos de normas em que determinado aspecto temporal é decisivo quer para a sujeição ou não sujeição a imposto quer para a aplicação ou não de um certo regime fiscal. É disso exemplo sugestivo a exigência de um tempo mínimo de detenção das partes sociais para que a distribuição de lucros não volte a ser tributada ao nível da pessoa colectiva que os recebe (artº 51º do Código do IRC).

Por outro lado, são múltiplos os prazos estabelecidos na lei fiscal com uma relevância substancial. Basta atentar nos prazos de liquidação e cobrança, nos prazos de caducidade e prescrição, nos prazos em que uma determinada opção do contribuinte não tem retorno possível (v.g., opção pelo regime simplificado de tributação, renúncia a uma isenção) para se tomar consciência da importância do factor tempo.

É, no entanto, a ocorrência do facto gerador que é o aspecto temporal decisivo (até devido ao facto de ser com base nele que se contam muitos dos prazos anteriormente referidos) e está, muitas vezes, ao alcance do sujeito passivo a antecipação ou o diferimento da tributação através da escolha do momento em que as operações são realizadas ou os gastos contabilizados.

Para essas decisões é não só importante o conhecimento em pormenor das regras fiscais vigentes como as informações disponíveis sobre a sua evolução futura, tendo em conta que as leis só vigoram para o futuro e está constitucionalmente proibida a aplicação retroactiva dos elementos essenciais dos impostos.

Assim, no domínio das empresas o resultado fiscal é apurado, em geral, de acordo com o princípio da especialização dos exercícios (periodização económica), onde o princípio da realização assume a maior importância (veja-se, entre nós, o artº 18º do Código do IRC). Isso significa que, os rendimentos ou ganhos só são, em regra, tributados quando realizados, o que apenas ocorre na data em que se realiza uma transacção[634]. Essa data é também a que releva para efeitos de ocorrência dos gastos que estejam associados a esses rendimentos.

Daí a importância decisiva do momento em que se verifica essa transacção, o que não é apenas importante para efeitos de impostos sobre o rendimento mas também para outros tipos de impostos, designadamente o imposto sobre o valor acrescentado, em que está definida na lei de modo muito preciso quer a ocorrência do facto gerador que a data de exigibilidade do imposto, desempenhando nesta última um papel da maior relevância a data da facturação quando emitida no prazo legal existente para o efeito (cf. artºs 7º, 8º e 36º do Código do IVA).

[634] Para maiores desenvolvimentos, veja-se FREITAS PEREIRA, M. H., *A periodização do lucro tributável*, Lisboa, Centro de Estudos Fiscais, 1988, págs. 107 e segs.

Está, assim, dependente do contribuinte, em muitos casos, a escolha do período em que vai ser tributado, o que também se verifica através de múltiplas alternativas que a lei fiscal consagra.

O domínio das depreciações ou amortizações é também uma área privilegiada em que existem ao dispor do contribuinte inúmeras alternativas com efeitos no período em que esses gastos são registados e, por essa via, no apuramento do resultado tributável. Em Portugal, podem indicar-se designadamente as seguintes:

- no ano de aquisição, podem praticar-se depreciações ou amortizações anuais ou depreciações ou amortizações por duodécimos;
- estão ao dispor do contribuinte vários métodos para efectivar as depreciações, sendo possível optar automaticamente em relação à maioria dos activos fixos tangíveis adquiridos em estado de novo, entre o método das quotas constantes e o método das quotas decrescentes;
- é possível, em qualquer dos métodos usados, praticar depreciações ou amortizações entre uma quota mínima e uma quota máxima;
- os elementos de reduzido valor podem ser depreciados ou amortizados totalmente num só exercício.

Exemplo 5

A empresa X, que se dedica à actividade de panificação, adquiriu, em Setembro do ano N, em estado de novo, um forno mecânico por 300 000, que entrou imediatamente em funcionamento.

A taxa de depreciação prevista no Decreto Regulamentar nº 25/2009, de 14 de Setembro, para este equipamento é de 12,5%.

Assim, no ano N, estão ao dispor da empresa as seguintes alternativas de depreciação (tendo em conta apenas a opção entre método das quotas constantes e método das quotas decrescentes e não considerando a utilização de qualquer regime de acréscimo, como o que é aplicável, por exemplo, no caso de trabalho por turnos):

	Quota máxima	Quota mínima
Método das quotas constantes		
Anual	37 500	18 750
Por duodécimos	12 500	6 250
Método das quotas decrescentes		
Anual	93 750	18 750
Por duodécimos	31 250	6 250

Por outro lado, as mais-valias e as menos valias potenciais ou latentes, ainda que expressas na contabilidade, não contam para efeitos da determinação do lucro tributável [artº 21º, *b*), e artº 24º, *b*), do Código do IRC], só concorrendo para este as mais-valias ou menos-valias realizadas, nos precisos termos definidos na lei (artº 46º do Código do IRC). Há, assim, possibilidade de, em muitos casos, escolher o período em que as mesmas vão ocorrer, o que é particularmente importante associar aos planos de investimento para efeitos de poder haver lugar ao englobamento de apenas 50% da mais-valia em caso de reinvestimento, previsto na lei (artº 48º do Código do IRC). E havendo lugar a menos-valias e mais-valias pode haver vantagem em dissociar o período da sua ocorrência de modo a potenciar a aplicação desse regime[635].

Exemplo 6

Suponha-se que uma empresa projecta alienar dois activos fixos tangíveis, obtendo num deles (o activo X), alienado por 500, uma menos-valia fiscal de 200 e obtendo no outro (o activo Y), vendido por 1000, uma mais-valia fiscal de 300.

Se – Hipótese A – a alienação dos dois bens ocorrer no mesmo ano n, a diferença positiva entre as mais-valias e as menos-valias, ou seja 100, será tributada em metade do seu valor (que é 50), no ano n, se o valor total de realização dos dois bens (1500 = 500 + 1000) for reinvestido no ano n –1, no ano n ou nos dois anos seguintes na aquisição, produção ou construção de elementos de activos fixos tangíveis, de activos biológicos que não sejam consumíveis ou em propriedades de investimento, afectos à exploração (artº 48º do Código do IRC).

Se – Hipótese B – a alienação dos dois bens ocorrer em dois anos diferentes – o ano n e o ano n+1 – o tratamento fiscal muda substancialmente. Assim, supondo que no ano n se aliena apenas o activo X, a menos-valia de 200 é imediatamente dedutível na totalidade para efeitos de determinar o lucro tributável do ano n. Alienando-se depois no ano n+1 o activo Y, apenas é necessário reinvestir 1000 para a mais-valia de 300 ser tributada em 150 no ano n+1, desde que observadas as condições de reinvestimento no ano n, n +1 ou nos dois anos seguintes.

Tem-se, em resumo, a seguinte alternativa em cada um dos períodos em causa:

	Ano n	Ano n+1
Hipótese A	50	
Hipótese B	(200)	150

635 Cf. GONÇALVES PINTO, Luís, "*O Timing e a Gestão Fiscal da Realização de Mais-Valias em sede de IRC*", in *Ciência e Técnica Fiscal*, nº 414, Junho-Dezembro 2004, págs. 219-244.

Abstraindo dos efeitos a que pode haver lugar quando considerada a situação em conjunto com os outros rendimentos ou ganhos e gastos ou perdas da empresa, a Hipótese B, além de exigir um menor valor de reinvestimento, permite que, tomando em conjunto os anos n e n + 1, não haja lugar a tributação antes esteja ainda disponível um prejuízo reportável de 50.

16.2.2.4. *Categoria e tipo de rendimentos*

Quando o tratamento dos diferentes rendimentos não é o mesmo para efeitos de tributação[636], uma forma de gestão possível é caracterizar ou recaracterizar o rendimento de modo a que a tributação seja a mais favorável possível, aproveitando para o efeito as alternativas que a lei consinta ou, no plano internacional, que as convenções de dupla tributação admitam.

Assim, no IRS trata-se de utilizar as diferenças de tributação eventualmente existentes entre as seis categorias de rendimentos em que o imposto se estrutura, em especial quanto às formas de determinação do rendimento colectável, ao montante a englobar, às taxas aplicáveis e às retenções na fonte obrigatórias. As diferenças não existem, aliás, apenas de categoria para categoria mas ocorrem, por vezes, dentro de cada categoria conforme o tipo de rendimento que estiver em causa.

Um sugestivo exemplo fornecido pela legislação fiscal em vigor (artº 28º, nº 8, do Código do IRS) é constituído pela opção que a lei possibilita a um trabalhador independente (categoria B) de ser tributado pelas regras aplicáveis ao trabalho dependente (catagoria A). Dadas as regras de determinação do rendimento aplicáveis a cada uma destas categorias (artº 25º e artº 31º, do Código do IRS), um trabalhador que seja prestador de serviços e que se encontre abrangido pelo regime simplificado de tributação tenderá a exercer a opção pela categoria A sempre que, sendo R o seu rendimento e IAS o valor do indexante dos apoios sociais, se verifique que $R - 0{,}72 \times 12 \times IAS < 0{,}70\ R$.[637]

Outros exemplos mais comummente citados são a opção entre rendimentos de capitais (v.g. distribuição de lucros) e mais-valias, rendimentos do trabalho em numerário ou em espécie, rendimentos do trabalho ou pensões, rendimentos de capitais ou pensões.

[636] O que se refere com particular acuidade em relação a rendimentos poderá, em alguns casos, aplicar-se, com as devidas adaptações, quando a base tributável é o património ou o consumo.

[637] Havendo lugar a outras deduções previstas no artº 25º do Código do IRS, a primeira parte da expressão é alterada em conformidade.

Em relação aos rendimentos do trabalho, o tipo de retribuição é também importante no tocante à incidência das contribuições para a segurança social pois não existe uniformização completa entre base tributável para efeitos de IRS e para efeitos de contribuições para a segurança social[638]. E dado o peso das contribuições patronais nos custos do factor trabalho trata-se de aspecto muito importante em termos de gestão fiscal.

No tocante ao IRC, dado o carácter mais sintético da estrutura deste imposto, as possibilidades de gestão fiscal são menores que no IRS mas são ainda muito importantes. São disso exemplo as diferenças de tratamento para efeitos fiscais entre resultados operacionais e mais-valias e entre lucros distribuídos e mais-valias de partes de capital. Em especial, quanto a não residentes sem estabelecimento estável em território português ao qual os rendimentos sejam imputáveis, dado que a tributação se faz por apelo às diversas categorias do IRS [artº 3º, nº 1, alínea *d*), do Código do IRC] e a diversas taxas de tributação (artº 80º, nº 2, do mesmo Código), são aqui válidas muitas das alternativas aplicáveis para efeitos de IRS.

Exemplo 7

Suponha-se que uma sociedade anónima residente em território português apresenta, em determinada data, o seguinte balanço:

Activo		*Capital Próprio e Passivo*	
Imobilizado		Capital Próprio	
Ramo de Actividade A	2750	Capital social	1750
Ramo de Actividade B	1000	Reservas	1000
Existências + Dívidas de terceiros		Passivo	
Ramo de Actividade A	1000	Ramo de Actividade A	3000
Ramo de Actividade B	250	Ramo de Actividade B	250
Disponibilidades	1000		
Total	6000	Total	6000

Em face das reservas disponíveis, deseja saber-se quais as alternativas que a sociedade tem de remunerar os seus accionistas (pessoas singulares residentes) e sua incidência fiscal.

638 Para uma análise dessas diferenças no regime anterior ao novo Código Contributivo veja-se FREITAS PEREIRA, M.H., *"Relações entre a tributação dos rendimentos do trabalho dependente e as contribuições para a segurança social – a experiência portuguesa"*, in *Tributação do trabalho dependente – relações com as contribuições para a segurança social*, Porto, Vida Económica, 2000, págs. 9-31. O novo Código Contributivo, entrado em vigor em 2011, reduziu essas diferenças mas não as extinguiu.

Uma primeira hipótese seria distribuir reservas aos accionistas, o que daria lugar a tributação destes como rendimentos de capitais [artº 5º, nº 2, alínea *h*), do Código do IRS], as quais seriam objecto de retenção na fonte à taxa liberatória de 21,5% (artº 71º do respectivo Código) com possibilidade de opção por englobamento, caso em que seriam englobadas em 50% (artº 40º-A do Código do IRS) e sujeitas a tributação pelas taxas gerais aplicáveis.

Outra hipótese seria fazer um aumento de capital por incorporação de reservas e atribuir as novas acções daí resultantes aos accionistas. Esta atribuição não é tributada ao nível dos accionistas a não ser quando as acções forem alienadas, reportando-se a data de aquisição, para efeitos de cálculo das mais-valias, à das acções que lhes derem origem [artº 43º, nº 6, alínea *a*), do Código do IRS], o que, face à legislação em vigor no inicio de 2011, poderá permitir a sua exclusão de tributação se as acções originárias tiverem sido adquiridas antes de 1 de Janeiro de 1989 (artº 5º do Decreto-Lei nº 442-A/88, de 20 de Novembro) ou, não sendo esse o caso, dá direito a que o saldo entre mais-valias e menos-valias seja tributado à taxa de 20% (artº 72º, nº 4, do Código do IRS) e, se porventura a sociedade for uma micro e pequena empresa não cotada em Bolsa, o valor a tributar é apenas considerado em 50% (artº 43º, nº 3, do Código do IRS).

Uma terceira alternativa[639] será, sendo isso possível em face da legislação comercial (artºs 316º e segs do Código das Sociedades Comerciais), a sociedade adquirir aos seus accionistas acções, aplicando-se a estes, na parte aplicável, o regime tributário em termos de mais-valias que se delineou acima.

Uma quarta hipótese será efectuar uma cisão parcial. Assim, será possível destacar o ramo de actividade B sem redução do capital da sociedade originária (o valor líquido do património a transferir não ultrapassa o montante das reservas disponíveis), recebendo os accionistas, a acrescer às acções que detinham na sociedade cindida, acções da sociedade para a qual o ramo de actividade é transferido, não havendo lugar a qualquer tributação no momento da cisão se a esta for aplicável o regime de neutralidade fiscal previsto na lei (artº 10º, nº 10, do Código do IRS). A uma ulterior alienação das acções assim recebidas é aplicável, com as necessárias adaptações, o que se referiu acima a propósito da segunda hipótese.

16.3. Evasão e fraude fiscais

A evasão e a fraude fiscais é uma realidade com que os economistas, os gestores e os decisores políticos estão confrontados e que vem assumindo

[639] Na terceira e quarta alternativas estar-se-á, muitas vezes, na fronteira entre gestão fiscal e evasão fiscal e só a ponderação das circunstâncias de cada caso concreto permitirá extrair uma conclusão.

uma dimensão crescente e novas e sofisticadas formas[640]. Os seus efeitos fazem-se sentir a todos os níveis, dela derivando entraves à concorrência, uma erosão significativa das receitas fiscais (não só através do não pagamento dos impostos devidos mas também do "reembolso" de impostos que nunca foram entregues ao Estado), uma grave distorção do princípio da equidade e um relaxamento da dimensão de cidadania que deve caracterizar a vida em sociedade. Justifica-se, assim, que, muito sinteticamente, sejam aqui apresentadas as suas causas, principais modalidades e consequências. Pela sua conexão com esta temática, caracterizam-se igualmente os chamados "paraísos fiscais" e descrevem-se as principais medidas anti-abuso estabelecidas na legislação fiscal portuguesa.

16.3.1. *Causas*

Poder-se-ia dizer que a fuga aos impostos é determinada pela própria existência destes e pelo natural desejo por parte dos cidadãos de minimização dos seus dispêndios. No entanto, essa é apenas uma parte das causas da evasão e fraude fiscais, importando aprofundar o conhecimento destas para melhor compreender o fenómeno. Sem grandes preocupações de exaustividade, as causas da fuga aos impostos podem agrupar-se em quatro grandes categorias: causas políticas, causas económicas, causas psicológicas e causas técnicas.

16.3.1.1. *Causas políticas*

Estas têm que ver, em primeiro lugar, com a falta de uma política que assegure uma efectiva igualdade de todos os contribuintes perante o fisco. A falta de equidade dos impostos – especialmente na sua componente horizontal – é uma razão de peso para justificar a evasão e fraude fiscais. A pergunta que um contribuinte faz perante esta realidade é: se quem está ao seu lado, até muitas vezes com capacidade contributiva superior, paga menos ou até nem paga coisa nenhuma, qual a razão por que deve ele pagar?

[640] De entre os estudos consagrados a esta temática, ultrapassando a vertente fiscal, veja-se, com muito interesse, SCHNEIDER, Friedrich e EENSTE, Dominik H., *"Shadow Economies: Size, Causes and Consequences"*, in *Journal of Economic Literature*, Vol. XXXVII, March 2000, págs. 77-114 e SCHNEIDER, F. e KINGLMAIR, R., *"Shadow Economies Around the World: What do We Know?"*, Working Paper 0403, April 2004, Department of Economics, Johannes Kepler University of Linz e FELD, Lars P. e SCHNEIDER, Friedrich, *Survey on the Shadow Economy and Undeclared Earnings in OECD Countries*, January 2010. Em relação a Portugal a economia paralela é quantificada, neste último estudo, em 19,2% do PIB, nível apenas ultrapassado em 21 países da OCDE, pela Espanha (19,3%), Itália (22,3%) e Grécia (25,1%).

Em segundo lugar, a fuga aos impostos pode ter que ver com a política económica e social que é prosseguida com os impostos, com a falta de neutralidade destes. Se os cidadãos visualizarem que a política fiscal é orientada por finalidades que não compreendem ou não aceitam, que está ao serviço dos grupos de pressão mais activos e influentes, a fuga aos impostos aparece aos seus olhos como legitimada pelas próprias políticas seguidas.

Por outro lado, importa ter em conta a ligação entre evasão e fraude fiscais e despesa pública. Com efeito, uma atitude de resistência aos impostos é muitas vezes explicada pela percepção de que os gastos públicos financiados por aqueles estão mal orientados.

16.3.1.2. *Causas económicas*

A situação do contribuinte e a conjuntura são as explicações de natureza económica mais geralmente adiantadas para justificar a evasão e a fraude fiscais.

Na verdade, o comportamento do contribuinte face ao imposto é, muitas vezes, norteado por um simples cálculo económico: ele estará disposto a praticar a evasão e a fraude fiscais se os benefícios que daí retira compensam os inconvenientes representados pelo risco de ser descoberto. E sendo assim, quanto mais elevado é o imposto mais compensatória é a fuga ao mesmo.

A situação sócio-económica é, neste contexto, factor determinante. Há contribuintes – v.g. trabalhadores por conta de outrem – que, sujeitos ao mecanismo da retenção na fonte, poucas possibilidade têm de fuga, enquanto outros, cuja actividade é propícia à informalidade, situam-se em áreas onde a fuga é mais fácil. O mesmo se passa com as chamadas empresas marginais, onde a fuga é erigida em factor de sobrevivência.

A conjuntura é, por outro lado, apresentada como outra das causas económicas – em períodos de recessão a fuga aos impostos aparece como mais tentadora do que em períodos de expansão. O que poderá explicar-se, designadamente, pelas diferentes possibilidades de repercussão do imposto que lhes estão associadas.

16.3.1.3. *Causas psicológicas*

A chamada psicologia financeira tem apresentado várias razões explicativas da fuga aos impostos.

Em primeiro lugar, deverá ter-se como muito importante a existência ou não de indulgência social perante a evasão e a fraude, que façam desta não uma conduta merecedora de reprovação, mas, até, por vezes, motivo de admiração. Daqui pode derivar um clima social que não aceita como especialmente censuráveis condutas de fuga ao fisco e, desse modo, como que inviabiliza as correspondentes sanções. Neste aspecto, o contexto cultural é muito importante e daí que historicamente os latinos tenham uma atitude cívica perante o imposto muito pior que os anglo-saxões[641].

Em segundo lugar, é determinante o nível atingido pela já chamada "pressão fiscal psicológica" – certos impostos são irritantes, enquanto outros, que até podem proporcionar uma receita fiscal equivalente, são anestesiantes. É evidente que o contribuinte pode reagir através da fuga a impostos que lhe suscitam uma reacção psicológica especialmente adversa, designadamente por serem percepcionados como especialmente injustos.

16.3.1.4. *Causas técnicas*

Este tipo de causas tem que ver com o grau de complexidade, estabilidade e segurança do sistema fiscal.

É geralmente admitido que um sistema fiscal complexo é favorável à evasão e à fraude e, desse modo, pode contrariar o objectivo de justiça que, por certo, esteve na origem dessa maior complexidade. Tal permeabilidade à fuga aos impostos pode avaliar-se face aos diferentes parâmetros usados para quantificar o imposto, quer em termos de determinação da matéria colectável quer quanto às taxas aplicáveis ou ainda no tocante às deduções permitidas à colecta.

Outra causa técnica explicativa da fuga aos impostos pode encontrar-se na instabilidade do sistema fiscal e na insegurança que os contribuintes sintam em face do mesmo. Assim, é favorável à evasão e fraude fiscais uma grande instabilidade legislativa, que introduz, ela própria, uma causa adicional de complexidade tanto para os obrigados fiscais como para a administração. Por outro lado, um regime tributário que apele frequentemente

[641] Há também que ter em conta os valores morais e religiosos. Desde os primórdios do cristianismo que, segundo o mandamento de Jesus, se deve dar a César o que é de César e a Deus o que é de Deus (Mateus, 22, 15-22; Marcos, 12, 13-17; Lucas, 20, 20-26), mas é difícil fazer aceitar como pecado individual e social a fuga aos impostos. No entanto, a fraude fiscal é expresamente mencionada no novo Catecismo da Igreja Católica (artº 2409º), a propósito do sétimo mandamento – "Não roubarás" – como um processo moralmente ilícito. Cf. *Catecismo da Igreja Católica*, Coimbra, Gráfica de Coimbra, 1993, pág. 509.

para a discricionariedade na aplicação da lei fiscal ou que não permita ao contribuinte saber com alguma precisão a sua situação tributária é também motivo de atitudes de evasão e fraude fiscais. Para estas também poderá contribuir um sistema inadequado de garantias dos contribuintes em matéria de reclamações ou impugnações.

Por último, sublinhe-se o contributo para atitudes de evasão e fraude que resultam da prática de amnistias fiscais ou de uma política de controlo fiscal que não seja eficaz no combate à fuga aos impostos ou de uma prática de cobrança coerciva que deixe por cobrar grande parte dos impostos que são devidos.

16.3.2. *Modalidades*

16.3.2.1. *Evasão fiscal*

As modalidades de evasão fiscal são constituídas pelos actos e contratos atípicos ou anormais que têm por objectivo, ou um dos seus principais objectivos, a diminuição dos impostos a pagar.

As práticas evasivas aproveitam-se com frequência de lacunas da lei ou de disposições legais deficientemente formuladas, mas também acontece que muitas vezes se servem da letra da lei para fins diversos daqueles que o legislador tinha em mente.

No domínio empresarial é um bom teste à existência ou não de evasão fiscal o confronto de um acto ou operação de gestão com o que derivaria da conduta normal do gestor se não houvesse tributação.

Os exemplos são muito variados e podem aferir-se pelas medidas antiabuso existentes na lei fiscal (veja-se adiante as principais para o caso português). Uma área muito sujeita a essas práticas é a das fusões, aquisições e reestruturações de empresas, designadamente através da produção de menos-valias ou da utilização do benefício fiscal de transmissibilidade de prejuízos fiscais. Outro domínio muito sensível é o das vantagens acessórias (*fringe benefits*) ou da utilização em proveito pessoal de bens da empresa.

Com a internacionalização das empresas, a liberdade de circulação de pessoas e de capitais e os avanços tecnológicos há uma forma de evasão que assumiu importância acrescida – a **evasão fiscal internacional**.

Assim, aproveitam-se estas mudanças e a existência de jurisdições fiscais diferentes para escolher, apenas por motivações de diminuição do imposto a pagar, a localização mais favorável para a residência de pessoas singulares ou colectivas ou para nelas instalar "estruturas" que não desempenham outra função que não seja permitirem essa diminuição[642]. Essa deslocalização tem associada muitas vezes uma simples repartição do rendimento por vários espaços tributários, acumulando-o naquele que é mais favorável sob o ponto de vista fiscal, o que permitirá, no mínimo, o diferimento da tributação para o momento em que o rendimento seja distribuído, repartição que tanto pode ser operada pela via dos proveitos como pela via dos custos, em especial quanto a estes últimos pelo uso ou concessão do uso de direitos da propriedade intelectual ou industrial. Mas, também se escolhe esta via como forma de dificultar o controlo fiscal, pois o facto de essas localizações oferecerem absoluto sigilo e não trocarem informações sobre as entidades ou operações que as têm por palco permite perder o rasto de auditoria e muitas vezes possibilitam mesmo uma recaracterização dos rendimentos.

Esta evasão fiscal internacional é facilitada pela existência de territórios de baixa ou nula tributação, também designados por territórios de regime fiscal privilegiado ou por "paraísos fiscais" ("*tax havens*"). A definição destes, mesmo quando feita em termos absolutos, tem sempre subjacente um elemento comparativo, pois a tributação para que seja considerada baixa tem de ser comparada com um padrão de referência[643]. Por outro lado, essa baixa tributação só leva a considerar um território como tendo um regime fiscal privilegiado se estiver aberto ao exterior e os residentes noutros territórios puderem para aí deslocalizar a sua residência, ou nele instalar filiais, sucursais ou outras estruturas ou aí realizarem actos ou operações, de modo a prosseguirem os fins que têm em vista. Além disso, muitos "paraísos fiscais" associam à baixa ou nula tributação outras característica que os tornam especialmente atractivos, designadamente em material de confidencialidade comercial e bancária e estabilidade política e cambial[644].

Em Portugal, usa-se uma técnica mista para definir os territórios sujeitos a regime fiscal privilegiado. Assim, em termos gerais esses territórios

[642] Distinguindo na elisão fiscal internacional a elisão subjectiva e a elisão objectiva conforme a natureza do elemento de conexão de territorialidade a que esteja associada veja-se XAVIER, Alberto, *Direito Tributário Internacional*, págs. 351 e segs.

[643] Cf. MENEZES LEITÃO, Luís, "*Evasão e fraude fiscal internacional*", in *Estudos de Direito Fiscal*, Coimbra, Almedina, 1999, págs. 117-144.

[644] Sobre esta matéria, na bibliografia portuguesa, veja-se BRAZ DA SILVA, José Manuel, *Os Paraísos Fiscais – casos práticos com empresas portuguesas*, Coimbra, Almedina, 2000.

constam de uma lista publicada em Portaria do Ministro das Finanças – actualmente a Portaria nº 150/2004, de 13 de Fevereiro, que integra 83 países, territórios e regiões. Mas, para certos efeitos (artºs 65º, 66º e 88º, nº 8, do Código do IRC e artº 73º, nº 6, do Código do IRS), são também como tal considerados aqueles em que uma pessoa singular ou colectiva "não for tributada em imposto sobre o rendimento idêntico ou análogo ao IRS ou ao IRC", ou quando, relativamente a certos rendimentos de origem portuguesa, o montante de imposto aí pago "for igual ou inferior a 60% do imposto que seria devido se a referida entidade fosse residente em território português"

Além da simples deslocalização de residência, os instrumentos mais frequentes através dos quais se processa a evasão fiscal internacional são os preços de transferência e a instalação nos territórios de baixa ou nula tributação de determinadas estruturas societárias ou outras entidades (v.g. *trustees*, figura legal de origem anglo-saxónica que permite a capitalização de fortunas de uma forma confidencial). Adiante, pela sua importância e características específicas, será tratada autonomamente a questão dos preços de transferência. Quanto às estruturas societárias, embora as combinações possíveis sejam múltiplas e as classificações variem de autor para autor, são de referir, entre outras, as seguintes:

i) Sociedades de base (*base companies, sociétés relais*)
Trata-se de sociedades instaladas em países de baixa ou nula tributação, mas controladas por pessoas domiciliadas noutros países, que se destinam a concentrar os resultados que são obtidos no desenvolvimento de operações realizadas à escala internacional.
Essas sociedades integram-se, frequentemente, no desdobramento de um ciclo produtivo ou de uma actividade por vários territórios, desempenhando em conjunto com o exercício de uma fase desse ciclo ou actividade, ou sem qualquer exercício económico real, o papel de centralizar os resultados obtidos pelas várias empresas que estão espalhadas por vários territórios. Esses resultados são depois muitas vezes objecto de uma recaracterização de modo a que possam ser canalizados para os seus destinatários finais com a menor tributação possível.

ii) Sociedades *holding*
Trata-se de sociedades que têm por objecto exclusivo (*holdings* puras) ou não (*holdings* mistas) o deter participações sociais noutras sociedades. Ao instalarem-se em territórios ou países que isentam

de tributação os lucros recebidos das sociedades em que participam, servem para acumular resultados que depois são reinvestidos noutras participações e actividades.

Importa, porém, salientar que esta prática não é exclusiva dos tradicionais "paraísos fiscais" e é adoptada por outros países (v.g., na Europa, Holanda e Luxemburgo), que podem ser preferidos em alguns casos tendo em conta a vantagem que resulta de simultaneamente disporem de uma rede alargada de convenções para eliminar a dupla tributação.

iii) Sociedades de serviços

Trata-se de sociedades que se instalam num território com regime fiscal privilegiado para servir de base à facturação de serviços prestados a entidades residentes noutros países.

Entre os tipos mais conhecidos situam-se as sociedades de artistas e desportistas (as designadas por *rent-a-star company*), as sociedades detentoras de marcas, patentes e outros direitos da propriedade intelectual ou industrial e as sociedades financeiras, quer de serviços bancários quer de seguros.

Uma das formas habituais de evasão fiscal internacional consiste na utilização abusiva das convenções de dupla tributação. É o que ocorre com o designado "*treaty shopping*", onde através de criação de estruturas ou mecanismos artificiais se acede à aplicação de uma convenção em situações em que de outra forma tal não seria possível. Assim, tendo em consideração que as convenções se aplicam apenas aos residentes dos Estados contratantes, uma pessoa residente num outro Estado, que, por isso mesmo, não reúne as condições para que a convenção lhe seja aplicável, usa uma outra pessoa que reúna essas condições para obter para si os benefícios dessa convenção. Tal efeito é geralmente obtido através de uma "*conduit company*", que, para este efeito, pode ser definida como uma entidade residente num Estado signatário de uma convenção que obtém os benefícios previstos por esta em relação a rendimentos com origem no outro Estado contratante e depois, através de várias modalidades, "transmite" esses benefícios para uma entidade que não os podia obter directamente por ser residente num outro Estado[645].

[645] Cf. OECD, "*Double Taxation Conventions and the Use of Conduit Companies*", in *Isssues in International Taxation nº 1 – International Tax Avoidance and Evasion*, Paris, 1987, págs. 87-106.

Sirva de exemplo muito simples a seguinte situação (às vezes designada de "*back-to-back loan*"): entre o Estado X e o Estado Y existe uma convenção de dupla tributação, segundo a qual os juros de empréstimos feitos por residentes do primeiro a residentes do segundo não são objecto de qualquer tributação (retenção na fonte) neste último. A sociedade A é, porém, residente do Estado Z que não celebrou qualquer convenção com o Estado Y, pelo que os juros com origem neste Estado pagos a residentes do Estado Z estão sujeitos a uma retenção na fonte, por exemplo de 20%. O esquema é, então, se os juros com origem em X e destino em Z não estiverem sujeitos a qualquer retenção na fonte, por virtude da lei interna de X ou de uma convenção celebrada entre o Estado X e o Estado Z, o de a sociedade A canalizar os fundos para a sociedade B (residente de Y) através da sociedade C (residente de X):

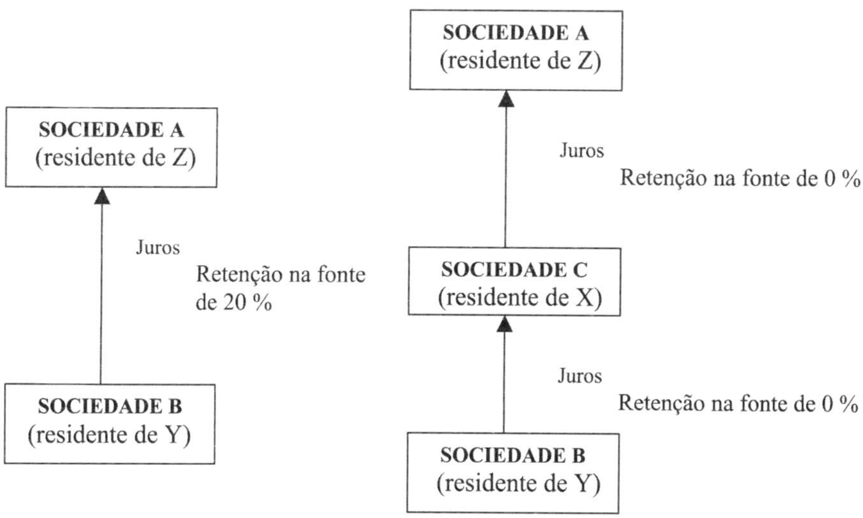

A sociedade C é a "*conduit company*" e mediante uma simples retribuição desta (ou mesmo sem qualquer retribuição) o rendimento é canalizado de Y para Z sem que sobre ele incida qualquer tributação na origem.

São várias as medidas que se utilizam para combater essas práticas. Uma delas é a chamada cláusula do "beneficiário efectivo" ("*beneficial owner*"), que foi introduzida no Modelo da OCDE em 1977. De acordo com a mesma – por exemplo em termos de limitação da tributação no Estado da fonte – a Convenção não se aplica a residentes do outro Estado que não sejam os beneficiários efectivos do rendimento. Verificar quando é que isso acontece é uma questão que nem sempre é de resposta fácil, pelo que, muitas vezes, essa referência a "beneficiário efectivo" é densificada através da enunciação de situações em que tal não se verifica ou então é incluída nas Convenções uma disposição geral anti-abuso sobre limitação de benefícios, de que é exemplo expressivo o disposto no artº 17º da Convenção Portugal – Estados Unidos da América, ou clarificados no Protocolo anexo à Convenção os casos em que esta não se aplica, de que constitui exemplo o parágrafo 3 do Protocolo relativo à Convenção Portugal – Espanha determinando que as reduções nela previstas relativamente a dividendos, juros, *royalties* e mais-valias não terão, em princípio, lugar quando os rendimentos sejam obtidos num Estado contratante por uma sociedade residente de outro Estado contratante em cujo capital participem, directa ou indirectamente, em mais de 50%, sócios não residentes desse outro Estado[646].

16.3.2.2. *Fraude fiscal*

Quanto às modalidades de fraude fiscal são muito variadas as classificações que têm sido adoptadas. Sob o ponto de vista material distingue-se, por vezes, entre a fraude por ocultação ou dissimulação da matéria colectável, por aumento dos encargos dedutíveis, por não entrega de prestação cobrada a terceiros ou por obtenção de reembolso ou outra vantagem patrimonial indevida. Outra classificação distingue as fraudes por acção e as fraudes por omissão. E quanto aos montantes envolvidos, contrapõe-se a chamada "fraude artesanal" à chamada "fraude industrial", em que se torna necessária a existência de toda uma organização, onde se opera a própria divisão do trabalho em matéria de fraude e que é potenciada quando se recorre a operações internacionais. Insere-se neste último tipo a denominada "fraude carrossel" (ver caixa), que, incidindo sobre o IVA, tem aumentado consideravelmente nos últimos anos[647].

Dada a noção ampla de fraude fiscal que se adoptou – violação directa da lei fiscal, permitindo ao contribuinte escapar, total ou parcialmente, à liquidação ou ao pagamento do imposto ou ao controlo fiscal, ou não entregar uma prestação tributária cobrada a terceiros ou ainda obter inde-

[646] Para maiores desenvolvimentos veja-se MESQUITA, Maria Margarida, *As Convenções sobre Dupla Tributação*, Lisboa, Centro de Estudos Fiscais, 1998, págs. 369 e segs.

[647] Para maiores desenvolvimentos veja-se SANTOS, António Carlos, "*Sobre a 'fraude carrossel' em IVA: nem tudo o que luz é oiro*", in *Vinte Anos de Imposto sobre o Valor Acrescentado em Portugal: Jornadas Fiscais em Homenagem ao Professor José Guilherme Xavier de Basto*, Coimbra, Almedina, 2008, págs. 23-83.

A FRAUDE CARROSSEL EM IVA

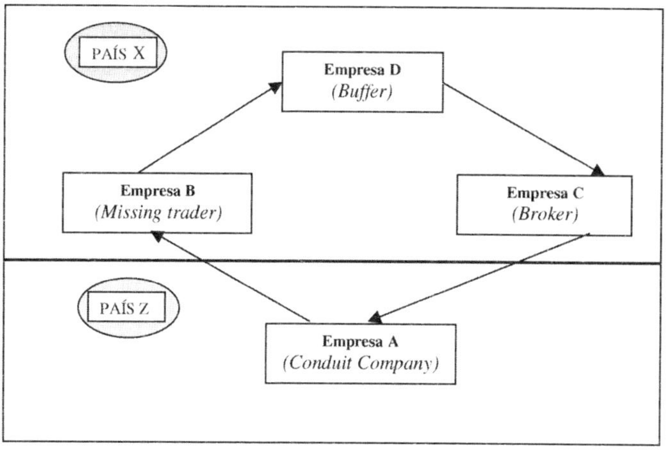

A empresa A, registada no País Z, efectua uma transmissão intracomunitária de bens para a empresa B, situada no País X. Não liquida IVA. A empresa B liquida IVA à empresa D, situada no mesmo País de B, mas não o entrega ao Estado (trata-se de um operador fictício sem qualquer estrutura ou com uma estrutura mínima, que às vezes não dispõe de morada real ou é apenas uma caixa de correio, aparecendo e desaparecendo ao sabor das circunstâncias). A empresa D deduz o IVA que B lhe liquidou e liquida IVA à empresa C, entregando-o ao Estado e cumprindo todos os procedimentos normais (a sua única função é, às vezes até sem o seu conhecimento, fornecer uma aparência de normalidade à situação e iludir ou despistar as investigações). A empresa C faz uma transacção intracomunitária para a empresa A, isenta de IVA no País X e pede o reembolso do imposto que lhe foi liquidado por D. A empresa A volta a vender o bem à empresa B, ou a outro operador fictício, pelo que não há lugar a impostos no País Z. E o mecanismo de fraude recomeça em autêntico "carrocel", que só parará quando descoberto.

A fraude é constituída pelo IVA que B recebe e de que C obtém o reembolso.

O esquema acima poderá ainda adquirir maior complexidade se em vez de empresas domiciliadas em apenas dois países se fizer intervir empresas domiciliadas em mais países. A única condição para o esquema funcionar é que se situe no mesmo país a empresa que opera como "missing trader" e a empresa que actua como "broker" e que esteja num país diferente a empresa que desempenha o papel de "conduit company".

vidamente benefícios fiscais, reembolsos ou qualquer outra vantagem patrimonial – são muito variados os exemplos de fraude fiscal[648]. As legislações nem sequer enunciam geralmente uma noção de fraude fiscal antes se limitando a enumerar um conjunto de actos, omissões ou situações

[648] Tem sido também objecto de crescente atenção a fraude fiscal associada às denominadas "empresas fénix", que são empresas cujos proprietários as descapitalizam e as encerram para, posteriormente, as reabrirem noutro local e com outra denominação.

que são passíveis de uma sanção[649]. O que muitas vezes sucede é que dentro desse vasto conjunto se autonomizam os casos em que a fraude fiscal assume maior gravidade, criminalizando-os. É o que acontece em Portugal nos termos do Regime Geral das Infracções Tributárias (RGIT), aprovado pela Lei nº 15/2001, de 5 de Junho, que dentro dos crimes fiscais enuncia um que qualifica como "fraude fiscal", que pode ser simples (artº 103º do RGIT) ou qualificada (artº 104º do RGIT). Para este específico efeito, a fraude fiscal pode ter lugar por:

a) Ocultação ou alteração de factos ou valores que devam constar de livros de contabilidade ou de escrituração, ou das declarações apresentadas ou prestadas a fim de que a administração fiscal especificamente fiscalize, determine, avalie ou controle a matéria colectável;
b) Ocultação de factos ou valores não declarados e que devam ser revelados à administração tributária;
c) Celebração de negócio simulado, quer quanto ao valor, quer quanto à natureza, quer por interposição, omissão ou substituição de pessoas.

No domínio dos rendimentos empresariais ou profissionais, são exemplos de fraude fiscal, no sentido amplo aqui adoptado, os seguintes:

- omissão de declaração de rendimentos (que muitas vezes traduz uma actuação permanente à margem do sistema fiscal);
- ocultação de factos, rendimentos ou valores que devam ser declarados;
- não entrega de imposto retido ou de IVA liquidado[650];
- qualificação falsa de actos ou operações sujeitas a imposto;
- falsificação ou viciação da contabilidade, nomeadamente:
- não contabilização de operações;

[649] De algum modo, é disso exemplo a enumeração feita no anexo à Convenção de Arbitragem (90/436/CEE, de 23 de Julho de 1990) a propósito do que é uma "penalidade grave" para efeitos do artº 8º da Convenção, que possibilita a um Estado não encetar o procedimento amigável ou o procedimento arbitral quando uma das empresas em causa for passível dessa penalidade. No caso português adopta-se um conceito até mais restrito do que o assumido por outros países ao definir-se que as "penalidades graves" cobrem as sanções penais e outras penalidades fiscais aplicáveis às infracções que são cometidas com um intuito fraudulento ou para os quais a coima aplicável é de montante superior a um milhão de escudos.

[650] Que pode dar lugar ao crime fiscal de abuso de confiança (artº 105º do RGIT).

- contabilização de operações fictícias ou alheias à actividade exercida (confusão entre património pessoal e património empresarial ou profissional);
- inexistência, ocultação ou destruição da contabilidade.

A fraude fiscal tem muitas vezes o seu núcleo na facturação (ou documento equivalente) ou na falta desta. Assim, é muito actual e generalizada, apesar de antiga, a técnica da "venda ou prestação de serviços sem factura", que permite diminuir os impostos sobre rendimentos e não liquidar impostos sobre as transacções, pelo que interessa quer ao vendedor/prestador de serviços quer ao adquirente. Mas, tem vindo a vulgarizar-se também a técnica da "factura sem venda/prestação de serviços" que tem por objectivo, às vezes, justificar custos não documentados ou, nos países onde está em vigor o IVA, obter deduções de imposto por operações aquisitivas inexistentes ou até, no limite, obter reembolsos correspondentes a impostos que nunca foram entregues ao Estado.

16.3.3. *Consequências*

Num plano estritamente fiscal, mas com grande incidência económica e social, a principal consequência da evasão e da fraude fiscais é a não concretização do princípio da igualdade, quer na sua componente horizontal quer na sua dimensão vertical.

Este efeito é potenciado pelo facto de a carga fiscal, por virtude da fuga aos impostos, ser deslocada dos que os não pagam para aqueles que os pagam. O princípio é simples: a evasão e a fraude não podem diminuir o montante total de receitas de que o Estado necessita e, então, para o obter sobrecarregam-se os contribuintes cumpridores – os "tansos" do sistema fiscal – para compensar o que não é possível obter dos não cumpridores. E como taxas mais elevadas são elas próprias fomentadoras de evasão e fraude, entra-se num ciclo vicioso em autêntica espiral.

Mas, da fuga aos impostos resultam outras graves consequências económicas. Não é por acaso que o nível de informalidade de uma economia está entre os factores que contribuem para a sua falta de competitividade[651].

[651] Num estudo intitulado *"Portugal 2010: Acelerar o crescimento da produtividade"*, publicado em Setembro de 2003 e levado a cabo pelo Ministério da Economia em colaboração com a McKinsey, concluiu-se que a principal causa para o diferencial de produtividade em Portugal relativamente à média dos países europeus mais competitivos, sendo responsável por 28 % do diferencial global de produtividade, é a informalidade, descrita como o não cumprimento de obrigações por

Assim, a concorrência é falseada, a actividade económica é artificialmente orientada e os capitais rareiam. São preços de venda diferentes praticados em idêntica mercadoria ou prestação de serviços, são lucros diferentes para o mesmo nível de actividade, são diferentes possibilidades de financiamento permitidas pela fuga aos impostos. Por outro lado, a actividade económica orienta-se para sectores onde a evasão e a fraude são mais fáceis ou então deslocaliza-se para territórios de baixa tributação, com todas as consequências no domínio da afectação de recursos. Em alguns casos, o desejo é não ultrapassar uma fase artesanal para melhor fugir aos impostos, noutros é criar e encerrar empresas com uma grande velocidade ou abrir estruturas desnecessárias ou mesmo fictícias para melhor iludir o controlo fiscal. Por outro lado, as contabilidades passam a estar muito distantes da imagem verdadeira e apropriada que devem reflectir...

Algumas práticas de fraude fiscal assumem consequências ainda mais graves ao não se limitarem a fugir aos impostos que sejam devidos mas a não entregarem ao Estado os impostos que cobrarem a terceiros ou a obterem reembolsos de impostos que nunca ninguém entregou ao Estado.

Num contexto em que a fiscalidade atinja níveis elevados de evasão e fraude existe uma outra importante consequência – a da degradação da cidadania, pois os impostos são a sua primeira manifestação, com consequências a vários níveis. Quando o pagamento dos impostos não é assumido como um dever é todo o ambiente social que se degrada.

16.3.4. *Medidas anti-abuso*

A luta contra a evasão fiscal levou, um pouco por toda a parte[652], à tomada de medidas anti-abuso através de normas que têm em vista desconsiderar

parte dos agentes económicos, na qual se inclui a evasão fiscal e a evasão a obrigações sociais. Esta barreira, além da diminuição das receitas do Estado e da segurança social, tem profundos impactos na economia, conduzindo a trabalho retido em actividades pouco produtivas (agentes económicos menos eficientes detêm uma quota de mercado superior à que deteriam se não beneficiassem das vantagens da evasão fiscal e contributiva), investimento insuficiente em equipamento e outro capital necessário a uma maior produtividade do trabalho (o trabalho por virtude da evasão contributiva fica mais barato e desincentiva o investimento em capital técnico), distanciamento das melhores práticas domésticas e internacionais por receio ou incapacidade de convivência com as mesmas e "dificuldade em estabelecer as condições e dimensão necessárias à inovação e disseminação de melhores práticas, uma vez que os agentes informais evitam o crescimento ou relacionamento profundos com parceiros e financiadores, como forma de mais facilmente evitarem o escrutínio externo de práticas de informalidade".

652 Uma descrição dessas medidas pode ver-se nos relatórios apresentados ao 56º Congresso da "International Fiscal Association" subordinados ao tema geral *"Form and substance in tax law"*, in *Cahiers de droit fiscal international,* vol. LXXXVIIa, Kluwer, Netherlands, 2002.

para efeitos fiscais práticas abusivas. Por vezes, essa desconsideração leva a tomar em conta, em sua substituição, as que seriam realizadas se não houvesse um propósito de fuga aos impostos e outras vezes conduz à aplicação de um determinado regime fiscal que a lei define especificamente para essas situações.

Como regra, o contribuinte é ouvido antes de se aplicar uma norma anti-abuso, que importa a abertura de um procedimento específico, dentro de determinado prazo, sendo essa aplicação obrigatória e previamente autorizada ao nível mais elevado da administração fiscal e passível de recurso contencioso autónomo (cf., entre nós, artº 63º do Código de Procedimento e de Processo Tributário[653]). Às vezes a própria norma anti-abuso admite que o contribuinte possa fazer prova em contrário no sentido de, na situação em concreto, não se verificar qualquer prática abusiva. Daí que, no geral, pareça inerente às medidas anti-abuso aplicadas pela administração fiscal, uma avaliação caso a caso e não uma aplicação automatizada ou massificada[654].

As medidas anti-abuso podem ser gerais ou especiais, conforme têm um carácter transversal a todo o sistema fiscal ou se apliquem apenas a certas situações específicas.

Em Portugal, a chamada cláusula geral anti-abuso consta, actualmente, do nº 2 do artº 38º da Lei Geral Tributária, que dispõe o seguinte:

"São ineficazes no âmbito tributário os actos ou negócios jurídicos essencial ou principalmente dirigidos, por meios artificiosos ou fraudulentos e com abuso de

[653] No entanto, a lei que regula este procedimennto não abrange todas as disposições anti-abuso já que estabelece serem apenas consideradas para este efeito *"quaisquer normas legais que consagrem a ineficácia perante a administração tributária de negócios ou actos jurídicos celebrados ou praticados com manifesto abuso das formas jurídicas de que resulte a eliminação ou redução dos tributos que de outro modo seriam devidos"*(nº 2 do artº 63º do CPPT). É também da maior relevância, dados os efeitos de uma cláusula anti-abuso em termos de segurança jurídica, que a mesma não é aplicável *"se o contribuinte tiver solicitado à administração tributária informação vinculativa sobre os factos que a tiverem fundamentado e a administração tributária não responder no prazo de 90 dias"* (nº 8 do referido artº 63º).

[654] O mesmo se verifica no âmbito das normas fiscais anti-abuso previstas na legislação comunitária. Assim, o Tribunal de Justiça das Comunidades Europeias, no chamado caso Leur-Bloem (Acórdão de 17 de Julho de 1997 no Processo C-28/95 – *A. Leur-Bloem c. Inspecteur der Belastingdienst/Ondernemingen Amsterdam 2*), decidiu que, na aplicação do art. 11 da Directiva 90/434//CEE, de 23 de Julho de 1990 (Fusões, cisões, entradas de activos e permutas de acções), as autoridades nacionais devem proceder, caso a caso, ao exame global da operação que estiver em causa. Não pode assim prever-se simplesmente uma regra geral que exclua automaticamente do âmbito de aplicação da directiva as operações com certas características, quer haja ou não de modo efectivo evasão ou fraude fiscal.

formas jurídicas, à redução, eliminação ou diferimento temporal de impostos que seriam devidos em resultado de factos, actos ou negócios jurídicos de idêntico fim económico, ou à obtenção de vantagens fiscais que não seriam alcançadas, total ou parcialmente, sem utilização desses meios, efectuando-se então a tributação de acordo com as normas aplicáveis na sua ausência e não se produzindo as vantagens fiscais referidas".

Tem sido muito debatida a natureza e o alcance desta cláusula[655]. Parece, no entanto, que estamos perante uma aplicação no domínio fiscal da chamada doutrina de abuso de formas jurídicas. Assim, a lei tributária, pretendendo atingir com o imposto determinada capacidade contributiva, recorre para o efeito aos actos ou negócios jurídicos que normalmente são utilizados para alcançar o fim ou o resultado económico associados a essa capacidade. Se o contribuinte atinge este mesmo fim ou resultado usando actos ou negócios, ainda que lícitos, inusuais ou artificiosos na situação em causa deverá sujeitar-se a idêntica carga fiscal. É essa a verdadeira razão de ser da norma anti-abuso.

Saldanha Sanches considera que são três os requisitos exigidos pela lei para a aplicação da norma geral anti-abuso: primeiro, que os negócios celebrados tenham como intenção a redução ou a eliminação de uma oneração fiscal; segundo, que se utilizem meios artificiosos ou fradulentos; terceiro, que se verifique um abuso de formas jurídicas. De acordo com o mesmo autor "a natureza artificiosa de um negócio jurídico revela-se no abuso das formas jurídicas (escolhidas com base numa intenção fiscal) e demonstra a sua intenção fraudulenta pelo recurso às formas abusivas que lhe dão natureza artificiosa"[656].

[655] Veja-se, por todos, COURINHA, Gustavo Lopes, *A Cláusula Geral Anti-Abuso no Direito Tributário*, Coimbra, Almedina, 2004 e SALDANHA SANCHES, José Luís, *"O abuso de direito em matéria fiscal: natureza, alcance e limites"*, in *Ciência e Técnica Fiscal*, nº 398, Abril-Junho 2000, págs. 11-44 e *Os limites do planeamento fiscal*, págs. 165 e segs. Pondo em causa a constitucionalidade da cláusula geral anti-abuso, posição com a qual não se está de acordo tendo em conta a sua redacção actual, veja-se LEITE DE CAMPOS, Diogo, *"Evasão fiscal, fraude fiscal e prevenção fiscal"*, in LEITE DE CAMPOS, Diogo et al, *Problemas fundamentais do direito tributário*, Lisboa, Vislis, 1999, págs. 189-218 e AVELÃS NUNES, Gonçalo, *"A Cláusula geral anti-abuso de direito em sede de direito fiscal – artº 38º, nº 2, da Lei Geral Tributaria – à luz dos princípios constitucionais do direito fiscal"*, in *Fiscalidade*, nº 3, Julho 2000, págs. 39-62. Defendendo a existência de uma cláusula deste tipo, mesmo em termos de segurança jurídica do contribuinte, veja-se, com muito interesse, SALDANHA SANCHES, José Luís, *Manual de Direito Fiscal*, 3ª ed., págs. 159 e segs.

[656] SALDANHA SANCHES, J. L., *Os limites do planeamento fiscal*, págs. 170 e segs.

Em todo o caso, a administração fiscal para aplicar a disposição terá de fundamentadamente demonstrar, o que não é tarefa fácil[657]:

i) A existência de factos, actos ou negócios jurídicos de idêntico fim ou substância económica aos efectivamente praticados pelo contribuinte[658];

[657] Esta fundamentação da decisão é, como já se referiu, susceptível de apreciação pelos tribunais através do recurso contencioso autónomo da decisão de autorização de aplicação da cláusula anti-abuso (artº 63º, nº 10, do CPPT). A primeira decisão de um tribunal superior no sentido da aplicação da cláusula geral anti-abuso foi tomada no Acórdão do Tribunal Central Administrativo Sul, de 15 de Fevereiro de 2011, proc nº 04255/10, em que se concluiu que se verificavam os pressupostos da aplicação dessa cláusula, dado tratar-se de um negócio artificial, visando exclusivamente evitar, total ou parcialmente, os impostos que seriam pagos se esse negócio não se tivesse realizado. A factualidade em causa é, muito sinteticamente, a seguinte: dentro de um determinado grupo económico, uma das sociedades (X), residente em Portugal continental, usa outra sociedade (Y) do grupo, constituída na zona franca da Madeira, e aí isenta de IRC, para canalizar financiamentos para outras sociedades do grupo residentes noutros países – a sociedade X faz prestações suplementares à sociedade Y que, por sua vez canaliza os correspondentes montantes para essas sociedades. Em contratpartida destes financiamentos, a sociedade Y recebe juros, isentos de IRC, que transfere a título de dividendos para a sociedade X que lhes aplica o regime de eliminação da dupla tributação económica (actual artº 51º do Código do IRC), não sendo, por isso tributados. Com a interposição da sociedade sedeada na zona franca da Madeira, a sociedade X transforma juros que seriam tributados, se essa interposição não existisse, em dividendos que passam a não contar para o resultado tributável. Deste modo, o Tribunal entende que a administração fiscal tem toda a legitimidade para aplicar a cláusula geral anti-abuso. Mas, mesmo antes da introdução desta cláusula no direito fiscal português, é possível encontrar decisões dos tribunais portugueses reagindo a formas de planeamento fiscal abusivo. Entre elas mercece especial referência pelos contornos de que se revestiu e pelos montantes envolvidos o chamado caso da *"lavagem de cupões"* (cf., por exemplo, o Acordão do Supremo Tribunal Administrativo de 25 de Novembro de 1998, Proc. 022923). Tratava-se de um expediente que, utilizando, por um lado, a não tributação das mais-valias então prevista na alínea a) do nº 2 do artº 10º do Código do IRS e, por outro, a isenção de juros de que beneficam certas entidades (por exemplo as actualmente previstas no artº 10º do Código do IRC), permitia que, antes do vencimento dos juros, a entidade detentora das obrigações celebrasse um contrato de venda com posterior recompra. Assim, a transmissão das obrigações, que incorporava naturalmente no preço de venda o juro corrido, não estava sujeita a qualquer imposto e aquando do vencimento dos juros também não já que o respectivo cupão era detido por uma entidade isenta em relação aos mesmos. Sobre este ponto da reacção dos tribunais portugueses perante o planeamento fiscal, veja-se SALDANHA SANCHES, J. L., *Os limites do planeamento fiscal,* págs. 233 e segs.

[658] Nesse sentido é que ALBERTO XAVIER refere que a cláusula anti-abuso visa "actos ou negócios não subsumíveis ao tipo legal tributário, mas que produzem efeitos económicos equivalentes aos dos actos ou negócios jurídicos típicos sem, no entanto, produzirem as respectivas consequências tributárias" – cf. XAVIER, Alberto, *Tipicidade da Tributação, Simulação e Norma Anti-elisiva,* São Paulo, Dialética, 2001, pág. 85. Por outro lado, a equivalência em termos de idêntico fim

ii) Que estes últimos consubstanciam um meio artificioso ou fraudulento e com abuso de formas jurídicas de obter um regime fiscal diferente, total ou parcialmente, do aplicado aos primeiros;
iii) Que esse regime fiscal diferente se traduz na obtenção de uma redução, eliminação ou diferimento de impostos ou outras vantagens fiscais;
iv) Que a obtenção de tal regime é o objectivo essencial ou principal do uso da forma jurídica utilizada pelo contribuinte[659].

Além disso, o procedimento próprio para aplicação da cláusula anti-abuso só "pode ser aberto no prazo de três anos a contar do início do ano civil seguinte ao da realização do negócio jurídico objecto das disposições anti-abuso" (artº 63º, nº 3, do CPPT).

A consequência da aplicação da cláusula anti-abuso é, finalmente, efectuar a tributação a que houver lugar de acordo com os factos, actos ou negócios jurídicos que, em termos normais, teriam sido levados a cabo para a realização do fim económico visado ou, sendo caso disso, retirar pura e simplesmente a vantagem fiscal obtida com a prática abusiva.

As medidas especiais anti-abuso são, como se referiu, dirigidas a situações ou áreas específicas, sendo, pela sua natureza, mais fáceis de aplicar.

Além do chamado regime dos preços de transferência previsto no artº 63º do Código do IRC (veja-se ponto seguinte – 16.4) podem ser consideradas medidas anti-abuso as que estabelecem a prevalência da substância sobre a forma quanto à tributação envolvendo instrumentos financeiros derivados (nº 10 do artº 49º do Código do IRC e nº 8 do artº 5º do Código do IRS), a não aplicação do regime de neutralidade fiscal previsto para operações de fusão, cisão, entrada de activos ou permuta de partes sociais quando se conclua que as mesmas tiveram como objectivo principal ou um dos seus principais objectivos a fuga aos impostos, o que se considera verificado designadamente se as mesmas não se realizem por motivos económicos válidos [nº 10 do artº 73º do Código do IRC e alínea *b*) do nº 9 do artº

ou substância económica pode ser conseguida não só através de um acto ou negócio mas de um conjunto de actos ou negócios formalmente independentes mas que, considerados em conjunto, resultam na montagem de uma operação de "substituição".

[659] Em relação a este último elemento, em face do disposto na alínea *b*) do nº 9 do artº 63º do CPPT deverá inferir-se que a demonstração a fazer quer pela administração fiscal quer, em contraponto pelo contribuinte, é de natureza essencialmente objectiva, desinteressando-se da motivação subjectiva deste último (que conduziria a uma verdadeira *probatio diabólica*).

10º do Código do IRS] e a não consideração como custos do exercício de juros relativos a empréstimos de sócios no caso de se verificar endividamento excessivo da entidade devedora dos mesmos, conhecida pelo designação de regras de subcapitalização (artº 67º do Código do IRC)[660].

Com a proliferação de paraísos fiscais, nos termos atrás definidos, foram igualmente sendo introduzidas normas destinadas a combater a sua utilização como via de evasão e fraude fiscais. Essas normas são de natureza diversa e nem todas podem ser classificadas como cláusulas especiais anti-abuso, no sentido aqui adoptado. É o que se passa designadamente com a previsão de tributações autónomas (nº 6 do artº 73º do Código do IRS e nº 8 do artº 88º do Código do IRC), de tributações agravadas (nº 4 do artº 112º do Código do IMI e nº 4 do artº 17º do CIMT) ou da limitação de acesso a isenções ou outros benefícios fiscais [nº 1, alínea *e*) e nº 3 do artº 7º do Código do Imposto do Selo e alínea *b*) do nº 2 do artº 27º do EBF), relativamente a operações em que participem entidades domiciliadas em paraísos fiscais. Podem, no entanto, ser considerados como medidas especiais anti-abuso designadamente as seguintes:

- extensão do conceito de residência para efeitos de IRS a pessoas que transfiram a sua residência para paraísos fiscais (artº 16º, nº 5, do Código do IRS);

[660] Sobre este regime veja-se LOUSA, Maria dos Prazeres, *"Enquadramento fiscal da subcapitalização de empresas"*, in *Ciência e Técnica Fiscal*, nº 392, Outubro-Dezembro/1998, págs. 115-128,*"Novo Regime Fiscal da Subcapitalização"*, in *Fisco*, nº 76/77, Março/Abril de 1996, págs. 65-73, *"Portugal-International aspects of thin capitalization"*, in *Cahiers de droit fiscal international*, vol. LXXXIb, Kluwer, Netherlands, 1996, págs. 647-660, *"A tributação das filiais de empresas transnacionais e a subcapitalização"* in *"Colóquio sobre a internacionalização da economia e a fiscalidade* (XXX aniversário do Centro de Estudos Fiscais), Lisboa, 1993, págs. 443-482 e ainda, com muito interesse, além dos outros relatórios, publicados no referido volume dos "Cahiers", apresentados no 50º Congresso da "International Fiscal Association" (Geneva, 1996), o relatório pioneiro OCDE, *Questions de fiscalité internationale – La sous-capitalisation*, Paris, 1987. Cf também FERNANDES FERREIRA, Rogério, *"Enquadramento fiscal da subcapitalização de empresas"* (Relatório Geral do Tema II das XIX Jornadas Latino-Americanas de Direito Tributários), in *Ciência e Técnica Fiscal*, nº 392, Outubro-Dezembro/1998, págs. 129-153. Entretanto, o Tribunal de Justiça das Comunidades Europeias em Acórdão de 12 de Dezembro de 2002 (Processo C-324/00: *Lankhorst-Hohorst Gmbh c. Finanzamt Steinfurt*) declarou que as regras de subcapitalização alemãs eram contrárias ao artº 43º do Tratado CE. Transcrição parcial deste Acórdão, assim como uma anotação ao mesmo de TORRES, Manuel Anselmo, pode ver-se em *Fiscalidade*, nº 13/14, Janeiro/Abril 2003, págs. 127-144. A legislação portuguesa foi, em consequência, alterada no sentido de a norma não se aplicar a endividamento para com residentes em território português ou em outro Estado membro da União Europeia.

- inversão do ónus da prova relativamente a pagamentos a entidades domiciliadas em paraísos fiscais (artº 65º do Código do IRC)[661];
- imputação de lucros de sociedades domiciliadas em paraísos fiscais a sócios residentes em Portugal, também conhecida por transparência fiscal internacional (artº 66º do Código do IRC)[662].

16.3.5. *Planeamento fiscal abusivo*

Prosseguindo o objectivo de combate à evasão fiscal e na esteira de medidas que têm sido desenvolvidas noutros sistemas jurídicos, designadamente nos EUA, no Reino Unido e no Canadá, o Decreto-Lei nº 29/2008, de 25 de Fevereiro, introduziu em Portugal obrigações de comunicação, informação e esclarecimento à administração fiscal sobre esquemas ou situações de planeamento fiscal agressivo ou abusivo.

Trata-se de atender a realidades susceptíveis de ultrapassar a gestão fiscal, tal como a definimos atrás (veja-se 16.1. e 16.2.), para se situarem já no campo da evasão fiscal, devendo, nessa medida, ser prevenidas e combatidas, designadamente através das medidas anti-abusivas referidas no ponto anterior.

Assim, qualquer entidade que a lei qualifique como promotor está obrigada a comunicar à administração fiscal os esquemas ou actuações de planeamento fiscal propostos a clientes ou outros interessados, considerando-se planeamento fiscal qualquer esquema ou actuação que determine, ou se espera que determine, de modo exclusivo ou predominante, a obtenção de uma vantagem fiscal por sujeito passivo de imposto. Por sua vez, esta é definida como a redução, eliminação ou diferimento temporal de imposto ou a obtenção de benefício fiscal que não se alcançaria, no todo ou em parte, sem a utilização do esquema ou a actuação.

Esta obrigação visa, no entanto, o conhecimento apenas dos esquemas ou actuações considerados em abstracto, não envolvendo qualquer indicação nominativa ou identificada dos clientes a quem, em concreto,

[661] Cf. MENEZES LEITÃO, Luís, *"A introdução na legislação portuguesa de medidas destinadas a reprimir a evasão fiscal internacional: o decreto-lei nº 37/95, de 14 de Fevereiro"*, in *Estudos de Direito Fiscal*, Coimbra, Almedina, 1999, págs 161-172. Cf. ainda do mesmo autor *"Aplicação de medidas anti-abuso na luta contra a evasão fiscal"*, in *Fisco*, nº 107/108, Março de 2003, págs. 35-45.

[662] Na bibliografia portuguesa veja-se DUARTE MORAIS, Rui, *Imputação de lucros de sociedades não residentes sujeitas a um regime fiscal privilegiado*, Porto, Publicações Universidade Católica, 2005 e SALDANHA SANCHES, J.L., *Os limites do planeamento fiscal*, págs. 439 e segs. No panorama internacional referência deve ser feita ao relatório OECD, *Controlled Foreign Company Legislation*, Paris, 1996.

os mesmos tenham sido propostos ou que os tenham utilizado. Por outro lado, só estão sujeitos a comunicação os esquemas ou actuações que impliquem ou envolvam uma das situações seguintes:[663]

a) A participação de entidade sujeita a um regime fiscal privilegiado;
b) A participação de uma entidade total ou parcialmente isenta;
c) Operações financeiras ou sobre seguros que sejam susceptíveis de determinar a requalificação do rendimento ou a alteração do beneficiário, designadamente locação financeira, instrumentos financeiros híbridos, derivados ou contratos sobre instrumentos financeiros;
d) A utilização de prejuízos fiscais.

Estão, porém, sempre sujeitos a comunicação os esquemas de planeamento fiscal que sejam propostos com cláusula de exclusão ou limitação da responsabilidade do promotor.

Os promotores são qualquer intermediário fiscal ou seja quem preste, no exercício da sua actividade económica, a qualquer título, com ou sem remuneração, serviços de apoio, assessoria, aconselhamento, consultoria ou análogos no domínio tributário e designadamente:

- as instituições de crédito e demais instituições financeiras;
- os revisores oficiais de contas e as sociedades de revisores oficiais de contas (com as excepções previstas na lei);
- os advogados e solicitadores e as respectivas sociedades (igualmente com algumas excepções previstas na lei);
- os técnicos oficiais de contas e outras entidades que prestem serviços de contabilidade.

As informações a comunicar, em modelo aprovado pela Portaria nº 364-A/2008, de 14 de Maio, disponibilizado no sítio da Direcção-Geral dos Impostos na Internet e através desta submetido, no prazo estabelecido na lei, compreendem os seguintes elementos:

[663] O Despacho nº 1459/2008, de 15 de Maio (DR, II série, de 27/5/2008) que apresenta regras práticas sobre a aplicação deste regime, inclui alguns exemplos de situações relacionadas com cada um destes aspectos em que o dever de comunicação se verifica.

a) Descrição pormenorizada do esquema ou da actuação de planeamento fiscal, incluindo designadamente a indicação e caracterização dos tipos negociais, das estruturas societárias e das operações ou transacções propostas ou utilizadas, bem como da espécie e configuração da vantagem fiscal pretendida;
b) Indicação da base legal relativamente à qual se afere, se repercute ou respeita a vantagem fiscal pretendida;
c) Nome ou denominação, endereço e número de identificação fiscal do promotor.

É importante notar ainda que sempre que o esquema ou actuação de planeamento fiscal não tenha sido objecto de proposta ou acompanhamento por um promotor, ou o promotor não seja residente ou não esteja estabelecido em território português, cabe ao utilizador o dever de comunicação, no prazo que a lei define.

Ao abrigo do artº 15º do Decreto-Lei nº 29/2008, a DGCI vem divulgando na sua página electrónica (*http://info.portaldasfinancas.gov.pt*) o seu entendimento de que certo esquema ou actuação de planeamento fiscal, que é descrito em termos gerais abstractos, é reputado abusivo e pode ser requalificado, objecto de correcções ou determinar a instauração de procedimento legalmente previsto de aplicação de disposições anti-abuso.

16.4. Preços de transferência

16.4.1. *Enquadramento geral*

A problemática relacionada com os preços de transferência vem assumindo em fiscalidade uma importância cada vez maior[664].

[664] A obra de referência neste domínio foi publicada pela OCDE – *Principes applicables en matière de pix de transfert à l'intention des entreprises multinationales et des administrations fiscales*, Paris, 2001 – existindo tradução portuguesa em OCDE, *Princípios aplicáveis em matéria de preços de transferência destinados às empresas multinacionais e às Administrações Fiscais*, Cadernos de Ciência e Técnica Fiscal, nº 189, Lisboa, Ministério das Finanças, 2002. De entre a bibliografia em língua portuguesa cumpre destacar TEIXEIRA DE ABREU, Miguel, *"Os preços de transferência no quadro da evasão fiscal internacional"*, in *Ciência e Técnica Fiscal*, Lisboa, nº 358, Abril-Junho de 1990, págs. 109-175, VEIGA DE FARIA, Maria Teresa, *"Preços de transferência – problemática geral"*, in *Colóquio: A Internacionalização da Economia e a Fiscalidade*, Lisboa, Centro de Estudos Fiscais, 1993, págs. 397-442, VEIGA DE FARIA, Maria Teresa, *"Sobre os métodos de determinação dos preços de transferência*, in *Ciência e Técnica Fiscal*, Lisboa, nº 400, Dezembro de 2000, págs. 59-160, HAMAEKERS, Hubert, *"Os preços de transferência no limiar do século XXI"*, in CIAT, *A tributação face às relações internacionais e à utili-*

Com efeito, dentro de um grupo empresarial ocorrem transacções – venda de produtos, acabados ou semiacabados, prestações de serviços, da mais variada natureza, incluindo cedência de marcas ou patentes ou realização de assistência técnica – que não estão sujeitas à mesma lógica das realizadas no mercado aberto entre empresas independentes. Ou seja os preços estabelecidos para essas transacções – que são assimiladas a transferências internas realizadas no seio da mesma empresa e daí a designação de *preços de transferência*, expressão que também é usada em contabilidade de gestão para imputação dos resultados entre sectores ou departamentos de uma empresa, designadamente para aferir o desempenho de cada um deles e o seu contributo para os resultados do conjunto[665] – não têm necessariamente que coincidir com os preços que seriam acordados entre empresas independentes.

O que interessa ao grupo é maximizar o seu resultado global, que deriva primariamente dos preços estabelecidos nas suas relações com entidades que lhe são exteriores e não dos preços convencionados para as transacções intra-grupo. Só que estes ao serem importantes para determinar os lucros ou prejuízos de cada um dos membros do grupo operam a distribuição desse resultado global por cada um deles e então entra em jogo a variável fiscal quando cada um desses membros é tributado isoladamente e essa tributação não se faz do mesmo modo. Ou seja, a tributação total a suportar pelo grupo – e, em consequência, o seu resultado após impostos – passa a depender do modo como o resultado global se distribui entre os seus membros. Os impostos podem tornar-se, assim, num factor determinante para a fixação dos preços de transferência e, nessa medida, estes preços serem fixados tendo primacialmente em conta razões fiscais.

zação das novas tecnologias, Lisboa, Centro de Estudos Fiscais, 2000, págs. 135-218, LOUSA, Maria dos Prazeres, *"Preços de transferência e acordos de dupla tributação"*, in *ibidem*, págs. 219-243, ROSADO PEREIRA, Paula, *"O novo regime dos preços de transferência"*, in *Fiscalidade*, nº 5, Janeiro 2001, págs. 23-47, ROCHA ANDRADE, Fernando,*"Preços de transferência e tributação de multinacionais: as evoluções recentes e o novo enquadramento jurídico português"*, in *Boletim de Ciências Económicas*, Coimbra, Vol. XLV-A, 2002, págs. 307-348, *Preços de transferência e o caso português* (Coord. de TEIXEIRA, Glória e BARROS, Duarte), Porto, Vida Económica, 2004 e *Preços de transferência - casos práticos* (Coord. de TEIXEIRA, Glória), Porto, Vida Económica, 2006.

665 Em contabilidade de gestão *"transfer prices are the amounts charged by one segment of an organization for a product or service that it supplies to another segment of the same organization"* (HORNGREN, Charles, SUNDEN, Gary and STRATTON, William, *Introduction to Management Accounting*, 11th ed., New Jersey, Prentice Hall International, Inc, 1999, pág. 369). Veja-se também, por exemplo, KAPLAN, Robert S. *Advanced Management Accounting*, New Jersey, Prentice Hall International, Inc, 1982, págs. 477-520.

O problema ganha particular acuidade quando as empresas pertencem a um grupo multinacional (a questão dos preços de transferência começou, aliás, por estar centrada nas empresas multinacionais), que exercem a sua actividade em vários países, sendo a lógica de actuação subvalorizar os preços dos bens e serviços originários dos países de alta tributação e sobrevalorizar os preços dos que os tenham como destinatários (e inversamente relativamente aos países de baixa tributação). A globalização potenciou ainda mais o problema, a começar pela chamada "internacionalização do processo produtivo", em que cada fase do ciclo de produção é efectuada num país diferente, aproveitando a diferença nos custos de produção e também nos níveis de tributação. Por seu lado, a proliferação de "paraísos fiscais" introduziu novos cambiantes e novas possibilidades a estas práticas.

A maneira de combater esta forma de evasão fiscal é precisamente determinar que para efeitos fiscais os preços de transferência entre os membros do grupo devem ser os que seriam fixados entre entidades independentes – é o que se costuma designar como *princípio da plena concorrência ou princípio do "arm's lengh"*.

Só que este problema não se põe apenas em relação a grupos empresariais ou a empresa multinacionais – coloca-se em termos substancialmente idênticos em relação a operações que se realizem entre entidades entre as quais existam, ou a lei convencione que existam, relações especiais – as chamadas *operações vinculadas.*

Nesses casos a lei fiscal – em Portugal, artº 63º do Código do IRC – estabelece que o contribuinte é obrigado a seguir o referido princípio dos preços de plena concorrência, que mais não é do que o que seria praticado numa operação comparável entre entidades independentes – comummente designadas como *operações não vinculadas.*

O que se acaba de referir pode ser ilustrado com um exemplo muito simples, representado esquematicamente do seguinte modo:

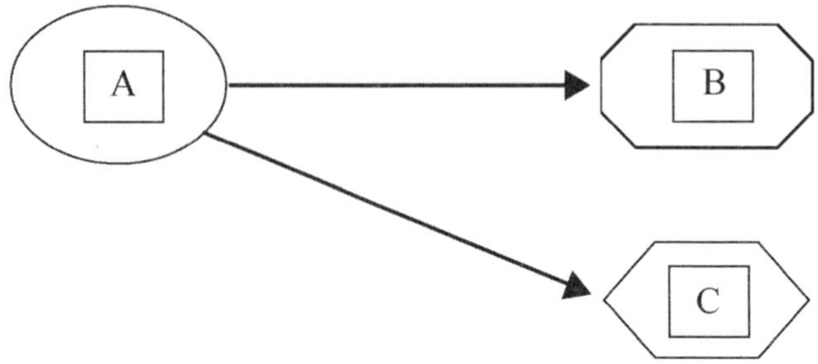

A empresa A é detentora da maioria do capital da empresa B – são empresas entre as quais existem relações especiais.

Por sua vez, a empresa C é totalmente independente de A.

Suponha-se que o mesmo produto é vendido por A a B (operação vinculada) e a C (operação não vinculada) – as operações são comparáveis.

O preço estabelecido entre A e B é de 80 e entre A e C é de 100, pelo que entre entidades relacionadas não foi estabelecido o mesmo preço que entre entidades independentes.

Esta prática não é aceitável para efeitos fiscais – deve ser usado na operação entre A e B o mesmo preço que é aceite e praticado entre A e C.

De entre as variadas questões que se colocam a propósito da problemática fiscal dos *preços de transferência* destacam-se as seguintes:

- a aplicação do princípio de plena concorrência;
- quando é que se considera que existem relações especiais entre duas entidades;
- quais as condições e os factores que devem ser tidos em conta para aferir da comparabilidade entre operações vinculadas e operações não vinculadas, de modo a que os preços destas possam servir de base para a fixação dos preços daquelas;
- quais os métodos a usar para determinar os preços de transferência;
- quais os ajustamentos a fazer de modo que da fixação dos preços de transferência não resulte uma dupla tributação.

São estas questões que se abordam a seguir.

16.4.2. *Aplicação do princípio da plena concorrência*

O nº 1 do artº 63º do Código do IRC estabelece que nas operações ou séries de operações, quer comerciais quer financeiras, realizadas por um sujeito passivo de IRC e qualquer outra entidade, com a qual esteja em situação de relações especiais, *"devem ser contratados, aceites e praticados termos ou condições substancialmente idênticos aos que normalmente seriam contratados, aceites e praticados entre entidades independentes em operações comparáveis"*.

Consagra-se desse modo o princípio da plena concorrência, que está de acordo com o que a lei portuguesa, substancialmente, desde o início estabeleceu sobre o assunto[666] e com as directrizes há muito enunciadas pela OCDE.

[666] O princípio da plena concorrência foi introduzido em Portugal pela primeira vez, em 1964, através do artº 51º-A do Código da Contribuição Industrial (Decreto-Lei nº 45 977, de 19 de Outubro de 1964).

Com efeito, este princípio resulta já do nº 1 do artº 9º da Convenção Modelo da OCDE, que constitui a base em que se têm fundado as convenções bilaterais celebradas, o qual postula, desde 1963, que quando entre duas empresas relacionadas entre si, forem aceites ou impostas, nas suas relações comerciais ou financeiras, condições diferentes das que seriam estabelecidas entre empresas independentes, *"os lucros que, se não existissem essas condições, teriam sido obtidos por uma das empresas, mas não o foram por causa dessas condições, podem ser incluídos nos lucros dessa empresa e tributados em conformidade"*[667].

Trata-se, assim, de um princípio que tem ampla aceitação internacional, razão pela qual encontrou consagração desde os primeiros relatórios e directrizes que a OCDE consagrou ao tema dos preços de transferência[668].

Várias razões contribuem para esta aceitação, a principal das quais tem que ver com a igualdade de tratamento entre empresas relacionadas e empresas independentes, assinalando-se que este princípio ao remover "os considerandos de natureza fiscal das decisões de índole económica, favorece a expansão do comércio e do investimento internacionais"[669].

É certo que existem problemas que costumam ser evocados a propósito. Entre eles citam-se: a falta de elementos comparativos sobre as condições praticadas entre empresas independentes, designadamente por estas não efectuarem algumas operações que empresas relacionadas levam a cabo; a não tomada em consideração das economias de escala e sinergias criadas entre entidades relacionadas; os custos administrativos que a busca do preço de plena concorrência acarreta para a administração e para os contribuintes. Só que estes problemas não tem conseguido afastar o consenso internacional criado de que o princípio da plena concorrência

[667] O nº 1 do artº 9º da Convenção Modelo das Nações Unidas contém disposição idêntica. O princípio da plena concorrência é igualmente o acolhido no artº 4º da Convenção de Arbitragem da União Europeia – Convenção 90/436/CEE, de 23 de Julho de 1990.

[668] Antes da publicação dos seus "Princípios Directores" de 1985, objecto de actualizações e desenvolvimentos posteriores, a OCDE tinha já publicado em 1979 um relatório do seu Comité dos Assuntos Fiscais intitulado *Prix de transfert et entreprises multinationales* (de que existe tradução portuguesa nos Cadernos de Ciência e Técnica Fiscal, nº 144, Lisboa, Centro de Estudos Fiscais, 1985) a que se seguiu, em 1984, a publicação *Prix de transfert et entreprises multinatinales – trois études fiscales* (de que também existe tradução portuguesa nos Cadernos de Ciência e Técnica Fiscal, nº 154, Lisboa, Centro de Estudos Fiscais, 1987).

[669] OCDE, *Princípios aplicáveis em matéria de preços de transferência destinados às empresas multinacionais e às Administrações Fiscais*, pág. 38.

é o mais indicado para tratar desta questão, assegurando a melhor aproximação possível ao funcionamento de um mercado livre e a repartição mais adequada de receitas fiscais entre várias jurisdições. Pelo contrário, o abandono do princípio de plena concorrência e do consenso internacional à volta do mesmo poderia representar o incremento da possibilidade de ocorrência de duplas tributações, com as consequências económicas nefastas daí derivadas.

Respondendo, aliás, a algumas críticas à aplicação do princípio, a legislação estabelece que o mesmo deve, em regra, basear-se numa análise individualizada das operações, excepto naqueles casos em que *"a análise pode ser efectuada numa base agregada ou por série de operações, desde que se trate de operações tão intimamente interligadas ou continuadas que a sua desagregação conduziria à perda de funcionalidade ou valor, ou quando se revele impraticável a determinação do preço para cada operação, quer pelos elevados custos associados quer pela inexistência ou insuficiência de informação sobre operações comparáveis* (art. 1º, nº 2, da Portaria nº 1446-C/2001, de 21 de Dezembro)[670].

Com este contexto, a legislação portuguesa manda aplicar o referido princípio às seguintes operações (artº 2º da mencionada Portaria nº 1446-C/ /2001):

a) Operações vinculadas (no sentido atrás referido) realizadas entre um sujeito passivo de IRC ou de IRS e uma entidade não residente;
b) Operações realizadas entre uma entidade não residente e um seu estabelecimento estável, incluindo as realizadas entre um estabelecimento estável situado em território português e outros estabelecimentos estáveis da mesma entidade situados fora desse território;
c) Operações vinculadas realizadas entre entidades residentes em território português sujeitos passivos do IRC ou do IRS.

O princípio é igualmente aplicável, com as necessárias adaptações, relativamente às pessoas que exerçam simultaneamente actividades sujeitas e

[670] O mesmo dispositivo dá exemplos de casos em que se admite uma análise numa base agregada ou por série de operações:
- fornecimento continuado de bens e serviços;
- cedência do direito de exploração de elementos incorpóreos acompanhada de outras prestações;
- fixação dos preços de bens que apresentem complementaridade funcional ou identidade tipológica, como sejam os inseridos numa linha de produtos.

não sujeitas ao regime geral do IRC, incluindo as que exerçam em mais de um espaço fiscal (artº 23º, nº 1, da citada Portaria nº 1446-C/2001).

Nessa aplicação existem como que duas fases. Na primeira, avalia-se se os preços e condições praticados são os mesmos que seriam praticados entre entidades independentes. Na segunda, efectuam-se os ajustamentos que sejam necessários para que essa prática se verifique para efeitos fiscais.

16.4.3. *O conceito de "relações especiais"*

O regime fiscal dos preços de transferência exige que estejam em causa entidades entre as quais se verifiquem relações especiais. Trata-se de um requisito prévio para aplicação do regime, bem evidenciado pelo facto de qualquer determinação da matéria colectável corrigida dos seus efeitos dever ser fundamentada, em primeiro lugar, com a descrição dessas relações especiais (cf. nº 3 do artº 77º da LGT). Hoje em dia, aliás, a notícia da existência de relações especiais com qualquer outra entidade cabe ao próprio sujeito passivo, pois sobre ele impende o dever de indicar, na sua declaração anual de informação contabilística e fiscal, a existência ou não, num dado exercício, dessas relações e, caso existam, informações detalhadas sobre as mesmas nos termos previstos na lei (cf. nº 7 do artº 63º do Código do IRC).

É, portanto, decisiva a resposta à questão: quando é que essas relações especiais existem?

A lei – nº 4 do artº 63º do Código do IRC – formula uma regra e dá depois uma extensa lista de exemplos em que considera verificada a regra.

A regra é: "*existem relações especiais entre duas entidades nas situações em que uma tem o poder de exercer, directa ou indirectamente, uma influência significativa nas decisões de gestão da outra*".

Apela-se, assim, ao "exercício de uma influência significativa nas decisões de gestão", o que pode ocorrer de várias formas, sendo relevantes para o efeito quer ligações jurídicas quer ligações económicas, comerciais, financeiras ou de gestão.

A forma tradicional de exercer essa influência é através da participação no capital ou da detenção de direitos de voto. Mas, exigindo-se uma influência significativa estarão obviamente excluídas as participações no capital ou detenção de direitos de voto que não confiram essa influência. Ou seja, não basta ser uma entidade associada da outra ou deter direitos de voto na outra para o regime se aplicar. É preciso que essa participação ou esses direitos atinjam, directa ou indirectamente[671], um nível susceptível de proporcionar essa influência significativa – na lei portuguesa esse nível, como resulta da exemplificação feita no nº 4 do artº 63º do Código do IRC, foi fixado, em princípio, em 10%.[672] Só que, para este efeito, tratando--se de entidades que sejam pessoas singulares, para o cálculo deste limiar tomam-se em conta as participações do núcleo familiar: cônjuges, ascendentes ou descendentes [alínea *a*) do nº 4 do referido artº 63º].

Para que entre duas entidades existam relações especiais não se exige, porém, que uma participe no capital da outra ou nos direitos de voto da outra, basta que tenham titulares do capital que sejam comuns a ambas e em relação a eles se verifique uma participação mínima de 10% do capital ou dos direitos de voto em ambas [alínea *b*) do nº 4 do artº 63º do Código do IRC]. E também aqui o que importa é o conjunto das participações do núcleo familiar tomadas em conjunto: cônjuges, ascendentes e descendentes.

Obviamente, pela própria natureza das coisas, existem relações especiais entre uma entidade e os membros dos seus órgãos sociais, ou de quaisquer órgãos de administração, direcção, gerência ou fiscalização e respectivos cônjuges, ascendentes ou descendentes [alínea *c*) do mesmo nº 4 do artº 63º].

Uma outra forma de influência significativa que evidencia relações especiais entre duas entidades [alínea *d*) do nº 4 do artº 63º do Código do IRC] é a maioria dos seus órgãos sociais, ou membros de quaisquer órgãos de administração, gerência ou fiscalização, serem as mesmas pessoas ou, sendo pessoas diferentes, estarem ligadas entre si por casamento, união de facto legalmente reconhecida ou parentesco em linha recta.

Também se considera existirem relações especiais entre duas entidades ligadas por contrato de subordinação, de grupo paritário ou outro de

[671] Nos termos do nº 5 do artº 63º do Código do IRC, para efeitos de cálculo da participação indirecta, *"nas situações em que não há regras especiais definidas, são aplicáveis os critérios previstos no nº 2 do artº 483º do Código das Sociedades Comerciais"*, segundo o qual *"à titularidade de quotas ou acções por uma sociedade equipara-se(...) a titularidade de quotas ou acções por uma outra sociedade que dela seja dependente, directa ou indirectamente, ou com ela esteja em relação de grupo, e de acções de que uma pessoa seja titular por conta de qualquer dessas sociedades"*.

[672] Este limiar, que corresponde ao que na legislação comercial (artº 483º do Código das Sociedades Comerciais) é usado para definir uma relação de simples participação, tem sido criticado por ser demasiado baixo para traduzir a tal influência significativa que é erigida como exigência para que ocorram relações especiais. Trata-se também de um limiar mais baixo do que o usado na legislação contabilística para definir associadas, onde é de 20%, e onde o respectivo conceito faz igualmente apelo à existência de uma "influência significativa sobre a gestão" (cf. NCRF 13 – Interesses em empreendimentos conjuntos e investimentos em associadas).

efeito equivalente [alínea *e*) do nº 4 do mencionado artº 63º do Código do IRC]. É relevante, assim, o conceito de contrato de subordinação e de contrato de grupo paritário, até por servirem de paradigma para a verificação de outros que tenham efeito equivalente. Ora, nos termos do nº 1 do artº 493º do Código das Sociedades Comerciais, haverá contrato de subordinação quando uma sociedade (sociedade subordinada) subordina a gestão da sua própria actividade à direcção de uma outra sociedade (sociedade directora), independentemente desta ser sua dominante. Deste modo, a gestão da sociedade subordinada está sujeita à observação de instruções da sociedade directora. Por outro lado, conforme estabelecido no artº 492º do referido Código das Sociedades Comerciais, existe contrato de grupo paritário quando "duas ou mais sociedades que não sejam dependentes entre si nem de outras sociedades" constituam, por contrato, um grupo de sociedades "pelo qual aceitem submeter-se a uma direcção unitária e comum".

Outra forma de relações especiais é a que deriva naturalmente das relações de domínio que se estabeleçam entre empresas nos termos da legislação aplicável para efeitos de obrigatoriedade de elaborar demonstrações financeiras consolidadas [alínea *f*) do nº 4 do artº 63º do Código do IRC]. Para isso importa recorrer ao Decreto-Lei nº 158/2009, de 13 de Julho, que define as condições em que há lugar à obrigatoriedade de consolidação de contas. Esta obrigatoriedade existe em relação à empresa-mãe e a todas as suas subsidiárias, bem como às subsidiárias destas (artº 6º do referido diploma). E a lei considera que existe para este efeito um grupo constituído por uma empresa-mãe e por todas as subsidiárias, sobre as quais: [673]

a) Independentemente da titularidade do capital, se verifique que, em alternativa:
   i) Possa exercer, ou exerça efectivamente, influência dominante ou controlo;
   ii) Exerça a gestão como se as duas constituíssem uma única entidade;

[673] A lei contabilística estabelece ainda, no artº 6º, nº 2, regras sobre cálculo dos direitos de voto e dos direitos de nomeação ou destituição. Assim, para este efeito, aos direitos da empresa-mãe devem ser adicionados os direitos de qualquer subsidiária e os das subsidiárias desta bem como os de qualquer pessoa agindo em seu próprio nome mas por conta da empresa-mãe ou de qualquer outra empresa subsidiária; no entanto, aos direitos de voto dos titulares do capital da subsidiária devem ser deduzidos os direitos de voto dos titulares do capital da empresa subsidiária relativos às partes de capital detidas por essa empresa, por uma empresa subsidiária desta ou por uma pessoa que actue no seu próprio nome mas por conta destas empresas.

b) Sendo titular de capital, quando ocorra uma das seguintes situações:

i) Tenha a maioria dos direitos de voto, excepto se for demonstrado que esses direitos não conferem o controlo;

ii) Tenha o direito de designar ou de destituir a maioria dos titulares do órgão de gestão de uma entidade com poderes para gerir as políticas financeiras e operacionais dessa entidade;

iii) Exerça uma influência dominante sobre uma entidade, por força de um contrato celebrado com esta ou de uma outra cláusula do contrato social desta;

iv) Detenha pelo menos 20% dos direitos de voto e a maioria dos titulares do órgão de gestão de uma entidade com poderes para gerir as políticas financeiras e operacionais dessa entidade, que tenham estado em funções durante o exercício a que se reportam as demonstrações financeiras consolidadas, bem como, no exercício precedente e até ao momento em que estas sejam elaboradas, tenham sido exclusivamente designados como consequência do exercício dos seus direitos de voto;

v) Disponha, por si só ou por força de um acordo com outros titulares do capital desta entidade, da maioria dos direitos de voto dos titulares do capital da mesma.

Para este efeito importa tomar em consideração o conceito comercial de "influência dominante" que decorre do artº 486º do Código das Sociedades Comerciais (CSC). Aqui prevê-se que duas sociedades estão em relação de domínio quando uma delas pode exercer, directa ou indirectamente, sobre a outra uma influência dominante, conceito que o legislador não define mas que a doutrina vem tentando delimitar através de três requisitos cumulativos: potencialidade, estabilidade e amplitude[674].

A existência de relações especiais pode ainda derivar de situações de dependência, no exercício da actividade, de uma entidade em relação a outra, "por força das relações comerciais, financeiras, profissionais ou jurí-

[674] Para maiores desenvolvimentos veja-se ENGRÁCIA ANTUNES, José A., *Os Grupos de Sociedades*, 2ª ed., Coimbra, Almedina, 2002, págs. 454 e segs. Em face do disposto no nº 1 do artº 63º do Código do IRC e bem assim nas outras alíneas do nº 1 do artº 6º do Decreto-Lei nº 158/2009, de 13 de Julho não se revela de grande utilidade para efeito do conceito de relações especiais a presunção inilidível do nº 2 do artº 486º do CSC ao estabelecer, que, salvo prova em contrário, existe essa influência dominante quando uma sociedade, directa ou indirectamente: *a*) detém uma participação maioritária no capital social; *b*) dispõe de mais de 50% dos votos; ou *c*) pode designar mais de 50 % dos membros do órgão de administração ou do órgão de fiscalização.

dicas entre elas, directa ou indirectamente, estabelecidas ou praticadas" [alínea *g*) do nº 4 do artº 63º do Código do IRC], o que a lei, exemplificativamente, considera que ocorre nas seguintes situações:

a) Quando o exercício da actividade de uma depende substancialmente da cedência de direitos da propriedade industrial ou intelectual ou de *know-how* detidos pela outra;
b) Quando o aprovisionamento de matérias-primas ou o acesso a canais de distribuição de produtos, mercadorias ou serviços por parte de uma dependem substancialmente da outra;
c) Quando uma parte substancial da actividade de uma só possa realizar-se com a outra ou dependa de decisões desta;
d) Quando o direito de fixação dos preços, ou condições de efeito económico equivalente, relativos a bens ou serviços transaccionados, prestados ou adquiridos por uma se encontre, por imposição constante de acto jurídico, na titularidade da outra;
e) Quando, pelos termos e condições do seu relacionamento comercial ou jurídico, uma possa condicionar as decisões de gestão da outra, em função de factos ou circunstâncias alheios à própria relação comercial ou profissional.

Finalmente as relações especiais podem derivar exclusivamente de razões fiscais, como é o caso [alínea *h*) do nº 4 do artº 63º do Código do IRC] da presunção da sua existência nas relações entre uma entidade residente em território português e uma entidade residente em território sujeito a regime fiscal privilegiado, que neste caso são as constantes da lista aprovada pelo Ministro das Finanças (Portaria nº 150/2004, de 13 de Fevereiro). Trata-se nitidamente de uma medida anti-abuso, onde a "influência significativa nas decisões de gestão" a que faz apelo a regra só pode entender-se como sendo uma influência de natureza fiscal motivada por considerações de deslocalização de resultados ligada ao facto de uma das entidades relacionadas estar domiciliada num território com um regime fiscal claramente mais favorável.

Razões fiscais estão também presentes na aplicação das regras sobre preços de transferência em dois casos:

- "operações realizadas entre uma entidade não residente e um seu estabelecimento estável situado em território português, ou entre este e outros estabelecimentos estáveis daquela situados fora deste território" (nº 9 do artº 63º do Código do IRC);

- "pessoas que exerçam simultaneamente actividades sujeitas e não sujeitas ao regime geral de IRC (nº 10 do artº 63º do Código do IRC).

O primeiro caso – em que as relações de dependência são óbvias já que o estabelecimento estável de uma empresa não é independente jurídica e economicamente da empresa de que faz parte – deriva do facto de o estabelecimento estável, para efeitos fiscais, dever ser configurado como uma empresa distinta e separada relativamente ao resto da empresa de que faz parte, processando-se, por isso, para esses efeitos, as relações com esse universo com toda a independência (cf., v.g., nº 2 do artº 7 da Convenção Modelo da OCDE).

O segundo caso resulta do facto de uma pessoa que exerça simultaneamente actividades sujeitas e não sujeitas ao regime geral do IRC ter obrigação de separar contabilisticamente os resultados das operações sujeitas a esse regime geral dos restantes resultados [alínea *b*) do nº 3 do artº 17º do Código do IRC], pelo que nessa separação terá de adoptar preços de transferência entre uns e outros de acordo com as condições de mercado. Um exemplo da aplicação deste princípio – que tem suscitado alguns problemas de aplicação – relaciona-se com as entidades residentes que detêm sucursais na chamada "zona franca da Madeira" (cf. nº 19 do artº 33º do EBF).

Trata-se de duas situações em que os preços de transferência são, no verdadeiro sentido da expressão, "preços internos", que corresponde inteiramente ao que é usado para efeitos de contabilidade de gestão e a que já atrás se fez referência.

16.4.4. *Condições e factores de comparabilidade*

De acordo com a lei – nº 2 do artº 63º do Código do IRC – "o sujeito passivo deve adoptar, para a determinação dos termos e condições que seriam normalmente acordados, aceites ou praticados entre entidades independentes, o método ou métodos susceptíveis de assegurar o mais elevado grau de comparabilidade entre as operações ou séries de operações que efectua e outras substancialmente idênticas, em situações normais de mercado ou de ausência de relações especiais".

Nestes termos, é essencial procurar a operação ou operações que sejam comparáveis. As condições para que exista comparabilidade estão definidas na regulamentação fiscal aplicável – as situações a comparar devem ser substancialmente idênticas (artº 4º, nº 3, da Portaria nº 1446-C/2001, de

21 de Dezembro), "o que significa que as suas características económicas e financeiras relevantes são análogas ou suficientemente similares, de tal modo que as diferenças existentes entre as operações ou entre as empresas nelas intervenientes não são susceptíveis de afectar de forma significativa os termos e condições que se praticariam numa situação normal de mercado ou, sendo-o, é possível efectuar os necessários ajustamentos que eliminem os efeitos relevantes provocados pelas diferenças verificadas".

Para aferir dessa comparabilidade, deve, fazendo-se a adequada desagregação das operações[675], tomar-se, designadamente, em conta (cf. igualmente artº 5º da referida Portaria nº 1446-C/2001):

i) *As características dos bens, direitos ou serviços:*
Trata-se de tomar em consideração as características susceptíveis de "influenciar o preço das operações, em particular as características físicas, a qualidade, a quantidade, a fiabilidade, a disponibilidade e o volume da oferta dos bens, a forma negocial, o tipo, a duração, o grau de protecção e os benefícios antecipados pela utilização do direito e a natureza e a extensão dos serviços".
A OCDE indica como características a tomar em conta as seguintes[676]:
- *bens corpóreos*: características materiais, qualidade, fiabilidade, facilidade de aprovisionamento e volume de oferta;
- *prestação de serviços*: natureza e volume;
- *activos incorpóreos*: forma de operação (concessão de licença ou venda), tipo de activo (marca, patente, processo técnico), vantagens esperadas pela utilização do activo e duração e grau de protecção.

ii) *As funções desempenhadas por cada uma das partes na operação ou operações:*
Para o efeito deverão ter-se em conta os activos utilizados e os riscos assumidos, para o que será necessário recorrer a uma análise funcional, já que a remuneração, de modo geral, corresponderá às funções exercidas por cada empresa. Essas funções que pode haver necessidade de identificar e comparar são, designadamente, de

[675] Admite-se, como já se referiu, que a análise seja feita numa base agregada ou por séries de operações quando as operações se apresentem interligadas ou continuadas ou quando a desagregação se revele impraticável pelos elevados custos implicados ou pela falta ou insuficiência de informação sobre operações comparáveis (veja-se artº 1º, nº 2, da referida Portaria nº 1446-C/ /2001).

[676] OCDE, *Princípios aplicáveis em matéria de preços de transferência destinados às empresas multinacionais e às Administrações Fiscais*, pág. 44.

acordo com a OCDE, a concepção, o fabrico, a montagem, a investigação e desenvolvimento, a prestação de serviços, o aprovisionamento, a distribuição, a comercialização ("marketing"), a publicidade, os transportes, as finanças e a gestão.

Em matéria de riscos assumidos (v.g., riscos de mercado, ligados à flutuação do custo dos meios de produção e do preço dos produtos, ou riscos financeiros, implicados por variações na taxa de juro ou na taxa de câmbio), a análise tomará em consideração que, em condições de concorrência, a aceitação de um risco acrescido é, em geral, compensada por um aumento do rendimento esperado.

Assim, as funções exercidas determinam, de algum modo, a repartição dos riscos entre as partes e, consequentemente, a remuneração de que cada uma beneficiaria em condições de plena concorrência.

iii) *Os termos contratuais da operação ou operações:*

Deverá ser objecto de análise o modo como no contrato, de forma explícita ou implícita, se repartem as responsabilidades, os riscos e os lucros entre as partes envolvidas na operação ou operações, o que faz parte da análise funcional atrás referida.

Interessa também avaliar se as partes dão cumprimento efectivo às disposições contratuais, de modo a determinar os verdadeiros termos em que a operação ou operações se realizam.

iv) *As circunstâncias económicas que rodeiam a operação ou operações:*

Trata-se de ponderar as circunstâncias "prevalecentes nos mercados em que as partes operam, incluindo a sua localização geográfica e dimensão, o custo da mão-de-obra e do capital nos mercados, a posição concorrencial dos compradores e vendedores, a fase do circuito de comercialização, a existência de bens e serviços sucedâneos, o nível da oferta e da procura e o grau de desenvolvimento geral dos mercados".

O objectivo visado com esta análise é verificar se os mercados em que operam as entidades relacionadas e as entidades independentes são comparáveis e, sendo caso disso, quais as diferenças que têm impacto materialmente relevante sobre os preços e condições praticados.

v) *A estratégia das empresas e outras entidades envolvidas:*

Este factor contempla, entre os aspectos susceptíveis de influenciar o funcionamento e conduta dessas empresas ou entidades, "a prossecução de actividades de pesquisa e desenvolvimento de novos produtos, o grau de diversificação da actividade, o controlo do risco, os esquemas de penetração no mercado ou de manutenção ou reforço de quota e, bem assim, os ciclos de vida dos produtos ou direitos".

Assim, como aliás assinala a OCDE[677], um contribuinte pode, com o fundamento de que deseja penetrar num novo mercado ou aumentar a sua quota de mercado, praticar em relação ao produto em causa, com carácter temporário, um preço inferior ao que é praticado para produtos comparáveis ou suportar custos mais elevados devido a operações de *marketing* que conduzam a que os seus lucros sejam inferiores aos de outros operadores no mesmo mercado. Estas razões são legítimas e devem ser tomadas em consideração pela administração fiscal que, no entanto, deverá analisar se o comportamento das partes envolvidas é consistente com a estratégia invocada e se esta, tanto quanto seja previsível no momento da decisão de a implementar, é susceptível de gerar, dentro de um prazo razoável, um lucro acrescido no futuro que justifique os menores preços ou o aumento de custos no presente. Neste caso, o que importa averiguar afinal é se uma parte operando em condições de concorrência estaria disposta a levar a cabo idêntica estratégia.

vi) Outras características relevantes quanto às operações em causa ou entidades envolvidas

16.4.5. *Métodos para a determinação dos preços de transferência*

A lei – nºs 1 e 2 do artº 63º do Código do IRC – determina que os termos e condições não influenciados pela existência de relações especiais são "*os termos e condições acordados, aceites ou praticados entre entidades independentes*" e para esse efeito consagra preferencialmente os seguintes métodos [alínea *a*) do nº 3 do referido artº 63º], que são geralmente designados por *métodos tradicionais baseados na operação*:

- método do preço comparável de mercado;
- método do preço de revenda minorado; ou
- método do custo majorado.

[677] OCDE, *Princípios aplicáveis em matéria de preços de transferência destinados às empresas multinacionais e às Administrações Fiscais*, págs. 49 e segs.

Quando os métodos acabados de referir "*não possam ser aplicados ou, podendo sê-lo, não permitam obter a medida mais fiável dos termos e condições que entidades independentes normalmente acordariam, aceitariam ou praticariam*",[678] a lei manda aplicar os seguintes métodos [alínea *b)* do nº 3 do citado artº 63º], comummente referidos como *métodos baseados no lucro da operação*:

- método do fraccionamento do lucro;
- método da margem líquida da operação; ou
- outro método[679].

Trata-se de métodos que estão em consonância com as recomendações da OCDE e cuja aplicação, nos termos do nº 13 do referido artº 63º, foi regulamentada pela Portaria nº 1446-C/2001, de 21 de Dezembro.

Pela sua importância far-se-á de seguida, embora de forma muito sintética, a apresentação de cada um deles.

16.4.5.1. ***Método do preço comparável de mercado (Compared Uncontrolled Price Method)***:

Consiste, de acordo com a OCDE, em comparar o preço de um bem transferido ou de um serviço prestado no âmbito de uma operação entre partes em situação de relações especiais com o preço de um bem transferido ou de um serviço prestado no âmbito de uma situação em mercado aberto, em condições comparáveis. É, assim, o método por excelência para assegurar o preço de plena concorrência, devendo-lhe ser dada primazia relativamente a todos os demais.

O método será especialmente de aplicar nos casos em que entre empresas independentes existe uma transacção do mesmo produto ou serviço que é efectuada entre entidades relacionadas. De qualquer modo, importa verificar se os termos e condições em que ambas se processam são comparáveis e, se o não forem, fazer os ajustamentos que se justifiquem. Por exemplo, o produto pode ser o mesmo mas a quantidade transaccionada diferente, caso em que, para respeitar a comparabilidade, após análise do mercado em causa, poderá revelar-se apropriado fazer um ajustamento

[678] A não aplicação deve ser verificada pela ordem sequencial indicada.

[679] Uma discussão da problemática centrada na discussão de alguns métodos substitutivos dos preços de mercado comparáveis pode ver-se no relatório geral e relatórios nacionais apresentados ao 46º Congresso da "International Fiscal Association" (Cancún, 1992) em "*Transfer pricing in the absence of comparable market prices*", in *Cahiers de droit fiscal international*, vol. LXXVIIa, Kluwer, The Netherlands, 1992.

correspondente ao desconto de quantidade eventualmente implícito no diferente preço; ou, então, o produto é o mesmo, mas, num caso, é vendido à porta da fábrica [o que se designa normalmente *"free on board"(fob)*] e, no outro, é entregue ao cliente no seu estabelecimento [o que se designa muitas vezes *"cost, insurance and freight"*(cif)], o que poderá justificar um ajustamento correspondente ao preço do transporte e seguro.

Por isso, a regulamentação portuguesa (nº 1 do artº 6º da Portaria nº 1446-C/2001) começa por estabelecer que a adopção deste método exige o *"grau mais elevado de comparabilidade com incidência tanto no objecto e demais termos e condições da operação como na análise funcional das entidades intervenientes"*, indicando a seguir (nº 2 do mesmo artº 6º) que o mesmo pode ser utilizado quando:

a) O sujeito passivo ou uma entidade pertencente ao mesmo grupo realiza uma transacção da mesma natureza que tenha por objecto um serviço ou produto idêntico ou similar, em quantidade ou valor análogos, e em termos e condições substancialmente idênticos, com uma entidade independente no mesmo ou em mercados similares;
b) Uma entidade independente realiza uma operação da mesma natureza que tenha por objecto um serviço ou produto idêntico ou similar, em quantidade ou valor análogos, e em termos e condições substancialmente idênticos, no mesmo mercado ou em mercados similares.

Muitas vezes, porém, existem dificuldades de aplicação do método por falta de elementos de comparação. É o que acontece, por exemplo, relativamente a bens ou serviços "transaccionados" no âmbito de uma cadeia de produção integrada, em que cada uma das unidades desempenha uma função específica dentro dessa cadeia ou quando não há operações comparáveis entre entidades independentes em resultado da estrutura de mercado existente ser a de monopólio ou oligopólio ou ainda relativamente a activos incorpóreos ou à cedência de direitos da propriedade industrial ou de *Know-how* (*"royalties"*). Nestes casos é necessário recorrer a outros métodos.

16.4.5.2. ***Método do preço de revenda minorado (Resale Price Method):***
Neste método, o ponto de partida para determinar o preço de plena concorrência é o preço pelo qual um produto adquirido a uma empresa relacio-

nada é revendido a uma entidade independente. Deduzindo a esse preço de revenda uma margem de lucro adequada (designada pela OCDE como "margem sobre o preço de revenda") e os demais custos associados à aquisição do bem (v.g. direitos aduaneiros) obtém-se o preço de plena concorrência para a transacção entre empresas relacionadas.

Assim, por exemplo, se a empresa X vende a uma empresa relacionada Y um bem que esta revende a uma entidade independente por 2000, não existem custos associados à aquisição do bem e a margem sobre o preço de revenda é de 40 %, o preço de plena concorrência é 1200.

A dificuldade poderá estar na determinação da margem de lucro bruto, que, nos termos da regulamentação portuguesa (nº 3 do artº 7º da Portaria nº 1446-C/2001) na esteira do recomendado pela OCDE, *"deve possibilitar ao sujeito passivo a cobertura dos seus custos de venda e outros custos operacionais e proporcionar ainda um lucro que, em condições normais de mercado, constitua para uma entidade independente uma remuneração apropriada, tendo em conta as funções exercidas, os activos utilizados e os riscos assumidos"*.

A margem de lucro bruto pode ser determinada com referência à margem que o mesmo revendedor pratica relativamente a produtos comprados e revendidos no âmbito de operações comparáveis em mercado aberto[680]. Pode também servir de referência a margem de lucro praticada numa operação comparável entre entidades independentes efectuada por uma entidade pertencente ao mesmo grupo ou por uma entidade independente (cf. nº 2 do artº 7º da Portaria nº 1446-C/2001).

Quando as operações não sejam totalmente comparáveis em todos os aspectos considerados relevantes e essas diferenças tenham impacto sobre a margem de lucro bruto (v.g., um dos revendedores assume a garantia pós-venda e o outro não) isso não impossibilita a aplicação do método se forem efectuados os ajustamentos necessários para eliminar aqueles efeitos e tornar as operações comparáveis.

Este método é especialmente adequado relativamente a transacções de bens em que a maioria do seu valor acrescentado pertença ao seu vendedor originário e em que o revendedor desempenhe sobretudo funções de comercialização. Em contraste, será de difícil aplicação nos casos em que

[680] Como assinala a OCDE, "numa economia de mercado a remuneração pelo exercício de funções análogas tende a aproximar-se entre as diversas actividades, pelo que, neste caso, a operação comparável não exige que o produto seja comparável mas que as funções exercidas sejam comparáveis". Cf. OCDE, *Princípios aplicáveis em matéria de preços de transferência destinados às empresas multinacionais e às Administrações Fiscais*, págs. 72 e 73.

o revendedor introduza alterações importantes nos bens transaccionados. Nestes casos, assim como naqueles em que o revendedor só efectue operações com entidades relacionadas, este método não poderá ser aplicado e terá de passar-se à análise da possibilidade de aplicação do método do custo majorado.

16.4.5.3. ***Método do custo majorado (Cost Plus Method):***

Neste método o ponto de partida é o montante dos custos suportados por um fornecedor de um bem ou um serviço numa operação com entidade relacionada, a que é acrescido uma margem de lucro bruto ("margem sobre o preço de custo" refere a OCDE) tendo em conta as funções exercidas e as condições de mercado. O resultado é o preço de plena concorrência da operação realizada entre entidades relacionadas.

Assim, por exemplo, se a empresa A vende a uma empresa relacionada B um bem cujo custo de produção é 500, se a margem de lucro bruto é 50%, o preço de plena concorrência é 750.

Trata-se de um método especialmente indicado para transacções de produtos semi-acabados ou para as prestações de serviços, entre empresas associadas. Do mesmo modo, o seu uso pode ser recomendável, como refere a OCDE, no âmbito de acordos celebrados entre entidades relacionadas para a utilização em comum de equipamentos ou para aprovisionamentos a longo prazo.

Existem, no entanto, dois problemas a resolver, que, aliás, são, em certa medida, interdependentes.

O primeiro refere-se aos custos do vendedor que devem ser considerados para determinar o preço de custo. As empresas não utilizam todas os mesmos sistemas de custos. Para uma empresa industrial, o mais comum é considerar o chamado custo industrial, que mais não é do que o somatório de matérias-primas ou materiais consumidos, mão de obra directa e gastos gerais de fabrico[681]. Mas, em todas estas componentes importa ver como os custos são determinados e reflectidos no somatório. É que a margem de lucro bruto a considerar dependerá do sistema de custeio utilizado e para efeitos de comparabilidade importa não só tomar em conta a margem como os custos a que vai ser aplicada.

O segundo tem que ver com a determinação da margem de lucro bruto. O recomendável é que esta seja determinada tomando como referência

[681] Sobre estas noções, veja-se PIRES CAIADO, António, *Contabilidade de Gestão*, 6ª ed., Lisboa, Áreas Editora, 2011, págs. 74 e segs.

aquela que é praticada, numa operação comparável relativamente a operações com uma entidade independente, pelo mesmo sujeito passivo, por uma entidade pertencente ao mesmo grupo ou por uma entidade independente, que utilize um sistema de custeio idêntico ao do sujeito passivo (cf. nº 2 do artº 8º da Portaria nº 1446-C/2001). Ou seja, repete-se, como sublinha a OCDE, que há que ter o cuidado de aplicar margens comparáveis a custos comparáveis.

Também aqui, quando se verifique que a comparabilidade não é total e as diferenças sejam materialmente relevantes, haverá que efectuar os ajustamentos necessários à eliminação de tais efeitos. Se tal não for possível ter-se-á de concluir que o método não é fiável para determinar um preço de plena concorrência, passando-se à aplicação de outros métodos.

16.4.5.4. *Método do fraccionamento do lucro (Profit Split Method)*

Não sendo possível determinar o preço de plena concorrência com base nos métodos tradicionais baseados na operação – o que pode derivar de operações complexas, designadamente devido à existência de activos incorpóreos de elevado valor e especificidade, ou de uma série de operações realizadas de forma integrada entre as entidades intervenientes, que torne difícil avaliar as operações de forma individualizada – a legislação portuguesa, na esteira dos Princípios Directores da OCDE, recomenda a utilização de métodos baseados no lucro das operações, indicando em primeiro lugar o método do fraccionamento do lucro.

Neste método o ponto de partida é o lucro global obtido pelas partes intervenientes nas operações que estão em causa, montante que é, depois, fraccionado entre essas entidades, de acordo com uma base economicamente válida, que seja comparável à que teria sido prevista num acordo similar celebrado segundo o princípio da plena concorrência[682]. Concretizando esta base de fraccionamento, a regulamentação portuguesa estabelece como critério de repartição *"o do valor relativo da contribuição de cada uma para a realização das operações, considerando para esse efeito as funções exercidas, os activos utilizados e os riscos assumidos por cada uma e, bem assim, dados externos fiáveis que indiquem como é que entidades independentes exercendo funções compa-*

[682] Um dos problemas de aplicação deste método está em encontrar empresas independentes que usem entre si o método do fraccionamento do lucro global de uma operação. O caso mais comum em que esse critério é usado é o do consórcio ou *joint-venture*.

ráveis, utilizando o mesmo tipo de activos e assumindo riscos idênticos teriam avaliado as suas contribuições" (nº 2 do artº 9º da Portaria nº 1446-C/2001)[683 684].

Em alternativa a esta modalidade do método de fraccionamento do lucro – que pode designar-se como método do fraccionamento do lucro propriamente dito (a OCDE designa-o como o da análise das contribuições) – poderá usar-se o chamado método do fraccionamento do lucro residual (ou da análise residual), que comporta duas fases (nº 3 do artº 9º da Portaria nº 1446-C/2001):

a) Na primeira, a cada uma das entidades intervenientes é atribuída uma fracção do lucro global que reflicta a remuneração que, em condições de mercado concorrencial, seria susceptível de ser obtida por essa entidade, podendo para este efeito usar-se qualquer um dos outros métodos;
b) Na segunda fase, procede-se ao fraccionamento do lucro ou prejuízo residual entre cada uma das entidades, em função do valor relativo da sua contribuição, considerando-se para o efeito como critério de repartição o já anteriormente indicado para efeitos da outra modalidade do método de fraccionamento do lucro, sendo o lucro assim atribuído utilizado para determinar o preço.

Do mesmo modo que nos métodos anteriores sempre que se verifique que a comparabilidade não exista em todos os aspectos materialmente relevantes e as diferenças tenham um efeito significativo no fraccionamento do lucro, haverá que efectuar os ajustamentos necessários à eliminação de tal efeito. Se tal não for possível ter-se-á de concluir que o método não é fiável.

[683] Isso implica uma análise funcional que tenha em conta as circunstâncias de cada caso concreto. É, por isso, que se considera internacionalmente como não estando de acordo com o princípio da plena concorrência o uso de uma fórmula de repartição predeterminada e automática aplicável a todos os contribuintes – cf., OCDE, *Princípios aplicáveis em matéria de preços de transferência destinados às empresas multinacionais e às Administrações Fiscais*, págs. 108 e segs.

[684] Uma abordagem possível será, partindo do pressuposto de o capital investido na operação por cada um dos intervenientes apresentar idêntico nível de risco, repartir o lucro de modo a que cada um deles obtenha a mesma remuneração para o capital investido na operação. A OCDE considera, porém, o pressuposto em que se baseia este critério pouco realista pelo que deverá ser usado com prudência e depois de considerados outros métodos de fraccionamento. Cf. OCDE, *Princípios aplicáveis em matéria de preços de transferência destinados às empresas multinacionais e às Administrações Fiscais*, págs. 95 e 96.

16.4.5.5. *Método da margem líquida da operação (Transactional Net Margin Method)*

Neste método usa-se a margem de lucro líquido obtida numa operação comparável entre entidades independentes efectuada pelo sujeito passivo, por uma entidade pertencente ao grupo ou por uma entidade independente como referência para determinar a margem de lucro líquido obtida em operações entre entidades relacionadas (nº 1 do artº 10º da Portaria nº 1446-C/2001).

Também aqui é necessário fazer uma análise funcional de modo a aferir da comparabilidade das situações em face do indicador mais apropriado a cada caso concreto para calcular a margem de lucro líquido e que pode tomar como base as vendas, os custos ou os activos utilizados ou outra grandeza considerada relevante (nº 2 do acima referido artº 10º).

Se a comparabilidade não existir em todos os aspectos materialmente relevantes quer em relação às empresas quer relativamente às operações e as diferenças tenham um efeito significativo na margem de lucro líquido da operação, haverá que efectuar os ajustamentos necessários à eliminação de tal efeito.

16.4.6. *Ajustamento correlativo*

Da fixação para efeitos fiscais de um preço de transferência diferente do acordado e praticado entre duas entidades pode resultar uma dupla tributação de natureza económica.

Retenha-se o exemplo inicial: se a entidade A vendeu à entidade B um determinado bem X pelo preço de 1000 e para efeitos fiscais se entende que o preço de plena concorrência é 1500, o resultado fiscal de A vai ser corrigido para mais em 500, montante que também pode vir a ser tributado em B, a menos que esta entidade veja o valor de aquisição do bem X corrigido para mais por idêntico valor e assim aumentados os seus gastos e, consequentemente, diminuído o seu resultado.

Assim, uma correcção em A por efeito das normas sobre preços de transferência deve implicar uma correcção simétrica em B para que não haja lugar a dupla tributação. Esta correcção costuma designar-se de *ajustamento correlativo*[685].

[685] Fala-se, a propósito, de *ajustamento primário*, a que se procede para, em relação a uma dada entidade, tomar em conta os preços de plena concorrência, e *ajustamento correlativo*, que se efectua, na outra entidade que é parte da operação, de modo a reflectir aquele ajustamento. Diferente é o caso do chamado *ajustamento secundário*, que está associado à recaracterização de uma

Há, porém, que distinguir se A e B estão no mesmo país ou em países diferentes. Se estão abrangidos pela mesma jurisdição fiscal, está ao alcance da administração fiscal desse país ao aceitar ou corrigir determinado preço de transferência numa das entidades aceitar ou corrigir esse mesmo preço na outra, promovendo, se for caso disso, o ajustamento correlativo correspondente. É precisamente esta a obrigação que resulta, em Portugal, para a Direcção Geral dos Impostos do disposto no nº 11 do artº 63º do Código do IRC – quando se proceda a correcções para efeitos de determinação do lucro tributável de um sujeito passivo por virtude de relações especiais com outro sujeito passivo, *"na determinação do lucro tributável deste último devem ser efectuados os ajustamentos adequados que sejam o reflexo das correcções feitas na determinação do lucro tributável do primeiro"*. Trata-se de uma obrigação imperativa que recai sobre a administração fiscal e a que ela não pode eximir-se, tendo de proceder a esse ajustamento oficiosamente no prazo de 180 dias a contar da data em que teve conhecimento ou era possível ter conhecimento do trânsito da decisão, quer administrativa quer judicial, das correcções positivas efectuadas ao lucro tributável do outro sujeito passivo (nº 1 do artº 20º da Portaria nº 1446-C/2001, de 21 de Dezembro).

Porém, se A e B estão situados em países diferentes, sujeitos por isso a jurisdições fiscais diferentes, não está ao alcance da administração fiscal do país que promove a correcção para mais efectuar o ajustamento correlativo relativamente à entidade que se situa fora da sua jurisdição. Neste caso existe um problema de dupla tributação internacional que tem de ser resolvido de outro modo. Daí que o nº 12 do artº 63º do Código do IRC remeta

operação de modo a que a mesma seja globalmente consistente com o ajustamento primário efectuado. Essa recaracterização pode ser de assimilação a dividendos, a entradas de capital ou a empréstimos. Considere-se, por exemplo, que numa operação entre duas associadas um determinado preço de compra, efectivamente praticado e pago entre elas, vai ser corrigido de 1500 para 1000. O ajustamento primário consiste na correcção do lucro da compradora em 500 e consequente tributação. Esta correcção não apaga, contudo, o pagamento que foi feito – e se ele é indevido como preço de compra deverá ser recaracterizado, por exemplo, como distribuição de lucros da compradora à vendedora, se esta é sócia daquela, e ser tributado como tal, designadamente se a vendedora é uma entidade não residente por retenção na fonte a título definitivo. É este o chamado ajustamento secundário. Para maiores desenvolvimentos veja-se OCDE, *Princípios aplicáveis em matéria de preços de transferência destinados às empresas multinacionais e às Administrações Fiscais*, págs. 140 e segs. Cf. igualmente, na bibliografia portuguesa, LOUSA, Maria dos Prazeres, *"Preços de transferência e acordos de dupla tributação"*, in CIAT, *A tributação face às relações internacionais e à utilização das novas tecnologias*, Lisboa, Centro de Estudos Fiscais, 2000, págs. 219-243.

a possibilidade de se efectuar o ajustamento correlativo para o que a esse respeito se encontrar estabelecido em convenções internacionais celebradas por Portugal.

Esse ajustamento pode, então, nos termos e condições estabelecidos nessas convenções resultar de procedimento amigável ou de procedimento arbitral.

O *procedimento amigável*, como a própria designação sugere, resulta de acordo entre as administrações fiscais dos dois Estados.

Já o *procedimento arbitral*, como também a designação sugere, tem lugar quando essas administrações fiscais não chegam a acordo e a solução é obtida por um terceiro independente, em regra uma comissão arbitral, solução que os dois Estados se comprometem a respeitar.

O procedimento amigável encontra-se previsto para resolver estas questões no artº 25º da Convenção Modelo da OCDE, disposição que, com algumas particularidades, tem sido reflectida nas Convenções de Dupla Tributação celebradas por Portugal e cujas normas procedimentais estão previstas nos artºs 18º e 19º da referida Portaria nº 1446-C/2001. Trata-se de uma metodologia que embora seja satisfatória do estrito ponto de vista das administrações fiscais, pode acabar por não resolver o problema do ponto de vista do contribuinte. Com efeito, nos termos em que o procedimento amigável é geralmente previsto, apenas é pedido às autoridades fiscais que procurem uma solução, não lhes sendo exigido que a encontrem. Assim, se as autoridades fiscais não chegarem a acordo, a dupla tributação persiste e não é resolvida. Só o procedimento arbitral pode, neste caso, resolver a questão. E, nesse sentido, na versão de 2008 do Modelo de Convenção da OCDE foi introduzido um nº 5 ao artº 25º em que se admite o procedimento arbitral. O próprio Modelo prevê, no entanto, que o direito interno e considerações de natureza política ou administrativa podem não permitir ou não justificar o procedimento arbitral.[686]

O procedimento arbitral encontra-se, no entanto, previsto no âmbito da União Europeia pela chamada convenção de arbitragem – Convenção 90/436/CEE, de 23 de Julho de 1990, que Portugal ratificou e a que, por isso, está vinculado[687]. Nos termos desta Convenção os Estados em causa

[686] Cf. OCDE, *Modèle de Convention fiscale concernant le revenu et la fortune, version abrégée*, Juillet 2008, págs. 37-38.

[687] Embora com a natureza de simples compromisso político que não afecta os direitos e obrigações dos Estados membros e da Comunidade, o Conselho aprovou em 7 de Dezembro de 2004 um *Código de Conduta com vista a uma efectiva implementação da Convenção de Arbitragem da*

estão obrigados a eliminar a dupla tributação em caso de correcção de lucros entre empresas associadas. Assim, caso esses Estados não cheguem a acordo por virtude do procedimento amigável (artº 6º da Convenção) no sentido de eliminar a dupla tributação num prazo de dois anos a contar da primeira data em que o caso tenha sido submetido à consideração de uma das autoridades competentes, devem constituir uma comissão consultiva, composta por representantes das autoridades competentes dos países interessados e por personalidades independentes escolhidas de comum acordo, que dará um parecer sobre a forma de eliminar a dupla tributação que estiver em causa (artº 7º da Convenção), o qual tem de ser aceite pelas autoridades competentes que forem parte no procedimento arbitral a menos que cheguem, entretanto, a acordo sobre outra solução que resolva o problema da dupla tributação (artº 12º da Convenção)[688].

Quando não estejam em causa relações entre entidades situadas em Portugal e noutros Estados membros da União Europeia, a arbitragem só é possível se estiver prevista em Convenção celebrada entre os dois Estados. E, como se referiu, isso não acontece nas Convenções celebradas por Portugal.

16.4.7. *Acordos prévios*

Dada a matéria envolvida e no sentido de criar um ambiente favorável ao desenvolvimento das relações económicas, em que os aspectos de segurança jurídica são fundamentais, tem vindo a ser preconizada a adopção para efeitos fiscais de "acordos prévios" em matéria de preços de transferência, vulgarmente designados pela sigla APA – "*Advance Price Agreements*".

A OCDE foi pioneira nesta matéria, tendo emitido, em 1999, directrizes para a celebração de acordos prévios em matéria de preços de transferência, no âmbito do procedimento amigável (artº 25º da Convenção Modelo)[689]. No âmbito da União Europeia, em 2007 foram também publicadas "Directrizes relativas aos acordos prévios sobre os preços de transfe-

UE, com base no texto que lhe foi submetido pela Comissão – COM(2004) 297 final, de 23 de Abril de 2004.

[688] Nos termos da Convenção de Arbitragem (artº 14º), a dupla tributação só se considera eliminada: *a*) se os lucros estiverem apenas incluídos no cálculo dos lucros sujeitos a tributação num único Estado, ou *b*) se do montante do imposto a que os lucros estiverem sujeitos num dos Estados for deduzido um montante igual ao do imposto que lhes for aplicável no outro Estado.

[689] Veja-se o anexo sobre o assunto incluído em OCDE, *Príncipes applicables en matière de prix de transfert à l'intention des entreprises multinationales et des administrations fiscales*, Paris, 2001.

rência (APP) na União Europeia"[690]. Em Portugal, seguindo estas orientações, tal possibilidade consta actualmente do artº 138º do Código do IRC, regulado nos aspectos procedimentais pela Portaria nº 620-A/2008, de 16 de Julho.

As directrizes da OCDE em matéria de preços de transferência definem um APA como um acordo que estabelece, previamente à realização de operações entre entidades relacionadas, um conjunto de critérios (v.g., método de cálculo, elementos de comparação, ajustamentos a introduzir, hipóteses de base relativas à evolução futura) para a determinação dos preços de transferência aplicáveis a tais operações, durante um determinado período de tempo.

Em Portugal, de acordo com o artº 138º do Código do IRC, os acordos prévios sobre preços de transferência têm por objecto "estabelecer, com carácter prévio, o método ou métodos susceptíveis de assegurar a determinação dos termos e condições que seriam normalmente acordados, aceites ou praticados entre entidades independentes nas operações comerciais e financeiras, incluindo as prestações de serviços intragrupo e os acordos de partilha de custos", efectuadas entre entidades com as quais se esteja em situação de relações especiais ou operações realizadas entre a sede e os estabelecimentos estáveis. O prazo de vigência do acordo não pode ultrapassar três anos.

Esses acordos, que são, pela sua natureza, voluntários e de iniciativa dos contribuintes, podem ser (cf. igualmente artº 2º da Portaria nº 620-A/ /2008):

- Unilaterais, quando envolvem o contribuinte e as autoridades fiscais do respectivo país;
- Bilaterais ou multilaterais, quando envolvem, além do contribuinte e das autoridades fiscais do respectivo país, as autoridades fiscais dos dois ou, no último caso, mais países em que são desenvolvidos negócios.

Só estes últimos, apesar de mais demorados e dispendiosos, permitem resolver, de forma sistemática, a questão da dupla tributação internacional e são efectuados ao abrigo da disposição relativa ao "procedimento amigável" das convenções de dupla tributação celebradas entre os Estados em causa.

[690] Cf. COM (2007) 71 final de 26.2.2007.

Nos termos do nº 2 do artº 138º do Código do IRC, sempre que o sujeito passivo pretenda incluir no âmbito do acordo operações com entidades com as quais existam relações especiais residentes em país com o qual tenha sido celebrada uma convenção destinada a eliminar a dupla tributação deve solicitar que o pedido de acordo prévio seja submetido às respectivas autoridades competentes no quadro do procedimento amigável a instituir para o efeito.

Um "Acordo prévio" comporta geralmente quatro fases:

- Pedido ou reunião informal, destinado a apreciar se esta é a via apropriada para o efeito pretendido e a avaliar o tipo de informação necessária para um pedido formal;
- Pedido formal;
- Avaliação do pedido e, sendo caso disso, negociação do "Acordo";
- Formalização do "Acordo".

A Portaria nº 620-A/2008 regula estas várias fases do processo, desde a fase preliminar até à conclusão do acordo, cujo projecto deve ser comunicado por carta ao sujeito passivo para que nele seja aposta uma declaração de aceitação do acordo. Em anexo a essa Portaria enunciam-se os elementos que devem constar da proposta de acordo a apresentar pelo sujeito passivo (anexo I), a documentação que a deve acompanhar (anexo II) e os elementos que devem integrar o conteúdo do acordo (anexo III).

A principal consequência do acordo é a que se encontra definida no nº 7 do artº 138º do Código do IRC: "não havendo alterações na legislação aplicável nem variações significativas das circunstâncias económicas e operacionais e demais pressupostos de base que fundamentam os acordos, a DGCI fica vinculada a actuar em conformidade com os termos estabelecidos no acordo".

Assim, as vantagens destes "Acordos prévios" são evidentes, quer para os contribuintes quer para a própria Administração Fiscal. Para os primeiros, deles deriva segurança que permite prever com menor risco os impostos futuros e, desse modo, propiciam um ambiente mais favorável ao investimento, sendo uma oportunidade para a troca de informações num ambiente mais amigável do que o proporcionado *a posteriori* por inspecções fiscais, que podem redundar em juros e penalidades que acrescem aos custos da empresa, os quais os referidos acordos evitam. Para a administração fiscal, os recursos envolvidos na verificação das declarações fiscais em que estejam em causa preços de transferência (poderes de inspecção que os acordos não afectam) serão, em princípio, menores já que apenas se tratará de avaliar do cumprimento dos acordos estabelecidos.

É evidente que da previsão legal de acordos podem resultar custos acrescidos para a administração fiscal de modo a responder em tempo útil (aspecto que é fundamental) às solicitações dos contribuintes, mas considera-se que tais custos, que pelo menos em parte podem ser cobertos pela cobrança de taxas[691], podem constituir um elemento essencial para a competitividade do sistema fiscal de um dado país.

[691] os termos do artº 16º da Portaria nº 620-A/2008 a celebração de um acordo prévio fica sujeita ao pagamento das taxas determinadas nos termos e limites constantes dos artigos 1º e 2º da Portaria nº 923/99, de 20 de Outubro (montantes devidos pela realização de inspecção a pedido do sujeito passivo ou de terceiro).

BIBLIOGRAFIA CITADA

ALBUQUERQUE, Rui e DUARTE NEVES, Pedro, *"Efeitos redistributivos da tributação indirecta em Portugal"*, in *Boletim trimestral do Banco de Potugal*, vol. 16, nºs 3/4, Set-Dez/1994, págs. 43-56.

ALEXANDRE, Mário, *"A harmonização do IVA: objectivos e estratégias"*, in *Ciência e Técnica Fiscal*, Lisboa, nº 390, Abr-Jun/1998, págs. 221-237.

ALLAIS, Maurice, *L'impôt sur le capital et la réforme monétaire*, Paris, Herman, 1977.

AMARAL TOMAZ, João José, *"A redescoberta do imposto proporcional (Flat tax)"*, in *Homenagem a José Guilherme Xavier de Basto*, Coimbra, Coimbra Editora, 2006, págs. 351-405.

AMARAL TOMAZ, João José, *"Fiscalidade e Integração Europeia"*, a publicar in *Dicionário Portugal e a Europa: 60 anos de cooperação, 20 anos de adesão*, Instituto de História Contemporânea, Lisboa.

ANDRADE, Manuel de, *Teoria Geral da Relação Jurídica*, vol. I, Coimbra, Livraria Almedina, 1964.

ARAMAYO, Maria Sílvia Velarde, *Benefícios y minoraciones em derecho tributário*, Madrid, Marcial Ponts, 1997.

ATALIBA, Geraldo, *Hipótese de Incidência Tributária*, 2ª ed., São Paulo, Editora Revista dos Tribunais, 1978.

AUERBACH, Alan J., DEVEREUX, Michael P. e SIMPSON, Helen, *Taxing Corporate Income*, Paper prepared for The Mirrless Review "Reforming the Tax System for the 21st Century", March 2008.

AUJEAN, Michel, *"L''evolution de la fiscalité en Europe sous l'ímpulsion de la Commission: 50 ans du Traité de Rome"* in *A Vision of Taxes Within and Outside European Borders* (Luc Hinnekens and Philippe Hinnekens eds), Kluwer Law International BV, The Netherlands, 2008, págs. 21-52.

AULT, Hugh J. e ARNOLD, Brian J., *Comparative Income Taxation – A Structural Analysis*, 2nd ed., Kluwer Law International, 2004.

AVELÃS NUNES, Gonçalo, *"A cláusula geral anti-abuso de direito em sede de direito fiscal – artº 38º, nº 2, da Lei Geral Tributaria – à luz dos princípios constitucionais do direito fiscal"*, in *Fiscalidade*, nº 3, Julho 2000, págs. 39-62.

AVELÃS NUNES, Gonçalo, *Tributação dos Grupos de Sociedades pelo Lucro Consolidado em sede de IRC*, Coimbra, Almedina, 2001.

BACELAR GOUVEIA, J., *"A irretroactividade da norma fiscal na Constituição Portuguesa"*, in *Ciência e Técnica Fiscal*, Lisboa, nº 387, Jul-Set/1997, págs. 49-96.

BAPTISTA MACHADO, João, *Introdução ao Direito e ao Discurso Legitimador*, 13ª reimpressão, Coimbra, Almedina, 2002.

BARBOSA NOGUEIRA, Ruy, *Curso de Direito Tributário*, 5ª ed., São Paulo, Saraiva, 1980.

BAHL, Roy W., *"A Regression Approach to Tax Effort and Tax Ratio Analysis"* in *Staff Papers*

– *International Monetary Fund*, Washington, vol. XVIII, nº 3, Nov. 1971, págs. 570-608.

BAHL, Roy W "*A Representative Tax System Approach to Measuring Tax Effort in Developing Countries*", in *Staff Papers – International Monetary Fund*, Washington, 1972, vol. 19, nº 1, págs. 87-123.

BELTRAME, Pierre, *L'imposition des revenus*, Paris, 1970.

BELTRAME, Pierre, *Les systèmes fiscaux*, Collection Que sais-je?, nº 1599, Paris, Presses Universitaires de France, 1975.

BERLIRI, Antonio, *Principi di Diritto Tributario*, vol. I, Milão, Dott. A. Giuffré-Editore, 1952.

BERTALANFY, Ludwig von, *General Systems Theory*, New York, George Brasilier, 1968.

BIRD, Richard, "*A note on 'tax sacrifice' comparisons*", in *National Tax Journal*, New Orleans, 1964, vol. 17, nº 3, págs. 303-308.

BITTKER, B.I.,"*Accounting for Federal "tax subsidies" in the National Budget*", in *National Tax Journal*, Juin 1969, págs. 244-261.

BOBE, Bernard e LLAU, Pierre, *Fiscalité et choix économiques*, Calmann-Lévy, 1978.

BOBBETT, Catherine S., "*Retroactive or Retrospective? A note on terminology*", in *British Tax Review*, 2006, nº 1, págs. 15-18.

BOORSMA, Peter B., «*Rules versus Discretion in Fiscal Policy – Some Critical Remarks on a Discussion*», in *Public Finance and Steady Economic Growth* (Proceedings of the 45th Congress of the "International Institute of Public Finance»), ed. Gerold Krause-Junk, The Hague, Foundation Journal of Public Finance, 1990, págs. 183-196.

BRACEWELL-MILNES, Barry e HUISKAMP, J.C.L., *Investment Incentives*, Deventer, Kluwer, 1977.

BRANDÃO, António José, "*Alguns preconceitos correntes sobre a interpretação da lei tributária*", in *O Direito*, ano 73, 1941, nº 5.

BRAZ, Cláudia, CAMPOS, Maria Manuel, CUNHA, Jorge Correia da, MOREIRA, Sara e PEREIRA, Manuel Coutinho, "*Finanças Públicas em Portugal: tendências e desafios*", in *A Economia Portuguesa no Contexto da Integração Económica, Financeira e Monetária*, Lisboa, Banco de Portugal, 2009, págs. 339-421.

BRAZ DA SILVA, José Manuel, *Os Paraísos Fiscais – casos práticos com empresas portuguesas*, Coimbra, Almedina, 2000.

BRAZ TEIXEIRA, António, *Princípios de Direito Fiscal*, I vol., 3ª ed., Coimbra, Livraria Almedina, 1985.

BRAZ TEIXEIRA, António, "*Natureza jurídica das contribuições para a previdência*", in *Estudos comemorativos do XX aniversário do CEF*, vol. I, Lisboa, Centro de Estudos Fiscais, 1983, págs. 45-61.

BROCHIER, Hubert, LLAU, Pierre e MICHALET, Charles-Albert, *Économie Financière*, Paris, Presses Universitaires de France, 1975.

BUCHANAN, James M., *The Public Finances – An Introductory Textbook*, 3rd ed., Illinois, Richard D. Irwin, Inc., 1970.

BUIJINK, Willem, JANSSEN, Boudewijn e SCHOOLS, Yvonne, *Corporate Effective Tax Rates in the European Union*, Maastricht, Maastricht Accounting and Auditing Research and Education Center, April 1999.

CABRAL DE MONCADA, Luís, *Lições de Direito Civil*, I vol., 2ª ed., Coimbra, 1954.

CADETE, Joaquim António Pereira, *O efeito da tributação nas escolhas dos investidores*, Moderna Finança nº 7, Porto, Instituto do Mercado de Capitais, 1998.

CADILHE, Miguel, *Factos e Enredos*, Porto, Edições Asa, 1990.

CADILHE, Miguel, *Política de dividendos e dupla tributação*, Opúsculos do IESF nº 4, Porto, Edições Asa, 1991.

CAETANO, Marcello, *Manual de Direito Administrativo*, vol. I, 10ª ed., Coimbra, Livraria Almedina, 1984.

CARDOSO DA COSTA, J. M., *Curso de Direito Fiscal*, 2ª ed., Coimbra, 1972, pág. 15.

CARDOSO DA COSTA, J.M., *"O enquadramento constitucional do direito dos impostos em Portugal: A jurisprudência do Tribunal Constitucional"*, in MIRANDA, Jorge (org.), *Perspectivas Constitucionais nos 20 anos da Constituição de 76*, vol. II, Coimbra, 1997, págs 397-428.

CAREY, David, e TCHILINGUIRIAN, Harry, *Average Effective Tax Rates on Capital, Labour and Consumption*, OECD - Ecomics Department Working Papers No 258, Paris, 2000.

CARVALHO, António J. e GOMES SANTOS, J.G., *Nível e estrutura da fiscalidade portuguesa - comparações internacionais*, Lisboa, Cadernos de Ciência e Técnica Fiscal nº. 156, Centro de Estudos Fiscais, 1989.

CARVALHO, António Joaquim, "*Custos de Cobrança dos Impostos a Cargo da Administração e dos Contribuintes*", in *Ciência e Técnica Fiscal*, nº 355, Jul-Set/1989, págs. 7-30.

CASALTA NABAIS, "*Jurisprudência do Tribunal Constitucional em Matéria Fiscal*", in *Estudos sobre a Jurisprudência do Tribunal Constitucional*, Aequitas-Editorial Notícias, Lisboa, 1993, págs. 254 e segs.

CASALTA NABAIS, José, *Contratos Fiscais (Reflexões acerca da sua admissibilidade)*, Boletim da Faculdade de Direito da Universidade de Coimbra, Coimbra Editora, 1994.

CASALTA NABAIS, José, *O dever fundamental de pagar impostos*, Coimbra, Almedina, 1998.

CASALTA NABAIS, José, *"Direito fiscal e tutela do ambiente em Portugal"*, in *Rev CEDOUA*, Coimbra, nº 12, ano VI, 2003, págs. 23-42.

CASALTA NABAIS, José, *Direito Fiscal*, 6ª ed., Coimbra, Almedina, 2010.

CAVACO SILVA, A. e MURTEIRA, Bento, *"Nível e estrutura da fiscalidade: Portugal e os outros países da OCDE"* in *Economia*, Lisboa, vol. II, nº 1, Janeiro de 1978, págs. 61-94.

CAVACO SILVA, A., *"A teoria do empréstimo público forçado"*, in *Economia*, Lisboa, vol. IV, nº 2, Maio de 1980, págs. 243-269.

CAVACO SILVA, A.A. e CÉSAR DAS NEVES, J.L., *Finanças Públicas e Política Macroeconómica*, Lisboa, Universidade Nova de Lisboa, 1992.

Centro Interamericano de Administradores Tributários (CIAT), *Modelo de Codigo Tributario del CIAT*, Panama, 1997.

CHELLIAH, Raja J., "*Trends in Taxation in Developping Countries*", in *Staff Papers - International Monetary Fund*, Washington, vol. XVII, nº 2, July 1971, págs. 254-331.

CHELLIAH, Raja J., BAAS, Hessel J. e KELLY, Margaret R., "*Tax Ratios and Tax Effort in Developing Countries, 1969-1971*", in *Staff Papers - International Monetary Fund*, Washington, vol. XXII, nº 1, March 1975, págs. 187--205.

CIMOURDAIN DE OLIVEIRA, Camilo, *A reintegração acelerada como incentivo fiscal ao investimento*, Porto, 1964.

CIMOURDAIN DE OLIVEIRA, Camilo, *Lições de Direito Fiscal*, 6ª ed, Porto, Universidade Portucalense, 1997.

CNOSSEN, Sijbren, *Excise System: a Global Study of the Selective Taxation of Goods and Services*, Baltimore, The Johns Hopkins University Press, 1977.

CNOSSEN, Sijbren e SHOUP, Carl, *"Coordination of value-added taxes"* in *Tax Coordination in the European Community*, Cnossen Sijbren editor, Deventer, Kluwer, 1987, págs. 59-84.

CNOSSEN, Sijbren, *"The Role of Excises in OECD Member Countries"* in *Changes in Revenues Structures*, ed. by Aldo Chiancone and Ken Messere, Detroit, Wayne State University Press, 1989, págs. 285-304.

CNOSSEN, Sijbren, *Company Taxes in the European Union: Criteria and Options for Reform*, in *Fiscal Studies*, 1996, vol. 17, n. 4, págs. 67-97.

CNOSSEN, Sijbren, "*Global Trends and Issues in Value Added Taxation*", in *International Tax and Public Finance*, vol. 5, nº 3, July 1998, págs. 399-428.

Comissão das Comunidades Europeias, *Comunicação da Comissão ao Conselho, ao Parlamento Europeu e ao Comité Económico e Social Europeu sobre Tributação dos Dividendos das Pessoas Singulares no Mercado Interno*, Bruxelas, 19.12.2003, COM(2003) 810 final.

Comissão da Reforma Fiscal, *Reforma da Tributação do Rendimento*, I, Lisboa, Imprensa Nacional-Casa da Moeda, 1987.

Comissão de Reforma da Tributação do Património, *Projecto de Reforma da Tributação do Património*, Lisboa, Centro de Estudos Fiscais, 1999.

Comissão Europeia, *Livro Verde: Sobre o futuro do IVA - Rumo a um sistema de IVA mais simples, mais sólido e eficaz*, Bruxelas, 1.12.2010, COM (2010) 695 final.

Conseil des Impôts, *L'imposition du patrimoine* (seizième rapport au President de la Republique), Paris, 1998.

Convenções de dupla tributação, vols. I, II, III e IV, Cadernos de Ciência e Técnica Fiscal nºs 193, 194, 195 e 204, Lisboa, Centro de Estudos Fiscais, 2004 e 2008.

Correia e Vale, Maria de Lourdes e Freitas Pereira, M.H., *"IRC - Não aplicação do regime de transparência fiscal às sociedades gestoras de participações sociais"*, in *Ciência e Técnica Fiscal*, Lisboa, nº 354, Abril-Junho de 1989, págs. 275-286.

Correia e Vale, Maria de Lourdes e Freitas Pereira, M.H. *"Tributação de entidades não residentes por lucros derivados de obras de construção e montagem no território português"*, in *Ciência e Técnica Fiscal*, Lisboa, nº 364, Out--Dez de 1991, págs. 441-449.

Cosciani, Cesare, *Scienza delle Finanza*, 8ª ed., Torino, Unione Tipografico-Editore Torinese, 1979.

Costa, Amável, Rato Rainha, J.H. e Freitas Pereira, M.H., *Benefícios Fiscais em Portugal*, Coimbra, Livraria Almedina, 1977.

Costa, Mercè, Durán, José Maria, Espasa, Marta, Esteller, Alejandro e Mora, Antoni, *Teoria básica de los Impuestos: un enfoque económico*, 2ª ed., Madrid, Civitas, 2005.

Courinha, Gustavo Lopes, *A Cláusula Geral Anti-Abuso no Direito Tributário*, Coimbra, Almedina, 2004.

Cravo de Sampaio, Maria de Fátima Rodrigues, *Contabilização do Imposto sobre o Rendimento das Sociedades*, Lisboa, Vislis Editores, 2000.

Cunha, Patrícia Noiret e Vasques, Sérgio, *Jurisprudência Fiscal Comunitária Anotada*, vol. I, Coimbra, Almedina, 2002.

Denys, Lieven, *"Previous EU Proposals for Cross-Border Loss Relief"*, in *European Taxation*, nº 9, 2006, págs. 443-445.

Devereux, M. e Freeman, H., *"A general neutral profit tax"*, in *Fiscal Studies*, vol. 12, nº 3, 1991, págs. 1-15.

Devereux, Michael e Griffith, Rachel, *The Taxation of Discrete Investment Choices*, London, Institue for Fiscal Studies Working Paper, 1998.

Devereux, Michael P. e Loretz, Simon, *"The Effects of EU Formula Apportionment on Corporate Tax Revenues"*, in *Fiscal Studies*, vol. 29, n. 1, March 2008, págs. 1-33.

Dias Soares, Cláudia Alexandra, *O imposto ecológico - contributo para o estudo dos instrumentos económicos de defesa do ambiente*, Studia Iuridica 58, Coimbra, Coimbra Editora, 2001.

Directiva da Poupança, Cadernos de Ciência e Técnica Fiscal, nº 199, Lisboa, Centro de Estudos Fiscais, 2006.

Dourado, Ana Paula, *O princípio da legalidade fiscal na Constituição Portuguesa*, in *Ciência e Técnica Fiscal*, Lisboa, nº 379, Jul-Set/1995, págs. 47-97.

Dourado, Ana Paula, *A tributação dos rendimentos de capitais: a harmonização na Comunidade Europeia*, Cadernos de Ciência e Técnica Fiscal, nº 175, Lisboa, Centro de Estudos Fiscais, 1996.

Dourado, Ana Paula, *"Substituição e responsabilidade tributária"*, in *Ciência e Técnica Fiscal*, nº 39, Jul-Set/1998, págs. 7-86.

Dourado, Ana Paula, *O Princípio da Legalidade Fiscal*, Coimbra, Almedina, 2007.

DOURADO, Ana Paula, *Lições de Direito Fiscal Europeu - Tributação Directa*, Coimbra, Coimbra Editora, 2010.

DUARTE MORAIS, Rui, *Imputação de lucros de sociedades não residentes sujeitas a um regime fiscal privilegiado*, Porto, Publicações Universidade Católica, 2005.

DUARTE MORAIS, Rui, *Execução fiscal*, 2ª ed., Coimbra, Almedina, 2006.

DUARTE NEVES, F. J., *Efeitos de uma Política de Rendimento Mínimo Garantido: Aspectos Teóricos e Experiência de Implementação no Contexto Europeu* (Dissertação de Mestrado em Economia e Política Social no ISEG), Lisboa, policopiado, 1996.

DUE, John, *Indirect Taxation in Developing Countries*, Baltimore, Johns Hospkin University Press, 1988.

EASSON, Alex, *Tax Incentives for Foreign Direct Investment*, The Hague, Kluwer Law International, 2004.

ECJ DIRECT TAX COMPASS, IBFD, Amsterdam, 2011.

ECORFI - *Relatório final e anteprojectos*, Lisboa, Centro de Estudos Fiscais, 2002.

EGRET, Georges, *La TVA*, Paris, PUF, 1978.

ENGRÁCIA ANTUNES, José A., *Os Grupos de Sociedades*, 2ª ed., Coimbra, Almedina, 2002.

ESQUERRO, Teodoro e USSEL, Joaquin, *"Doble imposición económica de dividendos y sistemas de integración: el caso español"*, in *Cuademos de Actualidad*, Madrid, 10/1994, ano V, págs. 429-442.

ESSERS, Peter e RUSSO, Ronald, *"The Precious Relationship between IAS/IFRS, National Tax Accounting Systems and the CCCTB"*, in *The Influence of IAS/IFRS on the CCTB, Tax Accounting, Disclosure, and Corporate Law Accounting Concepts - "A Clash of Cultures"*, The Netherlands, Kluwer Law International, 2009.

EUROPEAN COMMISION, *"Public Finances in EMU - 2007"* in *European Economy*, nº 3, 2007, págs. 270-273.

EUROPEAN COMMISSION, *Taxation Trends in the European Union*, 2010 edition.

EUROPEAN PARLIAMENT, *The Impact of the Rulings of the European Court of Justice in the Area of Direct Taxation*, PE 404.888, March of 2008.

FALCON Y TELLA, Ramon, *Analisis de la transparencia tributaria*, Madrid, Instituto de Estudios Fiscales, 1984.

FAVEIRO, Vítor, *O Estatuto do Contribuinte*, Coimbra, Coimbra Editora, 2002.

FEIO, Diogo, *A substituição fiscal e a retenção na fonte: o caso específico dos impostos sobre o rendimento*, Coimbra, Coimbra Editora, 2001.

FELD, Lars P. e SCHNEIDER, Friedrich, *Survey on the Shadow Economy and Undeclared Earnings in OECD Countries*, January 2010.

FELDHOFF, Michael, *"A tributação do cash-flow e respectiva problemática"* in *Fisco*, Lisboa, ano 2, nº 23, Setembro de 1990, págs. 12-25.

FERNANDES FERREIRA, Rogério, *A tributação do lucro real*, 2ª ed., Lisboa, 1972.

FERNANDES FERREIRA, Rogério, *"Enquadramento fiscal da subcapitalização de empresas"* (Relatório Geral do Tema II das XIX Jornadas latino-Americanas de Direito Tributários), in *Ciência e Técnica Fiscal*, nº 392, Outubro-Dezembro/1998, págs. 129-153.

FERREIRA, Domingos, *Fusões, aquisições e reestruturações de empresas*, vol. I, Lisboa, Sílabo, 2002.

First Report of the Commission on Taxation - Direct Taxation, Dublin, Stationery Office, Julho de 1982.

FRANCISCO, Paulo, *"Estrutura óptima de financiamento no contexto fiscal nacional actual"*, in *Cadernos do Mercado de Valores Mobiliários*, nº 29, Abril de 2008, págs. 38-56.

FRANK, Henry, *"Measuring State Tax Burdens"*, in *National Tax Journal*, New Orleans, 1959, vol. 12, nº 2, págs. 179-185.

FREITAS PEREIRA, M. H., "Os incentivos fiscais e o financiamento do investimento privado", in *Influência da fiscalidade na forma de financiamento das empresas*, Cadernos de Ciência e Técnica Fiscal nº 121, Lisboa,

Centro de Estudos Fiscais, 1981, págs. 235-256.

FREITAS PEREIRA, M. H., *A periodização do lucro tributável*, Lisboa, Centro de Estudos Fiscais, 1988.

FREITAS PEREIRA, M. H., *"A base tributável do IRC"*, in *Ciência e Técnica Fiscal*, Lisboa, nº 360, Out-Dez/1990, págs. 115-145.

FREITAS PEREIRA, M. H., *"Relevância, em termos de apuramento do lucro tributável, de documentos internos justificativos de compras de existências"*, in *Ciência e Técnica Fiscal*, nº 365, Jan--Mar/1992, págs. 343-352.

FREITAS PEREIRA, M. H., *"Tratamento fiscal da transferência de bens imóveis entre o património privado e o património empresarial de uma pessoa singular"*, in *Ciência e Técnica Fiscal*, nº 367, Julho-Setembro de 1992, págs. 7-26.

FREITAS PEREIRA, M. H., *"A directiva comunitária relativa ao regime fiscal comum aplicável a fusões, cisões, entradas de activos e permutas de acções"*, in *Fisco*, nº 47, Out/1992, págs. 3-14.

FREITAS PEREIRA, M. H., *"Fiscalidade das Empresas e Harmonização Fiscal Comunitária"*, in *A Internacionalização da Economia e a Fiscalidade* (Colóquio comemorativo do XXX aniversário do Centro de Estudos Fiscais), Lisboa, Ministério das Finanças, 1993.

FREITAS PEREIRA, M. H., *"Regime fiscal do reporte de prejuizos – princípios fundamentais"*, in *Estudos em homenagem à Dra. Maria de Lourdes Órfão de Matos Correia e Vale*, Lisboa, Centro de Estudos Fiscais, 1995, págs. 221- 244.

FREITAS PEREIRA, M. H., *"Concorrência fiscal prejudicial – o Código de Conduta da União Europeia"*, in *Ciência e Técnica Fiscal*, nº 390, Abril-Junho de 1998, págs. 205-219.

FREITAS PEREIRA, M. H., *"Portugal - Tax treatment of corporate losses"*, in *Cahiers de droit fiscal international*, vol. LXXXIIIa, 1998, Kluwer, págs. 717-732.

FREITAS PEREIRA, M. H., *"O papel da fiscalidade numa política activa de emprego"*, in Conselho Económico e Social, *Colóquio "O Plano Nacional de Emprego"*, Lisboa, 1998, págs. 63-70.

FREITAS PEREIRA, M. H., *"Uma nova vertente da política ambiental em Portugal – os benefícios fiscais à protecção e defesa do ambiente"*, in *Revista Jurídica do Urbanismo e do Ambiente*, nºs 11/12, Jun-Dez 1999, págs. 345-375.

FREITAS PEREIRA, M.H., *"Relações entre a tributação dos rendimentos do trabalho dependente e as contribuições para a segurança social – a experiência portuguesa"*, in *Tributação do trabalho dependente – relações com as contribuições para a segurança social*, Porto, Vida Económica, 2000, págs. 9-31.

FREITAS PEREIRA, M. H., *"A dupla tributação económica dos lucros"*, in *Estudos em homenagem ao Prof. João Lumbrales*, Coimbra, Coimbra Editora, 2000, págs. 599-614.

FREITAS PEREIRA, M. H., *"Revisão dos impostos sobre o rendimento"*, in *Cadernos de Economia*, nº 57, Out-Dez/2001, págs. 34-42.

FREITAS PEREIRA, M. H., *"Sistema Fiscal Português – algumas prioridades"*, in *O Economista, Lisboa*, Outubro de 2002, págs. 103-107.

FREITAS PEREIRA, M. H. e LOUSA, Maria dos Prazeres, *"Trends in company/shareholder taxation: single or double taxation – Portugal"*, in *Cahiers de droit fiscal international*, vol. LXXXVIIIa, Kluwer, The Netherlands, 2003, págs. 743-766.

FREITAS PEREIRA, M. H., *"A reforma dos impostos sobre o património"*, in *Cadernos de Economia*, ano XVII, nº 65, Out/Dez-2003, págs. 43-49.

FREITAS PEREIRA, M. H., *"Justiça fiscal e neutralidade dos impostos"*, in *O Economista*, Lisboa, 2004, págs. 84-88.

FREITAS PEREIRA, M. H., *"Competitividade fiscal e custos de cumprimento"*, in *O Economista*, Lisboa, 2005, págs. 44-51.

Freitas Pereira, M. H., *Tributação das sociedades e globalização económica*, "Conferência Internacional "Portugal/União Europeia e os EUA – Novas perspectivas económicas num contexto de globalização", Instituto de Direito Económico, Financeiro e Fiscal, Faculdade de Direito de Lisboa, 23 a 27 de Junho de 2008, in *Ciência e Técnica Fiscal*, nº 422, Julho-Dezembro de 2008, págs. 7-24.

Freitas Pereira, M. H., *"IRS e Modelos de Tributação"*, in *O Economista*, 22ª ed., Lisboa, 2009, págs. 48-54.

Freitas Pereira, M. H., *"Política Fiscal em Tempo de Crise – Que Modelo de Tributação do Rendimento Adoptar"*, in *Conferência Crise, Justiça Social e Finanças Públicas*, Coimbra, Almedina, 2010, págs. 327-345.

Freitas Pereira, M H., *"Regime Fiscal Aplicável a Fusões, Cisões e Entradas de Activos – Novos Desenvolvimentos"*, in *Estudos em Homenagem ao Professor Doutor Paulo de Pitta e Cunha*, vol. II, Lisboa, Almedina, 2010, págs. 422-446.

Fueste, Clements, Peichl, Andreas e Schaefer, Thilo, *"Is a flat tax reform feasible in a grown-up democracy of Western Europe? A simulation study for Germany"* in *International Tax and Public Finance*, vol. 15, n. 5, October 2008, págs. 620-636.

GAPTEC/UTL, *Estudo sobre a contribuição autárquica* (coordenação de Sidónio Pardal), in *Ciência e Técnica Fiscal*, nº 384, Out-Dez/1996, págs. 81-186.

Geffroy, Jean-Baptiste, *Grands problèmes fiscaux contemporains*, Paris, Presses Universitaires de France, 1993.

Genser, Bernd e Reutter, Andreas, *"Moving Towards Dual Income Taxation in Europe"*, in *FinanzArchiv*, vol. 63, nº 3, 2007, págs. 436-456.

Gest, Guy e Tixier, Gilbert, *Manuel de Droit Fiscal*, 4ª ed., Paris, Librairie Générale de Droit et de Jurisprudence, 1986.

Gest, Guy, *"Réforme fiscale – les contraintes d'origine communautaire en matière de fiscalité directe"*, in *Revue française de finances publiques*, nº 60, Novembre 1997, págs. 109-123.

Giannini, A. D., *Istituzioni di Diritto Tributario*, 9ª ed. (nuova ristampa), Milão, Dott. A. Giuffré Editore, 1974.

Gomes Canotilho, J.J., *Direito Constitucional e Teoria da Constituição*, 7ª ed., Coimbra, Livraria Almedina, 2003.

Gomes dos Santos, J.C., *"Principais tendências de convergência nos sistemas fiscais dos países comunitários – uma perspectiva quantificada"*, in *Colóquio "A Internacionalização da economia e a fiscalidade" comemorativo do XXX aniversário do Centro de Estudos Fiscais*, Lisboa, Ministério das Finanças, 1993, págs. 125-160.

Gomes dos Santos, José Carlos, *"Uma visão integrada dos custos associados ao financiamento público através de impostos – o caso dos custos de eficiência, administração e cumprimento"*, in *Ciência e Técnica Fiscal*, nº 378, Abril-Junho/1995, págs. 31-59.

Gonçalves, Joaquim, *"A caducidade face ao direito tributário"*, in *Problemas Fundamentais do Direito Tributário*. Lisboa, Vislis, 1999, págs. 227-257.

Gonçalves Pinto, Luís, "*O Timing e a Gestão Fiscal na Realização de Mais-Valias em Sede de IRC*", in *Ciência e Temática Fiscal*, nº 414, Julho-Dezembro 2004, págs. 219-244.

González, Eusebio e González, Teresa, *Derecho Tributario*, I, Salamanca, Plaza Universitaria Ediciones, 2004.

Gorjão-Henriques, Miguel, *Direito da União*, 6 ª ed., Coimbra, Almedina, 2010.

Graça Lemos, Maria T., *Algumas considerações sobre a adopção do IVA comunitário*, Separata do Boletim do Ministério da Justiça nº 9, Lisboa, 1982, pág. 10.

Gribnau, Hans e Pauwels, Melvin R. T., *Retroactivity of Tax Legislation* – General Report presented at EATLP Congress, Leuven, May 2010.

GRILLET-PONTON, Dominique, *La famille et le fisc*, Paris, Presses Universitaires de France, 1998.

GRIZZIOTTI, Benvenutto, *"L'interpretazione funzionale delle legge finanziarie"*, in *Revue Derecho FSF*, 1949, II, págs. 154 e segs.

GUPTA, Abhijit Sem, *Determinants of Tax Revenue Efforts in Developing Countries*, July 2007, IMF Working Paper WP/07/ /184.

HAIG, Robert Murray, *"The concept of income – economic and legal aspects"*, in HAIG (ed.), *The Federal Income Tax*, New York, Columbia University Press, 1921, reimp. in MUSGRAVE, Richard A., & SHOUP, Carl S. (eds.), *Readings in the Economics of Taxation*, Illinoid, Richard D. Irwin, Inc., 1959.

HALL, Robert e RABUSHKA, Alvin, *"The Flat Rate Tax: A Proposal for Tax Simplification"*, in *New Directions in Federal Tax Policy for the 1980s*, ed. by Charles Walker e Mark Bloomfield, Cambridge, Ballinger Publishing Company, 1984, págs. 297-310.

HALL, Robert e RABUSHKA, Alvin, *The Flat Tax*, 2nd ed., Stanford, Hoover Institution Press, Stanford University, 1995.

HAMAEKERS, Hubert, *"Os preços de transferência no limiar do século XXI"*, in CIAT, *A tributação face às relações internacionais e à utilização das novas tecnologias*, Lisboa, Centro de Estudos Fiscais, 2000, págs. 135-218.

HEAD, John G., *"Company Tax Structure and Company Tax Incidence"*, in *International Tax and Public Finance*, vol. 4, n. 1, January 1997, págs. 61-99.

HINRICHS, H. H., *A general theory of tax structure change during development*, Cambridge, Harvard Law School, 1966.

HOLMES, Kevin, *The Concept of Income – A multidisciplinary analysis*, IBFD Publications BV, Amsterdam, 2001.

HORNGREN, Charles, SUNDEN, Gary and STRATTON, William, *Introduction to Management Accounting*, 11th ed., New Jersey, Prentice Hall International, Inc, 1999.

INCHAUSPÉ, Irène. *L'impôt sur le cash-flow*, Paris, Les Éditions de l'Épargne, 1990.

"Interpretation of double taxation conventions (1993 Florence Congress of International Fiscal Association)", in *Cahiers de Droit Fiscal International*, vol. LXXVIIIa, The Netherlands, Kluwer, 1993.

JAMES, Simon e NOBES, Christopher, *The Economics of Taxation*, 7th ed., London, Pearson Education Limited, 2000.

JARNEVIC, Jean-Pierre, *Droit Fiscal International*, Paris, Economica, 1985.

JEZE, Gaston, *Cours de finances publiques*, 1931.

KAKWANI, N.C., *«Measurement of tax progressivity: An international comparison»*, in *The Economic Journal*, vol. 87, March 1977, págs. 71-80.

KAPLAN, Robert S. *Advanced Management Accounting*, New Jersey, Prentice Hall International, Inc, 1982.

KEEN, Michael, KIM, Yitae e VARSANO, Ricardo, *"The "Flat Tax(es)": Principles and Evidence"*, IMF Working Paper 06/218, International Monetary Fund, September 2006.

KEEN, Michael, KIM, Yitae e VARSANO, Ricardo, *"The "flat tax(es)": principles and experience"*, in *International Tax and Public Finance*, vol. 15, n. 6, December 2008, págs. 712-751.

KEMMEREN, Eric, *"After repeal of Article 293 EC Treaty under the Lisbon Treaty: the objective of eliminating double taxation can be applied more widely"*, in *EC Tax Review*, nº 4, 2008, págs. 156-158.

KING, Mervyn A. e FULLERTON, Don, *The Taxation of Income from Capital*, Chicago, University of Chicago Press, 1984.

LAGARES CALVO, M.J., *Incentivos fiscales a la inversion privada*, Madrid, Instituto de Estudios Fiscales, 1974.

LAIRES, Rui, *A incidência e os critérios de territorialidade do IVA*, Coimbra, Almedina, 2008.

LAIRES, Rui, *IVA – A Localização das Prestações de Serviços após 1 de Janeiro de 2010*, Cadernos de Ciência e Técnica Fiscal, nº 208, Lisboa, Centro de Estudos Fiscais, 2010.

LAUFENBURGER, Henry, *Théorie Économique et Psychologique des Finances Publiques*, Paris, Sirey, 1956.

LAURÉ, Maurice, *Traité de Politique Fiscale*, Paris, 1956.

LEITE DE CAMPOS, Diogo e LEITE DE CAMPOS, Mónica, *Direito Tributário*, 2ª ed., Coimbra, Almedina, 2003.

LEITE DE CAMPOS, Diogo, "*Interpretação das normas fiscais*", in *Problemas fundamentais do Direito Tributário*, Lisboa, Vislis, 1999, págs. 17-31.

LEITE DE CAMPOS, Diogo, "*Evasão fiscal, fraude fiscal e prevenção fiscal*", in *Problemas fundamentais do direito tributário*, Lisboa, Vislis, 1999, págs. 189-218.

LEITE DE CAMPOS, Diogo, SILVA RODRIGUES, Benjamim e LOPES DE SOUSA, Jorge, *Lei Geral Tributária comentada e anotada*, Vislis, Lisboa, 1999.

LIMA GUERREIRO, António, *Lei Geral Tributária Anotada*, Lisboa, Editora Rei dos Livros, 2001.

LOPES PORTO, M. C., *O imposto de transacções – tipo a adoptar*, Coimbra, Faculdade de Direito, 1970.

LOPES PORTO, M. C., "*A reforma fiscal portuguesa e a tributação local*", in *Estudos em homenagem ao Prof. Doutor Eduardo Correia*, Coimbra, Faculdade de Direito, 1988.

LOPES DE SOUSA, Jorge, "Juros nas relações tributárias", in *Problemas Fundamentais do Direito Tributário*. Lisboa, Vislis, 1999, págs. 141-183.

LOPES DE SOUSA, Jorge e SIMAS SANTOS, Manuel, *Regime Geral das Infracções Tributárias Anotado*, Lisboa, Áreas Editora, 2003.

LOPES DE SOUSA, Jorge, *Código de Procedimento e de Processo Tributário, anotado e comentado*, 5ª edição, Lisboa, Áreas Editora, 2006.

LOPES DE SOUSA, Jorge, *Sobre a Prescrição da Obrigação Tributária – Notas Práticas*, Lisboa, Áreas Editora, 2008.

LOTZ, Joergen R. e MORSS, Elliott R., "*Measuring 'Tax Effort' in Developing Countries*", in *Staff Papers – International Monetary Fund*, Washington, Vol. XIV, nº 3, Nov. 1967, págs. 478-497.

LOTZ, Joergen R. e MORSS, Elliott R.,"*A Theory of Tax Level Determinants for Developing Countries*", in *Economic Development and Cultural Change*, vol. XVIII, 1970, nº 3, págs. 328-341.

LOUSA, Maria dos Prazeres, "*O regime de tributação pelo lucro consolidado*", in *Ciência e Técnica Fiscal*, nº 355, Julho-Setembro de 1989, págs. 59-92.

LOUSA, Maria dos Prazeres, "*A tributação das filiais de empresas transnacionais e a subcapitalização*" in "*Colóquio sobre a internacionalização da economia e a fiscalidade* (XXX aniversário do Centro de Estudos Fiscais), Lisboa, 1993, págs. 443-482.

LOUSA, Maria dos Prazeres, "*Novo Regime Fiscal da Subcapitalização*", in *Fisco*, nº 76/77, Março/Abril de 1996, págs. 65-73.

LOUSA, Maria dos Prazeres, "*Portugal-International aspects of thin capitalization*", in *Cahiers de droit fiscal international*, vol. LXXXIb, Kluwer, Netherlands, 1996, págs. 647--660.

LOUSA, Maria dos Prazeres, "*Enquadramento fiscal da subcapitalização de empresas*", in *Ciência e Técnica Fiscal*, nº 392, Outubro-Dezembro/1998, págs. 115-128.

LOUSA, Maria dos Prazeres, "*Preços de transferência e acordos de dupla tributação*", in CIAT, *A tributação face às relações internacionais e à utilização das novas tecnologias*, Lisboa, Centro de Estudos Fiscais, 2000, págs. 219-243.

LOUSA, Maria dos Prazeres, "*Group taxation*", in *Cahiers de droit fiscal international*, vol. 89b, Sdu Fiscale & Financiële Uitgevers, The Netherlands, 2004, págs. 547-567.

LUCAS PIRES, Miguel, *Dos privilégios creditórios – Regime jurídico e sua influência no concurso de credores*, Coimbra, Almedina, 2004.

MACEDO, Jorge Braga e GASPAR, Vítor, "*Uma reforma fiscal para 1992: imposto linear único sobre rendimento"*, in *Nova Economia em Portugal – Estudos em homenagem a António Manuel Pinto Barbosa*, Lisboa, Universidade Nova de Lisboa, 1989, págs. 381-402.

MACHETE, Pedro, "A audição prévia do contribuinte", in *Problemas Fundamentais do Direito Tributário*. Lisboa, Vislis, 1999, págs. 299-335.

MAIA GONÇALVES, M., *Código Penal Português Anotado e Comentado*, 13ª ed. Coimbra, Almedina, 1999.

MALHERBE, Jacques, *O efeito directo das directivas comunitárias em matéria fiscal*, Opúsculos do IESF nº 20, Lisboa, Edições Asa, 1996.

MARCIREAU, Jean-Marie, *"L' unicité de l'impôt sur le revenu"*, in *Revue de Science Financière*, Paris, vol. LXV, 1973, págs. 101 e segs.

MARCOS, António, *O Direito dos Contribuintes à Segurança Jurídica*, Porto, Edições Universidade Fernando Pessoa, 1997.

MARQUES GUEDES, Armando M., *"Interpretação, aplicação e integração das normas jurídicas"* in *Ciência e Técnica Fiscal*, Lisboa, nº 44-45, Agosto-Setembro/1962, págs. 171-208.

MARQUES DA SILVA, Isabel, *"A responsabilidade tributária dos corpos sociais"*, in *Problemas Fundamentais do Direito Tributário*, Lisboa, Vislis, 1999, págs. 121-140.

MARQUES DA SIVA, Isabel, "*Implicações fiscais*", in *Estudos sobre a Nova Concordata Santa Sé – República Portuguesa, 18 de Maio de 2004*, Lisboa, Universidade Católica Portuguesa, 2006, págs. 209-221.

MARQUES DA SIVA, Isabel, *Regime Geral das Infracções Tributárias*, Cadernos IDEFF nº 5, 3ª ed., Coimbra, Almedina, 2010.

MARTINEZ, Jean-Claude, *"L' imposition du capital dans la fiscalité française et allemande"*, in *Revue de Science Financière*, Paris, Juillet-Septembre, 1977, nº 3, págs. 833 e segs.

MARTINS, António, *A fiscalidade e o financiamento das empresas*, Porto, Vida Económica, 2000.

MARTINS, Manuel, *Auxílios de Estado no Direito Comunitário*, Cascais, Principia, 2002.

Materials on International & EU Tax Law (selected and edited by Kees van Raad), 2010/ /2011, International Tax Centre, Leiden, 2010.

MCLURE JR, Charles E., *Must Corporate Income be Taxed Twice?*, Washington, The Brookings Institution, 1979.

MEADE, J.E. (report chaired by), *The Structure and Reform of Direct Taxation*, The Institute of Fiscal Sudies, London, George Allen & Unwin, 1978.

MEHL, Lucien e BELTRAME, Pierre, *Science et Technique Fiscales*, Paris, Presses Universitaires de France, 1984.

MENDOZA, Enrique G., RAZIN, Assaf e TESAR, Linda, *"Computing Effective Tax Rates on Factor Incomes and Consumption: An International Macroeconomic Perspective"*, CEPR Discussion Paper 866, London, Centre for Economic Policy Research, 1994.

MENEZES CORDEIRO, António, *Manual de Direito Bancário*, 4ª ed., Coimbra, Almedina, 2010.

MENEZES LEITÃO, João, "*A substituição e a responsabilidade fiscal no direito português*", in *Ciência e Técnica Fiscal*, nº 388, Out-Dez/1997, págs. 93-148.

MENEZES LEITÃO, Luís, "*Evolução e situação da Reforma Fiscal"*, in *Ciência e Técnica Fiscal*, nº 387, Jul-Set/1997, págs. 7-47.

MENEZES LEITÃO, Luis, *"Evasão e fraude fiscal internacional"*, in *Estudos de Direto Fiscal*, Coimbra, Almedina, 1999, págs. 117-144.

MENEZES LEITÃO, Luís, "*A introdução na legislação portuguesa de medidas destinadas a reprimir a evasão fiscal internacional: o decreto-lei nº 37/95, de 14 de Fevereiro"*, in *Estudos de Direito Fiscal*, Coimbra, Almedina, 1999, págs 161-172.

MENEZES LEITÃO, L. M., *"O Procedimento Administrativo Tributário de Liquidação e Cobrança das Contribuições para a Segurança Social"*, in *Seminário "Direito da Segurança Social"*, Lisboa, Tribunal de Contas, 2000, págs. 199-220.

MENEZES LEITÃO, L., *"Aplicação de medidaanti-abuso na luta contra a evasão fiscal"*, in *Fisco*, nº 107/108, Março de 2003, págs. 35-45.

MENEZES LEITÃO, Luís, *"A conformidade com a Constituição da nova fórmula de determinação do valor patrimonial tributário dos prédios urbanos"*, in *Fisco*, nº 113/114, Abril de 2004, págs. 3-23.

MENEZES LEITÃO, L. M., *Direito das Obrigações*, vol. II, 7ª ed., Coimbra, Almedina, 2010.

MESQUITA PALHA, Maria Margarida, *"Sobre o conceito jurídico de taxa"*, in *Estudos comemorativos do XX aniversário do CEF*, vol. II, Lisboa, Centro de Estudos Fiscais, 1983, págs. 573-592.

MESQUITA, Maria Margarida, *Direito de resistência e ordem fiscal*, Coimbra, 1996.

MESQUITA, Maria Margarida, *As Convenções sobre Dupla Tributação*, Lisboa, Centro de Estudos Fiscais, 1998.

MESQUITA, Maria Margarida, *"Domicílio fiscal ou residência?"*, in *Estudos dedicados ao Prof. Doutor Mário Júlio de Almeida Costa*, Lisboa, Universidade Católica Editora, 2002, págs. 1035-1052.

"Les mesures unilaterales d'éviter la double imposition" in *Cahiers de droit fiscal international*, vol. LXVIB, Kluwer, 1981.

MESSERE, K.C. e OWENS, J.P., *"Comparaisons internationales du niveau de la fiscalité: écueils et éclairages"* in *Revue Economique de l' OCDE*, Paris, nº 8, Printemps 1987, págs. 101-131.

MESSERE, K. C. e OWENS, J.P., *"Long-Term Revenues Trends and Current Tax Reform Issues in OECD Countries"*, in *Changes in Revenue Structures* (Proceedings of the 42nd Congress of the International Institute of Public Finance), ed. CHIANCONE, Aldo e MESSERE, K., Detroit, Wayne State University Press, 1989, págs. 21-35

MESSERE, Ken, *"Half a century of changes in taxation"*, in *Bulletin for Internacional Fiscal Documentation*, vol. 53, n. 8/9, August/September 1999, págs. 340-365.

MINISTÉRIO DA ECONOMIA (em colaboração com a McKinsey), *"Portugal 2010: Acelerar o crescimento da produtividade"*, Setembro de 2003, síntese disponível em www.min-economia.pt/

MINISTÉRIO DAS FINANÇAS, *Relatório da Comissão para o Desenvolvimento da Reforma Fiscal*, Lisboa, 1996.

MINTZ, Jack, *"The corporation tax: a survey"*, in *Fiscal Studies*, vol. 16, nº 4, 1995, págs. 23-68.

MIRANDA, Jorge e MEDEIROS, Rui, *Constituição Portuguesa Anotada*, tomo I, Coimbra, Coimbra Editora, 2005.

MOOIS, Rund e NICODÈME, Gaïtau, *Corporate tax policy, entrepreneurship and incorporation in the EU*, European Commission, Economic Papers nº 269, January 2007 e *"Corporate tax policy and incorporation in the EU"*, in *International Tax and Public Finance*, vol. 15, n. 4, August 2008, págs. 478-498.

MORGADO, Abilio *"O sigilo fiscal"*, in *Ciência e Técnica Fiscal*, Lisboa, nº 414, Jul.-Dez./2004, págs. 7-62.

MORVAN, Yves, *Fondements d'Économie Industrielle*, Paris, Gestion-Economica, 1991.

MOURA RAMOS, Rui, *Direito Comunitário*, Coimbra, 2003.

MOTA DE CAMPOS, João, *Direito Comunitário*, vol. II, 3ª ed., Lisboa, Fundação Calouste Gulbenkian, 1990.

MOTA LOPES, Cidália, *"Simplicidade e complexidade do sistema fiscal: algumas reflexões"*, in *Fiscalidade*, nºs 13/14, Janeiro/Abril 2003, págs. 51-83.

MOTA LOPES, Cidália, *"Os custos de tributação na história da economia"*, in *Homenagem a José Guilherme Xavier Basto*, Coimbra, Coimbra Editora, 2006, págs. 83-125.

MOTA LOPES, Cidália, *Quanto custa pagar impostos em Portugal? Os custos de cumprimento da tributação do rendimento*, Coimbra, Almedina, 2008.

MOTA, Pedro Infante, *O Sistema GATT/OMC*, Coimbra, Almedina, 2005.

Musgrave, Richard, *The Theory of Public Finance*, Tóquio, Mc Graw-Hill, 1959.

Musgrave, Richard, *Fiscal Systems*, London, Yale University Press, 1969.

Musgrave, Richard A. e Musgrave, Peggy B., *Public Finance in Theory and Practice*, 3rd ed., New York, McGraw-Hill, 1980.

Musgrave, Richard, *"Equity and the Case for Progressive Taxation"*, in *The Ongoing Debate. Tax Justice* (ed. by Thorndike, Joseph e Ventry JR, Dennis), Washington, DC, The Urban Institute Press, 2002, págs. 9-24.

Muten, Leif, *On the development of income taxation since world war I*, Amsterdam, 1967.

Namorado Clímaco, *"Os impostos especiais de consumo: efeitos económicos e objectivos fiscais"*, in *Ciência e Técnica Fiscal*, nº 376, Out--Dez/1994, págs. 63 e segs.

Nicodème, Gaëtan, *Computing effective corporate tax rates: comparison and results*, EU Economic Paper, Number 153, June 2001.

Noiret Cunha, Patrícia, *A Tributação Directa na Jurisprudência do Tribunal de Justiça das Comunidades Europeias*, Coimbra, Coimbra Editora, 2006.

OCDE, *Medidas fiscais para o fomento dos investimentos*, Cadernos de Ciência e Técnica Fiscal nº 50, Lisboa, Centro de Estudos Fiscais, 1967.

OCDE, *L'impôt négatif sur le revenu*, Paris, 1974.

OCDE, *Prix de transfert et entreprises multinationales*, Paris, 1979 (tradução portuguesa nos Cadernos de Ciência e Técnica Fiscal, nº 144, Lisboa, Centro de Estudos Fiscais, 1985)

OCDE, *L' incidence des impôts sur la consommation a différents niveaux de revenus*, Paris, 1981.

OCDE, *Tendances à long terme des recettes fiscales des pays membres de l'OCDE* (1955-1980), Paris, 1981.

OCDE, *Statistiques des recettes publiques des pays membres de l'OCDE (1965-1981)*, Paris, 1982.

OCDE, *Impôts sur la propriété immobilière*, Paris, 1983.

OCDE, *Modèle de convention de double imposition concernant les successions et les donations*, Paris, 1983.

OCDE, *Prix de transfert et entreprises multinatinales – trois études fiscales*, Paris, 1984 (tradução portuguesa nos Cadernos de Ciência e Técnica Fiscal, nº 154, Lisboa, Centro de Estudos Fiscais, 1987).

OCDE, *Élasticité de l'impôt sur le revenu des personnes phisiques échéant à l'administration centrale*, Paris, 1984.

OCDE, *L' imposition du revenu des personnes physiques dans un contexte économique en évolution*, Paris, 1986.

OCDE, *La fiscalité dans les pays développés*, Paris, 1987.

OCDE, *Questions de fiscalité internationale – La sous-capitalisation*, Paris, 1987.

OCDE, *L' imposition des personnes physiques sur l' actif net, les mutations et les gains en capital*, Paris, 1988.

OCDE, *Droits et obligations des contribuables (Description de la situation legale dans les pays de l'OCDE)*, Paris, 1990

OCDE, *L'imposition des bénéfices dans une économie globale*, Paris, 1991.

OCDE, *Études Économiques – Portugal 1990/91*, Paris, 1991, págs. 68 e segs. (tradução portuguesa em *Ciência e Técnica Fiscal*, Lisboa, nº 361, Janeiro-Março de 1991, págs. 183--209).

OCDE, *Principles applicables en matière de prix de transfert à l'intention des entreprises multinationales et des administrations fiscales*, Paris, 1995.

OCDE, *Dépenses fiscales – experiences récentes*, Paris, 1996.

OCDE, *Stratégies de mise en oeuvre des écotaxes*, Paris, 1997.

OCDE, *Les crédits d'impôt fictif – um réexamen de la question*, Paris, 1998.

OCDE, *Concurrence fiscale domegeable – un problème mondiale*, Paris, 1998.

OCDE, *Statistiques des recettes publiques des pays membres de l'OCDE (1965-1997)*, Paris, 1998.

OCDE, *Statistiques de recettes publiques des pays membres de l' OCDE (1965-1998)*, Paris, 1999.

OCDE, *Príncipes applicables en matière de pix de transfert à l'intention des entreprises multinationales et des administrations fiscales*, Paris, 2001 (tradução portuguesa em OCDE, *Princípios aplicáveis em matéria de preços de transferência destinados às empresas multinacionais e às Administrações Fiscais*, Cadernos de Ciência e Técnica Fiscal, nº 189, Lisboa, Ministério das Finanças, 2002).

OCDE, *"Allégements fiscaux et interpretation des rapports impôts/PIB"* in OCDE, *Statistiques de recettes publiques (1965 - 2002)*, Paris, 2003.

OCDE, *Modèle de convention fiscale concernant le revenu et la fortune, version abrégée*, Paris, Juillet 2008 (tradução portuguesa de CURVELO, Teresa nos Cadernos de Ciência e Técnica Fiscal, nº 206, Lisboa, Centro de Estudos Fiscais, 2008).

OCDE, *Statistiques des recettes publiques (1965--2007)*, [versão em língua inglesa: OECD, *Revue Statistics*] Paris, 2008.

OCDE, *Statistiques des recettes publiques (1965-2009)*, Paris, 2010.

OCDE, *Les dépenses fiscales dans les pays de l'OCDE*, 2010.

OECD, "*Double Taxation Conventions and the Use of Conduit Companies*", in *Isssues in International Taxation nº 1- International Tax Avoidance and Evasion*, Paris, 1987.

OECD, *The OECD Jobs Study - Taxation, employment and unemployment*, Paris, 1995.

OECD, *Controlled Foreign Company Legislation*, Paris, 1996.

OECD, *Economic Outlook*, 63, June 1998, págs. 157-169.

OECD, *Improving access to bank information for tax purposes*, Paris, 2000.

OECD, *Tax Burdens - alternative measures*, Paris, 2000.

OECD, *Corporate Tax Incentives for Foreign Direct Investment*, Paris, 2001.

OECD, *Tax Ratios - a critical survey*, Tax Policies Studies No 5, Paris, 2001.

OECD, *Tax and the Economy - A Comparative Assessment of OECD Countries*, Paris, 2001.

OECD, *Fundamental Reform of Personal Income Tax*, Paris, 2006.

OECD, *Fundamental Reform of Corporate Income Tax*, Paris, 2007.

OECD, *Consumption Tax, VAT/GPS and Excise Rates, Trends and Administration Issues*, Paris, 2011.

OECD, *Tax Co-operation 2010 - Towards a level playing field (Assessment by the Global Fórum on Transparency and Exchange of Information for Tax Purposes)*, Paris, 2011.

OESTREICHER, Andreas e KOCH, Reinald, "*The Revenue Consequences of Using a Common Consolidate Corporate tax Base to Determine Taxable Income in the EU Member States*", in *FinanzArchiv*, nº 1, vol. 67, March 2011, págs. 64-102.

OLIVEIRA, Jorge, MONTEIRO, Fernanda e SANTOS, João, *Modelo de simulação do imposto sobre as sociedades (MOSIS) - Análise do IRC*, Documento de Trabalho nº 34, da Direcção-Geral de Estudos e Previsão do Ministério das Finanças, Lisboa, Dezembro de 2003.

OLIVEIRA, Maria Odete e DUARTE, Severino, "*O IVA e a regulamentação do comércio electrónico após a Directiva 2002/38/CE, de 7 de Maio*", in *Fisco*, nºs 111/112, Janeiro de 2004, págs. 71-89.

OLIVEIRA ASCENSÃO, José, *O direito - introdução e teoria geral*, 13ª ed., refundida, Coimbra, Almedina, 2006.

OLIVEIRA MARTINS, Guilherme Waldemar, *A Despesa Fiscal e o Orçamento do Estado no Ordenamento Jurídico Português*, Coimbra, Almedina, 2004.

Oliveira Martins, Margarida Salema d', *O princípio da subsidariedade em perspectiva jurídico-política*, Coimbra, Coimbra Editora, 2003.

Orsoni, Gilbert, *L'interventionisme fiscal*, Paris, PUF, 1995.

Pais, Cláudio, *Impostos sobre os lucros – a contabilização dos impostos diferidos*, Lisboa, Áreas Editora, 2000.

Palao Taboada, Carlos, *La unidad familiar como sujeto fiscal* (relatório geral apresentado às IX Jornadas Luso-Hispano-Americanas de Estudos Tributários), Porto/Póvoa de Varzim, 1980.

Palma, Clotilde Celorico "*As regras de localização das pestações de serviços em sede de imposto sobre o valor acrescentado*", in *Ciência e Técnica Fiscal*, Janeiro-Julho de 2003, nºs 409-410, págs. 59-84.

Palma, Clotilde Celorico, *Estudos de imposto sobre o valor acrescentado*, Coimbra, Almedina, 2006.

Pamplona Corte Real, Carlos, *Estudos de imposto sobre o valor acrescentado*, Coimbra, semediva, 2006.

Pamplona Corte Real, Carlos, *Curso de Direito Fiscal*, I vol., Lisboa, Centro de Estudos Fiscais, 1981.

Pamplona Corte Real, Carlos, *Imposto único: tipo a adoptar*, Lisboa, Centro de Estudos Fiscais, 1983.

Pamplona Corte Real, Carlos, *As garantias dos contribuintes*, Lisboa, Centro de Estudos Fiscais, 1986.

Pamplona Corte Real, Carlos, Bacelar Gouveia, Jorge e Cardoso da Costa, Joaquim Pedro, "*Breves reflexões em torno da confidencialidade fiscal*", in *Ciência e Técnica Fiscal*, Lisboa, nº 368, Out-Dez/1992, págs. 7-48.

Panayi, Christiana HJI, "*Reverse Subsidiarity and EU Tax Law: Can Member States be Left to their Own Devices?*", in *British Tax Review*, nº 3, 2010, págs.267-301.

Pardal, Francisco Rodrigues, "*Duplicação de colecta: algumas notas*" in *Revista de Direito Administrativo*, IV, 1960, nº. 2, págs. 81 e segs.

Paz Ferreira, Eduardo, *As finanças regionais*, Lisboa, 1985.

Paz Ferreira, Eduardo, "*O controlo das subvenções financeiras e dos benefícios fiscais*", in *Revista do Tribunal de Contas*, nº 1, Jan-Março/1989, págs. 21-85

Paz Ferreira, Eduardo, "*Ainda a propósito da distinção entre impostos e taxas: o caso da taxa municipal devida pela realização de infraestruturas urbanísticas*", in *Ciência e Técnica Fiscal*, nº 380, Out-Dez/1995, págs. 57-84.

Paz Ferreira, Eduardo, *Em Torno das Constituições Financeira e Fiscal e dos Novos Desafios na Área das Finanças Públicas*, Lisboa, Associação Académica da Faculdade de Direito, 2001.

Paz Ferreira, Eduardo, "*O poder tributário das Regiões Autónomas: desenvolvimentos recentes*" in *Boletim de Ciências Económicas*, Coimbra, vol. XVL-A (2002), págs. 265-305.

Perez de Ayala, J.L., e Gonzalez Garcia, E., *Derecho Tributario*, Salamanca, 1994.

Perez Royo, Fernando, *Derecho Financiero y Tributario – Parte General*, Vigésima ed., Madrid, Civitas, 2010.

Phu Duc, Nguyen, *La fiscalité internationale des entreprises*, Paris, Masson, 1985.

Pinheiro, Gabriela, *A fiscalidade directa na União Europeia*, Porto, Universidade Católica Portuguesa, 1998.

Pinto Barbosa, A. S., *Economia Pública*, Lisboa, McGraw-Hill, 1997.

Pinto Ribeiro, João, "*Aspectos de evolução da tributação geral do consumo numa perspectiva histórica*", in *Estudos de homenagem a Manuel Jacinto Nunes*, Lisboa, Instituto Superior de Economia e Gestão, 1996, págs. 547-559.

Pires, Manuel, *A Constituição de 1976 e a fiscalidade*, in *Estudos sobre a Constituição*, vol. II, Lisboa, 1978, págs. 417 e segs.

PIRES, Manuel, *Da dupla tributação jurídica internacional sobre o rendimento*, Lisboa, Centro de Estudos Fiscais, 1984.

PIRES, Manuel, *"Aspectos fiscais"*, in *Estudos sobre a Nova Concordata Santa Sé – República Portuguesa, 18 de Maio de 2004*, Lisboa, Universidade Católica Portuguesa, 2006, págs. 201-207.

PIRES CAIADO, António, *Contabilidade de Gestão*, 6ª ed., Lisboa, Áreas Editora, 2011.

PITTA E CUNHA, Paulo, *A reforma fiscal*, Lisboa, Publicações Dom Quixote, 1989.

PITTA CUNHA, Paulo, XAVIER DE BASTO, J. G. e LOBO XAVIER, António, *"Os conceitos de taxa e de imposto – a propósito das licenças municipais"*, *Fisco*, ano 5, nºs 51-52, Fev-Mar/1993, págs. 3 e segs.

PITTA E CUNHA, Paulo, *A fiscalidade dos anos 90*, Coimbra, Almedina, 1996.

PLAGNET, Bernard, *Droit Fiscal*, Paris, Litec, 1986.

PRATES, Manuel, *"A localização das prestações de serviços no IVA e nos seguros"*, in *Fisco*, nº 25, Novembro de 1990, págs. 29-35.

Preços de transferência e o caso português (Coord. de TEIXEIRA, Glória e BARROS, Duarte), Porto, Vida Económica, 2004.

Preços de transferência – casos práticos (Coord. de TEIXEIRA, Glória), Porto, Vida Económica, 2006.

PUYRAVEAU, Paul, *La fiscalité des sociétés de personnes: pratique et solutions nouvelles*, Levallois, Nouvelles Éditions Fiduciaires, 1986.

QUADROS, Fausto de, *Direito da União Europeia*, Coimbra, Almedina, 2004.

QUOC DINH, Nguyen, DAILLIER, Patrick e PELLET, Alain, *Droit International Public*, 3ª ed., Paris, Librairie Générale de Droit et Jurisprudence, 1987.

RAAD, Keeds van, *"The Impact of the EC Treaty's Fundamental Freeedoms Provisions on EU Member States' Taxation in Border-crossing Situations – Current State of Affairs"*, in *EC Tax Review*, 1995/4, págs. 190-201.

RAPOSO DE MEDEIROS, Eduardo, *"Organização Mundial do Comércio"*, in MOTA DE CAMPOS, João et al, *Organizações Internacionais*, Lisboa, Fundação Calouste Gulbenkian, 1999, págs. 319-379.

RATO RAINHA, J.H., *"Comparações Fiscais Internacionais: Portugal e os paises europeus da OCDE (1971-1972 e 1977-1978)"*, in *Ciência e Técnica Fiscal*, Lisboa, 274/276, Outubro-Dezembro de 1981, págs. 57 e segs.

Reavaliação dos Benefícios Fiscais – Relatório do Grupo de Trabalho constituído pelo Despacho do Ministro das Finanças, Cadernos de Ciência e Técnica Fiscal nº 180, Lisboa, Centro de Estudos Fiscais, 1998.

REIS, Hélder, *Modelo Tax-Benefit (MIRS) – Análise descritiva ao IRS*, Documento de Trabalho nº 23, da Direcção-Geral de Estudos e Previsão do Ministério das Finanças, Lisboa, Outubro de 2001.

As reformas tributárias de 1922 e 1929, Lisboa, Cadernos de Ciência e Técnica Fiscal nº 24, Centro de Estudos Fiscais, 1964.

"Relatório da aplicação do imposto sobre sucessões e doações", in *Ciência e Técnica Fiscal*, nº 385, Jan-Mar/1997, págs. 135-231.

Report of the Department of the Treasury on Integration of the Individual and Corporate Tax Systems – Taxing Business Income Once, Washington, 1992.

Report of the Royal Commission on Taxation (Carter Report), I vol., Ottawa, Queen's Printer, 1966.

RYSER, Walter e Bernard ROLLI, *Précis de droit fiscal suisse (impôts directs)*, 3ème ed., Berne, Editions Staempfli + Cie SA, 1994.

ROCHA, Joaquim Freitas da, *Lições de Procedimento e Processo Tributário*, 2ª ed., Coimbra; Coimbra Editora, 2008.

ROCHA ANDRADE, Fernando, *"Concorrência Fiscal Prejudicial na Tributação das Empresas"*, in *Boletim de Ciências Económicas*, Coimbra, Vol. XLV, 2002, págs. 91-104.

ROCHA ANDRADE, Fernando,"*Preços de transferência e tributação de multinacionais: as evoluções recentes e o novo enquadramento jurídico português*", in *Boletim de Ciências Económicas*, Coimbra, Vol. XLV-A, 2002, págs. 307-348.

ROMANO MARTINEZ, Pedro e FUZETA DA PONTE, Pedro, *Garantias de Cumprimento*, 3ª ed., Almedina, Coimbra, 2002.

ROSADO PEREIRA, Paula, *"O novo regime dos preços de transferência"*, in *Fiscalidade*, nº 5, Janeiro 2001, págs. 23-47.

ROSADO PEREIRA, Paula, *Princípios do Direito Fiscal Internaciona l- Do paradigma Clássico ao Direito Fiscal Europeu*, Coimbra, Almedina, 2010.

RUGGERI, G. C. and VINCENT, Carole, *An Economic Analysis of Income Tax Reforms*, Aldershot, Ashgate, 1998.

SÁ GOMES, Nuno, "*A interpretação das leis fiscais*", in *Ciência e Técnica Fiscal*, Lisboa, nº 79, Julho de 1965, págs. 7-28.

SÁ GOMES, Nuno, *Interpretação autêntica e interpretação normativa oficial*, Lisboa, Centro de Estudos Fiscais, 1984.

SÁ GOMES, Nuno, *Teoria Geral dos Benefícios Fiscais*, Cadernos de Ciência e Técnica Fiscal, nº 165, Lisboa, Centro de Estudos Fiscais, 1991.

SÁ GOMES, Nuno, *Estudos sobre a Segurança Jurídica na Tributação e as Garantias dos Contribuintes*, Lisboa, Centro de Estudos Fiscais, 1993.

SÁ GOMES, Nuno, *Manual de Direito Fiscal*, vol. I, Lisboa, Centro de Estudos Fiscais, 1993.

SÁ GOMES, Nuno, *Manual de Direito Fiscal*, vol. II, Lisboa, Centro de Estudos Fiscais, 1996.

SÁ GOMES, Nuno, *"Alguns aspectos jurídicos e económicos controversos de sobretributação imobiliária no sistema fiscal português"*, in *Ciência e Técnica Fiscal*, nº 386, Abr-Jun/1997, págs. 65-123.

SÁ GOMES, Nuno, *Evasão fiscal, infracção fiscal e processo penal fiscal*, 2ª ed., Lisboa, Rei dos Livros, 2000.

SÁ GOMES, Nuno, *Tributação do património*, Coimbra, Almedina, 2005.

SAINZ DE BUJANDA, Fernando, *Lecciones de Derecho Financiero*, Septima Edicion, Madrid, Faculdad Derecho/Universidad Complutense, 1989.

SALAZAR, António de Oliveira, *Direito Fiscal Português*, 1926.

SALAZAR, António de Oliveira, *"Da não retroactividade das leis em matéria tributária"*, in *Boletim da Faculdade de Direito de Coimbra*, ano IX, nºs 81-90, 1925-1926, págs. 53-101.

SALDANHA SANCHES, J.L., *A Segurança Jurídica no Estado Social de Direito – conceitos indeterminados, analogia e retroactividade no direito tributário*, Lisboa, Centro de Estudos Fiscais, 1985.

SALDANHA SANCHES, J.L., *A quantificação da obrigação tributária – deveres de cooperação, autoavaliação e avaliação administrativa*, Lisboa, Centro de Estudos Fiscais, 1995.

SALDANHA SANCHES, José Luís, *"O abuso de direito em matéria fiscal: natureza, alcance e limites"*, in *Ciência e Técnica Fiscal*, nº 398, Abril-Junho 2000, págs. 11-44.

SALDANHA SANCHES, J.L. e SALGADO DE MATOS, André, *"O pagamento especial por conta de IRC: questões de conformidade constitucional"*, in *Fiscalidade*, nº 15, Julho de 2003, págs. 5-25.

SALDANHA SANCHES, J. L., *"A LGT e a tributação segundo o lucro normal"*, in *Fiscalidade*, nº 15, Julho de 2003, págs. 61-64.

SALDANHA SANCHES, J. L. e TABORDA DA GAMA, João, *"Taxas municipais pela ocupação do subsolo"*, in *Fiscalidade*, nºs 19/20, Julho-Setembro/Outubro-Dezembro 2004, págs. 5-43.

SALDANHA SANCHES, J. L., *Os limites do planeamento fiscal*, Coimbra, Coimbra Editora, 2006.

SALDANHA SANCHES, J.L., *Manual de Direito Fiscal*, 3ª ed., Coimbra, Coimbra Editora, 2007.

SALDANHA SANCHES, J. L., *Justiça Fiscal*, Lisboa, FFMS, 2010.

SANDFORD, Cedric, GODWIN, Michael e HARDWICK, Peter *Administrative and Compliance Costs of Taxation*, Bath, Fiscal Publications, 1989.

SANDFORD, Cedric (ed.), *Tax Compliance Costs – Measurement and Policy*, Bath, Fiscal Publications, 1995.

SANDFORD, Cedric, "*Administrative and Compliance Costs of Taxation" (General Report)*, in *Cahiers de droit fiscal international*, vol. LXXIVb, Kluwer, The Netherlands, 1989, págs. 19-40.

SANTOS, António Carlos dos, *Auxílios de Estado e Fiscalidade*, Coimbra, Almedina, 2003.

SANTOS, António Carlos, "*O estranho caso do conceito comunitário de autonomia suficiente em sede de auxílios de Estado sob forma fiscal*", in *Revista de Finanças Públicas e Direito Fiscal*, nº 1, 07/08, págs. 235-258.

SANTOS, António Carlos, "*Sobre a 'fraude carrossel' em IVA: nem tudo o que luz é oiro*", in *Vinte Anos do Imposto sobre o Valor Acrescentado em Portugal: Jornadas Fiscais em Homenagem ao Professor José Guilherme Xavier de Basto*, Coimbra, Almedina, 2008, págs. 23-83.

SANTOS, António Carlos, "*Cada cor seu paladar: sobre a aplicação do princípio da irretroactividade às taxas e escalões do IRS*", in *Revista de Finanças Públicas e Direito Fiscal*, Ano III, nº 4, 01-11, págs. 287-302.

SANTOS, J. Albano, "*A fiscalidade: medições e limites*", in *Estudos de Economia*, Lisboa, vol. IX, nº 4, Jul-Set/1989, págs. 396 e segs.

SANTOS, J. Albano, *Teoria Fiscal*, Lisboa, ISCSP, 2003.

SCHINDEL, Angel e ATCHABAHIAN, Adolfo, *Source and residence: new configuration of their principles (General report on 2005 Buenos Aires Congress of the International Fiscal Association)*, in *Cahiers de droit fiscal international*, vol. 90a, The Netherlands, Sdu Fiscale & Financiële Uitgevers, págs. 21-99.

SCHMOLDERS, Gunter, *Psychologie des finances et de l'impôt*, Paris, Presses Universitaires de France, 1973.

SCHNEIDER, Friedrich e ENSTE, Dominik H., "*Shadow Economies: Size, Causes and Consequences*", in *Journal of Economic Literature*, Vol. XXXVII, March 2000, págs. 77-114.

SCHNEIDER, F. e KINGLMAIR, R., "*Shadow Economies Around the World: What do We Know?*", Working Paper 0403, April 2004, Department of Economics, Johannes Kepler University of Linz.

SCHOLES, Myron S., Mark A. WOLFSON, Merle ERICKSON, Edward L. MAYDEW and Terry SHEVLIN, *Taxes and Business Strategy – A Planning Approach*, 4th ed., New Jersey, Prentice Hall, 2009.

SERRANO, María Luísa Gonzalez-Cuéllar, *Los procedimientos tributarios: su terminación transaccional*, Madrid, Editorial Colex, 1998.

SÉRVULO CORREIA, J. M., "*Teoria da relação jurídica do seguro social*", in *Estudos Sociais e Corporativos*, ano VII, 1968, nº 27, págs. 300 e segs.

SILVA E CUNHA, Carlos Alberto e LIMA RODRIGUES, Lúcia Maria Portela, *A problemática do reconhecimento e contabilização dos impostos diferidos*, Lisboa, Áreas Editora, 2004.

SIMONS, Henry C., *Personal Income Taxation*, Chicago & London, The University of Chicago Press, 1938.

Simplificação do Sistema Fiscal Português (relatório de grupo de trabalho), Cadernos de Ciência e Técnica Fiscal nº 201, Lisboa, Centro de Estudos Fiscais, 2007.

SHIN, Kilman, "*International Difference in Tax Ratio*", in *Revue of Economics and Statistics*, vol. LI, 1969, págs. 213 e segs.

SHOUP, Carl S., *Public Finance*, Londres, Weidenfel and Nicolson, 1969.

SILVA LOPES, José, "*Política Fiscal*", in *Desafios para Portugal – Seminários da Presidência da República*, Lisboa, Casa das Letras, 2005, págs. 79-113.

SMITH, Adam, *An Inquiry Into the Nature and Causes of THE WEALTH OF NATIONS*, tradução portuguesa: *Inquérito sobre a natu-*

reza e as causas da RIQUEZA DAS NAÇÕES, Vol. II., Lisboa, Fundação Calouste Gulbenkian, 1983.

Soares Martinez, Pedro, *Direito Fiscal*, 7ª ed., Coimbra, Livraria Almedina, 1993.

Sorensen, Peter Birch, "*Dual Income Tax: Why and How?*", in *FinanzArchiv*, vol. 61, nº 4, 2005, págs. 559-586.

Sousa, Alfredo e Paixão, José, *Código de Procedimento e de Processo Tributário – Comentado e Anotado*, Coimbra, Almedina, 2000.

Sousa Franco, A. L., "*A Revisão da Constituição Económica*" in *Revista da Ordem dos Advogados*, Lisboa, ano 42, Setembro-Dezembro de 1982, págs. 601-687.

Sousa Franco, A..L., "*Sobre a Constituição Financeira de 1976-1982*", in *Estudos comemorativos do XX aniversário do Centro de Estudops Fiscais*, vol. I, Lisboa, 1983, págs. 63-132.

Sousa Franco, A. L., *Finanças Públicas e Direito Financeiro*, vol. II, 4ª ed, Almedina, Coimbra, 1992.

Stiglitz, Joseph E., *Economics of Public Sector*, 2nd ed., New York, W.W. Norton & Company, 1988.

Surrey, Stanley, *Pathways to Tax Reform: The Concept of Tax Expenditures*, Harvard Business Press, 1973.

Surrey, Stanley e Sunley JR, Emil, "*Rapport Général du premier sujet du XXX Congrès International de Droit Financier et Fiscal – Les encouragements fiscaux utilisés comme instrument de politique des pouvoirs publiques*", in *Cahiers de Droit Fiscal International*, vol. LXIa, Kluwer, Deventer, 1976.

Tait, Alan, *Value added tax*, London, Mc Graw-Hill, 1972.

Tait, Alan, *Value Added Tax – International Practice and Problems*, Washington, International Monetary Fund, 1988.

Tanzi, Vito e Wulf, Luc de, "*A distribuição da carga fiscal por grupos de rendimento em Portugal*" in *1ª Conferência Internacional sobre a Economia Portuguesa*, Lisboa, Fundação Calouste Gulbenkian, 1976, págs. 923-995.

Tanzi, Vito, "*Comparing International Tax Burdens: A Suggested Method*", in *The Journal of Political Economy*, vol. LXXVI, nº 5, Sept.-October 1968, págs. 1078-1084.

Tanzi, Vito, "*International Tax Burdens. A Study of Tax Ratios in the OCDE Countries*", in *Taxation: A Radical Approach*, Londres, The Institute of Economic Affairs, 1970, pág. 12.

Teixeira, Glória, *Taxing Corporate Profits in the EU*, London, Kluwer, 1997.

Teixeira de Abreu, Miguel, "*Os preços de transferência no quadro da evasão fiscal internacional*", in *Ciência e Técnica Fiscal*, Lisboa, nº 358, Abril-Junho de 1990, págs. 109-175.

Teixeira Ribeiro, J.J., *As alterações à Constituição no domínio das finanças públicas*, Coimbra, 1983.

Teixeira Ribeiro, J.J., "*Noção jurídica de taxa*", in *Revista de Legislação e Jurisprudência*, Coimbra, ano 117, Fevereiro de 1985, pág. 292.

Teixeira Ribeiro, J.J., "*A justiça na tributação*", in *Boletim de Ciências Económicas*, Coimbra, vol. XXX, 1987, págs. 157-169.

Teixeira Ribeiro, J.J., *A reforma fiscal*, Coimbra, Coimbra Editora, 1989.

Teixeira Ribeiro, J.J., "*A recente revisão do Código da Sisa e do Imposto sobre as Sucessões e Doações*", in *Revista de Legislação e Jurisprudência*, Coimbra, ano 123, nº 3795, Outubro de 1990, págs. 161-164.

Teixeira Ribeiro, J.J., *Lições de Finanças Públicas*, 5ª ed., Coimbra, Coimbra Editora, 1995.

Terra, Ben, *Value Added Taxes: The Case of EEC*, Kluwer, 1989.

Terra, Ben e Wattel, Peter, *European Tax Law*, 5th ed., The Hague, Kluwer, 2008.

The Concept of Tax (ed. By Peeters, Bruno), EATLP International Tax Series, vol. 3, 2005.

The Concept of Tax (ed. By Peeters, Bruno), EATLP International Tax Series, vol. 3, 2005.

Torres, Manuel Anselmo, "*Anotação ao Acórdão de 12 de Dezembro de 2002 do Tribunal de Justiça das Comunidades Europeias no Processo C-324/00: Lankhorst-Hohorst Gmbh c. Finanzamt Steinfurt*", in *Fiscalidade*, nº 13/14, Janeiro/Abril 2003, págs. 127-144.

"*Transfer pricing in the absence of comparable market prices*", in *Cahiers de droit fiscal international*, vol. LXXVIIa, Kluwer, The Netherlands, 1992.

TRIBUNAL DE CONTAS, *Parecer sobre a Conta Geral do Estado de 2009*, vol I, Lisboa, 2010, disponível em *www.tcontas.pt.*

TRIBUNAL DE CONTAS, *Relatório de Auditoria nº 6/2011-2ª S - Auditoria à Operação de Cessão de Créditos da Segurança Social para efeitos de titularização*, disponível em *www.tcontas.pt*

TRIGO PEREIRA, Paulo, AFONSO, António, ARCANJO, Manuela e GOMES DOS SANTOS, José Carlos, *Economia e Finanças Públicas*, 3ª ed., Lisboa, Escolar Editora, 2009.

TROTABAS, Louis e COTTERET, Jean-Marie, *Droit Fiscal*, 4 ème ed., Paris, Dalloz, 1980.

UCKMAR, V., *Tax avoidance/tax evasion (General report of the XXXVII Congress of IFA)*, in *Cahiers de droit fiscal international*, Vol. XXXVIIa, Kluwer, Deventer, 1983.

United Nations Model Double Taxation Convention Between Developed and Developing Countries, New York, United Nations, 2001.

VALLÉE, Annie, *Économie des systèmes fiscaux comparés*, Paris, PUF, 1994.

VA, *A unidade familiar como sujeito fiscal*, Lisboa, Centro de Estudos Fiscais, 1981.

VA, *Política de dividendos e dupla tributação - comentários*, Opúsculos do IESF nºs 7/8, Porto, Edições Asa, 1992.

VA, "*Form and substance in tax law*" *(2002 Oslo Congress of International Fiscal Association)*, in *Cahiers de droit fiscal international*, vol. LXXXVIIa, The Netherlaands, Kluwer, 2002.

VALDEZ MATIAS, Vasco, *A Contribuição Autárquica e a Reforma da Tributação do Património*, Lisboa, Vislis, 1999.

VALÉRIO, Nuno (coord.), NUNES, Anabela, BASTIEN, Carlos e MATA, Maria Eugénia, *Os impostos no parlamento português - Sistemas Fiscais e Doutrinas Fiscais nos Séculos XIX e XX*, Lisboa, Assembleia da República e Publicações Dom Quixote, 2006.

VANONI, Ezio, *Natura ed Interpretazione delle leggi tributarie*, Padua, CEDAM, 1932, de que existe tradução portuguesa de Ruben GOMES DE SOUSA: *Natureza e interpretação das leis tributárias*, Rio de Janeiro, Edições Financeiras, SA.

VASQUES, Sérgio, *Os Impostos Especiais de Consumo*, Coimbra, Almedina, 2001.

VASQUES, Sérgio, *O Princípio da Equivalência como Critério de Igualdade Tributária*, Coimbra, Almedina, 2008.

VEIGA DE FARIA, Maria Teresa, "*Preços de transferência - problemática geral*", in *Colóquio: A Internacionalização da Economia e a Fiscalidade*, Lisboa, Centro de Estudos Fiscais, 1993, págs. 397-442.

VEIGA DE FARIA, Maria Teresa, "*Sobre os métodos de determinação dos preços de transferência*", in *Ciência e Técnica Fiscal*, Lisboa, nº 400, Dezembro de 2000, págs. 59-160.

VIEIRA DE ANDRADE, J.C., *O dever da fundamentação expressa de actos administrativos*, Coimbra, Almedina, 2003.

VOGEL, Klaus, *On Double Taxation Conventions - A Commentary to the OECD, UN and US Model Conventions for the Avoidance of Double Taxation of Income and Capital*, The Hague, Kluwer, 1997.

WEINER, Joann Martens, "*Formula One. The race to find a common formula to apportion the EU tax base*", in *EC Tax Review*, Vol. 17, 3, 2008, págs. 100-110.

XAVIER, Alberto, *Conceito e Natureza do Acto Tributário*, Coimbra, Livraria Almdina, 1972.

XAVIER, Alberto, *Manual de Direito Fiscal*, I, Lisboa, 1974.

XAVIER, Alberto, *Tipicidade da Tributação, Simulação e Norma Anti-elisiva*, São Paulo, Dialética, 2001.

XAVIER, Alberto, *Direito Tributário Internacional*, 2ª ed., Coimbra, Almedina, 2007.

Xavier, Alberto Pinheiro, *"Introdução ao Direito Tributário Internacional"*, in *Boletim do Ministério da Justiça*, Lisboa, nº 320, Nov. 1982, págs. 46 e segs.

Xavier, Cecília, *A Proibição da Aplicação Analógica da Lei Fiscal no Âmbito do Estado Social de Direito*, Coimbra, Almedina, 2006.

Xavier de Basto, J.G., *"O imposto negativo sobre o rendimento"*, in *Boletim de Ciências Económicas*, Coimbra, vol. XVI, 1973, págs. 1-31.

Xavier de Basto, *"O imposto sobre as sociedades e o imposto pessoal de rendimento – separação ou integração?"* in *Estudos em homenagem ao Prof. Teixeira Ribeiro*, Coimbra, Faculdade de Direito, 1980, págs. 353-393.

Xavier de Basto, J. G., *A adopção por Portugal do Imposto sobre o Valor Acrescentado (IVA) da Comunidade Económica Europeia*, Coimbra, Faculdade de Economia, 1981.

Xavier de Basto, J. G., *"Para uma análise fiscal das contribuições para a segurança social"*, in *Desenvolvimento Regional*, Coimbra, 2º semestre de 1983, nº 17, págs. 9-29.

Xavier de Basto, J. G., *A tributação do consumo e a sua coordenação internacional*, Lisboa, Centro de Estudos Fiscais, 1991.

Xavier de Basto, J. G., *"O Princípio da Tributação do Rendimento Real e a Lei Geral Tributária"*, in *Fiscalidade*, nº 5, Janeiro de 2001.

Xavier de Basto, J. G., *"Justiça Tributária: ontem e hoje"*, separata do *Boletim de Ciências Económicas*, Coimbra, vol. XLIX, 2006.

Xavier de Basto, J. G., *IRS – Incidência Real e Determinação dos Rendimentos Líquidos*, Coimbra, Coimbra Editora, 2007.

TRIBUNAL DE JUSTIÇA DA UNIÃO EUROPEIA

Selecção de Acórdãos

A selecção é apresentada, dentro de cada rubrica, por ordem cronológica da decisão, sendo indicada a numeração do Caso e a designação abreviada pelo qual é conhecido.

1. TRIBUTAÇÃO DIRECTA

1.1. Pessoas singulares

1.1.1. Liberdade de circulação de pessoas

8/5/1990 - C 175/888 - *Biehl*
28/1/1992 - C 204/90 - *Bachmann*
14/2/1995 - C 279/93 - *Schumaker*
4/8/1995 - C 80/94 - *Wielockx*
27/6/1996 - C 107/94 - *Asscher*
12/5/1998 - C 336/96 - *Gilly*
14/9/1999 - C 391/97 - *Gschwind*
12/12/2002 - C 385/00 - de *Groot*
1/7/2004 - C 169/03 - *Wallentin*
21/2/2006 - C 152/03 - *Ritter-Goulais*
26/10/2006 - C 345/05 - *Com v Portugal*
30/1/2007 - C 150/04 - *Com v Dinamarca*
5/7/2007 - C 522/04 - *Com v Bélgica*
11/9/2007 - C 318/05 - *Com v Alemanha*
23/4/2009 - C 544/07 - *Rüffler*

1.1.2. Direito de estabelecimento

4/8/1995 - C 80/94 - *Wielockx*
27/6/1996 - C 107/94 - *Asscher*
6/7/2006 - C 364/04 - *Conijn*
26/10/2006 - C 345/05 - *Com v Portugal*
18/1/2007 - C 104/06 - *Com v Suécia*
25/1/2007 - C 392/05 - *Meindl*
30/1/2007 - C 150/04 - *Com v Dinamarca*
5/7/2007 - C 522/04 - *Com v Bélgica*
11/9/2007 - C 318/05 - *Com v Alemanha*
19/11/2009 - C 314/08 - *Filipiak*

1.1.3. Liberdade de prestação de serviços

28/1/1992 - C 204/90 - *Bachmann*
28/4/1998 - C 118/96 - *Safir*
3/1/2002 - C 136/00 - *Danner*
12/6/2003 - C 234/01 - *Genitse*
4/3/2004 - C 334/02 - *Com v França*
3/1/2006 - C 290/04 - *Scorpio*
30/1/2007 - C 150/04 - *Com v Dinamarca*
5/7/2007 - C 522/04 - *Com v Bélgica*
11/9/2007 - C 318/05 - *Com v Alemanha*
20/5/2010 - C 56/09 - *Zanotti*

1.1.4. Liberdade de circulação de capitais

4/3/2004 – C 334/02 – *Com v França*
8/9/2005 – C 512/03 – *Blanchaert*
11/10/2007 – C 443/06 – *Hollmann*
17/1/2008 – C 256/06 – *Jäger*
7/4/2011 – C 20/09 – *Com v Portugal*

1.2. Sociedades

1.2.1. Direito de estabelecimento

28/1/1986 – 270/83 – *Avoir fiscal*
27/9/1988 – 81/87 – *Daily Mail*
13/7/1993 – C 330/91 – *Commerzbank*
12/4/1994 – C 1/93 – *Halliburton*
15/5/1997 – C 250/95 – *Futura and Singer*
16/7/1998 – C 294/96 – *ICI*
19/4/1999 – C 311/97 – *Royal Bank of Scotland*
21/9/1999 – C 307/97 – *Saint Gobain*
18/11/1999 – C 200/98 – *XAB e YAB*
14/2/2000 – C 141/99 – *AMID*
8/3/2001 – C 397/98 e 410/98 – *Metallgesellschaft/Hoechst*
12/12/2002 – C 234/00 – *Lankhorst-Hohorst*
18/9/2003 – C 168/01 – *Bosal*
13/12/2005 – C 446/03 – *Marks & Spencer*
23/2/2006 – C 253/03 – *CLT-UFA*
23/2/2006 – C 471/04 – *Keller*
12/9/2006–C196/04–*CadburySchweppes*
14/12/2006 – C 170/05 – *Denkavit International*
13/3/2007 – C 524/04 – *Thin Cap*
29/3/2007 – C 247/04 – *Rewe Zentralfinanz*
18/7/2007 – C 231/05 – *Oy AA*
6/12/2007–C298/05–*ColumbusContainer*
17/1/2008 – C 105/07 – *Lammers & Van Cleeff*
15/5/2008 – C 414/06 – *Lial Belgium*
27/11/2008 – C 418/07 – *Papillon*
18/6/2009 – C 303/07 – *Aberdeen*
21/1/2010 – C 311/08 – *SGI*

1.2.2. Transferência de residência

27/9/1988 – 81/87 – *Daily Mail*

1.2.3. Forma de implementação noutro território

28/1/1986 – 270/83 – *Avoir fiscal*
12/4/1994 – C 1/93 – *Halliburton*
19/4/1999 – C 311/97 – *Royal Bank of Scotland*
23/2/2006 – C 253/03 – *CLT-UFA*

1.2.4. Prejuízos

15/5/1997 – C 250/95 – *Futura and Singer*
16/7/1998 – C 294/96 – *ICI*
14/2/2000 – C 141/99 – *AMID*
13/12/2005 – C 446/03 – *Marks & Spencer*
29/3/2007 – C 247/04 – *Rewe Zentralfinanz*
18/7/2007 – C 231/05 – *Oy AA*
15/5/2008 – C 414/06 – *Lial Belgium*
23/10/2008 – C 157/07 – *Krankenheim*
27/11/2008 – C 418/07 – *Papillon*

1.2.5. Medidas anti-abuso

12/12/2002 – C 234/00 – *Lankhorst-Hohorst*
12/9/2006–C196/04–*CadburySchweppes*
21/2/2006 – C 255/02, 419/02 e 233/03 – *Halifax*
13/3/2007 – C 524/04 – *Thin Cap*
6/12/2007–C298/05–*ColumbusContainer*
17/1/2008 – C 105/07 – *Lammers & Van Cleeff*
21/1/2010 – C 311/08 – *SGI*

1.2.6. Dedução de gastos

18/9/2003 – C 168/01 – *Bosal*
23/2/2006 – C 471/04 – *Keller*

1.2.7. Dupla tributação

12/4/1994 - C 1/93 - *Halliburton*
14/2/2000 - C 141/99 - *AMID*
23/2/2006 - C 253/03 - *CLT -UFA*

1.2.8. Dividendos

28/1/1986 - 270/83 - *Avoir fiscal*
21/9/1999 - C 307/97 - *Saint Gobain*
8/3/2001 - C 397/98 e 410/98 - *Metallgesellschaft/Hoechst*
14/12/2006 - C 170/05 - *Denkavit International*
18/6/2009 - C 303/07 - *Aberdeen*
3/6/2010 - C 487/08 - *Com v Espanha*

1.2.9. Mais-valias

11/3/2004 - C 9/02 - *de Lasterye du Saillant*
8/6/2004 - C 268/03 - *de Baeck*
9/12/2004 - C 219/03 - *Com v Espanha*
18/12/2007 - C 436/06 - *Gronfeldt*

1.2.10. Benefícios fiscais

26/10/1999 - C 294/97 - *Eurowings*
10/3/2005 - C 39/04 - *Fournier*

1.2.11. Directivas

1.2.11.1 Directiva mãe-afiliadas

8/6/2000 - C 375/98 - *Epson Europe*
3/4/2008 - C 27/07 - *Crédit Mutuel*
22/12/2008 - C 48/07 - *Les Vergers*
12/2/2009 - C 138/07 - *Coberfret*
24/6/2010 - C 378/08 - *Ferraro & GBE*

1.2.11.2. Directiva fusões

17/7/1997 - C 28/95 - *Leur-Bloem*
15/1/2002 - C 43/00 - *Andersen*
5/7/2007 - C 321/05 - *Kofoed*
11/12/2008 - C 285/07 - *A.T.*
20/5/2010 - C 352/08 - *Zwijnenburg*

2. IMPOSTO SOBRE O VALOR ACRESCENTADO (IVA)

2.1. Características IVA

15/7/1964 - 6/64 - *Costa/ENEL*
9/3/1978 - 106/77 - *Simenthal*
19/1/1982 - 8/81 - *Úrsula Becker*
18/12/1997 - 129/96 - *ASBL*
3/10/2006 - C 475/03 - *Banco Popolare di Cremona*
15/1/2009 - C 502/07 - *Bayerische Hypotheken*

2.2. Compatibilidade entre o IVA e outros impostos sobre a despesa

13/7/1989 - 93/88 e 94/88 - *Wisselink*
17/9/1997 - C 130/96 - *Solisnor*
1/6/2006 - C 98/05 - *de Dansk Bilimprtorer*
20/5/2010 - C 228/09 - *Com v Polónia*
22/12/2010 - C 433/09 - *Com v Áustria*

2.3. Neutralidade do IVA

14/2/1985 - 268/93 - *Rompelman*
24/10/1996 - C 317/94 - *Elida Gibbs*
22/2/2001 - C 408/98 - *Abbey National*
21/2/2006 - C 255/02 - *Halifax*
23/4/2009 - C 357/07 - *TNT*
29/7/2010 - C 40/09 - *Astra Zeneca*
7/10/2010 - C 53/09 e C 55/09 - *Loyalty Management and Baxi Group*

2.4. Conceito de actividade económica

19/1/1982 - 8/81 - *Ursula Becker*
5/7/1988 - 289/86 - *Happy Family*
27/3/1990 - 162/88 - *Boots Company*
20/6/1991 - C 60/90 - *Polysar*
22/6/1993 - C 333/91 - *Sofitam*
15/12/1995 - C 415/93 - *Bosman*
20/6/1996 - C 155/94 - *Wellcome Trust*

27/6/1996 – C 107/94 – *Asscher*
11/7/1996 – C 306/94 – *Régie Dauphinoise*
24/10/1996 – C 288/94 – *Argos Distributors*
27/9/2001 – C 16/00 – *CIBO Participations*
29/4/2004 – C 77/01 – *EDM*
21/10/2004 – C 8/03 – *BBL*
12/1/2006 – C 354 e 355/02 e C 484/ /03 – *Optingen*
21/2/2006 – C 255/02 – *Halifax*
21/2/2006 – C 223/03 – *University of Huddersfield*
21/2/2006 – C 419/02 – *Bupa*
23/3/2006 – C 210/04 – *FCE Bank*
8/2/2007 – C 435/05 – *Investrand BV*
26/6/2007 – C 369/04 – *Hutchison 3 G*
13/3/2008 – C 43706 – *Securenta*
12/2/2009 – C 515/07 – *VNLTO*
6/10/2009 – C 267/08 – *SPÖ Landesorganisation Kärtnen*
29/10/2009 – C 29/08 – *AB SKF*

2.5. Conceito de sujeito passivo

22/6/1989 – 103/88 – *Frateli Costanzo*
10/10/1989 – 231/87 e 129/88 – *Comune di Carpaneto I*
4/12/1990 – C 186/89 – *Van Tiem*
7/5/1998 – C 390/96 – *Lease Plan*
29/4/2004 – C 17/01 – *Sudholz*
29/4/2009 – C 77/01 – *EDM*
28/6/2007 – C 284/04 – *T-Mobile*
16/9/2008 – C 288/07 – *Isle of Wight*
12/2/2009 – C 515/07 – *VNLTO*

2.6. Delimitação negativa da incidência

19/1/1982 – 8/81 – *Becker*
17/10/1989 – 231/87 e 192/88 – *Comune di Carpaneto I*
15/5/1990 – C 4/89 – *Carpaneto II*
4/12/1990 – C 186/89 – *Van Tiem*
25/7/2001 – C 202/90 – *Ayuntamento de Sevilla*
11/7/1996 – C 306/94 – *Régie Dauphinoise*
4/6/2009 – C 102/08 – *Salix*

2.7. Isenções

12/6/2003 – C 275/01 – *Sinclair Collis*
23/4/2009 – C 357/07 – *TNT*
10/6/2010 – C 262/08 – *Copy Gene*
16/12/2010 – C 270/09 – *MacDonald Resorts Ltd*
16/12/2010 – C 540/09 – *Skandinasviska Enskilda Banken*

2.8. Subsídios

23/11/1988 – 230/87 – *Naturally Yours*
29/2/1996 – C 215/94 – *Mohr*
18/7/2007 – C 277/05 – *Societé Thermale d'Eugénie les Bains*

2.9. Dedução do imposto

6/7/1995 – C 62/93 – *BP Soupergaz*
8/6/2000 – C 98/98 – *Midland Bank*
3/10/2006 – C 475/03 – *Banco Popolare di Cremona*
15/1/2009 – C 502/07 – *Bayerische Hypotheken*
4/6/2009 – C 102/08 – *Salix*
29/7/2010 – C 188/09 – *Profaktor*
22/12/2010 – C 438/09 – *Dankovsky*

ÍNDICE REMISSIVO

ÍNDICE GERAL